Adeliges und fürstliches Erben im Reich (ca. 1150–1250)
Recht – Praktiken – Aushandlungen

VORTRÄGE UND FORSCHUNGEN

Herausgegeben vom
Konstanzer Arbeitskreis für mittelalterliche Geschichte

Band XCVIII

JAN THORBECKE VERLAG

ADELIGES UND FÜRSTLICHES ERBEN IM REICH (CA. 1150–1250)

Recht – Praktiken – Aushandlungen

Herausgegeben von
Jürgen Dendorfer und Jörg Peltzer

JAN THORBECKE VERLAG

Gedruckt mit Unterstützung
der Deutschen Forschungsgemeinschaft

FSC
www.fsc.org
MIX
Papier | Fördert
gute Waldnutzung
FSC® C089473

Die Verlagsgruppe Patmos ist sich ihrer Verantwortung gegenüber unserer Umwelt bewusst. Wir folgen dem Prinzip der Nachhaltigkeit und streben den Einklang von wirtschaftlicher Entwicklung, sozialer Sicherheit und Erhaltung unserer natürlichen Lebensgrundlagen an. Näheres zur Nachhaltigkeitsstrategie der Verlagsgruppe Patmos auf unserer Website www.verlagsgruppe-patmos.de/nachhaltig-gut-leben
Übereinstimmend mit der EU-Verordnung zur allgemeinen Produktsicherheit (GPSR) stellen wir sicher, dass unsere Produkte die Sicherheitsstandards erfüllen. Näheres dazu auf unserer Website www.verlagsgruppe-patmos.de/produktsicherheit. Bei Fragen zur Produktsicherheit wenden Sie sich bitte an produktsicherheit@verlagsgruppe-patmos.de

Bibliografische Information der Deutschen Nationalbibliothek
Die Deutsche Nationalbibliothek verzeichnet diese Publikation in der Deutschen Nationalbibliografie; detaillierte bibliografische Daten sind im Internet über http://dnb.d-nb.de abrufbar.

Verlagsgruppe Patmos in der Schwabenverlag AG, Senefelderstr. 12, 73760 Ostfildern
www.thorbecke.de

Druck: Beltz Grafische Betriebe GmbH, Bad Langensalza
Hergestellt in Deutschland
ISBN 978-3-7995-6900-2

BIN TRAVERLER FORM

Cut By: Maria G Qty 16 Date 28/10/26

Scanned By: Yenny M Qty ____ Date 10-28

Scanned Batch ID's

(5)

3463217793 34633622

Notes / Exceptions

Inhalt

Vorwort

Auf einer Tagung des Konstanzer Arbeitskreises, in der intensiven Diskussionsatmosphäre auf der Insel Reichenau, ein Thema erörtern zu dürfen, ist ein großes Privileg. Der vorliegende Band geht auf eine Tagung im Herbst 2021 zurück, die durch ein erstes Aufatmen nach den bedrückenden Einschränkungen der Corona-Pandemie geprägt war. Auch wenn die Teilnehmerzahl damals noch etwas begrenzt werden musste, wurde die nun zum ersten Mal wieder möglich gewordene Form der Präsenztagung von allen als bereichernd empfunden.

Wir danken deshalb besonders herzlich dem Vorsitzenden des Konstanzer Arbeitskreises Nikolas Jaspert und seinem Team, hier insbesondere Frau Britta Petersen, für die Organisation des Zusammenseins, die unter diesen Umständen aufwendiger als üblich war. Sich auf eingespielte Abläufe verlassen zu können, gehört zu den Vorzügen dieses Tagungsformats.

Unser Dank gilt ferner den Referent:innen dafür, sich auf das Thema eingelassen zu haben und ihre Beiträge so zügig fertig gestellt zu haben. Klaus Oschema und Laurent Ripart haben im Nachgang an die Tagung noch einen Aufsatz zu Savoyen beigesteuert. Schöner könnte man die Fruchtbarkeit des wissenschaftlichen Austausches nicht dokumentieren. Sigrid Hirbodian, Gabriela Signori, Enno Bünz, Nikolas Jaspert und Karl-Heinz Spieß danken wir für die Übernahme von Moderationen. Lena von den Driesch und Sebastian Kalla haben dankenswerterweise den Tagungsbericht verfasst, Linda Mosig übernahm die Koordination der Online-Übertragung der Vorträge und Diskussionen. Bei der Redaktion des Bandes erhielten wir tatkräftige Unterstützung durch Sarah Kupferschmied. Kai Börsig übernahm die Erstellung des Registers. Ihnen sei ebenfalls sehr herzlich gedankt.

Schließlich geht der Dank an Jürgen Weis und den Thorbecke Verlag für die gewohnt reibungslose Zusammenarbeit. Die Drucklegung wurde durch einen Druckkostenzuschuss der DFG ermöglicht.

Jürgen Dendorfer und Jörg Peltzer
Freiburg und Heidelberg im Sommer 2024

Zur Einführung. Adeliges und fürstliches Erben im Mittelalter

Jürgen Dendorfer (Freiburg) und Jörg Peltzer (Heidelberg/Norwich)

Genau in die Mitte des Jahrhunderts von 1150 bis 1250, das den Untersuchungszeitraum für diesen Band absteckt, fällt ein Ereignis, das wie kaum ein anderes die Bedeutung unseres Tagungsthemas ›Adeliges und fürstlichen Erben‹ verdeutlichen mag.[1)]

Im Jahr 1196, so berichtet die Reinhardsbrunner Chronik, habe der Kaiser »den brennenden Wunsch der Erzbischöfe, der Bischöfe, der Herzöge, der Markgrafen und auch des Landgrafen Hermann [...] bemerkt, das Kreuz zu nehmen« ... »deshalb wollte er ihren Wünschen entgegenkommen« – »und gab den Fürsten bekannt, dass in der Stadt Mainz ein Hoftag abzuhalten sei, und er dort für die Kreuzfahrer ein Privileg über die zu vererbenden Besitzungen erlassen wolle: Jeder, der über keinen Sohn von einer Freien verfüge, könne sein Erbe an seine Töchter vermachen oder wer auch immer der Nächste in der Genealogie (*genealogia*) sei [...]«[2)]. Im Gegenzug präsentierte Heinrich den wenigen nach Mainz gekommenen Fürsten die Forderung, »zu beschließen, dass auch die Königsherrschaft unter seinen Nachkommen zu vererben sei.« Eine Forderung, die bekanntlich am Widerstand der Fürsten scheiterte; und damit – so die Wertungen der älteren Forschung – scheiterte der Staufer beim Versuch die Thronfolge im Reich mit der im Regnum Siciliae zu harmonisieren. Letztlich scheiterte damit die staufische Königsdynastie, ihre Reichsbildung von der Nord- und Ostsee bis nach Sizilien auf Dauer zu stellen. Und deshalb sei der Erbreichsplan, so kann man noch in einem Beitrag aus dem Jahr 1998 lesen, letztlich eine »folgenlose Episode in der dauernden Auseinandersetzung zwischen Zentralgewalt und Partikularmächten«; aus der Rück-

1) Wir benutzen das Adjektivpaar ›adelig und fürstlich‹ als synonym zu hochadelig. Wir wollen mit seiner Verwendung die im Untersuchungsraum an Konturen gewinnende Differenzierung zwischen Reichsfürsten und Nicht-Reichsfürsten berücksichtigen und gleichzeitig deutlich machen, dass sich die Analyse nicht nur auf die Fürsten beschränkt.

2) Chronica Reinhardsbrunnensis, hg. von Oswald Holder-Egger (MGH SS 30,1), Hannover 1896, S. 514–656, hier: S. 556: *Cum Heinricus illustris imperator videret archiepiscopos, episcopos, duces, marchiones, sed et ipsum Hermannum lantgravium cum reliquis liberis ac ministerialibus ad signum Christi anhelantibus animis tam solempniter properare, desideriis eorum satisfacere cupiens, sub generali edicto in civitate Moguncia curiam celebrandam principibus innotuit, privilegiatam peregrinis ituris de hereditandis possessionibus suis in consistorio imperiali volens condere licenciam, ut, quicumque filium de libera non haberet, filie habite vel cuicumque in genealogia proximo ipsam delegaret hereditatem, quatinus de promptis promptiores ac de devotis videretur efficere devotiores.*

schau werde sie zu einer »Bruchstelle«, »an der die Geschichte des deutschen Mittelalters eine Wende nehmen und eine grundlegend andere Richtung einschlagen hätte können«[3].

Die Aufmerksamkeit der Forschung war diesen und wenigen anderen Zeilen der Quellen des 12. und 13. Jahrhunderts, die vom Erbreichsplan berichten, deshalb seit dem 19. Jahrhundert gewiss. Auf hunderten von Seiten wogen Forscher das Prae und Post einer rekonstruierten Ereignisfolge ab oder sondierten vermeintliche Strategien des Kaisers, des Papstes und/oder der Fürsten[4]. Am Ende stand ein Bild, das im Lexikon des Mittelalters im Jahr 1999 auf folgende Weise zusammengefasst wurde: »der Kaiser [trat] mit dem sogenannten Erbreichsplan an sie [nämlich die Fürsten] heran; die deutsche Königsnachfolge sollte nur noch erbrechtlichen Normen unterliegen, für den Fortfall des Wahlrechts wurden den Fürsten die Erblichkeit ihrer Reichslehen in männlicher und weiblicher Linie und bei Kinderlosigkeit in der Seitenlinie, sowie dem Episkopat der Verzicht auf die Spolien angeboten«[5]. Aus der Sicht einer älteren Verfassungsgeschichte, auf deren Boden diese Einsicht gewonnen wurde, war ein solches vermeintliches Zugeständnis des Kaisers an die Fürsten, ihre »Reichslehen« in weiblicher Linie und unter den Seitenverwandten vererben zu können, durchaus beachtlich. Und in der Tat wird man nicht leugnen können, dass die Frage der *hereditas*, des Erbes, wie es in der Reinhardsbrunner Chronik heißt, die Frage der Weitergabe von Herrschaft und Besitz von einer an die nächste Generation für die Fürsten am Ende des 12. Jahrhunderts ein drängendes Problem war. Allerdings müsste ein neuer Blick auf den Erbreichsplan sicher zu anderen Bewertungen kommen. Denn seltsamerweise ging die Forschung zu rasch darüber hinweg, ob mit dem Scheitern des Plans zur erblichen Nachfolge im Königtum auch das Zugeständnis an die Fürsten zur Erblichkeit ihrer Lehen fiel. Sie übersah zudem geflissentlich den situativen Kontext des kaiserlichen Zugeständnisses, das ohne Zweifel gerade für die Kreuzfahrer gelten sollte (und nicht generell und für alle Fürsten),

3) Ulrich SCHMIDT, „Ein neues und unerhörtes Dekret". Der Erbreichsplan Heinrichs VI., in: Kaiser Heinrich VI. Ein mittelalterlicher Herrscher in seiner Zeit, Göppingen 1998, S. 61–81, hier S. 69.

4) Aus der Fülle der Beiträge im Folgenden nur eine Auswahl: Theodor TOECHE, Kaiser Heinrich VI. (Jahrbücher der deutschen Geschichte), Leipzig 1867, S. 396–417; Johannes HALLER, Heinrich VI. und die römische Kirche, in: MIÖG 35 (1914), S. 385–454, 545–669; Ernst PERELS, Der Erbreichsplan Heinrichs VI., Berlin 1927; Ulrich SCHMIDT, Königswahl und Thronfolge im 12. Jahrhundert (Forschungen zur Kaiser- und Papstgeschichte, Beihefte zu J. F. Böhmer, Regesta Imperii 7), Köln/Wien 1987, S. 225–260; Peter CSENDES, Heinrich VI., Darmstadt 1993, S. 171–178; Stefan TEBRUCK, Die Reinhardsbrunner Geschichtsschreibung im Hochmittelalter. Klösterliche Traditionsbildung zwischen Fürstenhof, Kirche und Reich (Jenaer Beiträge zur Geschichte 4) Frankfurt am Main 2001, S. 279–315; Ludwig VONES, Confirmatio Imperii et Regni. Erbkaisertum, Erbreichsplan und Erbmonarchie in den politischen Zielvorstellungen der letzten Jahre Kaiser Heinrichs VI., in: Stauferreich im Wandel. Ordnungsvorstellungen und Politik in der Zeit Friedrich Barbarossas, hg. von Stefan WEINFURTER (Mittelalter-Forschungen 9), Stuttgart 2002, S. 312–335; Matthias THUMSER, Letzter Wille? Das höchste Angebot Kaiser Heinrichs VI. an die römische Kirche, in: DA 62 (2006), S. 85–133.

5) Odilo ENGELS, Erbreichsplan, in: Lex.MA 3 (1999), Sp. 2117.

und – fast geschenkt, so möchte man aufgrund der aktuellen Diskussion sagen – von *Lehen, Reichslehen* oder Vergleichbarem ist natürlich in keiner einzigen Quelle die Rede[6)].

Ein genauerer Blick offenbart also selbst bei einem so viel traktierten Thema wie dem Erbreichsplan zum einen, dass die Frage des »Erbes« und der Nachfolgeregelung gerade bei einer erwartbar lebensgefährlichen Unternehmung wie dem Kreuzzug die Fürsten beschäftigte und zum Nachdenken über Formen der Kontingenzbewältigung bewegte. Zum anderen zeigt sich aber auch, mit welchen Voreinstellungen, um nicht zu sagen fixen Ideen, die verfassungsgeschichtliche Forschung auf derartige Ereignisse blickte. Schon die Voraussetzung, dass es einen von König und Fürsten gemeinsam geteilten, überzeitlich konstituierten normativen Rahmen gegeben habe, in dem man über Neujustierungen des fürstlichen Erbrechts verhandeln konnte, wird man mit einem großen Fragezeichen versehen dürfen. Und wem genau hätte der Kaiser nun die erbliche Nachfolge zugestanden? Wer war um 1200 ein Fürst, in der Zeit, in der sich die Spitzengruppe der Reichsfürsten von anderen sonderte und worüber konnte der Kaiser auf welcher Grundlage rechtliche Bestimmungen treffen: über Ämter, Lehen oder Eigengüter? – in den Quellen zumindest finden sich derartige Differenzierungen nicht.

Und so gibt der sogenannte Erbreichsplan, begeht man die Pfade, die im 19. Jahrhundert angelegt wurden, heute viele Rätsel auf, oder um im Bild zu bleiben, folgt man diesen Pfaden, so enden sie im Dickicht. Wir begehen sie deshalb in den Beiträgen dieses Bandes nicht allzuweit, auch wenn wir uns bewusst sind, dass ohne sie kein Weg durch den Wald zu finden wäre; von ihnen ausgehend werden wir zwar nicht gänzlich neue, aber doch andere Wege ausprobieren; und wohin sie uns führen werden, wird man sehen.

Überzeugt aber sind wir, dass gerade die in den Quellen der Zeit allgegenwärtige Frage der adeligen oder fürstlichen Herrschaftssukzession, die wir im Titel schlagwortartig und mit unseren Quellen als »Erbe« bezeichnet haben, einen Ansatzpunkt, vielleicht sogar einen Hebel bietet, um an gut dokumentierten Fällen über einige grundsätzliche Fragen der Verfasstheit des Reichs im hohen Mittelalter neu nachzudenken.

Die Beispiele sind Legion und ließen sich rasch vermehren, schon der Radius des Reinhardsbrunner Chronisten erfasst in den 90er Jahren weitere Fälle gestörter beziehungsweise strittiger Herrschaftsfolge: In Thüringen konnte Landgraf Hermann im Jahr 1190 das Erbe seines auf dem Dritten Kreuzzug gebliebenen Bruders nicht ohne Friktionen antreten[7)]; in der Mark Meißen ist zwischen 1190 bis 1195 ähnliches zu be-

6) Zum aktuellen Stand der Diskussion um das Lehnswesen vgl. Tenere et habere. Leihen als soziale Praxis im frühen und hohen Mittelalter, hg. von Jürgen Dendorfer/Steffen Patzold (Besitz und Beziehungen. Studien zur Verfassungsgeschichte des Mittelalters 1), Ostfildern 2023, hier die Einleitung, S. 11–23, und Zusammenfassungen und Folgerungen, S. 437–468.
7) Tebruck, Geschichtsschreibung (wie Anm. 2), S. 255–260.

obachten[8], und nicht zuletzt – und daher rührt wohl das besondere Interesse des Autors am Thema: noch im Jahr 1196, im unmittelbaren zeitlichen Umfeld der Verhandlungen um den Erbreichsplan erhielt der söhnelose Landgraf Hermann von Thüringen die Zusicherung des Kaisers, dass seiner Tochter seine fürstlichen Rechte übertragen werden könnten[9]. Auch dies ist wohl als Vorbereitung auf die Kreuzzugsteilnahme zu sehen, eine nachvollziehbare Vorsichtsmaßnahme angesichts der ludowingischen Erfahrungen, dass man, wie der Bruder Hermanns, von Kreuzzügen auch nicht wiederkehren konnte. Landgraf Hermann traf Vorsorge, um für den Fall der Fälle mögliche Folgen aus dem Nichtvorhandensein eines männlichen Erbens zu vermeiden. Anderen gelang das im 12. und 13. Jahrhundert bekanntlich nicht: Berühmte Beispiele dafür sind das Ende der süddeutschen Welfen im Jahr 1191, der Zähringer im Jahr 1218 oder der Andechs-Meranier 1248[10]. In all diesen Fällen, die sich mit leichter Hand vermehren ließen, fanden zum Teil erhebliche Herrschaftsbildungen ein Ende. Vor allem deshalb hat das Thema landesgeschichtliche Forschungen seit langem beschäftigt, da das Entstehen adeliger Herrschaftsbildungen beziehungsweise ihr mitunter erstaunlich rascher Zerfall, selbst wenn sie weit fortgeschritten waren, erhebliche Auswirkungen auf die spätere politische Topographie des Reichs hatte. Ob und wie es einem Adeligen gelang, seine Herrschaft an die nächste Generation zu übertragen, war vor allem in dem Jahrhundert von etwa 1150 bis 1250 fraglich, wenn er keinen Sohn hatte.

In diesem Zeitraum konnte das Fehlen eines Sohnes zu existenzbedrohenden Einschnitten für Adelige, ihre Familien und nicht zuletzt die Freien, Ministerialen und Hörigen ihrer Herrschaften, die davon mitbetroffen waren, führen. Wie kaum eine andere Situation, so unsere Ausgangsüberlegung, dürfte deshalb diese einen Einblick in die Strukturen des Reichs in ihrer Veränderung bieten. Das ist die verfassungsgeschichtliche Dimension des Themas, deren volle Bedeutung erst dann zu erfassen ist, wenn man sie einbettet in das gegenwärtige Bild von der politischen Kultur des hohen Mittelalters im Reich: Man sollte dann von einer grundsätzlichen Offenheit der Erb-Situationen ausgehen (und nicht ex-post Sinnstiftungen aufsitzen). Man müsste berücksichtigten, dass »rechtliche« Vorstellungen sich in diesem Zeitraum erheblich veränderten und dass auch im Erb- und Besitzrecht konkurrierende und nicht abgeglichene Vorstellun-

8) Ebd., S. 261–279.

9) Chronica Reinhardsbrunnensis (wie Anm. 1), S. 556: *Siquidem Hermannus honoratus Thuringie lantgravius filiam suam, nondum doli capacem, offerens imperio illud optinuit, ut sub testimonio principum eidem puelle ab imperatore conferrentur suorum iura principatuum.*

10) Vgl. dazu jeweils nur aktuelle Titel, die die ältere Literatur erschließen: Von den Welfen zu den Staufern. Der Tod Welfs VII. 1167 und die Grundlegung Oberschwabens im Mittelalter, hg. von Thomas ZOTZ/Andreas SCHMAUDER/Johannes KUBER (Oberschwaben 4), Stuttgart 2020; Die Zähringer. Rang und Herrschaft um 1200, hg. von Jürgen DENDORFER/Heinz KRIEG/R. Johanna REGNATH (Veröffentlichung des Alemannischen Instituts Freiburg im Breisgau 85), Ostfildern 2018; Die Andechs-Meranier in Franken. Europäisches Fürstentum im Hochmittelalter, hg. von Lothar HENNING, Mainz 1998.

gen nebeneinander bestehen bleiben konnten[11]. Akzeptiert man dies als Voraussetzung, dann richtet sich der Blick auf die »Praktiken«, mit denen versucht wurde, diese Situation zu bewältigen, und nicht zuletzt – im Hinblick auf die politische Dimension auf die »Aushandlungen« zwischen König, Fürsten und Beherrschten, die zu Lösungen führten[12]. Im Rahmen eines solchen aktualisierten verfassungsgeschichtlichen Zugriffs wollen wir über die Erbsituationen im (fürstlichen) Hochadel des hohen Mittelalters diskutieren. Ansatzpunkt ist dafür der gestörte Fall der Herrschaftssukzession, der im Untersuchungszeitraum zwischen etwa 1150 und etwa 1250 offensichtlich dann gegeben ist, wenn ein Vater keinen Sohn hatte.

Diese Konzentration der Erbfolge auf einen Sohn, sei, so die klassischen Thesen von Karl Schmid und Georges Duby, ein zentrales Merkmal der familiären Neustrukturierung des Adels in diesem Zeitraum[13]. Und in der Tat ist die Vater-Sohn-Folge ein vielbeobachtetes Phänomen der Praxis. Man könnte also argumentieren, dass für die Zeit zwischen 1150 und 1250 die Frage des adeligen Erbens doch eigentlich geklärt sei, es einer neuen, eingehenden Untersuchung eigentlich nicht bedarf. Allerdings hat die Verwandtschaftsforschung in den letzten Jahren an der Eindeutigkeit dieser These Zweifel geäußert und die Frage in den Raum gestellt, ob nicht die Darstellung der Vater-Sohn Folge prominenter gewesen sei als ihre Praxis[14]. Dies aber, so wurde gefordert, müsste durch eingängige Studien untersucht werden. Dazu will dieser Band einen Beitrag leisten. Das gilt genauso, wenngleich dieser Aspekt in der Forschung weniger prominent diskutiert worden ist, für etwaige Veränderungen gegen Ende des Untersuchungszeitraums. Da scheint zum einen die Konsolidierung der Herrschaften und damit einhergehend die Ausbildung von »Ländern« und Territorien so weit vorangeschritten zu sein, dass der davor noch zu beobachtende radikale Zerfall adeliger Herrschaften in diesem Maße nicht mehr stattfand. Die Frage also, wer in die Herrschaft nachfolgte, erledigte sich mit dem söhnelosen Tod des Vaters keinesfalls von selbst. Zum anderen stellen wir aus spätmittelalterlicher Perspektive zumindest für fürstliche Familien fest, dass die Primogenitur nicht das dominierende Erbfolgeprinzip war, sondern stattdessen bei mehreren Söhnen häufig Formen der Teilung beziehungsweise Herrschaft zur gesamten Hand praktiziert werden. Die Wittelsbacher sind diesbezüglich schon für das 13. Jahrhundert ein prominentes Beispiel. Inwieweit es sich dabei tatsächlich aber um eine Abkehr von

11) Vgl. die vorausgehende Tagung des Konstanzer Arbeitskreises zur Multinormativität.

12) Für einen Versuch dieser Betrachtungsweise am Beispiel des Endes der Zähringer siehe: Jürgen DENDORFER, Erbrecht, Lehnrecht und Konsens der Fürsten. Der zähringische Erbfall und die Etablierung neuer normativer Ordnungen um 1200, in: Zähringer (wie Anm. 9), S. 403–424.

13) Karl SCHMID, Gebetsgedenken und adeliges Selbstverständnis im Mittelalter. Ausgewählte Beiträge zu seinem sechzigsten Geburtstag, Sigmaringen 1983; zur Einordnung: Dieter MERTENS/Thomas ZOTZ, Einleitung der Herausgeber, in: Geblüt – Herrschaft – Geschlechterbewusstsein. Grundfragen zum Verständnis des Adels im Mittelalter (VuF 44), Sigmaringen 1998, S. IX–XIII.

14) Siehe Anm. 15.

früheren Praktiken handelte und womit das zu tun gehabt haben könnte, ist bislang noch nicht ausreichend erforscht worden.

Erben, so Bernhard Jussen, kann aus anthropologischer Sicht in einem Dreischritt untersucht werden: 1.) die Verteilung, die nach dem Erben im Normallfall fragt. 2.) Die Delegierung, die fragt, wer erbt, wenn der Normalfall nicht eintritt, vor allem durch den biologischen Zufall, und 3.) die Modellierung, welche die imaginierten Formen, die Idealformen des Erbes untersucht[15]. Diese Perspektiven sind komplementär, so ist die Delegation nur zu fassen, wenn eine Vorstellung des Normalfalles existiert, während die Modellierungen ohne die Praxis nicht lesbar werden. Gleichwohl erscheint es sinnvoll, ein besonderes Augenmerk auf die Delegierung zu richten, also solche Situationen, in denen der Normalfall der Herrschaftssukzession beim Adel nicht möglich war. Die deutlichste Zäsur bildet in dieser Hinsicht der söhnelose Tod eines Adeligen. An diesem entscheidenden Moment lassen sich Fragen stellen nach a) den (Rechts-)vorstellungen, die Formen der Herrschaftsübertragung als regulär beziehungsweise irregulär erscheinen ließen, b) nach den Praktiken, mit denen Herrschaft und Besitz weitergegeben werden konnte oder mit denen man zumindest versuchte, die Kontingenzen der Biologie oder des Schicksals zu »reparieren«, und c) nach den Möglichkeiten, die sich durch Aushandlungsprozesse ergaben. Gerade diese einschneidenden Momente der gestörten Herrschaftssukzession werden es deshalb erlauben, so unsere Ausgangsthese, die spezifischen Konturen hochadeliger Übertragungskonzepte zu erfassen.

Ein auf diese Weise geweiteter Blick auf die Übertragungskonzepte ermöglicht es, einige aktuelle Forschungen zur gesellschaftlichen Ordnung des hohen Mittelalters zusammenzuführen, deren Ergebnisse die alten Gewissheiten über mittelalterliche Herrschaftsnachfolge beziehungsweise das Erben im Adel herausfordern. Zum einen ist das Erben, wie schon angedeutet, im Kontext der Verwandtschaftsforschung in den Blick genommen worden. Wer was wie von wem erbt, ist ein traditionell wichtiges Untersuchungsfeld für die Erforschung zeitgenössischer Vorstellungen von Verwandtschaft. Bernhard Jussen beobachtete, dass die weitgehend geteilte These eines »durchgängig kognatisch (oder bilateral) organisierten mittelalterlichen Verwandtschaftssystems« in einem Spannungsverhältnis zu der gerade im Hochmittelalter praktizierten agnatischen Darstellung der Weitergabe der Herrschaft steht[16]. Während die Forschung das agnatische Adelsgeschlecht als Handlungsrahmen für einzelne adelige Akteure zunehmend relativiert und immer wieder auf die Bedeutung der kognatischen Verwandten sowie der

15) Bernhard JUSSEN, Perspektiven der Verwandtschaftsforschung fünfundzwanzig Jahre nach Jack Goodys ›Entwicklung von Ehe und Familie in Europa‹, in: Die Familie in der Gesellschaft des Mittelalters, hg. von Karl-Heinz SPIESS (VuF 71), Ostfildern 2009, S. 275–324, hier S. 321–324; DERS., Erbe und Verwandtschaft. Kulturen der Übertragung im Mittelalter, in: Erbe. Übertragungskonzepte zwischen Natur und Kultur, hg. von Stefan WILLER/Sigrid WEIGEL/DEMS., Berlin 2013, S. 37–64, hier S. 59–64.

16) JUSSEN, Perspektiven (wie Anm. 14), S. 307–309; DERS., Erbe (wie Anm. 14), S. 52 f.

durch Heiraten geschaffenen Schwiegerverwandtschaft hinweist, bleibt gleichwohl das »Aussterben« eines Adelsgeschlechts im Mannesstamm ein wesentlicher Einschnitt[17]. Die in Antwort auf einen solchen Einschnitt gefundenen Lösungen durch die Zeitgenossen erlauben wichtige Einblicke in die Modellierung von Verwandtschaftsvorstellungen und ihrem Verhältnis zu Praktiken der Übertragung von Besitz, Herrschaft und Ämtern.

Die Aufzählung von Besitz, Herrschaft und Amt ist bewusst gewählt, denn es stellt sich die Frage, inwieweit im Hinblick auf die zu vererbenden materiellen wie immateriellen Güter differenziert wurde. Um solche Unterscheidungen terminologisch besser greifen zu können, haben David W. Sabean und Simon Teuscher den Vorschlag gemacht, zwischen Nachfolge (*succession*) und Erbe (*inheritance*) zu differenzieren. Während die Nachfolge vornehmlich die materiellen und immateriellen Güter meint, die für die Übertragung des Rangs zentral waren und die – zumindest am Übergang vom Spätmittelalter zur Frühen Neuzeit – patrilinear weitergegeben wurden, meint Erbe die übrigen Güter, die einem sehr viel weiteren Verwandtenkreis auf väterlicher und mütterlicher Seite vermacht werden konnten[18]. Ob diese Unterscheidung zweier Modi, die terminologisch auf einer Ebene unterhalb des Begriffs »Übertragungskonzept« anzusiedeln sind, auch schon für den Hochadel im römisch-deutschen Reich zwischen 1150 und 1250 trägt, ist eine der in dem vorliegenden Band verhandelten Fragen.

In diesem Kontext ist ein zweiter Strang der mediävistischen Forschung von besonderem Interesse: die Arbeiten zum Lehnswesen. Wurde beim Vererben beziehungsweise Erben zwischen Eigen und Lehen unterschieden? In der Forschung besteht eine zunehmende Unsicherheit darüber, ob es sich bei Eigengut und Lehen tatsächlich um zwei klar

17) Die folgende Auswahl bezieht sich entsprechend der hier verfolgten räumlichen Ausrichtung des Themas auf den Adel im (ost)fränkischen beziehungsweise römisch-deutschen Reich. Für die Zeit vor 1100 siehe: Gerhard LUBICH, Verwandtsein. Lesarten einer politisch-sozialen Beziehung im Frühmittelalter (6.–11. Jahrhundert), Köln/Weimar/Wien 2008, für das spätere Mittelalter siehe: Karl-Heinz SPIESS, Familie und Verwandtschaft im deutschen Hochadel des Spätmittelalters (13. bis Anfang des 16. Jahrhunderts) (VSWG 111), Stuttgart 1993. Diese Arbeiten bilden aber nur einen Ausschnitt der sehr regen internationalen Diskussion des Themas. Wiederum nur stellvertretend sei hier verwiesen auf Anita GUERREAU-JALABERT, Sur les structures de parenté dans l'Europe médiévale, in: Annales. Economies, sociétés, civilisations 36 (1981), S. 1028–1049; Régine LE JAN, Famille et pouvoir dans le monde franc (VIIe–Xe siècle). Essai d'anthropologie sociale (Histoire ancienne et médiévale 33), Paris 1995; Constance B. BOUCHARD, ›Those of my Blood‹. Constructing Noble Families in Medieval Francia, Philadelphia 2001; Kinship in Europe. Approaches to Long-Term Development (1300–1900), hg. von David W. SABEAN/Simon TEUSCHER/Jon MATHIEU, New York/Oxford 2007, darin insbesondere David W. SABEAN/Simon TEUSCHER, Kinship in Europe. A New Approach to Long-Term Development, S. 1–32, die nicht nur adelige Verwandtschaftstrukturen in den Blick nehmen. Sara MCDOUGALL, Royal Bastards. The Birth of Illegitimacy, 800–1230 (Oxford Studies in Medieval European History), Oxford 2017, richtet den Blick auf die Frage der Illegitimität.

18) SABEAN/TEUSCHER, Kinship in Europe (wie Anm. 16), hier S. 4–16; Karin GOTTSCHALK, Erbe und Recht. Die Übertragung von Eigentum in der frühen Neuzeit, in: Erbe (wie Anm. 14), S. 85–125, hier S. 112.

voneinander geschiedene Kategorien des Besitzes handelte[19]. Als für unser Thema relevantes Ergebnis der deutschsprachigen Arbeiten der letzten Jahre zum Lehnswesen lässt sich festhalten, dass sich zwischen 1150 und 1250 kein Lehnswesen im klassischen Sinne fassen lässt und allenfalls gewisse formative Tendenzen greifbar sind[20]. Wie gesichert einzelne Güter und Besitzungen als Eigen oder Lehen eines Adeligen angesprochen werden konnten, dürfte auch deswegen im Einzelfall schwer nachzuweisen sein, und nicht selten zeigen sich Re-definitionen und eine gewisse Fluidität des Besitzstatus in Erbsituationen. In diesem Kontext sei an die seit einiger Zeit vorliegenden Befunde und Überlegungen der anglophonen Forschung zu Besitz, Eigentum, Lehen und dem Erben erinnert. Ihre Untersuchungen vorwiegend westeuropäischer Fälle verweisen auf die Offenheit von Erbsituationen und auf die Vielfalt sowie das Nebeneinander unterschiedlicher rechtlicher Argumente, die dabei zum Tragen kamen[21]. Die in dem vorliegenden Band geleisteten systematischen Untersuchungen von Erbfällen sorgen zumindest für weite Teile des römisch-deutschen Reichs nördlich der Alpen für größere Klarheit, sei es, dass sich diese Unschärfe zwischen Eigen und Lehen in der Unterscheidung bestätigt, sei es, dass sich Tendenzen einer klareren Differenzierung nicht nur hinsichtlich der zu vererbenden Güter an sich, sondern gegebenenfalls auch ihrer unterschiedlichen Behandlung ergeben. Mit der Frage nach der Formierung bestimmter Prinzipien des Erbens in all ihrer räumlichen und chronologischen Verschiebung ist aber ein Themenkomplex angesprochen, der nicht zufällig auch die Diskussion um das Lehnswesen mit besonderer Intensität prägt, nämlich inwieweit allgemein anerkannte Normen die Vorgänge regelten. Es stellt sich die grundsätzliche Frage, was (Erb-)recht in der Zeit überhaupt sein konnte, wie fest oder verhandelbar die Normen waren, die den Erbgängen zugrunde lagen, und in welchem Umfang sich diese im Laufe des 12. und 13. Jahrhunderts veränderten[22]. Hochadelige Erbsituationen und die mit ihnen einhergehenden Konflikte zeigen deshalb, mit welchen Rechtspositionen argumentiert wurde und ermöglichen einen praxisnahen Blick auf die Geltung und Veränderung von erbrechtlichen Normen, und damit auf einen wesentlichen Teil der Übertragungskonzepte des hohen Mittelalters.

19) Vgl. Tenere (wie Anm. 5), passim.

20) Zum Forschungsstand ebd.; vorbereitet durch: Das Lehnswesen im Hochmittelalter. Forschungskonstrukte – Quellenbefunde – Deutungsrelevanz, hg. von Jürgen DENDORFER/Roman DEUTINGER (Mittelalter-Forschungen 34), Ostfildern 2010; Karl-Heinz SPIESS, Ausbildung und Verbreitung des Lehnswesens im Reich und in Italien im 12. und 13. Jahrhundert (VuF 76), Ostfildern 2013.

21) Siehe insbesondere die Aufsätze von Stephen D. WHITE, Re-Thinking Kingship and Feudalism in Early Medieval Europe, Aldershot 2005, sowie die inzwischen klassische Studie von Susan REYNOLDS, Fiefs and Vassalls. The Medieval Evidence Reinterpreted, Oxford 1994.

22) Vgl. DENDORFER, Erbrecht (wie Anm. 11).

Neben Verwandtschaft und Lehnswesen bietet Rang eine dritte Perspektive auf hochadeliges Erben. Wenn Rang ein handlungsleitendes Kriterium für den Adel war[23)], dann müsste sich dies auch in den Erbpraktiken niederschlagen. Zunächst stellt sich die grundsätzliche Frage, inwieweit Rang überhaupt von einer Person zur anderen weitergegeben werden konnte. Wenn Rang nämlich das Ergebnis eines Kommunikationsprozesses zwischen dem Betroffenen und seiner Umgebung ist[24)], dann kann es hinsichtlich des Erbens lediglich um Rangexspektanzen gehen und damit um die Frage, wie durch das Erben die Wahrscheinlichkeit gesteigert wird, diese Exspektanzen auch tatsächlich zu realisieren. Dabei ist dann zu differenzieren zwischen der kollektiven und der individuellen Ebene des Rangs, das heißt der Zugehörigkeit zu einer spezifischen Gruppe und dem Platz innerhalb der Gruppe[25)]. In unserem Untersuchungszeitraum ist diese Unterscheidung von besonderem Interesse, weil es mit der Formierung der reichsfürstlichen Rangstufe zu einem sozialen Ausdifferenzierungsprozess innerhalb des Hochadels kam. Deshalb ist der vergleichende Blick auf die gräflichen und reichsfürstlichen Praktiken so wichtig, weil wir so erforschen können, ob sich im Hochadel rangspezifische Erbpraktiken herausbildeten. Vererbten Reichsfürsten anders als Grafen? Auch gilt es in den Blick zu nehmen, ob diese Rangexspektanzen nur für eine oder mehrere Personen galten und ob es genderspezifische Unterschiede gab. Konnte beispielsweise nur ein Sohn den Rang des Vaters übernehmen oder konnten mehrere Söhne gleichermaßen in den väterlichen Rang nachfolgen? Wie stand es um die Rolle der Frauen, Witwen und Töchter? Gab es regionale Unterschiede und betrafen sie gräfliche wie reichsfürstliche Familien gleichermaßen?

In diesem Kontext stellt sich dann die Frage, was an dem zu Übertragenden eigentlich rangdefinierend ist (Titel, Zeichen, Herrschaft etc.)? Die bereits angesprochene, im Kontext der Verwandtschaftsforschung entwickelte begriffliche Unterscheidung von Erbe und Sukzession mag hier hilfreich sein. Aber auch der Blick auf Veränderungen im Lehnswesen ist erneut von Bedeutung, wenn man bedenkt, dass zumindest aus königlicher Perspektive die Belehnung mit dem Reichsfürstentum rangkonstituierend für die Reichsfürsten wurde[26)], die Akzeptanz der Herrschaft als Lehen also zentral für die Sukzession wurde.

Die Thematik der rangdefinierenden Güter führt weiterhin zur Frage, welchen Einfluss die Verfügbarkeit solcher Güter auf die Erbpraxis hatte. Konnte derjenige, der viel hatte, anders vererben, als einer, der wenig besaß? Spielte die Quantität der zur Verfügung stehenden Güter eine Rolle bei der Frage, wer was erbte? Welche normativen und

23) Jörg PELTZER, Der Rang der Pfalzgrafen bei Rhein. Die Gestaltung der politisch-sozialen Ordnung des Reichs im 13. und 14. Jahrhundert (RANK. Politisch-Soziale Ordnungen im mittelalterlichen Europa 2), Ostfildern 2013, S. 21–31.

24) Ebd., S. 27–31, mit den Hinweisen auf die ältere Literatur.

25) Ebd., S. 21; Alain FAUDEMAY, La distinction à l'âge classique. Emules et enjeux, Genf 1992, S. 45.

26) PELTZER, Rang (wie Anm. 22), S. 78–103.

gesellschaftlich akzeptierten Spielräume hatte der Erblasser darüber zu entscheiden, ob er was wie teilte? Für das italische Regnum beispielsweise sah die Gesetzgebung von Roncaglia 1158 vor, dass Herzogtümer, Markgrafschaften und Grafschaften nicht geteilt werden sollten[27]. Die zumindest ansatzweise Beantwortung dieser Fragen ist unabdingbar, um Sinn, Zweck und Form von Erbteilungen einordnen und beurteilen zu können[28].

Die aktuellen Forschungen zu Verwandtschaft, Lehnswesen und Rang bieten so neue Zugänge zu dem an und für sich alten Thema des hochadeligen Erbes[29]. Um die sich aus diesen Blickachsen ergebende Fülle von Aspekten zu systematisieren und damit eine bessere Vergleichbarkeit der Fallstudien zu gewährleisten, gaben wir den Beiträger:innen einen Fragenkatalog an die Hand, der in die Bereiche »Situationen«, »Deutungen«, »Vorstellungen« und »Akteure im Konflikt« eingeteilt wurde. Mit »Situationen« sollten die jeweiligen (personellen) Konstellationen in den Blick genommen werden. Gab es einen Normalfall adeligen Erbens und der Sukzession, und wie definierten sich davon abgegrenzt Sonderfälle? Wie absehbar war der »Erbfall«, wie lange erstreckte er sich beziehungsweise die Auseinandersetzungen, die aus ihm folgten? Gab es sogar befristete Lösungen und wenn ja, welche Rolle spielten Übergangsphänomene wie Regentschaften für unmündige Söhne oder Witwenherrschaften? Oder sollte man in solchen Situationen gar nicht von einem Übergangsphänomen sprechen, sondern von einer eigenständigen Nachfolgeform? Von dieser eher deskriptiven Ebene sind die möglichen »Deutungen« zu unterscheiden. Wie ergiebig ist für den Untersuchungszeitraum etwa die vorgestellte Unterscheidung zwischen Erbe und Sukzession? Lässt sich damit die Spannung zwischen einem anhaltend bilateralen Verwandtschaftssystem und agnatischen Repräsentationen auflösen? Sind Kategorien wie Gender, Rang, oder Unterscheidungen der Erbmasse, nach Amt, Lehen und Eigen, nach materiellen und symbolischen Gütern, oder auch nur nach Umfang und Herkunft der Besitz- und Herrschaftsrechte mit Gewinn zur Deutung der Fälle heranzuziehen? Auf der Ebene der »Vorstellungen« der Zeitgenossen war danach zu fragen, ob es eine diskursive Ebene gibt, in denen die Modellierung von Übertragung greifbar wird, und, wenn ja, wie sich diese dann zur Praxis verhält. Und nicht zuletzt sollte unter der Überschrift »Akteure im Konflikt« die politische Seite des Geschehens als Teil eines Aushandlungsprozesses aufgerufen

27) Die Urkunden Friedrichs I. Teil 2. 1158–1167, hg. von Heinrich APPELT (MGH DD 10,2), Hannover 1979, Nr. 242; zum Geltungsbereich der roncaglischen Gesetzgebung und ihrer Wirkung siehe Jürgen DENDORFER, Roncaglia. Der Beginn eines lehnrechtlichen Umbaus des Reiches?, in: Staufisches Kaisertum im 12. Jahrhundert. Konzepte, Netzwerke, politische Praxis, hg. von Stefan BURKHARDT/Thomas METZ/Bernd SCHNEIDMÜLLER/Stefan WEINFURTER, Regensburg 2010, S. 111–132.

28) Siehe dazu SPIESS, Familie (wie Anm. 16), S. 204–289, hinsichtlich der Grafen und Herren im Spätmittelalter.

29) Vgl. zur langen und eng mit der Genese der deutschen Mediävistik verbundenen Forschungsgeschichte auch die Bemerkungen von Christoph Dartmann in diesem Band.

werden. Wer war an Erbkonflikten beteiligt, wer führte ihn nach welchen Regularien? Wer kann Ansprüche auf welcher Grundlage erheben, welche Autoritäten werden im Konfliktfall angerufen und wer vermittelt, bestätigt oder auch verwirft Lösungen? Lassen sich sogar eigens konturierte Praktiken der Übertragung und des Umgangs mit solchen krisenhaften Erbsituationen erkennen?

Der Untersuchungsraum für diese Fragen ist bewusst auf das römisch-deutsche Reich (inklusive Oberitalien) fokussiert, weil so ein möglichst engmaschiger, Grundlagenforschung leistender und regional differenzierender Vergleich geleistet werden soll. Die Einbeziehung Oberitaliens resultiert dabei aus derselben Logik wie die Berücksichtigung der Grenzräume des Reichs im Westen und im Osten. Es geht weniger um die Identifizierung typisch deutscher Erbpraktiken zwischen ca. 1150 und ca. 1250, sondern um ein differenziertes Portrait der gedachten und praktizierten Möglichkeiten, ihrer regionalen Verbreitung und Verflechtung. Der Vergleich soll folglich nicht nur die generellen und besonderen Entwicklungen klarer hervortreten lassen, sondern auch den Grad der Konkurrenz, Beeinflussung und Verflechtung unterschiedlicher Praktiken und Modelle.

Die Anordnung der Beiträge zielt darauf ab, diese möglichen regionalen Varianzen so gut wie möglich nachzuvollziehen. Der Blick beginnt im Westen des Reichs mit Michel Margues groß angelegter Untersuchung Lothringens, die durch Alheydis Plassmanns Detailstudie zum jenseits der Reichsgrenze liegenden Boulogne flankiert wird. Die Situation am Mittelrhein, und damit in einer zentralen Landschaft des nordalpinen Reichs, ist dann Gegenstand des Aufsatzes von Steffen Krieb, für den Raum im Norden zwischen Ems und Elbe entwirft Claudia Garnier ein detailliertes Bild des Erbens. Daran schließt in südöstlicher Richtung die Studie Alexander Sembdners zum mitteldeutschen Raum an, das Roman Zehetmayer durch seinen umfassenden Beitrag für Bayern und Österreich, der auf reicher Literatur zu dieser Frage aufruhen kann, mehr als ergänzt. Die Arbeiten von Julia Burkhardt zu den schlesischen Herzogtümern und Martin Wihoda zu Böhmen thematisieren den Umgang mit dem herzoglichen beziehungsweise königlichen Erbe im Osten des Reichs und der dortigen Grenzräume. Anschließend wandert die Blickrichtung wieder südwärts, wenn sich zunächst Klaus Oschema und Laurent Ripart Savoyen zuwenden, bevor Christoph Dartmanns Studie zu Oberitalien den Reigen der regional ausgerichteten Studien abschließt. Am Beginn stehen aber Bernhard Jussens konzeptionelle Überlegungen zu Verwandtschaft, Erbe und politischer Sukzession, die seine für die Anlage dieses Bandes anregenden Gedanken wiederum in Auseinandersetzung mit der hier vorgeschlagenen Operationalisierung der Erforschung des Themas Erbe weiterentwickeln. Steffen Patzold kam seinerseits die Herausforderung zu, die vielfältigen Ergebnisse der Einzelstudien zu systematisieren und im konzeptionellen Rahmen des Bandes zu verorten. Seine Zusammenfassung beschließt den vorliegenden Band.

Verwandtschaftliches Erbe und politische Sukzession um 1200

Eine Orientierung nach 50 Jahren kulturwissenschaftlicher Neukonzeption

Bernhard Jussen (Frankfurt)

I. Thema, Hypothesen und Beobachtungsinstrumente. Erbe – Sukzession – Recht – Praktiken – Aushandlungen

Wer sich nicht intensiv mit der geschichtswissenschaftlichen Verwandtschaftsforschung der letzten gut 30 Jahre befasst hat, mag den Titel dieses Buches zunächst für reichlich spezialistisch und eng halten – für ein traditionsreiches Thema der Rechts- und Politikgeschichte, fokussiert auf einen auffallend schmalen Zeitausschnitt von gerade einmal 100 Jahren. Auch das Adjektiv »adlig« mag zunächst nicht nach einer Herausforderung des lange Gewohnten aussehen. Worauf also zielt dieses Buch, wo sucht es Interventionschancen? Und was kann der methodische Hebel leisten, den die Stichworte des Untertitels – Recht, Praktiken, Aushandlungen – signalisieren? Es sind die Diskussionen der Verwandtschaftsforschung seit etwa den frühen 1990er Jahren, die diesem klassisch klingenden, auf nur ein Jahrhundert zugeschnittenen Thema seine weitreichende Erklärungskraft geben für grundsätzliche Herausforderungen zur Deutung der Geschichte Lateineuropas. Wer die Verwandtschaftsforschung der letzten Jahrzehnte vor Augen hat, erkennt in der doppelten Engführung des vorliegenden Buches die Konzentration auf eine neuralgische Stelle zweier konkurrierender makrohistorischer Deutungsmodelle der lateineuropäischen Geschichte.

Bis zumindest in die 1980er Jahre galt jene Zeit, die hier im Fokus steht, als Moment der *mutation lignagère*, der Transformation von Sippen, die offen und in ihrer Form kurzlebig waren, zum linearen Geschlecht (»Geschlechter dauern fort, bilden sich neu oder sterben aus, Sippen wandeln sich«)[1]. In der wissenschaftlichen Herausbildung die-

1) So jedenfalls hat Karl Schmid es in seinem für die Diskussionen der 1960er bis 1980er Jahre grundlegenden Entwurf ausgedrückt (Karl Schmid, Zur Problematik von Familie, Sippe und Geschlecht, Haus und Dynastie beim mittelalterlichen Adel, in: ZGO 105 (1957), S. 1–62, Zitat S. 4, mit Rückgriff auf Felix Genzmer, Die germanische Sippe als Rechtsgebilde, in: ZRG Germ. 67 (1950), S. 34–49. Die verschiedenen Gebrauchsweisen von »Sippe« in Forschung und allgemeinem Sprachgebrauch (von römischen Senatorenfamilien über »Germanen« bis zur »heiligen Sippe«) wissenschafts- wie politikgeschichtlich zu präzisieren, wäre nützlich, wird hier aber nicht weiterverfolgt.

ses Verlaufsmodells lässt sich die Verwandtschaftsforschung jener Generationen greifen, die sich – im Klima des Kalten Krieges – intensiv mit den nationalistischen und völkischen Altlasten der Mediävistik vor 1945 auseinandergesetzt haben[2)].

Seit den 1990er Jahren haben die Diskussionen um die Thesen des Anthropologen Jack Goody eine deutlich andere historische Darstellung in die Debatte gebracht. Sein Buch *The development of the family and marriage in Europe* aus dem Jahr 1983 hat erst unter dem Eindruck der wissenschaftlichen Blickverschiebungen nach dem Ende des Kalten Krieges eine internationale, anthropologisch orientierte geschichtswissenschaftliche Verwandtschaftsforschung ausgelöst, die bis heute andauert[3)]. Diese intensiven Diskussionen gehören zu den frühesten geschichtswissenschaftlichen Auseinandersetzungen mit »posteurozentrischen« Perspektiven. Doch ist ihnen ein Effekt auf das »Fach« über das engere Feld der Verwandtschaftsforschung hinaus verwehrt geblieben. Was immer die seit den 1980er Jahren anthropologisch orientierte geschichtswissenschaftliche Verwandtschaftsforschung diskutiert hat – bis heute hat kaum etwas davon die allgemeinhistorischen Deutungsmuster erobert, kaum etwas den Kanon des Lehr- und Handbuchwissens. Diese Resistenz ist insofern erstaunlich, als mit den Funktionen und Konzeptionen von »Verwandtschaft« wohl unstrittig die basale soziale Reproduktionsinstitution jeder Gesellschaft in den Fokus rückt. Historische Synthesen, Handbücher sowie universitäre und schulische Lehrbücher sind ein solider Indikator für Durchsetzung oder Nichtdurchsetzung neuer Perspektiven im wissenschaftlichen und wissenspolitischen Diskurs. Wenn in diesen Genres eine grundsätzliche Neudeutung 40 Jahre nach ihrer ersten Publikation noch kaum einen Niederschlag gefunden hat, obgleich sie sich in der Spezialforschung (mit allerlei Modifikationen) durchgesetzt hat, dann deutet dies auf eine Friktion zwischen den Makromodellen und der betroffenen Spezialforschung hin. Das Jahrhundert von 1150 bis 1250 steht für ein entscheidendes Detail in konkurrierenden makrohistorischen Deutungen.

2) Vgl. aus jüngster Zeit Germanische Altertumskunde im Wandel. Archäologische, philologische und geschichtswissenschaftliche Beiträge aus 150 Jahren, hg. von Sebastian BRATHER/Wilhelm HEIZMANN/Steffen PATZOLD (Reallexikon der germanischen Altertumskunde. Ergänzungsbände 100), Berlin/Boston 2021. Vgl. ferner den Ausstellungskatalog Germanen. Eine archäologische Bestandsaufnahme, hg. von Gabriele UELSBERG/Matthias WEMHOFF, Darmstadt 2020 (Ausstellung Berlin, Neues Museum und James Simson Galerie 2020–2021).

3) Vgl. Jack GOODY, The Development of the Family and Marriage in Europe (Past and Present Publications 18), Cambridge u. a. 1983 (deutsch 1986 und öfter). In den 1980er Jahren lassen sich nur einige Rezensionen finden, erst in den 1990er Jahren gerät das Buch ins Zentrum einer breiten Diskussion, vgl. Anm. 4.

I.1. Horizontale Geflechte. Verwandtschaften im lateinischen Europa nach den Römern und vor dem Staat

I.1.1. Die großen Linien

In aller Kürze sei zunächst die Diskussion jener Forschung zum lateinischen Europa zusammengefasst, die sich seit den 1990er Jahren für die global vergleichende ethnologische Verwandtschaftsforschung interessierte, frühere Gesellschaften gewissermaßen als Anthropologen zu beobachten trachtete. Zu skizzieren ist dabei der Deutungstrend mit seinen offenen Fragen und empirischen Unklarheiten, den die Forschung zur Geschichte von Ehe, Familie und Verwandtschaft seit den 1990er Jahren bis heute weiterentwickelt.

Die Feldforschungen des Kulturanthropologen Jack Goody (1919–2015), dem wir die Diskussion verdanken, galten weitgehend westafrikanischen Gesellschaften, sein global vergleichendes Interesse zielte auf langfristig pfadentscheidende Phänomene der Menschheitsgeschichte. Aus diesem makrohistorischen Blick ergaben sich seine Beobachtungen zur Geschichte von Ehe und Familie in jenen Gesellschaften am Westzipfel Eurasiens, deren Kommunikations- und Ordnungsraum von der römischen Kirche geprägt war[4]. Die im Kulturvergleich fundamentale Weichenstellung sah er in einer Transformation des Verwandtschaftssystems in jener Zeit, die in den 1980er Jahren noch als *Decline and Fall of the Roman Empire* galt, ehe man sie seit den 1990er Jahren bevorzugt als *Transformation of the Roman World*, geradezu als »Revolution« deutete – als *sexual* oder *marriage revolution*, als *cultural* oder *imaginative revolution*, als *religious* oder *theological revolution*, als *christian*, *Roman* oder *Late Roman revolution*[5].

Die Anfänge der Neuorganisation des Verwandtschaftssystems sind bereits in der späten römischen Gesellschaft rund um das Mittelmeer zu beobachten. Nach dem Rückzug der römischen Imperatoren aus der lateinischen in die griechische Welt ist der Wandel in den lateinischen Gesellschaften mit besonderer Konsequenz weitergeführt und stabilisiert worden, in den dominierenden Gesellschaften der anderen Mittelmeer-

4) Zur Geschichte der Diskussion in der Ethnologie vgl. bes. Chris HANN, Reproduction and Inheritance. Goody Revisited, in: Annual Review of Anthropology 37 (2008), S. 145–158. Aus den Anfängen der geschichtswissenschaftlichen Auseinandersetzung mit Goodys Thesen vgl. besonders Anita GUERREAU-JALABERT, La Parenté dans l'Europe médiévale et moderne. À propos d'une synthèse récente, in: L'homme 110 (1989), S. 69–93, ferner das Sonderheft der Zeitschrift ›Continuity and Change‹ Nr. 6/3, 1991 (Larry POOS, Michael MITTERAUER, Richard SALLER, Michael SHEEHAN, Loyd BONFIELD, Keith SNELL, Norma LANDAU); Überblick über die Diskussion in der französisch- und deutschsprachigen Forschung bis zur Jahrtausendwende bei Bernhard JUSSEN, Famille et Parenté. Comparaison des Recherches francaises et allemandes, in: Les tendences actuelles de l'histoire du moyen âge en France et en Allemagne, hg. von Otto Gerhard OEXLE/Jean-Claude SCHMITT, Paris 2002, S. 447–460 und Anita GUERREAU-JALABERT/Joseph MORSEL/Régine LE JAN, Famille et Parenté. De l'histoire de la famille à l'anthropologie de la parenté, in: ebd., S. 433–446.

5) Referenzen bei Bernhard JUSSEN, Das Geschenk des Orest. Eine Geschichte des nachrömischen Europa 526–1535, München 2023, siehe Anm. 1 (S. 412) zu S. 9.

regionen hingegen nicht (Levante, Nordafrika) oder nicht so konsequent (griechische Welt). Goody hatte auf eine radikale Umorganisation der Familie in Lateineuropa hingewiesen: von vertikalen, um männliche Ahnenreihen organisierten Verwandtschaftsgruppen mit einer instabilen, schwachen Position der Ehepaare zu horizontalen, kognatischen (oder bilateralen) Verwandtengruppen mit einer zentralen Position der Ehepaare. Anders gesagt, seit dem Rückzug der römischen Kaiser an den Bosporus mutierten die Verwandtengruppen in der lateinischen Welt *vom vertikalen Geschlecht* um männliche Ahnen *zum horizontalen Geflecht* um – der kirchlichen Norm nach lebenslange – Ehepaare[6]. Die Forschung hat diese »revolutionäre« Neuorganisation und Neukonzeption von Ehe, Familie und Verwandtschaft im lateinisch sprechenden Westzipfel Eurasiens gerade in jenem Jahrzehnt als besonders fruchtbares Thema entdeckt, in dem auch die Vorstellung von einer »Transformation der Römischen Welt« sich als Gegenmodell zur Untergangserzählung durchgesetzt hat[7].

Diese »revolutionäre« Transformation des Verwandtschaftssystems, mit der sich die nachrömische lateinische Welt in Jack Goodys Augen von der römischen Vorgängerkultur ebenso wie von allen großen Nachbar- und Vorgängergesellschaften verabschiedet hat, sind seit Goodys Anregung intensiv diskutiert worden. Der 40 Jahre nach Goodys Publikation erkennbare Diskussionsstand zeigt – trotz vieler Einwände und Unklarheiten im Einzelnen – einen Deutungstrend: Während der auf ununterbrochene männliche Ahnenreihen konzentrierte römische Verwandtschaftsverband dem »Normalfall« der von Goody zum Vergleich herangezogenen Großkulturen entsprochen hat[8], sind die seit dem sechsten Jahrhundert aus der »Transformation der römischen Welt« (oder »Kulturrevolution«, »sexuellen Revolution«, »Ehe-Revolution« und so weiter) her-

6) Ich greife hier komplementär eine Ausdrucksweise aus einem Aufsatz von Simon Teuscher auf, der sich auf die umgekehrte Transformation – vom *Geflecht* zum *Geschlecht* – ein Jahrtausend später konzentriert, vgl. Simon Teuscher, Verwandtschaft in der Vormoderne. Zur politischen Karriere eines Beziehungskonzepts, in: Die Ahnenprobe in der Vormoderne. Selektion – Initiation – Repräsentation, hg. von Elizabeth Harding/Michael Hecht (Symbolische Kommunikation und gesellschaftliche Wertesysteme 37), Münster 2011, S. 85–106.

7) Das von der European Science Foundation geförderte Projekt ›The Transformation of the Roman World‹ (1992–1997) hat entscheidenden Anteil an der Neuinterpretation. Die Arbeit des großen Forschungsnetzwerkes ist am einfachsten nachzuvollziehen in den Bänden der Publikationsreihe ›The Transformation of the Roman World‹ (Bde. 1–14) und der Nachfolgeserie ›Brill's Series on the Early Middle Ages‹ (Bde. 15 ff.).

8) Jack Goody hat sich zum Vergleich auf »major Eurasian societies« bezogen, die er vor mehr als 40 Jahren für plausibel halten konnte. Heute, auf der Suche nach Denkformen »jenseits von Kultur und Natur« (Philippe Descola) werden in der ethnologischen Diskussion Kulturen ins Spiel gebracht, die sich nicht in Goodys Muster der »major Eurasian societies« einordnen lassen, aber ebenfalls groß waren oder sind. Diese berechtigte Veränderung der Diskussion, die auf »post-anthropozentrische« Sichtweisen zielt, ist besonders von den Diskussionen um Philippe Descola, Bruno Latour oder Edouardo Viveiros de Castro angeregt. Für eine global vergleichende Verwandtschaftsforschung sind die Einwände dieser jüngeren Diskussion notwendig, für die Beobachtung der lateineuropäischen Geschichte ist Jack Goodys Impuls gleichwohl der erste wichtige Schritt, zumal Goody genau jene Gesellschaften beobachtet hat, die üblicherweise als anthropozentrisch gelten.

vorgegangenen lateineuropäischen Gesellschaften signifikant von diesem Muster abgewichen. Ihre Neuformierungen verwandtschaftlicher Ordnungen waren langfristig pfadentscheidend für die Organisations- und Veränderungsmöglichkeiten der lateinischen Gesellschaften. Sie haben die Geschichte Lateineuropas (mit Goodys Worten) »bis in die jüngste Zeit hinein beeinflusst und sind heute noch wirksam«[9]. Aus dieser Sicht gehört die »Eherevolution« in der lateinischen Welt seit dem fünften Jahrhundert in die Genealogie der Zivilgesellschaft[10] – ganz gegen die Idee einer 1000-jährigen Zwischenzeit zwischen dem »Untergang der Antike« und dem Wiederaufstieg oder der »Wiedergeburt« mit der »Neuzeit«. An dieser Deutung lassen auch jene Stimmen wenig Zweifel, die Goodys – zwangsweise holzschnittartige – Beobachtungen in vielen Einzelheiten korrigieren[11].

I.1.2. Sukzessionslogiken vor dem dynastischen Denken

Vorfahren

Vorfahren oder Ahnen, soviel dürfte im Rahmen dieser Verwandtschaftsforschung inzwischen unstrittig sein, spielten in den nachrömischen lateinischen Gesellschaften kaum eine Rolle[12]. Der Familienvater (*pater familias*), diese Schlüsselinstitution der römischen Gesellschaft, dessen väterlicher Gewalt (*patria potestas*) die Ahnensorge oblegen hatte, ist stillschweigend aus den Texten verschwunden[13]. Entstanden sind – wie auch immer im Einzelnen – Gesellschaften, in denen zwar hier und dort einmal von »vornehmer Herkunft« oder Ähnlichem die Rede war, insgesamt aber die männlichen Vorfahren kaum Interesse fanden. Man kümmerte sich nicht mehr um aufwändige Ahnenpflege, Ahnengedenken, Repräsentation mit männlichen Vorfahren, man inszenierte sich nicht mehr wie die römischen (oder romanischen) senatorischen *gentes*. »Aristokratische Konkurrenz im nachrömischen Europa«, um die Quintessenz von

9) GOODY, Development (wie Anm. 3).

10) Die verständliche Abneigung gegen »Meistererzählungen« (ein seit Mitte der 90er Jahre beliebtes Schlagwort), führt schnell dazu, das Kind mit dem Bade auszuschütten. Wer sich dem Nachdenken über Langfristperspektiven verweigert, überlässt das Feld anderen und transportiert die etablierten Langfristperspektiven immer weiter. Gegen »entwicklungsgeschichtliche« und »kausale« Argumentation vorzugehen, entbindet nicht von der Aufgabe, andere empirische Verfahren zur Beobachtung langfristiger Veränderungsabhängigkeiten zu suchen. »Pfadabhängigkeit« und »Genealogie« dürften Chancen haben, sich als methodisch und epistemologisch akzeptable Deutungsformen durchzusetzen.

11) Insbesondere die Deutung von Sara McDougall führt, wenn man ihr folgt, zu deutlichen Modifikationen der Goody-Thesen für die frühen nachrömischen Jahrhunderte, vgl. Sara MCDOUGALL, Royal Bastards. The Birth of Illegitimacy, 800–1230 (Oxford Studies in Medieval European History), Oxford/New York 2016.

12) Die Skizze der folgenden Seiten ist ausführlicher ausgearbeitet in JUSSEN, Geschenk (wie Anm. 5), S. 44–50.

13) Zum Ende des römischen Haushalts Kate COOPER, The Fall of the Roman Household, Cambridge u.a. 2007, und Carlos MACHADO, Between Memory and Oblivion. The End of the Roman Domus, in: Rom in der Spätantike. Historische Erinnerung im städtischen Raum, hg. von Christian WITSCHEL/Ralf BEHRWALD, Stuttgart 2013, S. 111–138.

Walter Pohl zu bemühen, »hat offenbar nicht auf extravagante Ahnenreihen gesetzt«. Und weiter:

> »Wir mögen die merowingische oder karolingische Herrschaftsfolge zwar als dynastisch bezeichnen. Aber weder der Name der Dynastie noch die genaue Abstammungsfolge wurden in den Quellen besonders hervorgehoben. Was zählte, war die Reihenfolge der Könige, die zwar standardmäßig eine Sohnesfolge war und vielleicht noch andere Formen der Verwandtschaft einschloss, aber selten ausgefeiltere genealogische Argumente erforderte«[14].

Pohl folgend ist also festzuhalten, dass schon die Bezeichnung der Königsfamilien als »Dynastien« wenig mit deren Legitimierungstechniken zu tun hat. Denn diese Höfe waren zufrieden mit dem Argument »Sohnesfolge«. Wer die Beobachtung Pohls entkräften will mit dem Argument, dies laufe doch auf das Gleiche hinaus, hat aus dem Auge verloren, dass soziale Systeme (in Praktiken, Legitimationsweisen, Verhaltenserwartungen, Gesetzen und so weiter) *eine hinreichende, aber keine vollständige* Logik entwickeln. Wer aus der Rückschau »logisch« weiterdenkt, was bei den Zeitgenossen nicht zu finden ist, wer also ein Aneinanderreihen von Vater-Sohn-Legitimationen »logisch« weiterdenkt zu »Dynastie« oder »Geschlecht«, verstellt den Blick auf die Mechanismen, die ein soziales System stabil halten[15].

Das historische Material, auf dem Walter Pohls Einsicht beruht, erstreckt sich bis ins 11. Jahrhundert, sein Blick betrifft also die Vorgeschichte jener Zeit, um die es in diesem Buch geht. Bis in die 1980er Jahre war die Annahme Gemeingut, dass das 12. Jahrhundert die *mutation lignagère* gebracht habe, die Wende von der offenen Verwandtengruppe zum Geschlecht. In der Folge der Diskussionen um Jack Goodys Buch aber scheint sich die Auffassung durchzusetzen, dass die Karriere der Geschlechter erst gegen 1500 begonnen hat. Verwandtschaftsgeschlecht, Stammbaum und Ahnenorientierung gehören demnach nicht in die Geschichte der »Gesellschaften ohne Staat« und werden nicht mit der Entstehung der Staaten zurückgedrängt, sondern ganz im Gegenteil: Sie

14) Walter POHL, Genealogy. A Comparative Perspective from the Early Medieval West, in: Meanings of Community across Medieval Eurasia. Comparative Approaches, hg. von Christina LUTTER/Walter POHL/Eirik HOVDEN (Brill's Series on the Early Middle Ages 25), Leiden/Boston 2016, S. 232–269. Ich greife in der folgenden Passage auf Pohls Darstellung zurück. Bislang waren Hinweise auf dieses auffällige Desinteresse an Ahnen, wenn überhaupt, dann eher knapp und unsystematisch. Mit Blick auf hohe Adelige des 13.–16. Jahrhunderts hat Karl-Heinz Spieß bereits im Jahr 1993 ähnlich argumentiert, vgl. Karl-Heinz SPIESS, Familie und Verwandtschaft im deutschen Hochadel des Spätmittelalters. 13. bis Anfang des 16. Jahrhunderts (VSWG Beihefte 111), Stuttgart 1993 (2. korrigierte Auflage 2015); Es wäre nützlich, diese Beobachtung des Verschwindens der Ahnenorientierung zusammenzuführen mit der Deutung von MCDOUGALL, Royal Bastards (wie Anm. 11), die sich auf diesen Punkt nicht konzentriert hat und *lineages*, *ancesters* und *dynasties* auch für die frühen Jahrhunderte nicht in Frage stellt.

15) Dazu näher Bernhard JUSSEN, Kohärenzinseln. Arbeiten an geschichtswissenschaftlichen Versuchsaufbauten nach dem Ende des Eurozentrismus, in: Normative Ordnungen, hg. von Rainer FORST/Horst GÜNTHER (Suhrkamp-Taschenbuch Wissenschaft 2342), Berlin 2021, S. 209–233.

gehören in die Geschichte der Formierung von Staaten[16]. Geschlecht und Staat, um Simon Teuscher zu folgen, formierten sich Hand in Hand, auf der Grundlage der gleichen Prinzipien: »Beide operierten mit einer Hierarchie von funktionalen Rollen (des Nachfolgers, des Nachgeordneten und so weiter), in denen sich Individuen nach vorhersagbaren Mechanismen ablösten«. Beide beanspruchten, den Zugriff auf diese Rollen »nach generalisierbaren und verifizierbaren Kriterien zu regulieren«. Teuscher folgend sind diese Phänomene seit dem frühen 15., oft aber erst seit dem 16. Jahrhundert zu beobachten. »Zwar wurden«, so Teuscher, »ab dem 12. Jahrhundert königliche Lehen und Ämter vermehrt ungeteilt an die ältesten Söhne weitergegeben, dies änderte aber lange wenig an Mustern der Vererbung allodialer Güter und Herrschaftsrechte, die weiterhin stark auf die Gleichbehandlung der Kinder abstellten«[17].

Die beiden Aufsätze von Walter Pohl und Simon Teuscher aus den 2010er Jahren mögen hier ausreichen als Kronzeugen für die Durchsetzung der Neudeutung, die aus der Diskussion um Jack Goodys Thesen hervorgegangen ist. Auf der Suche nach den Kräften, die seit dem sechsten Jahrhundert eine solche fundamentale Transformation vom ahnenzentrierten vertikalen Geschlecht zum ehezentrierten horizontalen Geflecht ausgelöst und binnen weniger Generationen durchgesetzt haben, konzentrierte sich die Forschung auf einer Reihe von Beobachtungen, die ein ganz neues Bild der Jahrhunderte nach etwa 500 ergeben[18]. Die neuen lateinischen Gesellschaften – allen voran die langlebigste, die sich »fränkisch« nannte – haben erhebliche Energie investiert in Institutionen und Lebensformen, die den ahnenorientierten Verwandtschaftsverband zerstört und das ehezentrierte, bilaterale Verwandtengeflecht stabilisiert haben. Von dieser Reorganisation waren fast alle Bereiche sozialer Reproduktion betroffen (vgl. Abschnitt 4) – darunter das »adlige Erben«, um das es in diesem Buch geht. Die Deutung adligen Erbens zwischen 1150 und 1250 hängt wesentlich davon ab, ob in diesem Zeitraum (wie bis in die 1980er Jahre angenommen) ein erneuter Systemwechsel zu beobachten ist – die Wiedergeburt des Verwandtschaftsgeschlechts – oder nicht. Ein System männlicher Verwandtschaftsgeschlechter stellt andere Anforderungen an die gesellschaftliche Organisation sozialer Reproduktion als jenes System ehezentrierter Familiengeflechte, das sich seit der »Eherevolution« durchgesetzt hatte. Die Deutung hängt aber auch davon ab, wie stringent wir uns die Transformation des Verwandtschaftssystems durch die »Eherevolution« mit der »Transformation der römischen Welt« vorstellen. In jüngster Zeit wird argumentiert, dass Teile des kirchlichen Konzepts (Scheidungsverbot, Vorstel-

16) Das Thema »Genese des Staates« ist ein eigenes, das hier nicht weiter in Frage gestellt wird. Ich übernehme die Darstellung von TEUSCHER, Verwandtschaft (wie Anm. 6), der die Genese von Staaten weiterhin als ein im 16. Jahrhundert beginnendes Phänomen unterstellt.

17) TEUSCHER, Verwandtschaft (wie Anm. 6), Zitate S. 91 und 105, vgl. ebd., S. 91 f.

18) Schnell zurückgewiesen wurde Goodys *Deutung* (er hatte der Kirche als Leitinteresse die Besitzvermehrung unterstellt), seine *Beobachtungen* aber wurden von der Spezialforschung weitgehend – mit diversen Korrekturen – akzeptiert. In die großen Synthesen, Hand- und Lehrbücher ist davon allerdings noch wenig vorgedrungen.

lungen von Illegitimität) erst seit eben jener Zeit, die dieses Buch beleuchtet, stringent geworden seien und erst jetzt, seit der Wende zum 13. Jahrhundert, die Verhaltens- und Argumentationsmuster der Laien bestimmt hätten[19].

Kinderlose Paare

Der Testfall für den Systemvergleich sind kinderlose Paare. Diese sind in einem System, das wie das römische auf männliche Verwandtschaftslinien, Ahnenkult und eine starke Stellung der Clanautoritäten (*pater familias* und so weiter) ausgerichtet ist, ein existentielles Problem. Clangesellschaften wie die römische sind darauf angewiesen, das Ausbleiben legitimer Söhne (wie immer Legitimität definiert ist) korrigieren zu können[20]. Sie brauchen Techniken, mit denen Familienväter bei Bedarf auf verschiedene Weise legitime Söhne erzeugen konnten – sei es durch ein Rechtsinstitut wie die Adoption, sei es durch die Verbindung eines Mannes mit mehreren Frauen (Polygynie/Polygamie), durch die Möglichkeit der Scheidung und Wiederheirat oder der Legitimierung von Konkubinenkindern. So hatte es für römische Aristokraten »großzügige Regelungen für Mehrfachheirat und Adoption« gegeben[21].

Nach der von Jack Goody 1983 publizierten These sind alle Ersatzlösungen für das Ausbleiben von ehelichen Nachkommen schon in den frühen nachrömischen Jahrhunderten unter dem Einfluss der Kirche verschwunden – Scheidung zum Zweck der Wiederheirat, Konkubinat, Polygamie, Adoption. Als Jack Goody vor 40 Jahren mit der Erfahrung des Kulturanthropologen seine radikal neue und bahnbrechende Beobachtung zur Geschichte von Ehe und Verwandtschaft in Lateineuropa lieferte, hat er natürlich in manchem holzschnittartig, vereinfacht, verkürzt und auf der Basis des damals verfügbaren Lektürewissens gearbeitet. So ist nicht erstaunlich, dass man ihm inzwischen in einigen grundsätzlichen Aspekten widersprochen und viele Einzelpunkte differenziert, zeitlich gestreckt oder nach Diskursräumen getrennt hat. Einige seiner Beobachtungen bleiben bislang bestehen, etwa dass die Adoption als Rechtsfiktion der legitimen Sohnschaft (*tamquam filium ex se*) verschwunden ist. Bei anderen Ausweichlösungen bedarf Goodys Argument des Verschwindens von Ersatztechniken der Modifikation. Polygamie war in den »Kernräumen« der lateinischen Welt keine legitime Option, gleichwohl findet man einen »polygamen Kreis um die lateineuropäischen Kernräume« (Michael Borgolte), also in den Kontaktzonen zu Gesellschaften, die nicht

19) So besonders Sara McDougall, etwa: McDOUGALL, Royal Bastards (wie Anm. 11).

20) Der Terminus »Clan« wird in der Forschung unterschiedlich verwendet, dies verfolge ich hier nicht weiter.

21) Mit den Worten von Egon FLAIG, Die Pompa Funebris. Adlige Konkurrenz und annalistische Erinnerung in der Römischen Republik, in: Memoria als Kultur, hg. von Otto Gerhard OEXLE (Veröffentlichungen des Max-Planck-Instituts für Geschichte 121), Göttingen 1995, S. 115–148, zustimmend Uwe WALTER, Memoria und res publica. Zur Geschichtskultur im republikanischen Rom (Studien zur Alten Geschichte 1), Frankfurt am Main 2004, S. 86; zur Adoption vgl. bes. Adoption et fosterage, hg. von Mireille CORBIER (De l'archéologie à l'histoire), Paris 1999.

im Rahmen der lateinischen Kirche funktionierten[22]. Auch Trennung von Ehepaaren im Interesse erneuter Heirat (ob als »Scheidung« oder als »Annulierung«) lässt sich finden, wobei der Status dieser Fälle (normale Verfahren, eingeübte Praktiken oder seltene Lösungen) noch zu diskutieren ist[23]. Derzeit ebenfalls kontrovers diskutiert ist der Umgang mit außerehelichen Kindern[24]. Doch der Kern der Beobachtung von Jack Goody bleibt kaum bestritten: Ehezentrierung und Bilateralität der Verwandtschaft hat sich als breit geteiltes *Verhaltensmuster* und *normatives Wissen* schnell durchgesetzt, »extravagante Ahnenreihen« oder »ausgefeiltere genealogische Argumente« (um noch einmal Walter Pohl zu bemühen) haben schnell ihre Relevanz verloren.

Komplizierter ist die Frage, wie diese neuen, in bilateralen und horizontalen Verwandtschaftsgeflechten organisierten Gesellschaften mit Kinderlosigkeit umgegangen sind. Dass alle Reparaturmechanismen für diesen Fall binnen weniger Generationen verschwunden sind, wie Goody der damaligen Forschungsdiskussion entnommen hatte, ist angesichts der dürftigen Materiallage nicht leicht zu belegen und mag sich als Rückprojektion kirchlicher Durchgriffsmöglichkeiten seit dem 13. Jahrhundert erweisen[25]. Besonders Sara McDougall hat argumentiert, dass die Normierungsanstrengungen der Bischöfe, Konzilien und Theologen zwar schon in den frühen nachrömischen Jahrhunderten sichtbar sind, ihr Durchschlag auf die Verhaltensmuster aber über viele Jahrhunderte kaum beobachtbar ist. McDougall sieht den Umbruch erst um 1200. Erst seit dem späten 12. Jahrhundert wird nach ihrer Argumentation deutlich, dass »Legitimität« eines Kindes nicht nur bei Klerikern, sondern auch bei Laien bedeutet, dass es sich um ein Kind aus »legitimer« Ehe handelt; erst jetzt sei es für Laien nötig gewesen, sich in diesem normativen System zu rechtfertigen. Zuvor seien die Vorschriften der kirchlichen Akteure über Jahrhunderte nicht einheitlich gewesen, sei Legitimität in laikalen Diskursen an verschiedenen Parametern gemessen worden, insbesondere am sozialen Status der mütterlichen Verwandtschaft. Zugleich betont McDougall, dass Kirchenvertreter zwar Beziehungen von Männern und Frauen jenseits der Ehe als »illegitim« stig-

22) Mit der Zusammenfassung von Michael Borgolte (Michael BORGOLTE, Kulturelle Einheit und religiöse Differenz. Zur Verbreitung der Polygynie im mittelalterlichen Europa, in: ZHF 31 [2004], S. 1–36) ausführlich Jan RÜDIGER, Der König und seine Frauen. Polygynie und politische Kultur in Europa (9.–13. Jahrhundert) (Europa im Mittelalter), Berlin/Boston 2015; engl. Jan RÜDIGER, All the King's women. Polygyny and politics in Europe, 900–1250 (The Northern world 88), Leiden/Boston 2020, und: David L. D'AVRAY, Papacy, Monarchy and Marriage, 860–1600, Cambridge 2015, S. 36–47.

23) Lisa KLOCKE, Rex ab uxore sua separatus fuerat. Die Scheidungen Lothars II. und Friedrich Barbarossas im Vergleich, in: Das Hochmittelalter – eine vernachlässigte Epoche? Neue Forschungen zum 11.–13. Jahrhundert, hg. von DERS./Matthias WEBER (Studien zur Vormoderne 2), Berlin/Bern/Wien 2020, S. 19–104.

24) MCDOUGALL, Royal Bastards (wie Anm. 11).

25) So argumentiert MCDOUGALL, Royal Bastards (wie Anm. 11). Einige sind in früheren Phasen der Diskussion Jack Goody in diesem Punkt zunächst gefolgt, so etwa Bernhard JUSSEN, Perspektiven der Verwandtschaftsforschung zwanzig Jahre nach Jack Goodys ›Entwicklung von Ehe und Familie in Europa‹, in: Die Familie in der Gesellschaft des Mittelalters, hg. von Karl-Heinz SPIESS (VuF 71), Ostfildern 2009, S. 275–324.

matisierten, aber nie die Kinder selbst für das Fehlverhalten ihrer fleischlichen Eltern zur Verantwortung gezogen haben. Wo sich seit etwa 1200 die kirchlichen Legitimitäts- und Ehekonzepte stärker in der sozialen Praxis niederschlugen, seien eher die betroffenen Familien treibende Kraft gewesen als die Theologen. Die mächtigen Familien seien an einer stärker formalisierten Regelung der Sukzession, letztlich einer kleineren Zahl der Anwärter, interessiert gewesen.

Bis gegen 1200 also, so mag man McDougalls Argumentation bilanzieren, standen den bilateralen Verwandtschaftsgeflechten durchaus verschiedene Optionen zur Verfügung für den Fall, dass eine Ehe kinderlos blieb. In eine solche Deutung ist etwa Karl Ubls Beobachtung zu den Kaisern von Otto I. bis Heinrich II. einzuordnen. »Im Reich der Ottonen hatten sich«, Ubl folgend, »die Herrscher die kirchliche Ehemoral vollständig zu eigen gemacht. Die Könige erkannten das Prinzip der Unauflösbarkeit der Ehe an, das heißt sie praktizierten Monogamie und ließen sich zu Lebzeiten ihrer Frau nicht scheiden. Des Weiteren nahmen sie ihre Ehefrauen nicht aus der Verwandtschaft, sondern fügten sich den vielfältigen kirchlichen Eheverboten«. Besonders der kinderlose Heinrich II. hat Energie in den Kampf für die kirchlichen Regeln investiert. Ein Widerspruch zu McDougalls Deutung ist dies nicht, denn Ubl fügt eigens hinzu, dass diese Kaiser sich für ihre Zeit ungewöhnlich verhalten haben[26].

Ausreichend diskutiert sind diese Deutungen noch nicht. Üblicherweise macht die Geschichtswissenschaft im 12. und 13. Jahrhundert nachhaltige, umfassende und vergleichsweise zügige Transformationen aus, die mit Schlüsselworten wie »Bevölkerungswachstum«, »Urbanisierung«, »Kommunalisierung«, »Territorialisierung« gefasst werden und Auswirkungen auf fast alle Lebensbereiche haben (Stichwort »Entstehung der Universitäten«, Niedergang des Systems »Cluny« und so weiter). Wenn adlige und fürstliche Familien nicht in jener Zeit, sondern erst etwa 300 Jahre später im Verbund mit der Entstehung des Staates zu Geschlechtern mutiert sind, dann gibt es im 12. und 13. Jahrhundert eine Erklärungslücke neu zu füllen. Wie haben sich mächtige Familien an die umfassenden gesellschaftlichen Transformationen angepasst?

Eheverbote, Ehegebote, Ehelosigkeit

Weniger kontrovers als die Geschichte von Scheidungsverbot und Illegitimität ist ein weiteres pfadentscheidendes Phänomen mit langfristigen Spuren in der Geschichte Lateineuropas: die umfassenden Ehe- oder Inzestverbote. Seit dem vierten Jahrhundert haben kaiserliche Gesetze wie kirchliche Vorschriften sukzessive einen kaum zu überschauenden Umfang von Verwandtschaftsbeziehungen definiert, zwischen denen eine Heirat verboten war. Auch wenn wir in den frühen Jahrhunderten wenig von den Verhaltensmustern rekonstruieren können, so bleibt der engagierte Aufbau eines solchen

26) Karl Ubl, Der kinderlose König. Ein Testfall für die Ausdifferenzierung des Politischen im 11. Jahrhundert, in: HZ 292 (2011), S. 323–363.

Normensystems durch Kaiser, Königen und Bischöfen konstant sichtbar. In der früheren römischen Gesellschaft ebenso wie später in den muslimischen Gesellschaften war die Ehe im Kreis der Verwandtschaft ein Normalfall[27)].

Diese Verbote sind für den Blick auf Sukzessionsstrategien zunächst relevant, weil sie exogame Ehen erzwingen sollten. Zum anderen bot in der lateinischen Welt ihre Unüberschaubarkeit auch eine Möglichkeit, Ehen unter Umgehung einer Scheidung zu trennen. Prinzipiell scheint in der Forschung nicht umstritten zu sein, dass die Inzestverbote – wegen ihres schier unüberschaubaren Umfangs – eine kirchlich akzeptable Form der Trennung von Ehepaaren boten, wenn Eheleute im Nachhinein »entdeckten«, untereinander verwandt zu sein. Auch für diese Möglichkeit der Ehetrennung scheint der hier relevante Beobachtungszeitraum um 1200 eine »Wasserscheide« gewesen zu sein – erstens mit Blick auf die erst jetzt in der Laienwelt breitenwirksam gepredigte Ehesymbolik und Auratisierung der Ehe (Sakramentalität der Ehe, mystische Hochzeit Christi mit der Kirche, Popularisierung des Hohelieds und Ähnliches), und zweitens mit Blick auf die erst jetzt häufig werdenden kirchlichen Annullierungen und Argumentationen der Laien im kirchlichen Universum (»wegen des Bandes der Blutsverwandtschaft« und Ähnliches)[28)]. Dies änderte das Machtgefüge. Jeder Antrag auf rückwirkende Annullierung einer Ehe erkannte die Norm an; jeder Dispens inszenierte die kirchliche Zuständigkeit; jeder Antrag auf Annullierung war ein öffentlich sichtbarer Schritt in die Abhängigkeit kirchlicher Entscheider, der in der Niederlage enden konnte[29)].

27) Zur Etablierung der Inzestverbote vgl. insbesondere die umfassende Studie von Karl UBL, Inzestverbot und Gesetzgebung. Die Konstruktion eines Verbrechens (300–1100) (Millennium-Studien 20), Berlin 2008; zur Verwandtenehe in der römischen Gesellschaft Sabine MÜLLER, Endogamy, in: The Encyclopedia of Ancient History, hg. von Roger S. BAGNALL/Kai BRODERSEN/Craige B. CHAMPION/Andrew ERSKINE/Sabine R. HUEBNER, Chichester u.a. 2013, S. 2405 f. und Geoffrey NATHAN, The Family in Late Antiquity. The Rise of Christianity and the Endurance of Tradition, London/New York 2000: »Roman law did encourage a limited kind of endogamy within the free Roman population« (S. 86), Cousinenehen waren erlaubt (ebd. »The closest fourth degree relationship would thus be a first cousin«). Ubl verweist (S. 40) auf die »Selbstverständlichkeit« von Ehen zwischen Cousin und Cousine in der römischen Geschichtsschreibung (S. 40) und auf diese Ehepraxis bis ins 4. Jahrhundert als »nichts Ungewöhnliches« (S. 42).

28) Die »Wasserscheide« um 1200 in der Geschichte der Ehesymbolik markiert D'AVRAY, Papacy (wie Anm. 22), Kap. 1, Zitat S. 73, hier zur Karriere der Ehesymbolik (gewissermaßen zur Auratisierung der Ehe unter Laien) bes. S. 58–73, 200–207. Die Formalisierung des Kirchenrechts um diese Zeit stellt MCDOUGALL, Royal Bastards (wie Anm. 11) ins Zentrum. »Wegen des Bandes der Blutsverwandtschaft« haben »Legaten des apostolischen Stuhls« etwa im Jahr 1153 den Kaiser Friedrich Barbarossa von seiner Gattin Adela getrennt, vgl. Otto von Freising und Rahewin, Gesta Friderici I. imperatoris, hg. von Georg WAITZ/Bernhard VON SIMSON (MGH SS rer. Germ. 46), Hannover/Leipzig 1912, II, 11, S. 111 f.: *Rex tamen, quia non multo ante haec per apostolicae sedis legatos ab uxore sua ob vinculum consanguinitatis separatus fuerat.*

29) Die Forschung zu Illegitimität wie zu Wiederheirat ist noch nicht zu einer »herrschenden« Deutung, gewissermaßen zu Handbuchwissen, stabilisiert worden. Exemplarisch zur Illegitimität (neben den Arbeiten von Sara MCDOUGALL): Ludwig SCHMUGGE, Kirche, Kinder, Karrieren. Päpstliche Dispense von der unehelichen Ge-

So kann man in den lateinischen Gesellschaften seit der späten römischen Kaiserzeit eine Kultur der Eheverbote verfolgen – mit unterschiedlich harten Durchsetzungschancen und Gestaltungsmöglichkeiten in verschiedenen Zeiträumen. Michael Mitterauer hat zudem argumentiert, »das Christentum« sei »keine Kultur der Heiratsempfehlungen«. Dabei hatte er »religiös begründete Empfehlung einer Partnerwahl unter Blutsverwandten« im Blick[30)]. Eheempfehlungen bleiben in der lateinischen Welt trotzdem ein Thema, denn Endogamie betrifft nicht nur Verwandtschaften, sondern auch Berufsgruppen (Gelehrten-Endogamie) lokale Räume (grundherrschaftliche Endogamie, Gemeinde-Endogamie) oder soziale Hierarchien (Magnaten-Endogamie)[31)].

Schließlich ist unter den langfristigen Bedingungen des lateineuropäischen Verwandtschaftssystems der Blick auf Ehelosigkeit zu richten: Die lateinischen Gesellschaften haben seit der Transformation der römischen Welt vom fünften bis achten Jahrhundert mit hohem Aufwand *Ehelosigkeit als Institution und moralische Referenz* etabliert und für große Teile der Bevölkerung – Frauen wie Männer – ein eheloses Leben in Klöstern vorgesehen. Wenngleich Institutionen für Ehelosigkeit auch im Raum der griechischen oder koptischen Kirche zu finden sind, so sind sie doch nur im lateinischen Bereich ein Massenphänomen geworden, das fest in die sozialen und politischen Interaktionen implementiert war. In der lateinischen Welt wurde auch das Priestertum – wie immer die lebenspraktischen Lösungen ausgesehen haben – als Institution von Ehelosen konzipiert. Die Normierungspolitik sah Priester ebenso wie Bischöfe und Mönche als ehelos und enthaltsam Lebende vor. Dass dies nichts mit »Christentum« zu tun hat, zeigt ein Blick in die griechische Welt, denn im römischen Imperium am Bosporus konnten Priester seit Entstehung der Kirche verheiratet sein, und so ist es bis heute[32)]. Insbesondere im vorurbanen Europa gehörte es zu den Strategien mächtiger

burt im Spätmittelalter, Zürich 1995; Illegitimität im Spätmittelalter, hg. von Ludwig Schmugge/Béatrice Wiggenhauser (Schriften des Historischen Kollegs Kolloquien 29), München 1994; zur Wiederheirat Ludwig Schmugge, Marriage on trial. Late Medieval German Couples at the Papal Court (Studies in Medieval and Early Modern Canon Law 10), Washington DC 2012 (Original 2008) und Klocke, Rex (wie Anm. 23).

30) Michael Mitterauer, Geschichte der Familie. Mittelalter, in: Geschichte der Familie, hg. von Andreas Gestrich/Jens-Uwe Krause/Michael Mitterauer (Europäische Kulturgeschichte 1), Stuttgart 2003, S. 160–363, 657–668, bes. S. 224 f.

31) Zu Gelehrtenendogamie Gadi Algazi, Habitus, familia und forma vitae. Die Lebensweisen mittelalterlicher Gelehrter in muslimischen, christlichen und jüdischen Gemeinden – vergleichend betrachtet, in: Beiträge zur Kulturgeschichte der Gelehrten im späten Mittelalter, hg. von Frank Rexroth (VuF 73), Ostfildern 2010, S. 185–217. Zur Grundherrschafts- und Gemeinde-Endogamie Mitterauer, Geschichte (wie Anm. 30), S. 232–234. Zur Magnatenendogamie als Kriterium von Legitimität vor der Durchsetzung des kirchlichen Modells McDougall, Royal Bastards (wie Anm. 11).

32) Zur Herausbildung unterschiedlicher Haltungen zur Priesterehe in der orthodoxen und der lateinischen Kirche vgl. David G. Hunter, Married Clergy in Eastern and Western Christianity, in: A Companion to Priesthood and Holy Orders in the Middle Ages, hg. von Greg Peters/C. Colt Anderson (Brill's Companions to the Christian Tradition 62), Leiden/Danvers 2016, S. 96–139.

Familien, in diesen Institutionen der Ehelosen Familienmitglieder zu positionieren. Auch dieses System änderte sich um 1200[33].

I.2. Alltägliche Störfälle. Die Verwandtschaftsforschung und das Jahrhundert um 1200

Die Plausibilität der Engführung dieses Buches auf nur ein Jahrhundert und nur auf kinderlose Nachfolge- und Erblasser erschließt sich aus der skizzierten Forschungsgeschichte der letzten rund 40 Jahre, und wohl *nur* aus dieser – aus den unterschiedlichen makrohistorischen Deutungen der Verwandtschaftsforschung vor und nach dem Goody-Impuls ebenso wie aus den Differenzen in der Neudeutung nach Goody, die wiederum »um 1200« auf verschiedene Weise eine *water shed* (wie David D'Avray mit Blick auf *marriage symbolism*) sehen.

- Wie lässt sich die Formierung neuer magnatischer (oder adliger) Machtstrukturen deuten im Rahmen der Annahme, dass diese Familien bei der Neuausrichtung ihrer Machtstrategien weiterhin als horizontale *Geflechte* agiert haben und erst drei Jahrhunderte später – Hand in Hand mit der Formierung von Staaten – Interesse an der Formalisierung und Vertikalisierung der Familien zu Verwandtschafts*geschlechtern* hatten?
- Wie fügen sich zwischen 1150 und 1250 die Strategien der mächtigen bilateralen und horizontalen Familiengeflechte ein in die umfassenden politisch-sozialen Transformationen der Gesellschaften, die man auf die Stichworte »Bevölkerungsentwicklung«, »Urbanisierung«, »Kommunalisierung« und »Territorialisierung« bringt?
- Wie erkennt man in den Verhaltensmustern der Magnaten den Attraktivitätsverlust jener auratischen Pole, um die sich mächtige Familien in den vorurbanen Jahrhunderten organisiert haben (*polarisation*) zur »Verankerung« (*ancrage*) und »Verräumlichung« (*spacialisation*) ihrer Macht – also den Attraktivitätsverlust der alten Klöster (Typ »Cluny«) zugunsten der Karriere eines neuen Ordensprofils, das eher auf urbane Erfahrungsräume zielte (Typ »Franziscus«)?
- Und wie schlägt sich seit Ende des 12. Jahrhunderts (wenn wir Sara McDougall folgen) die Systematisierung und stringentere Durchsetzung der kirchlichen Konzepte von »Legitimität« nieder oder (wenn wir David D'Avray folgen) die erst jetzt mögliche Durchdringung der Bevölkerung mit dem kirchlichen »Symbolismus« der Ehe durch universitär geschulte Geistliche?

Wenn die in den letzten 40 Jahren stark veränderte Deutung des nachrömischen Verwandtschaftssystems von der politik- und institutionengeschichtlichen Forschung auf-

33) Vgl. dazu die Forschung zu *spacialisation*, *ancrage*, *polarisation*, die in den folgenden Abschnitten referiert ist; ferner JUSSEN, Geschenk (wie Anm. 5), S. 184–199 und zur Transformationsphase S. 199–202.

gegriffen würde, dann müsste man auch signifikante Neudeutungen der Institutionengeschichte erwarten. Doch Synthesen und akademische Lehrbücher (soweit ich sie überblicke) nehmen die Neudeutungen der lateinischen Verwandtschaftsgeschichte kaum zur Kenntnis, schon gar nicht deren Konsequenzen auf die (Abhängigkeit von den) institutionellen Ordnungen im Ganzen. Die von den Thesen Jack Goodys ausgelösten, ausgiebigen internationalen Diskussionen werden – jenseits der Verwandtschaftsforschung – nicht einmal abgelehnt, sie werden einfach nicht berücksichtigt. Die politikgeschichtliche und institutionengeschichtliche Forschung kommt immer noch ohne diese längst nicht mehr neuen Diskussionen der Verwandtschaftsforschung aus. So ist auf die Beobachtungen in diesem Buch schon deshalb zu hoffen, weil es Fragestellungen einer breiten Spezialforschung (Umgang mit Kinderlosigkeit, Relevanz oder Irrelevanz der Illegitimität, Konzepte von Illegitimität, Normalität oder Unwahrscheinlichkeit von Scheidungen, Interesse oder Desinteresse an Ahnen, horizontale oder vertikale Strukturen, agnatisch oder bilateral und so weiter) in einem Jahrhundert beobachtet, an dem sich die Langzeitdeutungen der lateineuropäischen Geschichte scheiden.

Da Sukzession, anders als Erben, in den lateinischen Gesellschaften weitgehend unter Männern ausgemacht wurde, sieht die Aufgabenstellung dieses Buches ausdrücklich nur solche Fälle des Erbens und der Sukzession vor, in denen keine männlichen Nachkommen vorhanden waren, der Normalfall der Sukzession also gestört war. Im *Abschnitt 3* meines Beitrags geht es um ein Beobachtungsraster derartiger Situationen. In *Abschnitt 4* werden Erbe und Sukzession kontextualisiert als zwei Felder intergenerationeller Übertragung in einem größeren Bündel von Rollen, Rechten und Aufgaben, die übertragen werden müssen – von der Regelung »fleischlicher« Reproduktion bis zur Regelung der Totensorge. Fast alle Bereiche in diesem Spektrum sind mit der Übertragung von Eigentumsrechten (Erbe) und von Amt oder Herrschaft (Sukzession) verbunden. Zunächst aber gilt der Blick in *Abschnitt 2* dem Untertitel des Buches: »Recht, Praktiken, Aushandlungen«.

II. Verfahren – Praktiken – Aushandlungen

II.1. Formalisierungsgrade der Übertragung

Die im Untertitel des Buches aufgezählten Beobachtungsinstrumente lenken den Blick auf unterschiedliche *Formalisierungsgrade* von Interaktionen – von Legitimität durch Verfahren (*Recht*) über Verhaltenskompetenz im körperlichen Wissen jenseits der Diskursebene (*Praktiken*) bis zu informellen, nicht habitualisierten Kommunikationsflüssen (*Aushandlungen*).

II.1.1. Verfahren

Wenn man Barbara Stollberg-Rilingers Zuschnitt der Luhmann'schen Definition von Verfahren übernimmt, sind Verfahren »Handlungssequenzen, deren äußere Form generell (zumeist schriftlich) geregelt ist und die der Herstellung verbindlicher Entscheidungen dienen.« Verfahren unterscheiden sich von anderen Formen der Entscheidungsfindung durch ihre *funktionale Autonomie*, also dadurch, dass die Beteiligten bestimmte *Verfahrensrollen* einnehmen müssen, die von ihren anderen sozialen Rollen (zum Beispiel Status) unterscheidbar sind. Im Verfahren unterwerfen sich die Beteiligte im Vorhinein dem Ausgang, der verbindlichen Entscheidung. Verfahren, so kondensiert es Barbara Stollberg-Rilinger für geschichtswissenschaftliche Forschung, zielen auf Nivellierung von Rang und Status, sind aber begleitet von »Aushandlungen« – also von Handlungssequenzen etwa in Pausen oder im Vorhinein, die *nicht* funktional autonom sind und keiner geregelten äußeren Form unterliegen. Auch Verwaltungshandeln gilt in diesem Konzept als Verfahren, da es formalisiert und mit Entscheidungen verbunden ist[34].

Wer das Konzept »Verfahren« in der skizzierten Weise Barbara Stollberg-Rilingers übernimmt, muss Verfahren unterscheiden von Handlungssequenzen, die ebenfalls formell durchgeregelt sind, aber nicht zu einer Entscheidung führen – also von Ritualen. Dazu gehören etwa politische Einsetzungsakte, soziale Initiationsakte (ins Leben, ins Erwachsenenalter), das regelmäßige liturgische Gedenken (Totensorge) wie insgesamt die Liturgie. Diese Trennung führt insofern weiter, als es unter den hier relevanten Übertragungen und Sukzessionen verschiedene Konstellationen gibt. Die Skala beginnt mit Übertragungen, die weder Verfahren noch Ritual erfordern (nur die Entscheidung etwa des Herrschers) und endet bei solchen, bei denen dem Verfahren (Wahl) ein Ritual (Einsetzung) folgt (Königs-, Herzogseinsetzung)[35].

II.1.2. Praktiken

Wer »Praktiken« sagt (wie die Herausgeber dieses Buches im Untertitel), sagt auch »Bourdieu«. Mit der Karriere von »Praktiken« zum wissenschaftlichen Gemeingut handeln die historischen Wissenschaften sich die Auffassung ein, dass Praktiken *per definitionem* eine (mit den Worten von Andreas Reckwitz) »körperlich-leibliche Mobilisierbarkeit von Wissen« sind – eine körperlich-leibliche, aber nicht unbedingt eine kognitive Mobilisierbarkeit. Reckwitz setzt deshalb »praktisches Wissen« von »Diskurs«

34) Vgl. im Überblick Barbara STOLLBERG-RILINGER, Einleitung, in: Herstellung und Darstellung von Entscheidungen. Verfahren, Verwalten und Verhandeln in der Vormoderne, hg. von DERS./André KRISCHER (ZHF Beiheft 44), Berlin 2010, S. 9–30, und DIES., Einleitung, in: Vormoderne politische Verfahren, hg. von DERS. (ZHF Beiheft 25), Berlin 2001, S. 9–24.

35) Im Fall der Könige sind die verschiedenen Interaktionsweisen ausführlich beobachtbar bei Andreas BÜTTNER, Der Weg zur Krone. Rituale der Herrschererhebung im spätmittelalterlichen Reich (Mittelalter-Forschungen 35), Ostfildern 2012.

ab und hebt hervor, dass praktisches Wissen »nicht als ein ›theoretisches Denken‹ der Praxis zeitlich vorausgeht« und dass es »*nicht* mit einer Explizierungsfähigkeit oder Explizierungsbedürftigkeit dieses Wissens einhergeht«, schon gar »kein explizierbares Aussagewissen von Überzeugungen« ist. »Die expliziten Regeln«, so Reckwitz weiter, »müssen diesen impliziten Kriterien [der Praktiken] in keiner Weise entsprechen«[36]. Systemstabilität, so mag man das Argument weiterführen, beruht geradezu darauf, dass Beteiligte die Inkongruenz zwischen den expliziten Regeln und den impliziten Kriterien der Praktiken nicht thematisieren.

Für die historische Forschung ist dieses wissenschaftliche Konzept von »Praktiken« eine ebenso mühsame wie produktive methodische Disziplinierung. Es versteht sich nicht von selbst, wie man »Praktiken« überhaupt empirisch verfolgen kann – mit Verweis auf ausdrücklich Gesagtes jedenfalls nicht, soviel ist sicher. Wer einverleibte, wiedererkennbare *Verhaltens*kompetenzen im erhaltenen historischen Material beobachten will, muss körperlich-leibliche Mobilisierbarkeit oder *Verhaltens*kompetenz auf Distanz halten von expliziten Regeln (wie Vorschriften) und artikulierten Überzeugungen (wie Moral). Wer sich auf die Suche nach »Praktiken« in historischen Gesellschaften macht, muss mithin folgendes leisten: Zunächst geht es um die (1) *Wiederholbarkeit praktischer Handlungsroutinen*. Nur was wir wiederholt in Handlungssequenzen finden, kommt für die Bezeichnung »Praktiken« in Frage. (2) Praktische Handlungsroutinen sind *zugleich routinisiert und unberechenbar*. Es geht nicht um die Beobachtung von Wiederholungen, sondern von Fähigkeiten. Die in die Körper einsozialisierten Praktiken sind *gekonnte* Verhaltensweisen (»skillful performances«), die in verschiedenen Situationen funktionieren müssen. Unberechenbarkeit und Transformationsoffenheit ist der Normalfall. Das einverleibte körperliche Wissen ist nie eine direkte Antwort auf eine konkrete Situation, sondern eine routinisierte Reaktionskompetenz, die an Situationen angepasst werden muss. Damit gerät die Zukunftsungewissheit in den Blick, die jede dieser Anpassungen verschieden macht. (3) Praktiken kommen nicht isoliert vor, sondern als »lose gekoppelte Komplexe von Praktiken«, gewissermaßen in einem Auswahlset, das wiederum eingesetzt wird in verschiedene, lose verbundene Wissensfelder (wie Familie, Kirche, Herrschaftssystem, Gewaltkultur)[37]. Deshalb ist es hilfreich, Koinzidenzen in den Blick zu nehmen. Schließlich (4) muss die Erforschung darauf zielen, Praktiken und Explizierungen als zwei verschiedene soziale Ordnungsformen nebeneinander sichtbar zu machen.

36) Ich orientiere mich in dieser Zusammenfassung an Andreas RECKWITZ, Grundelemente einer Theorie sozialer Praktiken. Eine sozialtheoretische Perspektive, in: Zeitschrift für Soziologie 32 (2003), S. 282–301, Zitate S. 291 f.; ferner Irene DÖLLING, Pierre Bourdieus Praxeologie – Anregungen für eine kritische Gesellschaftsanalyse, in: Leibniz Online. Zeitschrift der Leibniz-Sozietät 9 (2011).

37) Nochmals mit RECKWITZ, Grundelemente (wie Anm. 36), S. 289–297, Zitat S. 295.

Um diese Aufgaben zu operationalisieren, werden in Abschnitt 3 verschiedene Handlungsoptionen für die Regelung intergenerationeller Übertragung skizziert. Dreierlei ist zum Verständnis der Übertragungsformen zu beobachten: die normale Rechte- und Aufgabenverteilung (Allokation), die Ersatzlösungen im Bedarfsfall (Delegation) und die diskursiven Darstellungsweisen (Explizierung, Modellierung).

II.1.3. Aushandlungen

Um ein wissenschaftliches Schlüsselwort zu verstehen, das in der Wissenschaft seit den 1990er Jahren so häufig gebraucht wird wie »Aushandlungen«, ist der Griff zum Lexikon oder Handbuch selbstverständlich, doch diese Suche führt ins Leere. Man kann keine Lexikon- oder Handbucheinträge finden unter dem Lemma »Aushandlungen«, keine Konzeptualisierung, keine Reflexion über die Leistungsfähigkeit dieses kulturwissenschaftlichen Deutungswortes, das seit den frühen 1990er Jahren Karriere gemacht hat. »Aushandlungen«, so oft es auch in den Geisteswissenschaften inzwischen verwendet wird, ist kein Wort des Lexikoneintrags. Ernsthaft konzipiert werden »Aushandlungen« in der geistes- und sozialwissenschaftlichen Forschung etwa im Rahmen der Forschung zu »Legitimität durch Verfahren«, die den »Aushandlungen« eine zentrale Funktion für das Gelingen von Verfahren zuschreibt. Das Verfahren ist eine formal normierte, Legitimität sichernde Prozedur. Begleitet und bisweilen dominiert aber wird es von informellen Aushandlungen »auf dem Flur«. In Verfahren, etwa bei Gericht, gehören Aushandlungen zu den funktional wichtigen informellen Kommunikationen, die das Verfahren begleiten und sein Gelingen sichern[38)]. Soweit mag man sich schnell einigen können.

Der plötzliche Hype der Stichworte »Aushandlungen« und »Aushandlungsprozesse« zwischen etwa 1990 und 2000 dürfte aber aus einem Forschungskontext hervorgegangen sein, der gerade für den Blick auf Transformationsprozesse einschlägig ist. Wer sich auf die Suche nach einem Initialtext der Theoretisierung von »Aushandlungen« macht, landet sehr nah an der Theorie der Praxis: bei der Poetik der Kultur. Die historischen Kulturwissenschaften verdanken die Karriere des Konzepts »Aushandlungen« einem Gründungstext aus dem Jahr 1988 – Stephen Greenblatts *Shakespearean negotiations. The circulation of social energy*. Als kulturwissenschaftliches Konzeptwort ist »Aushandlungen« (*negotiations*) also ein Kind des *New Historicism* oder (mit Stephen Greenblatts eigener Bezeichnung) der *Poetics of culture*. In diesem Text Stephen Green-

38) Stollberg-Rilinger, Einleitung, in: Herstellung und Darstellung (wie Anm. 34), und Stollberg-Rilinger, Einleitung, in: Vormoderne politische Verfahren (wie Anm. 34). Aus der soziologischen Diskussion in der Luhmann-Tradition mag hier der Hinweis ausreichen auf Sebastian Starystach, Zur Funktion informeller Kommunikation in Gerichtsverfahren am Beispiel des deutschen Strafverfahrens, in: Soziale Systeme 22 (2020), S. 95–124.

blatts finden wir die in der Folge immer wieder zitierte Leitfrage, die sich auch hier operationalisieren lässt:

> »Wir können fragen, wie kollektive Überzeugungen und Erfahrungen *geformt*, von einem Medium zum anderen übertragen, in eine handhabbare ästhetische Form gebracht und zum Gebrauch angeboten wurden.«

Anders gesagt, es geht darum »wie kulturelle Objekte, Ausdrucksformen und *Praktiken* ihre Bindungskraft, ihre zwingende Kraft (»compelling force«) *erlangt* haben«. Poetik der Kultur ist demnach »die Untersuchung der kollektiven *Herausbildung* spezifischer kultureller *Praktiken* und die Erforschung ihrer Beziehungen«[39]. Kurz, wer im Sinne dieses kulturwissenschaftlichen Zugangs historische *negotiations* (»Aushandlungen«) beobachtet, zielt *nicht* auf Praktiken, sondern auf deren *Genese*. Wer »Aushandlungen« als Konzeptwort verwerten möchte, zielt auf die kulturwissenschaftliche Untersuchung nicht-habitualisierter und nicht-formalisierter Situationen und Prozesse, in denen das kollektiv Geteilte erst entsteht, und zwar im Hin und Her zwischen verschiedenen Medien auf der Suche nach einer (mit Greenblatt) »handhabbaren Form« – für einen Glauben, eine Haltung, eine Regel oder ein Tabu.

Praktiken sind demnach nicht ohne Aushandlungen zu untersuchen, und umgekehrt. Dabei rückt das Deutungsinstrument »Aushandlungen« nicht nur die Formierung von Praktiken in den Blick, sondern zugleich jene (materiellen, habituellen, ästhetischen, narrativen und so weiter) Aussagen, die *nicht* zu Praktiken geworden sind, sich im Nachhinein als Varianzen ohne erkennbare Institutionalisierungseffekte erweisen. Derartige, letztlich folgenlose Aussagen sind besonders für die Beobachtung von Transformationsdynamiken instruktiv. Denn sie lassen aufscheinen, was zwar denkbar und sagbar war, aber keine strukturierenden Effekte auf die Diskurse oder Institutionen erkennen lässt.

Als Beispiel für eine solche Varianz ohne strukturierenden Effekt auf die hier relevanten Phänomene mag im Folgenden jene isolierte Zeichnung auf der Rückseite eines dünnen Heftes im schwäbischen Kloster Weingarten dienen, die im 20. Jahrhundert,

39) Stephen Jay GREENBLATT, Shakespearean Negotiations. The Circulation of Social Energy in Renaissance England (The New Historicism 4), Berkeley 1988, S. 5: »We can ask how collective beliefs and experiences were shaped, moved from one medium to another, concentrated in manageable aesthetic form, offered for consumption. [...] I have termed this general enterprise – study of the collective making of distinct cultural practices and inquiry into the relations – a poetics of culture. [...] I want to know how cultural objects, expressions, and practices acquired compelling force«. Ich habe die Übersetzung der deutschen Version des Buches modifiziert (Stephen Jay GREENBLATT, Verhandlungen mit Shakespeare. Innenansichten der englischen Renaissance, Berlin 1990). Kursivierungen von mir hinzugefügt.

besonders in den 1970er bis 1990er Jahren, als »Welfenstammbaum« Karriere gemacht hat (Abb. 1)[40].

II.1.4. Zurück zum Untertitel …

Zusammengenommen zielen die programmatischen Stichworte des Untertitels dieses Buches also auf unterschiedliche Grade der Formalisierung: (1) Der Blick auf *Verfahren* – oder Recht – zielt auf formalisierte Handlungsabläufe zur Entscheidungsfindung, die von anderen sozialen Rollen der Beteiligten unabhängig sein sollen und deren Ergebnis als verbindlich beansprucht wird. (2) *Praktiken* als einverleibte, wiederholbare Handlungskompetenz sucht die historische oder soziologische Forschung auf der Ebene von kollektiven Ausdrucksmustern und Verhaltensroutinen, die nicht explizierbar sein und nicht mit dem Explizierten (Regeln, Überzeugungen) übereinstimmen müssen. (3) Mit dem Blick auf *Aushandlungen* wird die nicht formalisierte Interaktion in den Blick genommen. Dabei geht es (a) um informelle Parallelhandlungen neben den Verfahren und (b) um solche suchenden oder experimentierenden Interaktionen, die den Praktiken vorgängig sind und deren Genese formen.

Dieser Blick auf Aushandlungsprozesse, auf die Kommunikation vor der Routinisierung, ist ein wichtiges Korrektiv für die geschichtswissenschaftliche Einordnung mancher heute berühmter historischer Aussagen. Er macht manchen Aussageversuch lange zurückliegender Kommunikationen als bloße Varianz augenfällig, gewissermaßen als diskursiven oder habituellen Verlierer, der zwar eine Haltung »in eine handhabbare ästhetische Form gebracht und zum Gebrauch angeboten« haben mag, aber nicht aufgegriffen worden ist. Dieser Blick auf erfolglose Ausdrucksweisen oder ästhetische Formen ist vor allem deshalb wichtig, weil die Geschichtswissenschaft gerne nach Erstbelegen für ein Phänomen sucht, ohne dem Erfolg oder Misserfolg ihres »frühesten Belegs« ausreichendes Gewicht beizumessen.

Ein Beispiel: Wenn es in diesem Buch darum geht, Situationen gestörter Besitz- und Machtübertragung zwischen 1150 und 1250 auf den drei im Untertitel genannten Ebenen zu beobachten, so wird der Dissens zwischen den beiden Makrothesen zur Entstehung der Geschlechter – um 1200 oder um 1500 – unter die Lupe genommen. Dieser Dissens legt auch die Frage nahe, wie sich jene Phänomene im Rahmen der Gegenthese neu deuten lassen, die bisher als Evidenz einer *mutation lignagere* um 1200 galten. Dafür ist die von den Herausgebern vorgegebene Versuchsanordnung – die Trennung von Verfahren, Praktiken und Aushandlungen ebenso wie die Konzentration auf Störfälle ein besonders aufschlussreiches Verfahren. In neues Licht geraten dadurch – nicht nur, aber besonders – seltsame verstreute Objekte, die in der Forschung sehr viel Aufmerksamkeit

40) Vgl. zur Karriere dieser Bezeichnung Google Books Ngram Viewer, Stichwort »Welfenstammbaum+Welfe nstammbaums«, Zeitraum: 1800–2010, Corpus: German (2019). Das letzte Jahrzehnt (2011–2019) verzerrt im Corpus deutschsprachiger Texte derzeit noch jedes Ergebnis, so dass meine Beobachtungsstrecken 2010 enden.

finden, aber in ihrer Zeit letztlich keinen Kontext und keine Resonanz erkennen lassen. Eine heute berühmte Zeichnung aus dem 12. Jahrhundert mag ein erstes Schlaglicht auf »adliges Erben« um 1200 werfen. Die ohne besondere Sorgfalt an einer ausgesprochen unbedeutenden Stelle platzierte Zeichnung setzt – und deshalb führt sie zum Thema – eine seltsame Architektur ins Bild: einen kräftig schwankenden, zugleich vegetabilen Sukzessionsturm.

II.2. Der schwankende Sukzessionsturm aus Weingarten. Ein Zeichner beim Aushandeln

Die Diskussion, die auf dieser Tagung geführt werden soll, drehte sich in der Vergangenheit nicht selten um eine heute häufig abgebildete Zeichnung, die zur Zeit ihrer Entstehung das Gegenteil eines eingeübten Bildformulars repräsentiert hat. Als »Welfenstammbaum« ist die Zeichnung ins heutige kollektive Bildwissen eingegangen. Sie ist in

Abb. 1: Rückseite eines Weingartner Totenkalenders und Frontispiz ›Chronik der Altdorfer‹/Chronica Altorfensium (Hochschul- und Landesbibliothek Fulda 100 D 11, 13v und 14r, beide Zeichnungen ca. 1185–1190)

dem schwäbischen Kloster Weingarten (gut fünf Wanderstunden nördlich des Bodensees) gezeichnet worden (Abb. 1). Man datiert sie üblicherweise in die 1180er Jahre (»zwischen 1185 und 1191« oder »vor 1190«), in denen das Kloster Weingarten schon im Besitz des Kaisers Friedrich I. Barbarossa († 1190) war. Bis 1178 war das Kloster im erblichen Besitz der »Altdorfer« (*patrimonium Altorfensium*), die man heute »Welfen« nennt, ehe Welf VI. († 1191) es in den Besitz (*sub iure possessionis*) des Kaisers Friedrich Barbarossa übertragen hat[41]. Immer wieder wird die Zeichnung als ältester erhaltener Stammbaum einer Familie oder gar eines »Geschlechts« herangezogen[42]. Diese Zuschreibung ist deshalb auffällig, weil andere Forschungen die gleiche Zuschreibung – »erster erhaltener Stammbaum« – für eine erst 300 Jahre später gefertigte Grafik beanspruchen, eine Grafik der seinerzeit längst ausgestorbenen, sogenannten Babenberger aus dem Jahr 1491. Die eine »erste« Grafik aus den späten 1180er Jahren hat ihr Dasein in einer schwäbischen Sakristei gefristet auf der leer gebliebenen Rückseite eines 24-seitigen liturgischen Gebrauchsheftes. Es enthielt einen Tageskalender im Jahresverlauf für den Eintrag von Verstorbenen. Die andere »erste« Grafik wurde von einem Basler Buchdrucker vertrieben als Frontispiz des Buches *Der loeblichen fursten vn[d] des lands oesterrich altharkome[n] vn[d] regier[ung]*, einer genealogischen Recherchearbeit des Ladislaus Sunthaym zu jener im 13. Jahrhundert ausgestorbenen Familie der *fursten* von *oesterrich*, die man seit etwa 1500 »Babenberger« nannte.

Beide Grafiken verbindet, dass sie nicht von denjenigen zur Selbstrepräsentation genutzt worden sind, deren »Altherkommen« dargestellt ist. Weder »Welfen« noch »Babenberger« haben sich anscheinend selbst derart dargestellt. Die Grafiken waren in beiden Fällen Produkte aus dem politischen Umfeld jener späteren Akteure, die den Besitz und die Machtpositionen der Dargestellten angeeignet oder übernommen hatten – aus dem Umfeld (jedenfalls Besitz) des Kaisers Friedrich Barbarossa im ersten, dem Umfeld der Kaiser Friedrich III. und Maximilian I. im zweiten Fall. Im späteren Fall ist offensichtlich, dass die Kaiser in Wien es für opportun hielten, sich im Zuge der materiellen und herrschaftlichen Aneignung auch die Familien der vorherigen Besitzer und Herrscher einzuverleiben. Grafik und Recherche waren eine Auftragsarbeit dieser Kai-

41) Zur Übertragung Otto Gerhard Oexle, Welfische Memoria. Zugleich ein Beitrag über adlige Hausüberlieferung und die Kriterien ihrer Erforschung, in: Die Welfen und ihr Braunschweiger Hof im hohen Mittelalter, hg. von Bernd Schneidmüller (Wolfenbütteler Mittelalter-Studien 7), Wiesbaden 1995, S. 61–94. Zum Codex Landesbibliothek Fulda 100 D 11 vgl. Regina Hausmann, Die historischen, philologischen und juristischen Handschriften der Hessischen Landesbibliothek Fulda bis zum Jahr 1600. B 1–25, C 1–18. 68, D 1–48, Wiesbaden 2000, S. 131, hier die zitierte Datierung. Werner Hechberger, Graphische Darstellungen des Welfenstammbaums. Zum ›welfischen Selbstverständnis‹ im 12. Jahrhundert, in: AKG 79 (1997), S. 269–297, »vor 1190«, also zu Lebenszeiten Barbarossas.

42) Stellvertretend Oexle, Welfische Memoria (wie Anm. 41), S. 80; Horst Fuhrmann, Einladung ins Mittelalter, München 1987 (und öfter), S. 236: »die älteste Darstellung einer Familiengeschichte in Form eines Stammbaumes«.

ser[43]. Bei den Akteuren, die wir »Staufer« nennen, ist nicht zu erkennen, ob sie Interesse hatten an der grafischen Darstellung ihrer Vorbesitzer in der Art der Rückseitenzeichnung auf dem Totenheft. Es gibt keine Indizien für Initiatoren oder Urheber der Zeichnung – keine Anzeichen dafür, dass jemand diesen offensichtlich freihändig gezeichneten und vorzeitig abgebrochenen Versuch als vorbildlich wahrgenommen hätte, den neuen Besitzer mit der langen Reihe der Vorbesitzer graphisch in einer bildlichen Abfolge zu verbinden[44].

Die frühere der beiden Grafiken fällt in den Beobachtungszeitraum dieses Buches. Wenn diese Zeichnung immer wieder als erste genealogische Zeichnung einer Familie (oder gar eines »Geschlechts«) in der Form eines Baumes dargestellt wird, eben als »Welfenstammbaum«, dann drängt der Blick auf die Zeichnung einige Fragen geradezu auf: Ist dies ein Baum oder eher eine vegetabile Architekturzeichnung in freier Fortführung dessen, was man aus den Eheverbotsgrafiken seit den Zeiten Isidors kannte? Was wird hier genalogisch dargestellt, ein Geschlecht oder eine Sukzessionsreihe? Es ist jedenfalls leicht zu erkennen, dass die Sukzessionslinie zwar zumeist über Männer, aber auch über Frauen läuft[45]. Und wie immer ist zu klären, unter welchen Umständen ein solcher »Erstbeleg« überhaupt soziologisch interessant ist. Es deutet nichts darauf hin, dass diese vorzeitig abgebrochene Zeichnung diskursive Effekte gehabt hätte.

Im Inneren enthielt das Heft einen Jahreskalender mit den 365 Jahrestagen im sauberen grafischen Rhythmus. Mehr oder weniger sorgsam waren in die Jahrestage Verstorbene eingetragen. Auf die frei gebliebene Rückseite hat jemand skizzenhaft – augenscheinlich tentativ und freihändig, ohne Vorbild und ohne Nachahmung – eine Mischung aus Architekturmetapher und Baummetapher gezeichnet, im Kern einen bedenklich schwankenden zehnetagigen Turm aus Säulen mit Säulenfüßen und Kapitellen, die Rundbögen tragen. Von unten nach oben sind die zehn Etagen gefüllt mit

43) Dazu ausführlich die Dissertationen von Julia Anna SCHÖN, Die Kanonisation Leopolds III. als Prozess. Akteure – Motive – Kontexte, Diss. Salzburg 2021; Edith KAPELLER, Fürsten für die Dynastie. Genese und Performanz der Babenberger-Genealogie Ladislaus Sunthayms im Umkreis der Habsburger. Mit einer Edition der Textversionen, Diss. Wien 2021; ferner: Des Kaisers neuer Heiliger. Maximilian I. und Markgraf Leopold III. in Zeiten des Medienwandels, hg. von Martin HALTRICH, Klosterneuburg 2019.

44) Welf VI. hat nach dem Tod Barbarossas, dem er Weingarten übertragen hatte, diese Übertragung für Barbarossas Sohn Heinrich VI. wiederholt »wegen der Geburtsverwandtschaft und dem Blutsband« (*propter innatam familiaritatem et consanguinitatis lineam*) der beiden. Diese Formel kann man wohl nicht mit »Zugehörigkeit zum gleichen Geschlecht« wiedergeben (wie etwa OEXLE, Welfische Memoria [wie Anm. 41], S. 77), sie ist mithin kein relevantes Material für die Frage nach der Entstehung des Geschlechts. Finden lassen sich allenfalls einige Liniendiagramme in Handschriften der ›Chronik der Altdorfer‹ (*Chronica Altorfensium*), die die Abfolge der Fürsten Altdorf graphisch darstellen, von Welf dem Ersten (*Gwelf primus*) bis Welf dem Letzten (*Guelf ultimus*). Dazu ausführlich HECHBERGER, Graphische Darstellungen (wie Anm. 41).

45) Dies ist natürlich immer wieder herausgestellt worden. Nach Welf II. im fünften Stock ist seine Tochter Chuniza im sechsten Stock das Bindeglied, die an Welf IV. im siebten Stock weitergibt. Vgl. stellvertretend HECHBERGER, Graphische Darstellungen (wie Anm. 41).

Portraits von Herrscherfiguren der ehemaligen Besitzerfamilie, zumeist Ehepaarbildnisse, die eine Herrscherfolge abbilden. Die Sukzessionsreihe steigt in der architektonischen Etagenfolge auf vom frühesten Welf, einem Zeitgenossen Karls des Großen, im Erdgeschoss bis zu Heinrich dem Löwen und Welf VII. im zehnten Geschoss. Angelehnt an die Tradition der Eheverbotsgrafiken, aber unsystematischer und viel freier gestaltet, wachsen aus den Turmetagen der sukzessiven Herrschaftsträger *ramùs* oder *ramusculi* heraus, »Zweige« und »Zweiglein«, die sich wie Schlingpflanzen um Seitenfiguren winden – ein ästhetischer Versuch, der in dieser Darstellungsabsicht mehr oder weniger ohne Vorläufer und noch über Generationen ohne Nachfolger geblieben ist[46]. Der größte dieser verschlungenen Zweige ist am oberen Ende des Pergamentblattes fast zentral in der Form eines besonders großen vegetabilen Rahmens für eine besonders wichtige Person gezeichnet worden mit dem Vorsatz, den aktuellen Besitzer des Klosters aus den Sukzessionsetagen der Vorbesitzer herauswachsen zu lassen. Sein Name *FRIDERICUS IMP[ER]ATOR* ist noch eingetragen worden, aber dann hat der Zeichner die Arbeit abgebrochen.

Ob man hinter einer solchen unvollendeten Entwurfszeichnung an der am wenigsten prominenten Stelle, die ein solches Heft zu bieten hat, einen Auftraggeber vermuten muss? Wofür ist diese Zeichnung exemplarisch? Wohl am ehesten für Skizzen von neuen Bildideen, für tastende Suchen nach Repräsentationsformen, die ohne Effekt auf die Bilddiskurse geblieben und uns üblicherweise nicht erhalten sind. Erst Ende des 15. Jahrhunderts, mehr als 300 Jahre später, beginnt die Geschichte der genealogischen Repräsentation lebender Verwandtschaften in Form von Bäumen[47].

Welche Erkenntnisse erlaubt diese frühe, seltsame Zeichnung einer Regentenfolge, der sehr lange nichts Vergleichbares folgte? Wenn wir in dieser Zeichnung den Versuch sehen wollen, eine »handhabbare ästhetische Form« (um Greenblatts Worte zu wiederholen) für ein spezifisches Anliegen (etwa das Einweben der neuen Besitzer ins Sukzessionsgefüge der Vorbesitzer) zu sehen, dann wäre dies geradezu ein Schulbuchbeispiel für jene Art von »Aushandlungen«, die keine oder kaum Resonanz zeigen und sich nicht als »Praktiken« etablieren.

46) Zum Totenkalender Joachim WOLLASCH, Mönchtum des Mittelalters zwischen Kirche und Welt (Münstersche Mittelalter-Schriften 7), München 1973, S. 122, zum Stammbaum Thomas HAAS, Die Weingartener Welfenchronik (Katalognummer II. A.27), in: Die Staufer und Italien. Drei Innovationsregionen im mittelalterlichen Europa. Objekte, hg. von Alfried WIECZOREK/Bernd SCHNEIDMÜLLER/Stefan WEINFURTER (Publikationen der Reiss-Engelhorn-Museen 38), Stuttgart 2010, S. 38 f., ferner Joan A. HOLLADAY, Genealogy and the Politics of Representation in the High and Late Middle Ages, Cambridge 2019, S. 249–257.

47) Vgl. Christiane KLAPISCH-ZUBER, L'ombre des ancêtres. Essai sur l'imaginaire médiéval de la parenté (L'esprit de la cité), Paris 2000 (beginnt mit dem Babenberger-Stammbaum), DIES., The Genesis of the Family Tree, in: I Tatti Studies 4 (1991), S. 105–129, darauf instruktiv aufbauend: Christian Nikolaus OPITZ, Genealogical Representations of Monastic Communities in Late Medieval Art, in: Meanings of Community (wie Anm. 14), S. 183–202 (zu den verschiedenen Sorten der Baummetaphern).

Die »Praktiken« visueller Repräsentation von Herrschaft und Nachfolgeansprüchen sahen zu jener Zeit anders aus. Um diesen Unterschied augenfällig zu machen, braucht man den Blick nur von der linken Hälfte der Doppelseite im Buchcodex auf die rechte Hälfte zu wenden (Abb. 1). Dort findet sich eine völlig andere, heute ebenso berühmte Zeichnung, die eine seinerzeit etablierte Darstellungsweise von Herrschern und von Sukzessionslegitimation wiederholt. Diese Zeichnung hatte ursprünglich in einer anderen, etwa gleichzeitig entstandenen Handschrift als eine Art Titelblatt gedient für die »Chronik der Altdorfer« (*Chronica Altorfensium*), eine Genealogie jener Fürsten, die wir heute »Welfen« nennen. Irgendein Mönch hat im frühen 14. Jahrhundert seine Hand einer Schelmentat der Überlieferung geliehen und diese beiden soziologisch und ästhetisch völlig verschiedenen Formen der Herrscherdarstellung zu zwei Hälften eines Diptychons zusammengebunden – die tentativ und skizzenhaft ausgeführte Rückseitenzeichnung eines liturgischen Tageskalenders und das in jeder Hinsicht eingespielte, symmetrische, sorgfältig ornamentierte, mit unübersehbarer Sorgfalt formvollendet ausgeführte und von allen Beteiligten dechiffrierbare Frontispiz der Chronik[48]. Die beiden bildlichen Aussagen, die seither aneinander gebunden sind (und in der Forschung fast immer isoliert voneinander abgebildet werden), repräsentieren exemplarisch zwei sehr verschiedene bildliche Kommunikationsformen – eine ebenso vorbildlose wie erfolglose skizzenhafte Zeichnung und eine fest eingespielte, sorgsam und routiniert ausgeführte. So sind seit dem frühen 14. Jahrhundert zwei Arten, Herrscher zu zeichnen, zu Nachbarn geworden – links die erfolglose Aushandlung einer »handhabbaren ästhetischen Form«, rechts ein Exemplar von im 12. Jahrhundert längst eingespielten Praktiken. Das Frontispiz auf der rechten Seite lässt sich leicht in seit Jahrhunderten zu beobachtende Muster einreihen. Die Darstellung von Vater-Söhne-Legitimität, wie sie in diesem Fall als Frontispiz dient, war ein ausreichendes Legitimationsverfahren von Sukzession. Nicht »Dynastie«, nicht »Genealogie«, nicht »Geschlecht«, sondern Vater-Sohn, manchmal Vater-Mutter-Sohn – dies waren »Praktiken«, die habitualisierten visuellen und textlichen Repräsentationsformen der Sukzessionslegitimierung[49].

48) Natürlich findet die Forschung auch Ähnlichkeiten in beiden Bildern. So meinte Otto Gerhard Oexle im Jahr 1995, in beiden Bildern gehe es um »eine Darstellung der Staufer als Welfen« (OEXLE, Welfische Memoria [wie Anm. 41], S. 79 f.), um ihren Einbau ins Geschlecht der Welfen. Seinerzeit war die Skepsis gegenüber der sogenannten Schmid/Duby-These von der Geburt des Geschlechts (*mutation lignagere*) im »Hochmittelalter« noch nicht sichtbar, die Debatte um die Thesen Jack Goodys noch kaum in der Wahrnehmung der deutschen Forschung. So wurde in den 1990ern noch nicht erwogen, »Vater-Sohn«-Legitimation von »Geschlecht«-Legitimation zu trennen (im Sinne von POHL, Genealogy [wie Anm. 14]). Dass es sich nicht um agnatische Repräsentation handelt, da auch Frauen als entscheidende Glieder einer *generatio* eingebaut sind, ist immer wieder herausgehoben.

49) Grundsätzlich betont dies POHL, Genealogy (wie Anm. 14). Insgesamt scheint nicht strittig zu sein, dass sich die Geschlechter als Organisations- und Darstellungsform erst um 1500 durchsetzen; vgl. David Warren SABEAN/Simon TEUSCHER, Kinship in Europe. A New Approach to Long-Term Development, in: Kinship in Europe. Approaches to Long-Term Development (1300–1900), hg. von DENS./Jon MATHIEU, Oxford/New

III. Allokation – Delegierung – Modellierung. Regelungs- und Deutungsformen intergenerationeller Übertragung

Erben und Herrschaftsnachfolge sind zwei Regelungsbereiche intergenerationeller Übertragung, die mit weiteren Übertragungsfeldern verwoben sind. Wenn dieses Konvolut einander bedingender Felder intergenerationeller Übertragung im Folgenden skizziert wird, so ist bei jedem Feld dreierlei zu beobachten: (1) die Art, wie eine Gesellschaft die Übertragung der Aufgaben, Rechte und Statuszuschreibungen an die Nachfolgenden als Normalfall institutionalisiert – also die *Allokation*, ferner (2) die Modelle, mit denen die Funktionsweise der verschiedenen Übertragungen gedeutet werden, also die *Explizierungen*, schließlich (3) die Optionen für den Fall, dass die als normal angesehene Art der Übertragung nicht funktioniert, also die *Delegierung*. Welche Möglichkeiten etwa hatten Betroffene, wenn es aus einer Ehe keine berechtigten – oder gar keine – Kinder zur Weitergabe von Erbe und Herrschaft gab[50]?

III.1. Allokation – Zuweisungen von Aufgaben und Ansprüchen

Mit Blick auf *Allokation* (Zuweisung, Zuteilung, Aufteilung) geht es zunächst darum zu beobachten, wie die Zuweisung von Aufgaben und Ressourcen von einer auf die nächste Generation als »Normalfall« organisiert war. Welche Personen waren vorgesehen für welche materiellen Güter, für welche Sukzession, welche Aufgaben, welche Rechte? In der Geschichtswissenschaft ist »Allokation« als Beobachtungsverfahren praktisch inexistent (jedenfalls jenseits der Wirtschaftsgeschichte), in der Soziologie

York 2007, S. 1–32, und bes. Teuscher, Verwandtschaft (wie Anm. 6). Zum Aufkommen genealogischen Rechercheinteresses um 1500 etwa Klaus Graf, Gottfried Wilhelm Leibniz, Ladislaus Sunthaim und die süddeutsche Welfen-Historiographie, in: Leibniz als Sammler und Herausgeber historischer Quellen, hg. von Nora Gädeke (Wolfenbütteler Forschungen 129), Wiesbaden 2012, S. 33–47; ausführlich zur Genese von Geschlechtern im Verlauf des 15. und 16. Jahrhunderts Joseph Morsel, Geschlecht und Repräsentation. Beobachtungen zur Verwandtschaftskonstruktion im fränkischen Adel des späten Mittelalters, in: Die Repräsentation der Gruppen. Texte – Bilder – Objekte, hg. von Otto Gerhard Oexle/Andrea von Hülsen-Esch, Göttingen 1998, S. 259–325, Ders., La noblesse contre le prince. L'espace social des Thüngen à la fin du moyen âge (Franconie, v. 1250–1525) (Beihefte der Francia 49), Stuttgart 2000, Ders., L'invention de la noblesse an Haute-Allemagne à la fin du Moyen Âge, in: Guerre, pouvoire et noblesse au Moyen Âge. Mélanges en l'honneur de Philippe Contamine, hg. von Jacques Paviot/Jacques Verger (Cultures et civilisations médiévales 22), Paris 2000, S. 533–545, und im Überblick Ders., Le médiéviste, le lignage et l'effet de réel. La construction du Geschlecht par l'archive en Haute-Allemagne à partir de la fin du Moyen Âge, in: Revue de Synthèse 125 (2004), S. 83–110.

50) Die Unterscheidung von Allokationen und Delegation beruht auf dem Konzept ›A framework for the analysis of parent roles‹ von Esther Goody in ihrer Studie: Esther N. Goody, Parenthood and Social Reproduction. Fostering and occupational Roles in West Africa (Cambridge studies in Social Anthropologie 35), Cambridge/New York 1982, S. 6–34.

wird der Terminus nicht einmal erklärt, sondern ganz selbstverständlich benutzt. Er steht für kulturspezifische Arten der Ressourcenverteilung. Und genau damit haben wir es in diesem Buch zu tun.

III.2. Modellierung – Versprachlichungen kollektiver Haltung

Neben der praktischen Organisation der als normal angesehenen Weitergabe von Aufgaben und Ansprüchen bleibt zu beobachten, wie diese Zuteilungen expliziert wurden – was überhaupt begründet wurde, was zwar in der Praxis erkennbar ist aber nicht expliziert wurde oder wo das regelmäßige Handeln nicht mit der Modellierung (oder Explikation) übereinstimmt. Wer an Praktiken interessiert ist, braucht die *expliziten Konstruktionen des Sozialen* als eigenes Beobachtungsfeld. Denn das Konzept »Praktiken« verlangt ausdrücklich, dass wir spezifische Arten kollektiver Verhaltensweisen als Ausweis *praktischen* Wissens unterscheiden von *explizierbaren* Erklärungen und Überzeugungen.

Mit der diskursiven Modellierung gerät in den Blick, dass man den »eigentümlichen Geltungsmodus des Sollens« in der unterschiedlichen Strenge und Formalisierung normativer Regelungen erfasst – von positiver Geltung bei formalisierten, zumeist verschriftlichten Normen mit Erzwingungsandrohung (Recht) über die strengsten Formen des Sollens (Moral) bis zu Verhaltenserwartungen, die weicheren Sollensdruck erzeugen[51)]. Eine solche Hierarchie des Verhaltensdrucks gibt Einblick in die unterschiedlich gefahrvollen Möglichkeiten abweichenden Verhaltens.

Der Blick auf die Explizierungen rückt auch die Wortwahl und die Wortschöpfungen der Zeitgenossen in den Blick. Im Titel dieses Buches tauchen die Attribute »adlig« und »fürstlich« auf, zwei Adjektive. Als Adjektive sind beide Attribute für jene Zeit gut nutzbar, aber diese mächtigen Familien waren noch Jahrhunderte davon entfernt, sich als »Adel« zu versprachlichen, sich als *die vom adel*, *einer vom adel* oder ähnlich zu konzipieren. Wir beobachten in der hier relevanten Zeit um 1200 eine Gesellschaft, in der die Chronisten etwa *principes*, *nobiles* oder *potentiores* agieren lassen, nicht aber Personen »von Adel« oder »aus dem Adel«, schon gar nicht »den Adel«. Soweit ich es überblicke, hat niemand den einschlägigen Forschungen von Joseph Morsel widersprochen, nach dessen Beobachtungen (wesentlich am Beispiel Franken) es den Kollektivsingular *adel* (ebenso wie *ritterschaft*) erst seit dem 15. Jahrhundert gibt. Dem lateinischen Wort *nobilitas* kann man natürlich nicht ansehen, wann (und ob überhaupt) es als Kollektivsingular – als handelndes abstraktes Subjekt – genutzt worden ist. Aber von Du-Cange über Leopold Genicot bis Joseph Morsel herrscht Einigkeit, dass *nobilitas* nicht

51) Ich übernehme diese Einteilung der Sollensformen von Jürgen HABERMAS, Ein neuer Strukturwandel der Öffentlichkeit und die deliberative Politik, Berlin 2022, Zitat S. 13.

als Kollektivsingular für eine soziale Kategorie benutzt worden ist, nicht als ein früheres Äquivalent des seit dem 15. Jahrhundert aufkommenden Wortes *adel*. Kurz, die Studien dieses Buches betreffen eine Zeit, in der man die Magnaten nicht explizit als eine gemeinsame soziale Kategorie in ein Wort gefasst hat. Es gab noch zwei Jahrhunderte lang keinen Kollektivsingular, keinen »Adel«[52)].

Diese Beobachtung – kein abstrakter Kollektivsingular vor dem 15. Jahrhundert – mag an eine Beobachtung von Reinhart Koselleck erinnern, die zwar bisweilen aufgegriffen, aber bislang noch nicht empirisch breit geprüft worden ist: Erst die Bildung eines Kollektivsingulars (wie *adel* und *ritterschaft* oder im 18. Jahrhundert *Bürgertum*) erweist ein Phänomen – so Kosellecks These – als für die Zeitgenossen *theoriefähig*. Der Kollektivsingular, eine Form der Abstraktion, ist ein Indiz für Theoretisierung. Wenn der Schritt von »Adliger« zu »einer vom Adel« im 15. Jahrhundert ähnlich gedeutet werden kann wie der Schritt von »Bürger« zu »Bürgertum« im 18. Jahrhundert, dann ist das Fehlen eines Kollektivsingulars in der Selbstkonzeption der *nobiles* und *potentiores* des 12./13. Jahrhunderts ein wichtiges Beobachtungselement[53)].

Auch das Wort »Geschlecht« ist in den sprachlichen Selbstkonzepten jener Zeit offenbar noch (lange) nicht zu finden. Es ist zwar nicht zu bestreiten, dass sowohl *geslechte* als auch *lineage* vor dem 15. Jahrhundert zu finden sind. Aber es reicht nicht, in früheren Zeiten bisweilen diese Worte aufzuspüren. Denn sie hatten, wie inzwischen deutlich wird, einen anderen Sinn und zumeist nichts mit Abstammungslinien zu tun. Auf breiter empirischer Basis zeigt diese semantische Verschiebung eindrucksvoll Marc von der Höh an einem substantiellen Bestand Kölner Urkunden, nicht anders als schon Jahre zuvor Joseph Morsel anhand fränkischer Magnatenfamilien[54)].

Der Blick auf die Gleichzeitigkeit der Durchsetzung von »Adel« und »Geschlecht« ist hilfreich, weil er sinnvoll sein dürfte, auf Koinzidenzen zu achten. Welche Transfor-

52) Zu DuCange vgl.: ducange.enc.sorbonne.fr/nobilitas; Léopold GENICOT, Naissance, fonction et richesse dans l'ordonnance de la societe medievale. Le cas de la Noblesse du Nord-Ouest du Continent, in: Problèmes de stratification sociale, hg. von Roland MOUSNIER (Travaux du Centre de recherches sur la civilisation de l'Europe moderne 5), Paris 1968, S. 83–100, hier S. 100, und bes. Joseph MORSEL, Die Erfindung des Adels. Zur Soziogenese des Adels am Ende des Mittelalters. Das Beispiel der Franken, in: Nobilitas. Funktion und Repräsentation des Adels in Alteuropa, hg. von Otto Gerhard OEXLE/Werner PARAVICINI, Göttingen 1997, S. 312–375: »Es gab zuvor zwar eine Gesamtheit soziopolitisch dominierender Menschen, die – unregelmäßig, nicht eindeutig und nicht alle – als *nobiles* bezeichnet werden konnten, keinesfalls aber das soziale Gefüge bildeten, das man später ›Adel‹ nannte« (S. 316).

53) Reinhart KOSELLECK, Begriffliche Innovationen der Aufklärungssprache, in: Recht und Sprache in der deutschen Aufklärung, hg. von Ulrich KRONAUER/Jörn GARBER, Tübingen 2001, S. 4–26, S. 11: »Erst durch die Substantivierung werden die Begriffe theoriefähig«.

54) Marc von der HÖH, Geslechte. Studien zur verwandtschaftlichen Strukturierung der älteren Kölner Führungsschicht im Spätmittelalter, Habilitationsschrift Bochum 2013. Ähnlich schon Joseph MORSEL, Geschlecht versus Konnubium? Der Einsatz von Verwandtschaftsmustern zur Bildung gegenüberstehender Adelsgruppen (Franken, Ende des 15. Jahrhunderts), in: Historische Anthropologie 22 (2014), S. 4–44.

mation fällt zeitlich mit welcher zusammen? Die Durchsetzung des Kollektivsingulars »Adel« ist zur gleichen Zeit zu beobachten wie eine Reihe weiterer Phänomene, die es abzugleichen gilt an dem, was sich im 12./13. Jahrhundert beobachten lässt. Sie fällt zusammen mit der Genese des Stammbaums, die nach den aktuellen Referenzpublikationen im späten 15. Jahrhundert beginnt und ihre Karriere erst im 16. macht. Sie fällt zusammen mit der Transformation vom Verwandtschafts*geflecht* zum Verwandtschafts*geschlecht*, die ebenfalls (sollte sich die von Simon Teuscher und anderen entwickelte Deutung durchsetzen) im 15. Jahrhundert beginnt und im 16. Jahrhundert durchgesetzt wird. Man könnte die Reihe der Koinzidenzen fortsetzen etwa mit dem Hinweis auf den plötzlich in den 1470er Jahren durch Laien zu einem Massenphänomen entwickelten Kult einer vier Generationen umfassenden Sippe – der Sippe der dreimal verheirateten, in allen Ehen fruchtbaren, heiligen Anna. Die Theologen und Prediger haben einige Jahrzehnte gebraucht, bis sie diese laikale Kult-Eruption um eine Vier-Generationen-Genealogie wieder theologisch eingehegt und zurückgedrängt hatten.

Kurz, das Adjektiv »adlig« im Titel dieses Buches kann noch für viele Generationen nicht in einen Kollektivsingular umgeformt werden. Und als »der Adel« schließlich auftauchte, tauchen auch die vertikale Verwandtschaftsrepräsentationen auf und der durch Laien forcierte Kult einer heiligen Viergenerationensippe. In den Jahren von 1150 bis 1250, soviel ist hier festzuhalten, war »adliges« Erben von diesen Bedingungen noch weit entfernt.

III.3. Delegieren – Ausweichlösungen zur Weitergabe von Aufgaben und Ansprüchen

Entscheidend für das Verständnis der familiären wie der herrscherlichen Weitergaben ist schließlich, ob Ersatzlösungen vorgesehen waren, falls die als normal angesehene Form der Weitergabe von Aufgaben, Rechten und Ansprüchen versagt. Gibt es Routinen des *Delegierens*? Auch diese Suche nach Delegierungsmöglichkeiten zielt zunächst auf *Verfahren* – auf formalisierte Rechtsverfahren wie bei den Römern die Adoption. Dieses Rechtsinstitut gab es in den hier relevanten Fällen zwischen 1150 und 1250 schon seit Jahrhunderten nicht mehr. Es verschwand, so dürfte es Konsens sein, mit dem römischen Agnatenverband[55]. Schwieriger ist die Suche nach *Praktiken*, nach Lösungen also, die nicht in Verfahren formalisiert, aber praktisch habitualisiert waren. Dieser Blick auf Strategien, sei es zur Trennung kinderloser Ehen oder zur Sukzession von Kindern aus Beziehungen jenseits der Ehe, ist durch Sara McDougall auf die in diesem Buch untersuchte Zeitspanne gelenkt worden[56]. McDougall folgend werden seit dem späten 12. Jahrhundert die kirchlichen Konzepte von Legitimität und Illegitimität stringenter,

55) Adoption (wie Anm. 21).
56) McDougall, Royal Bastards (wie Anm. 11).

zugleich werden sie integriert in die Argumentationsweisen der Laien. Zu erwarten wäre also eine Änderung des Verhaltens und seiner Rechtfertigung gerade in jener Zeit.

Bisweilen ist die Legitimierung eines »natürlichen« Sohnes in einer kaiserlichen Urkunde fixiert, bisweilen wird *en passant* von der Annullierung einer Ehe durch den Papst erzählt. Derartige Fälle von erfolgreichen Ehetrennungen oder Sukzessionen »natürlicher« Kinder erwecken zunächst eher den Eindruck, nicht Ausweis routinisierter *Praktiken*, schon gar nicht formalisierter *Verfahren* zu sein, sondern eher Effekte von Machtverhältnissen oder hier und dort der geglückten *Aushandlung* einer Nachfolgeregelung. Aus einem Heerlager Friedrichs I. Barbarossa ist ein solcher Fall überliefert. Diese Frage nach der Institutionalität derartiger Ausweichlösungen – zwischen Verfahren, Praktiken und Aushandlungen – steht in den Studien dieses Buches ausdrücklich im Vordergrund, da in keinem der hier untersuchten Erb- und Sukzessionsfälle der als normal angesehene, institutionell vorgesehene und als »legitim« bezeichnete Kandidat zur Verfügung stand.

IV. Ressourcen. Regelungsbereiche intergenerationeller Übertragung

Der Blick dieses Buches auf das lateinische Europa zwischen 1150 und 1250 richtet sich auf die verschiedenen sozialen Prozesse (Verfahren, Praktiken, Aushandlungen), mit denen im Normalfall (Allokation), im routinisierten Ausweichfall (Delegation) oder im unregulierten Durchsetzungs- oder Einigungsfall (Aushandlungen) zwei Aufgabenfelder der intergenerationeller Übertragung geregelt wurden – die Übertragung von Eigentumsrechten (»Erbe«) und die Übertragung von Amt und Herrschaft (»Sukzession«). Es mag den Blick schärfen, daran zu erinnern, dass *Erbe* und *Sukzession* nur zwei Felder sind aus einem größeren Bündel materieller wie immaterieller Ressourcen, Aufgaben, Zuständigkeiten und Rechte, die an jene Nachkommenden übertragen werden müssen, die einmal Erwachsenenrollen einnehmen sollen. Alle diese Felder sind üblicherweise mehr oder weniger normiert[57]. Da einige davon eng verknüpft sind mit der Regelung von Erbe und Sukzession, seien sie im Schnelldurchgang skizziert – von der Geburt bis zum Tod.

57) Das Konzept dieses Abschnittes ist orientiert an dem »framework for the analysis of parent roles« in Goody, Parenthood (wie Anm. 50).

IV.1. Zeugen, Gebären

Der Akt des Zeugens und Gebärens war anscheinend nicht durchweg, wohl aber über die meisten Jahrhunderte des nachrömischen Lateineuropa relevant für einen zentralen Regelungsbereich intergenerationeller Übertragung – für die Übertragung von familialem und sozialem Status. Um das Jahr 1200 war in einer zunehmend klaren sprachlichen Form kondensiert, wie Prokreation als Recht und Aufgabe gesellschaftlich organisiert war, wer also aus Sicht der Zeitgenossen im Normalfall und der Norm nach (Allokation) die Vermehrung zu leisten hatte: in der Unterscheidung der »legitimen« Kinder oder Söhne (*liberi legitimi, filii legitimi*) von den »natürlichen« Kindern, Söhnen oder »Bastarden« (*liberi naturales, filii naturales, bastardi*). Wo immer die Statusklärung »legitim/natürlich« eine Rolle gespielt hat, hing sie an der Geburt, genauer: an der Mutter, auch wenn wir sie erst zu viel späteren Anlässen (etwa bei Sukzessionsfragen) in den Texten finden. Im Recht der römischen Kaiserzeit ist diese Unterscheidung ebenso so leicht zu finden wie seit dem 12. Jahrhundert. In den Jahrhunderten dazwischen taucht sie kaum auf.

So bleibt im Abschreiten der Fallstudien zu beobachten, was in den diversen Einzelfällen verhandelt wird. Wo gibt es keine Söhne, wo gar keine Kinder? Wo fehlen nur »legitime«, nicht aber »natürliche« Kandidaten (oder Kandidatinnen)? Welche Chancen haben Töchter – jenseits der Erbfragen – bei der Sukzession? Wo ist der soziale Status der Mutter oder die Art der Beziehung zum Vater ein Thema? Gehörte die Sukzession eines »natürlichen«, also nicht »legitimen« Sohnes in eine Herrschaftsposition zu den als »normal« akzeptierten Ausweichlösungen (Delegation) wie bis zum sechsten Jahrhundert in der römischen Gesellschaft die Adoption, oder war sie eine nur mühsam und selten durchzusetzende Lösung, die auf »Argumente« aus anderen Bereichen (Macht, Solidargemeinschaften, Gewalt und so weiter) angewiesen war?

Im Moment machen die neuen Studien noch nicht deutlich, ob Legitimierung von »Natürlichen« und Scheidung zwecks Wiederheirat tatsächlich anerkannte, institutionalisierte Routinen der Delegierung waren beim Ausfall des »Normal«-Zuweisung (Allokation) – also formalisierte *Verfahren* (wie die römische Adoption) oder wenigstens einverleibte *Praktiken* (wie in der griechischen Welt die kirchlich verbotene, aber routinemäßig hingenommene Scheidung) für Bedarfsfälle. Oder waren sie allenfalls *Aushandlungen* – Durchsetzungsformen jenseits der Verfahren und Praktiken, sei es durch schiere Macht, durch geschickte Arten des Verhandelns oder günstige Situationen?

IV.2. Initiation in die Gesellschaft

Mit der Durchsetzung der Säuglingstaufe seit dem 6. Jahrhundert geriet die Initiation in die Kirche zugleich zur Initiation in die Gesellschaft. Die »fleischliche« (*carnalis*, *caro*) Verwandtschaft war davon insofern betroffen, als sie durch den kirchlichen Akt der Taufe um ein weiteres, von Anbeginn intensiv genutztes Allianzsystem erweitert wurde – die »geistliche« (*spiritualis, spiritus*) Verwandtschaft aus der Taufe[58]. Prinzipiell verbindet die geistliche Verwandtschaft diejenigen Erwachsenen, die ein Kind aus der Taufe heben, sowohl mit dem Kind (*patrinus, matrina*) als auch mit dessen fleischlichen Eltern (*compater, commater*). Die Allianz hat also formal eine vertikale und eine horizontale Dimension, die horizontale ist aber in den Texten deutlich stärker gewichtet. Eine Suche in den derzeit bereitstehenden lateinischen Textrepositorien zeigt, dass die Bezeichnungen für die Taufallianz zwar insgesamt häufig auftauchen, aber in einer deutlichen Hierarchie: Die horizontale Beziehung und Anrede »Mitvater« (*compater*) und »Mitmutter« (*commater*) ist um ein Vielfaches häufiger zu finden als die vertikale Bezeichnung für Patinnen (*matrina*) und Paten (*patrinus*) (und die nicht nur für Patenschaft genutzte Phrase *pater spiritualis*). Diese Unterschiedlichkeit ist ein Hinweis darauf, dass der Initiationsritus Neugeborener primär als Form horizontaler Vernetzung interessant war. Darauf deutet auch die Beobachtung, dass nur die horizontale Beziehung in ein Abstraktum substantiviert wurde, in »Mitvaterschaft« (*compaternitas*) und »Mitmutterschaft« (*commaternitas*) – wenn auch nur als ein seltenes Gelehrtenwort jenseits der sozialen Praxis. Die vertikalen Bezeichnungen für Pate und Patin (*patrinus, matrina*) hingegen wurden nicht zu einem Abstraktum gemacht (also nicht zu *patrinitas, matrinitas* wie heute im Deutschen »Patenschaft«)[59]. Auch diese Allianzen sind also, wie das ganze Verwandtschaftssystem, primär in horizontalen Relationen konzipiert.

Mit Blick auf die hier im Zentrum stehenden Übertragungsformen Erbe und Sukzession kann die Initiation durch die Taufe und die damit verbundene Erweiterung des familialen Allianzsystems instruktiv sein als Inszenierungsritual sozialer Ordnung, das soziale In- und Exklusionen, Hierarchien und Geschlechterkategorien betonen kann, aber auch nivellieren. Wie war etwa die Unterscheidung der »legitimen« von den »natürlichen« Kindern im 12. und 13. Jahrhundert im Akt der Taufe sichtbar, etwa im Ort der Taufe oder in der Patenwahl? Seit Taufregister erhalten sind (also seit dem 16. Jahr-

58) Zur Karriere des Wortes »Fleisch« gegenüber »Blut« seit den Kirchenvätern vgl. aus den vielen Arbeiten von Anita Guerreau-Jalabert über die Fleisch-Geist Dichotomie im Überblick Anita GUERREAU-JALABERT, Flesh and Blood in Medieval Language about Kinship, in: Blood and kinship. Matter for Metaphor from Ancient Rome to the Present, hg. von Christopher H. JOHNSON/Bernhard JUSSEN/David Warren SABEAN/Simon TEUSCHER, New York 2013, S. 61–82.

59) Die Okkurenzen von *compater* und *commater* sind etwa viermal häufiger als die von *patrinus* und *matrina* (beziehungsweise *pater spiritualis*, wenn es sich auf die Taufe bezieht). Die Abstrakta *compaternitas* und *commaternitas* wurden offenbar nur von Theologen verwendet, und zwar selten und kaum vor dem 12. Jahrhundert.

hundert), zeugen sie von einer nicht selten drastischen Ausgrenzung nichtehelicher Kinder[60].

Wie die Initiation ins Leben und in die Sakralgemeinschaft, so gehören auch die Adoleszenzriten, also im Zusammenhang dieses Buches die Schwertleite, zu jenen rituellen Inszenierungsmomenten, mit denen die hier im Zentrum stehenden Felder der Weitergabe – Statusidentität, Besitz, Sukzession – gestaltet werden.

IV.3. Fürsorge, Erziehung und Wissensweitergabe

Zu den zentralen Regelungsbereichen intergenerationeller Übertragung gehören Fürsorge für Kinder, Erziehung und Weitergabe von Wissen und Können – vom elementaren Wissen bis zu spezialisierten Kompetenzen wie die Sozialisation in die Gewaltkultur (oder Kriegerkultur) oder die Weitergabe instrumentellen und gelehrten Wissens. Auch diese Bereiche dürften relevant sein für den Blick auf adliges und fürstliches Erben zwischen 1150 und 1250.

Wer nach den Formen familialer Ressourcenverteilung mächtiger Familien fragt, findet in den Jahrhunderten des ruralen Europa vor der Urbanisierung ein systematisches Handlungsmuster für Fürsorge und Erziehung von Kindern sowie Wissensweitergabe, das in der hier interessierenden Zeitspanne des 12. und 13. Jahrhunderts an Normalität verloren hat. Als kurze Erinnerung an das weithin zu beobachtende Verhaltensmuster magnatischer Familien bis etwa 1200 mag der Hinweis auf ein berühmtes Kind der britischen Inseln ausreichen, auf Mönch Alkuin. Sein Lebensweg war exemplarisch für die Art, wie sich Magnatenfamilien um auratische Orte stabilisiert haben und wie Klöster vor der Urbanisierung Nachwuchs rekrutiert und Netzwerke gebildet haben. Alkuins Biograph hat das Schicksal des kleinen Alkuin in einen knappen Satz gefasst:

60) Andreas Maisch hat in einem württembergischen Taufbuch des 16./17. Jahrhunderts beobachtet, dass Illegitime zumeist inmitten der Legitimen eingetragen waren, zugleich aber auch eine eigene Liste eingerichtet war *Hie findestu die Bastarts Kinder nachem ander eingeschriben wer sie, ir Vatter und Mutter gewest und wie sie gehaissen*, vgl. Andreas MAISCH, Notdürftiger Unterhalt und gehörige Schranken. Lebensbedingungen und Lebensstile in württembergischen Dörfern der frühen Neuzeit (Quellen und Forschungen zur Agrargeschichte 37), Berlin/Boston 1992, S. 15, ausführlich zur Illegitimität S. 294–321. Viel drastischere Ausgrenzung beobachtet Karin Orth im Basel des 19. Jahrhunderts, wo in katholischen wie evangelischen Taufregistern Illegitimität stets notiert wird, evangelische Pfarrer zudem die Taufe in der Pfarrkirche verwehrten. Illegitime wurden im Spital getauft (Karin ORTH, Nichtehelichkeit als Normalität. Ledige badische Mütter in Basel im 19. Jahrhundert, Göttingen 2022, siehe zu den zitierten Beispielen S. 134).

»Als er abgestillt war von den fleischlichen Brüsten der Mutter, übertrug man ihn den mystisch nährenden Brüsten der Kirche«[61].

Alkuin war eines von vielen »geopferten Kindern«, *pueri oblati*, die in sehr jungen Jahren als Kinder einem Kloster rituell »geopfert« wurden und keinen Weg mehr aus dieser Lebensform herausfinden konnten. Seit dem achten Jahrhundert waren, so legen es die verfügbaren Studien nahe, Lebensläufe von »Geopferten« der Normalfall einer klösterlichen Laufbahn, gegen Ende des neunten Jahrhunderts dürften nur noch wenige Personen als Erwachsene zu Mönchen geworden sein. Viele Kinder wurden zur Fürsorge, Erziehung und Wissensweitergabe diesen auratischen Orten übertragen. Alkuins eigene Rückschau auf Kindheit und Jugend in einem Brief an seine klösterlichen »Eltern« mögen hier der Kürze halber ausreichen als Hinweis auf ein weit verbreitetes Verhaltensmuster wohlhabender Familien vor der Urbanisierung:

»Im zarten Kleinkindalter (*infantia*) habt ihr mich mit mütterlicher Liebe gehegt, die ausgelassene Zeit meiner Kindheit (*lascivum puericiae tempus*) habt ihr mit frommer Geduld ertragen, bis zum vollendeten Mannesalter (*vir*) habt ihr mich mit der Disziplin väterlicher Züchtigung erzogen mit der heiligen Lehre der Gelehrsamkeit gestärkt. Was kann ich mehr sagen?«[62]

Ziel war offenbar nicht eine Art der Geburtenkontrolle, nicht die Entledigung von überzähligen Kindern, auch nicht primär eine Jenseitsökonomie. Der soziale Wert des »Opfers« der eigenen Kinder war die dauerhafte Nähe der Familien zum Kloster. Die derzeitige Forschungsdiskussion legt die Annahme nahe, dass Eltern auch dann ihre »geopferten« Kinder nicht mehr zurückbekamen, wenn ihnen keine leiblichen Erben blieben. Anscheinend war den Eltern dies immer noch lieber, als keine Kinder zu »opfern«[63]. Die Wichtigkeit dieser Kinderopfer wird am besten verständlich mit Blick

61) Vita Alcuini, hg. von Wilhelm ARNDT (MGH SS 15,1), Hannover 1887, S. 182–197, S. 185: *qui cum matris ablactaretur carnalibus, ecclesiae traditur misticis imbuendis uberibus.* Über Alkuins familialen Hintergrund ist wenig bekannt.

62) Alcuin, Brief Nr. 42 an die Mönche seines Jugendklosters York: *Vos fragiles infantiae meae annos materno fovistis affectu; et lascivum puericiae tempus pia sustinuistis patientia et paternae castigationis disciplinis ad perfectam viri edocuistis aetatem et sacrarum eruditione disciplinarum roborastis. Quid plus dicere habeo?* in: Epistolae Karolini aevi 2, hg. von Ernst DÜMMLER (MGH Epp. 4), Berlin 1895, S. 85–87, Zitat S. 85.

63) Ausführlicher dargestellt in JUSSEN, Geschenk (wie Anm. 5), S. 185–202, bes. S. 189–195. Die einflussreichste Studie des Phänomens bis zum 10. Jahrhundert ist Mayke DE JONG, In Samuel's Image. Child Oblation in the Early Medieval West (Brill's Studies in Intellectual History 12), Leiden/New York/Köln 1996; knappe, instruktive Zusammenfassung Mayke DE JONG, Carolingian Monasticism. The Power of Prayer, in: The New Cambridge Medieval History, Bd. 2: C. 700–c. 900, hg. von Rosamond MCKITTERICK, Cambridge 1995, S. 622–653; Anita GUERREAU-JALABERT, Nutritus/oblatus. Parenté et circulation d'enfants au Moyen Age, in: Adoption (wie Anm. 21), S. 263–290, behandelt das Phänomen der geopferten Kinder unter dem Stichwort »Kinderzirkulation«. Für die Folgezeit (11./12. Jahrhundert) vgl. Maria LAHAYE-GEUSEN, Das Opfer der Kinder. Ein Beitrag zur Liturgie- und Sozialgeschichte des Mönchtums im hohen Mittelalter (Münsteraner theolo-

auf jenes gängige Machtmodell von Magnatenfamilien vor der Urbanisierung und Territorialisierung, das in der französischen Forschung »Verräumlichung« (*spatialisation*) oder »Polbildung« (*polarisation*) oder »Verankerung« (*ancrage*) heißt – also die räumliche Machtorganisation einer Familie um auratische Pole, und zwar über Generationen. Erinnert sei an die Familie der Gozberte und die »Verankerung« ihres Machtraumes in und an den klösterlichen »Polen« Sankt Gallen und Rheinau vom achten bis zum zehnten Jahrhundert; oder an die in den rund 6000 erhaltenen Schenkungsurkunden für das Kloster Cluny beobachtbare Praxis, immer wieder über Generationen dasselbe Stück Land zu übertragen und sich durch diese Wiederholungsschleifen langfristig »zum Nachbarn des Heiligen Petrus« zu machen; oder an das Kloster Weingarten vor der Übertragung an Kaiser Friedrich I. Barbarossa. Verräumlichung der Macht um auratische Pole war demnach das Verhaltensmuster magnatischer Familien in den Jahrhunderten vor der Territorialisierung. Für diese Art verwandtschaftlicher Machtorganisation um auratische Pole war Präsenz von Familienvertretern in den auratischen Zentren systemrelevant (als Äbte, Vögte, Priester). Generiert wurde sie durch das »Opfer« (*oblatio, holocaustum*) von – oft kleinen – Kindern[64)].

Als ein Symptom für das Ende dieses Typs gesellschaftlicher Organisation gilt gemeinhin der Niedergang des klösterlichen Imperiums von Cluny im 12. Jahrhundert. Die spezifische Verschränkung von auratischen Sakralzentren, sozialer Hierarchie und politischer Ordnung aus den ruralen Jahrhunderten verlor mit der Herausbildung eines dichten Netzes urbaner Zentren offenbar ihre Plausibilität. Alle in den folgenden Fallstudien beobachteten Erb- und Sukzessionslösungen spielten sich in dieser Transformationsphase ab – von der Machtverräumlichung um auratische Pole (*spacialisation, polarisation, ancrage*) unter den Bedingungen des ruralen Europa zur Durchsetzung von Territorien im urbanisierten und kommunalisierten Lateineuropa[65)].

gische Abhandlungen 13), Altenberge 1991; im Großen und Ganzen ist das Phänomen als solches wenig umstritten, unterschiedlich ist eher die sozialhistorische Deutung, wissenschaftsgeschichtlich skizziert bei Mayke De Jong, Growing up in a Carolingian Monastery. Magister Hildemar and his Oblates, in: Journal of Medieval History 9 (1983), S. 99–128.

64) Im Überblick Jussen, Geschenk (wie Anm. 5), S. 184–199. Vgl. Michel Lauwers/Laurent Ripart, Représentation et gestion de l'espace dans l'Occident médiéval, in: Rome et l'état moderne européen, hg. von Jean-Philippe Genêt (Collection de l'École Française de Rome 377), Rom 2007, S. 115–171; Jean-Pierre Devroey/Michel Lauwers, L'›Espace‹ des historiens médiévistes. Quelques remarques en guise de conclusion, in: Construction de l'espace au Moyen Age. Pratiques et representations, hg. von Jean-Loup Abbé (Publications de la Sorbonne Histoire ancienne et medieval 96), Paris 2007, S. 435–454. Ohne schon etwas von Schlüsselworten wie *Spacialisation* oder der Diskussion der Goody-Thesen wissen zu können, hat Barbara Rosenwein diese Phänomene anhand der Urkunden des Klosters Cluny untersucht (Barbara H. Rosenwein, To be the Neighbor of Saint Peter. The Social Meaning of Cluny's Poperty 909–1049, Ithaca 1989).

65) Stellvertretend sei zur Urbanisierung auf die Studie von Monika Escher und Frank Hirschmann verwiesen, hier insbesondere auf die instruktive Visualisierung der urbanen Verdichtung auf seriellen Karten zu den Jahren 1000, 1100, 1200, 1250, 1300, 1350 in etwa im Bereich des heutigen Deutschlands (Monika Escher/Frank G.

IV.4. Übertragung von familialem und sozialem Status

Der Blick auf Übertragung von familialem und sozialem Status führt zurück zur normativen Rolle von Zeugen und Gebären. Dabei geht es mit Blick auf familialen Status (1) um die Frage, ob die Unterscheidung von »natürlichen« Kindern oder Söhnen und »legitimen« Kindern oder Söhnen eine Rolle gespielt hat oder nicht – und wenn ja, im Feld welcher Aktionsmöglichkeiten (Verfahren, Praktiken, Aushandlungen). Ferner geht es (2) darum, ob und seit wann es eine privilegierte Stellung von Erstgeborenen gab. Mit Blick auf sozialen Status ist hier auch (3) die Diskussion um die »Erfindung des Adels« relevant.

Um den Blick auf das Feld der »Übertragung von familialem Status« zwischen 1150 und 1250 zu lenken, bietet eine Urkunde Kaiser Friedrichs II. aus seinem Heerlager bei Orte (nördlich von Rom) im Jahr 1220 einen instruktiven Fall. Friedrich gibt darin »allen Getreuen im ganzen Imperium« bekannt, dass »wir auf Bitten unseres Getreuen Rodolfinus Malavolte«, offenbar aus Siena,

> »… seinen natürlichen Sohn Bartholomaeus legitimieren (*legitimari facimus*) und beschließen, diesen Bartholomäus geboren aus Rudolf und Iemolina zur legitimen *successio* zu führen, so dass er die väterlichen Güter besitzen kann und muss sowohl testamentarisch als auch *intestato*, wie wenn er aus einer rechten und legitimen Ehe geboren wäre (*tamquam esse natus ex iusto et legitimo matrimonio*).«

Weder durch kodifizierte Gesetze über »natürliche« Kinder (*legibus, que sunt in codice de naturalibus liberis*), noch durch »feudale« Gewohnheitsregeln (*feudorum consuetudines*) oder »ein anderers Gesetz oder Recht« (*nec alia lege seu iure*), nicht einmal durch die Entdeckung, dass Bartholomeus »aus inzestuösem Beischlaf geboren« sei (*natum ex incesto coitu*), dürfe diese Legitimierung des »natürlichen Sohnes« verhindert werden[66]. Nach diesem Text jedenfalls hat der Kaiser die Legitimierung eines »natürli-

Hirschmann, Die urbanen Zentren des hohen und späteren Mittelalters. Vergleichende Untersuchungen zu Städten und Städtelandschaften im Westen des Reiches und in Ostfrankreich [Trierer historische Forschungen 50,1–50,3], Trier 2005 [Karten im Schuber]). Der lange gepflegten Neigung, bei den Urbanisierungs- und (vor allem) Kommunalisierungsprozessen in Lateineuropa besonders die großen Unterschiede herauszuarbeiten, kann man eine »Tendenz, die Gesamtperspektive zu verdecken« (Boucheron/Menjot) bescheinigen. Das gesamt(latein)europäische Phänomen arbeiten stärker heraus etwa: Patrick Boucheron/Denis Menjot, La ville médiévale (Points Histoire 451), Paris 2011 (Original 2003), Zitat S. 25; Tom Scott, The City-state in Europe, 1000–1600. Hinterland, territory, Region, Oxford 2012; Maarten Roy Prak, Citizens without Nations. Urban Citizenship in Europe and the World, c. 1000–1789, Cambridge 2018.

66) Die Urkunden Friedrichs II., Teil 4. 1220–1222, hg. von Walter Koch (MGH DD 14,4,1), Wiesbaden 2014, Nr. 753, S. 243 f. (Heerlager bei Orte, 1220 Dezember 1): *Notum esse universis imperii fidelibus volumus tam presentibus quam futuris, quod nos de consueta et humana benignitate nostra audientes benigne petitionem et postulationem dilecti fidelis nostri Rodolfini Malavolte absentis volentis filium suum Bartholomeum naturalem legittimari et ad legittimam successionem deduccere ipsum Bartholomeum genitum ex ipso Rodolfino et Iemolinâ ex certa scientia legitimari facimus et constituimus, ut ipse possit et debet habere et possidere bona paterna tam ex testa-*

chen« Sohnes angeordnet und dabei ausdrücklich erklärt, dass seine Entscheidung immun ist gegen Recht, Gesetz und Gewohnheitsregeln. Der Zufall will, dass gerade diese Urkunde Friedrichs heute nicht mehr aufzufinden ist[67].

Die urkundliche Legitimierung des »natürlichen« Sohnes Bartholomäus durch den Kaiser ist zunächst einmal nur ein *casus*. Es dürfte nicht leicht sein, aus diesem *Fall* ein *Beispiel* zu machen für eine eingespielte Praxis[68]. Ein Beispiel ist diese Urkunde vielleicht eher für die Effizienz der Nähe zur Macht als Möglichkeit, die Vorschriften des »Gesetzes« (*ius*, *lex*) und die Regeln der »Gewohnheit« (*consuetudo*) außer Kraft zu setzen. Ihre Seltenheit ist zugleich Ausweis dafür, dass der Akt des *legittimari* eines *naturalis* zu einem »als wäre er aus einer legitimen Ehe Geborenen« (*tamquam esse natus ex iusto et legitimo matrimonio*) nicht zu den zur Verfügung stehenden *Verfahren* der Problemlösung gehört, auch nicht zu den einverleibten *Praktiken*, allenfalls zu den selten gelingenden *Aushandlungen*, die vielleicht einem treuen *fidelis* des Kaisers gelingen konnten.

Fälle dieser Art dürften keine lange Tradition gehabt haben. Erst seit dem 13. Jahrhundert hat es, Sara McDougall folgend, für Außerehelichkeit einer Legitimation bedurft. Zuvor habe Ehelichkeit von Söhnen über Jahrhunderte – bis ins 12. Jahrhundert – keine besondere Aufmerksamkeit gefunden[69]. In der Tat sind (soweit es die

mento quam ab intestato tamquam esse natus ex iusto et legitimo matrimonio et succedere heredem institui, non obstantibus legibus ill(is), que sunt in codice de naturalibus liberis et in autentica, quibus modis naturales efficiantur legitimi, et in titulo, quibus modis naturales efficiantur sui, et non obstantibus feudorum consuetudinibus nec alia lege seu iure et non obstante etiam, si Bartholomeus predictus reperiretur esse spurium vel fore natum ex incesto coitu vel dampnato, et non obstante, quod aliquid de cognatis seu de agnatis illius Rodolfini non sint presentes seu vocati, non obstante aliquod scriptum seu privilegium datum vel concessum alicui vel aliquibus super hoc.

67) Ebd., S. 243 (ursprünglich erhalten in einer notariellen Abschrift des 13. Jahrhunderts, die nicht mehr auffindbar ist).

68) Hermann WINTERER, Die rechtliche Stellung der Bastarde in Italien von 800 bis 1500 (Münchener Beiträge zur Mediävistik und Renaissance-Forschung 28), München 1978; DERS., Die rechtliche Stellung der Bastarde in Spanien im Mittelalter (Münchener Beiträge zur Mediävistik und Renaissance-Forschung 31), München 1981; Illegitimität (wie Anm. 29); Klaus SCHREINER, ›Defectus natalium‹ – Geburt aus einem unrechtmäßigen Schoß als Problem klösterlicher Gemeinschaftsbildung, in: ebd., S. 85–114; Simona SLANICKA, ›Tamquam legitimus‹. Bastarde in spätmittelalterlichen Legitimationsbriefen, in: Recht und Verhalten in vormodernen Gesellschaften. Festschrift für Neithard Bulst zum 65. Geburtstag, hg. von Andrea BENDLAGE/Ulrich HENSELMEYER/Andreas PRIEVER, Bielefeld 2008, S. 103–122; DIES., Bastarde als Grenzgänger, Kreuzfahrer und Eroberer. Von der mittelalterlichen Alexanderrezeption bis zu Juan de Austria, in: Werkstatt Geschichte 51 (2009), S. 5–21; MCDOUGALL, Royal Bastards (wie Anm. 11); Heinz HOLZHAUER, Die Legitimation nichtehelicher Kinder. Requiem auf ein Rechtsinstitut, in: Recht im Wandel – Wandel des Rechts. Festschrift für Jürgen Weitzel zum 70. Geburtstag, hg. von Ignacio CZEGUHN, Köln/Wien 2014, S. 109–134.

69) MCDOUGALL, Royal Bastards (wie Anm. 11), Brigitte KASTEN, Chancen und Schicksale ›unehelicher‹ Karolinger im 9. Jahrhundert, in: Kaiser Arnolf. Das ostfränkische Reich am Ende des 9. Jahrhunderts, hg. von Franz FUCHS/Peter SCHMID (Zeitschrift für bayerische Landesgeschichte. Beiheft Reihe B 19), München 2002, S. 17–52, argumentiert ähnlich mit Blick auf die Kapitularien. Ob diese sich als Evidenz eignen (oder ob sie als Textsorte für solche Fragen vielleicht gar nicht zuständig sind), wäre zu diskutieren, dazu Bernhard JUSSEN/Karl

bislang noch nicht valide belastbaren Suchen in den großen Repositorien erkennen lassen)[70] die Termini *liberi/filii naturales* und *liberi/filii legitimi* in Rechtstexten bis ins sechste Jahrhundert präsent, werden dann selten und tauchen erst im 12. Jahrhundert wieder vermehrt auf.

Doch nur in einem Teil der Texte hat »natürlicher Sohn« mit Illegitimität zu tun. Theologen war die Rede vom »natürlichen Sohn« in einem ganz anderen Zusammenhang als den Autoren der Rechtstexte geläufig. Von Alkuin, Paulinus von Aquilea, Hinkmar, Eriugena, Paschasius Radbertus, über Fulbert von Chartes bis zu zahlreichen Theologen im 12. Jahrhundert finden wir Christus als »natürlichen Sohn«, *filius naturalis*, Gottes. Aufgekommen ist diese Bezeichnung anscheinend in dem engagierten Kampf der Theologen besonders des neunten Jahrhunderts gegen eine auf der spanischen Halbinsel aufgekommene Theorie, nach der Christus von Gott adoptiert worden sei. Fulbert von Chartres – um nur einen von vielen zu zitieren – hat dagegengehalten, dass Christus ein »natürlicher« Sohn sei: »Christus ist der natürliche Sohn Gottes, Christus ist also dasselbe wie der Vater, das heißt er ist Gott« (*at Christus Dei Filius naturalis est, Christus igitur idem quod Pater, id est Deus est*). Für Fulbert ist der »Natürliche« nicht der »Illegitime«, sondern der »Echte« – jedenfalls, wenn es um Christus geht[71].

»Bastard« (*bastardus*) gehörte hin und wieder in den Schenkungsurkunden für das Kloster Cluny seit der Jahrtausendwende zum Vokabular der Schenker. Im 11. Jahrhundert erscheint das Wort weitgehend im Urkundenzusammenhang, selten einmal in einer Vita oder Chronik. Dies bedeutet zunächst, dass es bereits seit der Jahrtausendwende in den schenkenden Familien ein Anliegen war, bestimmte Gruppenmitglieder als »Bastard« zu bezeichnen. Die *bastardi* sind oft Teil der Zeugenreihen, etwa zusammen mit ihren Brüdern, oder sie schenken selbst. Der Gebrauchsort des Wortes ist in den Belegen bis ins 11. Jahrhundert weitgehend die Urkunde.

Beim Blick auf Übertragung von familialem Status gerät auch die Rolle der Erstgeburt in den Blick. Simon Teuscher folgend hat sich das Konzept des Erstgeborenen, der gegenüber den später Geborenen privilegiert ist, erst seit dem 15. Jahrhundert durchgesetzt mit der Transformation der Verwandtschaften von horizontalen Geflechten zu vertikalen Geschlechtern, also erst in dem Moment, in dem sich Familien und Ver-

Ubl, Die Sprache der Kapitularien. Einleitung, in: Die Sprache des Rechts. Historische Semantik und karolingische Kapitularien, hg. von dens. (Historische Semantik 33), Göttingen 2022, S. 9–32, hier S. 22–26 (»Wortbestände im Vergleich – Lex Romana und Capitularia«).

70) Nur kleinere Konvolute sind derzeit als kontrollierte Corpora untersuchbar, wie etwa die Urkunden von Cluny und die Capitularien. Für das Gros des in Online-Repositorien gesammelten und bereitgestellten Materials steht die Arbeit der Bildung sinnvoller Corpora (etwa nach Wissensfeldern oder nach Textsorten) und die Einführung von zitierbaren Versionierungen noch aus. Insofern erfüllen quantitative Beobachtungen derzeit noch nicht das basale Kriterium der Wiederholbarkeit.

71) Fulbert von Chartres, Tractatus contra Judaeos (Migne PL 141), Sp. 305–318, hier 313.

wandtschaften in formalisierten Verfahren strukturierten – analog zu jenen Verfahren, die mit der Formierung des anstaltlichen Staates entstanden. Auch hier gilt natürlich, dass der Verweis auf einige frühere Fälle diese Hypothese nicht falsifiziert, da vereinzelte Fälle jeder systematischen Durchsetzung vorausgehen. Teuscher folgend müsste man zunächst davon ausgehen, dass eine durch Erstgeburt formalisierte patrilineare Sukzession erst nach dem hier beobachteten Zeitraum zu einem üblichen Verfahren geworden ist[72].

Schließlich bleibt mit Blick auf das Feld der Übertragung von sozialem Status noch einmal an zweierlei zu erinnern: Zum einen sind über Jahrhunderte Magnatennetze zu beobachten, die ohne ein versprachlichtes Selbstkonzept in der Art von »Klerus« auskamen, ehe im 15. Jahrhundert der Prozess der Stabilisierung und Abschließung mit der Durchsetzung des Kollektivsingulars »Adel« einsetzt. Auch ist noch einmal die These zu wiederholen, dass Magnatenfamilien wohl noch über das 12. und 13. Jahrhundert hinaus für die Weitergabe von sozialem wie familialem Status wenig Aufwand in Ahnenrepräsentation investiert haben. Man kann diese Beobachtungsstrecke bei Walter Pohls Untersuchungen beginnen und bis zu denen von Karl-Heinz Spieß abschreiten. Der Aufwand für Ahnenrepräsentation nimmt erst im späten 15. Jahrhundert Fahrt auf – mit Figuren wie Ladislaus Sunthayn im Auftrag der habsburgischen Kaiser und wird erst im 16. Jahrhundert zu einem Verhaltensmuster[73].

IV.5. Versorgung der Alten

Zu den Regelungsbereichen intergenerationeller Übertragung (oder vielleicht intergenerationeller Reziprozität) gehört auch die Versorgung der Alten, die für das Thema dieses Buches nur der Systematik halber erwähnt, aber nicht weiter ausgeführt werden muss.

IV.6. Sepulkral- und Funeralkultur

Liturgie bietet sich als Medium der Status- und Verwandtschaftsrepräsentation oder der Sukzessionslegitimierung weniger an, wohl aber können Praktiken rund um die Liturgie herum für soziale Kodifizierung nutzbar gewesen sein. Hinweise auf die Inszenierung der familialen Ordnung in die Trauerriten lassen sich im 15. Jahrhundert finden, also im Jahrhundert der »Erfindung des Adels« und der Formierung der Geschlechter. Vom burgundischen Hof des 15. Jahrhunderts hat der burgundische Chronist Georges Chastellain ausführlich ein Trauerprotokoll festgehalten, das die Rollen der Beteiligten

72) Teuscher, Verwandtschaft (wie Anm. 6), S. 91 f.

73) Vgl. oben zu den Fußnoten 14, 43,48, 52–54.

in ihre Kleidung und ihr Verhalten übersetzt – etwa beim Tod des Herzogs zunächst eine zeitlich befristete Ohnmacht des Nachfolgers als Zeichen der guten Sohnschaft, dann ein plötzlicher Wechsel in den Besonnenheitsmodus des würdigen Nachfolgers. Die burgundische Hofdame Alienor de Poitiers hat minutiös die Ausstattung beschrieben, die hohe Frauen und manchmal Männer zum korrekten Trauern benötigten, ferner die Fristen, die die unterschiedlichen Personen einzuhalten hatten. Ausführlich hat sie erklärt, wie die Accessoires jene sozialen Ordnungen spiegeln, die durch den Tod gestört waren[74)]. Doch andere Untersuchungen, so die der adligen Grablegen durch Karl Heinz Spieß, führen keineswegs zu ähnlichen Beobachtungen. Nicht einmal für die mächtigsten Adligen konnte Spieß sorgsam gepflegte Familiengrablegen finden. Der Wechsel der Grablege nach individuellen Vorlieben war offenbar selbst dann noch ein gewöhnliches Verhalten, als sich Geschlechter formierten[75)].

Was lässt sich – mit dem Wissen um die Funde im 15. Jahrhundert – um 1200 beobachten? Wenn das Kloster Weingarten exemplarisch ist, dann dürfte man auch zu jener Zeit nicht selten die Gräber mehrere Mitglieder derselben Magnatenfamilie im selben Kloster finden und vielleicht deren Namen im Totenkalender. Aber genealogische Repräsentation ist dies noch nicht. Figurale Grabmäler von Herrschern waren noch keine gängige Praxis. Und dort, wo wir figurale Gräber in der Folge in größerem Stil beobachten können, etwa bei den Anjou in den verschiedenen Kirchen in Neapel, sehen wir auf den Monumenten nur Eltern-Kind-Beziehungen, aber keine Inszenierung von Vorfahren[76)].

IV.7. Memorialkultur

Ich wiederhole zunächst meine schon öfter geäußerte Zuspitzung, dass seit dem Verschwinden des römischen Ahnenverbandes die Belange der Toten im lateineuropäischen *Verwandtschafts*system *keinen formalisierten Platz* mehr in den Ritualen und Rollen des

74) Bernhard JUSSEN, Dolor und Memoria. Trauerriten, gemalte Trauer und soziale Ordnung im späten Mittelalter, in: Memoria als Kultur (wie Anm. 21), S. 207–253.

75) SPIESS, Familie (wie Anm. 14), S. 115 f., ferner DERS., Liturgische Memoria und Herrschaftspräsentation im nichtfürstlichen Hochadel des Spätmittelalters, in: Adelige und bürgerliche Erinnerungskulturen des Spätmittelalters und der Frühen Neuzeit, hg. von Werner RÖSENER (Formen der Erinnerung 8), Göttingen 2000, S. 97–123.

76) Zu dieser Akkumulation von Gräbern mit Eltern-Kind Repräsentationen in Neapel vgl. Tanja MICHALSKY, Memoria und Repräsentation. Die Grabmäler des Königshauses Anjou in Italien (Veröffentlichungen des Max-Planck-Instituts für Geschichte 157), Göttingen 2000; im Abschreiten der städtischen Gräbertopographie lassen sich zwar verschiedene Generationen von Mitgliedern derselben Herrscherfamilie in derselben Stadt finden, ob man diese lokale Nähe individueller Gräber aber als eine in die Stadttopografie eingetragene genealogische Repräsentation deuten kann, gewissermaßen als eine ästhetische Form für ähnliche Repräsentationsinteressen wie Familiengrablegen oder in späteren Jahrhunderten die Stammbäume, wäre gesondert zu diskutieren.

Totengedenkens hatten. Auf keiner verwandtschaftlichen Position lastete der institutionalisierte, durch Recht (*ius*) oder Gewohnheitsregeln (*mos*) gesicherte Druck des Totengedenkens in der Art des römischen Rechtsinstituts der väterlichen Gewalt (*patria potestas*). Allein von hinterbliebenen Eheleuten, Witwen und Witwern, verlangte eine bestimmte Moral – die der kirchlichen Prediger und Theologen – lebenslanges treues Gedenken an den Verstorbenen oder die Verstorbene. Die für die Totensorge unverzichtbare Aufgabe der regelmäßigen Eucharistiefeier konnten diese Hinterbliebenen ohnehin nicht leisten, sie oblag den einzigen, die sie überhaupt ausführen durften – den ehelosen Spezialisten für sakrale Vollzüge in Klöstern und Gemeinden. Aus den Verwandtschaftsgruppen konnten nur solche Personen diese Aufgaben übernehmen, die eine Lizenz zur Messfeier hatten, also den Lebensweg eines ehelosen, mit der Priesterweihe ausgestatteten Mitglieds der für sakrale Belange zuständigen Institution einschlugen.

Zu klären ist, wie sich die bilateralen Verwandtschaftsgeflechte in verschiedenen Phasen und Erfahrungsräumen positioniert haben, um an der Fürsorge für ihre verstorbenen Verwandten teilzunehmen im Rahmen dieses von Theologen und Kirchenpolitikern entwickelten und auf die Unverzichtbarkeit der Priester zugeschnittenen Systems. Dabei ist daran zu erinnern, dass in den Jahrhunderten vor der Urbanisierung die Rekrutierungsinteressen von Klöstern einhergingen mit dem Interesse von wohlhabenden Familien, einen Teil ihrer Kinder als »Geopferte« (als *oblati* oder *oblatae*) in möglichst jungen Jahren für die priesterliche Laufbahn jenen auratischen Zentren zu übertragen, mit denen sie eine Dauerbeziehung pflegten und um die herum sie ihren Machtbereich organisierten.

Festzuhalten bleibt zunächst, dass in den frühen nachrömischen Gesellschaften schon bald eine spezifische Organisationsform familialer Teilhabe an der neu institutionalisierten Totensorge zu erkennen ist, näherhin, »dass die Gedenkpraktiken bilateraler Verwandtschaftsgruppen eng verflochten waren mit den neuen Institutionen der Totenfürsorge und mit den Praktiken derselben Verwandtengruppen bei der Verwaltung ihres Besitzes«[77]. Mit Blick auf diese enge Verflechtung erinnere ich noch einmal an die Magnatenfamilien, die ihre Macht- oder Einflussräume um auratische Pole organisiert haben (*spatialisation, ancrage, polarisation*), die »geopferte« Familienmitglieder in den auratischen Polen als Äbte, Vögte, Priester installiert haben, und »ihrem« Kloster immer wieder dasselbe Stück Land geschenkt haben[78].

77) Mit den (hier übersetzten) Worten von Christina LUTTER/Daniel FREY/Herbert KRAMMER/Judit MAJOROSSY, Kinship, Gender and the Spiritual Economy in Medieval Central European Towns, in: History & Anthropology 32 (2021), S. 249–270, S. 250. Dieser Aufsatz befasst sich mit den Bedingungen seit der Urbanisierung.

78) Wie erstmals ROSENWEIN, Neighbor (wie Anm. 64), gezeigt hat.

Diese Verhaltensmuster besitzender und mächtiger Verwandtengruppen (letztlich die Verhaltensmuster der *polarisation*, *ancrage* oder *spacialisation*, gerieten seit dem 12. Jahrhundert unter den Eindruck eines ganzen Bündels neuer Erfahrungen und Rahmenbedingungen – der Bevölkerungszunahme, der Urbanisierung, der Durchsetzung städtischer Rechtsräume mit korporativen und amtsbasierten Regierungen, der Territorialisierung, der Formalisierung des kirchlichen Rechts – um nur die nächstliegenden zu nennen. Wer Transformationen von fürstlichem und adligem Erben im 12. und 13. Jahrhundert beobachtet, hat es mit einem verwandtschaftlichen Agieren und Neuorientieren zu tun, das sich durch die Erfahrung dieser langfristig pfadentscheidenden Transformationen neu orientiert hat.

Summary

In the last three decades, ethnological perspectives have led to a fundamentally new interpretive approach to the history of marriage, family and kinship in the Latin parts of Europe. However, so far this reinterpretation has had little impact on the general macrohistorical narratives, even though it concerns the most basal institutions of cultural reproduction.

Thematically and temporally, all contributions in this book focus on a neuralgic point of collision between the established general narratives and the new interpretations of kinship. My contribution pulls together different methodological parameters and experimental designs to address this neuralgic point. The first section (1) outlines the reinterpretation of kinship in Latin Europe that followed Jack Goody's seminal book from 1983 (transformation from vertical, agnatic groups or *Geschlechter* to horizontal, bilateral groups or *Geflechte* by the end of the Roman world) and the difficulties to interprete the transformations around 1200. In the following sections I discuss some analytical approaches: (2) different levels of formalisation, namely »procedures« (explicitly regulated), »practices« (below the level of explication) and »negotiations« (hardly regulated), (3) different modes to organize intergenerational transmission, namely the transmissions and the involved individuals considered »normal« (allocation), the substitute solution in case of need (delegation) and the forms of explicit explanation (modelling). Finally, (4) the intergenerational transmission of rule and of material goods that are focussed in this book's case studies will be contextualised within the framework of the broader spectrum of intergenerational transfer: How are these two fields – succession, inheritance – related to the whole bundle of transfers between generations – procreation, initiation into society, education, family status, social status, care of the elderly, care of the dead?

»Offene« Erbfälle als Herausforderung und Prozess

Fürstliche Herrschaftsnachfolge und politische Neuordnung im Westen des Reiches[1)]

Michel Margue (Luxemburg)

Am 8. Dezember 1195, zehn Tage vor seinem Tod, lässt Balduin V., Graf von Hennegau und Markgraf von Namur[2)], eine *donatio pro anima* von seinem Kanzler Giselbert von Mons verfassen[3)]. Sie beinhaltet die Anniversarienstiftung eines Altars für das hennegauische Kollegiatstift von Soignies und die mit diesem verbundenen Einkünfte und Pflichten des Altaristen. Die Teilurkunde weist ein Kuriosum auf: Die *Intitulatio* zieht sich über mehrere Zeilen hin, in denen Giselbert genealogische und historische Elemente von Balduins Werdegang festhält:

1) Weitgehend überarbeitete und vervollständigte Fassung meines am 13. Oktober 2021 gehaltenen Vortrags auf der Reichenau. Mein Dank gilt den Tagungsorganisatoren, Prof. Dr. Jürgen Dendorfer und Prof. Dr. Jörg Peltzer für ihre Einladung und Anregungen. Dr. Nicolas Ruffini-Ronzani (Université de Namur und Archives de l'État, Belgien) bin ich sehr dankbar für fruchtbaren Austausch und Einsicht in die schriftliche Fassung seines Vortrags ›Laws in the Making: The Feudal and Penal Charters of Hainaut (28 July 1200)‹, der demnächst in den Tagungsakten ›Identifying Governmental Forms in Europe, 1100–1350: Palaeography, Diplomatics and History‹ (Konferenz, Universität Glasgow, 3.–4. April 2017) erscheint. Mein Dank gilt weiterhin Mike Richartz (Universität Luxemburg), der mir wesentliche Erkenntnis aus seinem Dissertationsprojekt zu den Limburger Herzögen gab (siehe Anm. 45).

2) Balduin V., Graf von Hennegau (1171–1195) und Markgraf von Namur (1188–1195), war wegen seiner Vermählung mit Margareta, Tochter Graf Dietrichs von Flandern, auch Graf von Flandern (dort als Balduin VIII., 1191–1194). Siehe Thérèse de Hemptinne, Vlaandern en Henegouwen onder de erfgenamen van de Boudewijns (1070–1244), in: Algemene geschiedenis der Nederlanden, Bd. 2: Middeleeuwen, Haarlem 1982, S. 372–398, hier S. 389–393. Er erhob gleichzeitig Ansprüche auf die zur Markgrafschaft erhobene Grafschaft Namur als Nachfolger des zu der Zeit kinderlosen Grafen Heinrich von Namur. Diese Markgrafschaft ließ ihn den Rang eines Reichsfürsten führen. Vgl. Michel de Waha, La marche impériale de Namur-Luxembourg. Vicissitudes d'un concept géo-politique de 1150 à 1300, in: Ermesinde et l'affranchissement de la ville de Luxembourg. Études sur la femme, le pouvoir et la ville au XIIIe siècle, hg. von Michel Margue (Publications du Musée d'Histoire de la ville de Luxembourg; Publications du CLUDEM 7), Luxemburg 1994, S. 91–159, hier S. 93–134. Zu Balduin allgemein, wenngleich etwas veraltet: Jacques Falmagne, Baudouin V, comte de Hainaut 1150–1195, Montréal 1966.

3) Actes et documents anciens intéressant la Belgique. Nouvelle série, Bd. 2, hg. von Charles Duvivier (Publications de la Commission royale d'Histoire, series II in-8°), Brüssel 1903, Nr. 94, S. 186–189.

Notum sit universis [...] *quod Balduinus, comes Haionensis, marchio primus Namurcensis, Balduini comitis et Alidis comitissse filius, uxorem habuit nobilissimam Margaretam, Theoderici comitis Flandrie et Viromandie sororem, de qua filios habuit Balduinum primogenitum, Philippum secundum, Henricum tertium, milites egregios, et filias quarum una fuit Elizabeth, gloriosissima Francorum regina Philippo illustri Francorum regi desponsata.*

Philippo quippe Flandrie et Viromandie comite defuncto, ipse Balduinus, comes Haionensis, marchio Namurcensis, Flandriam per aliquot annos cum Margareta uxore sua jure hereditario possedit. Ex parte vero matris sue Alidis et Henrici avunculi sui, comitis Namurcensis et Luscelebourch, Namurcum jure hereditario possedit, unde factus fuit marchio Namurcensis a domino Henrico, Romanorum imperatore, Frederici imperatoris filio, et principes imperii. Qui etiam Henricus imperator Balduinum, predictum filium ejus, in militem ordinavit[4].

Giselbert von Mons[5] war schon seit 1188 daran gelegen, in den gräflichen Urkunden historisch-genealogische Aussagen einzufügen; in den letzten Lebensjahren Balduins V. wurden diese Exkurse besonders zahl- und umfangreich[6]. Nicht weniger als zehn der von ihm verfassten Urkunden verweisen mit Nachdruck auf die Heirat seines Herrn mit Margareta von Elsass, der alleinigen Erbin der Grafschaft Flandern, und auf Balduins durch diese Verbindung, qua Erbrecht, bewirkte Nachfolge in dieser Grafschaft[7]. Es ging Giselbert darum, die Personalunion Flanderns mit dem Hennegau innerhalb eines neuen bedeutenden Machtkomplexes, der auch noch die Grafschaften Namur, Luxemburg und Laroche umfasste, zu legitimieren – dies zunächst für seinen Herrn, Balduin V., aber auch für dessen Nachfolger, den erstgeborenen Sohn Balduin VI. im Hennegau und IX. in Flandern, dessen Namen programmatisch auf die Nachfolge seines Vaters als ältester Sohn verwies.

4) Ebd., S. 186–187, = Diplomata Belgica. Les sources diplomatiques des Pays-Bas méridionaux au Moyen Âge. The Diplomatic Sources from the Medieval Southern Low Countries (= DiBe), Id 3051, https://www.diplomata-belgica.be/charter_details_fr.php?dibe_id=3051 (25.05.2022).

5) Zu Giselbert von Mons vgl. Jacques Pycke, Gislebert de Mons, in: DHGE 21 (1986), Sp. 27–31, und Thérèse de Hemptinne, Giselbert of Mons, in: Encyclopedia of the Medieval Chronicle, hg. von Graeme Dunphy, Leiden/Boston 2010, S. 713 f. Zu Giselbert als Kanzler: Fernand Vercauteren, Note sur Gislebert, rédacteur de chartes, in: MIÖG 62 (1954), S. 238–253; Gabriel Wymans, ›Per manum Gilleberti‹, in: Scriptorium 33 (1979), S. 17–24, sowie zuletzt: Els de Paermentier, Schrift in dienst van de macht. De grafelijke kanselarij in Vlaandern en Henegouwen (1191–1244) (Schrift en Schriftdragers in de Nederlanden in de Middeleeuwen 7), Hilversum 2021, v. a. S. 229–233, die zeigt, dass – entgegen der Meinung Wymans' – Giselbert auch noch nach 1195 in der Umgebung und der Kanzlei Balduins VI. vornehmlich im Hennegau tätig war.

6) Vercauteren, Note (wie Anm. 5), S. 247.

7) Ebd., S. 244.

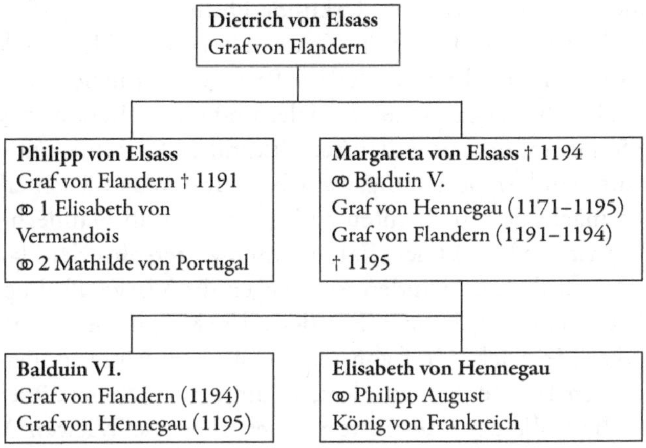

Abb. 1: Vereinfachte genealogische Skizze der von Giselbert von Mons erwähnten Personen

Steht Balduin V. in Giselberts genealogischer Skizze (hier oben) auch im Vordergrund, so nehmen in seiner Argumentation doch die Frauen die zentrale Stellung ein. Seinen Legitimationsversuch stützt er nämlich auf das weibliche Erbrecht, das gleich zweimal als *jure hereditario* erwähnt wird. Die Frauen werden mit Superlativen bedacht: *nobilissima* für Margareta von Flandern, *gloriosissima* für Elisabeth von Hennegau, Epitheta, die sonst dem König vorbehalten sind. Denn es sind Frauen, welche die Nachfolge in Herrschaft und Erbe übertragen: So erhält Balduin V. Namur und Luxemburg von seiner Tante Adelheid und Flandern von seiner Ehefrau Margareta. Zu Margareta wird darüber hinaus explizit gesagt, dass sie die Grafschaft Flandern nicht nur übertrug, sondern sie auch zusammen mit ihrem Mann *per aliquot annos* innehatte. Giselbert war ein guter Kenner der aufkommenden Rechtsgewohnheiten; seine Hinweise auf Nachfolge und Erbe, wie auch seine klare Unterscheidung zwischen *feoda* und *allodia*[8)], sind in einer feinfühligen Rechtssprache abgefasst, was sie in dieser Zeit der progressiven Ausformung der rechtlichen Vorstellungen zur Übertragung vom Erbe[9)] für unser Thema noch bedeutungsvoller machen.

Aus Giselberts Feder stammt auch eine umfassende Chronik des Hennegau, die er wohl kurz nach dem Tode Balduins V. verfasste[10)], sowie eine längere historisch-genealogische Notiz, die sogenannte *Relatio de infeodatione comitatus Namucensis*, die er auf

8) So auch Gilbert of Mons, Chronicle of Hainaut, übers. von Laura Napran, Woodbridge 2005, S. XXXV–XXXVI.

9) Vgl. Jean-Marie Cauchies, Coutume et législation en Hainaut du XIIe au XVIe siècle, in: Recueil d'études d'histoire hainuyère offertes à Maurice A. Arnould, hg. von Jean-Marie Cauchies/Jean-Marie Duvosquel, Mons 1983, Bd. 2, S. 7–33, hier S. 11.

10) La Chronique de Gislebert de Mons, hg. von Léon Vanderkindere (Recueil de textes pour servir à l'étude

die Rückseite einer von ihm verfassten Urkunde Philipps, Markgrafen von Namur, zu Gunsten der Stiftskirche Saint-Pierre-du-Château in Namur 1198 niederschrieb, deren *custos* Giselbert war[11]. Beide Texte enthalten Passagen ähnlichen Inhalts wie die Urkunde von 1195. Dem hennegauischen Kanzler und engen Berater des Grafen ging es demnach ab 1195 darum, mittels gräflicher Urkunden, Chronik und *Relatio* die Anrechte Balduins auf Flandern beziehungsweise Namur und damit seinen neuen Rang als Reichsfürst gegen mächtige Opponenten zu legitimieren: in Flandern einerseits gegen König Philipp August von Frankreich, Balduins Schwiegersohn, der Flandern der Krondomäne einverleiben wollte, und andererseits gegen die Witwe Philipps von Flandern, Königin Mathilda von Portugal, die in Flandern ihre Mitgift beanspruchte; in Namur, gegen seinen Onkel Heinrich, Graf von Namur und Luxemburg, der die Ansprüche seiner 1186 geborenen Tochter Ermesinde verteidigte[12]. Auch bei diesen Gegenspielern zeigt sich wieder die Rolle der Frauen, von denen auch die Witwen Anrechte auf die Erbteile geltend machten.

Die hart umkämpfte Nachfolge in der Grafschaft Flandern im ausgehenden 12. Jahrhundert wurde als einleitendes Fallbeispiel gewählt, weil sie einige wesentliche Fragestellungen der Tagung veranschaulicht, die zumindest für den hier zu behandelnden Raum – die hochmittelalterliche *Lotharingia* – noch keine Antwort gefunden haben und auch allgemein noch kontrovers diskutiert werden.

Zuerst zum eigentlichen Untersuchungsgegenstand des Bandes: das Erben, oder besser, die Modi der Übertragung von Besitz, Rechten und Titeln. Diese Fragestellung ist, wie in der Einführung des Bandes erläutert, eng mit derjenigen der Verwandtschaft verbunden, insbesondere auch seit einigen Jahren mit der Bewertung der Rolle der Frau. Der älteren These der im Hochmittelalter geltenden Prinzipien der exklusiven männlichen Erbfolge und der Patrilinearität steht in der aktuellen Forschung diejenige der bedeutenderen Rolle der kognatischen Verwandtschaft im Erbprozess gegenüber, die stärker anthropologisch und gendergerecht orientiert ist[13]. Für beide Sichtweisen liefert

de l'histoire de Belgique), Brüssel 1904; engl. Übersetzung von Laura Napran in: Gilbert of Mons, Chronicle (wie Anm. 8).

11) Relatio de infeodatione comitatus Namucensis, hg. von Wilhelm ARNDT (MGH SS 21), Hannover 1869, S. 610–661. Zur Überlieferung vgl. Actes de Philippe Ier, dit le Noble, comte et marquis de Namur (1196–1212), hg. von Marcel WALRAET, Brüssel 1949, S. 118, und VERCAUTEREN, Note (wie Anm. 5), S. 251.

12) Zur Verknüpfung dieser beiden Aspekte von Balduins Territorialpolitik, vgl. die in dieser Hinsicht neue, eingehende Studie von DE WAHA, Marche impériale (wie Anm. 2).

13) Vgl. die Forschungsdiskussion bei Anita GUERREAU-JALABERT/Régine LE JAN/Joseph MORSEL, De l'histoire de la famille à l'anthropologie de la parenté, in: Les tendances actuelles de l'histoire du Moyen Âge en France et en Allemagne, hg. von Jean-Claude SCHMITT/Otto Gerhard OEXLE (Publications de la Sorbonne. Histoire ancienne et médiévale 66), Paris 2002, S. 433–446; David CROUCH, The Birth of Nobility. Social Change in England and France 900–1300, Harlow 2005, S. 99–123; David Warren SABEAN/Simon TEUSCHER, Kinship in Europe. A new Approach to Long-Term Development, in: Kinship in Europe. Approaches to Long-Term Development (1300–1900), hg. von DENS./Jon MATHIEU, New York/Oxford 2007, S. 1–32; Jonathan R.

Giselbert von Mons gewichtige Argumente. Einerseits sieht er in Graf Balduin V. den legitimen und im Endeffekt einzigen Erben der vier Grafschaften von Flandern, Hennegau, Namur und Luxemburg, und in dessen Sohn Balduin VI. den regulären Nachfolger. Die männliche Abfolge ist das Mittel der anvisierten Gründung einer starken Markgrafschaft im Westen des Reichs[14]. Andererseits betont Giselbert aber auch das Erbrecht der Töchter oder Schwestern und lässt die Gräfinnen sogar an der Herrschaft teilhaben. Sowohl das männliche als auch das weibliche Element ist ein zentraler Aspekt seiner Legitimationsbemühungen.

Seit den Studien von Theo Evergates über die adligen Familien der Champagne[15] und den Untersuchungen von Amy Livingston zur Loiregegend[16] wird ein auf männliche Erbfolge und Patrilinearität beruhendes Modell der Sukzessionsregelungen im Norden Frankreichs nun auch für das 12. Jahrhundert bestritten oder zumindest stark relativiert[17]. Damit muss auch die These von Jo Ann McNamara diskutiert werden, der zufolge Frauen nach dem 11. Jahrhundert – in dem Maße, wie die verwaltungstechnische Durchorganisierung der Reiche und Fürstentümer fortschritt – ihre Macht einbüßten und in den »privaten« Bereich verdrängt wurden[18]. Allerdings hat die Wider-

LYON, Princely Brothers and Sisters. The Sibling Bond in German politics, 1100–1250, Ithaca/London 2013, S. 16–18.

14) Zu den Gründungsabsichten einer neuen Markgrafschaft in Lotharingien, vgl. Ferdinand ROUSSEAU, Henri l'Aveugle, comte de Namur et de Luxembourg 1136–1196 (Bibliothèque de la Faculté de philosophie et lettres de l'Université de Liège 27), Lüttich 1921, S. 66–101; Jean-Louis KUPPER, Raoul de Zähringen évêque de Liège 1167–1191. Contribution à l'histoire politique impériale sur la Meuse moyenne (Académie royale de Belgique. Mémoires de la classe des Lettres. Coll. in 8° – 2e série LXII, Heft 2), Brüssel 1974; Steffen SCHLINKER, Fürstenamt und Rezeption (Forschungen zur deutschen Rechtsgeschichte 18), Köln/Weimar/Wien 1999, S. 53–70; Hendrik BAUMBACH, Zur Entstehung der jüngeren Markgrafschaften Baden, Burgau und Namur. Addimentum zu Andrea Stieldorfs ›Marken und Markgrafschaften‹, in: Königswege. Festschrift für Hans K. Schulze zum 80. Geburtstag und 50. Promotionsjubiläum, hg. von Thomas WOZNIAK/Sebastian MÜLLER/Andreas MEYER, Leipzig 2014, S. 153–169, hier S. 164–169; Michel MARGUE, Au nom du comte. Quelques réflexions sur les modes d'inscription du pouvoir comtal dans l'espace lotharingien (Xe–XIIe siècle), in: Genèse des espaces politiques (IXe–XIIe siècle). Autour de la question spatiale dans les royaumes francs et postcarolingiens, hg. von Geneviève BÜHRER-THIERRY/Steffen PATZOLD/Jens SCHNEIDER, Turnhout 2017, S. 149–169, hier S. 149–152.

15) Theodore EVERGATES, The Aristocracy in the County of Champagne 1100–1300, Philadelphia 2007, S. 82–88, 119–139.

16) Amy LIVINGSTON, Out of Love for my Kin. Aristocratic Family Life in the Lands of the Loire, 1000–1200, Ithaca/London 2010.

17) Nuancierte Position für das Reich zur Zeit der Staufer bei LYON, Princely Brothers (wie Anm. 13), S. 17 f., 33–41, 49–59. Vgl. auch: Karl-Heinz SPIESS, Lordship, Kinship, and Inheritance among the German High Nobility in the Middle Ages and Early Modern Period, in: Kinship in Europe (wie Anm. 13), S. 57–75.

18) Jo Ann McNAMARA, Women and Power through the Family Revisited, in: Gendering the Master Narrative. Women and Power in the Middle Ages, hg. von Mary ERLER/Maryanne KOWALESKI, Ithaca/London 2003, S. 17–30. Siehe neuerdings im Gegensatz dazu: Joanna H. DRELL, Aristocratic Economies. Woman and Family, in: The Oxford Handbook of Women and Gender in Medieval Europe, hg. von Judith M. BENNETT/Ruth Mazo KARRAS, Oxford 2013, S. 327–342; Heather J. TANNER/Laura L. GATHAGAN/Lois. L. HUNEY-

legung des klassischen Übertragungsmodells noch immer einen schweren Stand, wie man leicht an den traditionellen, nach wie vor auf der männlichen Abfolge aufgebauten Stammtafeln in der Forschungsliteratur und in den Handbüchern erkennen kann. Abhelfen könnten dem, wie David Crouch bereits 2005 vorgeschlagen hat, chronologisch wie regional nuancierte Modelle, die das monistisch-starre Schema ersetzen[19]. David Sabean und Simon Teuscher zeigten 2007 einen anderen Weg auf mit dem Vorschlag, »Erbe und »Sukzession« voneinander zu trennen[20]. Theo Evergates seinerseits verwarf das Ältestenrecht und die männliche Sukzessionslinie nicht, wollte beiden aber nicht exklusive Geltung zugestehen, sondern sprach von »Bevorzugung« des ältesten Sohnes[21]. Allen Untersuchungen gemeinsam ist das Desiderat, auf regionale Studien zurückgreifen zu können, die sich von den vereinfachten, linearen Modellen der älteren Literatur zu lösen vermögen[22]. Diesen Fragen will ich daher auch in einem ersten, eher statistisch ausgerichteten Teil auf der regionalen, lotharingischen Ebene nachgehen. Dabei werden nicht nur die Übertragungsmodi und Erbverhältnisse zu berücksichtigen sein, sondern auch wenn möglich die Gewichtung der anstehenden Erbteile und damit Fragen des Rangs innerhalb des Adels und der Strukturierung der Verwandtschaft zu behandeln sein.

In einem zweiten, eher qualitativ und auf der Beschreibung von Einzelfällen basierenden Teil soll dann die im Widerspruch zu einem vermeintlich normativen und statischen Modell stehende Vielfalt und Komplexität der diversen Übertragungsmodi untersucht werden, dies vor allem anhand des Konzepts der »offenen Erbfälle«. »Offene Erbfälle« treten im Falle der Nicht-Anwendbarkeit der schon vorab[23] als gängig zu

CUTT, Introduction, in: Medieval Elite Women and the Exercise of Power, 1100–1400. Moving beyond the Exceptionalist Debate, Cham 2019, S. 1–18.

19) CROUCH, The Birth of Nobility (wie Anm. 13).

20) SABEAN/TEUSCHER, Kinship (wie Anm. 13), S. 6, mit Verweis auf Anita GUERREAU-JALABERT, Sur les structures de parenté dans l'Occident médiéval (note critique), in: Annales. Économies, sociétés, civilisations 36,6 (1981), S. 1028–1049, und Bernard DEROUET, Les pratiques familiales le droit et la construction des différences (XVe– XIXe siècles), in: Annales. Histoire, Sciences sociales 52,2 (1997), S. 369–391. Siehe auch Bernhard JUSSEN, Erbe und Verwandtschaft. Kulturen der Übertragung im Mittelalter, in: Erbe. Übertragungskonzepte zwischen Natur und Kultur, hg. von Stefan WILLER/Sigrid WEIGEL/DEMS. (Suhrkamp Taschenbuch Wissenschaft 2052), Berlin 2013, S. 37–64.

21) EVERGATES, Aristocracy (wie Anm. 15), S. 85: »But the right of the eldest was only preferential, not exclusionary«. 1999 hieß es zur Lage der Frauen in der Champagne: »A detailed examination of the nonliterary evidence obliges us to shift the parameters of observation – from patrilineage to bilateral kinship, from primogeniture to partible inheritance, from first marriages to the longer life course« (Theodore EVERGATES, Aristocratic Women in the County of Champagne, in: Aristocratic Women in Medieval France, hg. von DERS., Philadelphia 1999, S. 74–110, hier S. 110).

22) »There is no new model of changing family structures emerging in present scholarship, and that may well be because historians are reverting to the alternative, seeing continuity instead of change« (CROUCH, The Birth of Nobility [wie Anm. 13], S. 123).

23) Siehe unten dazu das Zwischenfazit nach Kapitel I.

bezeichnenden Praktiken ein[24], etwa, wenn männliche Kinder nicht vorhanden waren oder konkurrierende Nachkommen, die vom Herzog oder Grafen im Einklang mit seiner Familie festgelegte Erb- und Nachfolge in Frage stellten, oder auch wenn externe Faktoren die interfamiliären Abmachungen bedrohten[25]. Gemäß diesem Konzept wird dann hinsichtlich der Methode ein Paradigmenwechsel vorgenommen: Anstatt von einem etablierten Modell auszugehen, das den Ausgang der Erbübertragung im Vorfeld schon festlegt, geht man von einem offenen Verfahren, aus. Die Kennzeichnung »offen« trifft hierbei auf zweierlei zu: erstens auf den oft langwierigen Prozess mit ungewissem Ausgang, den eine Aushandlung oder Konfrontation zwischen konkurrierenden Parteien und Rechtsvorstellungen darstellt und zweitens auf die Herausforderungen, die auf den Grafen oder seine Nachkommen in Erwartung der Zäsur oder nach dessen Tod zukommt.

I. Die Übertragung von Nachfolge und Erbe als System? Ein quantitativer Blick

Beginnen wir mit einem quantitativen Überblick zur Frage der Übertragung von Herrschaft und Erbe in den lotharingischen Territorien zwischen ca. 1150 und 1250. Als Grundlage für diese Untersuchung diente eine tabellarische Zusammenstellung der Übertragungen von Erbe und Sukzession nach Generationen für jedes der elf lotharingischen Territorien. Abgedruckt seien hier aus verständlichen Gründen lediglich die im Text näher behandelten Tabellen für die Grafschaft Luxemburg und das Herzogtum Limburg. Dazu ist eine erste Vorbemerkung methodologischer Art erforderlich. Zum besseren Verständnis dieser tabellarischen Aufstellungen wurde das traditionelle Konzept der »dynastischen Abfolge« nach Generation und Reihenfolge der Geburten und die namengebende, ortsbezogene Sukzessionslinie (»topolignage«) der *consanguinitatis linea*[26] beibehalten. Eine mehrdimensionale, digitale Darstellung würde allerdings dem

24) Jussen, Erbe und Verwandtschaft (wie Anm. 20), S. 59, spricht vom »Normalfall«.

25) Vgl. Geboren um zu Herrschen. Gefährdete Dynastien in historisch-interdisziplinärer Perspektive, hg. von Ellen Widder/Iris Holzwart-Schäfer/Christian Heinemeyer (Bedrohte Ordnungen 10), Tübingen 2018. Die hier benutzten Konzepte von »Gefährdeter Dynastie« und »Bedrohter Ordnung« lassen sich allerdings für den Zeitrahmen 1150–1250 nicht unreflektiert übernehmen, da sie normative Kategorien voraussetzen, die vor dem Spätmittelalter nicht einwandfrei ausgebildet sind.

26) Das Bewusstsein einer agnatischen *consanguinitatis linea* ist als Legitimierungsmodell durchaus im frühen Hochmittelalter bezeugt, wie zum Beispiel bei Thietmar von Merseburg (1009–1018), Chronicon, hg. von Robert Holtzmann (MGH SS rer. Germ. N. S. 9), Berlin 1935, I,19, S. 24. Vgl. dazu Karl Ubl, Der kinderlose König. Ein Testfall für die Ausdifferenzierung des Politischen im 11. Jahrhundert, in: HZ 292 (2011), S. 323–363, hier S. 323.

kognatischen Verwandtschaftsmodell gerechter werden[27]. Es ist also zu berücksichtigen, dass die nun folgenden Ausführungen sehr stark von der der Untersuchung zugrunde liegenden Darstellungsform geprägt sind. Des Weiteren sollte man sich bewusst sein, dass explizite Quellen wie etwa Erbverträge für unsere Zeit sehr selten sind, und wir also bloß über das Resultat des Erbprozesses informiert sind. Darunter leidet vor allem unsere Kenntnis der Erbteile der nachgeborenen Söhne und der Töchter, so dass die Quellenlage die Bevorzugung des ältesten oder vielleicht noch des zweitältesten Sohns *per se* betont.

Territorium	**Todesjahr**	**Inhaber**	**Erben/Nachfolger**	**Rang in der Familie**	**Erbe**
Luxemburg	1139	Godfried	Heinrich IV.	1. Sohn	Grafschaften Namur, Luxemburg, Laroche und Durbuy
			Clementia	Tochter	∞ Konrad I., Herzog von Zähringen
			Beatrix	Tochter	∞ Ithier, Graf von Rethel
			Alix	Tochter	∞ Balduin IV., Graf von Hennegau
	1196	Heinrich IV.	Ermesinde (* 1186) ∞1 Theobald von Bar † 1214 ∞2 Walram ca. Limburg † 1226	einziges Kind	Grafschaften Luxemburg, Laroche und Durbuy Grafschaft Bar (Erbe) Grafschaften Luxemburg, Laroche, und Durbuy (aus Heirat) Marville (Brautgabe an Ermesinde) Herzogtum Limburg, Herrschaft Monschau, Grafschaften Luxemburg, Laroche, und Durbuy (aus Heirat) Markgrafschaft Arlon (Brautgabe an Ermesinde)

27) Zur Debatte über die Gewichtung der agnatischen und kognatischen Verwandtschaftslinien in der Ausformung und Entwicklung des »topolignage« vgl. JUSSEN, Erbe und Verwandtschaft (wie Anm. 20), S. 52 f.; LYON, Princely Brothers (wie Anm. 13), S. 16–18; Karl-Heinz SPIESS, Familie und Verwandtschaft im deutschen Hochadel des Spätmittelalters. 13. bis Anfang 16. Jahrhundert, Stuttgart ²2015, S. 494–531.

Territorium	Todesjahr	Inhaber	Erben/Nachfolger	Rang in der Familie	Erbe
			Balduin von Hennegau	Neffe	Markgrafschaft Namur (Vertrag von Gerpinnes 1184)
	1247	Ermesinde Regentin 1226–1247	Elisabeth	Einziges Kind aus 1. Ehe	Poilvache und Marville (Mitgift)
			Katharina	Wohl 1. Kind aus 2. Ehe	∞ Matthäus, Herzog von Lothringen (Mitgift 3000 Pfund Metzer Gulden
			Heinrich V.	1. Sohn aus 2. Ehe	Grafschaften Luxemburg und Laroche, Markgrafschaft Arlon
			Gerhard	2. Sohn aus 2. Ehe	Grafschaft Durbuy (Apanage)

Tabelle 1: Tabellarische Aufstellung nach Generationen: das Beispiel der Grafen von Luxemburg aus dem Haus Namur

Eine weitere Vorbemerkung gilt den herrschaftlichen Strukturen in der Zeit zwischen 1150 und 1250. Die Einteilung nach Herzogtümern und Grafschaften ist für die erste Phase unseres Untersuchungszeitraums, die zweite Hälfte des 12. Jahrhunderts, nur bedingt gerechtfertigt, da die territoriale Dimension der Herrschaftsstrukturen sich in Lotharingien in einigen Territorien erst um diese Zeit verfestigt. Wenn wir vom Vererben von territorialen Einheiten in ihrer Gesamtheit reden, dann passt dies also besser zum 13. Jahrhundert, in dem der Territorialisierungsprozess sich stabilisiert[28]. Im 12. Jahrhundert hingegen sind die herrschaftlichen Mosaiksteine des späten Mittelalters noch nicht alle ausgeformt und die Benennung nach Herrschaftspolen noch leicht schwankend, so dass man besser von Herrschaftsrechten oder -titulaturen als von homo-

28) Michel Margue/Michel Pauly, The territorial principalities in Lotharingia, in: The Origins of the German Principalities, 1100–1350. Essays by German Historians, hg. von Graham A. Loud/Jochen Schenk, Abingdon 2017, S. 220–238, hier S. 228–230: »Thus, roughly speaking, a political landscape emerged in the former Lotharingian region in the twelfth and early thirteenth century that remained intact until the Burgundian era« (S. 229 f.). Es ist wohl kein Zufall, wenn Jean-François Nieus, Entre Flandre et Champagne. Cadres politiques, économiques et religieux 1150–1250, in: Une renaissance. L'art entre Flandre et Champagne 1150–1250, Paris 2013, S. 13–19, hier S. 14 f., vom »moment 1200« redet und seine Karte an diesem Zeitpunkt festlegt. Auch Arnoud-Jan Bijsterveld, Machts- en territoriumvorming van Karolingische kernregio tot territoriale lappendecken, 900–1200, in: Limburg. Een geschiedenis, hg. von Paul Tummers/Louis Berkvens/Arnoud-Jan Bijsterveld u. a., Maastricht 2015, S. 207–266, sieht um 1200 einen territorialpolitischen Fixpunkt.

genen Territorien spricht[29]. Besonders an den peripheren oder externen Gebieten sind die Grenzen bis ins frühe 13. Jahrhundert noch fließend, was jedoch im globalen Grafschaftsbild keine großen Bewegungen mehr bewirkt. Umgekehrt muss man dann auch fragen, ob es nicht die Sukzessionspraktiken sind, die diese Verfestigung der Territorialisierung, zumindest was die größten Einheiten, die sogenannten Stammterritorien anbelangt, ausgelöst oder beschleunigt haben.

Die Auswertung der Erbübertragungen betrifft elf verschiedene Territorien von denen drei Herzogtümer – Brabant, Limburg und Lothringen – und acht Grafschaften sind: Holland, Hennegau, Namur, Loon, Luxemburg, Chiny, Bar und Saarbrücken[30].

In der Summe der Generationen ergibt dies für die elf Territorien 49 Erbübertragungen – im gewählten Zeitraum im Durchschnitt pro Herzogs- oder Grafenhaus etwa vier[31]. Diese 49 Herrschafts- und Erbnachfolgen lassen sich in zwei Kategorien einteilen: die »normale« Übertragung oder Verteilung einerseits und die Delegierung nach Bernhard Jussen andererseits oder, nach unserer Darstellungsweise, die »gängige« und die »offene« Übertragung.

29) Dies lässt sich zum Beispiel in der Entwicklung des Herzogtums Brabant und der Grafschaft Bar erkennen. Im Brabant bleibt neben dem (nieder)lotharingischen Herzogstitel der Grafschaftstitel nach Löwen (*comes Lovanii*) im 12. Jahrhundert dominant. Das Territorium Brabant setzt sich erst im Lauf der ersten Hälfte des 13. Jahrhunderts als globale Referenz im Titel durch, obwohl der Herzog mehrheitlich seine Urkunden eher in Brüssel als in Löwen ausstellt. Nichtsdestotrotz ist das Territorium der Herzöge von Nivelles im Süden bis nach Breda im Norden bis zum Ende des 13. Jahrhunderts fest ausgebildet. Lediglich die nordwestliche Expansion bis nach Herzogenrath an der unteren Maas, und die »Exklaven« Maastricht und Dalhem an der mittleren Maas folgen erst im ersten Drittel des 13. Jahrhunderts (vgl. die Karte bei Willy Steurs, Le Brabant monte en puissance [1106–1261], in: Histoire du Brabant du duché à nos jours, Zwolle 2004, S. 65–88, hier S. 69). In der Grafschaft Bar im südlichen Lotharingien, zeichnet sich ein ähnliches Bild ab. Die Terminologie der Titulaturen bleibt schwankend (comte de Bar/comte de Mousson) bis zum Ende des 12. Jahrhunderts, als Theobald I. (1190–1214) sich endgültig für Bar entscheidet (Actes des princes lorrains. Ière série. Princes laïques II. Les comtes. A. Actes des comtes de Bar, Bd. 1: De Sophie à Henri Ier, 1030–1190, hg. von Michel Parisse, Nancy 1972, S. 8). Auch hier zeigt sich jedoch, dass die zentralen Grafschaften Mousson und Bar bereits ausgeformt sind und der Hauptlinie verbleiben und lediglich die nördlichen, externen Herrschaften um Stenay, Marville, Arrancy und Briey zur Erbmasse der nachgeborenen Kinder dienen. Vgl. allgemein zum Territorialisierungsprozess in Lotharingien: Michel Margue, Au nom du comte (wie Anm. 14) sowie oben, Anm. 28.

30) Mit Ausnahme der Grafschaft Holland wurden die niederrheinischen Grafschaften Kleve, Geldern und Jülich nicht in die Studie einbezogen.

31) Berücksichtigt wurde der Zeitraum von 1131 bis 1261.

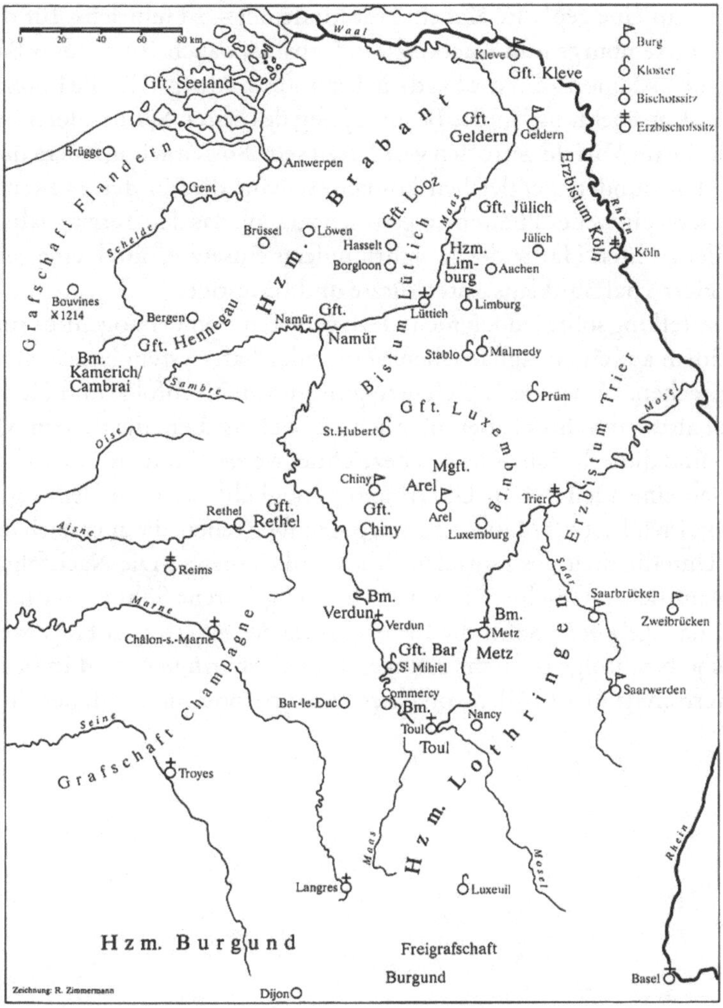

Abb. 2: Karte der Territorien (Herzogtümer und Grafschaften) des ehemaligen Lotharingiens im 13. Jahrhundert

Beginnen wir mit der »normalen« oder »gängigen« Nachfolge. Eine erste Evidenz aus der Auswertung der diplomatischen Quellen ergibt sich bereits aus einer einfachen Rechnung: Von den 49 Übertragungen entsprechen etwas mehr als die Hälfte, nämlich 27, dem »klassischen« Muster, das heißt der Übertragung des Titels und der »Stammherrschaft« direkt an den erstgeborenen Sohn. Man kann hier also durchaus von einem dominanten Modell sprechen, obwohl es dazu vor dem 13. Jahrhundert keine Texte juristischer Natur gibt. Wenn auch die Namensgebung der ältesten Söhne nur in fünf Familien auf eine geplante Kontinuität hindeutet – »Heinrich« für die erstgeborenen Söhne Luxemburgs und Limburgs und, ab 1155, auch Brabants, »Balduin« für die Hennegauer, »Simon« für die Saarbrücker und »Ludwig« für die Looner Grafen –, so scheint die Entscheidung für die Bevorzugung des ersten Sohnes doch bereits innerhalb der Familie im Vorfeld getroffen worden zu sein. Soweit wir mit dem quellenarmen 10. und 11. Jahrhundert vergleichen können, scheint dies in der zweiten Hälfte des 12. Jahrhunderts ein neues Phänomen gewesen zu sein, das den Territorialisierungsprozess, der in der zweiten Hälfte des 11. Jahrhunderts einsetzte, durch eine geregelte Weitergabe des Herrschaftsnukleus unterstützte und verfestigte.

Diese Feststellung sollte jedoch nicht dazu verleiten, von Primogenitur im exklusiven Sinn oder einem auf einem agnatischen Verwandtschaftssystem basierten Vererbungssystem zu sprechen. Neben den 27 Übertragungen von Nachfolge und Herrschaftszentrum an den ältesten Sohn bleiben nämlich 22 Weitergaben, die diesem Modell nicht entsprechen und die daher als »offen« bezeichnet werden können. Die »offenen« Erbfälle umfassen eine Vielfalt von Übertragungsmöglichkeiten, die dem rigiden System der Nachfolge im (ältesten) Mannesstamm gegenüberstehen, die aber nach dem gleichen Modus der Unteilbarkeit des zentralen Erbes funktionieren. Die Nachfolger sind üblicherweise männlichen Geschlechts, vor allem nachgeborene Söhne – darunter auch ein Fall, wo der nachgeborene Sohn die Bevorzugung des Ältesten in Frage stellt[32]. Doch die männliche Nachfolge ist nicht zwingend: In Lotharingien wird in besagtem Zeitraum die Herrschaft in 16 Fällen von einer Frau übernommen: von der Ehefrau (sechs

32) Es handelt sich zum einen um Friedrich (Ferri) I. von Bitsch, den zweiten Sohn Matthäus I., Herzog von Lothringen, der sich 1178–1179 im Konflikt mit seinem älteren Bruder Simon II. (1176–1206) in der Hinsicht durchsetzen konnte, dass er den nördlichen, deutschsprachigen Teil des Herzogtums Lothringen zu Lehen erhielt und den Herzogstitel führen durfte, und nach dem kinderlosen Tod Simons 1206 das wiedervereinte Herzogtum an seinen eigenen Sohn Friedrich II. weitergab. Vgl. Michel PARISSE, La noblesse lorraine XIe–XIIIe s., Lille/Paris 1976, Bd. 1, S. 316 f., 324 f., und Bd. 2, S. 714 und 727–729; Hans-Walter HERRMANN, Das Herzogtum Lothringen, in: Geschichtliche Landeskunde des Saarlandes 2, hg. von Kurt HOPPSTÄDTER/DEMS. (Mitteilungen des Historischen Vereins für die Saargegend e. V., N. F. Heft 4), Saarbrücken 1977, S. 170–226, hier S. 180–182, und Georges POULL, La Maison ducale de Lorraine, Nancy 1991, S. 40–44, und unten, Anm. 52.

Fälle)[33], von der Schwester (sechs Fälle)[34] oder von der Tochter (vier Fälle)[35] des verstorbenen oder abwesenden Herzogs oder Grafen. Damit übernehmen Frauen in einem Drittel der Sukzessionen die Herrschaft in den sogenannten Stammlanden.

Der beachtliche Anteil der weiblichen Nachfolge erlaubt es nicht mehr, von Ausnahmefällen zu reden[36]. Diese Behauptung muss allerdings in zweifacher Hinsicht nuanciert werden. Einerseits folgen die Frauen ihrem männlichen Vorgänger nur in dem Fall nach, wo es keinen oder keinen volljährigen männlichen Nachkommen gibt. Ihre Nachfolge ist gebunden an den Bezug zu einem minderjährigen Sohn oder Neffen, oder an einen (zukünftigen) Ehemann[37]. Der Fall der gräflichen Tochter Ada aus dem Hause

33) Agnes von Blois-Champagne nach dem Tod ihres Ehemanns Rainald II. von Bar († 1170); Bertha von Schwaben nach dem Tod Matthias I. von Lothringen († 1176); Mathilda von Boulogne, während der Kreuzzugsteilnahme Heinrichs I. von Brabant († 1197/98); Philippa von Dreux, nach dem Tod Heinrichs II. von Bar († 1239) (gemeinsame Regierung mit ihrem volljährigen Sohn Theobald I.); Katharina von Limburg nach dem Tod Matthias' II. von Lothringen († 1251); Adelheid von Burgund nach dem Tod Heinrichs III. von Brabant († 1261).

34) Johanna von Hennegau regiert in der Grafschaft Hennegau nach dem Tod ihres Bruders Balduin VI. († 1206). Da sie keinen Sohn hat, wird ihre Schwester Margareta 1244 nach ihrem Tod Gräfin von Hennegau. Jolanda von Hennegau übernimmt die Regentschaft von ihrem jungen Bruder Heinrich I. nach dem Tod ihres Bruders Philipp von Hennegau, Graf von Namur († 1212). Margareta von Courtenay/Namur ist Regentin in der Grafschaft Namur für ihren minderjährigen Bruder Heinrich II. nach dem Tod ihres Bruders Philipp II. († 1226). Adelheid von Hennegau/Avesnes, Schwester des Grafen von Holland Floris IV. († 1234), übernimmt nach ihrem Bruder Floris († 1258) die Vormundschaft über ihren minderjährigen Neffen Wilhelm II. von 1258 bis 1263. Nach dem kinderlosen Tod (1274) der Gräfin Loretta von Saarbrücken erbt deren Schwester Johanna die Grafschaft.

35) Ermesinde, Gräfin von Luxemburg, als Erbin ihres Vaters Heinrich († 1196); Ada von Holland, nach dem Tod ihres Vaters Dirk VII. von Holland († 1203), die aber im Looner Krieg von ihrem Onkel Wilhelm I. von Friesland-Holland mit ihrem Ehemann Ludwig II. von Loon vertrieben wird und in englische Gefangenschaft gebracht wird. Nach dem Tode Graf Simons III. von Saarbrücken († 1234) wird die erstgeborene Tochter Loretta Gräfin. In der Grafschaft Chiny folgt nach dem kinderlosen Tod Ludwigs IV. (1226) Johanna in der Grafschaft.

36) Dies bestätigen auch rezente Studien zur politischen Rolle der Frau. Vgl. neben vielen Einzelbiographien: Bettina ELPERS, Regieren, Erziehen, Bewahren: Mütterliche Regentschaften im Hochmittelalter (Studien zur europäischen Rechtsgeschichte. Veröffentlichungen des Max-Planck-Instituts für Rechtsgeschichte Frankfurt am Main 166), Frankfurt a. M. 2003; Fürstin und Fürst. Familienbeziehungen und Handlungsmöglichkeiten von hochadeligen Frauen im Mittelalter, hg. von Jörg ROGGE (Mittelalter-Forschungen 15), Sigmaringen 2004; Femmes de pouvoir, femmes politiques durant les derniers siècles du Moyen Âge et au cours de la première Renaissance, hg. von Éric BOUSMAR/Jonathan DUMONT/Alain MARCHANDISSE u. a., Brüssel 2012; Didier LETT, Hommes et femmes au Moyen Âge. Histoire du genre XIIe–XVe siècle, Paris 2013, S. 138–141, sowie die in Anm. 18 und 21 genannten Werke. Vgl. auch Michel MARGUE, ›Et viriliter se defendebat‹. Images masculines de la femme guerrière aux derniers siècles du Moyen Age, in: ›Geschlecht‹ in Literatur und Geschichte. Bilder – Identitäten – Konstruktionen, Bielefeld 2015, S. 155–174.

37) In der Diskussion zum Vortrag wurde vom »subsidiären Erbrecht« gesprochen, ein Begriff, den ich aus zwei Ursachen vermeide: Einerseits, weil er – der modernen Rechtssprache entsprungen – ein festgelegtes Erbrecht evoziert, das es in vollendeter Form in dem hier behandelten Untersuchungszeitraum noch nicht gibt; zweitens drückt er in der Wortwahl einen Ausnahmezustand aus, der ebenso wenig der Vielzahl der Ausübung weiblicher Herrschaft im 12. Jahrhundert entspricht.

Holland, die auf Initiative und im Interesse ihrer Mutter von dieser in aller Eile nach dem Ableben ihres Ehemanns, des Grafen Dirk VII. (1203) verheiratet wurde, um zu verhindern, dass Erbe und Sukzession an eine Seitenlinie gehen, verdeutlicht diese Bedingung[38]. Logischerweise sind die Herrschaftsperioden der Frauen mit einigen Ausnahmen relativ kurz und machen insgesamt weniger als ein Drittel der gesamten Nachfolger-Regierungsjahre aus. Andererseits reicht es nicht, diese Erbpraxis – von einem »Erbrecht« sollte man vor 1200 nicht reden – als »subsidiär« abzuwerten, da diese Einschränkungen in der Nachfolge nicht zwangsläufig mit einer parallelen Einschränkung des Herrschaftscharakters einhergehen[39]. Letzterer bleibt demnach genauer zu umreißen: Handelt es sich um Regentschaft, um Allein- oder Mitherrschaft, um Regierung mit oder ohne Vormund, also um eine volle oder begrenzte Herrschaft?

Diesen Unterschieden werden wir im zweiten Abschnitt unseres Beitrags nachgehen, da sie zum Übertragungsprozess gehören. Hier sei nur schon gesagt, dass auch manche Frauen ihre Herrschaft ohne Vormund und trotz der formalen Assoziierung ihres minderjährigen Sohns allein ausgeübt haben[40]. Es wäre also ein Fehler, die Rolle der Frau ganz auf die Übergangsfunktion vom verstorbenen Grafen auf dessen Sohn zu begrenzen. Viele von ihnen haben durchaus aktiv regiert und nicht nur ein »Krisenmanagement« ausgeübt, einige sogar über die Volljährigkeit ihres Sohnes hinaus in der Form einer (dominierenden) Mitherrschaft. Rein statistisch gesehen, scheint demnach die weibliche Nachfolge in allen Familien gräflichen oder herzoglichen Rangs durchaus Teil des politischen Kalküls und somit der Praktiken gewesen zu sein, mit denen die erwünschte Kontinuität in der Herrschaft der Familie gesichert werden sollte. Immerhin waren es nur zwei von 16 Fällen, in denen die weibliche Nachfolge sich nicht durchsetzen konnte[41]. Des Weiteren sind im Untersuchungsraum noch zwei weitere Konflikte bekannt, die durch die weibliche Nachfolge ausgelöst wurden; bei beiden konnte sich die

38) Vgl. Dick Edward Herman de Boer/Erich H. P. Cordfunke, Graven van Holland. Middeleeuwse vorsten in woord en beeld (880–1580), Zutphen ²2010, S. 64. Vgl. auch Anm. 41.

39) Zum schriftlichen Erbrecht, vgl. unten, Kapitel III. Zum Vorschlag des Konzepts vom »subsidiären Erbrecht« der Frauen vgl. oben, Anm. 37.

40) Vgl. unten, das Beispiel Ermesindes von Luxemburg (Anm. 69).

41) Es wurde schon auf den Fall Adas von Holland hingewiesen (Anm. 38), der es nicht gelang, die Grafschaft Holland an ihren Ehemann Ludwig II. von Loon († 1203) weiterzugeben. Hier handelt es sich eher um die Interessen ihrer Mutter, der Witwe Dirks VII. von Holland, Adelheid von Kleve, über die noch junge Grafentochter die Herrschaft in der Grafschaft Holland auszuüben (vgl. auch Erich H. P. Cordfunke, Gravinnen van Holland. Huwelijk en huwelijkspolitiek van de graven uit het Hollandse Huis, Zutphen 1987, S. 73–80, hier S. 76–78). 1234 scheiterte ebenso in der Grafschaft Holland der Versuch Mathildas von Brabant, eine Regentschaft für ihren minderjährigen Sohn Wilhelm II. einzurichten. Vielmehr ging dieser in die Vormundschaft seiner beiden Onkel, Wilhelm und Otto, über (Cordfunke, Gravinnen, S. 91–93). Der Konflikt wurde durch den Vertrag von Köln vom 27. Mai 1234 von Verwandten der beiden Parteien beigelegt, der der Gräfinwitwe die Vormundschaft über die jungen Söhne entzog, um sie dem Bruder des verstorbenen Grafen zu geben, die Gräfin aber im Besitz ihrer Mitgift beließ (Oorkondenboek van Holland en Zeeland tot 1299, Bd. 2: 1222 tot 1256, hg. von

Erbin durchsetzen[42]. Als Zwischenfazit können wir somit festhalten, dass die weibliche Nachfolge nicht im Gegensatz zur männlichen steht, sondern diese als Erbstrategie in Form der Vormundschaft durchaus ergänzt.

Abschließend soll der quantitative Zugriff noch auf die weitere Verteilung des Erbes an die nachgeborenen Kinder ausgeweitet werden. Auf den ersten Blick ergibt sich aus unserer Zusammenstellung neben dem Ziel der Kontinuität in der Nachfolge die ebenso wichtige Funktion der Absicherung aller Erbanwärter, von Männern wie Frauen. Von den 171 Erben ist für die wenigsten der Erbteil unbekannt. Auf etwas unsicherem Terrain befinden wir uns lediglich beim Festlegen der Abfolge der nachgeborenen Kinder, insbesondere der Frauen, da diese nicht immer aus den Quellen hervorgeht. Allgemeingültige Vorgehensweisen bei den elf Herzogs- und Grafenhäusern sind dennoch schemenhaft zu erkennen.

Unter sie fällt erstens die Beerbung der nachgeborenen Söhne mit einer »Apanage« in Form einer im Vergleich zum »Stammterritorium« minderen Herrschaft, was in vielen Fällen zur Geburt einer Nebenlinie führt oder, falls diese ausstirbt, zum späteren »Heimfall« an die Hauptlinie. Im Wesentlichen hat sich die Struktur und die Hierarchie der lotharingischen Territorien bereits im 12. Jahrhundert weitgehend ausgebildet, so dass man angesichts der bescheideneren Ausmaße an Rechten und Ressourcen von einer geringeren Bedeutung der Herrschaftsbereiche der nachgeborenen Söhne im Vergleich zum Erbteil des Erstgeborenen reden kann. Des Öfteren handelt es sich um die Mitgift der Mutter oder eben um ein heimgefallenes Erbe aus einer Seitenlinie. Ob es sich dabei eher um Lehen als um Eigenbesitz handelt, wäre in weiterführenden Analysen zu ergründen. In den meisten Fällen erbt allerdings der älteste Sohn das Herzogtum oder die Grafschaft, die sich zur zentralen Einheit, den sogenannten Stammlanden, entwickelt hat.

Zweitens werden auch weibliche Erben mit Grafschaften ausgestattet, und zwar via die Praxis der Mitgift. Somit sind, wie bei der Nachfolge, die Frauen auch bei der Beerbung durchaus nicht ohne Rechte. Der Versorgungsgedanke betrifft auch die jüngsten der nachgeborenen Söhne und Töchter, denen bei großer Kinderanzahl Erbanteile verwehrt werden: Nach Möglichkeit wurden sie mit lukrativen Pfründen versorgt und ihre Karrieren in höchste Ämter befördert.

Anton Jaap G. Kruisheer, Assen/Maastricht 1986, Nr. 568 [1235 Mai 27], S. 169; vgl. Georges Smets, Henri Ier, duc de Brabant 1190–1235, Brüssel 1908, S. 218).

42) Es handelt sich dabei um die beiden Töchter Simons III., Grafen von Saarbrücken († 1234), Lorette († 1271 kinderlos) und Mathilde († 1274) (vgl. Kurt Hoppstädter, Die Grafschaft Saarbrücken, in: Geschichtliche Landeskunde des Saarlandes [wie Anm. 32], S. 283–285). Erwähnt sei jedoch auch ein Fall außerhalb des Untersuchungszeitraums, der aber mit diesem eng verwoben ist, wo die Nachfolge- und Erbrechte der Alleinerbin von ihrem Onkel übergangen werden: es handelt sich in dem unten erläuterten Fall der Grafschaft Berg, der nur durch die Ermordung Erzbischofs Engelbert von Köln (1225) zu Gunsten Irmgards von Berg, Ehefrau Heinrichs IV. von Limburg, gelöst wird. Vgl. unten Anm. 50.

Betrachtet man die Erbversorgung aller Nachfolger, so hat es demnach den Anschein, dass eher das Alter als die Genderidentität »diskriminierend« wirkt – wenn man sich des heutigen Sprachgebrauchs bedienen will. Der Hierarchie des Alters entspricht eine Hierarchie des Erbanteils: von der Grafschaft über die einfache Grundherrschaft bis zur Geldrente. Schwerer zu beantworten ist demgegenüber die Frage, welche Kinder auf eine geistliche Laufbahn vorbereitet wurden. In der Regel wurde bei vielen direkten Nachkommen nur ein Sohn Anwärter auf einen regionalen Bischofssitz oder ein anderes hohes Amt in der Kirche, dann aber in der Mehrheit der Fälle mit Erfolg.

Die analytische Zerlegung des Übertragungsvorgangs in den Transfer von Herrschaft und den von Erbanteilen ist in der *Lotharingia* für die Ebene der Herzogs- und Grafenhäuser nur bedingt sinnvoll, da mit dem Erbe auch immer Anteile an Herrschaft verbunden sind. Territorien in der Form von Herzogtümern, Grafschaften oder Herrschaft (»seigneuries«) werden in den ranghöchsten Häusern ab der zweiten Hälfte des 12. Jahrhunderts in der Regel gesamthaft vergeben. Selten finden wir Fälle, in denen einzelne Herrschaftsrechte und Besitz von einem Herzogtum oder einer Grafschaft abgespaltet werden, um der Ausstattung der nachgeborenen Söhne zu dienen. Wer erbt, erhält damit auch einen Anteil an der Herrschaft.

Ein synthetischer Blick auf die Weitergabe von Herrschaft und Erbe auf die 171 Erbanwärter zeigt, dass das Kernstück der fürstlichen Familie, das regierende Ehepaar, sowohl auf die interne Weitergabe der sogenannten Stammherrschaft als auch auf die Versorgung aller direkten Erben setzt. Dass diese Praxis seinen Zweck erfüllt, zeigt sich am Ende darin, dass zwischen 1150 und 1250 nur zwei »Stammgrafschaften« an »fremde« Hände fallen, nämlich die Grafschaft Chiny an das Haus Loon[43)] und die Grafschaft Namur an das Haus Courtenay[44)]. Viel Bewegung in den lotharingischen Herrschaftsstrukturen gibt es dagegen durch den anderen Teil der Erbpraxis, die einerseits die nachfolgenden Kinder sowie andererseits die Frauen betrifft. Erste, etwas schematische Schlussfolgerungen wollen wir demnach anhand der Studie einiger Einzelfälle vertiefen, in dem wir in einem zweiten Abschnitt die Sicht auf die »offenen« Erbfälle werfen.

43) Vgl. Jan BAERTEN, Het graafschap Loon (11de–14de eeuw), Assen 1969, S. 87 f., und Arlette LARET-KAYSER, Entre Bar et Luxembourg. Le comté de Chiny des origines à 1300 (Crédit Communal. Collection Histoire, série in-8° 72), Brüssel 1986, S. 125–163.

44) Überblick bei Félix ROUSSEAU, Namur, ville mosane, Brüssel 1958², S. 57–65. Eingehende, leider unveröffentlichte Studie von Renaud DE WALQUE, Les comtes et marquis de Namur, seigneurs de Courtenay (1212–1257), mémoire de licence, Université Libre de Bruxelles, Brüssel 1993.

II. Die Praxis der Übertragung von Nachfolge und Erbe als Prozess. Eine qualitative Vertiefung

Dem auf Kontinuität abzielenden, vermeintlich rigiden »System« steht die Praxis der konkreten Situation gegenüber, die von Prozesshaftigkeit im Übertragungsvorgang und Aushandlungen zwischen Herrschaftsträgern geprägt ist. Einige ausgesuchte Fälle sollen nun wesentliche Aspekte dieser Praxis, entlang deren chronologischem Ablauf, näher beleuchten. Sie werfen den von den Herausgebern des Bandes gewünschten Blick über die Frage von Nachfolge und Erbe hinaus auf wesentliche Veränderungen adliger Herrschaft und Verwandtschaft in der zweiten Hälfte des 12. und am Anfang des 13. Jahrhunderts.

II.1. Vor der Erbübertragung: Heiratspolitik als erster Teil des Erbprozesses

Als erstes wäre die Tatsache hervorzuheben, dass der Prozess der Herrschafts- und Erbweitergabe schon sehr früh beginnt, nämlich mit der Geburt der Kinder und der mit ihr einsetzenden Heiratspolitik. Die über ein Jahrhundert lang ungestört sich vollziehende Nachfolge vom Vater auf den ältesten Sohn im Herzogtum Limburg zeigt die Mechanismen dieses Prozesses in voller Deutlichkeit[45].

Herzogtum	Todesjahr	Graf	Nachfolger	Rang	Erbe
Limburg	1139	Walram I. (1128 Herzog)	Heinrich II. (1140 Herzog)	1. Sohn	Grafschaft Limburg Grafschaft Arlon (nach dem Tod seines jüngeren Bruders Walram II.)
			Walram II. († kurz nach 1145)	2. Sohn	Graf von Arlon
			Gerhard I.	3. Sohn	Herrschaft Wassenberg (Apanage) (vererbt an dessen Sohn Gerhard II.)
			Beatrix		∞ Graf von Laurenburg

45) Die immer noch benutzte, ursprünglich auf Deutsch verfasste Monographie von Werner Schoppmann, La formation et le développement territorial du duché de Limbourg du XIe siècle jusqu'en 1288, in: Bulletin de la Société Verviétoise d'Archéologie et d'Histoire 51 (1964), S. 9–158, ist weitgehend veraltet. Zur Heiratspolitik der Limburger zuletzt: Tobias Weller, Die Heiratspolitik des deutschen Hochadels im 12. Jahrhundert (Rheinisches Archiv 149), Köln/Weimar/Wien 2004, S. 513–534 (auch mit einigen Fehldeutungen). Neue Ansichten zu den Limburgern bei Mike Richartz, Devenir et rester prince d'Empire. Rang et pouvoir des ducs de Limbourg aux XIIe et début XIIIe siècles, phil. Diss. Université de Liège 2023.

Herzogtum	Todesjahr	Graf	Nachfolger	Rang	Erbe
			Adelheid		∞ Graf von Tecklenburg
	1167	Heinrich II.	Heinrich III. (1167 Herzog)	1. Sohn	Herzogtum Limburg, Grafschaft > Markgrafschaft Arlon
			Margareta		∞ Godfried III., Graf von Löwen
	1221	Heinrich III.	Heinrich († 1215)	1. Sohn	Herrschaft Wassenberg (Apanage, bereits vor dem Tod seines Vaters)
			Walram II.	2. Sohn	Herrschaft Monschau Ab 1215: Herzogtum Limburg Markgrafschaft Arlon bei Gelegenheit seiner Heirat mit Ermesinde von Luxemburg (Morgengabe > Ermesinde)
			Friedrich († 1211/12?)	3. Sohn	Herrschaft Lumen (durch Heirat)
			Gerhard († 1225)	4. Sohn	Herr von Horn (durch Heirat), Ab 1215: Herrschaft Wassenberg (Apanage)
			Simon († 1195)	5. Sohn	Elekt von Lüttich
			Judith		∞ Goswin, Herr von Valkenburg
			Mathilda		∞ Dietrich I., Herr von Heinsberg
			Macarius	Illegitimer Sohn	
	1226	Walram II. ∞1 Kunigunde von Bitsch ∞2 Ermesinde von Luxemburg (erste Ehe mit Theobald von Bar)	Heinrich IV.	1. Sohn aus 1. Ehe	Herzogtum Limburg (Herr von Monschau bis 1225) Graf von Berg ab 1225

Herzogtum	Todesjahr	Graf	Nachfolger	Rang	Erbe
			Walram	2. Sohn aus 1. Ehe	Herrschaft Monschau (Apanage) ∞ Elisabeth/Isabella, Tochter aus 1. Ehe der Gräfin Ermesinde
			Mathilda	Tochter aus 1. Ehe	∞ Graf von Jülich
			Sophie	Tochter aus 1. Ehe	∞ Graf von Altena
			Katharina	Wohl 1. Kind aus 2. Ehe mit Gräfin Ermesinde	∞ Matthäus, Herzog von Lothringen
			Heinrich V.	1. Sohn aus 2. Ehe mit Gräfin Ermesinde	Grafschaften Luxemburg und Laroche, Markgrafschaft Arlon
			Gerhard	2. Sohn aus 2. Ehe von Gräfin Ermesinde	Grafschaft Durbuy (Apanage)
	1246 oder 1247	Heinrich IV.	Adolf IV.	1. Sohn	Grafschaft Berg
			Walram III.	2. Sohn	Herzogtum Limburg

Tabelle 2: Tabellarische Übersicht von Erbe und Nachfolge nach Generationen der Herzöge von Limburg

Die Bedingung einer »erfolgreichen« Übertragung über mehrere Generationen liegt nämlich nicht nur im biologischen Bereich, sondern wird auch, oder besser in erster Linie, durch die geglückte Heiratspolitik des Hauses geschaffen. Wie man an der Namensgebung der ältesten Söhne erkennt, sollte nach Ansicht der Herzöge das Herzogtum Limburg jeweils auf den nächsten erstgeborenen, stets Heinrich benannten, Sohn übertragen werden. Dies funktionierte auch weitgehend problemlos, allerdings mit einer erwähnenswerten Ausnahme: Als der älteste Sohn Heinrich 1215 vor seinem Vater Heinrich III. († 1221) starb, ging das Herzogtum auf den zweitgeborenen Sohn Walram II. von Limburg († 1226) über. Dieser hatte als zweiter Sohn Limburger Besitz in der Eifel geerbt, wo er die Burg Monschau[46] erbaute. 1214 heiratete er die Gräfin Erme-

46) Vgl. Elmar Neuss, Die Burg Monschau 1198–1998. Bauentwicklung und Rolle in der Geschichte des Monschauer Landes (Beiträge zur Geschichte des Monschauer Landes 4), Monschau 1988, S. 43–47.

sinde von Luxemburg († 1247) und übernahm deren Titel. Zur Ausstattung seiner Ehefrau überließ sein Vater ihm dazu noch die Markgrafschaft Arlon. Aus Walram, Herr von Monschau, wurde damit nach dem Tod seines Vaters 1221 Walram II., Herzog von Limburg, Graf von Luxemburg und Markgraf von Arlon. Die Burg Monschau mit Zubehör konnte er somit seinem zweitgeborenen Sohn Walram († 1242) als Apanage vererben. Spätestens mit diesem, vermutlich aber schon unter Walram II. am Ende des 12. Jahrhunderts, wurde Monschau zu einem eigenständigen Territorium, Sitz einer Limburger Nebenlinie.

1221 ging also das Herzogtum Limburg nach Heinrichs III. Tod an den zweitgeborenen Sohn Walram II. über, weil sein ältester Bruder 1215 verstorben war. Dieses »Nachrücken« des zweiten Sohnes verlief störungsfrei. Zu einem Konflikt mit dem einzig noch lebenden Bruder Gerhard kam es nicht, hatte dieser doch durch Heirat die Herrschaft Horn an der Maas nördlich der Grafschaft Loon[47] und dazu die Grafschaft Wassenberg an der niederen Rur[48], die der älteste Bruder bis zu seinem frühen Tod 1215 als Apanage gehalten hatte, erhalten. Im Übrigen war auch für die zwei anderen, damals bereits verstorbenen Brüder vorgesorgt worden: Der dritte Sohn Friedrich erwarb die große Herrschaft Lummen, ein Lehen der Grafen von Loon im Kempenland[49], dank der Heirat mit einer Alleinerbin aus dem Hause Chiny, für den jüngsten Bruder Simon war eine geistliche Laufbahn vorgesehen worden. Man kann demnach durchaus von einer klugen Heirats- und Erbpolitik im Haus Limburg reden.

In der nächsten Generation konnte auch Herzog Walram II. das »Stammterritorium« Limburg als Herzogtum in seiner Gesamtheit weitergeben, und zwar an seinen ältesten Sohn Heinrich IV. († 1246). Dieser wurde mit Irmgard, der Alleinerbin der Grafschaft Berg[50], verheiratet und gründete mit ihr die Linie der Herzöge von Limburg-

47) Taede KLAVERSMA, De geslachten van Altena en Horen tot ca. 1300, in: Publications de la Société Historique et Archéologique dans le Limbourg 114 (1978) S. 7–61, hier S. 33–50.

48) Die Grafschaft Wassenberg trat Gerhard IV. von Wassenberg-Geldern († um 1129) an seine Tochter Judith († 1151), Ehefrau Walrams I., als Heiratsgut ab, als die an Bedeutung gewinnende Grafschaft Geldern in der Familie namensgebend wurde. Als sie Judiths und Walrams I. Sohn Gerhard I. (in Wassenberg) kurz vor 1118 als »Apanage« verliehen wurde, wurde sie auf den niederen Rang einer Herrschaft zurückgestuft. Die Wassenberger Seitenlinie starb in der Folge aus, so dass die Herrschaft spätestens ab 1197 wieder an die Limburger Hauptlinie zurückfiel. Vgl. Severin CORSTEN, Wassenberg während der Stauferzeit, in: Annalen des Historischen Vereins für den Niederrhein 187 (1984), S. 9–29, und Taede KLAVERSMA, Wassenberg en de hertogen van Limburg in de twaalfde eeuw, in: De Maasgouw 107 (1988), S. 41–47.

49) LARET-KAYSER, Chiny (wie Anm. 43), S. 131; Jan VAES, De graven van Loon. Loons, Luiks, Limburgs, Antwerpen 2016, S. 51 und passim.

50) Nach dem Tod Adolfs III. auf dem Kreuzzug von Damiette im Juli 1218, übernahm zuerst sein Bruder Engelbert (1218–1225), der gleichzeitig Erzbischof von Köln (1216–1225) war, die Grafschaft, da Adolf nur eine Tochter Irmgard hinterließ. Mit seiner Ermordung 1225 starb die rheinische Linie aus und wurde von der limburgischen beerbt. Für die Frühphase der bergischen Geschichte, siehe Thomas R. KRAUS, Die Entstehung der Landesherrschaft der Grafen von Berg bis zum Jahre 1225 (Bergische Forschungen 16), Neustadt an der Aisch

Berg. Walram, der zweitgeborene Sohn, erhielt dann von seinem ältesten Bruder die Herrschaft Monschau als Apanage. Die zwei Töchter wurden standesgemäß verheiratet: Mathilda an den Grafen von Jülich, Sophie an den Grafen von Altena. Über ihre Mitgift wissen wir nichts, doch hatten sie keinen wesentlichen Einfluss auf die territoriale Integrität Limburgs, Arlons oder Monschaus.

In der nächsten Generation wurde sodann die Grafschaft Berg zum Haupterbstück, das der Herzog von Limburg gegen den Kölner Erzbischof behaupten konnte, allerdings mit der Bedingung, dass in der nächsten Generation der älteste Sohn die Grafschaft Berg erben würde und somit die Linie der Grafen von Berg weiterführen würde. Diesem erstgeborenen Sohn wurde der Name Adolf († 1259) gegeben[51)], der Leitname aus der bergischen Familie, sozusagen als Programm. Der zweite Sohn, nach seinem Großvater Walram II. benannt, erhielt die alte Stammgrafschaft Limburg. Somit vollzog sich die Änderung des Leitnamens in der Limburger Herzogsfamilie vom Leitnamen Heinrich auf einerseits Adolf (für die Linie der Grafen von Berg) und andererseits Walram (für die Linie der Herzöge von Limburg).

Das Beispiel der Limburger ist in vielerlei Hinsicht aufschlussreich. Erstens erkennt man, wie die sogenannten normalen Übertragungen des »Stammterritoriums« als Ganzes in einer Fürstenfamilie trotz eines biologischen Bruchs – dem frühen Tod eines erstgeborenen Sohns – dank einer umsichtigen Heiratspolitik ohne nennenswerte Probleme innerhalb der Familie abliefen. Zweitens ist auch erkennbar, wie Territorien, die man nach französischer Tradition als eine Art »Apanage« bezeichnen könnte, dem ältesten Sohn zu Lebzeiten des Vaters als erste Ausstattung dienten, um dann nach der Nachfolge des Erstgeborenen im »Stammterritorium« an einen nachgeborenen Sohn zu fallen. Drittens stellen wir auch fest, dass diese »Apanage«, falls sie zum Hauptsitz einer Seitenlinie wird, bei dessen Aussterben an die Hauptlinie zurückfällt.

Schließlich stellt sich bei dem hier ausgewählten Beispiel mit Nachdruck die Frage nach der Unterscheidung zwischen Erbe und Nachfolge mit Bezug auf den Rang. Ab der zweiten Hälfte des 12. Jahrhunderts sind Rang und Territorium untrennbar miteinander verbunden, hier die Herzogswürde mit Limburg und die Markgrafenwürde mit Arlon in der Hauptlinie, wohingegen Monschau oder Wassenberg in den Nebenlinien nur zum *dominus*-Titel führen. Der Rang in der Nachkommenschaft bestimmt die Nach-

1981, und Alexander Berner, Kreuzzug und regionale Herrschaft. Die älteren Grafen von Berg 1147–1225, Köln/Weimar/Wien 2014. Zu den turbulenten Ereignissen um Erzbischofs Engelbert Tod und der Übernahme der Grafschaft Berg durch Heinrich IV. von Limburg und dessen Sohn Adolf IV. von Berg, vgl. Norbert Andernach, Entwicklung der Grafschaft Berg, in: Land im Mittelpunkt der Mächte. Die Herzogtümer Jülich, Kleve und Berg, Düsseldorf 1984, S. 63–73, hier S. 66–68; Josef Lothmann, Erzbischof Engelbert I. von Köln 1216–1225. Graf von Berg, Erzbischof und Herzog, Reichsverweser, Köln 1993, sowie im Detail: Heinz Finger, Die Erzbischöfe von Köln und die Grafschaft Berg vom 11. bis zur Mitte des 13. Jahrhunderts, in: Analecta Coloniensia 12 (2012), S. 165–216, bes. S. 197–210.

51) Es ist hier nicht der Ort, auf die Folgen des bergischen Erbstreits einzugehen.

folge im Erbe und damit auch in Titel und Status. Allerdings gibt es zu dieser Tradition eine nennenswerte Ausnahme in der letzten von uns in Betracht gezogenen Generation, in der der erste Sohn die Grafschaft Berg (seiner Mutter) und der zweitgeborene das Herzogtum (seines Vaters) erbt. Zur Erklärung dieses Ausnahmefalls muss man den Tod Graf Adolfs III. im Kreuzzug vor Damiette 1218 in Betracht ziehen, sowie das Eingreifen dessen Bruders, Erzbischofs Engelbert von Köln, der daraufhin bis zu seinem gewaltsamen Tod im Jahr 1225 das bergische Familienerbe in die Hand nahm. In diesem Kontext des Aussterbens der Familie der Grafen von Berg in der männlichen Linie wäre eine Abmachung mit den Limburgern anzunehmen, die diese zwang, dem erstgeborenen Sohn Heinrichs IV. von Limburg und seiner Ehefrau Irmgards von Berg als nunmehrige Erben dem erstgeborenen Sohn die Grafschaft Berg zu übertragen, damit die bergische Linie in diesem weiterleben würde[52].

In der Regel galt aber, dass der erstgeborene Sohn die »Stammherrschaft«, also das Territorium, das in seiner symbolischen, machtstrategischen und wirtschaftlichen Bedeutung als das bedeutendste erschien, erbte, in diesem Fall das Herzogtum Limburg mit den entsprechenden Herrschafts- und Besitzrechten und dem Herzogstitel. Da auch die nachgeborenen Kinder mit minderen Herrschaften ausgestattet werden, falls sie nicht ein hohes Amt in der Kirche fanden oder für die Töchter eine ranggleiche Ehe, formiert sich in unserem Zeitraum eine Hierarchie der Herzogtümer, Grafschaften und Herrschaften aus und damit wohl auch, an deren Spitze, der Fürstenrang. Von diesbezüglich allgemein gültigen Verfahren, etwa schriftlich fixiert, kann jedoch vor 1200 nicht die Rede sein. Dennoch scheinen sich implizite Praktiken durchzusetzen, die als normal angesehen werden und so auch ausgeübt werden. Aushandlungen werden allerdings in Situationen notwendig, die wir als »Sonderfälle« bezeichnen würden: hier der Erwerb der Grafschaft Berg durch weibliche Nachfolge.

Nun aber zurück zu den Vorbedingungen für eine reibungslose Kontinuität bei der Weitergabe der Herrschaft. Im Wesentlichen sehen wir hier neben dem günstigen biologischen Verlauf, drei Punkte.

Erstens, die Möglichkeit der Aussortierung kleinerer, vom Zentrum des »Stammterritoriums« aus gesehen etwas peripherer Herrschaftsgebiete, die über Vererbung in einer Seitenlinie dann zu einer neuen, eigenen Herrschaft aufwachsen konnten, wie in unserem Beispiel die Herrschaft Monschau. Hier schuf der Vererbungsprozess neue Herrschaftsstrukturen. Solche Entwicklungen kamen in unserem Untersuchungszeitraum häufig vor, wohl auch, weil die Übertragung von territorialen Erbschaften im angehenden 12. Jahrhundert noch nicht systematisch durch Geldrenten ersetzt wurde. Die Monetarisierung der Erbanteile wird diese Entwicklung deutlich eindämmen.

Zweite Vorbedingung war eine erfolgreiche Heiratspolitik mit dem Aushandeln von Mitgift und Brautgabe. Heiraten mit Erbinnen, die neue territoriale Einheiten in den

52) Vgl. oben Anm. 50.

ursprünglichen Gesamtbesitz mitbrachten, wie im geschilderten Fall die Grafschaft Luxemburg, die Grafschaft Berg, die Grafschaft dann Herrschaft Wassenberg oder die Herrschaften Lummen und Horn, erhöhten das Erbvolumen und erleichterten damit die anstehenden Verteilungen. Sie brachten aber auch ein erhöhtes Konfliktpotenzial mit sich, wie man im Fall der Grafschaft Berg sieht, die der zweitgeborene Sohn seiner Nichte als designierter Erbin auf keinen Fall überlassen will. Dies führte im niederrheinischen Raum zu bedeutenden Spannungen – nicht nur zu Verhandlungen, sondern auch zu militärischen Auseinandersetzungen.

Eine weitere Vorbedingung war ein umsichtiger Umgang mit der Ausstattung der Braut, die in ein anderes Haus einheiratete. Diese war nämlich erfahrungsgemäß mit dem Risiko des definitiven Verlusts behaftet. Dies zeigte sich im Limburger Haus am Beispiel der Markgrafschaft Arlon, die, wie im Heiratsvertrag von 1214 ausdrücklich vorgesehen, nach dem Tod Walrams II. dessen Witwe Ermesinde, und damit den Grafen von Luxemburg, verblieb[53]. Der Fall Ermesindes übrigens ist aufschlussreich für die Konsequenzen von Wiederverheiratungen: Die junge Witwe (etwa 30 Jahre alt) hatte nicht nur Arlon aus limburgischem Besitz, sondern schon vorher aus ihrer ersten Ehe mit dem Grafen Theobald von Bar die Herrschaft Marville im nördlichen Lothringen auf dem gleichen Weg der Brautgabe erhalten. Beide Territorien, Arlon und Marville, blieben im Besitz der Grafen von Luxemburg.

An diesen Beispielen wird deutlich, dass für ein besseres Verständnis der Erbübertragungen die vorherigen, oft schon mehrere Jahre zurückliegenden Heiratsverträge in die Analyse mit einbezogen werden müssen. Heiratsverträge regeln gemeinhin schon im Vorfeld weite Bereiche der Erbschaften. Sie sind eng kontextgebunden, resultieren aus zähen Verhandlungen und werden oft angefochten oder umgeschrieben. Dies erklärt auch, warum die wenigen Testamente, über die wir vor 1250 verfügen, oft nur das private Erbe betreffen, nicht aber die Verteilung von Herrschaften. Die Heiratsverträge sind auch das Element, das die politische Bedeutung der Frauen erhöhte, da Frauen in den ihnen durch Mitgift oder Brautgabe zugesprochenen Territorien Herrschaft ausübten und sich so für Regentschaften oder Vormundschaften empfahlen.

II.2. Der söhnelose Tod als Zäsur: »offene« Erbfälle und Kontingenzbewältigung

Anstatt weiteren Fällen der »normalen« Allokation in ihrer Prozesshaftigkeit nachzugehen, wollen wir uns nun den sogenannten gestörten Sukzessionsfällen widmen, für die wir den Begriff der »offenen« Übertragungsfälle bevorzugen. Hier stellt sich nämlich die Frage, ob es nicht eine gewisse Delegierungsroutine für solche Fälle gibt, die, so un-

53) Vgl. Ermesinde (wie Anm. 2), passim, sowie Michel MARGUE, Ermesinde, Gräfin von Luxemburg (1186–1247), in: Rheinische Lebensbilder 15, Köln 1995, S. 23–41.

sere These, zur Entwicklung zum schriftlich geregelten, rechtlich bindenden Verfahren am nordwestlichen Rand des Reichs führt.

Der söhnelose Tod eines Fürsten, dessen längere Abwesenheit zum Beispiel infolge der Teilnahme an Kreuzzügen oder militärischen Expeditionen, sein unerwarteter Tod durch Krankheit oder Gewalt, sowie die Minderjährigkeit der männlichen Nachkommen bewirkten »offene« Erbfälle, die schnelles Handeln im Sinne der Kontingenzbewältigung erforderten. Dazu kommt eine Variante dieser Kategorie, die wegen ihrer Seltenheit die Regel der Bevorzugung des Ältesten bestätigt: die (vorübergehende) Außerkraftsetzung des Prinzips des Ältestenrechts. So geschehen im Herzogtum Lothringen, als ein zweitgeborener Sohn sich gegen diesen Grundsatz wehrte und die Vererbung des »Stammterritoriums« an sich selbst gegen seinen älteren Bruder durchsetzte[54]. Im Fall von Friedrich I., Herrn von Bitsch († 1207), wissen wir, dass die Regentin/Mutter, die Stauferin Bertha = Judith, Schwester Friedrich Barbarossas, ihren jüngeren Sohn mit allen Mitteln begünstigte und so eine Teilung des Herzogtums Lothringen zwischen den beiden Brüdern erreichte. Dem älteren Bruder Simon verblieb allerdings die alleinige Herrschaft (*jure et justitia ducatus*)[55], sein jüngerer Bruder durfte zwar den Herzogstitel – meist nach der Burg Bitsch genannt – führen, musste aber seinen Anteil am Herzogtum als Lehen seines Bruders Simon nehmen. Damit wurde die Zweiteilung Lothringens durch den vom Grafen Philipp von Flandern, einem Vetter der beiden Brüder, abgeschlossenen Schiedsspruch von 1179 verhindert. Mangels Nachkommen aus den zwei Ehen Simons überließ dieser am Ende seines Lebens seinem Neffen aus der jüngeren Seitenlinie, Friedrich II. von Bitsch († 1213), die Nachfolge in Gesamtlothringen. Wir erkennen an diesem innerfamiliären Konflikt, neben der bedeutenden politischen Rolle der Herzogswitwe, dass eine Teilung der Stammherrschaft bei Gelegenheit der Nachfolge nicht in Erwägung gezogen wurde – zumindest auf der rechtstheoretischen Ebene. Hier vermag das Lehnsverhältnis Abhilfe zu schaffen, indem es eine hierarchische und rechtliche Unterscheidung zwischen den beiden Herzögen Simon und Friedrich betont.

In den meisten Fällen war allerdings die Angst vor dem söhnelosen Tod der Auslöser der »offenen« Erbfälle[56]; ihn versuchte man mit allen Mitteln abzuwenden. So heißt es, dass Gräfin Ermesinde von Luxemburg († 1247) von dem etwa achtzigjährigen Heinrich dem Blinden († 1196) gezeugt wurde, dem man 1185 mit Gewalt seine verstoßene Frau wieder zur Seite gab. Sie sollte ihm einen Nachfolger geben, den man aus politischen Ursachen dringend brauchte, um den Verlust des gesamten Erbes an einen politi-

54) Zum Folgenden siehe die Erläuterungen oben in Anm. 32.

55) Zum Vertrag siehe HERRMANN, Lothringen (wie Anm. 32), S. 181; PARISSE, Noblesse lorraine (wie Anm. 32), S. 316 f., 324 f.

56) Vgl. dazu oben, Anm. 25.

schen Rivalen zu verhindern[57]. Nicht alle »offenen« Erbfälle wurden auf so gewaltsame Weise gelöst; politische Sprengkraft und Dringlichkeit der Lösung waren jedoch allen gemein.

In unserem Untersuchungszeitraum führten die Teilnahme an den Kreuzzügen im Allgemeinen und die Nachfolge im lateinischen Kaiserreich von Konstantinopel im Besonderen oft zu Notplanungen in der Sukzessions- und Erbschaftsfrage. Zur längeren und potentiell dauerhaften Abwesenheit des Fürsten kam dann das Ausbleiben männlicher Nachfolger erschwerend hinzu. Die zurückgebliebenen Ehefrauen konnten als zumindest zwischenzeitliche Regentinnen[58] die Regierung übernehmen. Da ihr Status als Inhaber der Herrschaft über Eigengut und insbesondere über Reichslehen oder Lehen von geistlichen Herren sehr fragil war, bemühten sie sich häufig um eine Absicherung ihrer Stellung durch übergeordnete Autoritäten, durch Kaiser, König oder Bischöfe.

Sehr aussagekräftig ist hier das Beispiel der Herzöge von Brabant. Als Herzog Heinrich I. im Gefolge Heinrichs VI. 1197 das Kreuz nahm, das heißt zu einem Zeitpunkt, als er nur eine, zudem noch sehr junge, Tochter hatte, wurde das Problem auf dem Wege der Regentschaft seiner Ehefrau Mathilda von Boulogne gelöst[59]. Es scheint, dass Heinrich sich als flankierende Maßnahme das Recht der Erblichkeit der Reichslehen in weiblicher Linie bei Kaiser Heinrich VI. zusichern ließ[60]. Vier Jahre später findet man auf jeden Fall die Erwähnung des Prinzips der Erblichkeit aller Lehen in einem Friedensvertrag zwischen dem Herzog von Brabant und dem Grafen von Holland unter dem Begriff *jus Brabantinum*: *haec bona* [in feodum] *concessit dux comiti jure Brabantino, ita videlicet quod nullus heres inde exheredabitur*[61]. 1204 bestätigte Philipp von Schwaben die Erblichkeit der Brabanter Lehen, die Herzog Heinrich vom Reich führte, auch für die in

57) ROUSSEAU, Henri l'Aveugle (wie Anm. 14), S. 84; DE WAHA, Marche impériale (wie Anm. 2).

58) Der Begriff Regentschaft meint hier im weiteren Sinn sowohl die eigentliche Regentschaft als auch die Vormundschaft. Die Zeit vom 11. bis Anfang 14. Jahrhundert kennt den rechtlichen Unterschied zwischen einer Herrschaft der Regentin im Namen ihres minderjährigen Sohns und der des Vormunds in seinem eigenen Namen anstelle eines Minderjährigen noch nicht, so dass von Fall zu Fall die Praxis unterscheiden muss. Hinzu kommen die Fälle einer Mitherrschaft der Regentin und ihres Sohnes, die auch manchmal für junge mehrjährige Nachfolger gelten. Zur Regentschaft, vgl. ELPERS, Regieren (wie Anm. 36), und DIES., ›Während sie die Markgrafschaft leitete, erzog sie ihren kleinen Sohn‹. Mütterliche Regentschaften als Phänomen adliger Herrschaftspraxis, in: Fürstin und Fürst (wie Anm. 36), S. 153–166.

59) Vgl. zum Folgenden die eingehende Fallstudie von Jean-Louis KUPPER, Mathilde de Boulogne, duchesse de Brabant († 1210), in: Femmes, mariages, lignages. 12e–14e siècles. Mélanges offerts à Georges Duby, Brüssel, 1992, S. 233–255, hier S. 241–252.

60) Ebd., S. 241.

61) Oorkondenboeck van Holland en Zeeland tot 1299, Bd. 1: Eind van de 7e eeuw tot 1222, hg. von Carl Frederick KOCH, Den Haag 1970, Nr. 244 (1200 November 6), S. 408–411, hier S. 410.

weiblicher Linie[62]. Herzogin Mathilda versah die Regentschaft mit energischer Hand, führte so manchen Krieg – vor allem gegen den Bischof von Lüttich, der das Herzogtum dieser »neuen Isebel« (»Jezabel«, so Rainer von Sankt Jakob[63]) mit dem Interdikt belegte. Ab 1198, nach der Rückkehr des Herzogs, trat sie anscheinend wieder in den Hintergrund, eine Entwicklung, die durch die Geburt eines ersten männlichen Nachkommens 1207 verstärkt wurde, da dieser ihren politischen Stellenwert weiter schwächte. Von der energischen Verwalterin des Herzogtums, als gewalttätige Herzogin von den Lütticher Mönchen gebrandmarkt, zur bedeutungslosen Ehefrau: Jean-Louis Kupper hat für diese seiner Meinung nach zahlreichen Herzoginnen und Gräfinnen den Begriff des »pouvoir politique à deux vitesses« gebraucht[64]. In der Tat taucht die politische Rolle und Fähigkeiten der Frauen in unseren Quellen nur als vorübergehende oder potentielle Inhaberinnen der Herrschaft und/oder Nachfolgerinnen auf, obwohl ihre Regentschaft zeigt, dass sie für diese gut vorbereitet waren. Besonders im Fall von Ehen, bei denen der Ehemann früh verstarb und die ohne männlichen Nachkommen blieben, bei längeren Abwesenheiten des Ehemanns oder wenn die Kinder erst sehr spät geboren wurden, war eine solche Ausbildung unabdingbar, obwohl sie von den Quellen gänzlich verschwiegen wird.

Dies führte dazu, dass eine gut vorbereitete Kreuzzugsexpedition in den meisten Fällen nur selten zur Zäsur in der Sukzession führte. Anders verhielt es sich allerdings im Falle der Abreise eines Fürsten in das in der Folge des vierten Kreuzzugs 1204 neu gegründete Lateinische Kaiserreich; seine Abfahrt bedeutete oft den definitiven Abschied. Dazu bietet sich das Beispiel der turbulenten Zeit der hochadligen französischen Familie der Courtenay als Grafen von Namur an.

Da die Ehe des Grafen Philipp I. († 1212) von Namur aus dem Hause Hennegau kinderlos blieb und sein Bruder Heinrich I. († 1216) 1206 zum Kaiser in Konstantinopel erhoben worden war, übernahm dessen älteste Schwester Jolanda von Hennegau die Regentschaft in Namur für vier Jahre (1212–1216)[65]. Jolanda war seit 1193 verheiratet mit Peter II. von Courtenay, einem Enkel Ludwigs VI., König von Frankreich. Nach dem Tode Heinrichs von Namur wurde ihm die Krone des lateinischen Kaiserreichs angeboten. Auf dem Weg nach Konstantinopel wurde er gefangen genommen und ver-

62) *Insuper regia auctoritate statuimus et memorato duci concedimus, ut filie sue, si masculum heredem non habuerit, in feudis suis libere ei tamquam masculi succedant* (Pierre François Xavier De Ram, Chronique des ducs de Brabant, hg. von Edmond De Dynter, Bd. 2, Brüssel 1854, S. 141 f., hier S. 142).

63) Renier de Saint-Jacques, Annales Sancti Jacobi Leodiensis, hg. von Ludwig Konrad Bethmann/Joseph Alexandre (Société des bibliophiles liégeois. Publications 12), Lüttich 1874, S. 57 f. (anno 1197).

64) Kupper, Mathilde (wie Anm. 59), S. 253.

65) Zum Folgenden, vgl. De Walque, Namur (wie Anm. 44). Die Historiographie zum lateinischen Kaiserreich und zu den Kaisern aus dem Haus Courtenay sowie Lexikonartikel zu den diversen Kaisern berücksichtigen kaum die Auseinandersetzungen um Namur. Bleibt demnach die kurze Synthese von Rousseau, Namur (wie Anm. 44), S. 57–65.

starb einige Jahre später (1218/19) in der Gefangenschaft, etwa um die gleiche Zeit wie Jolanda. Ihr folgten für kurze Zeit ihre beiden Söhne Philipp II. (1219–1226) und Heinrich II. (1226–1228) aus dem Hause Courtenay, die beide ohne Kinder blieben.

Daraufhin kam es zu einer zweiten Regentschaft: für neun Jahre folgte 1228 Margareta von Courtenay, die Schwester der beiden kinderlosen Brüder, als Regentin in Namur, und zwar für ihren jüngeren Bruder, Balduin. Sie musste sich zuerst der Angriffe Ferdinands von Portugal († 1233) erwehren, des Ehemanns ihrer Cousine Johanna, Gräfin von Flandern-Hennegau († 1244), der als eingeheirateter Graf von Flandern und Hennegau auch die Grafschaft Namur beanspruchte. Margareta von Courtenay wollte die Herrschaft in Namur mit der Unterstützung ihres Ehemanns, des Grafen Heinrich von Vianden († 1228), behalten. Als letzter Sohn der Familie klagte dann ihr jüngerer Bruder Balduin (II.), der letzte lateinische Kaiser von Konstantinopel (1228–1261), die Übergabe der Grafschaft von seiner Schwester ein, die erst nach einer Entschädigung von 7.000 Pfund hierzu bereit war. Da Balduin jedoch nach Konstantinopel zog, übergab er 1239 die Grafschaft Namur für 50.000 Pariser Pfund an die französische Krone. Damit wollte er Angriffe des Grafen von Luxemburg abwehren, der Namur als ehemaligen Besitz seines Großvaters mütterlicherseits forderte und auch zwischenzeitlich eingenommen hatte (1256–1264).

Nach dem Tode Balduins (II.) von Konstantinopel († 1273), folgte eine dritte Regentschaft in Namur, als dessen Ehefrau Marie de Brienne, in Folge einer erfolgreichen militärischen Entscheidung in Namur, der Unterstützung durch den König von Frankreich und eines Enteignungsverbots des Papstes die Stellung der Courtenay in Namur hielt. Sie erreichte, dass die Rechte ihres Ehemanns, der in Konstantinopel für die Erhaltung seiner Krone kämpfte, gegenüber den Grafen von Luxemburg und denen von Hennegau sowie gegen die Einflussnahme König Wilhelms von Holland dem Hause Courtenay intakt gehalten werden konnten. 1263 verkauften Balduin und Marie schließlich Namur an das französische Haus Dampierre der Grafen von Flandern für 20.000 Pariser Pfund.

Die Erbauseinandersetzung um Namur währte somit etwa ein volles Jahrhundert. Ihre Ausmaße zeigten sich darin, dass sie sich zwischen Westeuropa und Konstantinopel und in einem diplomatischen Ballett abspielte, das neben Namur, dem Hennegau, Luxemburg und Courtenay auch noch Konstantinopel, den französischen Königshof in Paris und die Kurie in Rom einbezog. In diesen langwierigen Konflikten und Aushandlungen zeigt sich wegen der Abwesenheit der lateinischen Kaiser aus dem Hause Courtenay die bedeutende Rolle der Frauen als Regentinnen, deren Einfluss in der Grafschaft Namur größer ist als derjenige ihrer Ehemänner. In Namur könnte man fast schon von einer weiblichen Übertragungslinie reden, die der rein männlichen über den ältesten Sohn gegenübersteht. Dabei darf man allerdings nicht vergessen, dass bei jedem Auftritt der Kaiser im Okzident, diese das politische Heft in die Hand nahmen.

II.3. Nach der Erbübertragung: Konfliktlösung und Legitimierungsbedarf

Die Konflikte und die anschließenden Verhandlungen in Fällen »offener« Erb- und Nachfolgereglung waren, wie wir eben gesehen haben, unter Umständen nicht nur sehr langwierig, sondern nahmen auch in geopolitischer Hinsicht Ausmaße an, die weit über den gräflichen Aktionsradius und Rang hinausgehen konnten. Dies lag an reichsinternen wie auch -externen Begebenheiten: der spezifischen Grenzsituation Lotharingiens, dem römisch-deutschen Thronstreit zwischen Staufern und Welfen, insbesondere zwischen Philipp von Schwaben und Otto IV., sowie an den Expansionsbestrebungen der französischen Könige. Aber auch ein typisch regionaler Erbkonflikt wie der der Nachfolge des söhnelosen Alberts II., Graf von Dagsburg im Elsass und Moha im Maasgebiet, der sich von 1204 bis 1251 hinschleppte, wurde zu einer königlichen und sogar päpstlichen Angelegenheit[66]. Hier war das beachtliche Erbe im Elsass, in den Vogesen und im Maasgebiet, das nicht weniger als sieben Burgen, vier Abteien und die Vogtei über Metz umfasste, eine gewaltige Verlockung für mehrere Kandidaten fürstlichen Rangs, die alle bereit waren, für die Heirat mit der jungen Tochter des Grafen enorme Summen zu zahlen.

Dieses Nachfolgeproblem gibt mir Gelegenheit, noch kurz auf die Frage der Absicherung der Sukzession oder der Erbverteilung hinzuweisen. Zur Übertragung gehören nicht nur Herrschaft über Grafschaften, Klöster und Städte und materielles Erbe, sondern auch die Legitimationsstrategien, die diese garantieren sollen. Als Graf Albert II. von Dagsburg in den Vogesen und Moha an der Maas seine erste von vielen Erbschaftsvereinbarungen 1204 mit dem Bischof von Lüttich – dem zeitlich ersten Anwärter auf das Erbe – schloss, regelte er nicht nur die Rechte über die zu übertragenden Güter, sondern fügte am Ende des Vertrags auch noch Memorial- und Sepulturbestimmungen ein. Der Lütticher Bischof versprach, dafür zu sorgen, dass an jedem Jahrestag von Alberts Tod, im ganzen Bistum Gedenkfeiern für das Seelenheil des Grafen und seiner Vorfahren abgehalten würden. Des Weiteren wurde festgehalten, dass der Graf in der Lütticher Domkirche bestattet werden solle, zentral vor dem Altar des heiligen Lambert. Man erkennt in diesen nicht gerade bescheidenen Forderungen nach einer angemessenen Pflege seiner *memoria* die Bemühung des Grafen, den Erbvertrag mittels dieser Bestimmungen auch im religiösen Bereich abzusichern. Im gleichen Zug ließ der Bischof die Erbabmachungen auch vom Papst bestätigen, was ihn im Endeffekt gegen alle Widersacher schützte und trotz einseitiger Auflösung des Vertrags durch den Gra-

66) Vgl. hierzu die detaillierten Erläuterungen von Frank Legl, Studien zur Geschichte der Grafen von Dagsburg-Egisheim (Veröffentlichungen der Kommission für saarländische Landesgeschichte und Volksforschung 31), Saarbrücken 1998, S. 65–72, 310–321, 343–347, 582 f. Da das Nachfolgeproblem des Grafen Albert II. dort eingehend behandelt wird, beschränke ich mich hier auf den Aspekt der Verbindung zwischen Erbvereinbarung und Memorialpolitik.

fen und neue Erbschaftsvereinbarungen mit anderen Fürsten zum glücklichen Erben in der Grafschaft Moha machte.

Andere Strategien schließlich gehören eher dem symbolischen Bereich an. Dazu zählen die einleitend erwähnten Genealogien, die auf fürstlicher Ebene im 12. Jahrhundert in Hennegau[67] und Brabant[68] in ersten Ansätzen auftraten, oft in der Form einer Weiterentwicklung der karolingischen Stammbäume, die weit verbreitet waren.

Schließlich wären Herrschaftsrepräsentationen in den Urkunden zu nennen. So würde vor allem die Untersuchung der Selbstdarstellung der Herzoginnen und Gräfinnen Aufschluss darüber geben können, ob sie ihre Herkunftstitulatur oder die ihres Ehemannes übernahmen. Dazu bloß ein Gräfin Ermesinde von Luxemburg betreffendes Beispiel. Deren Regierungszeit lässt sich in vier Abschnitte einteilen[69]. Während der Regierungszeit ihres ersten Bräutigams Theobald, des Grafen von Bar, wird sie mit einer Ausnahme (»Gräfin von Bar und Luxemburg«) stets nur sehr nüchtern als »Ehefrau« betitelt; nach ihrer zweiten Eheschließung mit Walram von Arlon und dann Limburg, trägt sie die Bezeichnung »Gräfin von Bar und Luxemburg«, allerdings nie allein, sowie ausnahmsweise einmal den Titel »Herzogin von Luxemburg«[70]. Regelmäßig wird dann auch auf ihre Einwilligung zum Rechtsakt hingewiesen. Man könnte dies so interpretieren, dass sie ab Walrams Zeit, nunmehr volljährig, den Titel ihrer Erbgrafschaft führen konnte – allerdings nach ihrem Gatten. Nach dem Tode Walrams übernahm Ermesinde in ihrer Titulatur neben der Grafschaft Luxemburg und derjenigen von Laroche – einem Reichslehen – auch ihre Mitgift, die Markgrafschaft Arlon. Diesen Langtitel führte sie nicht nur bis zur Volljährigkeit ihres Sohnes, sondern auch noch drei Jahre darüber hinaus.

Die Siegel der Gräfinnen, die an sich schon Ausdruck von Herrschaft sind, blieben allerdings bis 1250 sehr stereotyp: es handelt sich durchgehend um Bildnissiegel mit

67) Siehe oben den in der Einleitung dieses Beitrags beschriebenen politischen Gebrauch der genealogischen Aufzeichnungen Giselberts von Mons.

68) Zu den drei Genealogien, die unter Herzog Johannes I. (1267–1294) aufgrund älterer Aufzeichnungen angelegt wurden, siehe Gert Melville, Vorfahren und Vorgänger. Spätmittelalterliche Genealogien als dynastische Legitimation zur Herrschaft, in: Die Familie als historischer und sozialer Verband. Untersuchungen zum Spätmittelalter und zur frühen Neuzeit, hg. von Peter-Johannes Schuler, Sigmaringen 1987, S. 203–309, hier S. 289–299.

69) Siehe Michel Margue, L'épouse au pouvoir. Le pouvoir de l'héritière entre ›pays‹, dynasties et politique impériale à l'exemple de la maison de Luxembourg (XIIIe–XIVe s.), in: Femmes de pouvoir (wie Anm. 2), S. 269–310, hier S. 280–283, und Ders., ›Sigilli nostri auctoritate‹. Note sur le sceau de la comtesse Ermesinde, in: Ermesinde (wie Anm. 2), S. 73–87.

70) Bei diesen Bezeichnungen nach Bar und Limburg handelt es sich bezeichnenderweise um Bestätigungen von einem Vertrag ihres Ehemanns (Urkunden- und Quellenbuch der altluxemburgischen Territorien bis zur burgundischen Zeit [im Folgenden UQB], Bd. 2: Bis zum Tode der Gräfin Ermesindis, 1247, Monat Februar, hg. von Camille Wampach, Luxemburg 1938, Nr. 2 [November 1200], S. 2), oder von Verträgen mit Besiegelung eines solchen Vertrags (UQB 2, Nr. 147 [1223 März 13], S. 163–165, hier S. 164).

stehender Dame oder Falkenjagdsiegel[71]. Vor 1250 deuteten noch keine zusätzlichen Wappen auf den Bildnissiegeln auf die Identität des »Stammhauses« oder des Hauses, in das sie eingeheiratet hatten, hin. Lediglich auf den Gegensiegeln, von denen für Gräfinnen die ersten aus dem Ende des 12. Jahrhunderts stammen, gibt es Hinweise auf ihr Selbstverständnis. Von fünf Gegensiegeln von Frauen vor 1258, die bekannt sind, bildeten drei das Wappen ihres Vaters ab[72], zwei das des Gatten[73]. Dies ist ein weiteres Zeichen des kognatischen Charakters der Verwandtschaften.

III. Epilog: die Verschriftlichung der Erbpraxis

Legitimierung einer etablierten Erbpraxis war nicht nur Sache der Selbstdarstellung und der öffentlichen Wahrnehmung. Sie konnte auch ab der Stauferzeit beim Herrscher eingeholt werden und wurde dann, mit der schwindenden Durchsetzungskraft der staufischen Könige, Sache der Fürsten in der Form des Landrechts. Seit dem letzten Viertel des 12. Jahrhunderts ließen sich Herzöge und Grafen die weibliche Erbfolge in den Reichslehen vom Herrscher verbriefen. So erkannte Friedrich Barbarossa im Mai 1184 auf dem Mainzer Reichstag dem zukünftigen Markgrafen von Namur-Hennegau das Recht an, seiner Tochter im Falle eines söhnelosen Tods Erbe und Nachfolge zu übertragen. Interessant ist auch in diesem Vertrag die eindeutige Formulierung der Abfolge der männlichen Nachfolgerkandidaten bis hin zur Tochter des Verstorbenen, falls Söhne und Brüder fehlen: *Illo vero, qui marchiam tenebit, decedente, filius suus in dignitatem marchie illi succedet; si vero filius decesserit, frater eius ipsi succedet et sic de fratre in fratrem successio durabit, si filii defuerint. Porro si filii et fratres defuerint, filia illius igitur marchiam tenebit*[74]. Falls die Tochter allerdings einen Sohn hat, wird dieser in der

71) Vgl. Andrea Stieldorf, Adelige Frauen und Bürgerinnen im Siegelbild, in: Das Siegel. Gebrauch und Bedeutung, hg. von Gabriela Signori, Darmstadt 2007, S. 149–160, und zum regionalen Vergleich: Dies., Rheinische Frauensiegel. Zur rechtlichen und sozialen Stellung weltlicher Frauen im 13. und 14. Jahrhundert (Rheinisches Archiv 142), Köln/Weimar/Wien 1999, S. 246–281, und Lucie Jadot, Sceller et gouverner. Pratiques et représentations du pouvoir des comtesses de Flandre et de Hainaut (XIIIe–XVe siècle), Rennes 2020, S. 143–180 (Les comtesses de Flandre et de Hainaut par les actes: nouveau regard sur la pratique diplomatique princière).

72) Gegensiegel Mathildas von Portugal, Gräfin von Flandern (1196–1214), Maria von Champagne, Gräfin von Flandern (1196–1203); Mathilda von Boulogne, Herzogin von Brabant (1203) (René Laurent, Les sceaux des princes territoriaux belges du Xe siècle à 1482, Bd. 2, Brüssel 1993, Nr. 100–101 [Flandern 75]; Nr. 105 [Flandern 77]; Nr. 82–83 [Brabant 155]).

73) Gegensiegel Adas von Holland, Gräfin von Loon (1213, 1218); Margareta von Bar, Gräfin von Luxemburg (1258, 1262–1271) (Laurent, Les sceaux [wie Anm. 72], Nr. 36–37 und 38–39 [Looz 228]; Nr. 48 und 49–50 [Luxemburg 263]).

74) UQB, Bd. 1: Bis zum Friedensvertrag von Dinant 1199, hg. von Camille Wampach, Luxemburg 1935, Nr. 512 (Mai 1184), S. 712–715, hier S. 714. Vgl. Rousseau, Henri l'Aveugle (wie Anm. 14), S. 84, Anm. 1; Kupper, Raoul de Zähringen (wie Anm. 14), S. 113; de Waha, Marche impériale (wie Anm. 2), S. 115.

Markgrafschaft nachfolgen. Etwas später erhielt dann, wie bereits oben gesehen[75], Heinrich I. von Brabant 1204 von König Philipp von Schwaben das Recht zugesprochen, seine Lehen an seine Tochter weiterzugeben, falls er weiter ohne Sohn bleiben würde.

Solche sich anbahnende Nachfolgekrisen sind es auch gewesen, welche die Grafen selbst dazu brachten, ihre Nachfolge abzusichern in Form schriftlich fixierter Erbregelungen. Dies erfolgte entweder punktuell zu bestimmten Anlässen, oder aber durch eine allgemeingültige Verordnung, die auch den Landesadel mit einbezog. Ein spezifischer Anlass konnte etwa die Einheirat eines »fremden« Fürsten, wie zum Beispiel die zweite Eheschließung der alleinigen Erbin Ermesinde von Namur-Luxemburg mit Walram II. von Limburg sein[76]. Bei dieser Gelegenheit wurde im Heiratsvertrag feierlich unter Einbeziehung der Familien und Teilen des Adels festgehalten, dass sowohl die Kinder aus dieser zweiten Ehe als auch die Erben aus Ermesindes erster Ehe den Erbteil erhalten sollten, der ihnen nach geltendem Recht zusteht: *in hereditate habeat id quod de jure debet habere*. Sollten aber aus der Ehe Ermesindes mit Walram keine Kinder geboren werden, würden die Kinder der Gräfin aus der Ehe mit ihrem ersten Gemahl Theobald von Bar Ermesindes Erbteil, also das, was sie in die zweite Ehe gebracht hat, erhalten und die Erben Walrams das, was der Limburger in die Ehe gebracht hat[77]. Hier werden demnach für diesen spezifischen Fall klare Erbregeln festgehalten, gleichzeitig wird aber auch auf ein allgemein gültiges Erbrecht hingewiesen, das in einer schriftlichen Form nicht vorliegt.

Schriftlich festgehaltenen erbrechtlichen Regelungen begegnen wir in unserem Untersuchungsgebiet zum ersten Mal im Juli 1200 und zwar in der Grafschaft Hennegau unter Graf Balduin VI.[78] Die schlicht *declaratio legum* oder *leges conscriptae* genannte, laut Einleitung im Einklang mit den Adligen und den Ministerialen der Grafschaft Hennegau niedergeschriebene, bekräftigte und beschworene Verordnung wurde nur fünf Monate nach dem Kreuzzugsgelübde Graf Balduins und seiner Gemahlin Maria von der Champagne verkündet, zu einem Zeitpunkt, an dem das gräfliche Ehepaar bloß zwei Töchter hatte. Es musste folglich damit rechnen, die Kreuzzugsexpedition nicht zu überleben oder im Heiligen Land zu bleiben. So kam es denn auch: Balduin starb 1205 als Kaiser von Konstantinopel, Maria von Champagne verschied ebenso auf dem Weg

75) Siehe oben Anm. 62.

76) Zu dieser Ehe, siehe oben nach Anm. 46.

77) UQB 2 (wie Anm. 70), Nr. 73 (Mai 1214), S. 85–88, hier S. 87.

78) Edition mit Übersetzung von Léopold Devillers, Charte concernant les successions, in: Description analytique de cartulaires et de chartes utiles à l'histoire du Hainaut, hg. von dems., Bd. 4, Mons 1869, S. 8–15. Siehe auch die Edition in der Datenbank Diplomata Belgica. The Diplomatic Sources from the Medieval Southern Low Countries, Brüssel 2015, https://www.diplomata-belgica.be/charter_details_fr.php?dibe_id=4663 (20.07.2022). Vgl. Cauchies, Coutume et législation (wie Anm. 9), S. 11, sowie den demnächst erscheinenden und in Anm. 1 genannten Beitrag von Nicolas Ruffini-Ronzani.

zu ihrem Gatten, so dass nur zwei minderjährige Töchter, Johanna und Margareta in Flandern und Hennegau, verblieben. In weiser Voraussicht galt es demnach im Jahr 1200 deren Erbrechte gegen alle anderen Ansprüche von Verwandten zu verteidigen, insbesondere gegen die der jüngeren Brüder des Grafen[79]. So wundert es auch nicht, dass die Verordnung Balduins dem Inhaber des obersten Amtes der Grafschaft, dem »bailli« (*baiulus domini comitis Hainoensis*) als Vertreter des Grafen insbesondere in Rechtsangelegenheiten die oberste Verantwortung im detaillierten Verfahren zugeschrieben wurde[80]. Dass ihr allerdings Einschränkungen auferlegt wurden, sowohl was die gräflichen Besitzungen als auch was diejenigen des Adels anbelangt, zeigt, dass die gräfliche Verordnung aufgrund von Verhandlungen mit den weltlichen Eliten der Grafschaft zustande kam.

Die Verkündigung der *leges* des Grafen Balduin und seiner Getreuen (*fidelium hominum*) regelt im Detail eine ganze Reihe von Erbszenarien, die hier nicht eingehend analysiert seien, da sie von Nicolas Ruffini-Ronzani behandelt wurden. Sie betreffen »the rights of under-age children, the case of the absence of a legal heir, the future of the dowry after a husband's death, the problem of the inheritance of properties acquired in common by a couple, and many other questions related to the freemen's patrimonies«[81]. Hier sei nur so viel gesagt, dass sie die Praktiken, die wir oben in den lotharingischen Territorien festgestellt haben, weitgehend bestätigen: das Recht der Töchter auf das Erbe der Eltern was die Lehen anbelangt, so lange kein Sohn geboren wird; das Recht der nachgeborenen Söhne auf das Erbe, falls der älteste Sohn kinderlos stirbt; das Beibehalten der Trennung der Güter, die vor der Heirat in die Ehe gekommen waren, aber auch die Regelung der Übertragung der gemeinsam von den Eltern erworbenen Güter; schließlich der Schutz der Rechte der Witwen auf ihre Morgengabe.

Diese gemeinsam mit Adel und Ministerialität getroffenen Erbregelungen mögen wegen der Herkunft der Gräfin Maria von Champagne in Verbindung mit den in der nordfranzösischen Nachbargrafschaft 1212 und 1224 erlassenen Verordnungen gesehen werden[82]. Beiden gemeinsam gilt die Synthese zwischen Bewahrung der bedeutendsten oder symbolträchtigsten Residenz und dazugehörigen Territorium in der ältesten männlichen Linie einerseits, sowie Sicherung der Erbanteile und damit der Versorgung aller Kinder, insbesondere auch der Töchter.

Dies lag, wie wir im Hennegau sahen, sowohl im Interesse der Herzöge und Fürsten wie auch in demjenigen des Adels. Beiden ging es dabei um Konfliktvermeidung, inner-

79) So auch Ruffini-Ronzani, Laws (wie Anm. 1), dessen eingehende Analyse zum Entstehungsprozess, zum Inhalt und der Motivation des Grafen sowie zu Anwendung und Rezeption ich hier nicht vor dessen Veröffentlichung vorwegnehmen möchte.

80) *Baiulus* [...] *justiciam potest facere de uno homine contra alium et exercere de omnibus rebus tanquam dominus comes* (Devillers, Charte [wie Anm. 78], S. 12).

81) Ruffini-Ronzani, Laws (wie Anm. 1).

82) Evergates, Aristocracy (wie Anm. 15), S. 84.

halb der Familie wie auch, für den Territorialherrn, im »Land«. Dabei wird klar, dass die Festlegung der Erbpraxis bestehende herrschaftliche und familiäre Strukturen festigte und gleichzeitig neue, kleinteilige Herrschaftseinheiten förderte, im Ganzen also Herrschaft und Verwandtschaft hierarchisierte.

***

Fassen wir zusammen. Es ist nicht leicht, ein Gesamtbild von den 49 einen Generationswechsel involvierenden Sukzessions- und Erbübertragungen, die sich in Lotharingien zwischen 1150 und 1250 vollzogen haben, und von den insgesamt etwa 171 beteiligten Erbschaften zu geben. Zum einen, weil tabellarische Zusammenstellungen wegen der Quellenlage für die jüngeren Erben und die weiblichen Nachfolger lückenhaft sein müssen, zum anderen, weil der hier gewählte Zugriff über die älteste Manneslinie unzulänglich ist, da er die kognatische Verwandtschaft nicht in ihrer vollen Bedeutung erfasst.

Dennoch bestätigt der Versuch einer quasi statistischen Aufnahme unwiderlegbar die Richtigkeit des traditionellen Bildes von der Herrschaftsnachfolge des namengebenden Territoriums über den ältesten Sohn. Nur in vier uns bekannten Fällen wurde diese Regel außer Kraft gesetzt: in einem endgültig durch den nächstgeborenen Sohn, in den drei anderen vorläufig durch Regentinnen. Dieser allgemeine Befund bedarf allerdings der Nuancierung. Erstens wird dieser »Normalfall« erst im Lauf des 13. Jahrhunderts zur Norm, die in einer Art »Landrecht« schriftlich fixiert wird, und zweitens heißt Nachfolge des ältesten Sohnes im »Stammterritorium« genau genommen eher Bevorzugung als Exklusion und bedingt, so verstanden, auch die Nachfolge im restlichen Erbe der jüngeren Brüder und Töchter. Dieser Umstand hat Stabilität und gleichzeitig Dynamik zur Folge: Einerseits werden territorial zusammenhängende Herrschaften sehr selten geteilt, andererseits erfahren periphere, entlegene oder mindere Erbteile über den Weg der Vererbung an nachgeborene Kinder oder als Mitgift oder Wittum eine Aufwertung. Allgemein lässt sich aus diesem Gesamtbild schließen, dass die Erbvorgänge in den Fürstenhäusern den Territorialisierungsprozess in seinen Dimensionen von Verdichtung und Zentralisierung nicht nur in den »Stammterritorien«, sondern auch in den »minderen« Herrschaften beschleunigt haben. In vielen Fällen wurde Erbschaft zur Herrschaft; allgemein ist die Grundlage für eine Unterscheidung zwischen »Erbe« und »Sukzession« dann nicht mehr gegeben.

Diesem etwas vereinfachenden Zugriff auf die herzogliche und gräfliche Hauspolitik steht die vertiefende Analyse der einzelnen Erbvorgänge gegenüber, die als langwieriger Prozess und Abfolge einer Kette von Verhandlungen und anderen Interaktionen erscheinen. Der »Normalfall« wird dann fast zum »Ausnahmefall«, und zwar sowohl für die relativ seltene, unbestrittene Sukzession in der ältesten Manneslinie, als auch für die zahlreichen Fälle einer Erbzäsur mit »offenem« Ausgang, in denen das herrschende Ehepaar sich aus biologischen oder politischen Ursachen, interner wie externer Natur, vor große Herausforderungen und vor Handlungsalternativen gestellt sieht. Diese Probleme werden durch vielfältige Praktiken gelöst, Heiratsverträge oder Erbschaftsvereinbarungen, die stark kontextgebunden und oft kurzlebig sind. Die Erbzäsur setzt somit einen Erbprozess mit großem Konfliktpotential in Gang, der zusammen mit der Heiratspolitik, den Erbverträgen und den nachfolgenden Legitimationsstrategien untersucht werden muss. In diesem Prozess steht eher das vollständige Ehepaar als nur sein männlicher Teil im Zentrum. Generell kann man sagen, dass hier der weiblichen Nachfolge, die etwa in einem Drittel der gesamten Regelungen von Erbe und Sukzession praktiziert wird, eine große Bedeutung zukommt – auch wenn sie zeitlich befristet war. Damit steht das kognatische Verwandtschaftssystem dem agnatischen nicht konträr, sondern ergänzend gegenüber. Eine Übergangsfunktion im Sinne einer Delegierung lässt sich wohl in vielen Fällen der weiblichen Nachfolge erkennen; der Begriff wird aber dem Herrschaftspotential der Herzoginnen und Gräfinnen in der Praxis nicht ganz gerecht.

Diese ersten Befunde und Thesen müssten allerdings auch mit der Entwicklung in anderen Regionen verglichen werden, um die spezifische Entwicklung Lotharingiens zu umreißen. Im Westen des Reiches ist das 12. Jahrhundert eine Zeit der progressiven Ausformung der Territorien. Hier spielten die Kreuzzüge eine wichtige Rolle, die das Herrschaftsgefüge am Anfang des 13. Jahrhunderts stark beeinflussten. Eine bedeutende Rolle spielte auch bildlich gesprochen der Wind, der von Westen blies: Die Vorbildfunktion des auf Expansion sinnenden französischen Königshofes und der benachbarten Fürstentümer wie Flandern und Champagne, die in diesem Vortrag weitgehend außer Betracht bleiben mussten. Beide führten zu einer ersten Verschriftlichung der Erbregeln mit dem Ziel, durch Verfahren den Erbstreitigkeiten den Wind aus den Segeln zu nehmen und den Frieden und damit auch die gräfliche Autorität zu sichern.

Summary: »Open« successions as a challenge and a process. Princely succession and political reorganisation in the West of the Empire

In our contribution, questions of inheritance and succession are first addressed in a statistical-quantitative analysis of forty-nine generational changes in eleven territorial principalities, which is then completed by a qualitative part based on the analysis of individual cases.

With only four exceptions, the statistical record proves the correctness of the traditional view of the succession of rulership of the name-giving territory by the eldest son. However, this general finding requires nuance. Firstly, this ›normal case‹ only became the norm during the 13th century and was set down in writing in a kind of ›Landrecht‹, and secondly, succession of the eldest son in the ›ancestral territory‹ meant preference rather than exclusion and thus also conditioned succession in the rest of the inheritance of the younger brothers and the daughters. This circumstance brings about both stability and dynamics: on the one hand, territorially coherent principalities are very rarely divided, on the other hand, peripheral, remote, or smaller inheritance parts are upgraded to new principalities through inheritance to later-born children or as dowry or dower.

In contrast, a more in-depth analysis shows the individual inheritance steps as a long-term process with great potential for conflict. The ›normal case‹ then almost becomes the ›exceptional case‹ because of the numerous cases of an inheritance rupture with an ›open‹ outcome, in which the ruling couple finds itself confronted with great challenges and alternatives for action for biological or political reasons, both internal and external. These problems are resolved through a variety of practices, marriage contracts or inheritance arrangements that are highly context-bound and often short-lived. The inheritance rupture thus sets in motion an inheritance process that needs to be examined together with marriage policies, inheritance contracts and other legitimating strategies. In general, it can be said that female succession, which is practised in about one third of the total arrangements of inheritance and succession, is of great importance here – even if it was temporary.

Erheiratete Herrschaft. Erben jenseits der Vater-Sohn-Folge am Beispiel der Grafschaft Boulogne im 12. und 13. Jahrhundert[1)]

Alheydis Plassmann (†)

Dass das Fehlen eines männlichen Erben eine besondere Situation war, die ungeahnte Möglichkeiten eröffnete, aber auch Instabilität mit sich brachte, war ein Problem, das den Zeitgenossen durchaus bewusst war und das uns nicht nur in erzählenden Quellen, sondern auch in der Literatur entgegentritt. Im ›Iwein‹ Hartmanns von der Aue[2)] etwa ist es Laudine, die Herrin der Quelle, die als weibliche Inhaberin einer Herrschaft auf eine besondere Konstruktion angewiesen ist, um ihren Besitz zu verteidigen: Ihre Quelle wird von ihrem Ehemann verteidigt, der auf Herausforderungen umgehend zu reagieren hat. Als Iwein, der Protagonist des Epos, diesen Verteidiger erschlägt, gerät Laudine in eine Zwangslage, da ihr der Beschützer abhandengekommen ist. Laudines Vertraute Lunette nimmt bei der Beschreibung der misslichen Lage kein Blatt vor den Mund:

> »Eines sei Euch doch gesagt, was schließlich bedacht werden muß, ob Ihr es nun gut oder schlecht aufnehmt. Um Euch steht es nun einmal so: wenn Ihr Eure Quelle und das Land und Eure Ehre nicht verlieren wollt, so müßt Ihr einen Mann erwählen, der sie für Euch behütet und beschützt. Viele tapfere Ritter werden noch dorthin kommen, um Euch die Quelle abzugewinnen, wenn keiner da ist, der sie verteidigt«[3)].

Laudine sieht ein, dass sie jemanden zur Verteidigung braucht, ist aber unwillig, den Kandidaten dann auch noch zu heiraten, woraufhin ihre Beraterin einwendet:

> »Da muss ich widersprechen. Wer würde so eine schwere Aufgabe um Euretwillen übernehmen, wenn er nicht Euer Mann wäre? Ihr redet aus der Sicht einer Frau. Schenkt ihm Euren Besitz und Euch selbst, dann könnt Ihr immer noch von Glück reden, wenn er die Aufgabe bereitwillig erfüllt. Ihr seid ja jung und schön,

1) Alheydis Plassmann sandte ihren Beitrag den Herausgebern im Frühjahr 2022 termingerecht zu. Spätere Korrekturläufe konnte sie aber aufgrund ihrer schweren Krankheit nicht mehr vornehmen. In der Vorbereitung zur Drucklegung haben die Herausgeber nur unumgängliche Korrekturen vorgenommen.

2) Christoph CORMEAU, Hartmann von Aue, in: VL 3 (1981), Sp. 500–520, hier Sp. 514–517.

3) Hartmann von Aue, Iwein. Mittelhochdeutscher Text und Übersetzung, in: Ders., Gregorius. Der Arme Heinrich. Iwein, hg. und übers. von Volker MERTENS (Bibliothek des Mittelalters 6; Bibliothek deutscher Klassiker 189), Frankfurt a. M. 2004, S. 317–768, hier V. 1820–1830, S. 416 f. Zum Iwein vgl. Joachim BUMKE, Geschichte der deutschen Literatur im hohen Mittelalter (Geschichte der deutschen Literatur im Mittelalter 2; dtv 4552), München 1990, S. 157–162.

adlig, mächtig und untadelig, Ihr könntet sehr wohl einen tüchtigen Mann bekommen, wenn Gott es will«[4].

Lunette kann Laudine schließlich überzeugen und sie willigt ein, ausgerechnet den Mann zu heiraten, der ihren Ehemann erschlagen hat, weil er sich als stärker erwiesen hat:

»Ich selbst kann die Quelle nicht verteidigen: mich muß ein tapferer Mann schützen, sonst bin ich wirklich verloren. Ich gebe meinen Zorn auf. Wenn es sich einrichten läßt, will ich keinen anderen Mann als den, der mir meinen Herrn erschlagen hat. Wenn er obendrein den richtigen Rang hat, passend und angemessen und ich mich ihm anvertrauen darf, dann muß er mich durch seine Treue für mein Leid entschädigen und muß mich umso besser behandeln, weil er mir Leid angetan hat«[5].

Dieses fiktive Gespräch ist natürlich nicht unbedingt aus der Sicht der Erbtochter geschrieben, indes wird deutlich, dass ein unverheirateter Status für eine Erbtochter und deren Umfeld alles andere als wünschenswert ist, nicht nur für die Erbtochter selbst, sondern auch für den Erhalt ihrer Herrschaft.

I.

Das Recht der Erbtochter auf ihre Herrschaft war im 12. Jahrhundert in Westeuropa unstrittig[6], fraglich war allerdings, inwieweit sich dieses Recht durchsetzen ließ. Recht und Durchsetzung des Rechts gingen auch hier nicht immer zusammen. Ohnehin boten die vielfältigen Herrschaftsräume Westeuropas verschiedene Antworten auf die Frage, welche Rechte die Tochter genau an der Herrschaft hatte[7].

Es gab Erbtöchter, die verheiratet werden, deren Ehemänner die Herrschaft unangefochten ausüben und sozusagen vollständig übernehmen. William Marshall etwa heiratete Isabelle de Clare[8] und aus ihren Besitzungen wurde die Grafschaft Pembroke ge-

4) Hartmann von Aue, Iwein (wie Anm. 2), V. 1917–1928, S. 420–423.

5) Ebd., V. 2058–2072, S. 428–431.

6) Paul Mikat, Ehe, in: HRG 1 (1971), Sp. 809–833; Stephan Buchholz, Ehe, in: HRG 1 (^{2}2008), Sp. 1192–1213; Elisabeth van Houts, Married Life in the Middle Ages, 900–1300 (Oxford Studies in Medieval European History), Oxford 2019, S. 29–32.

7) Zu der nicht eindeutigen Situation des Erbrechts der Frau vorwiegend im Hinblick auf das Reich vgl. bereits Heinrich Mitteis, Lehnrecht und Staatsgewalt. Untersuchungen zur mittelalterlichen Verfassungsgeschichte, Weimar 1933, ND Darmstadt 1974, S. 467; Adalbert Erler, Erbtochter, in: HRG 1 (1971), Sp. 980 f.; Wilhelm Brauneder, Erbtochter, in: HRG 1 (^{2}2008), Sp. 1388; Elisabeth Koch, Weiberlehen, in: HRG 5 (1998), Sp. 1206–1209.

8) Linda E. Mitchell, The Most Perfect Knight's Countess. Isabella de Clare, Her Daughters and Women's Exercise of Power and Influence, 1190–ca. 1250, in: Medieval Elite Women and the Exercise of Power, 1100–

schaffen[9], die William Marshall bis zu seinem Tod hielt und die dann unmittelbar nach seinem Tod auf seinen ältesten Sohn überging. Die Herrschaft ist hier ganz in das neugeschaffene Lehen des Mannes aufgegangen. Von einer Herrschaft *jure uxoris* ist nicht die Rede. Dies lässt sich durch die Situation erklären. Isabelle hatte keine unmittelbare Verwandtschaft, die ihre Interessen hätte unterstützen können und dem englischen König lag vor allem daran, die Loyalität des William Marshall zu erkaufen[10].

Es gab weiterhin Erbinnen, deren Einfluss in Momenten des Übergangs, beim Tod des Vaters, bei der Heirat, bei der Einsetzung eines männlichen Erben, deutlich spürbar ist. Die bekannteste von ihnen dürfte Eleonore von Aquitanien sein[11], die in ihrem Leben immerhin zwei Ehemänner und zwei Söhne in ihren Besitzungen als Herren vorstellte. Ihre Einflussmöglichkeiten waren indes sehr unterschiedlich, je nachdem, mit wem sie gerade die Herrschaft teilte. Mit König Ludwig VII. von Frankreich, ihrem ersten Ehemann, agierte sie offenbar eher gemeinsam, Heinrich II. von England, ihr zweiter Ehemann, bestimmte hingegen viel stärker über die Herrschaft seiner Frau[12]. Es dürfte kein Zufall sein, dass der Löwenanteil von Eleonores Urkunden auf die Zeit ihrer

1400. Moving beyond the Exceptionalist Debate, hg. von Heather J. TANNER (The New Middle Ages), Cham 2019, S. 45–65, bes. S. 47–53.

9) Anders David CROUCH, William Marshal. Court, Career and Chivalry in the Angevin Empire 1147–1219 (The Medieval World), London/New York 1990, S. 64 f. (²2002 [ND 2013], S. 71), der meint, dass William Marshall dieser Titel zunächst nur zugeschrieben wurde. Indes findet er sich als Anspruch in seinen Urkunden: The Acts and Letters of the Marshal Family. Marshals of England and Earls of Pembroke, 1145–1248, hg. von David CROUCH (Camden Fifth Series 47), Cambridge/New York/Melbourne/Madrid/Cape Town 2015, Nr. 12 f., 17–20, 22–24, 28–39, 41–44, 46–48, 50–56, 59–63, 66 f., 69 f., 72–74, 79–85, 87, 91–93, 95 f., 100.

10) Zur Verheiratung als Belohnung etwa CROUCH, William Marshal (wie Anm. 8) S. 60 (²2002 [ND 2013], S. 66), aber auch Bestimmungen der Magna Carta, Nr. 2 und 6: Magna Carta, hg. und übers. von David CARPENTER, London 2015, S. 38 f., 40 f., sowie ebd., S. 101–107, über die Möglichkeiten von Frauen, Besitz zu halten. Erben (und Erbinnen) dürfen nicht unstandesgemäß verheiratet werden.

11) Zu Eleonore: Ralph V. TURNER, Eleanor of Aquitaine. Queen of France, Queen of England, New Haven/London 2009.

12) Nicholas VINCENT, Patronage, Politics and Piety in the Charters of Eleanor of Aquitaine, in: Plantagenêts et Capétiens. Confrontations et héritages, hg. von Martin AURELL/Noël-Yves TONNERE (Histoire de famille 4), Turnhout 2006, S. 17–60, hier S. 19. Die Urkunden Eleonores werden ediert von Nicholas Vincent als Anhang zu seiner Edition der Urkunden Heinrichs II.: The Letters and Charters of Henry II, King of England, 1154–1189, hg. von Nicholas VINCENT, 8 Bde., Oxford 2020–. Ich danke Nicholas Vincent herzlich, dass er mir eine Vorabversion der Edition zur Verfügung gestellt hat. Eine Übersicht über die Urkunden Eleonores, die im Folgenden als Acta Eleanor zitiert werden, findet sich in Vincents Aufsatz (Patronage, S. 56–60). Nr. 126a, 128 f., 132, 151, 153 und 154 sind die Urkunden, die mit Ludwig VII. ausgestellt wurden. Diese Urkunden hatten möglicherweise eine schlechtere Überlieferungschance, weil Ludwig seinen Anspruch auf Aquitanien aufgeben musste. Vgl. auch Marie HIVERGNAUX, Autour d'Alienor d'Aquitaine. Entourage et pouvoir aus prisme des chartes, in: Plantagenêts et Capétiens, S. 61–73, hier S. 62–64; DIES., Queen Eleanor and Aquitaine, 1137–1189, in: Eleanor of Aquitaine. Lord and Lady, hg. von Bonnie WHEELER/John C. PARSONS (The New Middle Ages), New York/Hampshire ²2008, S. 55–76, hier S. 57–63; TURNER, Eleanor (wie Anm. 10), S. 191 und 206 f., geht davon aus, dass Eleonore mit der Politik ihres Ehemannes nicht einverstanden war und liefert Indizien dafür.

Witwenschaft entfällt[13)], denn beide Söhne Richard und John vertrauten ihr als Stellvertreterin der familiären Interessen[14)].

Und es gab Frauen, die die Herrschaft zu großen Teilen selbst ausübten, so dass nicht einmal der erwachsene volljährige Sohn der Mutter die Herrschaft vor ihrem Tod aus der Hand nehmen kann. Isabelle von Angoulême war zunächst Ehefrau Johann Ohnelands von England und konnte an seiner Seite keinerlei Macht in ihrer angestammten Herrschaft ausüben. Als Ehefrau des Hugo von Lusignan indes regierte sie gemeinsam mit ihrem Mann. Ihr gemeinsamer Sohn trat definitiv erst nach ihrem Tod und nicht nach dem des Vaters in das Erbe in Angoulême ein[15)].

In größeren Fürstentümern mischte auch der lokale Adel kräftig mit – beziehungsweise dort liefern uns die Quellen Hinweise darauf, dass er das tat, wie etwa im Fall der Bretagne. Bretonische Große setzten Richard Löwenherz, den englischen König, unter Druck, als er die Erbtochter Konstanze am englischen Hof festhielt und erreichten auch tatsächlich ihre Freilassung[16)].

Inwieweit eine Erbtochter also handlungsfähig war respektive sogenannte Agency[17)] hatte, hing von sehr vielen Faktoren ab, von denen die Persönlichkeit der Dame nur einer war, wenn auch sicher der, der sich am schwersten bestimmen lassen dürfte. Bevor ich auf den Fall Boulogne eingehe, möchte ich erst einige der Parameter erläutern, die den Erbfall an eine Tochter bestimmten[18)].

13) Acta Eleanor (wie Anm. 11), Nr. 2, 3, 4*, 5, 10, 14–18, 20–22, 24, 26–29, 32 f., 35 f., 42, 44, 50–54, 59–66, 68*, 72–74, 79–83, 91*, 96 f., 101–104, 106–111, 114–116, 119, 127, 130 f., 135 f., 138, 140, 141*, 142 f., 147, 149 f., 155–157.

14) John Gillingham, Richard I. (Yale English Monarchs), New Haven/London 1999, S. 328 f.; Turner, Eleanor (wie Anm. 10), S. 273f.; zur Sicherung des Übergangs auf Johann vgl. Stephen D. Church, King John. England, Magna Carta and the Making of a Tyrant, London 2015, S. 65.

15) Zu ihr vgl. Nicholas Vincent, Isabelle of Angoulême. John's Jezebel, in: King John. New Interpretations, hg. von Stephen D. Church, Woodbridge/Rochester, New York 1999, S. 165–219, bes. S. 206 f.; Ders., King John (wie Anm. 13), S. 81–86; Nicholas Vincent, Isabella, suo jure countess of Angoulême (c. 1188–1246), in: Oxford Dictionary of National Biography (2004), https://doi.org/10.1093/ref:odnb/14483 (12.04.2022).

16) Judith A. Everard, Brittany and the Angevins. Province and Empire, 1158–1203 (Cambridge Studies in Medieval Life and Throught. Fourth Series 48), Cambridge/New York/Melbourne/Madrid 2000, S. 164–175.

17) Zum Begriff der Agency: Mustafa Emirbayer/Ann Mische, What Is Agency?, in: American Journal of Sociology 103,4 (1998), S. 962–1023; Joshua Gunn, Agency, in: Encyclopedia of Communication Theory 1 (2009), S. 27–30; zur Agency bei der Eheschließung zusammenfassend van Houts, Married life (wie Anm. 5), S. 61. Zu den Handlungsmöglichkeiten adliger Frauen vgl. auch instruktiv: Heather J. Tanner/Laura L. Gathagan/Lois L. Huneycutt, Introduction, in: Medieval Elite Women and the Exercise of Power (wie Anm. 7), S. 1–18.

18) Vgl. hierzu auch Alheydis Plassmann, Weibliche Erbfolge. Möglichkeiten und Grenzen weiblicher Herrschaftsausübung bei fehlenden männlichen Nachfolgern im Hochmittelalter, in: Geschlecht macht Herrschaft – Interdisziplinäre Studien zu vormoderner Macht und Herrschaft, hg. von Andrea Stieldorf/Linda Dohmen/Irina Dumitrescu/Ludwig D. Morenz (Macht und Herrschaft 15), Göttingen 2021, S. 295–318.

Zum einen hängt die Möglichkeit zur Einflussnahme, also die Chancen, die mit der besonderen Situation verbunden sind, von bestimmten Zeitpunkten ab. Es gibt Momente des Übergangs, in denen auf die Mitwirkung der Erbtochter, und sei es auch nur symbolisch, kaum verzichtet werden konnte. Da ist zum einen der Moment der Erbschaft: Das kann der Tod des Vaters sein, das muss aber nicht notwendigerweise so sein. Wenn die Erbtochter einen älteren Bruder hatte, der zeitweilig als Erbe galt, ist es dessen Tod, der ihr Schicksal bestimmt (jedenfalls wenn er ohne Söhne stirbt). Ein weiteres Moment ist der Augenblick der Heirat, wenn die Zustimmung der Erbtochter jedenfalls für eine kanonisch gültige Ehe an sich unabdingbar ist[19]. Dies ist insbesondere dann von Bedeutung, wenn zum Zeitpunkt der Eheschließung der Status als Erbtochter bereits klar ist. Und schließlich ist noch die Volljährigkeit des Erben zu nennen[20]. Der älteste Sohn der Erbtochter ist tatsächlich der vollständig unangefochtene Erbe, der die Herrschaft ohne eine geschlechtlich bedingte Einschränkung oder der dann doch leicht verminderten Stellung *jure uxoris* ausüben kann. Mit ihm kehren die Dinge wieder in rechte Bahnen zurück, auf die eindeutige und bevorzugte Vater-Sohn-Folge. Nur äußerst selten kommt es erst nach dem Tod der Erbtochter zum Herrschaftsübergang, vielmehr ist die Einsetzung des volljährigen Sohnes als Rechtsträger der Herrschaft bereits zu Lebzeiten der Mutter die Regel – sofern eben ein Sohn vorhanden ist.

Diese Stationen des Übergangs vom Großvater auf den Enkel mit Umweg über die Tochter sozusagen, sind die Momente, an denen uns die Stellung und Handlungsfähigkeit der Erbtochter am prägnantesten entgegentritt. Das bedeutet natürlich keinesfalls, dass die Tochter, Ehefrau, Mutter zu anderen Zeiten keinerlei Einfluss hatte[21], nur ist dieser schwer fassbar, nicht rechtlich begründet und von Fall zu Fall höchst unterschiedlich.

Neben diesen Übergängen hängt die Stellung der Erbtochter auch von der Konstellation ab, in der sie sich in dem Moment des Erbantritts befand. Es gab mehrere Personen im Umfeld, die in Bezug auf den Erbgang etwas zu sagen hatten.

Beginnen wir mit dem Vater. Die Tatsache, dass er keinen Sohn hatte, führte im Zweifel schon relativ früh dazu, dass der Vater sich auf die Suche nach geeigneten Kandidaten für die zu besetzende Stellung des Schwiegersohnes machte. Die Sorge um die Weitergabe der Erbschaft und die Furcht vor einer Übernahme durch Nebenlinien prägte die Handlungen des Vaters. Die Erbfolge konnte durch schriftliche Verträge ge-

19) Vgl. die Literatur oben in Anm. 5

20) Etwa im Fall der Eleonore von Aquitanien und der Beatrix von Burgund. Vgl. dazu Alheydis PLASSMANN, Lordships Acquired by Marriage. Henry II in Aquitaine and Frederick Barbarossa in the France-Comté, in: Staufen and Plantagenets. Two Empires in Comparison, hg. von Dominik BÜSCHKEN/DIES. (Studien zu Macht und Herrschaft 1), Göttingen 2018, S. 271–304.

21) Zu der Frage, ob letztlich alle Frauen mit einer Machtstellung »Ausnahmen« waren, vgl. TANNER/GATHAGAN/ HUNEYCUTT, Introduction (wie Anm. 16).

sichert werden, sei es mit dem zu erwartenden Schwiegersohn, sei es, indem weitere Autoritätspersonen hinzugezogen wurden, wie z. B. der Lehnsherr.

Im 12. Jahrhundert kam es noch nicht so häufig zu urkundlich niedergelegten Verträgen, während sie im 13. Jahrhundert in Frankreich die Regel werden[22]. Ein bekanntes Beispiel aus dem 12. Jahrhundert sei hier genannt: Im Jahr 1188 vereinbarte Alfonso VIII. von Kastilien mit Friedrich I. Barbarossa, dass dessen Sohn Konrad die spanische Erbtochter Berenguela heiraten sollte[23]: Die Rückversicherungen im Vertrag waren vielfältig. Alfonso wollte offenbar einer Usurpation der Rechte seiner Tochter durch den Kaiser vorbauen, eine Befürchtung, die angesichts der Ansprüche des Kaisers etwa in Italien möglicherweise nicht unberechtigt war. Jedenfalls wurde deutlich gemacht, dass Konrad mit der Heirat keinen Anspruch auf die Krone seines Schwiegervaters gewinnen würde, sondern dass er nur ein Prinzgemahl zu sein hatte, bevor es das Wort Prinzgemahl überhaupt gab. Der Vertrag sprach von Konrad nur als *vir eius* also »ihrem Mann«, wenn es um die Befugnisse des Schwiegersohnes ging. Was hier zu Tage tritt, ist die Furcht, dass die zu ererbende Herrschaft nicht eigenständig bleibt, sondern in einem Konglomerat an Herrschaften aufgeht, dass der Schwiegersohn die Erbschaft also antritt und sie entfremdet, indem sie der Agenda der Schwiegerfamilie unterworfen wird. Es ging also nicht unbedingt darum, dass man um die Rechte der Tochter, sondern vielmehr um die Integrität der eigenen Herrschaft fürchtete. Natürlich ist ein Königreich immer auch eine besondere Herrschaft, und daher ist der Vertrag von 1188 singulär.

Es gab Väter, die sich nicht um den voraussichtlichen Erbgang kümmerten, sei es, dass sie dazu nicht in der Lage waren, oder bis zum letzten Moment auf einen Sohn hofften, sei es, dass die Söhne erst nach dem Tod des Vaters starben und eine Tochter plötzlich zur Erbtochter wurde. In dem Fall kam dem Vormund eine ähnliche Rolle zu[24]. Dieser konnte aber natürlich von Eigeninteressen bestimmt sein, wie wir noch sehen werden.

Ein weiterer Einflussfaktor ist der Ehemann selbst. War er vom Vater ausgesucht, wie im Fall Berenguelas? War er vom Vormund ausgesucht? Was brachte er in die Ehe mit?

22) Hierzu demnächst die Dissertation von Charlotte CROUCH, Marriage as a Tool of Power for the Kings of France and the Capetian Aristocracy. The Marriage Documentation of the Comital Family of Nevers, 1180–1273.

23) Zum Folgenden: Die Urkunden Friedrichs I., Teil 4: 1181–1190, hg. von Heinrich APPELT (MGH DD 10,4), Hannover 1990, Nr. 970, S. 247–251. Zu diesem Vertrag: Peter RASSOW, Der Prinzgemahl. Ein Pactum Matrimoniale aus dem Jahr 1188 (Quellen und Studien zur Verfassungsgeschichte des Deutschen Reiches in Mittelalter und Neuzeit 8,1), Weimar 1950; Tobias WELLER, Die Heiratspolitik des deutschen Hochadels im 12. Jahrhundert (Rheinisches Archiv 149), Köln/Weimar/Wien 2004, S. 143–155, und Alheydis PLASSMANN, The King and His Sons. Henry II's and Frederick Barbarossa's Succession Strategies Compared, in: Anglo-Norman Studies 36 (2014), S. 149–166, hier S. 158 f.

24) Zur Vormundschaft vgl. Adalbert ERLER, Vormundschaft, in: HRG 5 (1998), Sp. 1050–1055.

An eigenem Erbgut? An Status? Und an politischem Gewicht? Bestand die Ehe schon vor dem Erbfall? Wie lange dauerte die Ehe?

Ganz besonders maß sich der Erfolg der Ehe an den Söhnen, die gewissermaßen den Erbgang auf die Tochter und deren Eheschließung im Nachhinein rechtfertigten. Wann wird der Sohn in die Erbschaft eingeführt? Agiert die Mutter in seinem Namen (z. B. wenn der Ehemann früh verstarb)? Bereitet sie den Sohn auf die Herrschaft vor? Übernimmt sie eine Rolle beim Herrschaftsübergang?

Schließlich sind noch die männlichen Verwandten zu nennen, hier vor allem die Onkel und Vettern der Erbtochter auf der väterlichen Seite. Versuchen sie die Erbschaft zu usurpieren und den Erbgang auszuhebeln? Männliche Verwandte auf der mütterlichen Seite unterstützen im Zweifel die Erbtochter[25]. Sie konnten von einer stabilen Herrschaft der Erbtochter nur profitieren.

Von diesem Verwandtennetzwerk abgesehen, sind natürlich auch die Adligen der Umgebung zu bedenken. Die Heirat mit einer Erbtochter kann für einen von ihnen die Gelegenheit zur Erweiterung der eigenen Besitzungen sein, die eine normale Eheschließung nicht unbedingt mit sich bringt oder jedenfalls nicht im selben Umfang. Gleichzeitig hat der Lehnsherr wie vielleicht auch der Vater ein Interesse am Erhalt der Integrität der Herrschaft: Eine Verschmelzung von Herrschaften kann wegen der Verunklarung der Pflichten des Lehnsmannes nicht in seinem Sinne sein und für den Lehnsherrn eignet sich die Erbtochter hervorragend, um durch ihre Vergabe an Dritte mittels einer Vormundschaft oder Eheschließung treue Dienste zu belohnen oder zukünftige Zusammenarbeit zu erkaufen.

Die erheiratete Herrschaft ist also ein durchaus komplexer Fall und anhand der Grafschaft Boulogne im 12. und beginnenden 13. Jahrhundert soll dies nun im Folgenden exemplifiziert werden.

II.

Die Grafschaft Boulogne ist bereits im 10. Jahrhundert greifbar, als Adalolf, Sohn des Grafen Balduins II. von Flandern als jüngerer Sohn des Grafen mit ihr ausgestattet wurde[26]. In der Folgezeit fiel Boulogne immer wieder an Flandern zurück, wurde aber auch immer wieder neu an Familienmitglieder der flämischen Grafen ausgegeben, blieb also in der Familie der Grafen, ehe Eustachius I., dessen Herkunft unbekannt ist und

25) Prägnantes Beispiel etwa Ralph de la Faye, Onkel mütterlicherseits der Eleonore von Aquitanien. Zu ihm vgl. Nicholas VINCENT, King Henry II and the Poitevins, in: La cour Plantagenêt (1154–1204), hg. von Martin AURELL, Poitiers 2000, S. 103–135, hier S. 122 f. PLASSMANN, Lordships (wie Anm. 19), S. 293.

26) Heather J. TANNER, Families, Friends and Allies. Boulogne and Politics in Northern France and England, c. 879–1160 (The Northern World 6), Leiden/Boston 2004, S. 43 f., 59.

der die Grafschaft 1033 übernahm, die Grafschaft innerhalb seiner Familie weitergeben konnte. Eine enge Bindung an Flandern blieb zunächst bestehen[27].

Die recht kleine Grafschaft hatte im 11. Jahrhundert eine Schlüsselposition am Ärmelkanal inne, weil der wichtige Hafen Wissant in ihren Grenzen lag. Eustachius und seine Nachfahren konnten im Spannungsfeld zwischen den Grafen von Flandern, den Herzögen der Normandie und den Königen von England durchaus eine eigenständige Rolle spielen, wie Heather Tanner jüngst herausgearbeitet hat[28]. Wir finden die Grafen denn auch als Verbündete mal der Normannen, mal der Flamen, mit engen Verbindungen nach England und die strategische Position am Ärmelkanal nutzten sie weidlich aus[29]. Eustachius II. gehörte zu den Adligen aus Nordfrankreich, die Wilhelm I. 1066 zur Schlacht von Hastings folgten und aus diesem Engagement konnte er Profit schlagen. Er erhielt, wie andere kontinentale Adlige auch – etwa der Herzog der Bretagne – englische Besitzungen[30], die als *honour of Boulogne* bezeichnet werden und die Verzahnung von kontinentaler Grafschaft und englischen Besitzungen sollte für die Geschichte der Grafschaft Boulogne nicht unerheblich sein.

Im Jahr 1102 heiratete Eustachius III., der einzige der Boulogne-Brüder, der vom ersten Kreuzzug nach Europa zurückkehrte, Maria von Schottland, die Tochter Malcolms III. und der Margarethe, die sich mütterlicherseits auf eine Abstammung vom Königshaus Wessex berufen konnte[31]. Dieser Ehe entstammte eine Tochter, Mathilda, mit der eine durchaus beeindruckend lange Reihe von Erbtöchtern des Hauses Boulogne im 12. Jahrhundert ihren Anfang nahm[32].

In ihrem Fall wurde die Erbfolge vom Vater sorgfältig vorbereitet. Auf Vermittlung Heinrichs I. von England wurde mit Stephan von Blois, dem Neffen des Königs, ein passender Ehemann ausgesucht und Eustachius III. übertrug seinem Schwiegersohn nach der Heirat mit Mathilda, die irgendwann vor 1125 stattgefunden hatte, die Grafschaft Boulogne und die umfangreichen englischen Besitzungen und zog sich selbst nach Cluny ins Kloster zurück. Die Formulierung in einer Schenkungsurkunde des Eustachius für Cluny lautet: *confirmante Stephano, comite Boloniensi, cui hereditatem*

27) Zur Geschichte der Grafschaft Boulogne im 11. Jahrhundert, vgl. TANNER, Families (wie Anm. 25).

28) Ebd., bes. S. 129–180.

29) Vgl. zu diesem Beziehungsgeflecht Alheydis PLASSMANN, Normandy and the Continent, in: The Cambridge Companion to the Age of William the Conqueror, hg. von Benjamin POHL (Cambridge Companions to Culture), Cambridge 2022, S. 13–31.

30) Hierzu Heather TANNER, The Expansion of the Power and Influence of the Counts of Boulogne under Eustace II, in: Anglo-Norman Studies 14 (1992), S. 251–277; zur Bedeutung von Eustachius' Kontrolle über den Handel im Ärmelkanal David BATES, William the Conqueror, New Haven/London 2016, S. 283 f.

31) TANNER, Families (wie Anm. 25), S. 145.

32) Zu Mathilda Erin L. JORDAN, The ›Abduction‹ of Ida of Boulogne. Assessing Women's Agency in 13th century France, in: French Historical Studies 30,1 (2007), S. 1–20, hier S. 6; TANNER, Families (wie Anm. 25), S. 275–279.

meam cum Mathildi, filia mea, dedi[33]. Es ist also eindeutig, dass im Verständnis des Vaters die Grafschaft an den Schwiegersohn übertragen worden war.

Da Stephan von Blois nach Heinrichs I. Tod im Jahr 1135 zu dessen Nachfolger in England erhoben wurde[34], stellte man natürlich schon lange die Frage, inwieweit Heinrich I. mit dieser vorteilhaften Partie seinem Neffen einen Thronanspruch zugestehen wollte oder ihm zumindest eine gute Ausgangsposition verschaffen wollte[35]. Zusätzlich zu den Besitzungen auf dem Kontinent und in England bedeutete die Heirat mit einem Mitglied der westsächsischen Königsfamilie ein Prestige, das, wie Heinrich I. selbst bewiesen hatte[36], zu Legitimationszwecken eingesetzt werden konnte. Es ist indes die Frage zu stellen, ob dies die Heirat nicht zu stark aus der Rückschau interpretiert[37].

Es ist nämlich durchaus möglich, dass Heinrich I. nur der Wunsch nach Bevorzugung seines Neffen trieb und dass Eustachius III. an einem Schwiegersohn gelegen war, von dem er eine stabile Herrschaft erwarten konnte. Stephan brachte gute Voraussetzungen für die Heirat mit einer Erbtochter mit: Er selbst hatte als jüngerer Sohn der Grafen von Blois keinen Anspruch auf eine eigene Herrschaft, sondern verdankte die Erhebung zum Grafen von Mortain[38] und die Ausstattung mit Gütern in England der Gunst seines Onkels. Gleichzeitig konnte Eustachius davon ausgehen, dass die Macht Heinrichs I. seiner Tochter als Erbin den Rücken stärken würde, da sie ja nun zum engeren Verwandtenkreis des englischen Königs gehörte.

Der englische König wiederum hatte ein Interesse daran, dass die Grafschaft Boulogne in den Händen eines Mannes lag, der ihm seine Besitztümer verdankte. Diese Politik betrieb Heinrich I. nicht nur im Falle seines Neffen. Von Heinrich I. Begünstigte

33) Recueil des chartes de l'abbaye de Cluny, formé par Auguste BERNARD, publié par Alexandre BRUEL, Tome cinquième: 1091–1210, Paris 1894, Nr. 3984 (bequem erreichbar unter Cartae Cluniacenses Electronicae: https://www.uni-muenster.de/Fruehmittelalter/Projekte/Cluny/CCE/Welcome.htm [14.3.2022]).

34) Zur Nachfolge Heinrichs I. vgl. Alheydis PLASSMANN, [...] et claues thesaurorum nactus est, quibus fretus totam Angliam animo subiecit suo [...]. Herrschaftsnachfolge in England zwischen Erbschaft, Wahl und Aneignung (1066–1216), in: Die mittelalterliche Thronfolge im europäischen Vergleich, hg. von Matthias BECHER (VuF 84), Ostfildern 2017, S. 193–229, hier S. 199 f., 204–206, 209–211, 213 f., 216, 220 f. Dominik BÜSCHKEN/Alheydis PLASSMANN, Stephen of Blois. Legitimizing Succession, Idoneity and Inheritance, in: Norm, Normabweichung und Praxis des Herrschaftsübergangs in transkultureller Perspektive, hg. von Tilmann TRAUSCH (Macht und Herrschaft 3), Göttingen 2019, S. 401–430.

35) Zu dieser Heirat David CROUCH, The Reign of King Stephen, 1135–1154, Edinburgh 2000, S. 21; Judith A. GREEN, Henry I. King of England and Duke of Normandy, Cambridge 2006, S. 181. Edmund KING, King Stephen (Yale English Monarchs), New Haven/London 2012, S. 20 f.

36) Vgl. GREEN, Henry I (wie Anm. 34), S. 52–57.

37) Vgl. Anm. 34.

38) Zu Stephen als Count of Mortain: Edmund KING, Stephen of Blois, Count of Mortain and Boulogne, in: English Historical Review 115 (2000), S. 271–296.

waren die treuesten Parteigänger und erwiesen sich oftmals als die besten Befürworter seiner Politik[39].

Man wird daher nicht abschließend beurteilen können, was genau Heinrich I. mit der Einfädelung der Ehe bezweckte. Es ist durchaus auch möglich, dass nicht mehr dahintersteckte als Gunsterweise an einen treuen Gefolgsmann, von dem er auch in Zukunft Treue erwarten mochte. Denn, was auch immer seine Pläne bei der Vorbereitung der Eheschließung von Stephan und Mathilda waren, Heinrich I. hat jedenfalls 1125 bald nach dem Tod Kaiser Heinrichs V. seine eigene Tochter, ebenfalls eine Mathilda, nach England zurückgerufen und in den folgenden Jahren deren Erbfolge vorbereitet, eine Politik, die vor allem von den von Heinrich Begünstigten getragen wurde[40]. Stephan erwies sich auch als treuer Verbündeter etwa gegen Wilhelm Clito, einen Thronprätendenten, den Heinrich I. bekämpfen musste[41]. Seine Loyalität zu Heinrichs Plänen hatte erst nach dem Tod Heinrichs ein Ende.

Der Übergang der Grafschaft Boulogne auf Stephan scheint jedenfalls reibungslos verlaufen zu sein. Bis zu seiner Königserhebung verwaltete Stephan die Grafschaft unter der Beteiligung Mathildes, ein Arrangement, das den vollständigen Übergang auf Stephan wie ihn die Urkunde des Eustachius suggeriert, Lügen straft[42]. Nach 1135 wurde Boulogne unabhängig von England verwaltet und das Tagesgeschäft scheint größtenteils in Mathildas Händen gelegen zu haben.[43]. Stephan hatte in England alle Hände voll zu tun, insofern ist diese Arbeitsteilung verständlich. Die englischen Besitzungen der Mathilda spielten im sogenannten Bürgerkrieg zwischen Stephan und seiner Cousine Mathilda eine große Rolle. Mathilda von Boulogne war sehr daran interessiert den *honour of Boulogne* zu erhalten und es ist bezeichnend, dass Stephan selbst in großen

39) Zu Heinrich I. und dem Phänomen der *homines novi*, vgl. GREEN, Henry I (wie Anm. 34), S. 14–16, 242–246; Dominik BÜSCHKEN, Herkunft als Argument. Wahrnehmung, Deutung und Funktion sozialer Mobilität in der englischen Gesellschaft des 12. Jahrhunderts (Studien zu Macht und Herrschaft 12), Göttingen 2020, S. 248–269.

40) Paradebeispiel ist etwa sein Bastardsohn Robert von Gloucester, vgl. zu ihm GREEN, Henry I (wie Anm. 34), S. 174; Earldom of Gloucester Charters. The Charters and Scribes of Earls and Countesses of Gloucester to A. D. 1217, hg. von Robert B. PATTERSON, Oxford 1973, S. 3; weiterhin Robert B. PATTERSON, The Earl, the Kings, and the Chronicler. Robert Earl of Gloucester and the Reigns of Henry I and Stephen, Oxford 2019. Zur Nachfolgeregelung Heinrichs I. siehe auch oben Anm. 33.

41) KING, King Stephen (wie Anm. 34), S. 28 f.

42) Ebd., S. 24 f.: »[…] she was the full-time managing director while he was the part-time chairman.« und ebd., S. 237.

43) Regesta Regum Anglo-Normannorum, Bd. 3: Regesta Regis Stephani ac Mathildis Imperatricis ac Gaufridi et Henrici Ducum Normannorum 1135–1154, hg. von Henry A. CRONNE/Ralph H. C. DAVIS, Oxford 1968, Urkunden Mathildas: Nr. 24, 26, 76, 149, 157, 195, 196, 198, 207, 221, 224, 239b, 239d, 243, 301, 503, 509, 512, 513, 530, 539, 541, 548, 550, 553, 556, 557, 843, 845, 850, 917 (Urkunden für die Grafschaft Boulogne: 24 [mit Eustachius], 26, 195 [mit Eustachius], 196 [mit Eustachius], 198). Üblicherweise führt sie den Titel der *regina*, *comitissa* heißt sie nur selten: Nr. 24, 195, 196 (Urkunden, die für Empfänger in der Grafschaft ausgestellt wurden).

Nöten mit der Ausgabe von Besitzungen aus diesem Komplex sehr zurückhaltend war. Dass es Stephan nicht gelang, den einflussreichen Geoffrey de Mandeville vollständig auf seine Seite zu ziehen, dürfte auch damit zu tun gehabt haben, dass er nicht bereit war, die Besitzungen seiner Frau in Essex zugunsten von Geoffrey einzuschränken[44]. Mathilda dankte ihm seine Loyalität durchaus. Als Stephan in Gefangenschaft geriet, war sie es, die den Kampf um die englische Krone nicht aufgab und schließlich auch Stephans Freilassung erreichte[45].

Da Mathilda zwei überlebende Söhne hatte, konnte man zunächst von einem normalen Erbgang ausgehen. Stephan erhob – obwohl er streng genommen nicht der Lehnsherr war – seinen Sohn Eustachius in den gräflichen Rang. Ob dieser indes vor oder nach dem Tod seiner Mutter vollständig in die Erbschaft auf dem Kontinent eintrat, ist umstritten und wird, wenn wir Edmund King glauben, nicht geklärt werden können[46]. Unklar ist auch, in welcher Funktion genau Eustachius 1137 dem französischen König huldigte[47]. Lehnspflichtig war die Grafschaft Boulogne dem Grafen von Flandern, nicht dem französischen König. Eustachius mag im Vorgriff auf einen Erwerb des Herzogtums Normandie gehuldigt haben, auf das Stephan ebenfalls Anspruch erhob, das indes bald in die Hände von Stephans Rivalen, seiner Cousine Mathilda und deren Ehemann Gottfried von Anjou fiel[48].

Eustachius wird in den Urkunden seines Vaters mit dem Grafentitel von Boulogne belegt, tritt indes deutlich seltener als Graf als mit der Bezeichnung *filius regis* oder *filius meus* auf[49]. Von ihm selbst sind keine eigenständigen Urkunden überliefert[50], so dass

44) Patricia DARK, ›A Woman of Subtlety and a Man's Resolution‹. Matilda of Boulogne in the Power Struggles of the Anarchy, in: Aspects of Power and Authority in the Middle Ages, hg. von Brenda BOLTON/Christine MEEK (International Medieval Research 14), Turnhout 2007, S. 147–164, hier S. 153 f.

45) KING, King Stephen (wie Anm. 34), S. 161–163 und 172 f.

46) Ebd., S. 237 f.

47) Ebd., S. 142.

48) Edmund KING, Eustace, count of Boulogne (c. 1129–1153), in: Oxford Online Dictionary of National Biography (2004), https://doi.org/10.1093/ref:odnb/46704 (12.04.2022). Zu Geoffrey von Anjou vgl. demnächst Kathryn DUTTON, Geoffrey, Count of Anjou and Duke of Normandy, 1129–1151, Diss. Glasgow 2011. Ich danke Kathy Dutton dafür, dass sie mir eine Vorabversion ihrer Dissertation zur Verfügung gestellt hat.

49) Mit dem Grafentitel: Regesta Regum Anglo-Normannorum 3 (wie Anm. 42), Nr. 137, 139, 194, 221, 242, 244, 302, 336, 448, 449, 487, 501, 504, 511, 512, 555, 559 (*consul*), 694, 694a, 760, 843, 859, 944, 957. Als *filius regis* resp. *filius meus*: ebd., Nr. 25, 34, 36, 51, 76, 132, 137, 139, 163, 194, 195, 197, 204, 221, 226, 239, 241, 242, 251, 281, 288, 300, 327, 341, 366, 399, 406, 427, 441, 446, 460, 501, 507, 508, 509, 512, 583, 586, 588, 605, 606, 619, 626, 643, 649, 655, 662, 694, 736, 740, 760, 798, 814, 844, 856, 859, 865, 921, 922, 932, 945–948, 957, 993, 994.

50) Ebd., Nr. 222 (Bestätigung einer Urkunde Stephans), 229a (Bestätigung einer Privaturkunde), 239e (ein Mandat), 551 (Bestätigung einer Schenkung der Eltern), 694a (Bestätigung einer Urkunde Stephans), 847 (Bestätigung einer Urkunde seiner Eltern).

der genaue Zeitpunkt des Übergangs eben nicht bestätigt werden kann[51]. Die englischen Besitzungen des Grafen von Boulogne sind auch mit dafür verantwortlich, dass es nach der Gefangennahme von Stephan von Blois nicht zu einem Ausgleich mit der Kaiserin Mathilda kam. Denn Mathilda von Boulogne forderte, dass die Kaiserin Mathilda den Anspruch ihres Sohnes Eustachius auf den *honour of Boulogne* anerkennen sollte[52]. Und als die Kaiserin das nicht tat, flammte der Bürgerkrieg wieder auf, bis Stephan aus der Gefangenschaft befreit werden konnte und der Anspruch der Kaiserin zunächst abgewehrt werden konnte[53].

Eustachius starb 1153 noch vor seinem Vater, ohne dass ihm seine Frau Konstanze, die Schwester des französischen Königs, einen Sohn geboren hätte, und Boulogne mitsamt den englischen Besitzungen fiel an seinen jüngeren Bruder Wilhelm[54]. Wilhelm wiederum verlor im Zuge einer Verschwörung gegen Heinrich II. von England, den Sohn der Kaiserin Mathilda, alles bis auf seine ererbten Besitztümer, also auch den *honour of Boulogne*. Es gelang ihm nicht, die königliche Gunst wiederzugewinnen. Er starb kinderlos im Jahr 1159, so dass es zu einer vertrackten Situation kam. Das einzige überlebende Kind von Stephan und Mathilda war Maria, die indes das Klosterleben gewählt hatte und in Romsey in Hampshire im Süden Englands als Äbtissin tätig war[55].Glauben wir den Geschichtsschreibern, kam es zu einem Skandal, als Matthäus, der jüngere Bruder Philipps von Flandern, die besagte Maria aus dem Kloster entführte und sie heiratete und damit zum Grafen von Boulogne *jure uxoris* wurde, indes hat Linda Brown ernsthafte und berechtigte Zweifel an dieser Erzählung geltend gemacht[56].

Es gibt gleich mehrere Tatbestände, die viel eher nahelegen, dass sich Matthäus auf Vermittlung Heinrichs II. an Maria wandte und man einvernehmlich agierte. Zunächst konnte eine solche Entführung kaum ohne das Wissen des englischen Königs erfolgen. Konstanze, die Witwe des Eustachius und Schwester des französischen Königs mochte einen Anspruch zumindest auf ihre *dos* geltend machen, den Heinrich II. auf jeden Fall

51) Selten wird, abgesehen von Zeugenschaften, seine Beteiligung erwähnt, so etwa ebd., Nr. 25 (wo er mit der Bestätigung einer Urkunde beauftragt wird), 448 und 449 (seine nicht überlieferten Urkunden werden von König Stephan bestätigt) und 944 (gemeinsam mit Mathilda ausgestellt).

52) Gesta Stephani, hg. von Kenneth R. POTTER/Ralph H. W. C. DAVIS (Oxford Medieval Texts), Oxford 1976, II,61, S. 122: *In huius etiam temporis instantia regina* [Mathilda von Boulogne], *astuti pectoris, uirilisque constantiae femina, nunciis ad comitissam destinatis, pro uiro ex carcerali squalore eruendo filioque illius ex paterno tantum testament hereditando enixe supplicauit;* [...]. Die Formulierung spricht dafür, dass es hier tatsächlich um das Erbe Boulogne ging.

53) KING, King Stephen (wie Anm. 34), S. 138–144, über die Verhandlungen zwischen den beiden Parteien, bei denen die Ansprüche der Söhne beider Mathildas eine große Rolle spielten.

54) KING, Eustace, Count of Boulogne (wie Anm. 47).

55) Zu Maria JORDAN, ›Abduction‹ (wie Anm. 31), S. 6 f.; TANNER, Families (wie Anm. 25), S. 203.

56) Vgl. zu diesem Fall ausführlich Linda BROWN, ›Inaudito exemplo‹. The Abduction of Romsey's Abbess, in: Historical Reflections/Réflexions historiques 42,1 (2016), S. 21–34.

abgewehrt wissen wollte[57]. Die Witwe Wilhelms hatte er schon ausgestattet und mit seinem Halbbruder vermählt, so dass von dieser Seite aus zumindest keine Gefahr bestand[58]. Weiterhin war Heinrich mit Matthäus verbündet, und hatte sicher ein lebhaftes Interesse daran, dass die strategisch wichtige Grafschaft Boulogne nicht in feindliche Hände geriet. Es besteht auch kein Zweifel daran, dass Heinrich II. das Recht hatte, die englischen Besitzungen der Grafen von Boulogne auszugeben und als nächster männlicher Verwandter der Maria beanspruchte er auch eine Stellung als Vormund[59]. Matthäus wiederum war an Eigenständigkeit gegenüber seinem Vater gelegen[60], mit dem er sich zum Zeitpunkt der Eheschließung mit Maria überworfen hatte. Natürlich könnte Maria unbeteiligt gewesen sein. Indes haben Maria und Matthäus gemeinsam Urkunden ausgestellt und scheinen ein freundschaftliches Verhältnis gepflegt zu haben, wie sich insbesondere an Marias ausführlicher Sorge um die Memoria ihres Mannes wahrscheinlich machen lässt[61]. Giselbert von Mons berichtet sogar, es seien die Lehnsleute in Boulogne gewesen, die eine Übernahme der Grafschaft durch Maria gefordert hätten[62].

Einiges spricht dafür, dass der Skandal faktisch schnell beigelegt wurde. Bereits ein Jahr nach der Heirat hatten Dietrich von Flandern und Matthäus sich wieder ausgesöhnt und Matthäus nahm an kirchlichen Versammlungen teil[63]. Die Tatsache, dass Matthäus 1162 wegen eigenmächtiger Besetzung von kirchlichen Stellen exkommuniziert wurde[64], spricht dafür, dass eine eventuelle Exkommunikation wegen der Ehe zu diesem Zeitpunkt schon wieder aufgehoben worden war.

Papst Alexander III. gab sich indes insgesamt unversöhnlich, wobei sicher auch die Stellungnahme Thomas Beckets gegen das Ehepaar eine Rolle spielte[65], und machte sich

57) Brown, ›Inaudito exemplo‹ (wie Anm. 55), S. 25 f.

58) Thomas K. Keefe, William [William of Blois], earl of Surrey [Earl Warenne], in: Oxford Dictionary of National Biography (2004), https://doi.org/10.1093/ref:odnb/46707 (12.04.2022).

59) Laura Napran, Marriage and Excommunication. The Comital House of Flanders, in: Exile in the Middle Ages. Selected Proceedings from the International Medieval Congress, University of Leeds, 8–11 July 2002, hg. von dies./Elisabeth van Houts (International Medieval Research 13), Turnhout 2004, S. 69–80, hier S. 74.

60) Zu Mathäus von Flandern als Verbündetem Heinrichs, des jungen Königs, vgl. Matthew Strickland, Henry the Young King, 1155–1183, New Haven/London 2016, S. 139 und 160.

61) Ausführlich Brown, ›Inaudito exemplo‹ (wie Anm. 55), S. 27.

62) La Chronique de Gislebert de Mons, hg. von Léon Vanderkindere (Recueil de textes pour servir à l'étude de l'histoire de Belgique), Brüssel 1904, hier LI, S. 90: *Cum enim comitatus Boloniensis ita vacaret, quod quasi nullus in eo heres compararet, compositum fuit per considerationem hominum terre illius quod quedam domina, que religionis habitum assumpserat, quia proxima heres videbatur, ad dignitatem comitatus suscipiendam vocata fuit.*

63) Vgl. dazu: Napran, Marriage (wie Anm. 58), S. 77 f.

64) Recueil des Historiens des Gaule et de la France, Bd. 15: Contenant la suite des monumens des trois régnes de Philippe Ier, de Louis VI dit le Gros, et de Louis VII surnommé le Jeune, depuis l'an 1060 jusqu'en 1180, hg. von Dom Martin Bouquet, neu hg. von Léopold Delisle, Paris 1878, Nr. 62, S. 788; siehe Napran, Marriage (wie Anm. 58), S. 78.

65) Brown, ›Inaudito exemplo‹ (wie Anm. 55), S. 26.

dafür stark, die Grafschaft an Konstanze, die Witwe des Eustachius, zu übertragen, wobei dies als Entgegenkommen seinem Verbündeten Ludwig VII. gegenüber verstanden werden kann[66].

In diesem Kontext ist uns auch ein Briefzeugnis der Maria selbst überliefert. Sie versuchte den französischen König und Alexander mit einer Stellungnahme im Schisma für sich und ihren Mann einzunehmen. Sie erstattete Ludwig VII. Bericht über Gesandte Heinrichs II. und Barbarossas, die ihr Territorium passiert hatten und denen sie im Gespräch entlockt hatte, dass Heinrich und Barbarossa vor einer Einigung stünden und dass Heinrich danach strebe, dem französischen König Übles zu tun – was für diesen kaum eine Überraschung gewesen sein kann[67].

Die Geschichte dieser Ehe wird von der ›Genealogia‹ der Grafen von Boulogne lakonisch zusammengefasst: »Weil in Boulogne legitime Erben fehlten, nahm Matthäus, der Sohn Graf Dietrichs von Flandern – wenn auch unrechtmäßig – die Äbtissin zur Frau und zeugte mit ihr durch die Schaffung zweier Töchter den erbenden Samen und schickte sie dann an ihren Platz zurück«[68].

Zehn Jahre und zwei Geburten später wurde das Ehepaar also auf Drängen des Papstes dann doch noch getrennt. Es scheint sich aber um einen Kompromiss gehandelt zu haben, denn obwohl Maria erneut in ein Kloster in Frankreich eintrat, wurden die beiden Töchter für ehelich erklärt und Matthäus hielt ab 1170 Boulogne im Namen seiner Töchter, während der *dos*-Anspruch der Konstanze nicht wieder auf den Tisch kam[69].

Während der Rebellion Heinrichs des Jüngeren gegen seinen Vater Heinrich II. stellte sich Matthäus auf die Seite des jungen Königs von England, offenbar weil der ihm die Grafschaft Mortain versprochen hatte, die schon Stephan und Wilhelm vor ihm gleichzeitig mit Boulogne gehalten hatten[70]. Im Zuge der Auseinandersetzungen fiel Matthäus 1173 durch einen Pfeilschuss[71]. Glauben wir Roger von Howden, beanspruchte sein jüngerer Bruder Peter die Grafschaft Boulogne – auf welcher Grundlage muss wohl unklar bleiben – starb aber kurz darauf[72]. Sein älterer Bruder Philipp von

66) Bouquet 15 (wie Anm. 63), Nr. 231 f., S. 866 f.

67) Recueil des Historiens des Gaules et de la France, Bd. 16: Contenant et terminant la suite des monumens des trois règnes de Philippe Ier, de Louis VI dit le Gros, et de Louis VII surnommé le Jeune, depuis l'an 1060 jusqu'en 1180, hg. von Dom Martin Bouquet, neu hg. von Léopold Delisle, Paris 1878, Nr. 437, S. 144.

68) Genealogia comitum Boloniensium, hg. von Ludwig C. Bethmann (MGH SS 9), Hannover 1851, S. 299–301, hier S. 301: *Cumque deficissent in Bolonia legitimi heredes Matheus filius Theoderici comitis Flandrensis licet illicite duxit abatissam et suscitavit semen hereditarium duas filias generando et remisit eam ad locum suum.*

69) Brown, ›Inaudito exemplo‹ (wie Anm. 55), S. 27.

70) (Benedict von Peterborough) = Roger von Howden, Gesta Regis Heinrici Secundi, hg. von William Stubbs, 2 Bde. (Rolls Series 49), London 1867, hier Bd. 1, S. 43 f. Vgl. Strickland, Henry, the Young King (wie Anm. 59), S. 139.

71) (Benedict von Peterborough) = Roger von Howden, Gesta (wie Anm. 69), Bd. 1, S. 49.

72) Roger of Howden, Chronica, hg. von William Stubbs, 4 Bde. (Rolls Series 51), London 1868–1871, hier Bd. 2, S. 49 (zu 1173).

Flandern übernahm die Vormundschaft über seine Nichten, während Maria noch einmal aus dem Kloster kam, um für die Erziehung ihrer Töchter zu sorgen[73]. Auch in der nächsten Generation haben wir nun also wieder eine Erbtochter, nach ihrer berühmten heiligen Vorfahrin Ida genannt, auch sie ein interessanter Fall, bei dem König und Vormund in die Eheschließung eingriffen[74].

Ida war also eine Erbtochter in dritter Generation könnte man sagen und es ist erstaunlich, dass die kleine Grafschaft bisher nicht in einer größeren aufgegangen war. Es besteht durchaus die Möglichkeit, dass ihr Vormund Philipp von Flandern Boulogne wieder fester an sich binden wollte. Die jüngere Schwester Mathilda blieb zunächst noch außen vor, denn rechtlich gesehen hatte sie als jüngere Tochter keinen Anspruch. Der Erbanspruch der Ida war jedenfalls der, um den sich die Ereignisse in den folgenden Jahren zunächst drehten. Philipp nennt Ida in seinen Urkunden ganz selbstverständlich *comitissa Boloniensis*[75], jedenfalls solange sie unter seinen Fittichen stand.

Graf Philipp von Flandern ist es jedenfalls, der nacheinander Idas erste Ehemänner Gerhard von Geldern und Berthold V. von Zähringen aussuchte, beide mit Verbindungen zum Reich, an das Philipp sich wegen seiner Auseinandersetzung mit dem französischen König Philipp Augustus hielt. In der Urkunde für die Bürger von Calais (eine Bestätigung eines von Matthäus ausgestellten Privilegs) bezeichnete Gerhard von Geldern sich eindeutig als Graf von Boulogne. Ida war daran nicht beteiligt[76].

Die Tatsache, dass Ida diese zwei vom Vormund ausgesuchten Ehemänner in schneller Folge wegstarben, scheint ihre Attraktivität in keiner Weise geschmälert zu haben. Glauben wir Lambert von Ardres[77], lebte sie ein Leben als lustige Witwe:

» [...] so ganz ohne Ehemann, gab sich Ida den weltlichen Lustbarkeiten und den Vergnügungen des Leibes hin. Sie verliebte sich heftig in Arnold II. von Guînes, und versuchte, ihn zu verführen, bzw. täuschte sie mit weiblicher Raffinesse dieses Gefühl vor. Boten und geheime Pfänder wurden als Zeichen der Liebe zwischen ihnen ausgetauscht. Arnold liebte sie entweder oder gab dies mit männlicher Umsicht und Klugheit vor, er strebte nämlich nach dem Land und dem Titel der Grafschaft Boulogne, die er mit echter oder vorgetäuschter Liebe zu erhalten hoffte«[78].

73) BROWN, ›Inaudito exemplo‹ (wie Anm. 55), S. 28.

74) Zu Ida vgl. JORDAN, ›Abduction‹ (wie Anm. 31).

75) Die Urkunden zu Boulogne sind zusammengestellt in Henri MALO, Un grand feudataire, Renaud de Dammartin et la coalition de Bouvines. Contribution à l'étude du règne de Philippe-Auguste, Paris 1898, dort im Anhang: Pièces justificatives, hier Nr. 7.

76) Ebd., Nr. 8.

77) Zu ihm vgl. Alheydis PLASSMANN, Ahnherren als Vorbilder. Gesellschaftliche Muster in der Geschichte der Herren von Ardres des Lambert von Ardres, in: Vielfalt der Geschichte. Lernen, Lehren und Erforschen vergangener Zeiten. Festgabe für Ingrid Heidrich zum 65. Geburtstag, hg. von Sabine HAPP/Ulrich NONN, Berlin 2004, S. 167–181.

78) Lambert von Ardres, Chronicon Ghisnense et Ardense (918–1203), hg. von Johannes HELLER (MGH SS 24), Hannover 1879, S. 550–642, hier XCIII, S. 605 (Übersetzung der Vf.in): [...] *et quasi sine viro relicta, corporibus voluptatibus et secularibus deliciis indulsit. Unde et Arnoldum de Ghisnensis venereo amore dilexit et sibi, prout*

Arnold machte indes nicht das Rennen: Reginald von Dammartin kam ihm zuvor und entführte die Erbtochter Ida. Arnold wurde bei dem Versuch, sie zu befreien, gefangen genommen[79]. Ida blieb bei Reginald und gebar später eine einzige Tochter. Neuere Forschungen bezweifeln, dass Ida gegen ihren Willen entführt wurde, da sie in ihrer eigenen Grafschaft allein und mit ihrem Mann tätig war und ganz klar zumindest in Bezug auf die eigene Grafschaft das Heft in der Hand hielt[80]. Bei der Belehnung des Reginald mit Boulogne durch Phillip Augustus wird ihre Zustimmung explizit in ihrer eigenen Mitteilung darüber angesprochen[81]. Wenn wir uns die Konstellation um die Erbtochter Ida anschauen, könnte es sich tatsächlich eher um einen Befreiungsschlag gehandelt haben: Arnold von Guines war nämlich ein Vasall des flämischen Grafen und eine Heirat mit ihm wäre wohl ganz im Sinne Philipps von Flandern gewesen. Lambert von Ardres, der für die Herren von Guines schrieb, spricht dies auch deutlich an:

> »Aber der kluge Graf Philipp, ein Mann von starkem Geist, hatte die Grafschaft Boulogne erhalten und hielt sie (fest) in der Hand und verteilte ihre Früchte nach seinem Gutdünken. Er hielt die Franzosen für feindselig und gefährlich. Er wusste das Reginald von Dammartin ein Wüstling war und sowohl ein Verwandter des französischen Königs war als auch dessen Vertrauen genoss und ihm in allen Dingen zu Hilfe war und ihm in allem, besonders im Rat, gehorchte. Er war sich bewusst, dass der französische König zwar Frieden mit ihm geschlossen hatte, dass er aber nicht mit ihm versöhnt war und so weigerte sich Philipp seine Nichte irgendeinem Franzosen anzuvertrauen, erst recht nicht Reginald, der ihm nie gefallen hatte«[82].

Später bat Arnold von Guines Philipp dann um seine Vermittlung, wenn wir Lambert glauben wollen:

> »In der Zwischenzeit sprach Arnold mit dem Grafen von Flandern über [seine Werbung um Ida] und verschiedene Dinge, und der Graf versprach ihm, seinem Anliegen mit Wohlwollen zu begegnen«[83].

potuit, illexit vel feminea levitate et deceptione simulavit. Intercurrentibus itaque nunciis et signis occultis certi amoris indicium hinc illinc portendentibus, Arnoldus simili vicissitudine amoris vel eam amavit vel virili prudentia et cautela eam amara simulavit. Ad terram tamen et Boloniensis comitatus dignitatem veri vel simulati amoris obiectu, recuperata eiusdem comitisse gratia, aspiravit; vgl. hierzu PLASSMANN, Ahnherren (wie Anm. 76), S. 176.

79) Lambert von Ardres (wie Anm. 77), XCV, S. 605 f.

80) JORDAN, ›Abduction‹ (wie Anm. 31), S. 3.

81) Pièces justificatives (wie Anm. 74), Nr. 23.

82) Lambert von Ardres (wie Anm. 77), XCIV, S. 605: *Sed cum reverendi animi comes prudentissimus Philippus Boloniensis terre comitatum procuraret et in manu teneret fructusque in voluntate sua dispenserat atque perciperet et Francigenas semper susceptos haberet et infestos, sciens, Reinaldum esse verbosum et regi Francie auricularium et consanguineum et in beneplacito eius per omnia et in omnibus ei assidentem et obsequentem; cum cognovisset Francorum regem sibi quidem pacatum, non tamen placatum, neptem suam alicui Francigene, Reinaldo minus, qui ei nunquam complacuit, matrimonio copulare omnino dedixit et abnegavit.*

83) Ebd.: *Interim vero, dum Arnoldus cum venerabili Flandrensium comite super hoc et alio locutus fuisset negocio et ei super petitione sua facilem et propicium se fore comes compromisisset* [...].

Dies alles war aber offensichtlich nicht im Sinne der Ida. Reginald von Dammartin ermöglichte Ida, dem Einfluss ihres Vormundes zu entkommen und die Entführung war möglicherweise nur dazu gedacht, Philipp von Flandern vor vollendete Tatsachen zu stellen, die sich nicht mehr rückgängig machen ließen. Sicher spielte bei der Taktik der vollendeten Tatsachen auch eine Rolle, dass Reginald von Dammartin für die Eheschließung mit Ida sich erst von seiner lästigen, weniger reichen ersten Ehefrau trennen musste[84]. Da der französische König ein Interesse daran hatte, die Grafschaft Boulogne in den Händen eines Verbündeten zu wissen, konnte Ida dort auf Unterstützung hoffen. Der Aneignung der Grafschaft Bolougne durch Flandern war damit ein Riegel vorgeschoben. Wenn man Ida also nicht als die wankelmütige lustige Witwe sieht, sondern als eine Frau, die sich dem Zugriff des Vormundes entziehen wollte, wird man sich dem Urteil des Lambert über sie kaum anschließen können. Ida war also möglicherweise wie schon ihre Mutter Maria an ihrer Entführung durchaus selbst beteiligt und beide Male mag der Zweck die Erhaltung der Grafschaft als solche gewesen sein.

Nachdem nämlich Philipp von Flandern auf dem Kreuzzug gestorben war, machte auch Idas Schwager Heinrich von Brabant Anspruch auf die Grafschaft geltend und der Streit ließ sich erst lösen, als Philipp Augustus eingriff. Die Lösung des Konflikts beinhaltete den Übergang der Grafschaft Boulogne in die Lehnshoheit von Frankreich (1192)[85]. Der Preis, den Ida für die Unterstützung des französischen Königs und der Abwehr der Ansprüche ihrer Schwester Mathilda und ihres Schwagers zahlte, war durchaus hoch: Bei Fehlen eines Erben oder einer Erbin sollte Boulogne dann nämlich an die französische Krone fallen[86]. Immerhin legte sich auch Philipp Augustus in seiner Gegenurkunde auf diese Einigung fest[87].

Auffällig ist, dass Ida an den Urkunden Reginalds häufig beteiligt war: 14 von den 27 Urkunden des Reginald stellten sie gemeinsam aus[88], Ida alleine ist als Ausstellerin nach ihrer dritten Heirat zweimal belegt[89]. Nicht beteiligt war Ida an Urkunden, die von Reginald in Bezug auf die »Außenpolitik« der Grafschaft ausgestellt wurden, also Vereinbarungen mit anderen Adligen oder auch den Königen von Frankreich und England, immerhin neun der verbliebenen 13[90]. Interessanterweise wird Ida in den Vereinbarungen mit Heinrich von Löwen, ihrem Schwager[91], nicht explizit genannt, ebenso

84) Vgl. JORDAN, ›Abduction‹ (wie Anm. 31), S. 13.

85) Pièces justificatives (wie Anm. 74), Nr. 23 und 24.

86) Ebd., Nr. 23

87) Ebd., Nr. 24.

88) Reginalds Urkunden: Ebd., Nr. 25–27, 30, 32, 37, 38, 40, 45–48, 51, 54, 56, 57, 59, 63, 68, 72–74, 78, 80, 81, 86, 98. Davon mit Ida: Nr. 26, 27, 32, 38, 40, 45–47, 51, 59, 72, 74, 80, 81.

89) Ebd., Nr. 23 und 99.

90) Ebd., Nr. 30, 37, 54, 57, 63, 68, 73, 78, 86.

91) Ebd., Nr. 57 und 58.

wenig wie ihre Schwester Mathilda. Im Inneren regierten Reginald und Ida also gemeinsam, nach außen hin vertrat der Ehemann die Interessen der Grafschaft.

In den folgenden Jahren war Reginald von Dammartin zunächst ein Gefolgsmann des Philipp Augustus und profitierte auch von der Eroberung der Normandie. Er erhielt die Grafschaft von Mortain[92] und dem Umstand, dass diese Herrschaft eine Verbindung zu Boulogne hatte, wurde dadurch Rechnung getragen, dass Ida in dieser Vereinbarung als die Mutter des zukünftigen Erben des Reginald genannt wird, während die gleichzeitige Schenkung der Grafschaft Aumale[93] ohne Erwähnung der Ida auskommt. Indes scheint Reginald der Ehrgeiz, oder vielleicht auch der Druck, den Philipp auf ihn ausübte, in die Arme Johann Ohnelands getrieben zu haben und er unterstützte den englischen König beim Versuch, die kontinentalen Besitzungen für England wiederzuerobern. Als Belohnung winkten ihm der englische *honour of Boulogne*[94] und wahrscheinlich auch eine Abwehr der aggressiven Vereinnahmung seiner Erbin durch Philipp Augustus[95].

Denn wie bereits erwähnt hatten Ida und Reginald nur eine Tochter, eine weitere Mathilda, und Philipp Augustus hatte diese schon früh für seinen Sohn Philipp Hurepel vorgesehen. Drei Eheverträge zwischen Reginald und dem französischen König sind uns überliefert, jedes Mal musste Reginald mehr Zugeständnisse machen. Dies lag möglicherweise auch daran, dass Mathilda das einzige Kind des Paares blieb[96].

Das Schicksal des Reginald von Dammartin entschied sich in der Schlacht von Bouvines, als er in Gefangenschaft geriet[97]. Er hatte mit Johann auf die falsche Karte gesetzt. Seine Grafschaft Dammartin und andere fielen an die französische Krone und Philipp Augustus gab sie an Philipp Hurepel aus. Ida gelang es indes, die Grafschaft Boulogne für sich selbst sogar nach dem Verrat des Reginald zu halten, der ja an sich das Einziehen des Lehens erlaubt hätte, ein interessantes Detail, das uns durchaus die Einschränkung der Übertragung der Herrschaft auf den Ehemann noch einmal vor Augen führt[98]. Sie starb 1216.

Irgendwann nach 1216 heiratete Phillip Hurepel Idas Tochter Mathilda, mit der er schon seit 1201 verlobt gewesen war[99], und konnte so nicht nur Boulogne empfangen,

92) Ebd., Nr. 52.
93) Ebd., Nr. 53.
94) Ebd., Nr. 88 und 89 [Normannia et Anglia].
95) Ebd., Nr. 73, 77 und 78.
96) Ebd.
97) Jordan, ›Abduction‹ (wie Anm. 31), S. 18 f.
98) Pièces justificatives (wie Anm. 74), Nr. 99.
99) Ebd., Nr. 46.

sondern auch seinen Anspruch auf Dammartin stärken, das Mathilda als Erbin ihres Vaters ja an sich auch zustand. Sie urkundeten gemeinsam[100)].

Mathilda, hielt die Grafschaft nach dessen Tod 1234 dann wieder aus eigenem Recht und heiratete in zweiter Ehe den jüngeren Sohn des Königs von Portugal auf Vermittlung des französischen Königs und der Regentin Blanca von Kastilien, wahrscheinlich auf königlichen Druck. Die Tochter Johanna wurde auch auf Vermittlung des Königs verheiratet, starb aber im Jahr 1252 bereits vor der Mutter ohne Erben zu hinterlassen und ohne jemals den Titel zu führen[101)]. Als Alfons von Portugal unverhofft doch noch auf den Thron kam, sollte er der Grafschaft Boulogne entsagen, was er indes nicht tat. Er führte den Titel weiterhin, suchte die Grafschaft aber nie auf, zumal auch die Ehe mit Mathilda scheiterte. Faktisch herrschte Mathilda allein und ohne Ehemann und erarbeitete sich einen guten Ruf[102)].

Nach Mathildas Tod wiederum wurde vom Pariser Parlament über die Nachfolge entschieden und Alix von Brabant, Nichte der Ida, wurde die Grafschaft zugesprochen als derjenigen, die am nächsten an der Hauptlinie der Grafen von Boulogne war. Man könnte dies als die Erfüllung des Vertrages sehen, den 1207 Heinrich von Löwen mit Philipp Augustus geschlossen hatte, in dem den Nachkommen Heinrichs von Brabant und Mathildas die Grafschaft Boulogne im Fall eines Aussterbens der Linie der Ida versprochen worden war[103)].

Erst mit deren Sohn Robert von Auvergne gab es dann wieder eine Vater-Sohn-Linie über mehrere Generationen. Man kann diese Entscheidung, die nicht nur über den Erbgang in Boulogne, sondern auch über die Zugehörigkeit zu Frankreich entschied, als eine rechtliche Festlegung lesen, die den unklaren Situationen in der Grafschaft ein Ende bereitete und ein klares Bekenntnis zur Berechtigung der weiblichen Nachfahren in den Fürstentümern darstellte.

Am Fall Boulogne lässt sich also sehen, welche Möglichkeiten die Erbschaft im Fall einer Erbtochter bot. Erbtöchter konnten, wie im Fall der ersten Mathilda als Zeichen der Gunst verheiratet werden, sie konnten aus der Versenkung geholt werden, wenn sich die Notwendigkeit ergab, wie Maria, sie konnten wie im Fall der Ida zum Zankapfel werden. Immer wieder gibt es auch Nebenansprüche, die abgewehrt werden müssen und die zeigen, dass das Verständnis der weiblichen Erbfolge und deren Regelhaftigkeit kei-

100) Ebd., Nr. 100. Das pikante Gerücht, dass dieser Phillip Floris von Holland auf einem Turnier erschlug, weil seine Frau ihn liebte, ist nicht zeitgenössisch, Jonk JOOSTMAN, Zij kon het lonken niet laten. De dood van Floris IV. Eerwraak of zinloos geweld, in: Madoc. Tijdschrift over de Middeleeuwen 22,2 (2008), S. 66–77.

101) Lindy GRANT, Blanche of Castile. Queen of France, New Haven/London 2016, S. 112, 136 f., 167.

102) Ursula VONES-LIEBENSTEIN, Mathilde von Boulogne, in: Lex.MA 6 (1993), Sp. 392 f. Zu ihr vgl. auch ausführlich (mit Verzeichnissen der Urkunden) Léopold DELISLE, Recherches sur les comtes de Dammartin au XIIIe siècle, in: Mémoires de la Société nationale des antiquaires de France 31 (1869), S. 189–240, hier S. 209–224.

103) Pièces justificatives (wie Anm. 74), Nr. 66.

nesfalls festgelegt war. Mit Konstanze erhob eine Witwe zumindest in Teilen Anspruch, mit Peter, dem jüngeren Bruder von Philipp von Flandern und Matthäus wurde wahrscheinlich gar auf die Verflechtung von Flandern und Boulogne im 10. Jahrhundert und die Lehnshoheit zurückgegriffen. Die Auseinandersetzungen zwischen Ida und ihrer Schwester Mathilda respektive zwischen deren Ehemännern zeigen, dass der Anspruch der ältesten keineswegs festlag. Nach der Übertragung der Lehnshoheit an Frankreich ergab sich auch eine Möglichkeit zur Einmischung der Krone.

Die Erbtochter ist natürlich nicht der einzige Fall einer unsicheren Erbschaft, die in ihrer Unsicherheit ungeahnte Handlungsmöglichkeiten eröffnete, die von allen Seiten ausgenutzt werden. Auch die Minderjährigkeit eines Erben bot ja Chancen, die kaum jemand ungenutzt verstreichen ließ. Interessant ist indes, dass die unterschiedlichen Begehrlichkeiten den Erbtöchtern natürlich auch Möglichkeiten eröffneten, diejenigen, die nach der Herrschaft gierten, mit dem Ausspielen gegeneinander in Schach zu halten. Interessant ist auch, dass die Gefahr der Einverleibung der Herrschaft vielleicht doch geringer war, als man annehmen möchte. Die Erbtochter respektive die für sie zuständigen Personen konnten immer einen Mann aussuchen, der selbst nicht so viel zu bieten hatte und damit keine Gefahr darstellte als der Mächtigere in der Beziehung die Herrschaft mit seiner zu verschmelzen. Letztlich konnte dies für beide Seiten eine Win-Win-Situation sein. Die Erbtochter konnte die Integrität ihrer Erbschaft bewahren, indem sie einen Ehemann nahm, dem nicht an einer Einverleibung, sondern an Eigenständigkeit gelegen war und der Ehemann erhielt die Gelegenheit für den Fall, dass er als nachgeborener Sohn keine eigenen substantiellen Erbansprüche geltend machen konnte, sein eigenes Aufkommen aufzubessern. Die Erinnerung an Ansprüche, die wiederum mit der Grafschaft zusammenhingen, wie dem *honour of Boulogne* und der Grafschaft Mortain in der Normandie, beeinflussten dann zusätzlich die Politik der Männer, die sich die Grafschaft erheiratet hatten.

Insofern dürfte in der eingangs genannten Zwickmühle der Laudine im ›Iwein‹ ein Körnchen Wahrheit stecken. Für die Erbtochter selbst mochte es vorzuziehen sein, wie Laudine es ja auch zum Ausdruck bringt, dass sie lediglich einen Beschützer engagiert. Als beste Belohnung konnte die Erbtochter dann aber doch nur den Anspruch auf die Herrschaft und die eigene Hand bieten. Unverheiratet zu bleiben, war für die Erbtochter nicht einfach, sogar dann nicht, wenn sie eigentlich bereits im Kloster war. Es ist gleichwohl bezeichnend, dass es die letzte Mathilda, die verstoßene Ehefrau war, die es dann doch am leichtesten hatte, die Herrschaft selbst auszuüben.

Summary

This article investigates the role of heiresses in the county of Boulogne in the twelfth and early thirteenth centuries. In a first step, it sets the scene by looking at the various and varying conditions that framed female inheritance in western Europe at that time. The second analyses the Boulogne case, where a remarkable number of female heirs inherited the county during this period. They show that a daughter only inherited the county in the absence of a son. If there were more than one daughter, the entire inheritance went to the eldest. In principle, female succession was accepted, even if claims of other relatives suggest that it was not entirely uncontested. Consequently, the heiress was highly valued on the marriage market. During her father's lifetime, she was an important political pawn. If she was a minor, when her father died, she became an important asset for her warden. It was only in adulthood that she had more agency, although the extent to which the heiresses exercised lordship in their county depended very much on the circumstances of their husbands. Husbands who were strongly interested in ruling the county, often resulted in heiresses being pushed into the background. Those who could not or did not want to take an active interest in Boulogne allowed the heiresses to take command.

Rang und Amt, Allod und Lehen

Intergenerationelle Übertragung materieller und symbolischer Güter im Adel des Mittelrheinraums

Steffen Krieb (Mainz)

I. Einleitung

Der Raum am mittleren Rhein – hier verstanden als das Gebiet rechts und links des Stroms zwischen Pfälzer Wald und Neckarmündung im Süden sowie der Mündung von Mosel und Lahn im Norden – bietet für die Frage nach adeligem und fürstlichem Erben im Hochmittelalter sehr unterschiedliche Voraussetzungen. In der Region dominierten die geistlichen Fürsten, namentlich die Erzbischöfe von Mainz, Trier und Köln sowie die Bischöfe von Worms und Speyer, die für diese Frage nur am Rande von Interesse sind. Seit dem Erlöschen des fränkischen Herzogtums und einem zu Beginn des 11. Jahrhunderts kurzzeitig als Möglichkeit aufscheinenden salischen Dukat gab es hier kein raumprägendes Herzogtum. Nach der Verlagerung der Herzogtümer von Ober- und Niederlothringen nach Westen beziehungsweise Süden konkurrierten daher die Erzbischöfe von Köln und Trier sowie die lothringischen und seit 1131 rheinischen Pfalzgrafen darum, dieses »Funktionsvakuum« zu füllen[1]. Von 958/59 bis 1085 stellten die Ezzonen und Hezeliniden eine Reihe von fünf Amtsinhabern der lothringischen Pfalzgrafschaft. Nach dem Tod Pfalzgraf Hermanns II. im Jahr 1085 begann eine bis 1214 andauernde Phase, in der das Amt des Pfalzgrafen nicht ein einziges Mal reibungslos vom Vater auf den Sohn überging, sondern der Wechsel der Dynastie den Normalfall darstellte. Damit einher ging die territoriale Verlagerung der Pfalzgrafschaft nach Süden, von Mosel und Eifel an den Mittelrhein, ins nördliche Oberrheinland und an den unteren Neckar mit den Herrschaftszentren Bacharach, Alzey und Neustadt an der

1) Vgl. Volker Rödel, Pfalzgrafen, Grafen und Reichsministerialen am Mittelrhein im 12. und beginnenden 13. Jahrhundert, in: Rheinische Vierteljahrsblätter 70 (2006), S. 77–104, hier S. 77 f., Zitat S. 78. Zur Geschichte der lothringischen beziehungsweise rheinischen Pfalzgrafschaft bis zu den Wittelsbachern vgl. Ruth Gerstner, Die Geschichte der lothringischen und rheinischen Pfalzgrafschaft von ihren Anfängen bis zur Ausbildung des Kurterritoriums Pfalz (Rheinisches Archiv 40), Bonn 1941; Meinrad Schaab, Geschichte der Kurpfalz, Bd. 1: Mittelalter, Stuttgart ²1999, bes. S. 18–63.

Weinstraße sowie Heidelberg[2]. Diese räumliche Verlagerung in Kombination mit den dynastischen Brüchen und den Konflikten im Kontext der Herrschaftssukzession, bei denen aufgrund des Amtscharakters der Pfalzgrafschaft das Königtum eine zentrale Rolle einnahm, machen diese daher zum zentralen Untersuchungsgegenstand auf der Ebene der Fürsten, dem der erste Teil des Beitrags gewidmet ist.

Gräfliche Familien sind in der Region zahlreich vertreten, doch treten sie zumeist erst seit der Mitte des 12. Jahrhunderts deutlicher in Quellen hervor, sodass die einzelnen Generationen beziehungsweise Individuen klar voneinander geschieden werden können[3]. Eine Durchsicht der regionalen Urkundenbücher und Regestenwerke hinsichtlich von Situationen jenseits des Normalfalls adeliger Herrschaftssukzession erbrachte erst für die erste Hälfte des 13. Jahrhunderts Ergebnisse. Bis dahin ist die Überlieferung auf der gräflichen Ebene recht spärlich, zumal sich viele der neuen Grafenfamilien in dieser Zeit erst konsolidierten. Nach 1200 verbessert sich die Quellenlage jedoch, sodass detaillierte Einblicke in die Vorgänge von Erbe und Sukzession möglich werden. Dabei sticht die Nachfolgeregelung Graf Heinrichs III. von Sayn heraus, der die Verteilung von Eigengütern und Lehnsbesitz angesichts des herannahenden Todes am Jahresende 1246 durch Verfügungen mit Testamentscharakter zu bestimmen versuchte. Das Beispiel ermöglicht sowohl die Analyse eines neu in Gebrauch kommenden Dokumententyps als auch der an der tatsächlichen Verteilung des Erbes beteiligten Akteure.

Auf der Ebene der im Mittelrheinraum stark vertretenen Reichs- und Reichskirchenministerialen sind es die um 1200 entstandenen Güterverzeichnisse, die für die Frage nach Praktiken und Aushandlungsprozessen von Erbe und Sukzession reiches Material bieten. Im dritten Teil wird daher der Übergang von Amt und Besitz der zur Ministerialität des Erzstifts Mainz gehörenden Rheingrafen an die an der unteren Nahe beheimateten Herren vom Stein thematisiert, wobei die mit ihnen durch Heiraten verbundenen Ministerialengeschlechter von Bolanden und von Weisenau mit in den Blick geraten.

2) Zur territorialen Entwicklung der Pfalzgrafschaft vgl. SCHAAB, Geschichte (wie Anm. 1), S. 36–55; DERS., Zeitstufen und Eigenart der pfälzischen Territorialentwicklung im Mittelalter, in: Mittelalter. Der Griff nach der Krone. Die Pfalzgrafschaft bei Rhein im Mittelalter. Begleitpublikation zur Ausstellung der Staatlichen Schlösser und Gärten Baden-Württemberg und des Generallandesarchivs Karlsruhe, bearb. von Volker RÖDEL, Regensburg 2000, S. 15–36.

3) Vgl. die Zusammenstellung bei Franz-Josef HAYEN, Der Mittelrhein im Mittelalter, Koblenz 1988, S. 131–140: Grafen von Berg, Sponheim, Katzenelnbogen, Nassau und Sayn.

II. Von der lothringischen zur rheinische Pfalzgrafenwürde: Königliche Wahl und die Ansprüche von Witwen, Stiefsöhnen und Erbtöchtern

Die Würde des Pfalzgrafen bei Rhein, die durch die Südverschiebung der seit dem 10. Jahrhundert belegten lothringischen Pfalzgrafenwürde im 12. Jahrhundert entstand, ist für die Analyse der Übertragung von symbolischen und materiellen Gütern, also von Rang und Amt ebenso wie der Verfügung über Grundbesitz und Herrschaftsrechte, ein ausgesprochen lohnender Untersuchungsgegenstand. Betrachtet man deren Geschichte vom Beginn der Wanderung der lothringischen Pfalzgrafschaft nach Süden nach dem Tod Pfalzgraf Hermanns II. aus der Familie der Ezzonen beziehungsweise Ehrenfriede im Jahr 1085 bis zu ihrem Übergang an die Wittelsbacher im Jahr 1214, sind allein neun Fälle zu untersuchen. Da es sich bei allen neun um Sonderfälle in dem Sinne handelt, dass es nicht zu einer unmittelbaren, durch erbrechtliche Vorstellungen erklärbaren Vater-Sohn-Folge kam, erhöht den zu erwartenden Erkenntnisgewinn ihrer Analyse für die Frage nach dem Verhältnis von Erbe und Übertragung weiter.

Wenngleich die Pfalzgrafenwürde im Untersuchungszeitraum nicht erblich wurde, sondern in hohem Maß von der Königsnähe ihrer Inhaber bestimmt war, konnte der König dennoch nicht frei über die Ein- oder Absetzung eines Pfalzgrafen verfügen, sondern wurde bei seinen Entscheidungen stets mit Erbansprüchen oder vom Vorgänger angestrebten Nachfolgeregelungen konfrontiert, denen er je nach politischer Situation Rechnung tragen musste. Akteure in diesen Aushandlungsprozessen waren neben dem Herrscher selbst die Nachkommen und Verwandten des verstorbenen Amtsinhabers sowie der Adeligen, die aufgrund ihres Engagements in königlichem Dienst Ansprüche erhoben. Zu beachten sind zudem insbesondere die pfalzgräflichen Witwen und deren Kinder, seien es Töchter aus der Ehe mit dem Pfalzgrafen oder Söhne aus anderen Verbindungen. Dabei ist es wichtig, das königliche Recht, die Pfalzgrafenwürde einem Adeligen seines Vertrauens zu verleihen, und die auf erbrechtlichen Vorstellungen beruhenden Ansprüche nicht grundsätzlich als Gegensatz zu begreifen, sondern als Kriterien für eine dem konsensualen Charakter der Königsherrschaft entsprechende Entscheidung.

Nach dem Tod Hermanns II., des letzten ezzonischen Pfalzgrafen, im Jahr 1085 machte Heinrich IV. den Grafen Heinrich von Laach zu dessen Nachfolger. Für diese Wahl spielten offenbar mehrere Faktoren eine Rolle. In der Schlacht bei Hohenmölsen zwischen dem Heer des salischen Königs und des Gegenkönigs Rudolf von Rheinfelden (1080 Oktober 15) nahm Graf Heinrich von Laach als Befehlshaber des lothringischen Kontingents teil. Er war auch danach ein zuverlässiger Unterstützer Heinrichs IV., obwohl er mit dem Gegenkönig Hermann von Salm verwandt war[4]. Zudem war Heinrich

4) Die Regesten des Kaiserreichs unter Heinrich IV. 1056 (1050)–1106, neubearb. von Gerhard Lubich (J. F. Böhmer, Regesta Imperii III,2,3), Köln/Weimar/Wien 2016, Nr. 1011.

von Laach, dessen Herkunft aus der Gleiberger Linie der Luxemburger wahrscheinlich ist, ein Neffe des verstorbenen Pfalzgrafen Hermann. Seine Heirat mit dessen Witwe, Adelheid von Weimar-Orlamünde, dürfte den aus der Verwandtschaft abgeleiteten Anspruch auf das Erbe Hermanns noch weiter gestärkt haben, sodass er zumindest Teile des Erbgutes Pfalzgraf Hermanns erhielt[5]. Daher kann nicht davon die Rede sein, dass der König »die seltene Gelegenheit« genutzt habe, »über das Amt ohne Bindung an die Blutserben zu verfügen«[6]. Bei seiner Entscheidung musste der König neben der persönlichen Eignung und Zuverlässigkeit Heinrichs auch dessen Erbanspruch berücksichtigen. Da mit der Pfalzgrafenwürde im 11./12. Jahrhundert offenbar kein Amtsgut verbunden war[7], musste deren Inhaber selbst über die notwendigen Machtgrundlagen verfügen. Bei Heinrich von Laach war dies offensichtlich der Fall, charakterisierte ihn doch Bernold von Konstanz im Bericht über sein Ableben als besonders reichen Magnaten[8].

Zu diesem Reichtum trug die Heirat Heinrichs mit der Pfalzgrafenwitwe Adelheid nicht unwesentlich bei. Sowohl aus dem Anteil am Erbgut ihrer Eltern Graf Otto von Weimar-Orlamünde und Adela von Brabant als auch aus den Heiratsgütern ihrer beiden vorangegangenen Ehen mit Adalbert von Ballenstedt und Pfalzgraf Hermann verfügte sie über Besitz in Thüringen, Brabant und im Moselraum. Aber auch darüber hinaus dürfte Adelheid bereits beim Übergang der Pfalzgrafenwürde von Hermann II. auf Heinrich von Laach eine zentrale Rolle bei der Weitergabe der Pfalzgrafenwürde eingenommen haben. Dafür spricht nicht nur ihr selbstbewusstes und eigenständiges Auftreten als Pfalzgräfin, von dem eine von ihr ausgestellte Urkunde für das Georgsstift in Limburg zeugt, das mit einem der ältesten erhaltenen Frauensiegel nördlich der Alpen

5) Gerold Meyer von Knonau, Jahrbücher des Deutschen Reiches unter Heinrich IV. und Heinrich V., Bd. 4: 1085 bis 1096 (Jahrbücher der deutschen Geschichte 14,4), Leipzig 1903, S. 229, wonach Heinrich mit seinem Bruder (?) Hermann von Gleiberg und dessen Söhnen teilen musste.

6) Schaab, Geschichte (wie Anm. 1), S. 29.

7) Vgl. Jörg Peltzer, Der Rang der Pfalzgrafen bei Rhein. Die Gestaltung der politisch-sozialen Ordnung des Reichs im 13. und 14. Jahrhundert (RANK. Politisch-soziale Ordnungen im mittelalterlichen Europa 2), Ostfildern 2013, S. 46 f. Dies gilt im Wesentlichen auch für das Amt des Pfalzgrafen von Bayern, vgl. Christof Paulus, Das Pfalzgrafenamt in Bayern im Frühen und Hohen Mittelalter (Studien zur bayerischen Verfassungs- und Sozialgeschichte 27), München 2007, S. 345–356, der im Begriff des Amtsgutes bereits einen Widerspruch sieht, da der Pfalzgraf mit der Verwaltung von Reichsgut als dem transpersonalen Substrat der Königsherrschaft betraut war. Er kann dennoch einige auf königliche Förderung zurückgehende Schwerpunkte pfalzgräflichen Einflusses ausmachen.

8) Die Chroniken Bertholds von Reichenau und Bernolds von Konstanz 1054–1100, hg. von Ian S. Robinson (MGH SS rer. Germ. N. S. 14), Hannover 2003, S. 526. Da Heinrich gegenüber dem Papst stets ungehorsam gewesen sei, hätten seine Reichtümer keinen Nutzen für ihn gehabt. Möglicherweise spielte der Chronist damit auf die Kinderlosigkeit Heinrichs an. Vgl. Meyer von Knonau, Jahrbücher 4 (wie Anm. 5), S. 461.

beglaubigt ist[9]. Da die Ehe mit Heinrich von Laach kinderlos blieb, ging das Eigengut des Pfalzgrafen an Siegfried, einen Sohn Adelheids aus erster Ehe[10]. Die in der Literatur geäußerte Vermutung, dass Heinrich von Laach Siegfried von Ballenstedt adoptiert habe, findet in den Quellen keine Bestätigung. In der Urkunde, mit der Siegfried die von Pfalzgraf Heinrich und seiner Mutter Adelheid initiierte Stiftung des Klosters Laach erneuerte, wird Heinrich von Laach als Vorgänger und Herr – *predecessor et dominus* – des Ausstellers bezeichnet, der ihn angesichts seines nahenden Todes sowohl als Erbe seines Besitzes als auch zur Vollendung der von ihm begonnenen Klostergründung eingesetzt habe[11]. Die Urkunde ist noch in weiterer Hinsicht aufschlussreich, da Siegfried das als Grablege konzipierte Kloster Laach der Abtei Affligem in Brabant (20 Kilometer nordwestlich von Brüssel) als Priorat übertrug. Als Motiv für die Vereinigung der Klöster benennt der Aussteller die Überlegung, dass sich beide auf seinem Eigengut – *allodium meum* – befänden. Gründer von Affligem war Adelheids von Weimar-Orlamünde zweiter Ehemann, Pfalzgraf Hermann II., der das Kloster 1062 als Eremitenbruderschaft für sechs Krieger stiftete, die sich vom weltlichen Leben losgesagt hatten[12]. Daraus folgt, dass Siegfried zumindest Teile der Allodialgüter nicht nur Heinrichs von Laach, sondern auch Pfalzgraf Hermanns II. geerbt hatte. Ob letzterer ihn ebenfalls als Erben eingesetzt hatte, ist in den Quellen nicht belegt, weshalb auch eine durch seine Mutter Adelheid vermittelte Übertragung in Betracht kommt.

Außer dem Erbe der Eigengüter dürften die beiden Ehen seiner Mutter mit den Pfalzgrafen Hermann II. und Heinrich für die Ansprüche Siegfrieds auf dieses Amt

9) Andrea Stieldorf, Rheinische Frauensiegel. Zur rechtlichen und sozialen Stellung weltlicher Frauen im 13. und 14. Jahrhundert (Rheinisches Archiv 142), Köln/Weimar/Wien 1999, S. 46 f. Link zum Archivale: https://arcinsys.hessen.de/arcinsys/detailAction?detailid=v3823308. Weitere urkundliche Belege: Urkundenbuch zur Geschichte der jetzt die Preussischen Regierungsbezirke Coblenz und Trier bildenden mittelrheinischen Territorien (im Folgenden: Mittelrheinisches UB), Bd. 1: Von den ältesten Zeiten bis zum Jahre 1169, bearb. von Heinrich Beyer/Leopold Eltester, Koblenz 1860, Nr. 421, S. 481 (Bestätigung der Stiftung von Kloster Laach, 1112 April 25); Nr. 425, S. 487, (erneute Stiftung von Kloster Laach durch Pfalzgraf Siegfried, ca. 1112).

10) Mittelrheinisches UB 1 (wie Anm. 9), Nr. 425, S. 487; Schaab, Geschichte (wie Anm. 1), S. 29 f.; Wolfram Ziegler, König Konrad III. (1138–1152). Hof, Urkunden und Politik (Forschungen zur Kaiser- und Papstgeschichte des Mittelalters. Beihefte zu J. F. Böhmer, Regesta Imperii 26), Wien 2008, S. 376; Ruth Hildebrand, Herzog Lothar von Sachsen (Beiträge zur Geschichte Niedersachsens und Westfalens), Hildesheim 1986, S. 19; Lutz Partenheimer, Albrecht der Bär. Gründer der Mark Brandenburg und des Fürstentums Anhalt, Köln/Weimar/Wien [2]2003, S. 25; Helmut Assing, Die frühen Askanier und ihre Frauen, Bernburg 2002, S. 10, gehen alle von einer Adoption Siegfrieds durch Heinrich von Laach aus.

11) Mittelrheinisches UB 1 (wie Anm. 9), Nr. 425, S. 487: *et jam morte imminente sicut bonorum suorum, ita huius quoque laboris ecclesie scilicet perficiende heredem me instituit*. Vgl. Die Benediktinerabtei Laach, bearb. von Bertram Resmini (Das Erzbistum Trier 7; Germania Sacra N. F. 31), Berlin 1993, S. 93–96.

12) Frans J. van Droogenbroeck, De betekenis van paltsgraaf Herman II van Lotharingen (1085) bij de stichting van de abdij Affligem (28 juni 1082), in: Jaarboek van de Heemkundige Kring Belledaal 17 (2002) S. 18–36.

entscheidend gewesen sein. Auch wenn die Entscheidung darüber grundsätzlich im Ermessen des Königs lag, war die bei den Grafschaften zu beobachtende Tendenz zur Erblichkeit auch bei der im fürstlichen Rang anzusetzenden Pfalzgrafschaft um 1100 bereits vorhanden. Zudem setzte Siegfried von Ballenstedt die Tradition der Königsnähe seiner Vorgänger fort und unterstützte Heinrich IV. bis zu dessen Absetzung, wobei er vor allem im Moselraum in Erscheinung trat. Dies hatte zur Folge, dass er keinen Zugang zum Hof Heinrichs V. fand[13]. Dennoch blieb Siegfried im Besitz der Pfalzgrafenwürde, geriet aber in Konflikt mit Herzog Heinrich III. von Limburg, der bereits nach dem Tod Heinrichs von Laach Ansprüche auf dessen Nachfolge geltend gemacht hatte. Dieser beschuldigte Pfalzgraf Siegfried im Jahr 1109, die Tötung des Königs geplant zu haben, um selbst die Herrschaft an sich zu reißen. Auf einem Hoftag in Frankfurt übergab ihn Heinrich V. in die Haft beim Bischof von Würzburg, wo er ungewöhnlich lange bis zum Jahr 1112 verblieb[14]. Zwar kam es zu einer Versöhnung mit dem Kaiser und einer Entlassung aus der Haft, doch entstand über das Erbe des 1112 verstorbenen Grafen Ulrich von Weimar-Orlamünde ein Konflikt zwischen Heinrich V. und nahezu allen sächsischen Großen, an dem auch Siegfried von Ballenstedt beteiligt war. Über seine Mutter war er mit dem kinderlos verstorbenen Grafen weitläufig verwandt und stellte auf dieser Grundlage Ansprüche auf dessen Erbe. Heinrich V. ließ sich den Besitz des Grafen von Weimar-Orlamünde jedoch durch Fürstenurteil selbst zusprechen. Siegfried von Ballenstedt mobilisierte Verwandte und Freunde für eine kriegerische Durchsetzung seiner Ansprüche, auf die Heinrich V. ohne Zögern mit der Verwüstung der Güter seiner Gegner reagierte. Bei einem Überfall des kaiserlichen Heerführers Graf Hoyer von Mansfeld auf eine Versammlung sächsischer Großer wurde Pfalzgraf Siegfried getötet[15].

Bei der Neubesetzung der Pfalzgrafschaft bei Rhein wurden seine beiden Söhne Siegfried und Wilhelm daher nicht berücksichtigt. Heinrich V. setzte Graf Gottfried von Calw ein, der gemeinsam mit Herzog Friedrich von Schwaben und dessen Bruder Konrad, die Sache des Kaisers während des Italienzugs zur Sicherung des Erbes der Mark-

13) Jürgen DENDORFER, Siegfried von Ballenstedt, in: NDB 24 (2010), S. 345 f.; DERS., Heinrich V. Könige und Große am Ende der Salierzeit, in: Die Salier, das Reich und der Niederrhein, hg. von Tilman STRUVE, Köln 2008, S. 115–170, hier S. 143–147.

14) Vgl. DENDORFER, Heinrich V. (wie Anm. 13), S. 138.

15) Die sogenannte anonyme Kaiserchronik, nach Vorarbeiten von Franz-Josef SCHMALE (†)/Irene SCHMALE-OTT (†) hg. von Martina HARTMANN unter Mitarbeit von Ioanna GEORGIU (MGH SS 33,3), Digitale Vorabedition 2016, www.mgh.de/storage/app/media/uploaded-files/Anonyme_Kaiserchronik_SS_Vorabedition_Hartmann_Satzlauf_2019-08-01T0902.pdf (15.12.2022), hier S. 149 f.; DENDORFER, Heinrich V. (wie Anm. 13), S. 145 f.; Lutz FENSKE, Adelsopposition und kirchliche Reformbewegung im östlichen Sachsen. Entstehung und Wirkung des sächsischen Widerstandes gegen das salische Königtum während des Investiturstreits (Veröffentlichungen des Max-Planck-Instituts für Geschichte 47), Göttingen 1977, S. 340–344.

gräfin Mathilde nördlich der Alpen vertrat[16]. Gottfried war einer der zuverlässigsten Unterstützer Heinrichs V., nahm an allen größeren Kriegszügen teil und war an den Verhandlungen bedeutender Verträge, nicht zuletzt des Wormser Konkordats von 1122 beteiligt[17]. Das könnte auch für das im Vorfeld des Konkordats auf einem Würzburger Hoftag im Oktober 1121 von jeweils zwölf Fürsten beider Seiten erteilte *consilium* zur Beilegung der Konflikte zwischen dem Kaiser und den Großen des Reichs gelten. Der Fürstenspruch, der als Ausdruck einer gesteigerten Verantwortung der Fürsten für das Reich im Rahmen eines konsensualen Herrschaftsmodells gilt, verpflichtete den Salier zum Gehorsam gegenüber dem Papst und zu einem Friedensschluss nach dem Rat der Fürsten, traf Regelungen zur Beendigung der Schismata in einigen Bistümern, zur Freilassung von Gefangenen und Geiseln und machte die Fürsten schließlich zu Garanten der zu treffenden Vereinbarungen[18]. Bisher wenig beachtet wurde allerdings eine Bestimmung, wonach es in der Auseinandersetzung um das Erbe des Pfalzgrafen Siegfried bei der Vereinbarung bleiben solle, die er mit dem Kaiser getroffen habe: *De hereditate palatini comitis Sigefredi, sicuti Metis inter ipsum et domnum imperatorem definitum fuit, ita permaneat*[19].

Bei dem im Würzburger Fürstenspruch genannten Pfalzgrafen Siegfried kann es sich nur um den gleichnamigen Sohn des 1113 getöteten Pfalzgrafen Siegfried I. von Ballen-

16) DENDORFER, Heinrich V. (wie Anm. 13), S. 159; DERS., ›Fidi milites‹? Die Staufer und Kaiser Heinrich V., in: Grafen, Herzöge, Könige. Der Aufstieg der frühen Staufer und das Reich (1079–1152), hg. von Hubertus SEIBERT/Jürgen DENDORFER (Mittelalter-Forschungen 18), Ostfildern 2005, S. 213–265, S. 238 f.

17) Zu Gottfried von Calw vgl. Peter FUCHS, Gottfried, Graf von Calw, Pfalzgraf (bei Rhein), erwähnt 1075, † 6.2.1133 (1131 oder 1132?), in: NDB 6 (1964), S. 665–666; Alois GERLICH, Gottfried II., Graf von Calw (um 1060–1133), in: Lex.MA 4 (1989), Sp. 1597; Wolfgang PETKE, Kanzlei, Kapelle und königliche Kurie unter Lothar III. (1125–1137) (Forschungen zur Kaiser- und Papstgeschichte des Mittelalters. Beihefte zu J. F. Böhmer, Regesta Imperii 5), Köln/Wien 1985, S. 251 f.

18) Zur Einordnung des Würzburger Fürstenspruchs als Ausdruck einer konsensualen Herrschaftspraxis: Gerd ALTHOFF, Staatsdiener oder Häupter des Staates, in: DERS., Spielregeln der Politik im Mittelalter. Kommunikation in Frieden und Fehde, Darmstadt 1997, S. 126–153, hier S. 136–140; DERS., Kontrolle der Macht. Formen und Regeln politischer Beratung im Mittelalter, Darmstadt 2016, S. 214 f.; Bernd SCHNEIDMÜLLER, Konsensuale Herrschaft. Ein Essay über Formen und Konzepte politischer Ordnung im Mittelalter, in: Reich, Regionen und Europa in Mittelalter und Neuzeit. Festschrift für Peter Moraw, hg. von Paul-Joachim HEINIG/Sigrid JAHNS/Hans-Joachim SCHMIDT/Rainer Christoph SCHWINGES/Sabine WEFERS (Historische Forschungen 67), Berlin 2000, S. 53–87; Jutta SCHLICK, König, Fürsten und Reich (1056–1159). Herrschaftsverständnis im Wandel (Mittelalter-Forschungen 7), Stuttgart 2001, S. 71–81; Stefan WEINFURTER, Das Jahrhundert der Salier (1024-1125), Ostfildern 2004, S. 89–112; DENDORFER, Heinrich V. (wie Anm. 13), S. 159–170, bes. S. 166–170.

19) Constitutiones et acta publica imperatorum et regum, Bd. 1: 911–1197, hg. von Ludwig WEILAND, Hannover 1883, Nr. 106, S. 158. Auch Anselms Fortsetzung der Chronik Sigeberts von Gembloux berichtet, dass in Würzburg über das Erbe Pfalzgraf Siegfrieds verhandelt wurde. Sigeberti Gemblacensis chronica cum continuationibus, hg. von Ludwig Conrad BETHMANN (MGH SS 6), Hannover 1844, S. 300-474, hier S. 377 f.: *de hereditate Sicfridi comitis palatini*. Insofern kann mit SCHAAB, Geschichte (wie Anm. 1), S. 30, durchaus von einer »Umgehung des Erbrechts« die Rede sein, sofern man darunter die Berufung auf Erbansprüche versteht.

stedt handeln[20], der offenbar im Alter von 15 Jahren damit begonnen hatte, seine Erbansprüche selbst zu vertreten. Unterstützt wurde er dabei durch seinen Onkel Graf Otto von Orlamünde(-Ballenstedt), von dem 1120 militärische Aktivitäten in Niederlothringen bezeugt sind. Zudem war Graf Otto von Salm, der die Witwe des getöteten Pfalzgrafen, Gertrud von Northeim, geheiratet hatte, im Sinne der pfalzgräflichen Rechte seines Stiefsohns tätig. In Treis an der Mosel errichtete er eine Burg, die Heinrich V. im August/September 1121 zerstörte[21]. Die Großen des Reiches maßen diesem Konflikt offenbar eine so große Bedeutung zu, dass die Regelung Eingang in den Würzburger Fürstenspruch fand. Zudem gehörte die Besetzung der lothringisch-rheinischen Pfalzgrafenwürde zu jenen Entscheidungen, die der Herrscher nicht ohne den Rat und die Zustimmung der Großen treffen konnte. Für diese gehörte die Anerkennung berechtigter Erbansprüche außerdem zu den Vorstellungen eines gerechten Friedens. In der Chronik Ekkehards von Aura heißt es dazu[22]:

> »Ein unbedingter und allgemeiner von allen bei Gefahr des Lebens einzuhaltender Frieden wurde gesetzmäßig erlassen, Königsrechte und -besitz wurden dem Königtum, kirchliches Gut wurde den Kirchen, alles Eigentum den Enteigneten, alles durch Erbrecht Zustehende den Erben und jeder Person jeden Standes das ihr eigene Recht zugesprochen.«

Die Regelung des Würzburger Fürstenspruchs, über deren genauen Inhalt wir nichts wissen, war nicht geeignet, um den Konflikt um das Erbe Pfalzgraf Siegfrieds I. von Ballenstedt dauerhaft zu befrieden. Nach dem Tod Siegfrieds II. von Ballenstedt nahm dessen jüngerer Bruder Wilhelm den Kampf um das väterliche Erbe auf. In einem Mandat Heinrichs V. an Erzbischof Gottfried von Trier zur Einhaltung der Bestimmungen

20) Der Vermutung bei Gerold Meyer von Knonau, Jahrbücher des Deutschen Reiches unter Heinrich IV. und Heinrich V., Bd. 6: 1106 bis 1116 (Jahrbücher der deutschen Geschichte 14,6), Leipzig 1907, S. 173, der eine Vereinbarung zwischen Otto von Rheineck mit dem Kaiser postuliert, deren Geltung durch den Fürstenspruch bestätigt wurde, widerspricht allerdings der Wortlaut. Da Siegfried II. von Ballenstedt im Jahr 1107 geboren wurde, könnte dieser aber bereits selbst tätig geworden sein.

21) Petke, Kanzlei (wie Anm. 17), S. 382 f. Otto von Salm erbaute nach der Zerstörung der Burg Treis die Burg Rheineck, nach der er seit 1126 regelmäßig in den Quellen benannt ist.

22) Ekkehard von Aura, Chronik, Recensio IV, in: Frutolfs und Ekkehards Chroniken und die anonyme Kaiserchronik, übers. von Franz-Josef Schmale/Irene Schmale-Ott, hg. von Rudolf Büchner (Ausgewählte Quellen zur deutschen Geschichte des Mittelalters. Freiherr vom Stein-Gedächtnisausgabe 15), Darmstadt 1972, S. 334–376, hier S. 352 f.: *utque pacem firmissimam et ab omnibus universalem sub vitę periculo legaliter institutam regalia vel fiscalia regno, ecclesiastica ecclesiis, predia depredatis, hereditates heredibus omnique personę vel conditioni propriam adiudicatam esse iusticiam. Ad hęc predones furesque edictis imperialibus persequendos sive legibus antiquitus constitutis coercendos unanimi coniuratione confirmatum est, et quicquid scandali, quicquid perturbationis usque quaque per regna Germanię inimici seminario succreverat, omnimodis eradicari decretum est.*

eines in Aachen errichteten Landfriedens wird vor einem möglichen Einfall Wilhelms in das Territorium des Erzstifts gewarnt[23].

Die Königswahl des sächsischen Herzogs Lothar von Süpplingenburg veränderte die politische Situation auch im Hinblick auf das Erbe Wilhelms von Ballenstedt erheblich, rückte er damit doch in unmittelbare Königsnähe. Seine Mutter Gertrud von Northeim war durch ihre Schwester Richenza mit dem neuen König verschwägert. Lothar III. anerkannte die Erbansprüche Wilhelms und verlieh ihm die rheinische Pfalzgrafenwürde[24]. Gottfried von Calw durfte den Titel weiterhin führen, wodurch der König einen am Oberrhein und im nördlichen Schwarzwald begüterten Unterstützer gewann. Der Calwer trat bis zu seinem Tod nahezu ausschließlich in dieser Region in Erscheinung, am Mittelrhein und im Moselraum, wo die vorangegangenen Pfalzgrafen über umfangreichen Besitz verfügten, scheint er hingegen nicht mehr präsent gewesen zu sein[25]. Nach dem Tod Gottfrieds von Calw beendete der König die ungewöhnliche Konstellation mit zwei gleichzeitig amtierenden lothringisch-rheinischen Pfalzgrafen jedoch nicht, sondern erhob Graf Otto von Rheineck, den Stiefvater Wilhelms von Ballenstedt, Anfang des Jahres 1134 ebenfalls in diesen Rang. Der dem Haus Luxemburg-Salm entstammende Graf gehörte bereits zu den engsten politischen Vertrauten des Königs, weshalb die Erhebung sowohl als Lohn für bereits geleistete Dienste als auch zur Bekräftigung des engen Verhältnisses dienen konnte[26].

Die Anerkennung der Erbansprüche Wilhelms von Ballenstedt und die Erhebung Ottos von Rheineck zum zweiten Träger des Pfalzgrafentitels ist von Odilo Engels als »massiver Einbruch besitz- und erbrechtlicher Vorstellungen« in die Vergabe des ursprünglich nicht erblichen, sondern in der Verfügung des Herrschers stehenden Amts des Pfalzgrafen gedeutet worden. Da die Ehe Wilhelms von Ballenstedt kinderlos blieb, sei mit der doppelten Besetzung des Pfalzgrafenamts de facto eine Erbregelung getroffen worden, bei der Otto von Rheineck seinem Stiefsohn nachfolgen sollte. Damit – so

23) Const. 1 (wie Anm. 19), Nr. 11; Petke, Kanzlei (wie Anm. 17), S. 241 f.; Gerstner, Pfalzgrafschaft (wie Anm. 1), S. 59 f.; Gerold Meyer von Knonau, Jahrbücher des Deutschen Reiches unter Heinrich IV. und Heinrich V., Bd. 7: 1116 (Schluß) bis 1125 (Jahrbücher der deutschen Geschichte 14,7), Leipzig 1909, S. 320, 174 Anm. 9.

24) Wilhelm erscheint bereits in einer Urkunde aus dem Januar 1126 mit dem Titel eines Pfalzgrafen: Die Regesten des Kaiserreichs unter Lothar III. und Konrad III. 1125–1152, Teil 1: Lothar III. 1125 (1075)–1137, neubearb. von Wolfgang Petke (J. F. Böhmer, Regesta Imperii IV,1,1), Köln/Weimar/Wien 1994, Nr. 114; Edition: Die Urkunden Lothars III. und der Kaiserin Richenza, hg. von Emil von Ottenthal/Hans Hirsch (MGH DD 8), Berlin 1927, Nr. 9, S. 10 f.

25) Petke, Kanzlei (wie Anm. 17), S. 251 f.; Fuchs, Gottfried (wie Anm. 17), S. 665 f. Die Frage, ob mit der Konstellation auch eine Besitzteilung einherging, lässt sich aufgrund der Quellenlage nicht sicher beantworten. Die räumliche Trennung der Aktionskreise beider Pfalzgrafen deutet aber darauf hin, dass Wilhelm sowohl über die Erbgüter als auch über pfalzgräfliches Amtsgut im Moselraum und am Mittelrhein verfügen konnte, während Gottfried weitgehend auf seine ursprünglichen Besitzungen beschränkt war.

26) Zur Person vgl. Petke, Kanzlei (wie Anm. 17), S. 379–389, zur Erhebung ebd., S. 185 f.

Engels – »mußte und sollte wohl auch die Pfalzgrafschaft als das Eigengut einer Adelsfamilie erscheinen, frei von allen amtsrechtlichen Erfordernissen, die ihre Existenz und Funktion nun in eigener Vollmacht begründete«[27]. Wolfgang Petke hat die Einsetzung von zwei Großen als Pfalzgrafen in den Kontext des in dieser Zeit aufkommenden Konzepts der Mitbelehnung gestellt, das Erbansprüche berücksichtigte und zu Lebzeiten die Nachfolge im Lehen sichern sollte. Als Parallelfall führt er dazu die Belehnung Lothars III. mit den Mathildischen Gütern durch Papst Innozenz II. an. Der Papst übertrug die Güter zu gleichen Bedingungen ebenfalls Lothars Schwager Heinrich dem Stolzen und dessen Ehefrau Gertrud unter der Bedingung, dass Heinrich ihm beziehungsweise seinen Nachfolgern dafür Hominium und Treueid leiste. Die Initiative dafür sieht Petke im Gegensatz zu Engels eher beim Königshof als bei Pfalzgraf Wilhelm. Ziel sei es gewesen, die lothringisch-rheinische Pfalzgrafschaft zum erblichen »Lehen einer mit Lothar eng verwandten Familie« zu machen, deren Oberhaupt sein Vertrauter Otto von Rheineck war«[28].

Wie die Analyse der Übertragungen der lothringisch-rheinischen Pfalzgrafschaft seit 1085 gezeigt hat, spielten erbrechtliche Überlegungen schon zuvor durchaus eine Rolle. Nachkommen und Verwandte der verstorbenen Amtsinhaber leiteten daraus Ansprüche ab, die von den Großen des Reichs grundsätzlich für legitim erachtet und daher auch von den Herrschern berücksichtigt werden mussten. Die Erhebung Ottos von Rheineck als zweitem Träger des Pfalzgrafentitels ist daher sowohl Ausdruck der Anerkennung erbrechtlicher Vorstellungen als auch einer Politik, die auf eine territoriale Stabilisierung der Pfalzgrafschaft durch die Vergabe an eine an Mosel und Mittelrhein begüterte Familie zielte.

Sollte es sich dabei tatsächlich um eine politische Strategie gehandelt haben, wurde diese nach der Wahl des Staufers Konrad III. zum König obsolet. Wilhelm von Ballenstedt schloss sich bereits früh dem Staufer an, war regelmäßig am Königshof präsent und konnte die Pfalzgrafenwürde behaupten. Otto von Rheineck folgte dieser politi-

27) Odilo ENGELS, Der Erzbischof von Trier, der rheinische Pfalzgraf und die gescheiterte Verbandsbildung von Springiersbach im 12. Jahrhundert, in: Stauferstudien. Beiträge zur Geschichte der Staufer im 12. Jahrhundert, Sigmaringen 1996, S. 160–176 [Erstdruck: Secundum regulam vivere. Festschrift für P. Norbert Backmund, O.Praem., hg. von Gert MELVILLE, Windberg 1978, S. 87–104], Zitat S. 176. Engels erklärt das Scheitern der Bildung eines Klosterverbandes mit Springiersbach an der Spitze mit dem Verhältnis der Erzbischöfe von Trier zu den Pfalzgrafen bei Rhein. Demnach waren die Schenkungen Pfalzgraf Wilhelms von Ballenstedt an Springiersbach davon motiviert, pfalzgräfliches Amtsgut in Kirchenbesitz umzuwandeln, um dieses auf dem Umweg über die Vogtei erblich zu machen. Als Analogie führt Engels Kloster Wadgassen an, das 1080 von Heinrich IV. als Amtsgut an die Grafen von Saarbrücken gegangen war. Gisela, Witwe Graf Friedrichs von Saarbrücken übertrug den gesamten Besitz an die Trierer Kirche, um ihren Nachkommen über das Instrument der Vogtei dauerhaft Zugriff auf den Besitz zu verschaffen.

28) Const. 1 (wie Anm. 19), Nr. 117; Reg. Imp. IV,1,1 (wie Anm. 24), Nr. 353; PETKE, Kanzlei (wie Anm. 17), S. 387 f.

schen Linie, musste jedoch auf die Führung des Pfalzgrafentitels verzichten[29]. Nach dem kinderlosen Tod Wilhelms von Ballenstedt im Februar 1140 ernannte Konrad III. seinen Halbbruder Heinrich Jasomirgott zum Pfalzgrafen, der aber bereits 1141 die Nachfolge seines Bruders Leopold als Herzog von Bayern und Markgraf von Österreich antrat. Der König erhob daraufhin seinen Schwager Hermann von Stahleck zum Pfalzgrafen, der vor allem in Ostfranken und am Mittelrhein bei Bacharach über umfangreichen Besitz verfügte[30]. Bei einem Aufenthalt Konrads in Cochem an der Mosel, bei dem auch Hermann von Stahleck und Otto von Rheineck anwesend waren, wurde das Erbe des verstorbenen Pfalzgrafen Wilhelm geregelt. In einer am 1. August 1143 ausgestellten Urkunde für Kloster Springiersbach bestätigte Konrad III. dem Konvent die 1136 von Wilhelm übertragenen Güter[31], konstatierte aber zugleich, dass der gesamt übrige Allodialbesitz Wilhelms in rechtmäßiger Weise an das Reich gefallen sei[32].

Diese Regelung verursachte offenbar eine gewisse Entfremdung, sind doch Otto von Rheineck und sein gleichnamiger Sohn in den folgenden Jahren nur noch sporadisch am Königshof präsent, wenn dieser im Rheinland Station machte. Zum offenen Konflikt mit dem neuen Pfalzgrafen kam es zunächst nicht. 1148 übertrug Otto der Jüngere von Rheineck seine Rechte an der Burg Treis, die Konrad III. wohl Hermann von Stahleck übertragen hatte, an den Trierer Erzbischof Albero von Montreuil, der seinen Besitzanspruch mit einem Kriegszug durchzusetzen versuchte. Angesichts der Übermacht der erzbischöflichen Truppen verzichtete Hermann von Stahleck gegen die Gewährung freien Abzugs auf die Burg[33]. Im Laufe des andauernden Konflikts mit dem Pfalzgrafen geriet Otto der Jüngere von Rheineck im gleichen Jahr in Gefangenschaft und wurde von Hermann von Stahleck auf der Burg Schöneberg bei Kreuznach in harter Haft gehalten, in der er ums Leben kam. Mehrere zeitgenössische Annalen berichten, dass Otto auf Befehl Hermanns von Stahleck getötet wurde, wobei die Pöhlder Annalen

29) So bereits in einer Urkunde Konrads III. von 1138 März 7: Die Urkunden Konrads III. und seines Sohnes Heinrich, hg. von Friedrich Hausmann (MGH DD 9), Wien/Köln/Graz 1969, Nr. 6, S. 11–13; vgl. Ziegler, König Konrad (wie Anm. 10), S. 504–507. Grundsätzlich hielt Otto von Rheineck aber am Anspruch auf die Pfalzgrafschaft fest, womit er durchaus auch auf Zustimmung stieß. In zwei Urkunden Erzbischof Arnolds von Köln aus den Jahren 1141 und 1142 wird er als *comes palatinus* bezeichnet. Vgl. Petke, Kanzlei (wie Anm. 17), S. 388 f.

30) Werner Goez, Hermann von Stahleck, in: Fränkische Lebensbilder 8 (1978), S. 1–21; Ziegler, König Konrad (wie Anm. 17), S. 460–466.

31) Mittelrheinisches UB 1 (wie Anm. 9), Nr. 490, S. 546.

32) D Ko III. (wie Anm. 29), Nr. 93, S. 166: *Quod eo a nobis etiam preter regni excellentiam firmioris rationis constantia statuitur, quod defuncto bone memorie Willelmo palatino comite omnia eius allodia in regni proprietatem iure devenerunt.* Ziegler, König Konrad (wie Anm. 10), S. 547. Die Burg Cochem war möglicherweise eine der wenigen Besitzungen des verstorbenen Pfalzgrafen Wilhelm an der Mosel, die im Besitz Ottos von Rheineck verblieb.

33) Wilhelm Bernhardi, Konrad III. (Jahrbücher der deutschen Geschichte), Leipzig 1883, S. 728–730.

den Mord explizit auf den Streit um die Pfalzgrafschaft zurückführen[34]. Für die außergewöhnliche Gewalttat bietet dies eine durchaus plausible Erklärung, da die Erfahrungen der vergangenen Jahrzehnte mit der Nachfolge in der rheinischen Pfalzgrafschaft nahelegten, dass Erbansprüche, insbesondere in Konfliktsituationen oder nach einer Königswahl durchaus reaktiviert und wirksam werden konnten. Durch den Tod Ottos des Jüngeren von Rheineck konnte Hermann von Stahleck diese Gefahr ausschalten.

Weder die Umstände des Todes Ottos des Jüngeren von Rheineck in der Gefangenschaft Hermanns von Stahleck noch seine Konflikte mit den Erzbischöfen von Trier und Mainz sowie die Verurteilung als Landfriedensbrecher zur Strafe des Hundetragens scheinen dazu geführt zu haben, dass der Pfalzgraf die Huld Konrads III. und Friedrich Barbarossas verlor. Da die Ehe mit der Stauferin Gertrud, Tochter Herzog Friedrichs I. von Schwaben, kinderlos geblieben war, konnte Friedrich Barbarossa nach dem Tod Hermanns von Stahleck über das Amt ohne Rücksicht auf Erbansprüche verfügen. Hermanns Witwe Gertrud machte nach dem Tod ihres Mannes keine Ansprüche geltend, sondern nahm den Witwenschleier und zog sich ins Klosterleben zurück[35]. Barbarossa übertrug die Pfalzgrafenwürde seinem Halbbruder Konrad, der aus der Ehe Herzog Friedrichs II. von Schwaben mit Gräfin Agnes von Saarbrücken hervorgegangen war. Konrads Amtszeit war die entscheidende Phase der territorialen Südverschiebung der rheinischen Pfalzgrafschaft an den nördlichen Oberrhein und den Unterlauf des Neckar, sodass bereits die Konturen der spätmittelalterlichen Kurpfalz erkennbar werden[36]. Grundlage dieser Entwicklung war neben der Übertragung des staufischen Saliererbes mit dem Zentrum Alzey auch Besitz der Grafen von Saarbrücken, der über seine Mutter Agnes an Konrad gelangte, sowie Besitz- und Herrschaftsrechte, die ihm die nach seiner Ernennung zum Pfalzgrafen erfolgten Heirat mit Irmgard von Henneberg

34) Ebd., S. 789 mit Anm. 47; Chronica regia Coloniensis (Annales maximi Colonienses), hg. von Georg Waitz (MGH SS rer. Germ. 18), Hannover 1880, S. 87: *Otto princeps ab Herimanno palatino captus et in castro ipsius quod Sconebrug dicitur relegatus, ibidem iussu eius ut ferunt est strangulatus.* Annales S. Petri Erphordenses maiores, in: Monumenta Erphesfurtensia saec. XII. XIII. XIV., hg. von Oswald Holder-Egger (MGH SS rer. Germ. 42), Hannover 1899, S., 49–67, hier S. 55: *Otto comes captus ab Herimanno palatino comite et detentus ab eo in custioda obiit.* Annales Palidenses, hg. von Georg Pertz (MGH SS 16), Hannover 1859, S. 51–96, hier S. 84: *Otto iunior de Rinegge pro controversia prefecture palacii ab Heremanno palatino de Stalegge per insidias comprehensus et arcitissme custodie mancipatus, novissime strangulatus vita decessit.* Annalen van Egmond. De Annales Egmundenses tezamen met de Annales Xantenses en het Egmondse Leven van Thomas Becket – Het Chronicon Egmundanum, hg. von Marijke Gumbert-Hepp/Johan P. Gumbert (Middeleeuwse Studies en Bronnen 107), Hilversum 2007, S. 196: *Sed paulo post a comite Hermanno de staleke quia vim illi et patrię ipisus intulit. comprehensus. incarceratrus. et indigna morte occisus est vir nobilitatis et divitiarum gloria insignis. staturę faciei et totius corporis a planta pedis usque ad verticem venustate mirabilis. fortis viribus. belloque aptissimus. et audacię singularis.*

35) Markus Schütz, Bamberg, Karmelitenkloster am Kaulberg, in: Haus der Bayerischen Geschichte, Klöster in Bayern, http://www.hdbg.eu/kloster/index.php/detail/geschichte?id=KS0047 (15.12.2022).

36) Zur territorialen Entwicklung vgl. Schaab, Geschichte (wie Anm. 1), S. 36–60.

zufielen[37]. Dazu gehörten neben Besitzungen, die fern von hennebergischen Kernlanden, aber günstig für den Pfalzgrafen gelegen waren (Burg Lindenfels im Odenwald, Speyerer Kirchenlehen, die Vogtei über Kloster Gottesaue, Besitz um Pforzheim sowie Güter im Untermaingebiet), vor allem die Vogtei über die Abtei Lorsch, deren Bedeutung für die Herrschaftsbildung möglicherweise den relativ bescheidenen Rang der Braut kompensierte[38].

Pfalzgraf Konrad versuchte während seiner fast vier Jahrzehnte dauernden Regierungszeit, verloren gegangene pfalzgräfliche Besitzungen und Herrschaftsrechte an Mosel und Mittelrhein zurückzugewinnen, wodurch er in Konflikte mit den mächtigsten Fürsten der Region, den drei rheinischen Erzbischöfen geriet, wenngleich mit wenig Erfolg, da der Kaiser auf deren Unterstützung angewiesen war. Es kam deshalb auch zu einem Zerwürfnis zwischen Barbarossa und dem Pfalzgrafen, das Konrads Chancen auf die Restitution pfalzgräflichen Besitzes in der Region deutlich verminderte. Nach der Aussöhnung mit dem Kaiser kamen Trier und Köln den Forderungen des Pfalzgrafen in einigen Punkten entgegen, so etwa bei der Burg Stahleck und der Vogtei in Bacharach[39]. Die Narratio der von Erzbischof Philipp von Köln 1189 ausgestellten Lehnsurkunde berichtet, dass Pfalzgraf Hermann die Burg Stahleck und die Vogtei in Bacharach sowie alle weiteren Güter, die er von der Kölner Kirche innehatte, in die Hände des Erzbischofs zurückgegeben habe. Im gleichen Augenblick übertrug der Erzbischof alle Güter dem Pfalzgrafen, seiner Ehefrau Irmgard sowie deren Tochter Agnes *iure feodali*, wofür ihm die beiden Frauen *hominium* leisteten. Erzbischof Philipp bestimmte zudem, dass die Genannten die Lehen zu Lebzeiten gemeinschaftlich besitzen sollten. Beim Tod

37) Peter FUCHS, Konrad von Staufen, in: NDB 12 (1980), S. 520–523 (mit älterer Literatur); Hans WERLE, Das Erbe des salischen Hauses. Untersuchungen zur staufischen Hausmachtpolitik im 12. Jahrhundert, Diss. Mainz 1952; DERS., Die Aufgaben und die Bedeutung der Pfalzgrafschaft bei Rhein in der staufischen Hausmachtpolitik, in: Mitteilungen des Historischen Vereins der Pfalz 57 (1959), S. 137–153; DERS., Staufische Hausmachtpolitik am Rhein im 12. Jahrhundert, in: ZGORh 110 N. F. 71 (1962), S. 241–370; zum staufischen Besitzerwerb in Franken vgl. Jan Paul NIEDERKORN, Die Erwerbung des Erbes der Grafen von Komburg-Rothenburg durch Konrad von Staufen, in: Zeitschrift für Württembergische Landesgeschichte 57 (1998), S. 11–19; dagegen jedoch Gerhard LUBICH, Der Besitz der frühen Staufer in Franken – ein Erbe auf ›Umwegen‹?, in: Zeitschrift für Württembergische Landesgeschichte 95 (2000), S. 403–412.

38) Zur Eheschließung vgl. Tobias WELLER, Die Heiratspolitik des deutschen Hochadels im 12. Jahrhundert (Rheinisches Archiv 149), Köln/Weimar/Wien 2004, S. 43–46, hier S. 45: »Die Ehe wird jedoch schwerlich vor der Übernahme der Pfalzgrafschaft durch Konrad im Herbst 1156 geschlossen worden sein, denn die Brautwahl scheint vornehmlich von seiner territorialpolitischen Interessenlage als Inhaber dieser Fürstenwürde bestimmt. [...] Auf welche Weise diese Besitzungen an Konrad fielen, als Mitgift Irmgards oder über den Erbweg nach Bertholds I. Tod, ist nicht mehr auszumachen. In jedem Fall darf man voraussetzen, daß die Eheschließung mit Aussicht auf den Territorialerwerb erfolgte.«

39) Vgl. SCHAAB, Geschichte (wie Anm. 1), S. 38 f.

von einem oder zwei aus der Lehnsgemeinschaft, sollten die Güter in den Besitz der jeweiligen Hinterbliebenen übergehen[40].

Diese Regelung spiegelt die familiäre Situation wider, in der sich Pfalzgraf Konrad seit dem Tod seines Sohnes Friedrich im gleichen Jahr befand. Die 1176/77 geborene Agnes war damit zur Erbtochter geworden, weshalb Konrad an der Sicherung der mittelrheinischen Positionen für die Zeit nach seinem Tod gelegen sein musste. Zugleich rückte Agnes damit in den Mittelpunkt heiratspolitischer Pläne auf höchster Ebene. Sie war zwar bereits als Kind mit Heinrich von Braunschweig, dem ältesten Sohn Heinrichs des Löwen verlobt worden. Allerdings schien das Projekt mit der Erklärung Heinrichs in die Reichsacht auf dem Wormser Pfingsthoftag 1192 obsolet geworden zu sein. Heinrich von Braunschweig war nach dem Friedensschluss zwischen seinem Vater Heinrich dem Löwen und König Heinrich VI. vom Juli 1190 als Geisel an den Königshof gekommen und hatte mit 50 Rittern am Romzug im darauffolgenden Jahr teilgenommen. Nachdem während des Feldzugs zur Eroberung Siziliens im Lager vor Neapel Krankheiten ausgebrochen waren, an denen zahlreiche Große verstarben, hatte Heinrich von Braunschweig mit seinen Kriegern das Heer verlassen und soll zunächst bei den Verteidigern Neapels Zuflucht gefunden haben, bevor er ins Reich zurückgekehrt war[41].

Nach seiner Rückkehr aus Italien versuchte Heinrich VI. zunächst, eine Eheverabredung der Erbtochter des Pfalzgrafen mit seinem Onkel Herzog Ludwig von Bayern zu vereinbaren[42]. Als weiterer Interessent für eine Heirat mit Agnes trat nach der Gefangennahme König Richards von England der französische König Philipp II. auf[43]. Obwohl sich der Kaiser für dieses Eheprojekt entschieden hatte, heirateten der Welfe Heinrich und die Stauferin Agnes Ende 1193 oder Anfang 1194 auf der Burg Stahleck, was großen Widerhall in der zeitgenössischen Historiographie fand und in der Romantik

40) Mittelrheinisches UB, Bd. 2: Vom Jahre 1169 bis 1212, bearb. von Heinrich BEYER/Leopold ELTESTER, Koblenz 1865, Nr. 96, S. 133; vgl. SCHAAB, Geschichte (wie Anm. 1), S. 39, wonach der Erzbischof von Köln Bacharach 1189 »zum Kunkellehen machte und damit seine Vererbung auf Konrads Nachkommen auch in weiblicher Linie sicherte«. Die Vogtei und Burg Stahleck wurden tatsächlich über Agnes vererbt und wurden zum wichtigsten Stützpfeiler der Kurpfalz am Mittelrhein, insbesondere wegen der Einnahmen aus dem Rheinzoll (ebd., S. 55). Allerdings gewährt der Wortlaut der Urkunde lediglich den Übergang des Besitzes zwischen den drei gemeinschaftlich belehnten Personen. Die Erblichkeit des Lehens und insbesondere die Vererbung über die weibliche Linie werden nicht explizit gewährt.

41) Peter CSENDES, Heinrich VI. (Gestalten des Mittelalters und der Renaissance), Darmstadt 1993, S. 82, 102 f.; Bernd SCHNEIDMÜLLER, Die Welfen. Herrschaft und Erinnerung, Stuttgart 2000, S. 237 f.

42) Theodor TOECHE, Kaiser Heinrich VI. (Jahrbücher der deutschen Geschichte), Leipzig 1867, S. 214; Beilage V, S. 566; Chronicorum Hugonis et Honorii Continuationes Weingartenses, in: Monumenta Welforum Antiqua, hg. von Ludwig WEILAND (MGH SS rer. Germ. 43), Hannover 1869, S. 45–63, hier S. 58 f.

43) Zur Heirat und ihren politischen Implikationen vgl. WELLER, Heiratspolitik (wie Anm. 38), S. 180–187, der auch die einschlägigen Quellen verzeichnet; Andrea BRIECHLE, Heinrich Herzog von Sachsen und Pfalzgraf bei Rhein. Ein welfischer Fürst an der Wende vom 12. zum 13. Jahrhundert (Heidelberger Veröffentlichungen zur Landesgeschichte und Landeskunde 16), Heidelberg 2013, S. 45–68.

zum Stoff für Literatur und Oper wurde[44]. Treibende Kraft hinter der heimlichen Heirat war den übereinstimmenden Berichten der Chronisten zufolge Pfalzgräfin Irmgard, die verhindern wollte, dass ihre Tochter den französischen König heiratete, der erst kurz zuvor seine Ehefrau Ingeborg, die Schwester des dänischen Königs, unmittelbar nach der Hochzeit verstoßen hatte[45]. Pfalzgraf Konrad erfuhr von der Hochzeit erst im Nachhinein, scheint die Eheschließung jedoch gebilligt zu haben und setzte sich für seinen Schwiegersohn mit Erfolg beim Kaiser ein, sodass es noch im Januar zu einer Aussöhnung kam[46], die wegen des fortbestehenden Konflikts des Kaisers mit Heinrich dem Löwen jedoch noch nicht vollständig war. Der Herrscher belehnte Heinrich von Braunschweig erst nach der Anfang März 1194 erfolgten Aussöhnung mit Heinrich dem Löwen feierlich mit den Lehen des Pfalzgrafen, wobei dieser sich verpflichten musste, mit dem kaiserlichen Heer nach Apulien zu ziehen[47].

Auch nach dem Tod Pfalzgraf Konrads am 8./9. November 1195 war das Verhältnis zum Kaiser noch so gut, dass Heinrich von Braunschweig das Erbe seines Schwiegervaters antreten konnte und vom Herrscher mit dem Amt des Pfalzgrafen bei Rhein betraut wurde. Für die Frage nach den Modi von Erbe und Übertragung ist vor allem von Interesse, dass die zeitgenössische Historiographie einen Kausalzusammenhang zwischen der Heirat Heinrichs mit Agnes und der Übernahme der Pfalzgrafschaft herstellte. Ar-

44) Zur Heirat als Stoff für Literatur und Musiktheater vgl. hierzu die Literaturhinweise bei Peter FUCHS, Heinrich (V.) der Lange (Ältere) von Braunschweig, in: NDB 8 (1969), S. 381–383.

45) Zur Eheaffäre vgl. zusammenfassend Joachim EHLERS, Die Kapetinger, Stuttgart 2000, S. 142–144; zum daraus entstehenden Konflikt mit dem Papst vgl. Raymonde FOREVILLE, Pape Innocent III et la France (Päpste und Papsttum 26), Stuttgart 1992, S. 295–304. Weder die Motive für das Ehebündnisses noch die Gründe für die Verstoßung Ingeborgs sind geklärt. Da Ingeborg sich weigerte, die von Philipp II. erwirkte Annullierung der Ehe anzuerkennen, und der König dennoch Agnes von Meran heiratete, führte die Angelegenheit zu einem lange andauernden Konflikt mit dem Papsttum. Vgl. auch James BALDWIN, The Government of Philip Augustus. Foundations of French Royal Power in the Middle Ages, Berkeley 1986, S. 82 f.

46) Lothar von HEINEMANN, Heinrich von Braunschweig, Pfalzgraf bei Rhein. Ein Beitrag zur Geschichte des staufischen Zeitalters, Gotha 1892, S. 37 Anm. 1; TOECHE, Kaiser Heinrich VI. (wie Anm. 42), S. 566. Siehe BRIECHLE, Heinrich (wie Anm. 43), S. 48 f.

47) Annales Stederburgenses auctore Gerhardo praeposito a. 1000–1195, hg. von Georg Heinrich PERTZ (MGH SS 16), Hannover 1859, S. 197–231, hier ad a. 1194, S. 229, Z. 1–6: *Postquam autem intellexit domnus imperator non fictam ducis infirmitatem, viciniorem loco et tempore productiorem diem constituit ei in Dullethe, certificatus a praeposito Gerhardo, qui legatione ducis fungebatur. Dux itaque, aliquantum receptis viribus suis, ad diem et locum sibi constitutum venit, et in plenam gratiam imperatoris ibi receptus est, et filius suus beneficiis palatini, quae ab imperatore tenuit, sollempniter est vestitus, expetente domne imperatore, ut secum iter arriperet in Apuliam.* Die Regesten des Kaiserreichs unter Heinrich VI. 1165 (1190)–1197. Nachträge und Ergänzungen, bearb. von Katrin BAAKEN/Gerhard BAAKEN (†) (J. F. Böhmer, Regesta Imperii IV,3), Mainz 2015, Nr. N 243. Da er in den folgenden Urkunden – Die Regesten des Kaiserreichs unter Heinrich VI. 1165 (1190)–1197, neubearb. von Gerhard BAAKEN (J. F. Böhmer, Regesta Imperii IV,3), Köln/Wien 1972, Nr. 352 (1194 Juni 3), Nr. 368 (1194 – –), Nr. 377 (1194 September 30) und Nr. 482 (1195 Oktober 28) – als Herzog von Braunschweig oder von Sachsen bezeichnet wird, könnte es sich dabei um eine Eventualbelehnung gehandelt haben, die erst nach dem Tod des amtierenden Pfalzgrafen Konrad Geltung erlangte.

nold von Lübeck berichtet, dass Heinrich von Braunschweig den Kaiser auf dem Feldzug nach Apulien so diensteifrig unterstützte, dass er nicht nur dessen Huld erlangte, sondern zudem alle *dignitates* seines Schwiegervaters als Lehen – *iure beneficiario* – erhielt[48]. Der hennegauische Kanzler und Geschichtsschreiber Gislebert von Mons stellt die Vorgänge in seiner 1196 verfassten Chronik in den Kontext des Konflikts zwischen den staufischen Königen und Herzog Heinrich dem Löwen. Ausgerechnet dessen Sohn Heinrich, der durch die Entscheidung Friedrich Barbarossas seines väterlichen Erbes in Sachsen beraubt wurde, habe durch die gegen den Willen des Kaisers geschehene Heirat mit der Tochter des Pfalzgrafen Konrad dessen Ämter und Besitzungen von Rechts wegen erworben und schließlich die Gunst Heinrichs VI. erlangt[49]. Während Arnold von Lübeck die wiedergewonnene Gnade des Kaisers als wesentlichen Faktor für die Nachfolge Heinrichs als Pfalzgraf ausmachte, bezieht sich das *de jure* in der Chronik des Gislebert von Mons auf die Rechtsfolgen der Heirat. Diese setzen auch die kurzen Bemerkungen in der Kölner Königschronik und den Marbacher Annalen voraus, die zudem betonen, dass es sich bei Agnes um die einzige Tochter Pfalzgraf Konrads handelte. Laut der Kölner Königschronik fielen Heinrich nach dem Tod seines Schwiegervaters dessen *dignitates et beneficia* zu. Die Marbacher Annalen stellen einen Kausalnexus her zwischen der Heirat Heinrichs und der Tatsache, dass er nach dem Tod Konrads Pfalzgraf wurde[50]. Für die 1282 entstandene Chronik der Herzöge von Braunschweig ist die Übertragung der Pfalzgrafschaft auf dem Erbweg bereits so selbstverständlich, dass sie

48) Arnoldi Chronica Slavorum, hg. von Johann Martin LAPPENBERG (MGH SS rer. Germ. 14), Hannover 1868, S. 183 f. Arnold von Lübeck führt die im Anschluss anbrechende Friedenszeit in Sachsen auf die Heirat und die folgende Aussöhnung mit dem Kaiser zurück und preist sie mit an das Ave Maria angelehnten Worten: *Tunc nova lux in Saxonia orta est, pacis videlicet iocunditas, quia ex illo tempore tanta familiaritate imperatorem adhesit, ut nil de cetero contra ipsum moliri decrevisset. Sicque ex omni parte terra marique cessaverunt depredationes, furta, latrocinia, et ingemuerunt latrones et viri sanguinum, quia periit maledictus fructus eorum. Benedicte he nuptie et eadem femina benedicta inter mulieres et benedictus fructus ventris eius, quia in ipsius copula terris sociata est pax et letitia et diu clausae tunc patuerunt porte civitatum et castrorum, cessaverunt excubie, et hactenus inimici ad se mutuo accedebant, negotiatores et ruricole liberrime deambulabant.*

49) La Chronique de Gislebert de Mons, hg. von Léon VANDERKINDERE (Académie royale de Belgique. Commission royale d'histoire, Series IV in 8°), Brüssel 1904, S. 1–332, hier S. 305: *Eodem tempore et anno Henricus, Henrici quondam ducis Saxonum filius illius, inquam, Henrici, quem dominus Fridericus imperator Romanus a ducatu Saxonie in majoribus bonis suis exhereditaverat, Conradi comitis palatini Reni filiam duxit in uxorem in detrimentum domini imperatoris Henrici, unde postea terram et bona ipsius comitis palatini de jure obtinuit et gratiam domini imperatoris sibi acquisivit.*

50) Chronica regia Coloniensis (wie Anm. 33), S. 158: *Cunradus palatinus comes de Reno obiit; cuius dignitates et beneficia Heinrico, filio Heinrici quondam ducis Saxoniacae, cesserunt; is enim filiam eius unicam duxerat.* Annales Marbacenses qui dicuntur, hg. von Hermann BLOCH (MGH SS rer. Germ. 9), Hannover 1907, S. 1–103, hier S. 48: *Heinricum, qui duxit unicam filiam Conradi palatini Rheni uxorem et ob hoc post mortem Cunradi palatinus effectus est* [...].

schlicht formuliert, Heinrich habe durch die Heirat mit Agnes das Fürstentum der Pfalz erworben[51].

Die Chronik Abt Gerhards von Steterburg und die Historia rerum Anglicarum Williams von Newburgh fügen diesem Bild ein weiteres Detail hinzu, das einer genaueren Erörterung lohnt. Gerhard, Propst des Chorfrauenstiftes Steterburg (heute Stadtteil von Salzgitter), schildert zunächst die von der Pfalzgräfin Irmgard betriebene heimliche Hochzeit, die ohne Wissen Pfalzgraf Konrads vollzogen wurde. Die Verbindung fand am darauffolgenden Tag dennoch seine Zustimmung, weshalb er sich zum Kaiser begab, um sich für seinen Schwiegersohn einzusetzen, den er durch seine Tochter adoptiert hatte, *sibi adoptavit per filiam*[52]. William of Newburgh, der die Heirat der Pfalzgrafentochter Agnes mit dem Sohn Heinrichs des Löwen aus der Perspektive des Konflikts zwischen dem englischen und dem französischen König sieht, dessen Bündnispläne mit Heinrich VI. damit durchkreuzt werden, spricht ebenfalls davon, dass Pfalzgraf Konrad seinen Schwiegersohn an Sohnes statt annahm (*adoptansque eum in filium*) und zudem seine Tochter mit einem außerordentlich reichen Heiratsgut ausstattete[53].

Die Formulierungen der beiden Chronisten stehen in einem Spannungsverhältnis zu der von Bernhard Jussen formulierten Auffassung, dass »die Adoption [...] in Lateineuropa nach dem Ende der antiken römischen Gesellschaft für gut ein Jahrtausend kaum eine Rolle gespielt« habe. Bereits im Frühmittelalter sei der »Terminus ›Adoption‹ von der Bezeichnung einer Erbschaftsstrategie zur Bezeichnung einer Glaubensaussage mutiert«. Obwohl seit dem Hochmittelalter im Zuge der Wiederaneignung des römischen Rechts das Thema von Juristen diskutiert wurde, gebe es so gut wie keine

51) Braunschweigische Reimchronik. Anhang: Cronica ducum de Brunswick, hg. von Ludwig WEILAND (MGH Dt. Chron. 2), Hannover 1887, XVI, S. 583: *Henricus denique, frater Ottonis, primo duxit uxorem de Reno, cum qua obtinuit Palacii principatum* [...]. In der Weltchronik des Dominikaners Heinrich von Herfort (Liber de rebus et temporibus memorabilioribus sive chronicon Henrici de Hervordia, hg. von August POTTHAST, Göttingen 1859, S. 160) ist eine verlorene Chronica Saxonum aus dem Braunschweiger Blasiusstift überliefert, die dazu vermerkt: *Hinricus autem, filius Henrici Leonis, Agnem, filiam comitis Palatini, patrui imperatoris, duxit uxorem, ipso comite ignorante, sed matre puelle procurante. Et sic omnia sopiuntur tali conditione, quod, quidquid comes haberet ab imperio, post mortem ejus duci cederet. Quod et factum est.* HEINEMANN, Heinrich (wie Anm. 46), S. 48 f. mit Anm. 1, sieht darin eine Abmachung, die bei der Aussöhnung Heinrichs des Löwen mit Kaiser Heinrich VI. in der Pfalz Tilleda getroffen wurde. Vgl. auch Braunschweigische Reimchronik, S. 513–515.

52) Annales Stederburgenses (wie Anm. 47), ad a. 1191–1194, S. 227: *Deinde palatinus imperatorem adiit, se de conscientia facti iuramento expurgat, et modis omnibus filium, quem sibi adoptavit per filiam, gratiae imperatoris elaborat restituere.*

53) William of Newburgh, Historia rerum Anglicarum, in: Chronicles of the Reigns of Stephen, Henry II and Richard I, hg. von Richard HOWLETT (Rolls Series 82), London 1884–1889, Bd. 1, S. 385: *Reversus autem idem ad propria, genero blande locutus est, adoptansque eum in filium, filiam egregie dotavit.* Zum Autor vgl. Antonia GRANSDEN, Historical Writing in England, Bd. 1, London 1974, S. 234–239. William begann mit der Niederschrift der Historia zu Beginn des Jahres 1196 auf Bitte Abt Ermalds von Rievaulx. Das Werk endet abrupt im Jahr 1198, wohl weil der Autor verstarb.

Zeugnisse für deren Wirkung in der Praxis[54]. Diese Position kann auch durch ein weiteres Beispiel aus der Zeit um 1200 wohl kaum erschüttert werden, das dennoch angeführt werden soll, weil es zeigt, in welchen Kontexten möglicherweise eine zum römischrechtlichen Institut der Adoption analoge Denkfigur eine Rolle spielte. Otto von St. Blasien berichtet anlässlich des dritten Italienzugs Heinrichs VI., dieser habe nach der Eroberung Siziliens Pläne erwogen, wie er das Reich von Konstantinopel für sich gewinnen könne, da dieses durch den Thronstreit zwischen Isaak II. Angelos und Alexios III. geschwächt war. Daher vermählte er die byzantinische Prinzessin Irene, Tochter Isaaks II. Angelos, die zuvor mit dem 1193 verstorbenen Roger III. von Sizilien verheiratet war, mit seinem jüngeren Bruder Philipp von Schwaben. Otto berichtet explizit, der byzantinische Kaiser Isaak II. habe Philipp gemeinsam mit seiner Tochter als Erben des Reiches angenommen (*Pyhlippum cum filia heredem regni* [...] *adoptaverat*), das ihm sein Bruder Alexios abgenommen hatte. Im Gegenzug habe er auf die Hilfe des Kaisers bei der Rückgewinnung der Herrschaft gehofft[55].

In beiden Fällen, bei Heinrich von Braunschweig ebenso wie bei Philipp von Schwaben, bildete die Heirat mit der Tochter die Voraussetzung für die Annahme an Sohnes statt durch den Schwiegervater. Beides waren wohl keine Adoptionen im vollen Sinn des römischen Rechts, sondern eher eine Form der Arrogation. Dabei wurde die an Sohnes statt angenommene Person in die agnatische Familie aufgenommen, ohne dass sie damit der Gewalt des *paterfamilias* unterstellt wurde. Die Vorstellung unterscheidet sich damit wesentlich von der römisch-antiken Rechtsfigur, weil durch die Arrogation nicht etwa das Problem der Kinderlosigkeit repariert werden konnte, wohl aber das Fehlen eines männlichen Erben. Durch die »Adoption« wurden die jeweiligen Schwiegersöhne als vollberechtigte Erben eingesetzt. Ohne die Annahme an Sohnes statt hätten sie lediglich subsidiäre, über die Eheverbindung mit der Erbtochter vermittelte Ansprüche erheben können. Dennoch bleibt es bei der überragenden Bedeutung von Eheverabredungen für die Stiftung und Stabilisierung starker personaler Beziehungen, die für das »paritätisch und kontraktuell« angelegte Verwandtschaftssystem des lateinischen Europas charakteristisch waren[56], da die Adoption offenbar nur als ein zusätzlicher, den Erbanspruch des Ehepaars bekräftigender Akt verstanden wurde.

54) Bernhard JUSSEN, Adoption, in: Enzyklopädie des Mittelalters, hg. von Gert MELVILLE/Martial STAUB, Darmstadt 2008, Bd. 1, S. 164 f. mit weiterer Literatur.

55) Die Chronik Ottos von St. Blasien und die Marbacher Annalen, hg. und übers. von Franz-Josef SCHMALE (Ausgewählte Quellen zur deutschen Geschichte des Mittelalters. Freiherr-vom-Stein-Gedächtnisausgabe 18a), Darmstadt 1998, XLIII, S. 130 f.: *Huius ceci regis filiam filio Tancredi, ut supra retulimus, desponsatam imperator Heinricus apud Balernum repertam Pyhlippo fratri desponsaverat, hacque de causa idem cecus imperator desperatis rebus ipsum Pyhlippum cum filia heredem regni a fratre ablati adoptaverat et, ut hoc consequeretur, opem augusti assidue sperabat.*

56) Bernhard JUSSEN, Verwandtschaftssysteme, in: Enzyklopädie des Mittelalters, hg. von Gert MELVILLE/Martial STAUB, Darmstadt 2008, Bd. 1, S. 168–171.

Die Heirat Agnes' und Heinrichs bildete zusammen mit der Regelung des Lehnsbesitzes von Burg Stahleck und Vogtei Bacharach, der Ausstattung der Braut mit Heiratsgut und der Adoption des Bräutigams ein komplexes Verfahren, das darauf zielte, die Gesamtheit der materiellen und symbolischen Güter, über die Pfalzgraf Konrad und seine Gemahlin Irmgard verfügten, dem Ehepaar der nächsten Generation und deren Nachkommen zu übertragen. Die gemeinschaftliche Belehnung durch den Kölner Erzbischof sicherte zentrale Herrschaftspositionen am Mittelrhein, auf die zunächst ebenso wie auf ihre Dotalgüter Pfalzgräfin Agnes einen Rechtsanspruch hatte. Mit der Adoption des Schwiegersohns Heinrich durch Pfalzgraf Konrad dürfte er diesen zum Erben sowohl der Allodial- als auch der weiteren Lehnsgüter eingesetzt haben. Die Sukzession im Amt des Pfalzgrafen und der damit verbundene Rang konnte hingegen auch am Ende des 12. Jahrhunderts noch nicht aus eigener Verfügungsgewalt weitergegeben werden. Der Einsatz Konrads beim Kaiser für eine Aussöhnung mit seinem Schwiegersohn und designierten Erben bereitete für die Übertragung dieses symbolischen Guts jedoch ebenso den Weg wie die Übertragung der materiellen Güter, die angesichts des weitgehenden Fehlens pfalzgräflichen Amtsgutes ein Qualifikationsmerkmal waren, das der Kaiser bei dessen Vergabe berücksichtigen musste. Die in den erzählenden Quellen übereinstimmende Angabe, Heinrich von Braunschweig sei mit allen Lehen des Pfalzgrafen Konrad belehnt worden, die dieser vom Kaiser innehatte, markiert jedoch eine wichtige Veränderung. Während es bei den vorherigen Sukzessionen im Amt des Pfalzgrafen zumeist um das Erbe von Allodien im Sinne von »Nicht-Lehnsbesitz« ging[57], verknüpften die Geschichtsschreiber nun die Pfalzgrafschaft mit der Verfügung über bestimmte Reichslehen. Damit vollzog sich hier analog zu den Herzogtümern der Übergang von der Amtsleihe zum Amtslehen, mit dem zwar kein grundlegender Wandel im Verhältnis zwischen König und Fürsten verbunden war, der aber die Erbansprüche der Begünstigten wesentlich stärkte, da die Erblichkeit von Lehen um 1200 weitgehend akzeptiert war[58].

Die Weitergabe von Besitz, Herrschaft und Amt seines Onkels im Zuge einer Heiratsallianz hatte aus Sicht des Kaisers den Vorteil, dass er sich damit den führenden Vertreter der Welfen verpflichtet hatte, obgleich solche Bündnisse nicht auf Dauer angelegt waren, sondern in ständig wechselnden politisch-dynastischen Situationen auf die Probe gestellt wurden. In den gut zweieinhalb Jahren bis zum Tod Heinrichs VI. war Pfalzgraf Heinrich immer wieder an dessen Hof anzutreffen und er beteiligte sich auch am Italienzug von 1194 sowie am Kreuzzug. In der ersten Phase des Thronstreits zwi-

57) Oliver AUGE, Allod, Allodifikation, in: HRG 2 (2008), Sp. 180–182.

58) Vgl. Roman DEUTINGER, Vom Amt zum Lehen. Das Beispiel der deutschen Herzogtümer im Hochmittelalter, in: Ausbildung und Verbreitung des Lehnswesens im Reich und in Italien im 12. und 13. Jahrhundert, hg. von Karl-Heinz SPIESS, bearb. von Ralf-Gunnar WERLICH (VuF 76), Ostfildern 2013, S. 133–158, hier S. 152–156.

schen Philipp von Schwaben und dem Welfen Otto war für Heinrich von Braunschweig die engere familiäre Bindung jedoch handlungsleitend. Bis ins Jahr 1204 hielt er sich zumeist in Sachsen auf, die pfalzgräflichen Besitzungen am nördlichen Ober- und Mittelrhein lagen im Machtbereich des Staufers. 1204 gehörte Heinrich zu den ersten Fürsten, die sich von Otto IV. abwandten und sich Philipp von Schwaben anschlossen. Nach dessen Ermordung unterstützte der Welfe wieder seinen Bruder und hielt daran auch nach der Ankunft Friedrichs II. im Reich fest[59].

Auch beim nächsten Wechsel im Amt des Pfalzgrafen folgte auf den Amtsinhaber dessen Schwiegersohn, doch waren die Umstände völlig anders. Heinrich von Braunschweig und Agnes hatten gemeinsam drei Kinder: Heinrich den Jüngeren, Irmgard und Agnes. Der 1195 geborene jüngere Heinrich wird in den Quellen seit 1212 als Pfalzgraf bei Rhein bezeichnet, woraus jedoch nicht auf einen förmlichen Verzicht seines Vaters geschlossen werden kann[60]. Dennoch betrachtete Friedrich II. nach dem Tod des jüngeren Heinrich die Pfalzgrafschaft offenbar als vakant und verlieh sie an den bayerischen Herzog Ludwig I., der im Willebrief zur Goldbulle von Eger vom 6. Oktober 1214 erstmals als Pfalzgraf erscheint, und seinen noch unmündigen Sohn Otto. Letzterer war bereits 1212 mit Agnes, der jüngsten Tochter Heinrichs von Braunschweig, verlobt worden. Das Eheversprechen war möglicherweise Teil eines auf dem Hoftag im März 1212 geschlossenen Bündnisses zwischen Kaiser Otto IV. und dem Wittelsbacher, das jedoch nur kurz Bestand hatte. Noch im Dezember 1212 war Ludwig schon wieder auf die Seite des Staufers gewechselt. Es ist daher erstaunlich, dass die Verlobung dennoch Bestand hatte und Otto 1222 die jüngste Tochter Pfalzgraf Heinrichs heiratete. Sie erscheint zudem als Haupterbin der pfalzgräflichen Rechte und Besitzungen, während ihre ältere Schwester Irmgard, die Markgraf Hermann V. von Baden geheiratet hatte, offenbar nur einen Teil des Eigengutes erbte. Da der Welfe Heinrich kaum der Urheber dieser Regelung sein dürfte, muss sie auf das Eingreifen des Königs zurückzuführen sein, der aufgrund des Fehlens eines männlichen Erbens mit größerer Freiheit über die Pfalzgrafschaft verfügen konnte. Erst im Nachhinein wurde Agnes als »die eigentliche Trägerin der pfälzischen Territorialansprüche betrachtet« (Schaab), wodurch sich die wittels-

59) Vgl. Briechle, Heinrich (wie Anm. 43), S. 79–120; Steffen Krieb, Vermitteln und Versöhnen. Konfliktregelung im deutschen Thronstreit 1198-1208 (Norm und Struktur 13), Köln/Weimar/Wien 2000, S. 36–38.

60) So Peltzer, Rang (wie Anm. 7), S. 46 f., gegen Schaab, Geschichte (wie Anm. 1), S. 62, der die angenommene Übergabe der Pfalzgrafschaft zu Lebzeiten Heinrichs des Älteren von Braunschweig als Indiz dafür wertet, dass »von Anfang an die Pfalzgrafschaft als Erbe der Agnes angesehen wurde«. Briechle, Heinrich (wie Anm. 43), S. 209 f., erwägt sowohl den Verzicht Heinrichs des Älteren als auch eine auf dessen Reise nach England befristete Stellvertretung durch seinen Sohn im Amt des Pfalzgrafen.

bachischen Pfalzgrafen in eine dynastische Kontinuität zu ihrem staufischen Amtsvorgänger Pfalzgraf Konrad stellten[61].

III. Das Testament Graf Heinrichs III. von Sayn

Für die Grafen im Untersuchungsraum ist die im Vergleich zum Rheinland nördlich einer von Hunsrück und Lahn gebildeten Linie vergleichsweise frühe Patrimonialisierung oder auch Allodialisierung der Herrschaftsrechte konstatiert worden. Diese verfassungsgeschichtliche Entwicklung der ersten Hälfte des 12. Jahrhunderts war gekennzeichnet durch ein Zurückgehen des Bewusstseins der Beauftragung oder Legitimation der Ausübung gräflicher Rechte durch eine höhere Gewalt. Sie wurden vielmehr als Teil des Familienbesitzes betrachtet und konnten daher auch auf dem Erbweg weitergegeben werden. Sichtbares Zeichen des Prozesses war die Führung des Grafentitels durch alle Angehörigen der Familie, unabhängig von der tatsächlichen Ausübung gräflicher Funktionen[62]. Zwar war es bereits zuvor zur erblichen Weitergabe gräflicher Titel und Herrschaftsrechte gekommen, doch wurde diese Form der Übertragung nun zum üblichen Verfahren. Obgleich die gräflichen Familien damit als geradezu ideales Untersuchungsfeld für die Frage nach Erbe und Übertragung zu sein scheinen, erlaubt die ausgesprochen dünne Überlieferungslage für deren ersten Generationen im 12. Jahrhundert keine näheren Aufschlüsse. Das gilt auch für die Grafen von Sayn, die mit den Brüdern Eber-

61) Vgl. Schaab, Geschichte (wie Anm. 1), S. 63: »Amt und Besitz, die pfalzgräfliche Stellung und das Fürstentum der Familie waren bereits so miteinander verschmolzen, daß eine Vergabe außerhalb der Nachfahren Pfalzgraf Konrads nicht mehr möglich war. Andererseits war die Pfalzgrafschaft nach ihrer verfassungsrechtlichen Stellung doch noch so sehr ans Königtum gebunden, daß der König im Erbfall sich einen neuen Pfalzgrafen aussuchen konnte, allerdings in Bindung an dynastische Vorgegebenheiten. All das unterstreicht, auch wenn es sich um allgemeine Züge der Verfassungsentwicklung handelt, doch noch einmal die Stärke der staufischen. Neubegründung der rheinischen Pfalzgrafschaft.« Peltzer, Rang (wie Anm. 7), S. 52: »So wurde auch eine familiäre Kontinuität in der Pfalzgrafschaft von den Staufern über die Welfen bis zu den Wittelsbachern betont und der Bruch von 1214 verschmiergelt.« Briechle, Heinrich (wie Anm. 43), S. 129–133, betont zwar die Rolle der jüngeren Agnes als Vermittlerin von Erbansprüchen, gibt aber auch zu bedenken, dass die erbrechtliche Argumentation nicht zwingend sei. Historiographische Notizen des 13. Jahrhunderts stellen den Zusammenhang zwischen Heirat, Erbanspruch und Nachfolge im Amt des Pfalzgrafen dennoch her. Vgl. etwas die wohl von Abt Hermann von Niederaltaich zwischen 1246 und 1253 verfasste Genealogia Ottonis II. Ducis Bavariae et Agnetis Ducissae, hg. von Philipp Jaffé (MGH SS 17), Hannover 1861, S. 376–378, hier S. 376: *Isti Heinrico Chunradus comes palatinus Rheni, frater Friedrici primi imperatoris copulavit filiam suam Iuditam* [statt Agnetem] *et ex hoc quia filium non habuit, succedit ei in palacii prinicpatu. Qui Heinricus postmodum ex illa Iudita genuit Agnetem, que Ottoni filio Ludwici ducis Bawarie matrimonialiter iuncta. Ipse etiam Otto, ex hoc quia predictus Heinricus filium heredem non habuit, principatum eiusdem comitatus palatii est adeptus.*

62) Odilo Engels, Grundlinien der rheinischen Verfassungsgeschichte im 12. Jahrhundert, in: Rheinische Vierteljahrsblätter 39 (1975), S. 1–27, erneut in: Ders., Stauferstudien. Beiträge zur Geschichte der Staufer im 12. Jahrhundert, hg. von Erich Meuthen/Stefan Weinfurter, Sigmaringen [2]1996, S. 135–159.

hard und Heinrich erst seit 1139 urkundlich belegt sind. Deutlicher wird das Bild erst mit Heinrich II. von Sayn (1172–1202), für den Joachim Halbekann in seiner Studie über die älteren Grafen von Sayn etwa 100 Quellenbelege zusammentragen konnte, davon allerdings eine einzige Urkunde, die Heinrich und sein Bruder Eberhard selbst ausstellten. Erst für Heinrich III. von Sayn (1202–1246/47) lässt sich auf breiterer Quellengrundlage ein differenziertes Lebensbild zeichnen[63]. In seinem Fall ist die Überlieferungslage für unsere Fragestellung außerordentlich günstig. Graf Heinrich ließ in den Tagen vor seinem Tod um die Jahreswende 1246/47 vier Dokumente anfertigen, um seine Nachfolge und die Vererbung seines Besitzes zu regeln[64]. Das tatsächliche Schicksal der Grafschaft und des Erbes erlauben Rückschlüsse auf die Wirksamkeit testamentarischer Verfügungen und die Vielzahl der Akteure, die in einem Erbfall auf den Plan treten konnten.

Im Dezember 1246 war Heinrich III. von Sayn offenbar so krank, dass er mit seinem baldigen Tod rechnete. In einer Urkunde vom 20. Dezember bekundete er, dass er auf den Rat der Äbte Gerhard von Heisterbach und Peter von Marienstatt, zweier Mönche sowie einiger Vasallen und Dienstleute, auf alle unrechtmäßig erworbenen Güter verzichtet, unrechtmäßige Steuern und Abgaben sowie neu eingeführte Zölle abgeschafft habe. Seine Frau Mechthild wurde beauftragt, alle davon Geschädigten aus einer Summe von 200 Mark zu entschädigen, die sie aus den jährlichen Gülten seiner Allode entnehmen sollte. Über das verbleibende Geld durfte Mechthild zu Lebzeiten frei verfügen; nach ihrem Tod sollte es zugunsten ihrer beider Seelenheil an Klöster gegeben werden. Abschließend verpflichtete sich Heinrich, diese Bestimmungen auch für den Fall einzuhalten, dass er doch noch überlebte[65]. Drei weitere Urkunden sind dann ohne exakte Tagesangabe auf die Oktav nach Weihnachten datiert und enthalten unter anderem die Verfügung Heinrichs über ein von ihm von den Franziskanern in Köln erworbenes Anwesen, eine genauere Bestimmung der Allodialgüter, aus denen die Summe von 200 Mark für Entschädigungen bestritten werden solle, und schließlich das eigentliche Testament,

63) Joachim J. Halbekann, Die älteren Grafen von Sayn. Personen-, Verfassungs- und Besitzgeschichte eines rheinischen Grafengeschlechts 1139–1246/47 (Veröffentlichungen der Historischen Kommission für Nassau 61), Wiesbaden 1997; zu den ersten drei Generationen der Grafen von Sayn vgl. Hellmuth Gensicke, Landesgeschichte des Westerwaldes (Veröffentlichungen der Historischen Kommission für Nassau 13), Wiesbaden 1958, S. 262–272.

64) Zu Mechthild von Sayn vgl. Thomas Bohn, Gräfin Mechthild von Sayn (1200/03–1285). Eine Studie zur rheinischen Geschichte und Kultur (Rheinisches Archiv 140), Köln 2002; zu den Testamenten Heinrichs und den anschließenden Konflikten siehe ebd., S. 221.

65) Mittelrheinisches UB, Bd. 3: Vom Jahre 1212 bis 1260, bearb. von Adam Goerz, Koblenz 1874, Nr. 888, S. 664 f.: *Si vero me supervivere coni[?]tigerit, omnia predicta me promitto fideliter servaturum*. Vgl. Bohn, Gräfin Mechthild (wie Anm. 64), Regest Nr. 20, S. 495.

in dem der Graf Regelungen für seine Nachfolge und die Vererbung der Lehen und Eigengüter traf[66].

Im eigentlichen Testament bestimmte Graf Heinrich von Sayn seine Ehefrau Mechthild und ihr Kind, gleich ob männlichen oder weiblichen Geschlechts, zu alleinigen Erben. Dies galt jedoch nur für den Fall, dass die zu diesem Zeitpunkt vermutete und erhoffte Schwangerschaft der Gräfin Mechthild, die bereits über 40 Jahre alt war, erfolgreich verlaufen sollte – das Ehepaar hatte bis dahin keine gemeinsamen Kinder. Sollte sie nicht mit einem Kind niederkommen oder das Kind vor ihr sterben, sicherte ihr das Testament den lebenslangen Besitz aller Güter, insbesondere aber der nach der Heirat gemeinsam erworbenen Allodien, zu. Die Kinder seiner beiden Schwestern, der Gräfinnen Adelheid von Sponheim und Agnes von Blieskastel, sollten erst nach dem Tod Mechthilds in das Erbe eintreten. Die Söhne Adelheids von Sponheim sollten die Lehensgüter und damit den identitätsbildenden Kern der Grafschaft mit den Hauptburgen Sayn und Blankenstein erhalten, Agnes von Blieskastel beziehungsweise ihre Töchter sollten einen Anteil an den Eigengütern von dem Umfang erhalten, den Adelheid als Heiratsgut erhalten hatte, bevor die noch übrigen Allodialgüter unter ihren Söhnen aufgeteilt werden sollten[67].

Dieser dispositive Kern der Urkunde verdeckt jedoch, dass Graf Heinrich sich der Probleme bewusst war, die bei der Verwirklichung der Bestimmungen auftreten konnten, weshalb ein genauerer Blick auf die Formulierungen der Urkunde nötig ist. Heinrich von Sayn wandte sich in seinem Testament an seine Verwandten (*consanguinei*), Getreuen, Burgmänner und Ministerialen, denen er seine Hoffnung auf einen Erben aus der Schwangerschaft seiner Gattin mitteilt, sie bittet und ermahnt (*petimus et rogamus*),

66) Mittelrheinisches UB 3 (wie Anm. 65), NR. 892, S. 666 f.; Nr. 893, S. 667 f.; Nr. 894, S. 668 f.; BOHN, Gräfin Mechthild (wie Anm. 64), Regesten Nr. 21–23, S. 495–497. Zur Problematik der rechtshistorischen Begrifflichkeit vgl. Diethelm KLIPPEL, Herrschaft, Testament und Familie. Rechtsgeschichtliche Koordinaten von Herrscher- und Fürstentestamenten, in: Herrscher- und Fürstentestamente im westeuropäischen Mittelalter, hg. von Brigitte KASTEN (Norm und Struktur 29), Köln 2008, S. 15–34. Auch die hier diskutierten Dokumente erfüllen nicht die Ansprüche an ein Testament im Sinne des kanonischen oder römischen Rechts des Mittelalters oder des sich ab 1800 herausbildenden modernen Erbrechts, sind aber in Absicht und Funktion äquivalent.

67) Mittelrheinisches UB 3 (wie Anm. 65), Nr. 892, S. 666 f.: *Providentes bona fide, ut prefata uxor nostra cum sua sobole in omnibus bonis nostris tam feodis quam allodiis, castris, terris ac villis, fidelibus ac ministerialibus possessionem habeat quantum in vobis est liberam ac quietam. Si autem quod, absit, prolem non habuerit, vel si habuerit forsan mori contigerit, volumus quod in omnibus supradictis cum perceptione integrali omnium libere ac quiete quoad vivit resideat. Nichilominus salvo omni suo iure circa allodia, que comparavimus postquam ipsam duximus in uxorem. Cum vero eam fieri de medio acciderit, pueris sororum nostrarum heredibus nostris omnia, que nostra sunt, relinquiumus possidenda, ita tamen, ut filii sororis nostre comitisse de Spanheim totum feodum nostrum possideant, quo iam sunt infeodati. Soror vero nostra comitissa de Castris, si supervixerit, tantam partem de allodiis nostris pre liberis sororis nostre de Spanheim percipiet, quantam soror nostra de Spanhem, cum nuptui traderetur, dinoscitur percepisse. Si veror prefata soror nostra de Castris superstes non fuerit, filie ipsius vel earum heredes allodium percipient memoratum. Insuper cum sepedictis filiis sororis nostre de Spanheim de toto allodio nostro, quod super est, legitimam percipient porcionem.* Vgl. BOHN, Gräfin Mechthild (wie Anm. 64), Regest Nr. 21, S. 495 f.

der Gräfin und ihrem Kind die gleiche Treue und Anhänglichkeit zu erweisen, die sie ihm gegenüber immer gezeigt hatten. Daher sollten sie nach allen Kräften dafür sorgen, dass seine Ehefrau und ihr Kind alle seine Besitzungen, Lehen und Eigengüter, Burgen, Ländereien und Dörfer, Getreue und Ministerialen ungestört besitzen könnten. Damit werden die anwesenden Verwandten, also Heinrichs Schwestern Adelheid und Agnes, die Getreuen, zu denen Abt Gerhard von Heisterbach, der Franziskanerbruder Gerhard, die adeligen Laien Ludwig Walpod, Gerhard von Rennenberg und dessen Bruder Arnold, Hermann von Königswinter und der gräfliche Kämmerer Gerhard zu zählen sind, gleichsam zu Garanten und Vollstreckern seiner letztwilligen Verfügungen bestellt. Dies zeigt sich schließlich auch in der Bestimmung, dass bei einem zur Beilegung von Streitigkeiten um das Erbe nötigen freundschaftlichen Vergleich nach dem Urteil der genannten Verwandten und Burgmänner entschieden werden sollte[68].

Graf Heinrich war sich offenbar bewusst, dass die schriftliche Fixierung seines Willens alleine nicht ausreichen würde, um das Erbe für seine Ehefrau und das erhoffte Kind zu sichern. Auf die Unterstützung von Verwandten aus ihrer Herkunftsfamilie konnte Mechthild ebenfalls nicht hoffen, da sie als einzige Tochter Markgraf Dietrichs von Landsberg und seiner Gattin Jutta keine nahen Verwandten hatte. Von der weiteren Verwandtschaft – väterlicherseits mit den Wettinern, mütterlicherseits mit den Ludowingern, aus deren Erbe die im Westerwald gelegenen Besitzungen stammten, die Mechthild in die Ehe eingebracht hatte – war aufgrund der räumlichen Distanz keine Hilfe zu erwarten[69]. In ihrer prekären Situation suchte Mechthild von Sayn nur drei Wochen nach dem Tod ihres Mannes Schutz und Hilfe beim Kölner Erzbischof Konrad von Hochstaden, der Lehnsherr zentraler Besitzungen der Grafen von Sayn war. In einer Urkunde vom 21. Januar 1247 sicherte der Erzbischof der Gräfin für den Fall, dass sie angegriffen oder belästigt werde, seinen Beistand zu, sei es durch eine schiedliche Regelung (*per amicitiam*) oder durch einen Urteilsspruch. Bei einem unrechten gewaltsamen Angriff werde er ihr helfen, wie ein Lehnsherr dies gegenüber einem ligischen Lehnsmann zu tun verpflichtet sei[70]. Damit trat zu den Verwandten, Getreuen und Burgmannen des verstorbenen Grafen ein weiterer Akteur hinzu, der auf die Realisierung der Bestimmungen des Testaments maßgeblichen Einfluss nehmen konnte. Es ist anzunehmen, dass sich Gräfin Mechthild mit der entsprechenden Bitte an den Kölner Erzbischof

68) Mittelrheinisches UB 3 (wie Anm. 65), Nr. 892, S. 667: *Volumus etiam, quod si ut predictum est, evenerit quatenus memorati heredes nostri amicabiliter inter se conveniant, ordinaturi de consilio consanguineorum nostrorum et castrensium quid quilibet eorum debeat de prefatis legitime possidere.*

69) Zur Herkunft Mechthilds vgl. Bohn, Gräfin Mechthild (wie Anm. 64), S. 11–29; Halbekann, Grafen (wie Anm. 63), S. 113–119.

70) Urkundenbuch für die Geschichte des Niederrheins oder des Erzstifts Cöln, der Fürstenhtümer Jülich und Berg, Geldern, Meurs, Cleve und Mark, und der Reichsstifte Elten, Essen und Werden, Bd. 2: Von dem Jahr 1201 bis 1300 einschliesslich, hg. von Theodor Joseph Lacomblet, Düsseldorf 1846, Nr. 310, S. 161 f. Bohn, Gräfin Mechthild (wie Anm. 64), Regest Nr. 25, S. 498 f.

gewandt hatte, der nicht nur der mächtigste Fürst der Region, sondern auch Herr umfangreichen und bedeutenden Lehnsbesitzes der Grafschaft Sayn war, unter anderem der strategisch wichtigen Burg Blankenberg, die ihr und Graf Heinrich III. als bevorzugter Aufenthaltsort gedient hatte und Mechthilds bevorzugter Wohnsitz während ihrer Witwenschaft wurde[71].

Die im Testament geäußerte Hoffnung Heinrichs III. von Sayn, die Schwangerschaft seiner Frau möge erfolgreich verlaufen, erfüllte sich in den ersten Monaten des Jahres 1247, doch lebte das Mädchen offenbar nur wenige Wochen. Da die schriftlichen Quellen darüber schweigen, ist das von Gräfin Mechthild in dieser Zeit in Auftrag gegebene figürliche Grabdenkmal für ihren verstorbenen Gatten in der Kirche des Prämonstratenserklosters von Sayn der einzige Beleg für die Geburt und den frühen Tod der Tochter, die gemeinsam mit ihrem Vater bestattet wurde[72]. Der Tod des Kindes könnte als Auslöser für den Entschluss Gräfin Mechthilds gedient haben, nicht auf den Besitz der Lehen ihres verstorbenen Mannes zu bestehen. Am 27. August 1247 verzichtete sie gegenüber Erzbischof Konrad von Köln auf den Nießbrauch an den von der Kölner Kirche herrührenden Lehen, die ihr Graf Heinrich im Testament vermacht hatte, weil sie die damit verbundenen übermäßigen Mühen nicht weiter tragen wolle (*propter nimios labores quos exinde sustinuit nollet diutinus sustinere*). Der Erzbischof verlieh anschließend die Lehen an die Neffen beziehungsweise den Großneffen Heinrichs von Sayn, sowohl wegen der von ihnen und ihren Vorfahren der Kölner Kirche erwiesenen Treue als auch, weil sie gemäß Erbrecht Anspruch auf die Nachfolge in diesen Lehen hätten. Konrad von Hochstaden nutzte die sich durch die Resignation und Wiederausgabe der Lehen entstehende Gelegenheit, um einige Rechte – die Vogtei von Essen, die dort gelegene Burg Neu-Isenberg und die Vogteigefälle von Bonn – einzuziehen[73].

Die Resignation der Kölnischen Lehen und ihre Vergabe an die Söhne von Graf Heinrichs Schwester Adelheid bildete jedoch nur den Auftakt einer grundsätzlichen Revision der Bestimmungen des Testaments, die offensichtlich auf Druck der Sponheimer Aspiranten auf das Erbe erfolgte[74]. In der umfangreichen, am 29. August in Blankenberg ausgestellten Urkunde bekennen die Brüder Graf Johann von Sponheim, Herr Heinrich von Heinsberg, Simon von Sponheim und Heinrich, Sohn Adelheids aus erster Ehe mit Graf Eberhard von Eberstein, dass sie von Gräfin Mechthild von Sayn, der

71) Zur Bedeutung der Burg Blankenberg vgl. HALBEKANN, Grafen (wie Anm. 63), S. 272–292.

72) Zur Grabfigur vgl. BOHN, Gräfin Mechthild (wie Anm. 64), S. 182–186; Rainer KAHSNITZ, Die Grabfigur Heinrichs III. von Sayn, in: DERS., Die Gründer von Laach und Sayn. Fürstenbildnisse des 13. Jahrhunderts (Ausstellungskataloge des Germanischen Nationalmuseums), Nürnberg 1992, S. 10–86. Nach dendrochronologischen Untersuchungen entstand die Plastik kurz nach 1247.

73) Urkundenbuch für die Geschichte des Niederrheins (wie Anm. 70), Nr. 316, S. 164b f.; BOHN, Gräfin Mechthild (wie Anm. 64), Regest Nr. 27, S. 499 f.

74) Mittelrheinisches UB 3 (wie Anm. 65), Nr. 912, S. 681–685; BOHN, Gräfin Mechthild (wie Anm. 64), Regest Nr. 29, S. 501–503.

Witwe ihres Onkels Heinrich, auf ihre und ihrer Freunde Bitten hin folgende Gnade erhalten haben. Obwohl sie nach dem Willen und den Anordnungen ihres verstorbenen Gatten die folgenden Lehen auf Lebenszeit innehaben sollte, habe sie diese auf ihre und ihrer Freunde Bitten hin in ihren Besitz übertragen, wie der Onkel ebenfalls bestimmt habe (*sicut idem statuit avunculus et ordinavit*). Dabei handelte es sich um Burg und Stadt Blankenberg, Burg und Stadt Hachenberg, jeweils mit zugehörigen Lehen, Burg Freusberg als Lehen von der Gräfin, Burg Sayn mit Zubehör, die Burgen Saffenberg und Hülchrath, die *comitia* Hademar, die Vogtei von Bonn sowie alle weiteren Grafschaften und Vogteien aus dem Besitz Graf Heinrichs III. von Sayn.

Der Text der Urkunde betont zwar die Freiwilligkeit der Besitzübertragung, doch wird diese Rhetorik der Urkunde, die in Aufbau und Regelungsintention große Übereinstimmungen mit den seit dem 14. Jahrhundert auftretenden Hausverträgen aufweist[75], durch die ausgefeilten Artikel zum Schutz der im Besitz der Gräfin verbleibenden Güter als bloße Fassade enttarnt, hinter der großer Druck auf die Grafenwitwe und deren berechtigtes Misstrauen gegenüber den Erben erkennbar werden. Diese müssen Gräfin Mechthild den Besitz aller Allode und Erbgüter, die Graf Heinrich zur Zeit der Eheschließung hatte, sowie aller Güter, die sie in der Ehe gemeinsam erworben haben, zusichern. Dazu gehören die Löwenburg bei Bad Honnef und ein Haus zu Blankenberg. Geregelt werden weiterhin die Ausübung der Hohen Gerichtsbarkeit durch die Gräfin bis hin zu Details über die Ausübung der Jagd. Großen Raum nehmen Zusicherungen der Erben ein, sich auch wirklich an die Zusage zu halten, die der Witwe zugesprochenen Güter gegen Übergriffe jeglicher Art zu schützen. Zur Absicherung der Vereinbarungen müssen sie Bürgen stellen, die bei Verstößen, die nicht innerhalb von zwei Monaten abgestellt werden, Einlager in Linz am Rhein halten müssen. Bei einem Bruch dieser Zusicherung verlieren die Sponheimer Brüder die Allode, die sie – entgegen dem Wortlaut sowohl des Testaments als auch der Urkunden selbst – aus der Erbschaft ihres Onkels bereits erhalten haben, an Gräfin Mechthild. Schließlich wird vereinbart, dass der Kölner Erzbischof die Erben auf Bitte der Gräfin jederzeit exkommunizieren und ihre Herrschaftsgebiete unter das Interdikt stellen kann.

Mit der Übertragung der Lehen an die Neffen Graf Heinrichs III. von Sayn zu Lebzeiten seiner Witwe Mathilde war das zentrale Anliegen des Testaments gescheitert. Auch der Allodialbesitz scheint bereits im August 1247 nicht mehr vollständig in der Hand Mechthilds gewesen zu sein. In den folgenden Jahren gelangten zudem weitere Teile der Eigengüter, häufig auf dem Umweg über den Erzbischof von Köln, an die Sponheimer Brüder. Dafür lassen sich mehrere Gründe ausmachen.

1. Das Testament Graf Heinrichs III. wurde im Beisein und mit der Zustimmung von nur wenigen Vertrauten, seiner Ehefrau sowie seinen beiden Schwestern Adelheid

75) Wilhelm BRAUNEDER, Hausgesetz, in: HRG 2 (^{2}2012), Sp. 805–807.

und Agnes aufgesetzt[76]. Insbesondere das Fehlen der Zustimmung durch die Söhne Adelheids als prospektive Erben der Lehensgüter sollte sich als problematisch erweisen, als sie im Sommer 1247 Ansprüche auf die Lehen ihres Onkels erhoben.

2. Gräfin Mechthild fehlte es in den Monaten nach dem Tod Heinrichs an wirkungsvollen Unterstützern aus ihrer wettinischen und ludowingischen Verwandtschaft. Dies lag vornehmlich an der großen Entfernung ihrer Stammlande vom Rhein, jedoch hätte ihr Vetter Heinrich Raspe, der am 16. Februar 1247 starb, als König entscheidend helfen können.
3. Diese Schwäche konnte Mechthild von Sayn auch durch das Schutzversprechen des Kölner Erzbischofs Konrad von Hochstaden nicht kompensieren, da dieser auch eigene Interessen verfolgte und bei der Neubelehnung der Neffen Graf Heinrichs Teile der Lehen einzog.

Die Differenz zwischen den letztwilligen Verfügungen Heinrichs III. von Sayn und der tatsächlichen Herrschaftsnachfolge und Verteilung seines Erbes zeigt die strukturellen Probleme, diese mittels eines Testamentes zu steuern. Zugleich lassen sich am Beispiel des vorgestellten Falls allgemeinere Merkmale der intergenerationellen Übertragung von Herrschaft und Besitz erkennen. Die Ehe als kontraktuelle und paritätische Bindung erwies sich als zentrale Instanz der Vermittlung von Ansprüchen sowohl auf die Sukzession im Amt des Grafen als auch auf Lehens- und Allodialgüter. Deshalb war für Heinrich III. selbstverständlich, seine Frau und danach ihr noch ungeborenes Kind als alleinige Erben seiner Herrschaft und seines gesamten Besitzes einzusetzen. Auch der Versuch, Mechthild die Verfügung darüber auf Lebenszeit zu sichern, sollte sie ohne Kind bleiben, entspricht dieser Vorstellung. Als Herrschaftsnachfolger bestimmte Heinrich III. die Söhne seiner Schwester Adelheid aus ihrer ersten Ehe mit Graf Gottfried III. von Sponheim. Da Gottfried bereits verstorben war und Adelheid erneut geheiratet hatte, ist hier die aus der legitimen Ehe folgende kognatische Verwandtschaft zwischen Onkel und Neffen entscheidend[77].

76) Bei der Beurkundung der Erbteilung am 27. August war eine größere Anzahl von Personen aus der Verwandtschaft, den Gefolgsleuten und Burgmännern des verstorbenen Grafen von Sayn anwesend, die als Bürgen die Einhaltung der Erbteilung garantierten. Zu den Bürgen gehörten Graf Eberhard IV. von Eberstein, der zweite Ehemann Adelheids von Sayn, Heinrich von Arenberg, Burggraf von Köln, zu dessen Familie enge Beziehungen bestanden, wenngleich eine häufig vermutete Verwandtschaft nicht belegt werden kann, Heinrich von Ascheid, Vogt von Hachenburg, der aufgrund dieses Amtes wichtigster Lehensmann der Sayner Grafen am östlichen Rand ihrer Herrschaft war, sowie weitere Angehörige der saynischen Dienstmannschaft. Vgl. HALBEKANN, Grafen (wie Anm. 63), S. 136 f., 225–228, 343, sowie BOHN, Gräfin Mechthild (wie Anm. 64), S. 48.

77) Dieses Modell der Sicherung einer »ortsbezogenen Sukzessionslinie« durch die Übertragung von Herrschaftsanspruch und Grafentitel sowie des damit verbundenen Besitzes ist – obgleich quellenmäßig nicht so dicht belegt wie bei den Grafen von Sayn – in anderen Fällen bei Grafenfamilien im Mittelrheinraum zu erkennen. Im Jahr 1214 folgte Friedrich, Sohn Graf Simons II. von Saarbrücken und der Lucardis von Leiningen, seinem Onkel Friedrich I. (Emich) als Graf von Leiningen nach, der ihn zum Nachfolger eingesetzt hatte. Vgl. Ingo TOUS-

Am Testament Graf Heinrichs III. von Sayn zeigt sich schließlich auch die Bedeutung der auf die namengebende Herrschaft bezogenen Sukzession. Mit der Designation der Söhne seiner Schwester Adelheid als Nachfolger im Amt des Grafen und Erben des Lehens der namengebenden Burg Sayn wurden die Nachkommen seiner Schwester Agnes, die sieben verheiratete Töchter hatte, sowie deren Ehegatten, von der Nachfolge ausgeschlossen. Diese Reduzierung beugte der Aufteilung der Grafschaft in viele kleine Herrschaften vor und sicherte somit zumindest für die nächste Generation ihr Fortbestehen. Grundlage dafür war die Lehensauftragung der Burg Sayn an den Erzbischof von Trier durch die Grafen Heinrich I. und Eberhard I. im Jahr 1152[78]. Die beiden Grafen trugen ihre Burg Sayn sowie einen dazugehörigen Hof der Trierer Kirche auf und erhielten diese als Lehen zurück, verbunden mit der Öffnung der Burg und der Verpflichtung zur ligischen Lehenstreue, die in der Urkunde als Verpflichtung zur Hilfe in Kriegen gegen jeden Gegner verstanden wird. Der Erzbischof erweiterte das verliehene Gut noch um ein Geldlehen in Höhe von 100 Pfund, verpflichtete sich und seine Nachfolger zur Unterstützung der Grafen, wenn sie wegen der Burg angefeindet würden. Außerdem sicherte er die Erblichkeit des Lehens sowohl in männlicher als auch in weiblicher Linie zu und verfügte, dass sowohl das Burg- als auch das Geldlehen auf immer ungeteilt bleiben und nicht zwischen streitenden Erben geteilt werden solle[79].

Im Licht der in der deutschsprachigen Mittelalterforschung lange dominierenden These, von der Formierung agnatisch strukturierter Adelsgeschlechter mit Bindung an einen namengebenden Besitz, insbesondere einer Burg, erscheint es naheliegend, in den Bestimmungen der Lehnsurkunde eine wichtige Station in diesem Prozess zu sehen, wie dies Joachim Halbekann getan hat[80]. Dagegen spricht jedoch, dass den Grafen Heinrich und Eberhard von Sayn für die Lehen die Erbfolge in männlicher und weiblicher Linie zugesichert wurde. Die Grafschaft Sayn fiel Johann, dem ältesten Sohn Adelheids von Sayn aus ihrer Ehe mit Gottfried von Sponheim, zu, der sich allerdings weiterhin Graf von Sponheim nannte. Sein ältester Sohn Gottfried führte noch zu Lebzeiten seines Vaters den Titel eines Grafen von Sayn. Aus der Sicht der Genealogen begründete er damit die »jüngere« Linie der Grafen von Sayn. Namens- und identitätsstiftend wirkte

SAINT, Die Grafen von Leiningen. Studien zur leiningischen Genealogie und Territorialgeschichte bis zur Teilung von 1317/18, Sigmaringen 1982, S. 38–42.

78) Mittelrheinisches UB 1 (wie Anm. 9), Nr. 571, S. 629 f.

79) Ebd., Nr. 571, S. 629: *Hoc autem beneficium quam castri quam centum librarum predictarum semper indivisum manebit, et inter plures non dividetur heredes, sed si pro eodem inter se litigaverint, illi integre dabimus, cui potius cupimus.*

80) HALBEKANN, Grafen (wie Anm. 63), S. 176–206, hier S. 205: »Eindeutig wird die Burg 1152 als Mittelpunkt der familiären Identität nicht nur der jetzigen, sondern auch der folgenden Generationen definiert. Die Grafen von Sayn erweisen sich in den wenigen Quellen, die ihre ersten anderthalb Jahrzehnte beleuchten, als eine sich willentlich als Adelsdynastie im neueren Sinne konstituierende Familie.«

also nicht etwa die agnatische Geschlechtsidentität der Sponheimer, sondern die Sukzession in der gräflichen Herrschaft Sayn[81].

IV. Ortsbezogene Sukzession und Logik der Teilung: Zum Umgang mit Lehen und Eigengütern von Ministerialen um 1200

Trotz ihres Namens handelt es sich bei den jüngeren Rheingrafen nicht um edelfreie Dynasten, sondern um Ministeriale des Mainzer Erzstifts im Rheingau. Die im Einzelnen schwer fassbaren älteren Rheingrafen amtierten als hochadelige Vögte des Erzstifts im Rheingau, wurden jedoch Anfang des 12. Jahrhunderts entmachtet. Die letzten quellenmäßig belegten Angehörigen der älteren Rheingrafen traten in das Kloster Johannisberg und in Mainzer Abteien ein. An ihre Stelle traten die in den Urkunden ebenfalls als Rheingrafen bezeichneten Ministerialen, die ihren Sitz auf der Burg Rheinberg bei Lorch hatten, die sie Mitte des 12. Jahrhunderts zusammen mit der *comecia* im Rheingau als Lehen des Erzbischofs von Mainz innehatten[82]. In einem 13 Pergamentblätter umfassenden Heft, das im dritten Jahrzehnt des 13. Jahrhunderts entstand, sind neben Verzeichnissen der Passivlehen, von Einnahmen, Pfandschaften und der zur Gewinnung von Vasallen gezahlten Geldsummen auch drei Schriftstücke überliefert, die Einblick in Praktiken des Vererbens und daraus entstehende Konflikte dokumentieren[83].

Beim ersten Dokument handelt es sich um eine Verfügung Rheingraf Embrichos für den Fall, dass er ohne Erben versterben sollte. Darin setzte er seinen Neffen Wolfram, Sohn seiner Schwester Lukardis und Siegfrieds I. vom Stein, zum Erben seiner Lehnsgüter ein, um zu verhindern, dass die Lehen an *alienae personae*, fremde Personen, übertragen würden[84]. Der Text spezifiziert nicht, wer unter den »fremden Personen«, an

81) Zur Titelführung Gottfrieds vgl. Mittelrheinisches UB 3 (wie Anm. 65), Nr. 1246, S. 911 f.; Nr. 1283, S. 932 f.; Nr. 1301, S. 943; Nr. 1456, S. 1080 f.; Nr. 1497, S. 1081 f. Zur Einteilung in eine ältere und eine jüngere Linie der Grafen von Sayn vgl. J. Halbekann, Sayn (ältere) Grafen v., in: NDB 22 (2005), S. 481 f.; Ders., Sayn-Wittgenstein, Grafen und Fürsten, in: ebd., Sp. 482 f.

82) Günther Christ, Erzstift und Territorium Mainz, in: Handbuch der Mainzer Kirchengeschichte, Bd. 2: Erzstift und Erzbistum Mainz. Territoriale und kirchliche Strukturen, hg. von dems./Georg May, Würzburg 1997, S. 17–444, hier S. 226; Barthold C. Witte, Herrschaft und Land im Rheingau (Mainzer Abhandlungen zur mittleren und neueren Geschichte 3), Meisenheim 1959, S. 30; Alois Gerlich, Der Aufbau der Mainzer Herrschaft im Rheingau im Hochmittelalter, in: Nassauische Annalen 96 (1985), S. 9–28, hier S. 22, erneut in: Ders., Territorium, Reich und Kirche. Ausgewählte Beiträge zur mittelrheinischen Landesgeschichte. Festgabe zum 80. Geburtstag, hg. von Christiane Heinemann/Regina Schäfer/Sigrid Schmitt (Veröffentlichungen der Historischen Kommission für Nassau 74), Wiesbaden 2005, S. 495–520.

83) Wilhelm Fabricius, Güterverzeichnisse und Weistümer der Wild- und Rheingrafschaft (Trierisches Archiv, Ergänzungsheft 12), Trier 1911.

84) Ebd., S. 11: *Notum sit universis tam presentibus quam futuris, quod Embrico Ringravius ob fervorem dilectionis et amoris nec non et iusticie filium sororis sue Liucardis Wolframum nomine heredem feudorum suorum consituit ea*

die die Lehnsgüter fallen könnten, zu verstehen ist, doch entspricht die Einsetzung des Sohnes der Schwester als Erben dem im 12. Jahrhundert auf allen sozialen Ebenen zu erkennenden Bestreben, Lehen nicht nur in direkter männlicher Linie zu vererben, sondern die Erbberechtigung bei deren Fehlen auf die weiblichen Nachkommen oder Verwandten auszudehnen. Dafür bedurfte es, wenngleich sich der grundsätzliche Anspruch auf Erblichkeit bereits durchgesetzt hatte, einer besonderen Privilegierung durch den Lehnsherrn, für die es aus der Regierungszeit Friedrich Barbarossas zahlreiche und prominente Beispiele gibt. Im sogenannten Privilegium minus, in dem der Kaiser die Markgrafschaft Österreich zum Herzogtum erhob, gewährte er Herzog Heinrich von Österreich sowie seiner Gemahlin Theodora eine Reihe von Vorrechten, zu der auch die Vererbung in männlicher und weiblicher Linie gehörte. Für den Fall ihres kinderlosen Todes übertrug er ihnen das Recht, das Herzogtum an jemanden ihrer Wahl zu verleihen[85]. Von größerer Relevanz ist das zeitlich, räumlich und sozial näher liegende Beispiel, bei dem Friedrich I. 1166 einen Vertrag zwischen dem Reichsministerialen Werner II. von Bolanden und dem Metzer Elekten Theoderich bestätigte. Werner von Bolanden hatte auf Wunsch des gewählten Bischofs der Metzer Kirche seine Burg Habudingen übertragen und dafür die Höfe zu Odernheim und Pfeddersheim zu günstigen Bedingungen als Lehen erhalten. Zudem schrieb der Vertrag das Erbrecht der Söhne und subsidiär der Töchter fest. Im Fall des Ausbleibens von Nachkommen sollte das Lehen *iure hereditario* an den nächsten männlichen Verwandten gehen. Bei deren Fehlen sollte schließlich die nächste weibliche Verwandte nach Erbrecht im Lehen folgen[86].

Von keinem der in der Eventualverfügung Rheingraf Embrichos zugunsten seines Neffen genannten Lehnsherren, unter denen sich der Erzbischof von Mainz, die Grafen von Veldenz, Loon, Nassau, Katzenelnbogen, Nürings und der Wildgraf befanden, ist ein entsprechendes Privileg für die Rheingrafen überliefert. Offenbar beruht die Liste der Lehen auf mündlichen Zusagen, die Embricho innerhalb von mindestens zehn Jahren zwischen 1171 und 1181/82 erlangte und erst danach schriftlich niederlegen ließ[87].

conditione, quod si ipse Embrico predictus herede beneficii carente decederet, ne feuda sua in alienas transferrentur personas, ipse Wolframus predictus heres feudorum suorum esset.

85) Die Urkunden Friedrichs I., Teil 1: 1152–1158, hg. von Heinrich Appelt (MGH DD 10,1), Hannover 1975, Nr. 151, S. 259; Die Regesten des Kaiserreichs unter Friedrich I. 1152 (1122)–1190, neubearb. von Ferdinand Opll (J. F. Böhmer, Regesta Imperii IV,2,1), Wien/Köln/Graz 1980, Nr. 417.

86) Die Urkunden Friedrichs I., Teil 2: 1158–1167, hg. von Heinrich Appelt (MGH DD 10,2), Hannover 1979, Nr. 517, S. 455–457; Die Regesten des Kaiserreichs unter Friedrich I. 1152 (1122)–1190, neubearb. von Ferdinand Opll (J. F. Böhmer, Regesta Imperii IV,2,2), Wien/Köln 1991, Nr. 1581.

87) Die von Gerlich, Aufbau (wie Anm. 82), vorgeschlagene Datierung in den Kontext des vierten Italienzugs Friedrich Barbarossas 1166/67 widerspricht den in der Liste angesprochenen Ereignissen. Einen Feldzug im Auftrag des Kaisers nach Oberitalien unternahm der Mainzer Erzbischof Christian von Buch im Herbst 1171. Vgl. Reg. Imp. IV,2,2 (wie Anm. 86), Nr. 947. Für den Feldzug Barbarossas nach Sachsen, der als Referenzzeitpunkt für den Bestand der Lehen der Grafen von Katzenelnbogen und Nürings genannt wird, kommen Juli 1180 und Juni 1181 in Frage. Vgl. Die Regesten des Kaiserreichs unter Friedrich I. 1152 (1122)–1190, neubearb. von Ferdi-

Übereinstimmungen zwischen der Verfügung Rheingraf Embrichos und dem im gleichen Heft überlieferten Lehensverzeichnis seines Neffen Wolfram aus der Zeit um 1220 belegen, dass er damit auch ohne schriftliche Privilegien einigen Erfolg hatte[88]. Wolfram vom Stein gelangte in den Besitz derjenigen erzbischöflich-mainzischen Lehen im Rheingau, die für den Titel des Rheingrafen und den damit verbundenen Rang als wichtigster Mainzer Amtsträger in der Region entscheidend waren. Dazu gehörten die *comecia* im Rheingau und die Burg Rheinberg, um die es im Verlauf des 13. Jahrhunderts immer wieder zu Konflikten zwischen den Rheingrafen und den Erzbischöfen kam, die intermediäre Gewalten im Rheingau auszuschalten versuchten[89].

Anders als im Fall der Passivlehen Rheingraf Embrichos, die an seinen Neffen Wolfram vom Stein übergingen, traf er über die Eigengüter keine Vorkehrungen. Während über die Weitergabe von Lehen nominell die jeweiligen Lehnsherren entschieden, kam bei Allodialbesitz im Erbfall eine größere Zahl an Interessenten aus dem Kreis der Verwandten des Verstorbenen ins Spiel, die mehr oder weniger gut begründete Ansprüche auf Teile des Erbes erheben konnten. Zu diesem Personenkreis gehörte offenbar auch Werner II. von Bolanden, dessen berühmtes Güterverzeichnis mit einer Liste von im Rheingau gelegenen Gütern des Rheingrafen beginnt, die er in eigenem Namen als Lehen ausgegeben hatte[90].

nand Opll (J. F. Böhmer, Regesta Imperii IV,2,4), Wien/Köln/Weimar 2011, Nr. 2600. Auch die Tatsache, dass der prospektive Erbe Wolfram vom Stein erst um 1166 geboren wurde, spricht gegen eine frühe Datierung.

88) Das Verzeichnis bei Fabricius, Güterverzeichnisse (wie Anm. 83), S. 1–11, ist erheblich umfangreicher, da es auch Lehnsgüter aufführt, die Wolfram selbst erworben hatte oder aus seinem väterlichen Erbe stammten. Zudem nennen die Verfügungen Embrichos in vielen Fällen lediglich summarisch alle Lehen, die er von einem bestimmten Lehnsherrn hatte. Übereinstimmungen ergeben sich bei Lehen des Grafen von Veldenz (Meisenheim), des Grafen von Loon (Algesheim), des Grafen von Nassau (Hörige in Bleidenstadt) und dem Wildgrafen (Wüstung Reichardshausen bei Hattenheim). Die exakten Übereinstimmungen in den beiden Dokumenten betreffen die Lehen der Grafen von Veldenz, Loon, Nassau und des Wildgrafen.

89) Vgl. Gerlich, Aufbau (wie Anm. 82), S. 18. Die Auseinandersetzungen endeten mit dem Sieg des Erzbischofs in der Schlacht bei Sprendlingen. Der in Gefangenschaft geratene Rheingraf durfte anschließend den Rheingau nur noch mit Erlaubnis des Erzbischofs betreten. Die im Anschluss erfolgte Umbenennung der Burg Stein (oberhalb von Münster an der Nahe) zu Rheingrafenstein belegt den identifikatorischen Wert der Burg Rheinberg.

90) Das Verzeichnis der im Rheingau gelegenen Lehensgüter des Rheingrafen, die Werner II. von Bolanden in eigenem Namen ausgegeben hatte, spricht nicht dagegen, da es sich um rheingräfliche Aktivlehen handelte. Vgl. die Edition bei Wilhelm Sauer, Die ältesten Lehnsbücher der Herrschaft Bolanden, Wiesbaden/Philadelphia 1882, S. 13–16, hier S. 13: *In hac pagina continetur beneficium Ringravii, quod habuit in Rinecgowa. Homines itaque, quos subnotamus, eodem beneficio ex parte domini Werneri de Bolanden sunt infeodati.* Zur Datierung mit Diskussion der älteren Literatur vgl. Wolfgang Metz, Staufische Güterverzeichnisse. Untersuchungen zur Verfassungs- und Wirtschaftsgeschichte des 12. und 13. Jahrhunderts, Berlin 1964, S. 52–54; Albrecht Eckhardt, Das älteste Bolander Lehnbuch. Versuch einer Neudatierung, in: AfD 22 (1976), S. 317–344. Metz datiert die Entstehung zwischen 1184 und 1190, während Sauer, Lehnsbücher (wie oben), S. 5 f., diese nach dem Tod Embrichos (1194) ansetzt. Eckhart hält eine Niederschrift aufgrund des paläographischen Befundes nicht vor 1230/40 für möglich, postuliert jedoch die Existenz älterer Vorlagen.

Während sich ein Erbansprüche begründendes Verwandtschaftsverhältnis zwischen Werner II. von Bolanden und Rheingraf Embricho II. nicht in den Quellen nachweisen lässt, ist die Grundlage der Ansprüche des neuen Rheingrafen Wolfram gegenüber den Bolandern klar zu erkennen. Der spätere Rheingraf Wolfram vom Stein heiratete um das Jahr 1187 Guda, die Tochter Werners II. von Bolanden und Gudas von Weisenau aus dem Mainzer Ministerialengeschlecht der Meingote, die sich ab dem Ende des 12. Jahrhunderts nach der zwischen 1163 und 1185 südlich der Stadt errichteten Burg benannten[91]. Aufgrund der Eheverbindung erhob Rheingraf Wolfram im Namen seiner Ehefrau Ansprüche auf Allodialgüter aus dem Erbe ihrer Eltern sowie ihres ohne Erben verstorbenen Onkels Philipp von Falkenstein[92]. Zwar war es 1206 zu einer Teilung mit den *coheredes* Werner III. von Bolanden und seinem Bruder Philipp II. von Falkenstein gekommen, die jedoch nur einen vorläufigen und nicht den gesamten in Frage stehenden Besitz betraf[93]. Dies belegt eine offenbar auf Anforderung eines Richters oder Schiedsrichters erfolgte Zusammenstellung der Eigengüter aus dem Besitz Philipps I. von Falkenstein und Werners II. von Bolanden sowie ein Verzeichnis der Hörigen aus dem Nachlass von dessen Ehefrau Guda, auf die Wolfram Anspruch erhob. Dabei handelte es sich um zwölf benannte Güter Philipps von Falkenstein, 55 Güter aus dem Besitz Werners von Bolanden sowie um 153 zumeist namentlich genannte Nachkommen von Hörigen aus dem Besitz Gudas von Weisenau, die unter den Erben aufgeteilt werden sollten[94]. Der Ausgang des Prozesses ist im Einzelnen nicht überliefert, doch bezeugt ein nach dem Tod Rheingraf Wolframs um 1220 entstandenes Verzeichnis der Einnahmen, dass er unter anderem über Besitz aus dem Erbe seiner Schwiegermutter innerhalb und außerhalb der Mauern der Stadt Mainz verfügte[95].

Die gleichberechtigte Aufteilung des Eigenguts unter den erbberechtigten Söhnen und Töchtern führte tendenziell zu einer Zersplitterung des adeligen Grundbesitzes, die zumindest theoretisch nach wenigen Generationen zur Gefahr für die an die Verfügung über Land und Leute gebundene Adelsherrschaft werden konnte. Die Strategien des Adels zur Verminderung des Teilungsdrucks sind von der Forschung längst herausgearbeitet worden. Dazu gehören vornehmlich die Veränderung der rechtlichen Qualität des Besitzes durch Lehensauftragung, die unter dem Vorbehalt der Rückübertragung er-

91) Vgl. Stefan Grathoff, Zur Geschichte der Burg Weisenau, in: Beiträge zur Geschichte Weisenaus, Bd. 3, hg. vom Geschichts- und Brauchtumsverein Mainz-Weisenau e. V., o. O. 2004, S. 34–50; Ludwig Falck, Mainz im frühen und hohen Mittelalter (Geschichte der Stadt Mainz 2), Düsseldorf 1972, S. 152–154, 177.

92) Fabricius, Güterverzeichnisse (wie Anm. 83), S. 18 f.

93) Mittelrheinisches UB 2 (wie Anm. 40), Nr. 226, S. 265 f. Rheingraf Wolfram bestätigt die Schenkung eines Weingartens bei Boppard an Kloster Weiler, die seine Frau Guda und ihre Miterben Werner und Philipp vorgenommen hatten, obwohl das zu dem Weingarten gehörende Land nach erfolgter Teilung dem Anteil Gudas zugeschlagen worden war.

94) Fabricius, Güterverzeichnisse (wie Anm. 83), S. 23–29.

95) Ebd., S. 29–34.

folgte Schenkung an kirchliche Institutionen, Entscheidungen der Familienordnung wie die mehr oder weniger freiwillige Ehelosigkeit, der Eintritt in den geistlichen Stand oder die gemeinsame Regierung von Brüdern[96]. Werner II. von Bolanden und seine Ehefrau Guda von Weisenau hatten die Teilungsproblematik ebenfalls im Blick, weshalb sie ihrem Sohn Philipp bereits zu Lebzeiten Teile ihrer Eigengüter übertrugen, um sie der zu erwartenden Aufteilung im Erbfall zu entziehen. Da Philipp jedoch vor seinen Eltern verstarb, konnte die vorgezogene Übertragung von Allodialbesitz nicht die intendierte Wirkung entfalten[97].

Der dynastische Zufall konnte dazu führen, dass Strategien zur Vermeidung der Zersplitterung von Besitz nicht funktionierten oder sogar das Gegenteil des intendierten Effekts bewirkten. Dies zeigt eine weitere Erbsituation, in der Guda, die aus dem Mainzer Ministerialengeschlecht von Weisenau stammende Ehefrau Werners II. von Bolanden, eine entscheidende Rolle spielte. Da die Genealogie der Meingote beziehungsweise Ministerialen von Weisenau im 12. Jahrhundert nicht völlig geklärt ist, handelte es sich bei Guda entweder um eine Schwester oder eine Tochter Dudos, des Erbauers der Burg Weisenau, unter dem das Ministerialengeschlecht den Höhepunkt seiner Macht erreichte. Von den Söhnen Dudos, die ihren Vater überlebten, hatte Christian eine geistliche Laufbahn eingeschlagen, die ihn 1249 auf den Mainzer Erzbischofsstuhl brachte, von dem er zwei Jahre später wieder zurücktrat. Embricho V. ist bis 1215 als erzbischöflicher Kämmerer bezeugt, starb aber offenbar kurz danach ohne Erben zu hinterlassen. Deshalb ging der Besitz an die Nachkommen Gudas aus dem Haus Bolanden über, die damit die an die Rheingrafen gegangenen Besitzverluste mehr als ausgleichen konnten[98]. Solange die Angehörigen der Ministerialengeschlechter ihre Ehepartner aus dem Kreis der anderen Dienstmannenfamilien der Region wählten, musste dies nicht zu einer völligen Zersplitterung der Besitzkomplexe führen, sondern es konnte über die Generationen hinweg zu einer Zirkulation von Gütern auf dem Weg der Erbteilungen kommen.

96) Zu den Strategien des nicht-fürstlichen Hochadels im Spätmittelalter vgl. Karl-Heinz Spiess, Familie und Verwandtschaft im deutschen Hochadel des Spätmittelalters. 13. bis Anfang des 16. Jahrhunderts (VSWG Beihefte 111), Stuttgart 1993, S. 199–397, hier S. 201–204.

97) Sauer, Lehensbücher (wie Anm. 90), S. 36 f.: *Ego Wer (sic) de Bolant et dilecta consors mea Guda filio nostro Ph. de allodiis nostris communicato consilio contulimus subscribenda.*

98) Ebd., S. 69–72.

V. Ergebnisse

Bereits der Normalfall adeligen Erbens, der den nicht sehr präzisen Regeln des mittelalterlichen Familienerbrechts folgte[99], beinhaltete die Notwendigkeit zur Aushandlung konkurrierender Ansprüche. Dieser Prozess wurde beim kinderlosen Tod des Erblassers noch erheblich komplizierter, weil der Kreis der Anspruchsberechtigten sich erweiterte. Da bei der Sukzession im Amt des lothringischen und dann rheinischen Pfalzgrafen im Untersuchungszeitraum nie der vermeintliche Normalfall der Sohnesfolge eintrat, unterlagen sowohl die Nachfolge als auch die Verteilung des Erbes einem komplexen Aushandlungsprozess, für dessen Ausgang drei Faktoren mit je nach politischer Situation unterschiedlicher Gewichtung ausschlaggebend waren. Da die Pfalzgrafenwürde vom König verliehen wurde, war der Herrscherwille von höchster Bedeutung. In der Regel war der König in der Auswahl eines neuen Pfalzgrafen nicht völlig frei, sondern musste neben den grundsätzlichen Bindungen seines Handelns an den Konsens der Großen zwei weitere Faktoren berücksichtigen. Dazu gehörten die aus Eheschließungen mit der Witwe des Vorgängers oder mit dessen Erbtochter abgeleiteten Ansprüche auf das Erbe und die davon getrennt zu betrachtende Nachfolge in der Pfalzgrafschaft, deren Rechtmäßigkeit in der Vorstellungswelt der hochmittelalterlichen Adelsgesellschaft fest verankert war. Die eminente Rolle der verwitweten Pfalzgräfin bei der Legitimierung des Anspruchs auf die Nachfolge ist insbesondere bei Adelheid von Weimar-Orlamünde erkennbar, von der nicht nur ihr zweiter Gatte Heinrich von Laach, sondern auch die Nachkommen aus ihrer ersten Ehe mit Otto von Ballenstedt profitierten. Dazu trug als dritter Faktor bei, dass die Pfalzgrafenwürde nicht in größerem Umfang mit Amtsgut ausgestattet war, sondern als Träger nur ein im Mittelrheingebiet begüterter und damit mächtiger Adeliger in Frage kam. Die auch in der weiblichen Linie vererbten Eigengüter bildeten daher eine wesentliche Voraussetzung für die Sukzession.

In allen drei untersuchten Fällen war das Ausbleiben des vermeintlichen Normalfalls der Sohnesfolge bereits zu Lebzeiten des Erblassers erkennbar, weshalb diese seit dem letzten Drittel des 12. Jahrhunderts versuchten, auf die Allokation der Erbgüter und die Herrschaftsnachfolge Einfluss zu nehmen. Dazu bedienten sie sich der Auftragung von Gütern und Herrschaftsrechten als Lehen unter bestimmten Bedingungen, wie der Erb-

99) Vgl. hierzu Hans-Rudolf Hagemann, Erbrecht, in: HRG 1 (^{2}2008), Sp. 1370–1384. Zur ersten Gruppe der Erbberechtigten gehörten die Kinder des Erblassers und alle weiteren Personen im gleichen Verwandtschaftsgrad, also Eltern und Geschwister. Nachrangige Erbansprüche hatten die Nachkommen der zur ersten Gruppe gehörenden Personen sowie alle weiteren Personen des gleichen Verwandtschaftsgrads. Da es schon für die Verteilung der Erbgüter auf Söhne und Töchter keine allgemeinverbindlichen und klaren Normen gab, bestand der Normalfall also in der Aushandlung der Ansprüche, wobei die männlichen gegenüber den weiblichen Nachkommen bei Landbesitz und Herrschaftsrechten bevorzugt wurden.

lichkeit auch in weiblicher Linie[100] oder der Unteilbarkeit[101]. Rheingraf Embricho traf mit seinen Lehnsherren Vereinbarungen, damit sie die zugehörigen Güter nach seinem Tod niemand anderem als seinem Neffen und designierten Erben Wolfram von Stein verliehen[102].

Diese Versuche zur Steuerung der nach dem Tod des Erblassers einsetzenden Aushandlung der tatsächlichen Verteilung der Erbgüter konnten zwar auch in der hergebrachten Form einer Lehnsurkunde ihren Niederschlag finden, doch stießen sie offenbar auch die Verwendung neuer Typen von Dokumenten an. Während Graf Heinrich III. von Sayn seinen letzten Willen in einer ganzen Reihe von Urkunden niederlegte, gehörten Bestimmungen zur Verteilung des Erbes zu den zentralen Elementen der um 1200 im Umfeld von Ministerialenfamilien entstandenen Güterverzeichnisse. Diese Dokumente garantierten aber keine vollständige Kontrolle über der Allokation des Erbes, sondern wurden ihrerseits Teil von Aushandlungsprozessen, wie das Beispiel des Testaments Heinrichs von Sayn belegt. Der Versuch, die Herrschaftsnachfolge und das Erbe mittels letztwilliger Verfügungen zu regeln, fand seine Grenzen in der Vielfalt der beteiligten Akteure und Interessen. Heinrich hatte seiner zum Zeitpunkt seines Todes schwangeren Witwe Mechthild eine zentrale Position bei der Verfügung über sein Erbe zugedacht. Als sich die Hoffnung auf einen posthum geborenen Erben oder eine Erbin zerschlug, war Mechthilds Position stark geschwächt. Da ihr die Unterstützung von Verwandten aus ihrer Herkunftsfamilie fehlte und auch die meisten gräflichen Amts- und Gefolgsleute nicht ihre Partei ergriffen, konnten sich die zu Herrschaftsnachfolgern eingesetzten Neffen außer den ihnen zugedachten Lehen noch große Teile der Eigengüter aneignen. Zugleich zog der Kölner Erzbischof als Lehnsherr und mächtigster territorialer Nachbar einige Lehen ein und erwarb von der Witwe sukzessive Teile der ihr aus dem Erbe zugefallenen Eigengüter, wobei seine Zahlungsmoral sich als äußerst schlecht erwies.

Auch auf der Ebene der Ministerialität lässt sich um 1200 im Erbfall ein differenzierter Umgang mit Lehens- und Allodialbesitz beobachten, dessen Komplexität einen wichtigen Impuls für die Erstellung von Güterverzeichnissen in der Spitzengruppe der Ministerialität des Königs und der Reichskirche gab. Das Beispiel des Rheingrafen Wolfram vom Stein, der von seinem Onkel Embricho zu Lebzeiten als Erbe seiner Lehen eingesetzt worden war, zeigt die zentrale Bedeutung des Lehnsbesitzes für die Aufrechterhaltung einer »ortsbezogenen Sukzessionslinie« (JUSSEN), während die Allodialgüter einer Logik der Teilung unter gleichberechtigten Mitgliedern einer kognatisch konzipierten Verwandtschaftsgruppe folgten, innerhalb derer es daher zu einer Zirkulation von Gütern kam. Die Erbteilungen machten insbesondere im Konfliktfall eine mög-

100) Vgl. oben bei Anm. 40 im Fall des pfalzgräflichen Bacharach und bei Anm. 79 für die Burg Sayn.
101) Vgl. oben bei Anm. 79.
102) Vgl. oben bei Anm. 84.

lichst genaue Bestandsaufnahme der in Frage stehenden Herrschaftsrechte, Güter und Einnahmen nötig, die im untersuchten Fall der Rheingrafen bis auf die Ebene der einzelnen Hörigenfamilien führte.

Summary

The article discusses the negotiation processes of succession to office and the distribution of inheritance based on three case studies from the Middle Rhine region: the Rhenish counts palatine, Count Heinrich III of Sayn, and the Rhine count Wolfram, who belonged to the ministeriality of the archbishops of Mainz. The case studies represent the various ranks within the German aristocracy: princes, counts and the originally unfree ministerials, of whom several families succeeded in rising to the nobility during the period under study. In the case of the dignity of the count palatine, the will of the ruler played a decisive role, who, however, needed the consensus of the magnates and therefore had to take into account their ideas of heritage rights. These included the legitimacy of claims resulting from marriage with the widow of the predecessor and from the entitlement to hereditary estates of the predecessor, which could also be transferred in the female line. In all three cases, the testators attempted to exert influence on the allocation of hereditary property and the succession in office after their death. In doing so, they made use of new types of documents, such as property registers or testamentary dispositions. The number of actors involved and their respective interests, however, significantly limited the extent of their influence.

Adliges Erbe zwischen Ems und Elbe

Konzepte, Praktiken und Konflikte im 12. und 13. Jahrhundert

Claudia Garnier (Vechta)

Für Alheydis Plassmann (1969–2022)

I. Übertragungskonzepte im Spannungsfeld von Recht und Reproduktion – einführende Bemerkungen

Bernhard II. von Wölpe rechnete mit einem söhnelosen Tod. Wohl aus diesem Grund stiftete er im Jahr 1214 die Zisterze Mariensee und stattete die als Hauskloster konzipierte Gründung mit einem Teil seines Eigenguts aus. Für das fromme Werk holte der Graf die Zustimmung naher Familienmitglieder ein: seiner Gemahlin Sophia, seiner drei Töchter und deren Gatten ebenso wie die seines Schwagers, des Grafen Adolf I. von Dassel[1]. Dieser Vorgang steht exemplarisch sowohl für die Herausforderungen, denen sich zahlreiche Adelsfamilien zu stellen hatten, als auch für die Strategien ihrer Bewältigung: Bei Kinderlosigkeit oder fehlenden männlichen Nachfolgern sicherten Klosterstiftungen zwar nicht die dynastische Existenz, sie sorgten jedoch für ein angemessenes Gebetsgedenken. Ebenso belegen die dargestellten Maßnahmen beispielhaft, dass die Entscheidung über den Gütertransfer nicht nur in der Verfügungsgewalt der Erblasser selbst lag, sondern ebenfalls der Zustimmung naher Bluts- und Heiratsverwandter bedurfte. Dass adlige Zukunft von direkten Nachkommen und ihrem Überleben abhing, ist eine logische Folge der »Familialisierung des Vererbungskonzepts«, die als eine der prägendsten Entwicklungen europäischer Verwandtschaftssysteme im Mittelalter gilt[2].

1) Calenberger Urkundenbuch, Bd. 5: Archiv des Klosters Mariensee, hg. von Wilhelm von Hodenberg, Hannover 1855, Nr. 7, S. 11–16; ebd., Nr. 3 f., S. 7 f. (Zustimmung und zusätzliche Besitzübertragung durch Adolf I. von Dassel); ebd., Nr. 6 (Zustimmung Bischof Konrads von Minden); Manfred Hamann/Christa Graefe, Mariensee, in: Germania Benedictina, Bd. 12: Die Männer- und Frauenklöster der Zisterzienser in Niedersachsen, Schleswig-Holstein und Hamburg, bearb. von Ulrich Faust, St. Ottilien 1994, S. 438–462; Thomas Vogtherr, Iso von Wölpe, Bischof von Verden (1205–1231). Reichsfürst, Bischof, Adliger. Eine Biographie (Schriftenreihe des Landschaftsverbandes der ehemaligen Herzogtümer Bremen und Verden 31), Stade 2008, S. 17 f.; zur weiteren Entwicklung der Nachkommenschaft Bernhards II. von Wölpe vgl. unten, S. 196.

2) Bernhard Jussen/Stefan Willer/Sigrid Weigel, Erbe, Erbschaft, Vererbung. Eine aktuelle Problemlage und ihr historischer Kontext, in: Erbe. Übertragungskonzepte zwischen Natur und Kultur, hg. von dens., Berlin

Weil sich intergenerative Übertragungen an der biologischen (Kern)Familie orientierten, standen sie stets in Abhängigkeit erfolgreicher oder versagter Reproduktion. Wie gravierend sich dieser Aspekt auf Erbgänge auswirkte, lassen bereits rein quantitative Erhebungen erahnen: Es ist allgemein davon auszugehen, dass rund ein Fünftel aller Paare ohne leibliche Kinder verstarb und ein weiteres Fünftel ausschließlich Töchter hatte. Dies bedeutet grob geschätzt, dass in bilateralen Verbänden 20 % und in agnatischen Systemen sogar 40 % der Betroffenen keine direkten Nachkommen hinterließen, denen Rechte und Besitzungen übertragen werden konnten[3]. Aus dieser Perspektive war Bernhard II. von Wölpe kein Einzelfall, sondern er stand repräsentativ für ein Fünftel bis knapp die Hälfte aller Erblasser.

Die Transformation des Familienguts auf die Folgegeneration erforderte daher zum einen eine ausreichend große Nachkommenschaft, damit angesichts der drohenden Säuglings- und Kindersterblichkeit ein oder mehrere Erben die Herrschaft erhalten konnten. Zum anderen stellte sich bei zahlreichen Nachfahren die Frage ihrer adäquaten Versorgung, die die materiellen Grundlagen strapazieren oder gar bedrohen konnte. Biologischer Erfolg und der Schutz der ökonomischen Substanz standen daher in einem steten Spannungsverhältnis. Der dynastischen Zukunftssicherung und dem notwendigen Ressourcenschutz waren unterschiedliche Strategien verpflichtet, die nicht nur von der Anzahl, sondern auch vom Geschlecht der Kinder abhingen, wurde doch im ambilateralen Verwandtschaftssystem die Nachfolgeberechtigung von Söhnen und Töchtern unterschiedlich bewertet[4]. Blieb ein Paar ohne Kinder, hing die Verteilung des Nach-

2013, S. 7–36, hier S. 24; Bernhard JUSSEN, Erbe und Verwandtschaft. Kulturen der Übertragung, in: ebd., S. 37–64. Allgemein zu Konzepten und Praktiken des Erbens vgl. Stefan WILLER, Erbfälle. Theorie und Praxis kultureller Übertragung in der Moderne, Paderborn 2014, bes. S. 27–158 mit einem theoriegeschichtlichen Abriss.

3) Joseph MORSEL, Geschlecht und Repräsentation. Beobachtungen zur Verwandtschaftskonstruktion im fränkischen Adel, in: Die Repräsentation der Gruppen. Texte – Bilder – Objekte, hg. von Otto Gerhard OEXLE/ Andrea VON HÜLSEN-ESCH (Veröffentlichungen des Max-Planck-Instituts für Geschichte 141), Göttingen 1998, S. 259–325, hier S. 298; Jack GOODY, The Development of the Family and Marriage in Europe, Cambridge/ New York 1983, S. 43 f.; dt.: Die Entwicklung von Ehe und Familie in Europa, Berlin 1986, S. 57. Vergleichbare Befunde liefern ebenfalls Studien zum geographischen Beobachtungsraum dieses Beitrags. Eine Bestandsaufnahme von 44 Adelsgeschlechtern des Weserraums geht im 13. und 14. Jahrhundert sogar von 66 % der Paare aus, die kinder- oder söhnelos blieben: Friedhelm BIERMANN, Der Weserraum im hohen und späten Mittelalter. Adelsherrschaften zwischen welfischer Hausmacht und geistlichen Territorien, Gütersloh 2006, S. 648–655, sowie ebd., S. 710–715, die tabellarische Darstellung, die diesen Sachverhalt unter dem Stichpunkt »biologische Erschöpfung« subsummiert. Allgemein zur Situation der erbenlosen Besitzübertragung vgl. Gabriela SIGNORI, Vorsorgen – Vererben – Erinnern. Kinder- und familienlose Erblasser in der städtischen Gesellschaft des Spätmittelalters (Veröffentlichungen des Max-Planck-Instituts für Geschichte 160), Göttingen 2001; Regina TOEPFER, Kinderlosigkeit. Ersehnte, verweigerte und bereute Elternschaft im Mittelalter, Stuttgart 2020, S. 97–101.

4) Zur Unterscheidung bilateraler und ambilateraler Verwandtschaftssysteme vgl. Gerhard VOWINCKEL, Verwandtschaft, Freundschaft und die Gesellschaft der Fremden. Grundlagen menschlichen Zusammenlebens, Darmstadt 1995, S. 84.

lasses von der Struktur und Zusammensetzung seiner Verwandtengruppen ab, aber auch von Ambitionen einflussreicher Dynasten im geographischen und politischen Umfeld des betroffenen Familienverbandes.

Unter diesen Prämissen fällt die Entscheidung im Sinne der Konzeption dieses Sammelbandes schwer, welche Transformationsform den »Normalfall« darstellte und wie sich entsprechende Abweichungen, die eine Delegation erforderten, voneinander abgrenzen lassen[5]. Eindeutig definieren lässt sich der »Normalfall« bestenfalls auf der Basis einschlägiger Rechtsquellen, von denen für den regionalen Beobachtungsraum dieses Beitrags der Sachsenspiegel die ausführlichsten Informationen liefert[6]. So verfügt sein Landrecht, dass bei der Vererbung des Allodialguts der Sohn der Tochter vorzuziehen und die Tochter lediglich im söhnelosen Erbfall zu berücksichtigen sei[7]. In welcher Form diese Vorgaben die soziale Praxis reflektierten, ist in diesem Beitrag zu diskutieren. Rechtsquellen sind in die Analyse eingebunden, wenn sie Erklärungen für die untersuchten Übertragungen bieten, vertiefte Einsichten erlauben oder sich die Akteure explizit auf ihre Referenz bezogen.

Diese Beobachtungen leiten unmittelbar zum Spannungsverhältnis kognatischer und agnatischer Verwandtschaftsstrategien über, das Gegenstand zahlreicher Forschungsdiskussionen war und bis zum heutigen Zeitpunkt ist. Die deutschsprachige Mediävistik wurde über einen langen Zeitraum von der Vorstellung geprägt, dass sich im Verlauf des 12. Jahrhunderts die offenen Sippen- zu Agnatenverbänden entwickelt und auf diese Weise dauerhaft patrilineare Verwandtschaftskonzepte etabliert hätten[8].

5) JUSSEN, Erbe und Verwandtschaft (wie Anm. 2), S. 59, der zwischen der Verteilung (intergenerationelle Ersetzung im Normalfall), Delegierung (Verfahren und Akteure bei der Störung des Normalfalls) und Modellierung (gesellschaftliche Deutungsmodelle dieser Funktionen) unterscheidet.

6) Zum Erbrecht des Sachsenspiegels vgl. Ludger MEUTEN, Die Erbfolgeordnung des Sachsenspiegels und des Magdeburger Rechts. Ein Beitrag zur Geschichte des sächsisch-magdeburgischen Rechts (Hochschulschriften. Rechtshistorische Reihe 218), Frankfurt a. M./Berlin/Bern/Wien 2000; allgemein zum Erbrecht in den Rechtsspiegeln vgl. Martin LIPP, Erbfolgeordnung, in: HRG 1 (2008), Sp. 1361–1365, bes. Sp. 1362; Hans Rudolf HAGEMANN, Erbrecht, in: ebd., Sp. 1370–1384, bes. Sp. 1372; Lázló BLAZOVICH, Das Erbrecht in den mittelalterlichen Rechtsbüchern und in der Praxis der Städte, in: Schwabenspiegel-Forschung im Donaugebiet. Konferenzbeiträge in Szeged zum mittelalterlichen Rechtstransfer deutscher Spiegel, hg. von Elemér BALOGH (Ius saxonico maideburgense in Oriente 4), Berlin 2015, S. 101–126.

7) Sachsenspiegel, Teil 1: Landrecht, hg. von Karl August ECKHARDT (MGH Fontes iuris N. S. 1,1), Göttingen/Frankfurt a. M. 1973, I,17, § 1, S. 82: *Vader unde muder, suster unde bruder erve nimt de sone unde nicht de dochter, it ne si dat dar nen sone ne si, so nimt it de dochter.* Karl A. KROESCHELL, Söhne und Töchter im germanischen Erbrecht, in: Studien zu den germanischen Volksrechten. Gedächtnisschrift für Wilhelm Ebel, Frankfurt a. M. 1982, S. 87–116; wieder in: DERS., Studien zum frühen und mittelalterlichen Recht (Freiburger rechtsgeschichtliche Abhandlungen N. F. 20), Berlin 1995, S. 35–64.

8) Grundlegend Karl SCHMID, Zur Problematik von Familie, Sippe und Geschlecht, Haus und Dynastie beim mittelalterlichen Adel. Vorfragen zum Thema ›Adel und Herrschaft im Mittelalter‹, in: ZGORh 105 N. F. 66 (1957), S. 1–62; wieder in: DERS., Gebetsgedenken und adliges Selbstverständnis im Mittelalter. Ausgewählte Beiträge. Festgabe zu seinem 60. Geburtstag, Sigmaringen 1983, S. 183–244. Dazu auch Otto Gerhard OEXLE,

Doch bereits in den 1980er Jahren formulierte die anthropologisch-ethnologisch orientierte Forschung Gegenentwürfe, die bis zum heutigen Tag wichtige Impulse liefern und das Modell agnatischer Familienstrukturen zunehmend einer kritischen Revision unterziehen[9]. Es gilt mittlerweile als Konsens, dass kognatische Verwandtschaftskonzepte das adlige Selbstverständnis über einen sehr viel längeren Zeitraum als bisher angenommen bestimmten[10]. Vor allem die Vererbung des Allodialguts habe – so die jüngeren Beobachtungen – mindestens bis zum 14. Jahrhundert, möglicherweise sogar noch länger, keinesfalls nur die Söhne oder gar ausschließlich Erstgeborene berücksichtigt. Am ehesten lasse sich ihre Bevorzugung im Bereich der Nachfolgeberechtigung im (königlichen) Lehen rekonstruieren[11]. Doch handelt es sich in diesen Situationen nicht um Formen der Vererbung im Sinne der Übertragung verschiedener Vermögensmassen oder Rechte, sondern um die geregelte Einsetzung eines Nachfolgers[12]. Zudem existieren auch im Lehnswesen zahlreiche Gegenbeispiele, die einer agnatischen Exklusivität widersprechen. Als prominenteste Fälle können das ›Privilegium minus‹ (1156) und die Erhebung Ottos »des Kindes« in den reichsfürstlichen Rang (1235) angeführt werden, die jeweils die Übertragung des Lehens an Söhne wie Töchter gleichermaßen vorsahen[13].

Gruppen in der Gesellschaft. Das wissenschaftliche Oeuvre von Karl Schmid, in: FMSt 28 (1994), S. 410–423. Weil sich auch Georges Duby dieser Sicht anschloss, bezeichnet Michael Mitterauer das Verlaufsmodell pointiert als »Schmid-Duby-These«; Georges DUBY, Le chevalier, la femme et le prêtre. Le mariage dans la France féodale, Paris 1981; dt.: Ritter, Frau und Priester, Frankfurt a. M. 1988, S. 106 f.; Michael MITTERAUER, Mittelalter, in: Geschichte der Familie, hg. von Andreas GESTRICH/Jens-Uwe KRAUSE/DEMS. (Europäische Kulturgeschichte 1), Stuttgart 2003, S. 160–363, hier S. 160–164. Zur Rezeption und Diskussion Werner HECHBERGER, Adel im fränkisch-deutschen Mittelalter. Zur Anatomie eines Forschungsproblems (Mittelalter-Forschungen 17), Ostfildern 2005, S. 303–328.

9) GOODY, Development (wie Anm. 3).

10) Ausführlich Bernhard JUSSEN, Perspektiven der Verwandtschaftsforschung 25 Jahre nach Jack Goodys ›Entwicklung von Ehe und Familie in Europa‹, in: Die Familie in der Gesellschaft des Mittelalters, hg. von Karl-Heinz SPIESS (VuF 71), Ostfildern 2009, S. 275–324; Ludolf KUCHENBUCH, ›...mit Weib und Kind und ...‹: die Familien der Mediävistik, in: ebd., S. 325–376, S. 334 f.; Simon TEUSCHER, Verwandtschaft in der Vormoderne. Zur politischen Karriere eines Beziehungskonzepts, in: Die Ahnenprobe in der Vormoderne. Selektion – Initiation – Repräsentation, hg. von Elizabeth HARDING/Michael HECHT, Münster 2011, S. 85–106.

11) TEUSCHER, Verwandtschaft (wie Anm. 10), S. 91 f. sowie die Angaben in Anm. 8.

12) Vgl. etwa Karin GOTTSCHALK, Erbe und Recht. Die Übertragung von Eigentum in der frühen Neuzeit, in: Erbe. Übertragungskonzepte zwischen Natur und Kultur (wie Anm. 2), S. 85–125, hier S. 112.

13) Zum ›Privilegium minus‹ Erich ZÖLLNER, Das Privilegium minus und seine Nachfolgebestimmungen in genealogischer Sicht, in: MIÖG 86 (1978), S. 1–26; wieder in: DERS., Probleme und Aufgaben der österreichischen Geschichtsforschung. Ausgewählte Aufsätze, hg. von Heide DIENST/Gernot HEISS, München 1984, S. 236–262; Heinrich APPELT, Die libertas affectandi des Privilegium minus, in: Mitteilungen des österreichischen Staatsarchivs 25 (1972), S. 135–140; wieder in: DERS., Kaisertum, Königtum, Landesherrschaft. Gesammelte Studien zur mittelalterlichen Verfassungsgeschichte, hg. von Othmar HAGENEDER/Herwig WEIGL, Wien/Köln/Graz 1988, S. 174–179; Die Geburt Österreichs. 850 Jahre Privilegium minus, hg. von Peter SCHMID/

Die Betonung bilateraler Traditionslinien schließt die Existenz agnatischer Transformationsformen nicht aus, bewertet sie in ihrer Abhängigkeit zu anderen Konzepten jedoch neu. In mehrfacher Hinsicht anschlussfähig ist etwa die von Joseph Morsel formulierte Unterscheidung zwischen Geschlecht und Verwandtschaft[14]. Sie schreibt ersterem eine ordnungsstiftende Funktion zu, indem es den Zugang zur Herrschaft begründe und sich durchaus agnatischer Repräsentationsformen bediene. Davon zu trennen sei jedoch das (verwandtschaftliche) Erbe, das durchaus bilateral organisiert sein könne. In ähnlicher Form grenzen Simon Teuscher und David Sabean die Nachfolge (*succession*) vom Erbe (*inheritance*) ab[15]. Während Erstere exklusive Rechte transferiere, die den Zugang zu politischen Privilegien und sozialem Status patrilinear bestimmten, sei das Erbe wesentlich weiter zu fassen und auch auf die bilaterale Verwandtschaft zu beziehen.

Wenn sich das Erbe nicht exklusiv auf einen einzigen Nachfolger bezog, sondern eine zwischen verschiedenen Verwandtengruppen disponible Ressource darstellte, werfen die Beobachtungen zwangsläufig die Frage nach der Teilung des Besitzes auf. Daher setzt der Prozess des (Ver)Erbens nicht zwingend den Tod als biologische Zäsur voraus, da bereits eine Entscheidung zur Erbteilung die Ansprüche der Akteure für die Zukunft präfigurierte. Dies galt auch für Situationen, in denen veränderte politische Rahmenbedingungen die verfügbare Vermögens- und Territorialmasse vergrößerten und neue Handlungsoptionen boten. Der Frage nach der Bedeutung von Erbteilungen sowie damit verbundenen Strategien der Konfliktlösung ist daher in diesem Beitrag ebenso nachzugehen[16]. Auf den ersten Blick befriedigten sie persönliche Ansprüche auf materielle Ressourcen und dokumentierten den Vorrang individueller Besitzwahrung vor kollektiven dynastischen Interessen. Doch Maßnahmen dieser Art wirkten sich nicht in jedem Falle bedrohlich auf den Allodialbesitz aus, sie konnten unter bestimmten Umständen durchaus zu seiner Sicherung beitragen[17]. Blieb ein Paar ohne Nachkommen, so konnte ein anderer Familienzweig das Erbe übernehmen und auf diese Weise die Verfügungsgewalt über das Eigengut wahren. Nicht zuletzt barg die Erbteilung neben

Heinrich WANDERWITZ, Regensburg 2007, sowie unten, Anm. 77. Zur Erhebung Ottos »des Kindes« in den Rang eines Reichsfürsten vgl. unten, S. 172–174.

14) MORSEL, Geschlecht und Repräsentation (wie Anm. 3).

15) David W. SABEAN/Simon TEUSCHER, Kinship in Europe. A new Approach to Long-Term Development, in: Kinship in Europe. Approaches to Long-Term Development (1300–1900), hg. von DENS./Jon MATHIEU, Oxford 2007, S. 1–32, hier S. 6.

16) Zu diesem Themenfeld Gerhard LUBICH, Verwandtsein. Lesarten einer politisch-sozialen Beziehung im Frühmittelalter (6.–11. Jahrhundert), Köln/Weimar/Wien 2007, S. 220–230; Karl-Heinz SPIESS, Erbteilung, dynastische Räson und transpersonale Herrschaftsvorstellung. Die Pfalzgrafen bei Rhein und die Pfalz im späten Mittelalter, in: Die Pfalz. Probleme einer Begriffsgeschichte. Referate und Aussprachen der Arbeitstagung vom 4.–6. Oktober 1988 in St. Martin/Pfalz, hg. von Franz STAAB, Speyer 1990, S. 159–181, sowie die Angaben in Anm. 17.

17) Dies betont für das Spätmittelalter Karl-Heinz SPIESS, Familie und Verwandtschaft im deutschen Hochadel des Spätmittelalters, Stuttgart ^{2}2015, S. 273 f.

der Gefahr einer Besitzzersplitterung auch die Chance der innerdynastischen Friedenssicherung. Eine klare Abgrenzung von Rechten, Gebieten und Zuständigkeiten konnte den familiären Konsens wahren, weil sie Konflikte um strittigen Besitz zwar nicht ausschaltete, aber zumindest reduzierte. Diesem Ziel konnten etwa strategische Absprachen dienen, wie in künftigen Auseinandersetzungen zu verfahren sei. Ob sich eine Erbteilung am Ende konstruktiv oder destruktiv auf die dynastische Zukunft auswirkte, hing vom biologischen Zufall ebenso wie von politischen Entwicklungen ab, die niemand vorhersehen konnte.

Den Agnaten und Kognaten als potentiellen Erben ist schließlich eine weitere Verwandtengruppe hinzuzufügen, auf deren Bedeutung vor allen Karl-Heinz Spieß hingewiesen hat: die Heiratsverwandten[18]. Seine umfassende Studie, die neben konsanguinen ebenso die durch Eheschließungen begründeten Netzwerke in den Blick nimmt, legt den Schwerpunkt zwar auf das ausgehende Mittelalter, dennoch erlauben ihre Befunde grundsätzliche Einsichten in die Strukturen affinaler Verwandtschaft[19]. Daher wird der vorliegende Beitrag auch die Frage diskutieren, in welchen Situationen und in welcher Form Heiratsverwandte Einfluss auf Erbgänge nehmen konnten. Erinnert sei an das zu Beginn des Beitrags angeführte Beispiel Bernhards II. von Wölpe, der für die Übertragung seines Eigenbesitzes an das Kloster Mariensee die Zustimmung seiner Schwiegersöhne und seines Schwagers einzuholen hatte[20]. Von zentraler Bedeutung ist schließlich die Tatsache, dass ein Erbgang in den seltensten Fällen ausschließlich Angelegenheit der beteiligten Familienverbände war. Auch das jeweilige politische Umfeld verfolgte Interessen und konnte unmittelbaren oder auch indirekten Einfluss nehmen. Die unterschiedlichen Konstellationen verwandtschaftlicher und politischer Beziehungen und die sich aus ihnen ableitenden Ansprüche dokumentieren, dass intergenerationelle Übertragungen nicht allein aus dynastischer Perspektive zu deuten sind. Auch diesen Abhängigkeiten soll im folgenden Beitrag Rechnung getragen werden.

Um der Vielfalt des Materials gerecht zu werden, werden die Ausführungen zunächst das Erbe der norddeutschen Welfen in den Blick nehmen (II), um auf dieser Grundlage erste Beobachtungen zu Übertragungsformen und den mit ihnen verbundenen generativen Strategien formulieren zu können. Die Ausführungen verstehen unter dem Begriff Erbe zwar in erster Linie Territorialbesitz und Rechtsansprüche. Da das Erbe jedoch stets auch das dynastische Selbstverständnis und Herkunftsbewusstsein prägte, beeinflusste es gleichermaßen die adlige Identitätsbildung, wurde also gewissermaßen von

18) Ebd., S. 539.

19) Zu ergänzen ist neben Deszendenz und Affinalverwandtschaft als dritte Kategorie die geistliche Verwandtschaft, die allerdings in diesem Beitrag keine Rolle spielt. Bernhard JUSSEN, Patenschaft und Adoption im frühen Mittelalter. Künstliche Verwandtschaft als soziale Praxis (Veröffentlichungen des Max-Planck-Instituts für Geschichte 98), Göttingen 1991; Michael MITTERAUER, Geistliche Verwandtschaft im Kontext mittelalterlicher Verwandtschaftssysteme, in: Die Familie in der Gesellschaft des Mittelalters (wie Anm. 10), S. 171–194.

20) Dazu oben, Anm. 1.

einer materiellen zu einer immateriellen Ressource transferiert – dies wird ebenfalls das Beispiel der norddeutschen Welfen im 12. und 13. Jahrhundert zeigen. Auf dieser Basis folgen in einem zweiten Schritt Überlegungen, welche exogenen Faktoren Einfluss nehmen konnten (III): Im vorliegenden Fall handelt es sich um die mehrfach dokumentierten Versuche Heinrichs des Löwen, in söhne- oder kinderlosen Erbgängen Ansprüche auf adliges Allodialgut durchzusetzen. Seine in diesen Situationen formulierten Argumente sind in besonderer Weise geeignet, das Spannungsverhältnis familiär-dynastischer Rechte einerseits und politischer Ansprüche externer Akteure andererseits auszuleuchten. Am Beispiel der Region zwischen Ems und Weser sollen schließlich verschiedene Ausgangssituationen und Strategien adligen Erbens in den Blick genommen werden (IV): Fälle, in denen mehrere (männliche) Nachfolger erbberechtigt waren, sind ebenso berücksichtigt wie Optionen, die sich söhne- oder kinderlosen Paaren boten.

II. Erbe und Nachfolge: die norddeutschen Welfen

Mit dem Sturz Heinrichs des Löwen war der politische Aktionsradius der Welfen auf ihr Allodialgut in Sachsen beschränkt, so dass diese Voraussetzung die Handlungsspielräume seiner Nachkommen bestimmte[21]. Bei seinem Tod im Jahr 1195 hinterließ er mit dem Pfalzgrafen Heinrich, dem späteren römisch-deutschen König Otto IV. und Wilhelm drei Söhne[22]. Der Löwe selbst hatte sich zu Lebzeiten wohl nicht zu seinem Erbe geäußert, sieht man von einer Urkunde als vermeintlichem »Testament« ab. Sie ist in einem Formelbuch aus dem frühen 13. Jahrhundert überliefert und gilt nicht als Ausweis seines letzten Willens, sondern als Stilübung[23]. Möglicherweise fassten die Welfen-

21) Vgl. Arnold von Lübeck, Chronica Slavorum, hg. von Johann Martin Lappenberg (MGH SS rer. Germ. 14), Hannover 1868, II,22, S. 67, der nach dem Entzug der Herzogswürde von der endgültigen Unterwerfung des Welfen auf dem Hoftag von Erfurt (1181) berichtet: *Hoc tamen circa ipsum dispensatum est, ut patrimonium suum, ubicunque terrarum fuisset, sine omni contradictione liberrime possideret.* Zum Tod Heinrichs des Löwen vgl. Bernd Schneidmüller, Welfentode. Fürstliches Sterben im Hochmittelalter, in: Herrschaft und Kirche im Hochmittelalter. Gedenksymposium zum ersten Todestag von Norbert Kamp, Braunschweig 2001, S. 15–26, bes. S. 20–24.

22) Karl Jordan, Heinrich der Löwe und seine Familie, in: AfD 27 (1981), S. 111–144, bes. S. 131–144.

23) Die Urkunden Heinrichs des Löwen Herzogs von Sachsen und Bayern, hg. von Karl Jordan (MGH DD 5, Laienfürsten- und Dynastenurkunden der Kaiserzeit 1), Leipzig 1941, ND Stuttgart 1957, Nr. 140, S. 193 f. mit dem entsprechenden Kommentar, sowie Karl Jordan, Das ›Testament‹ Heinrichs des Löwen und andere Dictamina auf seinen Namen, in: Corona Quernea. Festgabe. Karl Strecker zum 80. Geburtstage dargebracht (Schriften des Reichsinstituts für ältere deutsche Geschichtskunde 6), Leipzig 1941, ND Stuttgart 1962, S. 367–376; Bernd Ulrich Hucker, Das Testament Heinrichs des Löwen, in: Niedersächsisches Jahrbuch für Landesgeschichte 56 (1984), S. 193–201, geht hingegen davon aus, dass der Stilübung eine entsprechende Urkundenausfertigung zugrunde lag. Dagegen Claus-Peter Hasse, Die welfischen Hofämter und die welfische Ministerialität

söhne bald nach Heinrichs Tod eine Erbteilung ins Auge, verfolgten das Vorhaben jedoch zunächst nicht weiter[24]. Ob dies den politischen Unruhen nach der Doppelwahl von 1198 geschuldet war, die ihre Kräfte an anderer Stelle banden, oder andere Motive ausschlaggebend gewesen sein mögen, ist nicht zweifelsfrei zu klären. Erst im Jahr 1202 verständigten sich die Brüder in Paderborn über ihre Ansprüche auf das väterliche Erbe[25]. Zu diesem Zeitpunkt bestand Handlungsbedarf, da der jüngste Welfensohn Wilhelm territorial angemessen ausgestattet werden musste, als er die dänische Königsschwester Helena heiratete[26]. Ein weiterer Grund könnte die Absicht des Pfalzgrafen Heinrich gewesen sein, den Zugriff seines königlichen Bruders auf das Erbe zu beschneiden, um es vor dem Einsatz als materielle Verfügungsmasse im Thronstreit zu schützen[27].

Die Übereinkunft ist in vier Urkunden dokumentiert: Otto IV. und Heinrich stellten jeweils zwei Dokumente aus, die vom jüngsten Bruder besiegelt wurden. Zunächst formulierten Otto und Heinrich wechselseitig eine Urkunde, in der das dem Empfänger zugeteilte Allodialgut aufgeführt wurde[28]. Heinrich erhielt die umfangreichsten Ge-

in Sachsen. Studien zur Sozialgeschichte des 12. und 13. Jahrhunderts (Historische Studien 443), Husum 1995, S. 33–36.

24) Auf dieses Vorhaben deutet zumindest eine Äußerung des Pfalzgrafen Heinrich vom Mai 1199 hin, der eine Teilung im Bereich des Möglichen sah. Annales Stederburgenses auctore Gerhardo praeposito, hg. von Georg Heinrich PERTZ (MGH SS 16), Hannover 1859, S. 197–231, S. 229, Anm. 79: [...] *si contingerit nos aliquam de hereditate nostra facere divisionem*. Zum Verhältnis der Brüder vor 1202 vgl. Andrea BRIECHLE, Heinrich Herzog von Sachsen und Pfalzgraf bei Rhein. Ein welfischer Fürst an der Wende vom 12. zum 13. Jahrhundert (Heidelberger Veröffentlichungen zur Landesgeschichte und Landeskunde 16), Heidelberg 2013, S. 95–102.

25) Zur sogenannten Paderborner Teilung Gudrun PISCHKE, Die Landesteilungen der Welfen im Mittelalter (Veröffentlichungen des Instituts für Historische Landesforschung der Universität Göttingen 24), Hildesheim 1987, S. 12–34; Egon BOSHOF, Die Entstehung des Herzogtums Braunschweig-Lüneburg, in: Heinrich der Löwe, hg. von Wolf-Dieter MOHRMANN (Veröffentlichungen der Niedersächsischen Archivverwaltung 39), Göttingen 1980, S. 249–274, bes. S. 255; Bernd SCHNEIDMÜLLER, Die Welfen. Herrschaft und Erinnerung (819–1252), Stuttgart 2000, S. 251 f. Gegen den Begriff »Teilung« spricht sich Ernst SCHUBERT, Geschichte Niedersachsens vom 9. bis zum ausgehenden 15. Jahrhundert, in: Geschichte Niedersachsens, Bd. 2,1: Politik, Verfassung, Wirtschaft vom 9. bis zum ausgehenden 15. Jahrhundert (Veröffentlichungen der Historischen Kommission für Niedersachsen und Bremen 36,2,1), Hannover 1997, S. 3–905, S. 496, aus. Er sieht im Ziel der Maßnahme die »Abgrenzung der Nutzungsbereiche, nicht eine Aufteilung des Landes«.

26) Zur Eheschließung im Jahr 1202 Albert von Stade, Annales Stadenses, hg. von Johann Martin LAPPENBERG (MGH SS 16), Hannover 1859, a. 1202, S. 353; Arnold von Lübeck, Chronica Slavorum (wie Anm. 21), VI,15, S. 237; Tobias WELLER, Die Heiratspolitik des deutschen Hochadels im 12. Jahrhundert (Rheinisches Archiv 149), Köln/Weimar/Wien 2004, S. 271–273. Zu Albert von Stade vgl. unten, Anm. 107; zu Arnold von Lübeck unten, Anm. 44.

27) Diese Vermutung äußert PISCHKE, Landesteilungen (wie Anm. 25), S. 13.

28) Eine detaillierte Synopse der in den vier Urkunden aufgeführten Ansprüche ebd., S. 24–32, sowie eine kartographische Darstellung zwischen S. 34 und 35.

biete im Westen, die vor allem den Weserraum umfassten[29]; Otto wurde der Besitz zwischen Ise und Leine mit Braunschweig zugewiesen[30]. Ansprüche auf Lehen werden in der für Heinrich ausgestellten Urkunde aufgeführt, und zwar namentlich die Grafschaft Stade[31]. Zusätzlich stellten die beiden älteren Brüder je eine eigene, mit Ausnahme der Arenga und Narratio weitgehend gleichlautende Urkunde für Wilhelm aus, in der die ihm zustehenden Besitzungen zwischen Lüneburg und dem Harz aufgeführt sind[32].

Die Welfensöhne betonten, in einer feierlichen Versammlung in Paderborn brüderlich und einmütig übereingekommen zu sein[33]. Sie beschworen ihren Konsens und beriefen sich auf freundschaftliches und friedliches Miteinander: Brüderlichkeit und Freundschaft erscheinen als Grundlage ihrer Kooperation[34]. Weil der Frieden unter den Brüdern zwar idealtypischen Vorstellungen entsprach, jedoch gerade in Situationen strittiger Besitzverhältnisse gefährdet war, konnte er durch Freundschaft zusätzlich abgesichert werden. *Amicitia* und *fraternitas* sind aus dieser Perspektive nicht als synonyme Sozialformen zu begreifen, sondern als je eigenständige Systeme, die bei Bedarf miteinander kombiniert werden konnten[35]. In dieser Funktion galt Freundschaft als ein Vertragsverhältnis, das die existierenden Verwandtschaftsbeziehungen absicherte und den eingegangenen Verpflichtungen zusätzliches Gewicht verlieh.

29) Otto für Heinrich (Origines Guelficae, bearb. von Gottfried Wilhelm VON LEIBNIZ/Christian Ludwig SCHEIDT, Bd. 3, Hannover 1752, Nr. 144, S. 626 f.).

30) Heinrich für Otto (Origines Guelficae 3 [wie Anm. 29], Nr. 145, S. 627–629).

31) Zur Grafschaft Stade unten S. 178–187.

32) Otto für Wilhelm (Origines Guelficae 3 [wie Anm. 29], Nr. 352, S. 853 f.); Heinrich für Wilhelm (ebd., Nr. 351, S. 852 f.).

33) Origines Guelficae 3 (wie Anm. 29), Nr. 144, S. 626; ebd., Nr. 145, S. 628: [...] *patrimonii nostri diuisione fraterno et vnanimi consensu apud Padelburnam celebrata.*

34) Klaus VAN EICKELS, Der Bruder als Freund und Gefährte. Fraternitas als Konzept personaler Bindung im Mittelalter, in: Familie in der Gesellschaft des Mittelalters (wie Anm. 10), S. 195–222, der die doppelte Funktion betont, indem Verwandtschaftsbindungen durch Freundschaft ergänzt und umgekehrt einvernehmliches Miteinander mit der Semantik der *fraternitas* codiert wurde. Vgl. auch Claudia GARNIER, Amicus amicis – inimicus inimicis. Politische Freundschaft und fürstliche Netzwerke im 13. Jahrhundert (Monographien zur Geschichte des Mittelalters 46), Stuttgart 2000, S. 210–225.

35) Kerstin SEIDEL/Peter SCHUSTER, Freundschaft und Verwandtschaft in historischer Perspektive, in: Freundschaft und Verwandtschaft. Zur Unterscheidung und Verflechtung zweier Beziehungssysteme, hg. von Johannes F. SCHMIDT/Martine GUICHARD/Peter SCHUSTER/Fritz TRILLMICH, Konstanz 2007, S. 145–156, bes. S. 152; Frank REXROTH/Johannes F. K. SCHMIDT, Freundschaft und Verwandtschaft: Zur Theorie zweier Beziehungssysteme, in: ebd., S. 7–13, bes. S. 12, die eine von der älteren Forschung konstatierte Gleichsetzung von Freundschaft und Verwandtschaft in Zweifel ziehen und ihre Überprüfung und Neubewertung einfordern. Vgl. auch Klaus VAN EICKELS, Tradierte Konzepte in neuen Ordnungen. Personale Bindungen im 12. und 13. Jahrhundert, in: Ordnungskonfigurationen im hohen Mittelalter, hg. von Bernd SCHNEIDMÜLLER/Stefan WEINFURTER (VuF 64), Ostfildern 2006, S. 93–125. Entsprechende Appelle an Freundschaft und Brüderlichkeit sind ebenfalls in spätmittelalterlichen Teilungsverträgen dokumentiert. Dazu SPIESS, Familie (wie Anm. 17), S. 276 f.

Den Ausführungen der Urkunden sind zudem Details der Entscheidungsfindung zu entnehmen: Die Welfen hatten einige Ministerialen mit Kenntnis der örtlichen Besitzverhältnisse aus ihrem Gefolge mit der Aufteilung der Einflussbereiche bevollmächtigt[36]. Daher erstaunt es auf den ersten Blick, dass Braunschweig nicht an den ältesten Bruder Heinrich fiel, der dort bis zur Teilung residierte, sondern an Otto IV.[37]. Dass diese Entscheidung möglicherweise seinem königlichen Rang geschuldet war, legt auf den ersten Blick die Braunschweigische Reimchronik nahe, die eine enge Verbindung zwischen der Stadt und Ottos Krone sieht[38]. Die Informationen, die sie über das Verfahren selbst liefert, relativieren jedoch diesen Eindruck: So verwendet der Chronist das Nomen *gevelle*, das zahlreiche Bedeutungen wie etwa Zufall besitzt und häufig im Kontext von Besitzübertragungen im Sinne des Erbfalls oder der Erbfolge begegnet[39]. Schenkt man dieser Darstellung Glauben, so bestimmte das Los über die Zuteilung der Gebiete[40]. Auch die Chronik des Wilhelm und seiner Gemahlin Helena verbundenen Klosters St. Michaelis in Lüneburg unterstützt diese These[41]. Dies würde bedeuten,

36) Origines Guelficae 3 (wie Anm. 29), Nr. 352, S. 853: [...] *ministeriales* [...], *qui possesiones nostras bene nouerunt, plenam de ipsis possesionibus faciendi diuisionem contulimus postestatem: qui amicabiliter et pacifice inter nos talem fecerunt diuisionem* [...].

37) Lothar von Heinemann, Heinrich von Braunschweig, Pfalzgraf bei Rhein. Ein Beitrag zur Geschichte des staufischen Zeitalters, Gotha 1882, ND Hildesheim 2005, der S. 98 betont, dass Heinrichs Anteile »nur auf dem Pergamente standen, die er sich erst erkämpfen musste oder die durch ihre Zersplitterung nur geringen Wert für ihn haben konnten«.

38) Braunschweigische Reimchronik, hg. von Ludwig Weiland (MGH Dt. Chron. 2), Hannover 1877, S. 430–574, S. 530: *Darnach an dhen meytagen / quamen zosamene, hor ich sagen, / herzogen Heynriches sone dhre / dhes alten, dhe ich nante ê, / koninc Otte, Willehalm und Heynrich, / zo teylene ir erbe vaterlich. / Heynriche gaph daz gevelle / dhe herscaph Stadhen unte Zelle. / koninc Otten vart Bruneswich / und ouch dharnach daz keyserich. Willehalme daz gevelle gaph / Luneborch und dhe herscaph.* Zur Bedeutung des Versepos für die Funktion Braunschweigs im welfischen Identitätsbewusstsein Bernd Schneidmüller, Burg – Stadt – Vaterland. Braunschweig und die Welfen im hohen Mittelalter, in: Heinrich der Löwe. Herrschaft und Repräsentation, hg. von Johannes Fried/Otto Gerhard Oexle (VuF 57), Ostfildern 2003, S. 27–81, bes. S. 33 f., sowie die Angaben in Anm. 74, 85 f.

39) Zur vielfältigen Wortbedeutung vgl. die Artikel *gevelle*, in: Mittelhochdeutsches Wörterbuch online, http://www.mhdwb-online.de (03.03.2022); Gefälle, in: Deutsches Rechtswörterbuch online, https://drw-www.adw.uni-heidelberg.de/drw/ (03.03.2022). Zu Losentscheidungen im Kontext mittelalterlicher Entscheidungsfindungen vgl. Wolfgang Eric Wagner, Der ausgeloste Bischof. Zur Situation und Funktion des Losverfahrens bei der Besetzung hoher Kirchenämter im Mittelalter, in: HZ 305 (2017), S. 307–333; Ders., ›Ein bisschen Zufall‹ – Zum Einsatz von Losverfahren an der mittelalterlichen Universität als Strategie der Risikovermeidung, in: Kulturen des Risikos im Mittelalter und in der Frühen Neuzeit, hg. von Benjamin Scheller (Schriften des Historischen Kollegs 99), Berlin 2019, S. 104–124. Zum Losverfahren in Erbgängen Andreas Deutsch, Los, losen, in: HRG 2 (2014), Sp. 1042–1046, bes. Sp. 1043 f.; Andreas von Arnault, Zufall in Recht und Spiel, in: Recht und Spielregeln, hg. von dems., Tübingen 2003, S. 171–190, S. 182.

40) Pischke, Landesteilungen (wie Anm. 25), S. 13, 32, die den Begriff *gevelle* mit »Los« übersetzt.

41) Das zwischen 1229 und 1233 entstandene Chronicon Sancti Michaelis Luneburgensis, hg. von Ludwig Weiland (MGH SS 23), Hannover 1874, S. 391–397, S. 397, formuliert: *Quartus filius eius erat Wilhelmus, natus in*

dass weder strategische Überlegungen noch die Rücksichtnahme auf Ottos Status, sondern der Zufall über die Zugehörigkeit der Welfenstadt entschieden hatte. Die Expertise der nach Paderborn mitgeführten Ministerialen hätte sich dann ausschließlich auf die Aufteilung der Gebiete bezogen, nicht aber auf die Frage, welchem Bruder sie jeweils zufallen sollten.

Ob tatsächlich das Losverfahren zur Anwendung kam, lässt sich zweifelsfrei weder verifizieren noch falsifizieren. Zumindest aber würde es erklären, warum sich das brüderliche Einvernehmen nur kurze Zeit später auflöste und sich Pfalzgraf Heinrich im Thronstreit auf die Seite Philipps von Schwaben schlug[42]. So sieht Arnold von Lübeck die wachsende Distanz der Brüder in der Tatsache begründet, dass Heinrich entgegen der getroffenen Übereinkunft Braunschweig weiterhin für sich beansprucht habe. Arnold überliefert ein fiktives Gespräch, in dem der Ältere die Übertragung Braunschweigs und der Burg Lichtenberg zur Bedingung gemacht habe, Otto gegen seinen staufischen Opponenten zu unterstützen. Dass der König das Ansinnen seines Bruders abgelehnt habe, gilt Arnold als Erklärung für den anschließenden Parteiwechsel des Pfalzgrafen[43]. Zwar hält sich der Chronist an dieser Stelle mit offener Kritik zurück. Der Hinweis, dass der Abfall »von vielen« mit Staunen und Tränen zur Kenntnis genommen worden sei, lässt jedoch indirekt Rückschlüsse auf seine Wertung zu[44]. Braunschweig blieb weiter in der Verfügungsgewalt Ottos IV., und an der Bedeutung der Stadt für die Welfenherr-

Anglia, cui in sortem cesserat castrum in Luneburg. Zum Lüneburger Michaeliskloster vgl. Uta REINHARDT, Die Welfen und das Kloster St. Michaelis in Lüneburg, in: Niedersächsisches Jahrbuch für Landesgeschichte 54 (1982), S. 129–151, bes. S. 143 f., zu seiner Bedeutung für die welfische Geschichtsschreibung; Eckhard MICHAEL, Die Klosterkirche St. Michael in Lüneburg als Grablege der Billunger und Welfen, in: Fürstliche Residenzen im spätmittelalterlichen Europa, hg. von Werner PARAVICINI/Hans PATZE (VuF 36), Sigmaringen 1991, S. 293–310.

42) Zu den Friktionen zwischen den beiden älteren Brüdern zwischen 1202 und 1204 BRIECHLE, Heinrich (wie Anm. 24), S. 96–102; vgl. auch HASSE, Hofämter (wie Anm. 23), S. 33–36, 56, der in der als Testament Heinrichs des Löwen deklarierten Stilübung ein mögliches Zeugnis der Unzufriedenheit in der Umgebung des Pfalzgrafen Heinrich erkennt.

43) Arnold von Lübeck, Chronica Slavorum (wie Anm. 21), VI,6, S. 227; BRIECHLE, Heinrich (wie Anm. 24), S. 102–105. Zum Parteiwechsel des Pfalzgrafen im Thronstreit und der zeitgenössischen Wahrnehmung Stefanie MAMSCH, Kommunikation in der Krise. Könige und Fürsten im deutschen Thronstreit (1198–1218), Münster 2012, S. 234–244.

44) Arnold von Lübeck, Chronica Slavorum (wie Anm. 21), VI,6, S. 227: [...] *sive deliberatione sive necessitate palatinus, relicto fratre, multis mirantibus vel etiam lacrimatibus, ad Philippum transit* [...]. Wurden dem 1211 oder 1212 verstorbenen Abt des Lübecker Johannisklosters lange Zeit uneingeschränkt welfenfreundliche Tendenzen zugeschrieben, so fällt das Urteil mittlerweile differenzierter aus: Arnolds Parteinahme waren Grenzen gesetzt, wenn die Politik der Welfen und vor allem die Durchsetzung ihrer Interessen mit Waffengewalt den regionalen Frieden störten. Vgl. Stephan PANZER, Die Chronik Arnolds von Lübeck – Darstellungsabsicht und Adressaten, in: Die Chronik Arnolds von Lübeck. Neue Wege zu ihrem Verständnis, hg. von Stephan FREUND/Bernd SCHÜTTE, Frankfurt a. M. 2008, S. 45–71. Vgl. auch Bernd Ulrich HUCKER, Die Chronik Arnolds von Lübeck als ›Historia Regum‹, in: DA 44 (1988), S. 98–119.

schaft, die an dieser Stelle nicht weiter zu vertiefen ist, änderte der brüderliche Disput in der Folgezeit wenig[45].

Es ist allein dem biologischen Zufall geschuldet, dass die Bestimmungen des Jahres 1202 keine langfristigsten Konsequenzen nach sich zogen. Denn die beiden älteren Brüder Otto und Heinrich verstarben in den Jahren 1218 und 1227 jeweils söhnelos, so dass das norddeutsche Welfenerbe Wilhelms Sohn Otto »dem Kind« zufiel. Dass dieser später gar als »einziger Überlebende« seines Geschlechts bezeichnet wurde, belegt seine Bedeutung für die langfristige Herrschaftssicherung[46]. Vor diesem Hintergrund kam bereits den Nachfolgeregelungen Ottos IV. eine wichtige Bedeutung zu, als er im Mai 1218 auf der Harzburg im Sterben lag[47]. Sein letzter Wille gilt als erstes Testament eines römisch-deutschen Herrschers in Urkundenform, wenngleich die Überlieferungsgeschichte des Dokuments zu kontroversen Deutungen führte. Es ist zum einen als Mandat überliefert, zum anderen inseriert die Abt Friedrich von Walkenried zugeschriebene *Narratio de morte Ottonis* dessen letzte Verfügungen[48]. Die Diskrepanz zwischen beiden Versionen führte früh zum Verdacht, dass das Testament nachträglich zugunsten des älteren Bruders interpoliert sein könnte[49]. Auf der Grundlage diplomatischer wie

45) Die pointierte Einschätzung Bernd Ulrich Huckers, die Stadt an der Oker habe sich zu einer »Hauptstadt« des Welfen entwickelt, fand in der Forschung keine ungeteilte Zustimmung (Bernd Ulrich HUCKER, Otto IV. [MGH Schriften 34], Hannover 1990, S. 58–78). Zur Bedeutung Braunschweigs als *urbs regia* vgl. SCHNEIDMÜLLER, Burg – Stadt – Vaterland (wie Anm. 38), S. 70–74, der die »erzwungene Beschränkung« (S. 70) betont. DERS., Die neue Heimat der Welfen. Von der kaiserlichen Landschaft zum Herzogtum Braunschweig (1125–1252), in: Die Braunschweigische Landesgeschichte. Jahrtausendrückblick einer Region, hg. von Horst-Rüdiger JARCK/Gerhard SCHILDT, Braunschweig 2000, S. 177–230, hier S. 217. Allgemein Caspar EHLERS/Lutz FENSKE, Braunschweig, in: Die deutschen Königspfalzen. Repertorium der Pfalzen und übrigen Aufenthaltsorte der Könige im deutschen Reich des Mittelalters, Bd. 4: Niedersachsen, Göttingen 1999–2000, S. 18–106, bes. S. 68.

46) Chronicon Sancti Michaelis (wie Anm. 41), S. 397: [...] *solus superstes illius nobilissime generationis, que de Althorp et Ravenesburg nominatur* [...]. August MICHELS, Leben Ottos des Kindes, ersten Herzogs von Braunschweig und Lüneburg, Einbeck 1891; SCHNEIDMÜLLER, Die Welfen (wie Anm. 25), S. 269–285; SCHUBERT, Geschichte Niedersachsens (wie Anm. 25), S. 518–524, S. 170–175.

47) Zum Tod Ottos IV. vgl. SCHNEIDMÜLLER, Welfentode (wie Anm. 21), S. 24–26; Martin SCHALLER, Der Kaiser stirbt, in: Tod im Mittelalter, hg. von Arno BORST/Gerhart VON GRAEVENITZ/Alexander PATSCHOVSKY/Karlheinz STIERLE (Konstanzer Bibliothek 20), Konstanz 1993, S. 59–75, bes. S. 63, 65.

48) Constitutiones et acta publica imperatorum et regum, Bd. 2: 1198–1272, hg. von Ludwig WEILAND, Hannover 1896, Nr. 42, S. 51–53; Narratio de morte Ottonis IV. Imperatoris, in: Thesaurus novus anecdotorum complectens chronica varia 3, hg. von Edmond MARTÈNE/Ursin DURAND, Paris 1717, ND New York 1968, Sp. 1373–1378. Diesem Text folgen die Origines Guelficae 3 (wie Anm. 29), S. 840–843. Zur Verfasserschaft Friedrichs von Walkenried vgl. Claudia LYDORF, Das Testament Kaiser Ottos IV. [04.08.2007], in: forum historiae iuris, Abschnitt 9, https://forhistiur.net/2007-08-lydorf/?l=de (03.03.2022).

49) Diese Vorbehalte formuliert Ludwig Weiland in Const. 2 (wie Anm. 48), Nr. 42, S. 51 (Kommentar); siehe hingegen bereits Julius Ficker in: Die Regesten des Kaiserreichs unter Philipp, Otto IV., Friedrich II., Heinrich (VII.), Conrad IV., Heinrich Raspe, Wilhelm und Richard. 1198–1272, Bd. 1: Kaiser und Könige (Philipp –

inhaltlicher Analysen gilt die Urkunde der aktuellen Forschung jedoch als echt, während dem Bericht des Walkenrieder Abts ihr Konzept zugrunde gelegen haben dürfte[50].

Unbestritten ist die zentrale Rolle, die Heinrich als nächstem männlichen Verwandten beim Tod des Kaisers zukam. Der jüngste Bruder Wilhelm war zu diesem Zeitpunkt bereits seit fünf Jahren verstorben, sein im Jahr 1204 geborener Sohn und Nachfolger Otto noch ein Kind[51]. Das Testament mahnte Heinrich, dass er dem Sterbenden *hominio et fraternitate* verpflichtet sei und stellt auf diese Weise die politische der verwandtschaftlichen Bindung voran. Dieser Logik folgt der weitere Aufbau des Textes, der zunächst die Herrschaft im Reich thematisiert, sie jedoch anschließend direkt mit dem dynastischen Erbe der Welfen verbindet. Heinrich solle die *imperialia insignia* 20 Wochen unter Verwahrung halten und sie anschließend dem von den Fürsten einmütig und rechtmäßig Erwählten überantworten. Dafür solle er kein Geld verlangen, aber versuchen, sein und des Bruders *patrimonium* einzufordern[52]. Der Corroboratio des Testaments ist ein Appell an den Bruder vorangestellt, alle Verfügungen nachdrücklich und entschlossen umzusetzen[53]. Es bedurfte in der Folgezeit jedoch zäher Auseinandersetzungen, bis sich Heinrich tatsächlich zur Übergabe der Insignien und der damit verbundenen Anerkennung Friedrichs II. bereitfand. Im Juli 1219 händigte er dem Staufer auf dem Hoftag in Goslar nach intensiven Verhandlungen die Herrschaftszeichen aus, ließ sich diesen Schritt jedoch reich entlohnen[54]. Aus Heinrichs späteren Aktivitäten ist ebenso zu rekonstruieren, dass er vom König mit umfassenden Befugnissen in seinem Herrschaftsbereich ausgestattet worden war, die von der älteren Forschung als (Reichs) Vikariat zwischen Weser und Elbe gedeutet wurden[55]. Obwohl ein solcher Titel formal

Richard mit Manfred von Sizilien, Konradin, Alfons von Kastilien sowie Königinnen und Kaiserinnen), neu hg. von Julius FICKER (J. F. Böhmer, Regesta Imperii V,1,1), Innsbruck 1881, Nr. 511.

50) LYDORF, Testament (wie Anm. 48), mit einem Vergleich der Testamentstexte; HUCKER, Otto IV. (wie Anm. 45), S. 331–345; BRIECHLE, Heinrich (wie Anm. 24), S. 121–123.

51) Als solches bezeichnen die Stader Annalen Otto beim Tod seines Vaters. Albert von Stade, Annales (wie Anm. 26), a. 1212, S. 355: *Willehelmus de Luneburch obiit, relinquens Ottonem adhuc infantulum*. Zur Diskussion über das Todesjahr Wilhelms – 1212 oder 1213 – vgl. HASSE, Hofämter (wie Anm. 23), S. 62 f.

52) Const. 2 (wie Anm. 48), Nr. 42, S. 51–53, S. 52: [...] *et pro hiis representandis, pro honore Dei, et nostra salute, nullam acceptes pecuniam, nisi nostrum et tuum patrimonium per ipsa imperialia possis requirere* [...].

53) Ebd., S. 53: *Rogamus et te, frater karissime, omni qua possumus intentione et diligentia, ut hanc nostram ordinationem firmam et inconvulsam teneas.*

54) Reg. Imp. V,1,1 (wie Anm. 49), Nr. 1024a; Chronica regia Coloniensis, hg. von Georg WAITZ (MGH SS rer. Germ. 18), Hannover 1880, a. 1219, S. 196: [...] *Fridericus rex coronam et lanceam ceteraque regalium ornatuum insignia recepit ab Heinrico duce Saxonie, fratre Ottonis quondam imperatoris, datis eidem duci undecim marcarum milibus.* BRIECHLE, Heinrich (wie Anm. 24), S. 163 f.

55) BOSHOF, Entstehung (wie Anm. 25), S. 260 f. Heinrich selbst verwies darauf, dass Friedrich II. ihn in Goslar mit umfassenden Rechten ausgestattet habe: [...] *secundum plenitudinem iurisdictionis nobis date ab ipso* [= Friedrich] *Goslarie* [...]. Urkundenbuch der Bischöfe und des Domkapitels von Verden (Verdener Urkundenbuch, 1. Abteilung), Bd. 1: Von den Anfängen bis 1300, bearb. von Arend MINDERMANN (Schriftenreihe des Landschaftsverbandes der ehemaligen Herzogtümer Bremen und Verden. Veröffentlichungen der Historischen Kom-

nicht fassbar ist, rückten ihn die übertragenen Kompetenzen in »eine nahezu herzogsgleiche Position in der Region« oder stellten doch zumindest »einen gewissen Ersatz für die Herzogswürde« dar[56].

Der so geschaffene Anspruch setzte unbestreitbar neue Impulse für die künftige Bedeutung der Familie und spiegelte ebenso deutlich ihre Selbstwahrnehmung wider. Dies wird in besonderem Maße durch die Inszenierung des fürstlichen Ranganspruchs deutlich, derer sich der söhnelose Heinrich im Jahr 1223 bei der Übertragung seines Erbes auf seinen Neffen Otto bediente[57]. Der Akt ist in einer der Bedeutung des Vorgangs angemessenen Urkunde dokumentiert, deren komplexe Überlieferungsgeschichte jedoch keinen eindeutigen Rückschluss zulässt, ob sie zeitgenössisch oder nachträglich angefertigt wurde[58]. Wenn die Arenga der Urkunde auf wechselseitige Verwandtenpflichten in Form der *dilectio* und *amicitia* verweist, so kaschiert sie den Umstand, dass Heinrich mit der Förderung des Neffen seine unmittelbaren Nachkommen umging[59]. Denn weder seine Tochter Irmgard, die um 1217 den Markgrafen Hermann V. von Baden geheiratet hatte, noch seine Tochter Agnes, die im Vorjahr mit dem rheinischen

mission für Niedersachsen und Bremen 205), Stade 2001, Nr. 244, S. 270. Der regionale Bezug dieser Befugnisse erscheint in einer Urkunde des Verdener Domdekans und -kapitels, die auf Heinrichs Anwesenheit verweist: [...] *in presencia* [...] *serenissimi domini Henrici ducis de Bruneswic et palatini comitis Rheni, qui iuris dicionem imperialem a domino imperatore Frederico sibi delegatam tenuit per nostram provinciam* (ebd., Nr. 281, S. 309). Der Welfe selbst bezeichnete sich schließlich als *sanctissimi legatus imperii* (HEINEMANN, Heinrich von Braunschweig [wie Anm. 37], Anhang, Nr. 16, S. 334). Zur Diskussion des Titels und seiner Bedeutung Peter THORAU, König Heinrich (VII.), das Reich und die Territorien (Jahrbücher des deutschen Reiches unter Heinrich [VII.]), Berlin 1998, S. 74 f.; BRIECHLE, Heinrich (wie Anm. 24), S. 164–167.

56) Zitate nach SCHNEIDMÜLLER, Die Welfen (wie Anm. 25), S. 269; BOSHOF, Entstehung (wie Anm. 25), S. 260.

57) Die Regesten des Kaiserreichs unter Philipp, Otto IV., Friedrich II., Heinrich (VII.), Conrad IV., Heinrich Raspe, Wilhelm und Richard. 1198–1272, Bd. 2: Päpste und Reichssachen, neu hg. von Julius FICKER/Eduard WINKELMANN (J. F. Böhmer, Reg. Imp. V,2,4), Innsbruck 1901, Nr. 10904; Bernd SCHNEIDMÜLLER, Hütte oder königliche Stadt? Die Welfen und Braunschweig 1198–1235, in: Otto IV. Traum vom welfischen Kaisertum, hg. von Stefanie HAHN/Hans-Jürgen DERDA, Petersberg 2009, S. 239–248, bes. S. 244–246; BOSHOF, Entstehung (wie Anm. 25), S. 262; BRIECHLE, Heinrich (wie Anm. 24), S. 124–126.

58) Urkundenbuch Verden 1 (wie Anm. 55), Nr. 267, S. 295 f. Für die Origines Guelficae benutzte Christian Ludwig Scheidt nach eigener Aussage das Original aus dem Welfischen Gesamtarchiv in Wolfenbüttel (Origines Guelficae, bearb. von Gottfried Wilhelm VON LEIBNIZ/Christian Ludwig SCHEIDT, Bd. 4, Hannover 1753, S. 98). Ludwig Hänselmann war das Stück im späten 19. Jahrhundert bei der Edition des Urkundenbuchs der Stadt Braunschweig weder in Wolfenbüttel noch im Staatsarchiv Hannover zugänglich, sondern nur abschriftlich in einem Kopiar aus dem 14. Jahrhundert (Urkundenbuch der Stadt Braunschweig, hg. von Ludwig HÄNSELMANN, Bd. 2: 1031–1299, Braunschweig 1895, Nr. 60, S. 22). Letzteres dürfte gemeinsam mit den übrigen Kopialbüchern dem Bombenangriff auf Hannover im Jahr 1943 zum Opfer gefallen sein (Urkundenbuch Verden 1 [wie Anm. 55], Nr. 267, S. 295 f.).

59) Urkundenbuch Verden 1 (wie Anm. 55), Nr. 267, S. 295: [...] *sed mortua est dilectio, nisi amicitie et dilectionis exhibitio subsequatur.*

Pfalzgrafen Otto II. die Ehe eingegangen war, fanden Berücksichtigung[60]. Die *dilectio* gegenüber den Angehörigen – um in der Diktion der Arenga zu bleiben – bezog sich in diesem Fall allein auf die agnatische Linie[61]. Onkel und Neffe verständigten sich über das Band der *amicitia*, das – ähnlich wie im Jahr 1202 – als vertragliche Absprache zwischen Verwandten zu verstehen ist.

Die Pfalz Braunschweig bot dem Ereignis einen angemessenen und feierlichen Rahmen: Heinrich übertrug Otto als seinem »Erben« und »legitimen Nachfolger« die Stadt Braunschweig sowie sein gesamtes Erb- und Eigengut. Alle Ministerialen, Bürger und Bauern sollten sich unverzüglich der Herrschaft des Neffen unterwerfen und ihm treu dienen, sobald sie von Heinrichs Tod erfahren würden[62]. Ebenso übergab Heinrich seinem Nachfolger alle Kirchenlehen, verbunden mit der Bitte an die entsprechenden geistlichen Funktionsträger, die Investitur vorzunehmen[63]. Als Zeugen erscheinen die wichtigsten Ministerialen, die vor allem von den Inhabern der Hofämter repräsentiert wurden. Ihrer Anwesenheit und Zustimmung kam eine hohe Bedeutung zu, da Heinrich sie explizit mit der Umsetzung der Herrschaftsübertragung nach seinem Tod betraute. Die kontinuitätsstiftende Bedeutung dieser Männer zeigte zudem die Tatsache, dass sie beziehungsweise in einem Fall der Sohn später dieselben Funktionen am Hof Ottos »des Kindes« bekleideten[64]. Durch die Überreichung seines Hutes an den Neffen verlieh Heinrich dem Transfer demonstrativen Ausdruck[65]. Zwar ist die in der Urkunde gewählte Bezeichnung *cupheum* selten belegt[66], allerdings begegnen Hüte als

60) JORDAN, Heinrich der Löwe und seine Familie (wie Anm. 22), S. 132 f.

61) Vgl. oben, S. 159–161.

62) Urkundenbuch Verden 1 (wie Anm. 55), Nr. 267, S. 295: *Notum igitur facimus* [...], *quod nos post multa obsequia, expensas et labores, quos karissimus nepos noster Otto, dux de Luneborch, propter nos pertulit incessanter, ei dilectionem debitam non immerito duximus exhibere et communicato fidelium nostrorum consilio ipsi tanquam heredi nostro et legitimo successori cupheo nostro a capite dempto porreximus et in proprium dedimus Brunswich civitatem cum universis ministerialibus et cum omnibus castris et bonis pertinentibus ad eandem. Assignavimus quoque et dedimus ei omnem hereditatem et proprietatem nostram in aliis civitatibus quam in castris et villis, liberis seu porrectis, rogantes universos ministeriales nostros et monentes eos per eam, qua nobis et nostris progenitoribus tenentur, fidem et dilectionem, similiter burgenses et ruricolas nostros, ut fideliter ei serviant et tanquam suo legitimo domino sint subjecto, quando perceperint, nos obisse.*

63) Ebd., S. 295 f.: *Pheoda etiam nostra ipsum de manu nostra recognoscimus accepisse, que tenemus ab ecclesia Bremense, Verdense, Mindense, Magdeburgense, Halberstadense, Hildensemense, Werdinense, Quedelingeburgense, Gandershemense et Corbeyense, et supplicamus omnibus dictarum ecclesiarum dominis nostris, ut ei favorabiliter porrigant pheoda nostra, ad honorem et profectus ipsum sollicite promoventes.*

64) Ebd., S. 296. Zu Jordan III. von Blankenburg, der zwischen 1231 und 1240 auch Truchsess Ottos »des Kindes« war, HASSE, Hofämter (wie Anm. 23), S. 151–156; zu Wilhelm II. von Volkmarode, der zwischen 1229 und 1241 auch Marschall Ottos »des Kindes« war, ebd., S. 178–182; zu Jusarius ebd., S. 200–202. Ihm folgte sein Sohn Jusarius III., der von 1225 bis 1227 der Schenk Heinrichs war und unter Otto diese Funktion von 1231 bis 1235 bekleidete (ebd., S. 202 f.).

65) Oben, Anm. 62.

66) Cofia, cofium, in: MLW 2 (1999), Sp. 786.

Rechts- und Handlungssymbole in den unterschiedlichsten Varianzen. Neben ihrer Funktion bei Besitz- und Lehnsübertragungen ist ihre Bedeutung als Zeichen der Herrschaft im Allgemeinen und der Herzogswürde im Besonderen hervorzuheben[67]. Die Kombination der Braunschweiger Pfalz als Ort der Besitzübertragung und des gewählten Handlungssymbols deutet daher die Vorstellung eines »Herzogtums Braunschweig« an, die zumindest der welfischen Selbstwahrnehmung entsprochen haben dürfte. Denn seit 1226 führte Otto den Titel *dux de Bruneswic*, während die staufische Kanzlei zunächst konsequent diesen Anspruch ignorierte und es bei »Otto von Lüneburg« beließ[68].

Die symbolischen Handlungen, mit denen Heinrich seinen Neffen zum *successor legitimus* einsetzte, dürften eher dessen Status nach 1235 als der Situation des Jahres 1223 entsprochen haben. Die Tatsache, dass Otto ein Jahrzehnt später tatsächlich zum Herzog erhoben wurde, spricht daher gegen die Annahme, dass die den Vorgang von 1223 dokumentierende Urkunde zeitgenössisch abgefasst wurde. Vielmehr ist davon auszugehen, dass die Herrschaftsübertragung später im Wissen um die nachfolgenden Entwicklungen oder vielleicht sogar im Bemühen um ihre Legitimation dem Pergament überantwortet wurde. Aus dieser Perspektive suggerierte sie eine dynastische Kontinuität, die in der Gründung des Herzogtums Braunschweig-Lüneburg im Jahr 1235 und dem Aufstieg des Welfen zum *dux et princeps* mündete[69].

Auch wenn die Ansprüche der Töchter und ihrer Ehemänner in der dem Jahr 1223 zugeschriebenen Urkunde ignoriert wurden, dürften sie dennoch Besitzrechte an Braunschweig für sich reklamiert haben. Dies belegen eindrücklich die Vorbereitungen des Mainzer Hoftages von 1235, auf dem Friedrich II. das Herzogtum Braunschweig-Lüneburg gründete und Otto den reichsfürstlichen Rang zusprach[70]. Vorangegangen waren intensive Verhandlungen mit den Töchtern und Schwiegersöhnen des im Jahr 1227 verstorbenen Pfalzgrafen Heinrich. Im September 1234 erklärte der Kaiser, die

67) Zur allgemeinen Bedeutung Heiner LÜCK, Hut, in: HRG 2 (2014), Sp. 1167–1169; Friedrich MERZBACHER, Der Hut im Recht, in: Jahrbuch für fränkische Landesforschung 34/35 (1975), S. 839–851; vgl. auch noch Jacob GRIMM, Deutsche Rechtsalterthümer, Göttingen 1828, S. 148–152. Zum Hut als Symbol des herzoglichen Ranges Gerd TELLENBACH, Über Herzogskronen und Herzogshüte im Mittelalter, in: DA 5 (1942), S. 55–71; wieder in: DERS., Ausgewählte Abhandlungen, Teilbd. 4, Stuttgart 1989, S. 1183–1199; Jörg PELTZER, Der Rang der Pfalzgrafen bei Rhein. Die Gestaltung der politisch-sozialen Ordnung des Reichs im 13. und 14. Jahrhundert (RANK. Politisch-soziale Ordnungen im mittelalterlichen Europa 2), Ostfildern 2013, S. 349–365, zur reichsfürstlichen Kleidung und Kopfbedeckung.

68) BOSHOF, Entstehung (wie Anm. 25), S. 265.

69) SCHNEIDMÜLLER, Hütte (wie Anm. 57), S. 246.

70) Steffen SCHLINKER, Fürstenamt und Rezeption. Reichsfürstenstand und gelehrte Literatur im späten Mittelalter (Forschungen zur deutschen Rechtsgeschichte 18), Köln/Weimar/Wien 1999, S. 70–92. Allgemein zur Forschungsdiskussion über den reichsfürstlichen Rang Karl-Friedrich KRIEGER, Die Lehnshoheit der deutschen Könige im Spätmittelalter (Untersuchungen zur deutschen Staats- und Rechtsgeschichte N. F. 23), Aalen 1979, S. 156–174; HECHBERGER, Adel (wie Anm. 8), S. 273–287; PELTZER, Pfalzgrafen (wie Anm. 67), S. 78–103.

Frage *de patrimonio et proprietatibus Heinrici ducis*, über die er sich mit dessen ältester Tochter, der Gemahlin des Markgrafen von Baden, verständigt habe (*a primogenita filia sua comparavimus, uxore marchionis de Baden*), einem fürstlichen Schiedsurteil (*arbitrium principum*) zu überlassen[71]. Ob und in welcher Form das Gremium tatsächlich zusammenkam und verhandelte, ist nicht direkt dokumentiert. Jedoch stellte der Staufer zwei Monate später, im November 1234, für Hermann V. von Baden eine Urkunde aus, in der er ihm verschiedene Städte als Lehen beziehungsweise als Eigenbesitz bestätigte – und zwar explizit *pro bonis, que sibi ex parte uxoris sue de proprietate in Brunsuic conti[n]gebant*[72]. Möglicherweise war diese Bestätigung das Ergebnis einer Schiedsverhandlung, zumindest war sie für die Akteure von so hoher Bedeutung, dass sie mit einer Goldbulle besiegelt wurde[73].

Auch in der Gründungsurkunde des Herzogtums Braunschweig-Lüneburg finden die Töchter des Pfalzgrafen sowie ihre Ehemänner an prominenter Stelle Erwähnung[74]. Das Diplom dokumentiert nicht nur die äußerst komplexe Handlungsfolge, in der das neue Herzogtum eingerichtet und der Welfe in den reichsfürstlichen Status erhoben wurde, sondern es spiegelt ebenso die Bedeutung der weiblichen Familienmitglieder beziehungsweise ihres Erbes wider: Zunächst übergab Otto die Burg Lüneburg mit ihren Pertinenzien dem Kaiser, der sie dem Reich aufließ, um sie anschließend als Lehen auszugeben[75]. In ähnlicher Weise wird die Übertragung Braunschweigs geschildert, das Friedrich II. als sein Eigentum (*proprietas*) bezeichnete, weil er dies zum einen Teil vom

71) Reg. Imp. V,1,1 (wie Anm. 49), Nr. 2056; Const. 2 (wie Anm. 48), Nr. 186, S. 228. Zum Gremium und seiner Zusammensetzung vgl. BOSHOF, Entstehung (wie Anm. 25), S. 269 f.

72) Reg. Imp. V,1,1 (wie Anm. 49), Nr. 2060; Wirtembergisches Urkundenbuch, hg. vom Königlichen Staatsarchiv in Stuttgart, Bd. 3, Stuttgart 1871, Nr. 855, S. 353; dazu BRIECHLE, Heinrich (wie Anm. 24), S. 133 f.

73) Vgl. die Corroboratio der Urkunde. Wirtembergisches Urkundenbuch 3 (wie Anm. 72), Nr. 855, S. 353: *Ad cuius rei memoriam presens scriptum fieri et bulla aurea, typario nostre maiestatis impressa, iussimus communiri.*

74) Hans PATZE/Karl-Heinz AHRENS, Die Begründung des Herzogtums Braunschweig im Jahre 1235 und die ›Braunschweigische Reimchronik‹, in: BDLG 122 (1986), S. 67–89; wieder in: Hans PATZE, Ausgewählte Aufsätze, hg. von Peter JOHANEK/Ernst SCHUBERT/Matthias WERNER (VuF 50), Stuttgart 2002, S. 587–608; BOSHOF, Entstehung (wie Anm. 25), S. 270–274; SCHUBERT, Geschichte Niedersachsens (wie Anm. 25), S. 504–506; SCHNEIDMÜLLER, Die Welfen (wie Anm. 25), S. 280–282; DERS., Reichsfürstliches Feiern. Die Welfen und ihre Feste im 13. Jahrhundert, in: Feste und Feiern im Mittelalter, hg. von Detlef ALTENBURG/Jörg JARNUT/Hans-Hugo STEINHOFF, Sigmaringen 1991, S. 165–180, bes. S. 165–167; DERS., Die neue Heimat (wie Anm. 45), S. 218–222.

75) Reg. Imp. V,1,1 (wie Anm. 49), Nr. 2104; Const. 2 (wie Anm. 48), Nr. 197, S. 264: [...] *Otto de Luneburch flexis genibus coram nobis, omni odio et rancore postpositis que inter proavos nostros existere potuerunt, se totum in manibus nostris exposuit, nostris stare beneplacitis et mandatis, et insuper proprium castrum suum Lvneburch, quod idiomate Teuthonico vocatur eygen, cum multis aliis castris, terris et hominibus eidem castro pertinentibus in nostram proprietatem et dominium specialiter assignavit, ut de eo quicquid nobis placeret, tamquam de nostro proprio faceremus. Nos autem, qui tenemur modis omnibus imperium augmentare, predictum castrum de Luneburch cum omnibus castris, pertinenciis et hominibus suis, quemadmodum ex eiusdem Ottonis assignatione in proprietatem accepimus, in presentia principum in imperium transtulimus et concessimus, ut per imperium infeodari deberet.*

Markgrafen von Baden und zum anderen Teil vom Herzog von Bayern *pro parte uxorum* erworben habe[76]. Standen in den bisherigen Verhandlungen lediglich die Rechte der ältesten Tochter Irmgard beziehungsweise ihres Gatten zur Disposition, wurden nun auch Agnes und ihr Gemahl Otto II. von Wittelsbach in die Absprachen einbezogen. Wann und in welcher Form Letztere veräußerbare Ansprüche auf Braunschweig behaupteten, ist nicht zu rekonstruieren, da die Urkunde von 1235 diesen Sachverhalt erstmals thematisiert. Wenngleich die Verhandlungen mit den welfischen Töchtern über ihr väterliches Erbe und entsprechende Kompensationen nicht in allen Details und ohne Brüche zu rekonstruieren sind, belegen die hier skizzierten Formulierungen deutlich: Der vermeintlich reibungslose Übergang des welfischen Erbes auf Otto von Lüneburg, wie ihn die Urkunde von 1223 suggeriert, dürfte kaum ohne Widersprüche verlaufen sein. Da Friedrich II. für den Akt des Jahres 1235 Braunschweig je zur Hälfte von Heinrichs Schwiegersöhnen erwarb, liegt der Rückschluss nahe, dass bei der Übertragung des Erbes auf Otto »das Kind« entweder Ansprüche der Töchter existierten, die von der Urkunde des Jahres 1223 erfolgreich verdeckt wurden, oder dass die übergangenen weiblichen Nachkommen und ihre Ehegatten in der Folgezeit gegen die Verfügungen interveniert und ihre Ansprüche behauptet hatten. Nicht nur diese Vorgänge belegen die Bedeutung der weiblichen Familienmitglieder für die welfische Erbfolge, sondern auch die Regelungen, die in der Urkunde des Jahres 1235 über künftige Generationen formuliert sind. Denn das so geschaffene Herzogtum Braunschweig-Lüneburg sollte als Reichslehen gleichermaßen »auf [...] Söhne und Töchter als Erben erblich übergehen [...]«[77].

76) Ebd.: *Civitatem insuper de Brunswich, cuius medietatem proprietatis dominii a marchione de Baden et reliquam medietatem a duce Bawarie, dilectis principibus nostris, emimus pro parte uxorum suarum, que fuerunt quondam filie Henrici de Brunswich comitis palatini Reni, patrui dicti Ottonis, similiter in eadem curia imperio concessimus, proprietatem nobis debitam in dominium imperii transferentes.* Vgl. auch Albert von Stade, Annales (wie Anm. 26), a. 1235, S. 362: *In ipsa curia dominus de Luneburch et Brunswich et Luneborg et omnem hereditatem suam imperio resignavit, et imperator Brunswicense dominium in ducatum mutavit et duci porrexit.*

77) Const. 2 (wie Anm. 48), Nr. 197, S. 264: [...] *feodum imperii* [...] *ad heredes suos filios et filias hereditarie devolvendum* [...]. Vgl. zur Möglichkeit der weiblichen Nachfolge im Lehen im ›Privilegium minus‹: [...] *ut ipsi et liberi eorum post eos indiffinenter filii sive filie eundem Austrie ducatum hereditario iure a regno teneant et possideant* (Die Urkunden Friedrichs I., Teil 1: 1152–1158, hg. von Heinrich Appelt [MGH DD 10,1], Hannover 1975, Nr. 151, S. 259). Zusätzlich wird durch die sogenannte *libertas affectandi* verfügt, dass das Herzogspaar im Falle des kinderlosen Todes selbst seine Nachfolge entscheiden dürfe: *Si autem predictus dux Austrie* [...] *et uxor eius absque liberis decesserint, libertatem habeant eundem ducatum affectandi, cuicumque volueriunt* (ebd.). Dazu auch oben, Anm. 13. Zur weiblichen Nachfolge im Lehen Gisela van der Ven, Die Entwicklung der weiblichen Erbfolge im deutschen Lehnrecht. Mit einem Exkurs über die Erbfolge von Seitenverwandten, dargestellt an den Reichslehen vom 10. bis zum ausgehenden 14. Jahrhundert, Diss. Marburg 1947, S. 50–61 (›Privilegium minus‹), S. 75 f. (Braunschweig-Lüneburg); Norberto Iblher Ritter von Greiffen, Die Lehenserbfolge in weiblicher Linie unter besonderer Berücksichtigung der Libri feudorum (Europäische Hochschulschriften 946), Frankfurt a. M. 1990, S. 35–37 (›Privilegium minus‹).

Die Vorgänge der Jahre 1223 und 1235 sowie die Berücksichtigung der männlichen und weiblichen Nachkommen dokumentieren, dass die Unterscheidung zwischen »Nachfolge« und »Erbe« ein vertieftes Verständnis intergenerativer Übertragungsmodi erlaubt. Als einzigem überlebenden männlichen Nachfahren der Söhne Heinrichs des Löwen kam Otto »dem Kind« eine entscheidende Funktion in der Sicherung der Nachfolge zu. Er wurde zum *successor legitimus* seines Onkels eingesetzt, später mit dem Herzogtum Braunschweig-Lüneburg ausgestattet und zum Reichsfürsten erhoben: Im Rahmen der Gründung des neuen Herzogtums und der Rangerhöhung der Welfen war er zwar zunächst der zentrale dynastische Akteur. Die Vorgänge von 1235 belegen jedoch ebenso, dass neben der agnatisch geprägten Sukzession und ihren Repräsentationsformen die Verteilung des allgemeinen Erbes anderen Regeln folgte. Denn Heinrichs Töchter konnten weitgehende Rechte geltend machen, die schließlich bei der Schaffung des Herzogtums Braunschweig-Lüneburg berücksichtigt wurden. Ganz offensichtlich besaßen sie Ansprüche an Braunschweig, die 1235 durch den Kaiser angemessen kompensiert werden mussten. Dass dem Staufer nicht die Erbtöchter selbst, sondern ihre jeweiligen Ehemänner als Verhandlungspartner galten, dokumentiert schließlich ebenso die Bedeutung affinaler Verwandtschaftsbindungen.

Die Ereignisse von 1235 präsentieren in einem weiteren Aspekt die Rolle der weiblichen Erbfolge, da die zeitgenössische Rezeption unmittelbare Anknüpfungspunkte bei den welfischen Vorfahren suchte und diese nicht in der agnatischen, sondern in der kognatischen Linie fand. Zu fassen ist dieser Diskurs in der historiographischen und ikonographischen Überlieferung ebenso wie in der welfischen Memoria. Er belegt nahezu idealtypisch, wie kognatische Traditionen und töchterliches Erbe die Arrondierung des Besitzes beeinflussten und auf diese Weise gleichzeitig das Herkunftsbewusstsein einer Adelsfamilie zu prägen vermochten. Denn die norddeutschen Welfen bezogen sich auf diejenigen Vorfahren, deren materielles Erbe zum zentralen Bestandteil der welfischen Güter und deren Rang zum konstituierenden Bestandteil der dynastischen Identität wurden. Ihr genealogisches Bewusstsein stellte daher seit der Mitte des 12. Jahrhunderts keine agnatisch geprägten Kontinuitäten zu den süddeutschen Vorfahren der Familie her, sondern zu den sächsischen Adelsfamilien: den Brunonen und Billungern[78]. Aus besitzrechtlicher Perspektive lag diese Konzeption nahe, denn große Teile ihrer Güter verdankten die Welfen den genannten Familien: Das Lüneburger Erbe war ihnen über die Gemahlin Heinrichs des Schwarzen, Wulfhild, Tochter des söhnelos

78) Bernd Schneidmüller, Landesherrschaft, welfische Identität und sächsische Geschichte, in: Regionale Identität und soziale Gruppen im deutschen Mittelalter, hg. von Peter Moraw (ZHF Beihefte 14), Berlin 1992, S. 65–101, bes. S. 68–88; Ders. Burg – Stadt – Vaterland (wie Anm. 38), S. 37–49; Thomas Zotz, Der gespaltene Stammbaum. Die Welfen im 12. Jahrhundert, in: Zeitschrift für Württembergische Landesgeschichte 66 (2007), S. 36–46, bes. S. 45 f. Eine Übersicht bei Tania Brüsch, Die Brunonen, ihre Grafschaften und die sächsische Geschichte. Herrschaftsbildung und Adelsbewußtsein im 11. Jahrhundert (Historische Studien 459), Husum 2000, Tafel III: Zur Erbfolge der Billunger, Brunonen, Northeimer und Supplinburger zu den Welfen.

verstorbenen billungischen Herzogs Magnus, zugefallen[79]. Als weitere wichtige Bezugsfigur galt die Gemahlin Heinrichs des Stolzen, Gertrud, die als einziges Kind das Allodialgut des Sachsenherzogs und späteren Kaisers Lothar III. sowie seiner Gattin Richenza mit in die Ehe brachte[80]. Das Kaiserpaar stellte aus dem Grund eine wichtige Verbindung zwischen Brunonen und Welfen her, da Richenzas Mutter, Gertrud die Jüngere, nach dem kinderlosen Tod ihres Bruders Ekbert II. die brunonischen Besitzungen um Braunschweig erhalten hatte[81].

Daher nimmt es kaum Wunder, dass die Bedeutung der Erbinnen in verschiedenster Weise gewürdigt wurde. Als prominentestes Beispiel gilt das Krönungsbild im Evangeliar Heinrichs des Löwen, das nicht die agnatischen Vorfahren des Herzogs und seiner Gemahlin Mathilde, sondern die für Selbstverständnis, Herkunftsbewusstsein und materiellen Besitz wichtigen Ahninnen zeigt[82]: Hinter Heinrich dem Löwen stehen seine als Herzog Heinrich und Herzogin Gertrud ausgewiesenen Eltern sowie das Großelternpaar aus der mütterlichen Linie: Kaiser Lothar und Kaiserin Richenza. In Verbindung mit den hinter der Herzogin Mathilde dargestellten Figuren, die unter anderem ihren Vater, König Heinrich von England und ihre gleichnamige Großmutter zeigen, zeugt die Darstellung nicht nur vom Selbstverständnis königlicher, gar imperialer Herkunft, sondern sie präsentiert mit Gertrud und Richenza die für das welfische *patrimo-*

79) Gudrun Pischke, Die Herrschaftsbereiche der Billunger, der Grafen von Stade, der Grafen von Northeim und Lothars von Süpplingenburg (Studien und Vorarbeiten zum Historischen Atlas Niedersachsens 29), Hildesheim 1984, S. 1–26; Gerd Althoff, Adels- und Königsfamilien im Spiegel ihrer Memorialüberlieferung. Studien zum Totengedenken der Billunger und Ottonen. Bestandteil des Quellenwerkes Societas et fraternitas (Münstersche Mittelalter-Schriften 47), München 1984, S. 63 f.

80) Pischke, Herrschaftsbereiche (wie Anm. 79), S. 61–79; Robert Conrad, *Salus in manu feminae.* Herrschaftsteilhabe und Memoria der Kaiserin Richenza (1087/89–1141) (Historische Studien 512), Husum 2020, S. 23–45, zu Richenzas verwandtschaftlichem Netzwerk. Zur Bedeutung Richenzas und ihrer Tochter Gertrud für die welfische Herrschaftssicherung vgl. Bettina Elpers, Regieren, Erziehen, Bewahren. Mütterliche Regentschaften im Hochmittelalter (Studien zur Europäischen Rechtsgeschichte 166), Frankfurt a. M. 2003, S. 79–85.

81) Karl Jordan, Herzogtum und Stamm in Sachsen während des hohen Mittelalters, in: Niedersächsisches Jahrbuch für Landesgeschichte 30 (1958), S. 1–27; wieder in: Ders., Ausgewählte Aufsätze zur Geschichte des Mittelalters (Kieler Historische Studien 29), Stuttgart 1980, S. 185–211, hier S. 199; Schneidmüller, Landesherrschaft (wie Anm. 78), S. 79–85; Brüsch, Brunonen (wie Anm. 78), S. 131 f.; Elpers, Regieren (wie Anm. 80), S. 35–37; Weller, Heiratspolitik (wie Anm. 26), S. 313 f., der die Bedeutung der Erbtöchter Wulfhild und Gertrud als strategisches Mittel der Besetzakkumulation betont.

82) München, Bayerische Staatsbibliothek, Clm 30055 (= Wolfenbüttel, Herzog August Bibliothek, Codex Guelf. 105 Noviss. 2°), fol. 171v; Das Evangeliar Heinrichs des Löwen und Mathildes von England, hg. von Bernd Schneidmüller/Harald Wolter-von dem Knesenbeck, Darmstadt 2018, S. 172; Otto Gerhard Oexle, Die Memoria Heinrichs des Löwen, in: Memoria in der Gesellschaft des Mittelalters, hg. von Dieter Geuenich/ dems. (Veröffentlichungen des Max-Planck-Instituts für Geschichte 111), Göttingen 1994, S. 128–177, bes. S. 150–158; Otto Gerhard Oexle, Das Evangeliar Heinrichs des Löwen als geschichtliches Denkmal, in: Das Evangeliar Heinrichs des Löwen. Kommentar zum Faksimile, hg. von Dietrich Kötzsche, Frankfurt a. M. 1989, S. 9–27; Schneidmüller, Landesherrschaft (wie Anm. 78), S. 76–79; Ders., Burg – Stadt – Vaterland (wie Anm. 38), S. 37.

nium maßgeblichen Erbinnen. Durch die auf dem Widmungs- beziehungsweise Stifterbild des Evangeliars dargestellten Heiligen Blasius und Aegidius waren indirekt auch die Brunonen anwesend, ging doch die Gründung des Blasiusstifts und des Klosters St. Aegidien auf ihre Initiative zurück[83]. Von diesem Selbstverständnis, das von Bernd Schneidmüller treffend als »selektive Genealogie« bezeichnet und umfassend rekonstruiert wurde, zeugen auch historiographische Überlieferungen, die sich ebenfalls auf die sächsischen Vorfahren der Familie bezogen[84]. Anzuführen ist etwa die ›Braunschweigische Reimchronik‹, die anonym vermutlich im Braunschweiger Blasiusstift auf Anregung Herzog Albrechts I. verfasst wurde[85]. Hans Patze sieht in ihrer Komposition das Ziel, eine lineare Entwicklung von den sächsischen Adelsfamilien der Billunger und Brunonen zu den Welfen des ausgehenden 13. Jahrhunderts zu rekonstruieren, die in der Gründung des Herzogtums ihren Höhepunkt fand[86].

Für das familiäre Selbstverständnis und Herkunftsbewusstsein waren Rang und Besitz der weiblichen Vorfahren von zentraler Bedeutung. Aus dieser Perspektive bildete nicht nur das Erbe der Enkelinnen Heinrichs des Löwen und ihr Verzicht auf ihre Rechte an Braunschweig eine wichtige territoriale Grundlage des 1235 geschaffenen Herzogtums. Seine Entstehung war ebenso der Ausnutzung von Handlungsspielräumen geschuldet, die den Welfen langfristig aus den töchterlichen Erbgängen der Billunger, Brunonen und Supplinburger in Sachsen erwachsen waren. Aus dieser Perspektive dokumentiert die Gründung des Herzogtums Braunschweig-Lüneburg in besonderer Weise das Wechselverhältnis agnatisch geprägter Nachfolge (*succession*) und kognatisch orientierter Übertragungsmodi (*inheritance*). Gleichzeig zeigen die welfischen Erbgänge die Bedeutung affinaler Verwandtschaftsbindungen, da nicht die weiblichen Familien-

83) Clm 30055 (wie Anm. 82), fol. 19r; Evangeliar (wie Anm. 82), S. 97; das Grafenpaar Liudolf und Gertrud die Ältere hatte St. Blasius gestiftet und Gertrud die Jüngere das Kloster St. Aegidien. BRÜSCH, Brunonen (wie Anm. 78), S. 96–105. Zur Stiftung wertvollster Altargeräte und Reliquiare für St. Blasius, die den Grundstock des späteren Welfenschatzes bildeten, vgl. Hiltrud WESTERMANN-ANGERHAUSEN, Die Stiftungen der Gräfin Gertrud – Anspruch und Rang, in: Der Welfenschatz und sein Umkreis, hg. von Joachim EHLERS/Dietrich KÖTZSCHE, Mainz 1998, S. 51–76; Michael PETER, Der Gertrudistragaltar aus dem Welfenschatz. Eine stilgeschichtliche Untersuchung (Schriften des Dom-Museums Hildesheim 2), Mainz 2001. Zur Funktion des Stifts als Memorialort BRÜSCH, Brunonen (wie Anm. 78), S. 98 f.

84) SCHNEIDMÜLLER, Landesherrschaft (wie Anm. 78), S. 79; DERS., Billunger – Welfen – Askanier. Eine genealogische Bildtafel aus dem Braunschweiger Blasius-Stift und das hochadlige Familienbewußtsein in Sachsen um 1300, in: AKG 69 (1987), S. 30–61, sowie seine in Anm. 38 und 45 angeführten Studien.

85) Hans PATZE, Adel und Stifterchronik. Frühformen territorialer Geschichtsschreibung im hochmittelalterlichen Reich, in: BDLG 100 (1964), S. 8–81; ebd. 101 (1965), S. 67–128, sowie die Angaben in Anm. 74. Thomas VOGTHERR, Der welfische Hof unter Albrecht I. von Braunschweig. Fürstlicher Rat, Hofämter, Ministerialität und Ritterschaft. Mit einem Exkurs: Zur Verfasserfrage der ›Braunschweigischen Reimchronik‹, in: Der letzte Welfe im Norden. Herzog Albrecht I. ›der Lange‹ von Braunschweig (1236–1279). Ein ›großer‹ Fürst und seine Handlungsspielräume im spätmittelalterlichen Europa, hg. von Oliver AUGE/Jan HABERMANN/Frederieke Maria SCHNACK (Kieler Werkstücke. Reihe A. 54), Berlin 2019, S. 153–182, bes. 174–178.

86) PATZE/AHRENS, Begründung (wie Anm. 74).

mitglieder selbst, sondern ihre jeweiligen Ehepartner über das Erbe und seine Verwendung verfügten. Schließlich präsentieren die analysierten Fälle, dass die Übertragung von Rechten und Besitzungen an die Folgegeneration nicht nur aus dem familiären Verpflichtungshorizont schöpfte, sondern ebenso als Vertrag begriffen wurde. Wenn sich die Welfenbrüder im Jahr 1202 auf ihre *amicitia* beriefen und Pfalzgraf Heinrich im Jahr 1223 ebenfalls die Notwendigkeit der »Freundschaft« betonte, sind diese Hinweise nicht im Sinne allgemeiner Verwandtenpflichten zu verstehen. Sie fixierten Absprachen, die familiäre Bindungen ergänzten und Herrschafts- und Rechtsansprüche präzisierten. Sie konnten Vereinbarungen über die Aufteilung regionaler Zuständigkeiten ebenso betreffen wie die Einsetzung eines Nachfolgers, der nicht aus dem Kreis der Kinder des Erblassers stammte. In diesen Kontext sind ebenso Testamente einzuordnen, die genaue Vorgaben zum Nachlass des Sterbenden formulierten. Erbgänge wurden daher nicht nur in Kategorien von Verwandtschaft und Familie gedacht, sondern vor allem als Vertragsverhältnis zwischen den Beteiligten begriffen.

III. Exogene Faktoren: Adliges Erben im Schatten der Herzogsgewalt

Vor allem in Situationen, in denen kein direkter männlicher Nachfahre existierte, stand die Übertragung adliger Allodialgüter im Spannungsfeld unterschiedlichster Interessen. Ansprüche erhoben nicht nur die Mitglieder der betroffenen Familienverbände selbst, sondern ebenso Herrschafts- und Funktionsträger, in deren unmittelbarem Einflussbereich Güter und Rechte transferiert wurden. Zwei Konflikte – die Auseinandersetzungen um das Erbe der Stader und Winzenburger Grafen – zeigen in besonderer Weise, welche exogenen Kräfte Einfluss auf Besitzübertragungen nehmen konnten. Sie präsentieren nicht nur die Gemengelage unterschiedlichster verwandtschaftlicher und politischer Handlungsspielräume, sondern ebenso den rechtlichen Diskurs um Ansprüche und damit verbundene Versuche, entsprechende Maßnahmen zu legitimieren.

Dies illustriert zunächst der Streit um das sogenannte Stader Erbe, der den Nordwesten mit mehreren Unterbrechungen über fast ein Jahrhundert prägte[87]. Der Begriff subsummiert ein komplexes Konglomerat verschiedenster Rechts- und Besitztitel der Familie der Udonen zwischen Weser und Niederelbe sowie im Raum Mittelelbe-Saale[88]. Zunächst waren die Udonen Grafen an der Niederelbe, deren herrschaftlicher Bezugs-

87) Heinz-Joachim SCHULZE, Der Kampf um Grafschaft und Stadt: Stade vom Ausgang des 10. bis zur Mitte des 13. Jahrhunderts, in: Stade. Von den Siedlungsanfängen bis zur Gegenwart, hg. von Jürgen BOHMBACH, Stade 1994, S. 51–83; Adolf E. HOFMEISTER, Der Kampf um das Erbe der Stader Grafen zwischen den Welfen und der Bremer Kirche (1144–1236), in: Geschichte des Landes zwischen Elbe und Weser, hg. von Hans-Eckhard DANNENBERG/Heinz-Joachim SCHULZE, Bd. 2: Mittelalter, Stade 1995, S. 105–157; SCHUBERT, Geschichte Niedersachsens (wie Anm. 25), S. 410–414, 511–514.

88) Ein Überblick bei PISCHKE, Herrschaftsbereiche (wie Anm. 79), S. 27–42.

punkt seit dem ausgehenden 10. Jahrhundert die Burg Stade war[89]. Ebenso gelangte die Familie im späten 11. Jahrhundert in den Besitz zahlreicher Rechte an der Weser im Bistum Verden sowie rund um Elsdorf bei Bremen[90]. Stets standen ihre Aktivitäten in engen Wechselbeziehungen zur Bremer Kirche, da ihre Herrschaftsgebiete vielfache Berührungspunkte aufwiesen[91]. Das politische Interesse der Familie galt jedoch ebenso ihren Besitzungen im Elbe-Saale-Gebiet. Diese gruppierten sich seit dem späten 10. Jahrhundert zunächst um Alsleben an der Saale[92]. Die Region um Magdeburg rückte in den Fokus der Familie, als Graf Rudolf I. die Tochter des Burggrafen und Stiftsvogts Hermann von Magdeburg, Richardis von Sponheim, heiratete[93].

Der gleichermaßen umfangreiche und weit verstreute Besitz stand im Jahr 1144 zu Disposition, als Rudolf II. von Bauern in Dithmarschen erschlagen wurde. Er hinterließ neben seiner Witwe Elisabeth und seiner Mutter Richardis den jüngeren Bruder Hartwig, der seit 1142 Domherr in Magdeburg und seit spätestens 1144 Dompropst von Bremen war[94]. Von den beiden Schwestern des Verstorbenen lebte Richardis als Nonne in Bingen. Die zweite Schwester Liutgard war mit dem sächsischen Pfalzgrafen Friedrich II. von Sommerschenburg verheiratet. Vermutlich im Todesjahr ihres Bruders wurde die wohl 1130 geschlossene Ehe aufgelöst, der genaue Zeitpunkt ist jedoch nicht

89) Erstmals ist der Udone Heinrich II. explizit urkundlich als Graf bezeugt: Die Urkunden Heinrichs II. und Arduins, hg. von Harry BRESSLAU (MGH DD 3), Hannover ²1957, Nr. 46, S. 55; Richard Georg HUCKE, Die Grafen von Stade 900–1144. Genealogie, politische Stellung, Comitat und Allodialbesitz der sächsischen Udonen, Stade 1956, S. 16.

90) Hier handelte es sich um das Erbe der Ida von Elsdorf, das an Graf Luder-Udo II. von Stade gefallen war. PISCHKE, Herrschaftsbereiche (wie Anm. 79), S. 29–31.

91) Michael HOHMANN, Das Erzstift Bremen und die Grafschaft Stade im 12. und frühen 13. Jahrhundert, in: Stader Jahrbuch N. F. 59 (1969), S. 49–118.

92) HUCKE, Grafen (wie Anm. 89), S. 149–152.

93) Ebd., S. 36, 211–215.

94) Sein Name in Anlehnung an den gleichnamigen, im Jahr 1002 verstorbenen Magdeburger Erzbischof dürfte durchaus bewusst gewählt gewesen sein. Zu seiner Person vgl. Bernd SCHNEIDMÜLLER, Hartwig, in: Lex.MA 4 (1999), Sp. 1947; Bernd SCHÜTTE, König Konrad III. und der deutsche Reichsepiskopat (Studien zur Geschichtsforschung des Mittelalters 20), Hamburg 2004, S. 26–29; Günter GLAESKE, Die Erzbischöfe von Hamburg-Bremen als Reichsfürsten (937–1258), Hildesheim 1962, S. 145–179; Wolfram ZIEGLER, Konrad III. (1138–1152). Hof, Urkunden, Politik (Forschungen zur Kaiser- und Papstgeschichte des Mittelalters. Beihefte zu J. F. Böhmer, Regesta Imperii *26*) Köln/Weimar/Wien 2008, S. 97–103. Zu seiner Erwähnung im Magdeburger Domstift vgl. Gottfried WENTZ/Berent SCHWINEKÖPER, Das Erzbistum Magdeburg 1: Das Domstift St. Moritz in Magdeburg (Germania Sacra. Die Bistümer der Kirchenprovinz Magdeburg 1,1), Berlin/New York 1972, S. 457.

zu rekonstruieren[95]. Albert von Stade sieht die zu nahe Verwandtschaft als Auslöser[96]. Dem Saxo Grammaticus hingegen gab der Lebenswandel der Liutgard Anlass zur Kritik – ihre edle Herkunft sei beeindruckender als ihre Tugend gewesen[97].

Als wichtigste Sachwalter des Erbes engagierten sich der Domherr Hartwig und die Mutter des Verstorbenen. Es fällt zunächst ins Auge, dass sie im Nordwesten und im Elbe-Saaleraum unterschiedliche Strategien im Umgang mit den hinterlassenen Rechten und Besitzungen verfolgten. An der mittleren Elbe stifteten sie in Jerichow ein Prämonstratenserkloster, dem sie Teile des gleichnamigen Dorfes sowie weitere Ortschaften übertrugen[98]. Der Transfer wurde von König Konrad III. Ende Dezember 1144 auf seinem Magdeburger Hoftag bestätigt[99]. Zudem trafen Mutter und Sohn weitreichende Absprachen mit dem Erzstift Magdeburg, die in zwei Königsurkunden dokumentiert sind und bei denen es sich jeweils um Ausfertigungen für die Magdeburger Kirche und Hartwig von Stade handelt[100]. Das am 31. Dezember ausgestellten Diplom für Friedrich von Magdeburg fixiert, dass Mutter und Sohn verschiedene Rechte und Besitzungen im Elbe-Havelraum dem Erzstift übertrugen. Sie waren für Magdeburg von zentralem Interesse, da sie Gebiete erschlossen, auf die das Erzstift bislang keinen Zugriff hatte[101]. Im Gegenzug erhielten die Stader Erben zwei Höfe sowie 400 Mark Silber. Zudem übertrug der Metropolit Hartwig ein *beneficium* im Wert von 40 Pfund entwe-

95) Hans-Dieter Starke, Die Pfalzgrafen von Sommerschenburg (1088–1179), in: Jahrbuch für die Geschichte Ost- und Mitteldeutschlands 4 (1955), S. 1–71, bes. S. 29; Heinz-Joachim Schultze, Erzbischof Adalbero von Bremen (1123–1148) und die Udonen, in: Geschichte in der Region. Zum 65. Geburtstag von Heinrich Schmidt, hg. von Dieter Brosius/Christine van den Heuvel (Veröffentlichungen der Historischen Kommission für Niedersachsen und Bremen. Sonderband), Hannover 1993, S. 67–82, S. 74; Hucke, Grafen (wie Anm. 89), S. 55–57.

96) Albert von Stade, Annales (wie Anm. 26), a. 1144, S. 327.

97) Saxo Grammaticus, Gesta Danorum, hg. von Karsten Friis-Jensen (Oxford Medieval Texts), Bd. 2, Oxford 2015, XIV,2,13, S. 992: *Post hec Ericus* [...] *Bremorum antistitis Hartuici germanam uxorem duxit, natu quidem nobilem, sed non tam pudicitia quam parentela conspicuam.* Starke, Pfalzgrafen (wie Anm. 95), S. 29.

98) Die Prämonstratenser des zwölften Jahrhunderts und ihre Bedeutung für das nordöstliche Deutschland. Ein Beitrag zur Geschichte der Christianisierung und Germanisierung des Wendenlandes, hg. von Franz Winter, Berlin 1865, Nr. 5, S. 349–352; Jürgen Bohmbach, Die Grafen von Stade als Stifter des Klosters Jerichow, in: Lapidarium Jerichowense 4 (2004), S. 3–17.

99) Die Regesten des Kaiserreichs unter Lothar III. und Konrad III. 1125–1152, Teil 2: Konrad III. 1138 (1093/94)–1152, bearb. von Jan Paul Niederkorn (J. F. Böhmer, Regesta Imperii IV,1,2), Wien/Köln/Weimar 2008, Nr. 318; Die Urkunden Konrads III. und seines Sohnes Heinrich, hg. von Friedrich Haussmann (MGH DD 9), Wien/Köln/Graz 1969, Nr. 122, S. 217 f.; Dietrich Claude, Geschichte des Erzbistums Magdeburg bis in das 12. Jahrhundert, Teil 2 (Mitteldeutsche Forschungen 67), Köln/Wien 1975, S. 56–58.

100) D Ko III. (wie Anm. 99), Nr. 123, S. 219–222, und ebd., Nr. 125, S. 223–226; Claude, Magdeburg (wie Anm. 99), S. 57 f.

101) Ebd., S. 56 f.

der lebenslang oder bis zu seiner Erhebung zum Bischof[102]. Hartwigs legitimer Erbe Adalbert (*legitimus heres*), Sohn seiner Schwester Liutgart aus ihrer ersten Ehe mit dem sächsischen Pfalzgrafen Friedrich II. von Sommerschenburg, sollte ihm in diesen Ansprüchen folgen. Nicht zuletzt aus diesem Grund zählte dieser auch zu den Zeugen der Urkunde. Bemerkenswert ist an dieser Stelle die Tatsache, dass Adalbert in der Urkunde als *filius Friderici palatini comitis* bezeichnet wird, der verwandtschaftliche Nexus zum Domherrn Hartwig über seine Mutter Liutgard also unerwähnt bleibt[103]. Dies ist umso erstaunlicher, als die Ehe zu diesem Zeitpunkt wohl bereits nicht mehr bestand.

Im März 1145 bestätigte Konrad III. die Vereinbarungen (*pacta et conventiones*) für Hartwig von Stade in einem zweiten Diplom, das auf den ersten Blick die Verfügungen zwar weitgehend wiederholte, im Detail jedoch andere Schwerpunkte setzte[104]. Unter anderem wird Hartwigs künftiger Erbe Adalbert nicht als Sohn des sächsischen Pfalzgrafen, sondern *filius sororis* bezeichnet: Betont wird nicht seine agnatische Herkunft, sondern seine Einbindung in die Stader Grafenfamilie. Die Urkunde erwähnt zudem nicht die Zahlung von 400 Mark Silber an Hartwig, vielmehr legt sie den Schwerpunkt auf ein Hilfsversprechen des Magdeburger Erzbischofs: Dieser sollte Hartwig bei der Behauptung seines väterlichen Erbes beistehen[105]. Bei ausbleibender Unterstützung sollten alle der Magdeburger Kirche übertragenen Rechte wieder an Hartwig zurückfallen[106]. Über Form und Umfang der Hilfeleistung liefert die Urkunde keine genaueren Hinweise. Zu denken wäre zum einen an militärische Interventionen, die jedoch nicht überliefert sind. Zum anderen könnte die Zusage auch in allgemeiner Form verstanden werden, dass der Magdeburger Erzbischof Hartwigs Maßnahmen zur Sicherung seines Erbes im Nordwesten wohlwollend begleitete. Letztere Einschätzungen werden durch die Ereignisse des Jahres 1144 gestützt, denn der Domherr Hartwig hatte bereits vor dem Magdeburger Hoftag konkrete Pläne in die Tat umgesetzt, über die Albert von Stade in seinen zwischen 1204 und 1256 entstandenen Annalen ausführlich berichtet: Hartwig sei bereits zu diesem Zeitpunkt Dompropst in Bremen gewesen und habe sein gesamtes Erbe durch eine »feierliche und rechtmäßige Schenkung« der Bremer Kirche übertragen. Anschließend sei er mit diesen Rechten belehnt worden, die Albert von

102) Reg. Imp. IV,1,2 (wie Anm. 99), Nr. 319; D Ko III. (wie Anm. 99), Nr. 123, S. 221: [...] *omni tempore vitę suę utatur, frutatur, nisi forte in episcopum ordinatus fuerit.*

103) Ebd.

104) Ebd., Nr. 125, S. 223–225.

105) Ebd., S. 224 f.: [...] *predictus nobilis clericus Hartwicus una cum matre sua contulit Magdeburgensi ęc[clesię], quia e inclitus carnalis frater ipsius Rodulfus comes a suis hominibus in comitatu Diethmaringensium impie interemptus fuerat et ei tota paternę domus possessio hereditario iure competebat, a cuius ingressu et usu eum predicti sicarii, sui germani interfectores, prohibebant, deberet eum prenominatus archiepiscopus per bonam fidem usque ad efficaciam* [...].

106) Ebd., S. 225: [...] *si pretextatus archiepiscopum eundem precelsum clericum adiuvare non posset vel nollet, tota ad ipsum et ad heredes suos collate possessionis integritas reverteretur.*

Stade als »Grafschaft Bremen« (*comitatus Bremensis*) bezeichnet[107]. Den Bann und die Hochgerichtsbarkeit habe der Pfalzgraf Friedrich von Sommerschenburg erhalten, der bei Albert von Stade als Hartwigs Schwager geführt wird[108].

Es ist davon auszugehen, dass mit der Übertragung des Stader Erbes an das Erzstift Bremen Absprachen verbunden waren, die Hartwig nach dem Tod des Amtsinhabers dessen Nachfolge in Aussicht stellten. Dass Hartwig fest damit rechnete, dokumentieren zum einen die Magdeburger Urkunden Konrads III., die sich des Stader Erbes annahmen und in denen die Rede von Hartwigs künftiger Bischofswürde ist[109]. Zum anderen lassen die späteren Entwicklungen diesen Rückschluss zu: Denn als Erzbischof Adalbero im Jahr 1148 verstarb, folgte ihm Hartwig auf dem Bremer Erzstuhl[110]. Entsprechend konstatiert Ernst Schubert, dass Hartwig im Jahr 1144 nicht »als Graf von Stade, sondern als künftiger Bremer Erzbischof« agiert habe[111]. Aus dieser Perspektive erscheint das Stader Erbe als klug eingesetzte Verhandlungsmasse zur Sicherung eines hohen Kirchenamtes. Die Verfügungsgewalt über den *comitatus Bremensis* galt nur für die Lebensdauer Hartwigs, unter seinen Nachfolgern wäre seiner Familie der Zugriff entzogen worden. Denn anders als seine Ansprüche im Erzstift Magdeburg, die Hartwig für seinen Neffen Adalbert als »legitimem Erben« gesichert hatte, fehlen hier entsprechende Verfügungen.

Dachte der Domherr Hartwig also individuell strategisch, allein auf sein eigenes Fortkommen bedacht? Dies wird man ihm nur dann unterstellen können, wenn man die neben der Bremer Kirche zweite wichtige politische Kraft im Nordwesten außer Acht lässt: Heinrich den Löwen, der zwei Jahre zuvor das Herzogtum Sachsen erhalten hatte[112]. Für seine territorialen Ambitionen an der niederen Elbe waren die Gebiete

107) Albert von Stade, Annales (wie Anm. 26), a. 1144, S. 324: *Rodolfus iunior comes in Thietmarsia occisus est in cometia sua, et frater suus Hartvicus maior praepositus Bremensis, dedit omnem hereditatem suam Bremensi ecclesiae, ut concederetur sibi comitatus Bremensis. Et sic Bremensis ecclesia quae principes Stadenses in quieta possessione longo tempore tenuerant, in suum dominium recepit, hereditatem videlicet principum, et Idae et Friderici; et facta est legitima heres parentum praepositi Hartwici per sollempnem et legalem donationem. Investitus est ergo praepositus Hartwicus; et Fridericus palatinus, sororius suus, suscepit bannum a rege Conrado, et statutum est, ut esset coadiutor suus et iudicaret pro eo in placitis principalibus.* Zu Albert von Stade vgl. Arend Mindermann, Abt Albert von Stade. Ein Chronist des 13. Jahrhunderts, in: Stupor Saxoniae inferioris. Ernst Schubert zum 60. Geburtstag, hg. von Wiard Hinrichs/Siegfried Schütz/Jürgen Wilke (Beiträge zur Geschichte, Kunst und Kultur des Mittelalters 6), Göttingen 2001, S. 51–58; Gerda Maeck, Die Weltchronik des Albert von Stade, ein Zeitzeugnis des Mittelalters. Studien zur Geschichtsschreibung Alberts von Stade, Norderstedt 2001.

108) Hucke, Grafen (wie Anm. 89), S. 148; Hohmann, Bremen (wie Anm. 91), S. 64–66; Starke, Pfalzgrafen (wie Anm. 95), S. 29; Ziegler, Konrad III. (wie Anm. 94), S. 433 f.

109) Dazu oben, Anm. 102.

110) Hohmann, Bremen (wie Anm. 91), S. 73 f.

111) Schubert, Geschichte Niedersachsens (wie Anm. 25), S. 411; so auch Ziegler, Konrad III. (wie Anm. 94), S. 434.

112) Ob dem Welfen selbst zu diesem Zeitpunkt die Initiative zur Behauptung der Stader Ansprüche zugeschrieben werden kann oder vielmehr seinen Vormündern, hängt von der Einordnung seines nicht eindeutig überlie-

ebenfalls von zentraler Bedeutung[113]. Dies galt zum einen für die dynastischen Herrschaftsinteressen der Welfen im Nordwesten, zum anderen verhinderte der Zugriff auf das Stader Erbe eine Dominanz des Erzstifts Bremen[114]. Vor diesem Hintergrund sind die Maßnahmen des Domherrn Hartwig weniger als eigennützige Karriereplanung zu deuten, sondern als Strategie, gegen die welfische Partei Verbündete zu gewinnen. Zu diesem Zweck legte er die Besitzungen im Elbe-Saale-Raum in die Waagschale, um sich die Unterstützung ranghoher geistlicher Funktionsträger zu sichern: in diesem Falle die des Magdeburger Metropoliten. Zudem wurde durch die Schenkung das Bremer Erzstift als wichtigste politische Kraft der Region in die Pflicht genommen. Die Verhandlung der Erbangelegenheiten auf dem Magdeburger Hoftag, die Beurkundung der Absprachen durch den Herrscher und die Anwesenheit der übrigen Großen zielten zweifelsohne auf die fürstliche Konsensgemeinschaft ab. Hartwig nutzte aus dieser Perspektive alle ihm zur Verfügung stehenden Möglichkeiten, um sich gegen den Herzog zu behaupten.

Zur Legitimation der welfischen Ansprüche führen die Historiographen unterschiedliche Argumente ins Feld. Nach Albert von Stade habe Heinrich der Löwe durch seine Vormünder (*tutores*) vor dem König und den Fürsten behauptet, dass Erzbischof Adalbero von Bremen seiner Mutter Gertrud die Stader Grafschaft in Aussicht gestellt habe, sollte Rudolf II. sterben[115]. Zu welchem genauen Zeitpunkt dies geschehen sein soll, kann nicht genau rekonstruiert werden. Als das Stader Erbe auf dem Magdeburger Hoftag Konrads III. verhandelt wurde, zählte der Herzog zu den Zeugen der Urkunden, die Hartwigs Besitzübertragungen an die Magdeburger Kirche fixierten[116]. Dass hier auch über seine Ansprüche an der niederen Elbe verhandelt wurde, ist anzunehmen,

ferten Geburtsjahres ab. Karl JORDAN, Heinrich der Löwe, München 1979, S. 25, plädiert für 1130 als Geburtsjahr oder kurz danach, weil Heinrichs Aktivitäten »in der Mitte der 1140er Jahre [...] eine so starke persönliche Note« aufgewiesen hätten, »dass er damals kaum ein Knabe von etwa zehn Jahren gewesen sein kann«. Joachim EHLERS, Heinrich der Löwe. Eine Biographie, München 2008, S. 47–49, hingegen argumentiert für eine Geburt um 1133/35. Er schreibt die Vormundschaft seiner Großmutter Richenza, anschließend seiner Mutter Gertrud und später namentlich unbekannten *tutores* zu. Hier habe es sich vermutlich um jene *Saxones* gehandelt, denen Heinrich der Stolze die Sorge um seinen Sohn ans Herz gelegt hatte und die Ehlers als »einen engen Kreis von Beratern und Bevollmächtigen« (S. 49) deutet. Er stützt sich in erste Linie auf die Auskunft Alberts von Stade, der angibt, dass der Welfe zur diesem Zeitpunkt *adhuc puer* gewesen und durch *tutores* vertreten worden sei (vgl. das Quellenzitat unten, Anm. 115).

113) Zu seinen Aktivitäten in diesem Raum im Verlauf der frühen 1140er Jahre HOFMEISTER, Kampf (wie Anm. 87), S. 107.

114) JORDAN, Heinrich der Löwe (wie Anm. 112), S. 32; HOHMANN, Bremen (wie Anm. 91), S. 66–69.

115) Albert von Stade, Annales, a. 1144 (wie Anm. 26), S. 324 f.: *Dux autem Heinricus, adhuc puer, per tutores suos conquestus est regi et omnibus principibus, quod archiepiseopus Albero matri suae promisisset, quod si moreretur Rodolfus, filio suo duci conferret comitatum.* MAECK, Weltchronik (wie Anm. 107), S. 129 f., zu Alberts Darstellung des Stader Erbes.

116) ZIEGLER, Konrad III. (wie Anm. 94), S. 438.

aber durch keine Quelle zu belegen. Neben Albert von Stade äußert sich auch Helmold von Bosau in seiner zwischen 1163 und 1172 entstandenen Chronik und führt Heinrichs Forderungen zum einen auf Erbrecht und zum anderen auf lehnrechtliche Befugnisse zurück[117)]. Es herrscht weitgehender Forschungskonsens, dass an der erbrechtlichen Argumentationsführung erhebliche Zweifel anzumelden sind[118)]. Denn es existierte eine ganze Reihe sächsischer Adelsfamilien, deren Verwandtschaftsverhältnis zu den Grafen von Stade wesentlich näher als das der Welfen war[119)]. Kontroverser wird hingegen die Frage diskutiert, ob der Welfe seine herzogliche Stellung (aus)nutzte, um seinen Zugriff in gräflichen Erbfällen zu etablieren, in denen kein direkter männlicher Nachkomme im Laienstand zur Verfügung stand, oder ob Ansprüche existierten, nach denen dem Herzog dieses Recht zustand. So betont Ernst Schubert, dass Heinrich das Stader Erbe und andere Erbschaften nicht aufgrund eines herzoglichen Heimfallrechts beanspruchen konnte, sondern »stets aufgrund seiner Macht, konkret durch Machtmißbrauch, an sich«[120)]. Die herzogliche Verfügungsgewalt über gräfliches Erbe, wie sie noch die etatistisch orientierte Forschung des 19. Jahrhunderts betont, sei zu diesem Zeitpunkt als rechtshistorische Fiktion zu werten. Zu einem anderen Urteil kommt Bernd Schneidmüller, der in der Besetzung des Stader Erbes weniger einen Machtmissbrauch sieht, sondern ein »neues, dynamisches Verständnis des herzoglichen Amts [...], das sich zwischen König und Graf schob und den Grafenstand zu mediatisieren

117) Helmold von Bosau, Chronica Slavorum, hg. von Bernhard SCHMEIDLER (MGH SS rer. Germ. 32), Hannover [3]1937, CII, S. 202: [...] *quaedam quidem hereditario iure, quaedam beneficiali* [...].

118) Gegen die Legitimation durch das Erbrecht Gerd ALTHOFF, Heinrich der Löwe und das Stader Erbe. Zum Problem der Beurteilung des ›Annalista Saxo‹, in: DA 41 (1985), S. 66–100; wieder in: DERS., Inszenierte Herrschaft. Geschichtsschreibung und politisches Handeln im Mittelalter, Darmstadt 2003, S. 150–189; HOHMANN, Bremen (wie Anm. 91), S. 67; SCHUBERT, Geschichte Niedersachsens (wie Anm. 25), S. 411 f. Allein HUCKE, Grafen (wie Anm. 89), S. 111, teilt diese Ansicht: »Vom mittelalterlichen Standpunkt erscheinen die Ansprüche, die Heinrich der Löwe auf das Erbe und die Grafschaft der Udonen erhob, als begründet. Sie waren nach dem damaligen Sippen- und Familienrecht ein Rechtstitel, der [...] das offizielle Gesicht der Usurpation des Herzogs bestimmte. Auf Grund seiner Verwandtschaft mit den Catlenburgern, Billungern, Rheinfeldenern und Northeimern konnte Heinrich 1145 Allode und Lehen der Udonen« im Sinne des Erb- und Lehnrechts übernehmen.

119) Eine so angelegte genealogische Beweisführung könnte sogar der Darstellungsabsicht des Annalista Saxo zugrunde gelegen haben, wie Gerd Althoff vermutet. Er sieht in der dem Abt Arnold von Berge zugeschriebenen Darstellung argumentatives Rüstzeug für Hartwig, um sich in Verhandlungen jedweder Art gegen die vermeintlichen welfischen Erbansprüche zu positionieren. ALTHOFF, Stader Erbe (wie Anm. 118).

120) SCHUBERT, Geschichte Niedersachsens (wie Anm. 25), S. 394. Auch ALTHOFF, Stader Erbe (wie Anm. 118), S. 151, attestiert dem territorialen Herrschaftsausbau Heinrichs des Löwen »alle [...] Züge und Eigenheiten einer konsequenten und auch skrupellosen Territorialpolitik«, die in ihrer »Summe in jedem Fall das Urteil, daß sich auf diesem Feld weniger das Recht als die Macht durchsetzte«, erlaube. Vgl. auch HOHMANN, Bremen (wie Anm. 91), S. 67, der betont, dass Heinrich der Löwe hier »überhaupt keine rechtliche Handhabe gehabt« hätte.

begann«[121]. Der Welfe habe wichtige Impulse für die spätere Entwicklung des Lehnrechts geliefert, so dass die erfolgreiche Behauptung seiner Ansprüche »aus vermeintlichem Unrecht neues Recht entstehen« ließ[122]. Ähnlich betont Stefan Weinfurter das »Prinzip einer durch das Lehnrecht intensivierten Herzogsherrschaft,« derer sich Heinrich in diesen Fällen bedient habe[123]. Aus dieser Perspektive stellten die Ambitionen des Löwen keinen Missbrauch herzoglicher Amtsgewalt dar, sondern präfigurierten spätere Rechtsentwicklungen.

Für die Beteiligten selbst schien die Rechtslage alles anderer als eindeutig. Als sich die Kontroverse zwischen den Welfen und der Bremer Kirche zuspitzte, ordnete Konrad III. eine Zusammenkunft der Streitparteien an. Zu diesem Zweck kamen beide Seiten im Stift Ramelsloh zu einem *iudicium* zusammen, dem Erzbischof Adalbero von Bremen und der Herzog gemeinsam vorsaßen[124]. Anwesend waren ebenso Hartwig und Friedrich von Sommerschenburg, denen nach Albert von Stade die Aufgabe zukam, den Streitfall zu erläutern. Da beide die Position der Bremer Kirche vertraten, ist es erstaunlich, dass von welfischer Seite keine vergleichbaren Beauftragten erschienen. Ähnliche parteiische Vorbehalte sind gegenüber den übrigen namentlich genannten Großen anzumelden, die Albert von Stade als *auditores* bezeichnet und von denen er Bischof Thietmar von Verden, Markgraf Albrecht den Bären, Graf Hermann II. von Winzenburg und Heinrich von Assel namentlich nennt[125]. Die Quellenterminologie lässt nur bedingt Rückschlüsse auf das Format der Verhandlungen zu. Zwar hat sich in der Forschung der Begriff »Schiedsgericht« etabliert, allerdings entsprechen weder die Zusammensetzung noch die von Albert von Stade formulierten Zuständigkeiten der damaligen

121) Schneidmüller, Die Welfen (wie Anm. 25), S. 205; Ders., Heinrich der Löwe und sein Politikmodell im Norden des Reichs, in: Die Staufer und der Norden Deutschlands, bearb. von Karl-Heinz Ruess, Göppingen 2016, S. 12–46, bes. S. 19, betont die »zukunftsweisende Durchsetzung von Herzogsrechten« durch den Welfen.

122); Bernd Schneidmüller, Heinrich der Löwe. Innovationspotentiale eines mittelalterlichen Fürsten, in: Staufer & Welfen. Zwei rivalisierende Dynasten im Hochmittelalter, hg. von Werner Hechberger/Florian Schuller, Regensburg 2009, S. 50–65, bes. S. 56.

123) Stefan Weinfurter, Erzbischof Philipp von Köln und der Sturz Heinrichs des Löwen, in: Köln. Stadt und Bistum in Kirche und Reich des Mittelalters. Festschrift für Odilo Engels zum 65. Geburtstag, hg. von Hanna Vollrath/dems. (Kölner historische Abhandlungen 39), Köln 1993, S. 455–482; wieder in: Ders., Gelebte Ordnung, gedachte Ordnung. Ausgewählte Beiträge zu König, Kirche und Reich. Aus Anlaß des 60. Geburtstags hg. von Helmuth Kluger/Hubertus Seibert/Werner Bomm, Stuttgart 2005, S. 335–360, bes. S. 344.

124) Albert von Stade, Annales (wie Anm. 26), a. 1144, S. 325: *Unde post multas querelas secundum mandatum regis convenerunt Rameslo ad causae diffinitionem. Archiepiscopus praefuit iudicio ex una parte, puer dux ex alia. Praepositus et palatinus constiterunt ad negotii ventilationem.* Der Treffpunkt bot sich insofern an, da dort beide Parteien Rechte besaßen. Hofmeister, Kampf (wie Anm. 87), S. 107.

125) Albert von Stade, Annales (wie Anm. 26), a. 1144, S. 325: *Auditores aderant Thietmarus Verdensis episcopus, Albertus marchio, comes Hermannus de Winceberch et frater suus, Heinricus de Asle, et magna multitudo militum.*

Schiedspraxis[126]. Welcher Art die Verhandlungen auch immer gewesen sein mögen: Sie mündeten im bewaffneten Tumult, der von den Gefolgsleuten des Löwen ausgelöst wurde und mit der Gefangennahme des Domherrn Hartwig und Adalberos von Bremen endete[127]. Diese Eskalation wird in der Regel mit der bereits in den frühen Herrschaftsjahren erkennbaren rücksichtslosen und gewaltbereiten Machtausübung des Löwen begründet beziehungsweise durch die Tatsache, dass die welfische Partei in Ramelsloh an die Grenzen der inhaltlichen Argumentation stieß und nun den Erfolg in der offenen Konfrontation suchte[128]. Man kann die Sache auch anders sehen: Die parteiische Konstellation des Gremiums ließ kaum auf eine ausgewogene Urteilsfindung schließen, so dass die Entscheidungsfindung bereits im Vorfeld zum Scheitern verurteilt war.

Die welfische Seite hatte die Kontroverse zunächst zu ihren Gunsten entschieden, wenngleich der Kampf um das Stader Erbe kurze Zeit später erneut aufflammte und die Region in den nächsten Jahrzehnten prägen sollte. Entschieden wurde der Streit um das Stader Erbe zunächst nicht durch vermeintliche Rechtsansprüche, sondern durch individuelle Durchsetzungskraft und die Ergebnisse verschiedener Aushandlungsprozesse, in welche die beteiligten Akteure ebenso eingebunden waren wie der König. Dieser Befund deckt sich mit Beobachtungen, die Jürgen Dendorfer über das Zähringer Erbe um 1200 formulierte. Er betont, dass keine verbindlichen »Vorstellungen von berechtigten Ansprüchen auf das Erbe« existiert hätten, sondern auszugehen sei von der »Annahme eines dynamischen Prozesses, in dem erhobene Rechtsansprüche erst abgeklärt werden mussten, in dem es situative Lösungen gab und dessen Ausgang durchaus offen war [...]«[129]. Ein solch ergebnisoffener Konfliktaustrag lässt sich auch im Kampf um das

126) Zur Kritik an diesem Begriff bereits Gerd ALTHOFF, Heinrich der Löwe in Konflikten. Zur Technik der Friedensvermittlung im 12. Jahrhundert, in: Heinrich der Löwe und seine Zeit. Herrschaft und Repräsentation der Welfen 1125–1235, hg. von Jochen LUCKHARDT/Franz NIEHOFF, Bd. 2: Essays, München 1995, S. 123–129, bes. S. 126 f., der von einem *colloquium* ausgeht, welches eine wie auch immer zu organisierende Einigung der Streitparteien zum Ziel gehabt habe. Zum Schiedswesen und seinen Formaten vgl. Hendrik BAUMBACH/Claudia GARNIER, Konzepte und Praktiken der Schiedsgerichtsbarkeit im römisch-deutschen Reich vom 12. bis zum 15. Jahrhundert. Zur Einführung, in: Konzepte und Praktiken der Schiedsgerichtsbarkeit im römisch-deutschen Reich vom 12. bis zum 15. Jahrhundert, hg. von DENS. (= BDLG 155 [2019]), S. 235–250.

127) Albert von Stade, Annales (wie Anm. 26), a. 1144, S. 325: *Ibi in litis contestatione homines ducis arma rapuerunt, et seditione facta archiepiscopum captivaverunt* [...]. Joachim EHLERS, Heinrich der Löwe und der sächsische Episkopat, in: Friedrich Barbarossa. Handlungsspielräume und Wirkungsweisen des staufischen Kaisers, hg. von Alfred HAVERKAMP (VuF 40), Sigmaringen 1992, S. 435–466, bes. S. 449.

128) Exemplarisch SCHNEIDMÜLLER, Innovationspotentiale (wie Anm. 122), S. 55, dem die Ereignisse von Ramelsloh als Beispiel für gleichermaßen »innovative(s) wie gewaltbereite(s) Handeln« gelten, sowie die Angaben in Anm. 120.

129) Jürgen DENDORFER, Erbrecht, Lehnrecht, Konsens der Fürsten. Der zähringische Erbfall und die Etablierung normativer Ordnungen, in: Die Zähringer. Rang und Herrschaft um 1200, hg. von DEMS./Heinz KRIEG/Johanna R. REGNATH (Veröffentlichungen des Alemannischen Instituts 85), Ostfildern 2018, S. 403–424, bes. S. 415.

Stader Erbe beobachten. Die jeweils erhobenen Ansprüche existierten nicht als vermeintliche Rechtstitel, sondern bedurften der argumentativen Durchsetzung – in diesem Fall in den Verhandlungen von Ramelsloh. Dass Konrad III. dieses Treffen angeordnet hatte, dokumentiert ebenso wie der Magdeburger Hoftag des Jahres 1144 nicht nur die überregionale Bedeutung des Konflikts. Die herrscherlichen Maßnahmen unterstreichen ebenfalls, dass es des Konsenses aller Beteiligten bedurft hätte, um die Kontroverse zu beenden[130]. Zwar konnte der Staufer die Zusammenkunft der Gegner anordnen, jedoch selbst keine Vorgaben zur Entscheidung der strittigen Angelegenheit machen. Zu diesem Zweck hätte es der Herstellung des Einvernehmens der Beteiligten bedurft, die in Ramelsloh bekanntermaßen scheiterte.

Vergleichbare Strukturen weist ein zweiter Fall auf, in dem sich Heinrich der Löwe ebenfalls den Zugriff auf gräfliches Erbe sicherte – das der Winzenburger. Die Familie war ursprünglich im Leinegebiet in Reinhausen im Süden Göttingens ansässig, bevor sie sich seit dem frühen 12. Jahrhundert nach der Winzenburg benannte, die sie als Lehen der Hildesheimer Kirche unter Hermann I. ausbaute[131]. Ihr weitreichender Einfluss umfasste neben Rechten und Besitzungen im südlichen Sachsen seit 1146 ebenso das Erbe der Grafen von Northeim. Denn in der ersten Hälfte der 1140er Jahre waren Hermann II. von Winzenburg und seinem jüngeren Bruder Heinrich von Assel[132] strategisch überaus erfolgreiche Eheschließungen gelungen, die Rang wie Besitz gleichermaßen steigerten. Hermann II. hatte im Jahr 1142 die Babenbergerin Elisabeth geheiratet. Sein Bruder Heinrich verband sich im Jahr 1144 mit Richenza, der Witwe des kurz zuvor verschiedenen Siegfried IV. von Northeim, und kam auf diese Weise in den Besitz eines Teils des Northeimer Erbes, das vom südlichen Sachsen bis nach Westfalen reichte[133]. Als Heinrich nur zwei Jahre nach der Hochzeit verstarb, gingen seine An-

130) Grundlegend Bernd SCHNEIDMÜLLER, Konsensuale Herrschaft. Ein Essay über Formen und Konzepte politischer Ordnung im Mittelalter, in: Reich, Regionen und Europa in Mittelalter und Neuzeit. Festschrift für Peter Moraw, hg. von Paul-Joachim HEINIG/Sigrid JAHNS/Hans-Joachim SCHMIDT/Rainer Christoph SCHWINGES/Sabine WEFERS (Historische Forschungen 67), Berlin 2000, S. 53–87; DERS., Konsens – Territorialisierung – Eigennutz. Vom Umgang mit spätmittelalterlicher Geschichte, in: Neue Wege der Forschung. Antrittsvorlesungen am Historischen Seminar Heidelberg 2000–2006, hg. von Stefan WEINFURTER (Heidelberger Historische Beiträge 29), Heidelberg 2009, S. 47–68.

131) Karl JORDAN, Das politische Kräftespiel an Oberweser und Leine um die Mitte des 12. Jahrhunderts, in: Festschrift für Hermann Heimpel, Bd. 2 (Veröffentlichungen des Max-Planck-Instituts für Geschichte 36), Göttingen 1952, S. 1042–1062; wieder in: DERS., Ausgewählte Aufsätze zur Geschichte des Mittelalters (Kieler Historische Studien 29), Stuttgart 1980, S. 308–328, bes. S. 311.

132) Zur namengebenden Asselburg bei Burgdorf und den dazugehörigen Rechten vgl. Wofgang PETKE, Die Grafen von Wöltingerode-Wohldenberg. Adelsherrschaft, Königtum und Landesherrschaft am Nordwestharz im 12. und 13. Jahrhundert (Veröffentlichungen des Instituts für Historische Landesforschung der Universität Göttingen 4), Hildesheim 1971, S. 327 f.

133) Karl-Heinz LANGE, Der Herrschaftsbereich der Grafen von Northeim 950–1144 (Veröffentlichungen der Historischen Kommission für Niedersachsen und Bremen 2. Studien und Vorarbeiten zum Historischen Atlas

sprüche auf seinen älteren Bruder Hermann II. über, der auf diese Weise endgültig zu einem der einflussreichsten Großen im Gebiet von Leine und Oberweser avancierte[134]. Hermanns Zeitgenossen hoben seinen außerordentlichen Einfluss und Reichtum hervor: so etwa Helmold von Bosau, dem der Graf als *vir potens et magnarum pecuniarum* galt[135]. Sein umfangreiches Vermögen versetzte ihn in die Lage, sich auch den Rest des Northeimer Erbes zu sichern[136]. Im Jahr 1144 erhielt er gegen die Überlassung der Klöster Reinhausen und Northeim ebenfalls die Lehen der Mainzer Kirche[137]. Auch in diesem Fall bestimmte nicht vermeintliches Erbrecht, sondern die Kraft des Stärkeren die Übertragung. Denn der verstorbene Heinrich von Assel hinterließ zwei Nachkommen, die bei seinem Tod noch im Säuglings- beziehungsweise Kleinkindalter standen: Otto und Sophia. Ihre Ansprüche schienen bei der Verteilung des Northeimer Besitzes eine ebenso untergeordnete Rolle gespielt zu haben wie die der Grafenwitwe Richenza, über die immerhin das Gut in die Verfügungsgewalt der Familie gekommen war[138].

Die bis zu diesem Zeitpunkt beachtliche territoriale Erfolgsbilanz ergänzte Hermann II. schließlich im Jahr 1150, als er die namengebende Winzenburg zurückgewann. Die Verfügungsgewalt hatte er im Jahr 1130 verloren, nachdem er für den Tod des Burchard von Loccum zur Verantwortung gezogen worden war, der in einer Fehde sein Leben gelassen hatte[139]. Nach langen Verhandlungen erhielt der Graf vom Hildesheimer Bischof die Winzenburg zum Lehen, so dass sie zum erneuten Ausgangspunkt der

Niedersachsen 24), Göttingen 1969, S. 126; PISCHKE, Herrschaftsbereiche (wie Anm. 79), S. 49–60. Zur Genealogie der Familie und damit verbundenen Besitzübertragungen vgl. SCHUBERT, Geschichte Niedersachsens (wie Anm. 25), S. 415–420; Nathalie KRUPPA, Südsächsische Adelsgeschlechter. Ein Überblick vom Frühmittelalter bis in das 13. Jahrhundert, in: Concilium medii aevi 8 (2005), S. 145–168, bes. S. 163.

134) Karl JORDAN, Friedrich Barbarossa und Heinrich der Löwe, in: BDLG 117 (1981), S. 61–71, bes. S. 64.

135) Helmold von Bosau, Chronica (wie Anm. 117), LXXIII, S. 193.

136) LANGE, Herrschaftsbereich (wie Anm. 133), S. 127 f.

137) Urkundenbuch des Klosters Reinhausen, bearb. von Manfred HAMANN (Veröffentlichungen der Historischen Kommission für Niedersachsen und Bremen 37,1), Hannover 1991, Nr. 7, S. 32; vgl. ebd., Nr. 9, S. 33 f.; LANGE, Herrschaftsbereich (wie Anm. 133), S. 31; Dieter BROSIUS, Reinhausen, in: Germania Benedictina, Bd. 6: Die Benediktinerklöster in Niedersachsen, Schleswig-Holstein und Bremen, bearb. von Ulrich FAUST, St. Ottilien 1979, S. 433–441; Jürgen ASCH, Northeim, in: ebd., S. 363–385; Wolfgang HEINEMANN, Das Bistum Hildesheim im Kräftespiel der Reichs- und Territorialpolitik vornehmlich des 12. Jahrhunderts (Quellen und Darstellungen zur Geschichte Niedersachsens 72), Hildesheim 1968, S. 178.

138) Vgl. oben, Anm. 133.

139) Die Regesten des Kaiserreichs unter Lothar III. und Konrad III. 1125–1152, Teil 1: Lothar III. 1125 (1075)–1137, neubearb. von Wolfgang PETKE (J. F. Böhmer, Regesta Imperii IV,1,1), Köln/Weimar/Wien 1994, Nr. 255, 257; Das Bistum Hildesheim, Bd. 3: Die Hildesheimer Bischöfe von 815 bis 1221 (1227), bearb. von Hans GOETTING (Germania Sacra N. F. 20), Berlin 1984, S. 347; HEINEMANN, Hildesheim (wie Anm. 137), S. 133–135; Elmar WADLE, Reichsgut und Königsherrschaft unter Lothar III. (1125–1137). Ein Beitrag zur Verfassungsgeschichte des 12. Jahrhunderts (Schriften zur Verfassungsgeschichte 12), Berlin 1969, S. 234 f.; CONRAD, Kaiserin Richenza (wie Anm. 80), S. 186–190.

Behauptung seiner Machtansprüche wurde[140]. Ob Hermann II. bei der Arrondierung seiner Herrschaft tatsächlich ein über das alltägliche Maß hinausgehendes tyrannisches Gebaren an den Tag legte oder dieser Wesenszug den Historiographen als probate Erklärung für sein späteres Schicksal diente, ist nicht zu klären: In einer Januarnacht des Jahres 1152 fiel er auf seiner Burg gemeinsam mit seiner zweiten Gemahlin Liutgard einem Anschlag zum Opfer[141]. Die Tatsache, dass die Angreifer nicht nur den Grafen selbst, sondern auch seine schwangere Ehefrau töteten, verlieh der Schwere des Vergehens besonderes Gewicht. Den Pöhlder Annalen gelten die Ministerialen der Hildesheimer Kirche als Aggressoren[142]. Ihnen kann vermutlich der *miles Bernhardus* zugerechnet werden, der nach Auskunft der Kölner Königschronik zur Verantwortung gezogen wurde, als er während eines Aufenthalts Friedrich Barbarossas in Köln vor dem Königsgericht angeklagt und auf Befehl des Staufers enthauptet wurde[143]. Doch auch seine eigenen Dienstleute zählten zu Hermanns Gegnern, namentlich diejenigen, die ihm durch die Übernahme des Northeimer Erbes unterstellt waren[144].

140) Urkundenbuch des Hochstifts Hildesheim und seiner Bischöfe, Bd. 1: Bis 1221, hg. von Karl JANICKE (Publikationen aus den königlich-preußischen Staatsarchiven 65), Leipzig 1896, Nr. 263, S. 239–243; Bistum Hildesheim 3 (wie Anm. 139), S. 361 f.; HEINEMANN, Hildesheim (wie Anm. 137), S. 194–197; WADLE, Reichsgut (wie Anm. 139), S. 235.

141) Die Ehe mit der Babenbergerin wurde – vermutlich 1148 – wegen zu naher Verwandtschaft gelöst. Dazu HEINEMANN, Hildesheim (wie Anm. 137), S. 192 f.; zu Liutgard vgl. oben, Anm. 95–97.

142) Annales Palidenses auctore Theodoro monacho, hg. von Georg Heinrich PERTZ (MGH SS 16), Hannover 1859, S. 48–98, a. 1152, S. 86: *Hermannus comes de Wincenburg cum diutina tirannide multos obpressisset, cum uxore Liutgarda inpregnata, quam priore dimissa duxerat, conspirantibus contra eum ministerialibus Hildensheimensis ecclesie, eodem castro noctu gladio transverberatur 3. Kal. Febr. pecunieque ipsorum, que ad sex milia libras conputabantur, ab interfectoribus direpte sunt.* Bistum Hildesheim 3 (wie Anm. 139), S. 371 f.; HEINEMANN, Hildesheim (wie Anm. 137), S. 212 f.

143) Chronica regia Coloniensis (wie Anm. 54), Recensio I, a. 1156, S. 92: [...] *ibique quidam miles nomine Bernhardus accusatus a duce Saxoniae, quod in nece comitis Herimanni de Vinceburg noxius teneretur, iussu imperatoris capite punitur.* Ebd., Recensio II, a. 1156, S. 92: [...] *ubi quidam miles Bernhardus nomine, qui in necem Herimanni de Winceburg conspirasse a duce Saxonum convictus est, inconsulte procedens, iussu ipsius imperatoris decollatur.* Die Regesten des Kaiserreichs unter Friedrich I. 1152 (1122)–1190, neubearb. von Ferdinand OPLL (J. F. Böhmer, Regesta Imperii IV,2,1), Wien/Köln/Graz 1980, Nr. 200 mit dem Verweis auf die Datierung des Ereignisses.

144) Darauf deutet zumindest die Nachricht, dass auch Heinrich von Bodenburg der Tat verdächtigt worden war. Nachdem es ihm nicht gelungen war, in einem gerichtlichen Zweikampf seine Unschuld zu beweisen, zog er sich in das Kloster Neuwerk bei Halle zurück. Vita Lamberti praepositi monasterii Novi Operis prope Hallam Saxonicam, hg. von Harry BRESSLAU (MGH SS 30,2), Leipzig 1934, S. 948–953, S. 952. Auch wenn die Ereignisse um Heinrich von Bodenburg nur in dieser einzigen Quelle dokumentiert sind, gilt der Bericht PETKE, Grafen (wie Anm. 132), S. 292, als glaubwürdig, da der Graf in der Folgezeit nicht mehr in Erscheinung trat. Vgl. auch Bistum Hildesheim 3 (wie Anm. 139), S. 341 f., 372.

Der ermordete Graf hinterließ drei Töchter[145]. Zum näheren Verwandtenkreis zählten ebenso sein Neffe Otto von Assel und seine Nichte Sophia. Für die Rechte der jüngsten Generation schien sich niemand einzusetzen, den weiteren Verlauf bestimmten vielmehr die einflussreichsten Dynasten der Region, die unverzüglich das Heft in die Hand nahmen: Heinrich der Löwe und Albrecht der Bär[146]. Der Askanier konnte möglicherweise als Schwager des Verstorbenen Ansprüche geltend machen: Vermutlich war seine Gemahlin Sophie eine der Schwestern Hermanns II.[147]. Ambitionen zur Gewinnung des Winzenburger Erbes legte auch Heinrich der Löwe an den Tag, wenngleich nicht überliefert ist, welche Argumente er ins Feld führte. Möglicherweise verstärkte die ohnehin existierende Rivalität zu Albrecht dem Bären sein Interesse: Der Welfe und der Askanier hatten bereits seit 1151 bewaffnete Auseinandersetzungen ausgetragen, deren Ursachen nicht bekannt sind und die nun durch den Winzenburger Erbfall zusätzlichen Nährboden erhielten[148]. Übereinstimmend berichten die historiographischen Quellen, dass die beiden Fürsten Sachsen im Streit um ihre Ansprüche mit den Kriegs- und Gewalthandlungen überzogen hätten[149]. Neben der militärischen Streiterledigung suchten die Gegner ebenso die Unterstützung Friedrich Barbarossas, der ihr Anliegen auf seinem Pfingsthoftag 1152 in Merseburg verhandeln ließ[150]. Helmold von Bosau zufolge fehlte es allerdings dem gerade zum König erhobenen Staufer noch an der notwen-

145) Petke, Grafen (wie Anm. 132), S. 52 f., mit der Diskussion der bei Hucke, Grafen (wie Anm. 89), S. 57, formulierten These, es seien nur zwei Töchter gewesen. Auf die Debatte soll an dieser Stelle nicht eingegangen werden, da die Anzahl der Töchter für die in diesem Beitrag verhandelte Frage unerheblich ist.

146) Zum Verlauf des Konflikts Petke, Grafen (wie Anm. 132), S. 282 f.; Jordan, Heinrich der Löwe (wie Anm. 112), S. 49 f.; Jordan, Herzogtum (wie Anm. 81), S. 204 f.; Ehlers, Heinrich der Löwe (wie Anm. 112), S. 84 f.; Schubert, Geschichte Niedersachsens (wie Anm. 25), S. 420–423; Lutz Partenheimer, Albrecht der Bär. Gründer der Mark Brandenburg und des Fürstentums Anhalt, Köln [2]2003, S. 124 f.; Diana Zunker, Adel in Westfalen. Strukturen und Konzepte von Herrschaft (1106–1235) (Historische Studien 472), Husum 2003, S. 323 f.

147) Partenheimer, Albrecht der Bär (wie Anm. 146), S. 249, Anm. 554; Petke, Grafen (wie Anm. 132), S. 53 f., mit Hinweisen auf die übrigen Schwestern des Verstorbenen: Beatrix war Äbtissin in Quedlinburg; Jutta war die Gemahlin des verstorbenen Udo IV. von Stade.

148) Ebenso wurde der Löwe mit den Mainzer Kirchenlehen des Winzenburgers belehnt. Schubert, Geschichte Niedersachsens (wie Anm. 25), S. 420 mit Anm. 304; Bistum Hildesheim 3 (wie Anm. 139), S. 352.

149) Priester Konrad, Chronik des Lauterbergs (Petersberg bei Halle an der Saale). Chronica sereni montis, auctore Conrado presbytero, hg. von Klaus Nass (MGH SS rer. Germ. 83), Wiesbaden 2020, a. 1153, S. 118: *Dux Heinricus et marchio Albertus discordantes incendiis Saxoniam turbaverunt*. Cronica S. Petri Erfordensis moderna, in: Monumenta Erphesfurtensia saec. XII. XIII. XIV., hg. von Oswald Holder-Egger (MGH SS rer. Germ. 42), Hannover/Leipzig 1899, S. 150–398, a. 1152, S. 178: *Fridericus rex penthecosten curiam suam habuit Merseburg* [...]. *Ubi eciam gravis discordia inter Heinricum Saxonum ducem et Adelbertum marchionem oritur; quibus inter se hostiliter* [...] *castella ac ville* [...] *devastantur*. Ebenso anzuführen sind Briefformulare, in denen diverse Dynasten von Heinrich dem Löwen um Unterstützung gebeten werden: Die Reinhardsbrunner Briefsammlung, hg. von Friedel Peeck (MGH Epp. sel. 5), Weimar 1952, Nr. 43 f., S. 40–42; Nr. 52, S. 48 f.; Nr. 65 f., S. 59 f.; Nr. 68 f., S. 60 f., sowie unten, Anm. 152.

150) Reg. Imp. IV,2,1 (wie Anm. 143), Nr. 88; Petke, Grafen (wie Anm. 132), S. 282 f.

digen Autorität, um eine Entscheidung gegen die Platzhirsche der Region durchzusetzen[151].

Nachdem kein Ausgleich gelungen war, wurden die Verhandlungen auf dem Würzburger Hoftag im Oktober desselben Jahres erneut aufgenommen und zunächst erfolgreich beendet. Die Lösung erschien auf den ersten Blick als tragfähiger Kompromiss: Heinrich der Löwe erhielt das Winzenburger und Albrecht der Bär das zwischen beiden ebenfalls strittige Plötzkauer Erbe[152]. Letzteres stand seit 1147 zur Disposition, nachdem Graf Bernhard als Kreuzfahrer den Tod gefunden hatte[153]. Die Plötzkauer Besitzungen ergänzten zwar den Herrschaftsbereich der Askanier im östlichen Harzraum, waren jedoch nichts weiter als »ein magerer Gewinn« und eine »halbherzige Entschädigung Albrechts des Bären«, stand ihr Umfang doch in keiner Relation zum Winzenburger Erbe, das Heinrich dem Löwen umfassenden Einfluss zwischen Leine und Weser bescherte[154].

In der Folgezeit gelang es Heinrich dem Löwen, seinen Einfluss auf den Besitz des Winzenburger Grafenhauses sukzessive auszuweiten. Als im Jahr 1170 mit Otto von Assel der letzte männliche Vertreter der Familie verstarb, beanspruchte Heinrich der Löwe auch dieses Erbe, das ihm vor allem in seinen Auseinandersetzungen mit den Bischöfen von Hildesheim von strategischem Nutzen war[155]. Er überging dabei Ottos

151) Helmold von Bosau, Chronica (wie Anm. 117), LXXIII, S. 139: *Circa tempus dierum illorum occisus est Heremannus comes in castro Winzeburg, vir potens et magnarum pecuniarum, et ortae sunt contentiones inter ducem nostrum et marchionem Adelbertum propter castra et facultates eius. Propter hos compacandos denuntiavit rex curiam apud Marcipolim civitatem Saxoniae mandavitque principibus sollempniter adesse.* [...] *Dissensio autem, quae erat inter ducem et marchionen, sedari non poterat, eo quod principes elati regis adhuc recentis monita parvipenderent.*

152) Reg. Imp. IV,2,1 (wie Anm. 143), Nr. 135; Albert von Stade, Annales (wie Anm. 26), a. 1152, S. 344: *Rex Wirceburch conventum habuit ibique Heinricum ducem et Albertum marchionem discordantes pacificavit.* Annales Palidenses (wie Anm. 142), a. 1152, S. 86: *Contentio principum Heinrici ducis et Adelberti marchionis propter hereditates comitum Bernardi et Heremanni mutuis depredationibus et incendiis plurimum leserat regionem; at ubi refulsit sol qui tunc erat in nubilo, incliti terre bellorum motus festinato represserunt, atque ut possessio Bernhardi plenarie marchionem adtingeret, duce que Heremanni fuerant obtinente, secundum auctoritatem regis egerunt.* Annalium S. Blasii Brunsvicensium maiorum fragmenta, hg. von Oswald Holder-Egger (MGH SS 30,1), Hannover 1896, S. 17–19, S. 19: *Adelbertus marchio et Henricus contendunt in Saxonia incendiis et rapinis, quousque marchio comitis Bernardi, dux comitis Hermanni acciperet possessionem regis auctoritate.*

153) Jordan, Heinrich der Löwe (wie Anm. 112), S. 50; Partenheimer, Albrecht der Bär (wie Anm. 146), S. 107 sowie S. 249 mit Anm. 552, S. 285 mit Anm. 909.

154) Schubert, Geschichte Niedersachsens (wie Anm. 25), S. 422 f. Die Winzenburg selbst ging jedoch nicht an den Herzog, sondern blieb in der Verfügungsgewalt des Hildesheimer Bischofs. Dies lässt sich zumindest aus dem Hinweis der Hildesheimer Bischofschronik rekonstruieren, dass die Burg in der Folgezeit ausgebaut wurde: Chronicon Hildesheimense, hg. von Georg Heinrich Pertz (MGH SS 7), Hannover 1846, S. 850–873, XXI, S. 856: *Castrum quoque Winzenburg non modico sumptu turre firmissima communivit.* Bistum Hildesheim 3 (wie Anm. 139), S. 372.

155) Helmold von Bosau, Chronica (wie Anm. 117), CII, S. 202: [...] *accesserunt ei nichilominus multorum principum possessiones, ut fuit Heremannus de Winceburg, Sifridus de Hammemburg, Otto de Asle et alii, quorum*

Witwe Salome von Heinsberg ebenso wie die einzige Tochter Adelheid, die Gemahlin Adolfs III. von Schaumberg. In welchem Zeitraum und auf welche Weise sich Heinrich der Löwe in den Besitz des Erbes gesetzt hatte, ist nicht überliefert. Salomes Bruder Philipp, der gleichermaßen einflussreiche wie strategisch versierte Erzbischof von Köln, nahm dies wenig später, im Jahr 1178, zum Anlass, einen Bündnisvertrag mit dem Bischof von Halberstadt gegen den Welfen zu schließen[156]. Grundsätzlich ging es den Beteiligten wie auch zahlreichen anderen weltlichen und geistlichen Gewalten der Region um eine gemeinsame Positionierung gegen die Macht des Löwen, die schließlich zu seinem Sturz führte[157].

In der Forschung herrscht weitgehender Konsens, dass es sich bei der Übertragung des Winzenburger Erbes – so Karl Jordan – »mehr um eine Macht- als eine Rechtsfrage« gehandelt habe[158]. Joachim Ehlers relativiert zwar diese Einschätzung, indem er betont, dass Zugeständnisse dieser Art in einer Gesellschaft, »die alles Verhalten auf Ehre und Loyalität, Absprache und Mitsprache gründete«, in erster Linie auf persönlicher Verpflichtung beruht hätten. Doch stellt auch er fest, dass keinerlei Rechtsanspruch des Löwen auf die fraglichen Gebiete existierte[159]. Die Übernahme des Winzenburger Erbes durch den Welfen dokumentiert daher in besonderer Weise, dass Entscheidungen in strittigen Erbfällen mitunter von politischen Konstellationen und Zwängen abhängig waren, die jenseits verwandtschaftlicher oder anderer rechtlicher Legitimation zu veror-

mentio excidit. JORDAN, Herzogtum (wie Anm. 81), S. 205; DERS., Heinrich der Löwe (wie Anm. 112), S. 122 f.; HEINEMANN, Hildesheim (wie Anm. 137), S. 287 f.; SCHUBERT, Geschichte Niedersachsens (wie Anm. 25), S. 394 f.; Sigurd ZILLMANN, Die welfische Territorialpolitik im 13. Jahrhundert (1218–1267) (Braunschweiger Werkstücke. Reihe A,12), S. 55–60; PETKE, Grafen (wie Anm. 132), S. 51, der den Zugriff »ohne näher erkennbaren Rechtstitel – möglicherweise jedoch in einer großzügigen Auslegung des Würzburger Tages vom 13. Oktober 1152« betont.

156) Die Urkunde selbst verweist lediglich allgemein auf Unrecht, das vom Welfen ausgehe. Urkundenbuch des Hochstifts Halberstadt und seiner Bischöfe, Bd. 1: Bis 1236, hg. von Karl Gustav SCHMIDT (Publikationen aus den königlich-preußischen Staatsarchiven 17), Leipzig 1883, Nr. 283, S. 246: [...] *ob multas iniurias et tribulationes, quas idem dux ecclesie Coloniensi inferebat et cottidie novas et maiores inferre prabat* [...]. Historiographische Quellen stellen indes einen unmittelbaren Zusammenhang zum Asselschen Erbe her. Priester Konrad, Chronik (wie Anm. 149), a. 1178, S. 145.: *Philippus Coloniensis archiepiscopus cum infinita multitudine ad repetendam hereditatem Ottonis comitis de Asse, sui nepotis,* [...] *contra Heinricum ducem venit* [...]. HEINEMANN, Hildesheim (wie Anm. 145), S. 287 f.; PETKE, Grafen (wie Anm. 132), S. 320 f.; EHLERS, Heinrich der Löwe und der sächsische Episkopat (wie Anm. 127), S. 435; DERS., Heinrich der Löwe (wie Anm. 112), S. 325.

157) WEINFURTER, Philipp von Köln (wie Anm. 123); Knut GÖRICH, Jäger oder Getriebener der Fürsten? Friedrich Barbarossa und die Entmachtung Heinrichs des Löwen, in: Staufer & Welfen (wie Anm. 122), S. 99–117; DERS., Friedrich Barbarossa. Eine Biographie, München 2011, S. 461–485; EHLERS, Heinrich der Löwe (wie Anm. 112), S. 317–344. Nach dem Sturz des Löwen erhielt Salome von Heinsberg das Erbe restituiert, das sie teilweise der Bischofskirche von Hildesheim verkaufte. Dazu PETKE, Grafen (wie Anm. 132), S. 52; HEINEMANN, Hildesheim (wie Anm. 137), S. 308 f.

158) JORDAN, Kräftespiel (wie Anm. 131), S. 319.

159) EHLERS, Heinrich der Löwe (wie Anm. 112), S. 212.

ten sind. In keinem Fall wurden hinterbliebene Familienmitglieder – Witwen, Töchter oder minderjährige Kinder – berücksichtigt. Es steht zu vermuten, dass den Betroffenen der notwendige verwandtschaftliche und politische Rückhalt fehlte, um sich gegen die welfischen Interessen zu behaupten. Dass der Löwe keinerlei Ansprüche dieser Art erheben konnte, legt schließlich eine für das Kloster Gehrden ausgestellte Urkunde offen, in der er eine von Hermann II. vorgenommene Besitzübertragung bestätigte. Hier betonte er, dass er das Winzenburger Erbe göttlichem Eingreifen zu verdanken habe: [...] *ad nos enim occiso Herimanno comitem eadem hereditas deo disponente pervenit*[160]. Der Hinweis auf das Wirken himmlischer Mächte war möglicherweise dem geistlichen Urkundenempfänger geschuldet, er lässt jedoch auch darauf schließen, dass Heinrich keine weiteren Argumente für seine Ansprüche vorbringen konnte.

Am Ende bedurfte es einer konsensorientierten Lösung, die nur im Kompromiss zu finden war. In der Frage des Winzenburger Erbes führte Barbarossa im Jahr 1152 eine situative Entscheidung herbei, die den individuellen Konstellationen entsprach und weniger vermeintlichen Rechtstiteln. Zu keinem Zeitpunkt ging es um mögliche Ansprüche der betroffenen Familienverbände. Die Entscheidung des Königs berücksichtigte allein Rang und Einfluss der Welfen wie Askanier und nutzte die gebotene Situation strategisch klug aus: Mit dem Winzenburger und dem Plötzkauer Erbe standen zwei Besitztitel zur Disposition, die den notwendigen Spielraum für eine Kompromissfindung boten. Ähnlich wie im Fall des Stader Erbes konnte der König keine autoritative Entscheidung herbeiführen, sondern war auf die Zustimmung der fürstlichen Gemeinschaft und der beteiligten Akteure angewiesen: Hoftage und die mit ihnen verbundene politische Öffentlichkeit boten das probate Forum. Begrenzt wurden die Handlungsoptionen auch durch weitere politische Zwänge, denen der Staufer ausgesetzt war, der 1152 die Übertragung des Winzenburger Erbes selbst in die Wege leitete und in den 1170er Jahren die Aneignung der Asselschen Güter zumindest nicht verhinderte. Dass er unmittelbar nach seiner Wahl ebenso auf die Unterstützung des Löwen angewiesen war wie seit der Mitte der 1150er Jahre bei seinen Italienzügen, stellt an dieser Stelle mehr als eine Randnotiz dar[161]. Insofern entschieden nicht nur die Macht des Löwen und sein territorialer Gestaltungswille über die Erbgänge in Sachsen, sondern gleichermaßen auch die Handlungszwänge des Königs. Adliges Erben im Schatten der Herzogsgewalt folgte daher mitunter weniger der Logik familiärer Besitzübertragung, sondern vielmehr politischen und territorialen Ambitionen derer, denen die notwendigen Mittel zur Durchsetzung ihrer Interessen zu Gebote standen.

160) D HdL (wie Anm. 23), Nr. 21, S. 30; Ehlers, Heinrich der Löwe (wie Anm. 112), S. 124, der betont, dass sich der Löwe auf diese Weise »am Ort und in der engeren Region als Rechtsnachfolger des Grafen von Winzenburg erweisen« wollte.

161) Görich, Friedrich Barbarossa (wie Anm. 157), S. 127–134 (zu den Verbindungen nach der Erhebung Barbarossas); ebd., S. 221–253, 283–502 (zu den Italienzügen des Staufers).

IV. Vererben – (Ver)Teilen – Verkaufen: Konzepte generativer Zukunftssicherung

»Die Biologie gestaltete die Herrschaft.« Pointiert bringt Ernst Schubert mit diesem kurzen wie zutreffenden Satz zum Ausdruck, dass dynastischer Erfolg und mit ihm verknüpftes politisches Handeln vor allem durch Leben und Überleben bestimmt wurden[162]. Aus dieser Perspektive lassen sich unterschiedliche Strategien rekonstruieren, dem Verhältnis von Reproduktion und Herrschaftssicherung in Erbgängen zu begegnen. Exemplarisch seien für die Region zwischen Ems und Weser Schlaglichter auf Situationen geworfen, in denen sich Adelsfamilien diesen Herausforderungen zu stellen hatten: In den folgenden Ausführungen rücken unterschiedliche Ausgangssituationen und die sich aus ihnen ableitenden Optionen intergenerationeller Übertragung in den Fokus: der Erbgang mehrerer (männlicher) Nachfolger, Strategien bei der Minderjährigkeit potentieller Erben, kinderlose Erblasser sowie das töchterliche Erbe. In der Gesamtschau präsentieren sie nicht nur die Vielfalt möglicher Übertragungskonzepte, sondern bilden ebenfalls die Grundlage zur Rekonstruktion allgemeiner Muster.

Standen mehrere Söhne für Erbgänge zur Verfügung, konnte dies langfristig zum Ausbau unterschiedlicher Herrschaftszentren führen. Für diese Entwicklung stehen die Grafen von Oldenburg paradigmatisch, die in ihrem Einflussbereich mit Oldenburg und Wildeshausen zwei Schwerpunkte etablierten. Die namengebende Oldenburg erwähnt erstmals eine Urkunde aus dem Jahr 1108[163]. In der Titulatur der Grafen begegnet sie in der Mitte des 12. Jahrhunderts mit dem *comes Christianus de Aldenburg*[164]. Ihren Einfluss in Wildeshausen bauten die Grafen als Vögte des dortigen Alexanderstifts systematisch aus, so dass sich sukzessive eine »bipolare Struktur« ihrer Herrschaft entwickelte[165]. Diese Konfigurationen beeinflussten maßgeblich die Erbgänge seit der Mitte des 12. Jahrhunderts: Als im Jahr 1142 Christian I. und sein älterer Bruder Heinrich I. das gemeinsame Erbe ihres Vaters Egilmars II. antraten, nahm ersterer die Herrschaftsrechte in Oldenburg und Heinrich I. die in Wildeshausen wahr. Vor dem Hin-

162) Schubert, Geschichte Niedersachsens (wie Anm. 25), S. 531.

163) Oldenburgisches Urkundenbuch, Bd. 2: Urkundenbuch der Grafschaft Oldenburg bis 1482, hg. von Gustav Rüthning, Oldenburg 1926, Nr. 17, S. 9; Heinrich Schmidt, Oldenburg 1108. Interpretation einer Urkunde; in: Oldenburger Jahrbuch 107 (2007), S. 11–25. Einen allgemeinen Überblick über die ereignisgeschichtliche Entwicklung bietet Heinrich Schmidt, Grafschaft Oldenburg und oldenburgisches Friesland in Mittelalter und Reformationszeit (bis 1573), in: Geschichte des Landes Oldenburg. Ein Handbuch, hg. von Albrecht Eckhardt/dems., Oldenburg ^{4}1993, S. 97–171, bes. S. 112.

164) D HdL (wie Anm. 23), Nr. 12, S. 19–21 (allerdings verunechtet), und Nr. 31, S. 45 f.; Gerd Steinwascher, Die Oldenburger. Die Geschichte einer europäischen Dynastie, Berlin 2011, S. 18 f.

165) Martin Last, Adel und Graf in Oldenburg während des Mittelalters (Oldenburger Studien 1), Oldenburg 1969, S. 29 f.; Karl Reinecke, Studien zur Vogtei- und Territorialentwicklung im Erzbistum Bremen (937–1184), Stade 1971, S. 114–116. Zum Konzept bipolarer Herrschaft vgl. Schubert, Geschichte Niedersachsens (wie Anm. 25), S. 551.

tergrund innerfamiliärer Konflikte vermutet Gerd Steinwascher, »dass man sich aus dem Wege ging, indem man schon vorhandene ebenso wie neu erworbene Besitzungen nicht nur durch Burgen sicherte, sondern sich dort auch niederließ«[166]. Dass beide Brüder politisch unterschiedlich agierten, wird an ihrem Verhältnis zum sächsischen Herzog deutlich. Christian I. beteiligte sich an der Erhebung des regionalen Adels gegen Heinrich den Löwen in den Jahren 1166/67 und fand den Tod während der welfischen Belagerung der Oldenburg[167]. Über die Positionierung seines älteren Bruders Heinrich I. gegenüber dem Herzog liefern die zeitgenössischen Quellen keine genauen Anhaltspunkte, doch zumindest ist keinerlei Parteinahme für den welfischen Lehnsherrn oder den Bruder dokumentiert. Als auch Heinrich I. im Jahr 1167 starb, übernahm der einzige noch lebende Bruder, der Bremer Dompropst Otto, die Verantwortung für die noch im Kindesalter stehenden Nachkommen. Details der Vormundschaft sind nicht überliefert, lediglich der zwei Generationen später schreibende Albert von Stade berichtet in diesem Zusammenhang über interne Konflikte »der Oldenburger«, deren Inhalt er jedoch nicht präzisiert. Aufgrund der inneren Wirren sei die Stadt Herzog Heinrich dem Löwen überantwortet worden[168]. Innerfamiliäre Friktionen sind zu diesem Zeitpunkt zwar nicht auszuschließen, doch stellt man die welfischen Aktivitäten in vergleichbaren Erbfällen in Rechnung, dürfte es sich hier um eine dem Stader oder Winzenburger Fall vergleichbare Strategie gehandelt haben[169]. Aus dieser Perspektive war der Bremer Dompropst Otto als *tutor pupillorum* wohl weniger an einem vermeintlichen *bellum intestinum*, sondern an der Durchsetzungskraft seines Herzogs gescheitert. Zudem steht zu vermuten, dass der um zwischen 1232 und 1264 schreibende Albert von Stade um die in der nächsten Generation eskalierenden internen Konflikte der Oldenburger wusste und sie an dieser Stelle möglicherweise auf einen früheren Zeitpunkt projizierte. Dass die Grafensöhne trotz des herzoglichen Eingreifens die Nachfolge ihrer Väter antreten konnten, war allein dem Sturz des Löwen im Jahr 1180 geschuldet[170].

166) Gerd STEINWASCHER, Wildeshausen und Delmenhorst – oldenburgische Herrschaftssitze im bremischen Interessengebiet im 13. Jahrhundert, in: Adelige Herrschaft und Herrschaftssitze in Nordwestdeutschland im Mittelalter, hg. von DEMS., Edewecht 2016, S. 119–141, bes. S. 123.

167) Albert von Stade, Annales (wie Anm. 26), a. 1167, S. 346. Zu diesen Auseinandersetzungen EHLERS, Heinrich der Löwe (wie Anm. 112), S. 141–149.

168) Albert von Stade, Annales (wie Anm. 26), a. 1167, S. 346: *Et solus Otto, Bremensis ecclesiae praepositus, de filiis Eilmari remansit, qui factus est tutor pupillorum. Postea Aldenburgenses bello se fodiunt intestino* [...]. *Unde eadem urbs in manus Heinrici ducis data est, eamque obtinuit, usque dum ab imperatore humiliaretur.* Zu Albert von Stade vgl. oben, Anm. 107.

169) Dazu oben, Kap. III., S. 178–193

170) Dem Grafen Christian I. folgten in Oldenburg seine beiden Söhne Moritz I. und Christian, und Heinrich I. überließ das Erbe in Wildeshausen seinem gleichnamigen Sohn, während zwei weitere Söhne die geistliche Laufbahn einschlugen: Gerhard I. wurde Bischof von Osnabrück (1192–1216) und Erzbischof von Bremen (1210–1219), Otto I. Bischof von Münster (1204–1218); STEINWASCHER, Die Oldenburger (wie Anm. 164), S. 19.

Dass nahe agnatische Verwandte, die dem geistlichen Stand angehörten, die Vormundschaft über minderjährige Erben übernahmen, stellte ein verbreitetes Sicherungskonzept dar. Ähnlich verfuhren etwa auch die Grafen von Wölpe, als im Jahr 1221 Graf Bernhard II. verschied[171)]. Obwohl er zunächst keine Söhne hatte, wurde ihm in seiner zweiten Ehe der erhoffte Nachfolger geboren: Konrad II., der beim Tod seines Vaters noch im Kleinkindalter stand. Zum Sachwalter des minderjährigen Erben machte sich der jüngere Bruder des Verstorbenen, der durchsetzungskräftige Verdener Bischof Iso[172)]. Die Bevorzugung der agnatischen Linie wird in diesem Fall durch den Umstand belegt, dass erst nach Isos Tod im Jahr 1231 die Verwandten aus der mütterlichen Linie an Einfluss gewannen[173)].

Doch zurück zu den Oldenburger Grafen: In der Folgezeit legten die Oldenburger und Wildeshauser Vertreter unterschiedliche Ambitionen an den Tag. Nachdem Heinrich III. und Burchard von Oldenburg-Wildeshausen zu Beginn des 13. Jahrhunderts eine Burg hatten errichten lassen, gerieten sie über Rechte und Verfügungsgewalt mit ihren Oldenburger Verwandten in Auseinandersetzungen[174)]. Der Streit wurde durch den Erzbischof von Bremen im Jahr 1229 in einem Schiedsspruch gelöst, dessen Inhalt unverkennbar den Interessen der Bremer Kirche entsprach. Er sah vor, dass Graf Heinrich III. Burg und Herrschaft von Wildeshausen dem Bremer Erzstift zum Lehen auftrug, ohne dabei den Oldenburger Verwandten Ansprüche oder Rechte einzuräumen. Mit der Belehnung verbunden war das Versprechen der militärischen Hilfeleistung und der Öffnung der Burg für den Metropoliten[175)]. Bereits im Jahr 1219 hatte sich Gerhard von Bremen die Propstei von Wildeshausen gesichert, so dass die Lehnsübertragung seinen Einfluss in erheblichem Maße stärkte[176)]. Die von Heinrich III. auch im Namen

171) Vgl. bereits oben, S. 157.

172) Ausführlich VOGTHERR, Iso von Wölpe (wie Anm. 1), S. 70–72.

173) Die Vormundschaft über Konrad übernahm bis zu seiner Volljährigkeit im Jahr 1233 sein Onkel aus der mütterlichen Linie, Graf Gebhard von Wernigerode. Auch seine Mutter Kunigunde trat in den frühen 1230er Jahren vermehrt in Erscheinung. Dazu Bernd Ulrich HUCKER, Drakenburg. Weserburg und Stiftsflecken. Residenz der Grafen von Wölpe. Drakenburg 2000, S. 95 f.

174) Zum möglichen Zeitpunkt der Entstehung der Burg vgl. STEINWASCHER, Wildeshausen (wie Anm. 166), S. 123 f.; zur Entwicklung des Familienzweiges in Wildeshausen DERS., Die Oldenburger (wie Anm. 164), S. 20 f.

175) Die Edition der Urkunde bei Bernd Ulrich HUCKER, Die politische Vorbereitung der Unterwerfungskriege gegen die Stedinger und der Erwerb der Grafschaft Bruchhausen durch das Haus Oldenburg, in: Oldenburger Jahrbuch 86 (1986), S. 1–32, S. 25 f.: *Ego H[einricus] comes Castrum Wildeshusen nomine meo et fratris mei comitis Burchardi et heredum nostrorum in manus domini mei archiepiscopi nomini Bremensis ecclesie resignavi, et predictum idem Castrum ab eo in pheodo accepi* [...]. *Castrum etiam ipsum Wildeshausen aperietur et exponetur ad voluntatem archiepiscopi* [...]. Georg SELLO, Die territoriale Entwicklung des Herzogtums Oldenburg (Studien und Vorarbeiten zum Historischen Atlas Niedersachsens 3), Göttingen 1917, ND Osnabrück 2005, S. 140 f.; Anton KOHNEN, Die Grafen von Oldenburg-Wildeshausen, in: Jahrbuch für die Geschichte des Herzogtums Oldenburg 22 (1914), S. 60–154, bes. S. 126–132; STEINWASCHER, Wildeshausen (wie Anm. 166), S. 124 f.

176) Die Übertragung der Propstei von Wildeshausen an das Erzstift war Teil des Vertrags, den Pfalzgraf Heinrich im Jahr 1219 mit der Bremer Kirche im Konflikt um das Stader Erbe abgeschlossen hatte. Hamburgisches

seines Bruders und seiner Erben ausgestellte Urkunde von 1229 ist zwar lediglich als spätere Abschrift und vermutlich auch in umgestalteter Form überliefert[177]. Dennoch dürfte sie den Absichten der beteiligten Akteure entsprochen haben: Die Grafen hatten Wildeshausen dem Zugriff ihrer Verwandten in Oldenburg entzogen; der Metropolit baute seine territorialen Ansprüche aus und erhielt zudem militärische Unterstützung gegen die nach Unabhängigkeit strebenden Stedinger[178].

Wenngleich die Oldenburger Grafen keine formale Erbteilung vollzogen hatten, zeigt ihr Beispiel dennoch, dass sich unterschiedliche geographische Bezugspunkte entwickeln konnten, die politische Interessen, verwandtschaftliche Ansprüche und Strategien intergenerativer Übertragung langfristig prägten. Zwar verstanden sich auch die Familienmitglieder in Wildeshausen als Oldenburger Grafen, da sie sich nach wie vor als *comites in Aldenburg* bezeichneten[179]. Doch emanzipierten sie sich in ihrem eigenen territorialen Handeln zunehmend von ihren Verwandten. Ihre Kooperation mit der Bremer Kirche im Jahr 1229 war dem politischen Interesse des Augenblicks geschuldet, führte jedoch bereits in der folgenden Generation zu ernsten Problemen. Sie bedeutete langfristig – der chronologische Vorgriff sei an dieser Stelle gestattet – den Verlust Wildeshausens: Denn als im Jahr 1270 Heinrich IV. kinderlos verstarb, behauptete die Bremer Kirche auf der Grundlage des Abkommens von 1229 erfolgreich ihre Ansprüche, so dass das Grafenhaus dauerhaft die dortigen Rechte verlor[180]. Aus dieser Perspektive präsentiert das Beispiel der Oldenburger in Wildeshausen in besonderer Weise das Spannungsverhältnis, das mit der Abgrenzung unterschiedlicher Einfluss- und Herrschaftsräume einherging: Einerseits kanalisierten diese Maßnahmen Konflikte, da Reibungsflächen reduziert und mögliche Friktionen umgangen werden konnten. Andererseits bargen sie stets die Gefahr, dass in kinderlosen Erbfällen Rechte und Ansprüche

Urkundenbuch, Bd. 1: 786–1300, hg. von Johann Martin LAPPENBERG, Hamburg 1842, Nr. 432, S. 375–377. Zu Heinrichs Engagement im Stader Erbstreit ZUNKER, Adel (wie Anm. 146), S. 353–358; BRIECHLE, Heinrich (wie Anm. 24), S. 240–246.

177) STEINWASCHER, Wildeshausen (wie Anm. 166), S. 124 f.

178) Zu den Stedingern vgl. Heinrich SCHMIDT, Zur Geschichte der Stedinger. Studien über Bauernfreiheit, Herrschaft und Religion an der Unterweser im 13. Jahrhundert, in: Ostfriesland und Oldenburg. Gesammelte Beiträge zur norddeutschen Landesgeschichte, hg. von DEMS./Ernst HINRICHS/Hajo VAN LENGEN, Aurich 2008, S. 491–552.

179) In einer Urkunde des Klosters Schinna aus dem Jahr 1234 sind *Heinricus et Heinricus comites in Aldenborg* angeführt, die als Heinrich IV. von Oldenburg-Wildeshausen und Heinrich von Oldenburg-Neubruchhausen identifiziert werden können. Hoyer Urkundenbuch, Bd. 7: Archiv des Klosters Schinna, hg. von Wilhlem VON HODENBERG, Hannover 1848, Nr. 14, S. 10; STEINWASCHER, Wildeshausen (wie Anm. 166), S. 126.

180) STEINWASCHER, Die Oldenburger (wie Anm. 164), S. 22. Die Zugehörigkeit zu Bremen dokumentiert die Tatsache, dass Wildeshausen im selben Jahr das Bremer Stadtrecht und Zollfreiheit im Erzstift erhielt. Bremisches Urkundenbuch, Bd. 1, hg. von Dietrich Rudolf EHMCK, Bremen 1873, ND Osnabrück 1978, Nr. 348, S. 389 f.

dem Familienverband verloren gingen und von dritten Parteien behauptet werden konnten.

In ähnlicher Weise führten Teilungen in unterschiedliche Zuständigkeitsbereiche auch bei den Grafen von Ravensberg in der ersten Hälfte des 13. Jahrhunderts zu umfangreichem Substanzverlust. Ihr Beispiel demonstriert ebenso, dass zum Ende des Beobachtungszeitraums pekuniäre Strategien eine zunehmende Rolle spielten: Anteile des Erbes konnten verkauft werden, wenn ihre geographische Lage nicht (mehr) den herrschaftsstrategischen Interessen entsprach. Die Grafen von Ravensberg, die sich nach der zwischen Bielefeld und Osnabrück gelegenen Burg benannten, zählten seit der Mitte des 12. Jahrhunderts neben den Grafen von Tecklenburg und den Bischöfen von Münster und Osnabrück zu den einflussreichsten Kräften der Region[181]. Ihr Allodialgut umfasste neben den an die Stammburg angrenzenden Gebieten zudem Rechte im Münsterland, im Emsland, in Friesland, im Raum Vechta und Bersenbrück sowie in Vlotho[182]. Vor allem mit den Grafen von Tecklenburg standen die Ravensberger in regelmäßigen territorialen Auseinandersetzungen[183].

Kurz nach dem Tod Hermanns II. von Ravensberg schlossen seine Söhne Otto II. und Ludwig im Jahr 1226 eine *forma compositionis* ab[184]. Was allgemein unter dem Stichwort »Erbteilung« firmiert, war jedoch ein Vergleich über zwischen den Brüdern strittige Besitzansprüche aus dem väterlichen Erbe, der von einem einflussreichen Verwandten herbeigeführt wurde – dem Paderborner Bischof Wilbrand von Oldenburg[185]. Der ältere Ravensberger Bruder Otto II. überließ (*dimisit*) dem jüngeren die Burg Ravensberg und die Gebiete um den Osning mit Bielefeld, während er selbst die nördlichen

181) Wolfgang Bockhorst, Geschichte des Niederstifts Münster bis 1400 (Veröffentlichungen der Historischen Kommission des Provinzialinstituts für Westfälische Landes- und Volkskunde 22), Münster 1985, S. 9–12. Zur Diskussion ihrer genealogischen Verbindung mit den Herren/Grafen von Calvelage vgl. Zunker, Adel (wie Anm. 146), S. 250–252, Biermann, Weserraum (wie Anm. 3), S. 160 f., 397–400; Thomas Raimann, Kirchliche und weltliche Herrschaftsstrukturen im Osnabrücker Nordland (9.–13. Jh.), Diss. Osnabrück 2013, https://repositorium.ub.uni-osnabrueck.de/handle/urn:nbn:de:gbv:700–2015033113148 (23.03.2022), S. 140 f., sowie ebd., S. 137–140, zur territorialen Verortung der Grafen von Calvelage.

182) Wilhelm Kohl, Die Ämter Vechta und Cloppenburg vom Mittelalter bis 1803, in: Geschichte des Landes Oldenburg (wie Anm. 171), S. 229–269, hier S. 231–233.

183) Zu den Grafen von Tecklenburg Bockhorst, Geschichte (wie Anm. 181), S. 18–22; Zunker, Adel (wie Anm. 146), S. 243 f.; Biermann, Weserraum (wie Anm. 3), S. 429–432; Raimann, Herrschaftsstrukturen (wie Anm. 181), S. 148–155.

184) Westfälisches Urkundenbuch, Bd. 3: Die Urkunden des Bistums Münster 1201–1300, bearb. von Roger Wilmans, Münster 1871, ND Osnabrück 1973, Nr. 229, S. 125 f.; Osnabrücker Urkundenbuch, Bd. 2: Die Urkunden der Jahre 1201–1250, bearb. von Friedrich Philippi, Osnabrück 1882, Nr. 211, S. 161 f.

185) Westfälisches Urkundenbuch 3 (wie Anm. 184), Nr. 229, S. 125: [...] *forma compositionis, que facta est inter fratres comites de Ravensberghe Ottonem et Lodewicum apud Hervordiam in presentia domini Wilbrandi Paderburnensis episcopi et aliorum magnorum virorum* [...]. Gustav Engel, Die sogenannte ›Herforder Teilung‹ zwischen den Brüdern Otto und Ludwig, Grafen von Ravensberg, im Jahre 1226, in: Ravensberger Blätter 11 (1972), S. 169–171.

Gebiete vor allem mit Burg und Herrschaft in Vhloto und Vechta sowie Rechte in Friesland und im Emsland beanspruchte[186]. Dass es sich um einen Ausgleich ungeklärter Rechte und nicht um die Teilung des gesamten Allodialbesitzes handelt, belegt der Hinweis, dass der Vertrag keine abschließende Trennung der *bona propria et hereditaria* darstelle. Zwar sei der jüngere Bruder Ludwig nun abgefunden – so der Urkundentext. Sollten jedoch künftig Güter, Gebiete oder Ministerialen strittig sein, legten die Brüder das Verfahren fest: Graf Ludwig sollte teilen und Otto wählen[187]. Hier folgten sie den Grundsätzen des Sachsenspiegels, variierten jedoch: Während der Sachsenspiegel festlegte, dass in vergleichbaren Fällen der Ältere teilen und der Jüngere wählen sollte, sahen die Ravensberger umgekehrte Zuständigkeiten vor[188].

Obwohl die Grafenbrüder in der Folgezeit einen gemeinsamen Ausgleich mit den Tecklenburgern gefunden und einen Freundschaftsbund geschlossen hatten, traten ihre Interessen langfristig auseinander[189]. Während Ludwig die Rechte in seinem Einflussbereich durch Gütertausch und -kauf systematisch ausbaute[190], suchte Otto weiterhin den Kontakt zu den Nachbarn – vermutlich mit dem Ziel, die Zukunft seiner einzigen Tochter abzusichern. Diesen Rückschluss legt zumindest ein Eheprojekt nahe, auf das sich Otto II. von Ravensberg und Otto II. von Tecklenburg im Jahr 1238 verständigten: Die wohl 1231 geborene Jutta von Ravensberg sollte Heinrich III., den ebenfalls noch minderjährigen Grafensohn, heiraten. Neben der Festigung des Friedens dürfte die Aussicht auf das Ravensberger Erbe die Tecklenburger zu diesem Heiratsbündnis motiviert haben, denn bis zu diesem Zeitpunkt war Jutta das einzige Kind, ihr Bruder Hermann hatte die frühe Kindheit nicht überlebt[191].

Die Übereinkunft von 1238 wies typische Elemente hoch- beziehungsweise spätmittelalterlicher Eheverträge auf, die im 12. Jahrhundert zumeist noch mündlich, im Ver-

186) Zu den genannten Burgen Biermann, Weserraum (wie Anm. 3), S. 422–425.

187) Westfälisches Urkundenbuch 3 (wie Anm. 184), Nr. 229, S. 125: *Per predicta comes Lodewicus separatus est ab omni hereditate patris sui, excepto eo, quod bona propria et hereditaria, que adhuc non sunt divisa, ubicumque fuerint reperta, illa dividet comes Lodewicus et eliget comes Otto.*

188) Sachsenspiegel. Landrecht (wie Anm. 7), III,29, § 2, S. 212: *Swar twene man en erve nemen scolen, de eldere scal delen unde de jungere scal kesen.* Es handelt sich nicht um eine genuin sächsische Rechtsregel, sondern um Vorstellungen, die alttestamentlich ebenso belegt sind wie im römischen Recht. Vgl. Andreas Wacke, Der Ältere teilt, der Jüngere wählt, in: HRG 1 (2008), Sp. 953 f.; Karin Nehlsen-von Stryk, ›Der Ältere teilt, der Jüngere wählt‹. Ein altes Rechtssprichwort in den Händen gelehrter Juristen, in: Römische Jurisprudenz – Dogmatik, Überlieferung, Rezeption. Detlef Liebs zum 75. Geburtstag, hg. von Karlheinz Muscheler (Freiburger rechtsgeschichtliche Abhandlungen N. F. 63), Berlin 2011, S. 469–488; Hans von Voltelini, Der Ältere teilt, der Jüngere wählt, in: ZRG Germ. 36 (1915), S. 478.

189) Der sogenannten ›Vertrag von Glandorf‹, in: Westfälisches Urkundenbuch 3 (wie Anm. 184), Nr. 293, S. 160 f.; Osnabrücker Urkundenbuch 2 (wie Anm. 184), Nr. 269, S. 211–213.

190) Biermann, Weserraum (wie Anm. 3), S. 403.

191) Westfälisches Urkundenbuch 3 (wie Anm. 184), Nr. 351, S. 190 f.; Osnabrücker Urkundenbuch 2 (wie Anm. 184), Nr. 370, S. 289–291; zu Herman vgl. Bockhorst, Geschichte (wie Anm. 181), S. 13, Anm. 36.

lauf des 13. Jahrhunderts zunehmend schriftlich fixiert wurden. Sie regelten die materiellen Grundlagen der anvisierten Ehe, für die beide Familien in die Pflicht genommen wurden, sowie die Ansprüche der künftigen Ehefrau für den Fall ihrer Verwitwung. Von zentralem Interesse waren ebenso Verfügungen über das Erbe, sollten ein oder gar beide Ehepartner versterben[192)]. So bestimmte die Eheabsprache von 1238 zunächst konventionell den besitzrechtlichen Rahmen der Heirat: Heimsteuer, Widerlegung und Wittum[193)]. Erstere stellte im Allgemeinen eine Gabe der Brautfamilie dar, die »zunehmend als anteilige oder völlige Abfindung vom elterlichen Erbe« galt[194)]. Dies galt jedoch nicht für den hier diskutierten Fall, da Jutta als einziges Kind mit dem gesamten künftigen Erbe rechnen konnte. Als Heimsteuer erhielt sie den Hof Westerkappeln zwischen Osnabrück, Tecklenburg und Weißenfeld[195)]. Die Widerlegung galt als Zuwendung der Familie des künftigen Bräutigams und entsprach im Umfang zumeist der Heimsteuer. In der Regel bestand sie aus der Morgengabe, über die die Frau nach dem Vollzug der Ehe verfügen konnte, und dem Wittum zu ihrer Versorgung für den Fall des vorzeitigen Todes des Mannes[196)]. Als Morgengabe bestimmten die Grafen von Tecklenburg den Hof Oythe (Altenoythe), als Wittum wurde die *cometia Sygeltra* bestimmt: Jutta durfte die Güter im Todesfalle ihres Gemahls bis zum Lebensende besitzen, und im Falle eines erbenlosen Todes gingen sie wieder an die »rechtmäßigen Erben« der Tecklenburger[197)].

In den Blick genommen wurden im Vorfeld sämtliche Varianzen des vorzeitigen und/oder erbenlosen Todes der potentiellen Ehepartner. Sollte Jutta noch vor der Hochzeit sterben, bestand die Option, die Eheabsprache mit einer weiteren Tochter Ottos von Ravensberg aufrechtzuerhalten[198)]. Diese »Ersatztochter« war indes noch nicht geboren und sollte – ebenso wenig wie ein möglicher männlicher Erbe – nie zur Welt kommen. Starb Heinrich von Tecklenburg vor Vollzug der Ehe, musste Jutta wieder zu ihrer

192) Zu Formen und Funktionen von Eheverträgen vgl. SPIESS, Familie (wie Anm. 17), S. 20–25.

193) Ebd., S. 130–162.

194) Ebd., S. 133–139.

195) Zur Lage der Besitzungen BIERMANN, Weserraum (wie Anm. 3), S. 403.

196) SPIESS, Familie (wie Anm. 17), S. 141–162.

197) Westfälisches Urkundenbuch 3 (wie Anm. 184), Nr. 351, S. 191: *Igitur nos assignabimus filio nostro comiti H. curiam Oythe cum omni proventu et utilitate, et illam dictus comes assignabit comitisse J. quando thorum eius introierit, quod in vulgari appellatur morgengave.* [...] *ltem comitiam Sygeltra assignabit filius noster dictus domicelle dicte superius sub tali forma, ut si forte moriatur filius noster comes H. sine herede, quod dicta domicella comitissa J. possidebit sibi assignata pacifice; cum mortua vero fuerit, bona que sibi fuerant assignata redibunt Thekeneburgh et ad iustos heredes illos.*

198) Ebd.: *ltem si medio tempore moriatar dicta comitissa J. et comes O. de Ravensberghe aliam generaret, illam ducet comes H. filius noster* [...]. Dass Geschwister der künftigen Ehepartner als Ersatz dienen konnten, war ein gängiges Muster (spät)mittelalterlicher Eheverträge. Dazu SPIESS, Familie (wie Anm. 17), S. 38.

Familie zurückkehren – explizit jungfräulich[199]. Die umsichtigen Regelungen waren zweifelsohne dem Umstand geschuldet, dass mit Blick auf das Alter der künftigen Ehepartner die hohe Kindersterblichkeit in Rechnung gestellt werden musste.

Von zentralem Interesse war für beide Familien der künftige Erbgang, der ebenfalls urkundlich fixiert wurde. Dies war vor allem für die Grafen von Tecklenburg von größtem Interesse, versprach ihnen doch Juttas zu erwartender Anteil Zugang zum umfangreichen Ravensberger Besitz: Nach dem Tod Ottos von Ravensberg sollte sein Erbe zwischen seiner Witwe Sophie (Vechta, Haselünne, Fresenberg, Emsgrafschaft) und seiner Tochter Jutta (Vlotho) aufgeteilt werden. Auf Letztere sollte schließlich nach dem Ableben ihrer Mutter der gesamte Besitz übergehen, sofern den Ravensbergern kein männlicher Erbe mehr geboren werden sollte[200]. Weniger umfangreich waren die Absprachen über die Tecklenburger Güter. Da der Grafensohn als künftiger Alleinerbe galt, bedurfte lediglich das künftige Wittum seiner Mutter Mechthild der Absprache[201]. Nicht mehr zur Disposition stand der umfangreiche Allodialbesitz um Bersenbrück. Diesen hatten Otto II. von Ravensberg und seine Gemahlin Sophie bereits im Jahr 1231 zur Gründung eines Zisterzienserinnenklosters gestiftet[202].

Die Heiratsabsprache von 1238 zeigt exemplarisch und in nahezu idealtypischer Art und Weise das Spannungsverhältnis zwischen individuellen Interessen der jeweiligen (Kern)Familie und gesamtdynastischen Zielen. Sie dokumentiert, dass bei söhnelosen Erbverhältnissen den Töchtern der Vorrang vor den Agnaten gegeben werden konnte[203]. Die geplante Verbindung versprach einen umfassenden Territorialkomplex, der die Grafschaft Tecklenburg mit einem Teil der Ravensberger Herrschaftsrechte verband. Auf diese Weise förderte Otto seine Tochter und mögliche biologische Nachkommen und verhalf ihnen zu einem ansehnlichen Territorium – indes unter Preisgabe agnatischer Interessen. Ottos Entscheidung, mit dem ehemals verfeindeten Tecklenburger Grafen verwandtschaftliche Bindungen einzugehen und sein gesamtes Eigengut als materielle Verfügungsmasse in die Eheverbindung einfließen zu lassen, erscheint nur dann

199) Westfälisches Urkundenbuch 3 (wie Anm. 184), Nr. 351, S. 191: [...] *si comes H. moreretur antequam condormiret comitisse J., ipsa debet remitti virgo comiti O. de Ravensbergh et suis ministerialibus.*

200) Westfälisches Urkundenbuch 3 (wie Anm. 184), Nr. 351, S. 191: *Igitur post mortem comitis O. de Ravensberghe, recipiet filia sua comitissa J. hereditatem suam Vlotowe et omnem hereditatem suam in superiore parte Wyttenvelde cum omnibus ministerialibus attinentibus; uxor vero sua possidebit Vechtam et Lunne et Vrysenbergh et Frysiam et omnia hiis attinentia cum ministerialibus; item omnia bona, que iacent in inferiore parte Wyttenvelde, possidebit quiete; post mortem vero suam filia sua comitissa J. bona omnia enumerata pacifice possidebit, si comes O. de Ravensbergh iustum alium heredem non habeat.*

201) Ebd.

202) Osnabrücker Urkundenbuch 2 (wie Anm. 184), Nr. 271, S. 214 (Stiftung durch das Grafenpaar); ebd., Nr. 273, S. 216 (Zustimmung des Bruders Ludwig); ebd., Nr. 272, S. 215 (Bestätigung durch Bischof und Domkapitel von Osnabrück); Gerd Ahlers, Bersenbrück, in: Germania Benedictina 12 (wie Anm. 1), S. 63–89.

203) Spiess, Familie (wie Anm. 17), S. 337–343.

»schwer verständlich«[204], wenn den Akteuren agnatische Erbstrategien unterstellt werden, die in dieser Form offensichtlich nicht existierten oder zumindest nicht so ausgeprägt waren, dass aus ihnen Handlungsmaximen abgeleitet werden konnten. Dies schloss jedoch nicht aus, dass sich die übergangenen Agnaten diesen Plänen entgegenstellten – so auch im hier diskutieren Fall: Nachdem Otto II. von Ravensberg verstorben und der Erbfall eingetreten war, erhob sein jüngerer Bruder Ludwig Anspruch auf Juttas Besitzungen: Sein mit dem Bruder im Jahr 1226 getroffenes Abkommen schien ihm ebenso wenig bindend wie die Eheabsprache von 1238, an deren Entstehung er ohnehin nicht beteiligt war. Die Tatsache, dass das Erbe seines älteren Bruders durch Juttas Eheverbindung seiner Familie verloren zu gehen drohte, ließ seine Rivalitäten mit den Tecklenburgern erneut eskalieren[205]. Schließlich erzielte der Osnabrücker Bischof Engelbert von Isenberg im Jahr 1246 eine *forma compositionis*, in der Ludwig auf seine Forderungen verzichtete[206].

Die ravensbergisch-tecklenburgische Verbindung erfüllte die in sie gesetzten Hoffnungen indes nicht: Spätestens im Jahr 1248 verstarb Heinrich von Tecklenburg, die Ehe blieb kinderlos[207]. Als Jutta schließlich in Monschau in der Eifel zum zweiten Mal heiratete, veräußerte sie ihre Rechts- und Erbansprüche: Gemeinsam mit ihrem neuen Gemahl Walram III. von Monschau übertrugen Jutta und ihre Mutter Sophie das Erbe Ottos II. von Ravensberg im Jahr 1252 der Münsteraner Kirche und ihrem Bischof Otto II. von der Lippe[208]. Die aus der Ehe mit Heinrich von Tecklenburg stammende Morgengabe und das Wittum schenkte Jutta der Kirche und dem Bischof von Münster[209]. Die Urkunde unterschied also explizit zwei unterschiedliche Formen des Trans-

204) Biermann, Weserraum (wie Anm. 3), S. 431.

205) Westfälisches Urkundenbuch 3 (wie Anm. 184), Nr. 433, S. 232 mit Anm. 12; Zunker, Adel (wie Anm. 146), S. 298 f.

206) Der sogenannte Vertrag an der Süntelbeke in: Westfälisches Urkundenbuch 3 (wie Anm. 184), Nr. 451, S. 242 f.; Osnabrücker Urkundenbuch 2 (wie Anm. 184), Nr. 483, S. 384–386; Zunker, Adel (wie Anm. 146), S. 299; Biermann, Weserraum (wie Anm. 3), S. 432.

207) Zum Zeitpunkt des Abschlusses des sogenannten Vertrags an der Süntelbeke wird Jutta als Gemahlin Heinrichs von Tecklenburgs angeführt, ohne dass auf seinen Tod verwiesen würde (vgl. oben, Anm. 206). Bockhorst, Geschichte (wie Anm. 181), S. 33, Anm. 23, geht vom Jahr 1248 aus.

208) Westfälisches Urkundenbuch 3 (wie Anm. 184), Nr. 540, S. 289 f.: *Walramus nobilis de Munzoye, Jutta uxor Walrami et Sophia mater Jutte, quondam comitissa in Vechte* [...] *decrevimus, quod quicquid dominii habebamus aut hereditario aut quovis alio iure ab Ottone quondam comite in Vlothowe in proprietatibus, possessionibus, castris, municionibus, iurisdictionibus, vasallis, hominibus, cum universitate ac omni iure, quod nobis competebat et quod ad nos devolvi poterat nomine predicti dominii, nos ecclesie Monasteriensi et Ottoni secondo eius episcopo libere contulimus et absolute.* Zur Übertragung Bockhorst, Geschichte (wie Anm. 181), S. 33–38.

209) Westfälisches Urkundenbuch 3 (wie Anm. 184), Nr. 540, S. 290: *Ego etiam Jutta coniux Walrami bona, que ab Ottone comite de Tekeneburgh et Heinrico eius nato michi fuerant assignata ratione donationis propter nuptias, quod vulgo murghengave dicitur, videlicet proprietatem Oythe cum suis pertinentiis, cometiam Sigheltra et alia, predicte Monasteriensi ecclesie ac prefato eius episcopo liberaliter et integraliter donavi cum omni iure michi in hiis competente.*

fers, der jeweils durch den Hinweis auf die Freiwilligkeit ergänzt war: Übertragung (*libere contulimus et absolute)* und Schenkung (*liberaliter et integraliter donavi*). Anschließend legten die Vertragspartner den Verbleib der ravensbergischen Lehen fest. Ihre Reichs- und anderen Lehen übertrugen sie drei Edelherren aus dem Münsterland, die sie dem Bischof von Münster für 40.000 Mark verpfänden sollten[210]. Wie eine von König Wilhelm von Holland im März 1253 ausgestellte Urkunde dokumentiert, wurde die Übertragung der Reichslehen erfolgreich abgewickelt. Walram von Monschau ließ für sich und seine Gemahlin Jutta, die nach Erbrecht diese Ansprüche besessen habe, die Grafschaft Friesland und alle innerhalb wie außerhalb gelegenen Güter, über die der verstorbene Otto von Ravensberg als Reichslehen verfügt habe, auf. Da die Lehen nun rechtmäßig vakant seien, übertrug sie der König dem Münsteraner Bischof und seinen Nachfolgern. Den Verzicht auf die Lehen formulierte Walram von Monschau nicht nur für seine eigene Person und seine Gemahlin Jutta, sondern auch für alle (potentiellen) Erben *Juttas*. Die Rede ist bemerkenswerterweise nicht von den Kindern des Paares, vielmehr betont diese Formulierung die Herkunft der Güter aus der mütterlichen Verwandtschaft[211]. Für Walram von Monschau schienen die weit von der Eifel entfernten Besitzungen offensichtlich nur noch von nachrangiger Bedeutung[212]. Das Interesse des Münsteraner Bischofs an den Gebieten dürfte vor allem ein ökonomisches gewesen sein. In der Region lagen wichtige Handelsrouten nach Bremen und entlang der Ems nach Emden, die eine zentrale Funktion für den westfälisch-friesischen Handel besaßen. Langfristig etablierte sich das Bistum im ehemaligen Einflussbereich der Ravensberger und baute sein Territorium als Niederstift Münster aus[213].

210) Ebd.: *ltem nos Walramus, Sophia et Jutta de omnibus feodis, que vel ab imperio vel aliunde nomine prefati dominii tenebamus, Simonem de Ghemene, Wilhelmum Rucen et Hinricum natum burggravii de Strombergh, recepta ab eis homagii fdelilate, inpheodavimus, qui taliler infeodati a nobis predicta feoda de nostro consensu et ratificatione Monasteriensi ecclesie, Ottoni episcopo et ministerialibus dicte ecclesie titulo pignoris ad summam quadraginta millia marcarum obligarunt.* Hier handelte es sich um Simon von Gemen, Wilhelm Rutze und Heinrich von Stromberg, den Sohn des dortigen Burggrafen.

211) Westfälisches Urkundenbuch 3 (wie Anm. 184), Nr. 552, S. 297: [...] *comitatum et universa bona infra Frisiam et extra sita, que nobilis vir Otto comes de Ravenshergh tenuit de manu imperii titulo feodali, et que nobis per liberam resignationem Walrami de Monzoye tam pro se, quam pro Jutta uxore sua ad quam dicta bona fuerant iure hereditario devoluta, quam etiam pro omnibus heredibus dicte Jutte, omni iuri quod sibi nomine dicte uxoris sue in prefatis bonis competebat ex quacunque causa renunciantis simpliciter coram nobis, legitime vacaverunt, venerabili Ottoni Monasteriensi episcopo dilecto principi nostro et sancto Paulo et eiusdem successoribus in perpetuum infeodamus et concedimus, a nobis et imperio iure feodali perpetuo possidenda, et eis bona ipsa auctoritate regalis culminis confirmamus.*

212) BOCKHORST, Geschichte (wie Anm. 181), S. 33, nennt ebenso Konflikte mit den Vasallen und Ministerialen der Region.

213) Peter JOHANEK, Handel und Gewerbe, in: Geschichte der Stadt Münster, hg. von Franz-Josef JAKOBI, Bd. 1, Münster 1993, S. 635–681, bes. S. 648–650; KOHL, Vechta (wie Anm. 182), S. 235–242.

Die Übertragung des Jahres 1252 firmiert in der Regel als Verkauf[214]. Dies trifft aus praktischer Sicht zu, verstellt jedoch den Blick auf die Tatsache, dass die Beteiligten den Transfer in keiner der überlieferten Urkunden als pekuniäres Geschäft auswiesen. Zwar quittierten Walram und Jutta in der Folgezeit Zahlungen aus Münster, ohne allerdings auf den Gütertransfer von 1252 Bezug zu nehmen[215]. Allein in der internen Dokumentation in Münster wurde offen und unverhohlen vom Kauf gesprochen. Im Jahr 1267 entschädigte der Bischof sein Domkapitel für die Summe von 350 Mark, die ihm *ad emendum cometiam de Vechta* vorgestreckt worden war[216]. Ein Jahr später stellte er eine ähnlich lautende Urkunde für die Aufwendungen *in emptionem bonorum in Vechta* aus[217]. Der Rechtsakt selbst erschien als Übertragung beziehungsweise Schenkung an die Bischofskirche in Münster, verbunden mit der freiwilligen Auflassung der Reichslehen (*liberatio libera*) und dem folgenden Transfer freier Lehen durch den König an den Bischof von Münster: Das Erbe war zum Geschäftsobjekt geworden – wenngleich der Handel als solcher nicht benannt, sondern unter dem Deckmantel freiwilliger Übertragungen und Schenkungen firmierte.

Die Erbfälle zwischen Ems und Weser weisen zahlreiche Strukturen auf, die wichtige Rückschlüsse auf Konzepte, Praktiken und Konflikte intergenerationeller Übertragungen erlauben: Stand mehr als ein direkter männlicher Nachkomme zur Verfügung, erwies sich die Teilung in unterschiedliche Zuständigkeiten als probate Möglichkeit, die jeweiligen Ansprüche zu befriedigen und mögliche Auseinandersetzungen zu kanalisieren. Dass diese Maßnahme zu materiellem oder territorialem Verlust der ursprünglichen Besitzmasse führen konnte, belegen die Ravensberger ebenso wie die zuvor diskutierten Oldenburger Grafen. Dies war in der Regel dann der Fall, wenn den beteiligten Familienmitgliedern der biologische Erfolg versagt blieb. Der detaillierte Ehevertrag von 1238 dokumentiert gleichzeitig, dass sich die Akteure dieser Gefahr durchaus bewusst waren, indem sie für sämtliche Fälle des vorzeitigen und/oder kinderlosen Todes des Paares entsprechende Vorkehrungen trafen. Ebenso zeigt die Stellung Juttas von Ravensberg, dass agnatische Konzepte adligen Erbens kaum ausgeprägt waren. Ihrem Vater galt die Erbtochter als Hoffnungsträgerin, die durch ihre Heirat mit dem einzigen Tecklenburger Erben einen beachtlichen territorialen Aufstieg versprach. Am Ende zerstörte – wie so oft – der biologische Zufall diese Ambitionen. Dass Jutta von Ravensberg den väterlichen Besitz veräußerte, nachdem ihr erster Gemahl verstorben und sie eine zweite Ehe eingegangen war, zeigt einmal mehr, welche Gefahr aus dynastischer Sicht mit der gewählten Strategie verbunden war. Man dürfte kaum fehlgehen in der Annahme, dass

214) SCHUBERT, Geschichte Niedersachsens (wie Anm. 25), S. 491 f.

215) Im Mai 1261 quittierte das Monschauer Paar der Münsteraner Kirche 1.500 Mark. Westfälisches Urkundenbuch 3 (wie Anm. 184), Nr. 677, S. 354.

216) Ebd., Nr. 786, S. 406.

217) Ebd., Nr. 812, S. 420 f.

nicht Jutta selbst, sondern ihr zweiter Gemahl Wilhelm von Monschau diese Entscheidung traf – lagen doch die Ravensberger Rechte und Besitzungen so weit von der Eifel entfernt, dass sie sich allenfalls als veräußerbare Besitzmasse eigneten. Das Gut der Erbtochter war auf diese Weise zum pekuniären Gewinn ihres Gemahls geworden.

V. Resümee

Aus den skizzierten Fallbeispielen lässt sich der Rückschluss ableiten, dass sich die Praktiken des (Ver)Erbens zwar grundsätzlich an der im Sachsenspiegel fixierten Bevorzugung des Sohnes vor der Tochter orientierten[218]. Allerdings stand in den wenigsten Fällen lediglich ein Nachkomme für den Erbgang zur Verfügung, dem unstrittig Rechte und Besitzungen übertragen werden konnten. Existierten mehrere Söhne, so präsentierte keiner der untersuchten Fälle Vorstellungen einer Individualsukzession oder gar einer Primogenitur. In der Regel teilten Brüder im weltlichen Stand die Besitzmasse auf – unabhängig, ob es sich um eine formale Erbteilung oder die Separierung unterschiedlicher Einflussbereiche handelte. Dass es in den untersuchten Fällen bei mehreren männlichen Nachfolgern in der Regel zwei Brüder waren, lässt den Rückschluss zu, dass in vielen Fällen die übrigen Nachgeborenen dem geistlichen Stand überantwortet wurden[219]. Doch auch als Kleriker konnten sie in Erbangelegenheiten ihrer Familie wertvolle Dienste leisten, wenn etwa die weltlichen Brüder verstarben und minderjährige Nachkommen hinterließen. Dass sie als Sachwalter der Interessen ihrer Neffen und Nichten eine zentrale Funktion zu erfüllen vermochten, zeigen etwa Bischof Iso von Wölpe oder der Bremer Dompropst Otto, der sich als *tutor pupillorum* der Oldenburger engagierte. Mitunter verfolgten die geistlichen Funktionsträger mit dem Erbe auch unterschiedliche Ziele: So dienten etwa dem Domherrn und späteren Bremer Erzbischof Hartwig II. von Stade seine Besitztitel im Elbe-Saale-Gebiet als Verfügungsmasse, um seine Rechte im Weserraum gegen territoriale Rivalen behaupten zu können.

Den Teilungen lagen in der Regel unterschiedliche Verfahren zugrunde, denen indes ein Ziel gemeinsam war: Bevorzugungen oder Übervorteilungen sollten idealerweise durch unterschiedliche Maßnahmen vermieden und so künftige Konflikte nach Möglichkeit umgangen werden. So konnte entweder das Los die Zuweisung zuvor festgelegter Gebietseinheiten bestimmen, wie dies bei den Welfenbrüdern im Jahr 1202 der Fall gewesen sein dürfte, oder man verständigte sich auf das im Sachsenspiegel kodifizierte Verfahren, indem ein Bruder teilte und der andere wählte. Dieser Form bedienten sich etwa die Ravensberger Brüder im Jahr 1226. Die Separierung der Besitzmasse in unterschiedliche Einflussbereiche beugte zwar kurzfristig Kontroversen vor, führte jedoch in

218) Vgl. oben, Anm. 7.
219) Zu dieser Praxis der »Brüderpaare« auch Biermann, Weserraum (wie Anm. 3), S. 642–645.

den meisten Fällen *à la longue* zum Substanzverlust. In keinem der untersuchten Fälle ging beim kinderlosen Tod eines Erblassers sein Besitz an Vertreter der übrigen Familienzweige über, vielmehr sicherten sich andere Parteien den Zugriff: Die Rechte der Grafen von Oldenburg in Wildeshausen übernahm die Bremer Kirche, das Erbe Ottos II. von Ravensberg gelangte über die zweite Ehe seiner Tochter Jutta in die Verfügungsgewalt ihres Gemahls Walram von Monschau und wurde gewinnbringend veräußert, weil es für den in der Eifel ansässigen Grafen keinerlei strategischen Wert besaß. Der von Karl-Heinz Spieß formulierte Vorzug der Erbteilungen, dass nach dem kinderlosen Tod eines Paares die übrigen Familienzweige die Sicherung des Erbes übernehmen konnten, hat sich zumindest für die hier präsentierten Fälle nicht bestätigt[220].

Ebenso wenig wie Konzepte der Individualsukzession oder Primogenitur rekonstruiert werden konnten, war weder für das 12. noch für das 13. Jahrhundert eine strikte agnatische Orientierung auszumachen. In söhnelosen Erbfällen wurden nicht unbedingt die nächsten Agnaten zu Sachwaltern des Familienbesitzes, sondern ebenso konnten Erbtöchter eine zentrale Rolle spielen – wie es etwa das Beispiel der Jutta von Ravensberg zeigt. Fand sich für die Erbtochter ein geeigneter Ehepartner, so versprach diese Verbindung eine aussichtsreiche dynastische Zukunft für den entsprechenden Familienzweig, dem gegebenenfalls die Ansprüche der Agnaten untergeordnet wurden. Erbtöchter spielten indes nicht nur für die territoriale Zukunft, sondern ebenso für die dynastische Erinnerung eine zentrale Rolle, wie das Selbstverständnis der norddeutschen Welfen von der Mitte des 12. bis zur Mitte des 13. Jahrhunderts zeigt. Weil sie der weiblichen Erbfolge der Billunger, Brunonen und Supplinburger ihre Rechts- und Besitztitel verdankten, würdigten sie deren Repräsentantinnen angemessen in ihrer Memoria. Nicht von den Agnaten leiteten die Welfen in Sachsen ihre Identität ab, sondern von jenen Erbtöchtern, aus deren familiärer Provenienz sich Herrschaft und Besitz speisten. Dies präsentiert die ikonographische Wahrnehmung im Evangeliar Heinrichs des Löwen ebenso wie die historiographische Rezeption. Letztere zog eine lineare Verbindung von den altsächsischen Familien zu Rang und Bedeutung der Welfen, die schließlich in der Gründung des Herzogtums Braunschweig-Lüneburg im Jahr 1235 mündete.

Die Dominanz ambilateraler Erbmuster bedeutete jedoch nicht, dass keinerlei agnatische Verwandtschaftskonzepte existierten – im Gegenteil. Die Unterscheidung von *succession* und *inheritance* liefert aus dieser Perspektive insofern eine wertvolle Strukturierungshilfe, als für beide Bereiche unterschiedliche Regeln rekonstruiert werden konnten: Während die Rang und Status begründende Nachfolge durchaus agnatisch beschränkt sein konnte, konnte das Erbe im Sinne sämtlicher Rechts- und Besitztitel einem größeren Kreis zugänglich sein. Dies dokumentiert etwa die Stellung Ottos »des Kindes«, der von seinem Onkel, dem Pfalzgrafen Heinrich, zum *successor legitimus* eingesetzt und später durch Friedrich II. zum Herzog von Braunschweig-Lüneburg erho-

220) Vgl. oben, Anm. 17.

ben wurde. Obgleich hier eindeutig eine agnatische Bevorzugung zu rekonstruieren ist, da der Pfalzgraf unter Umgehung seiner Töchter seinen Neffen zum Nachfolger bestimmte, konnten die weiblichen Familienmitglieder ebenfalls weitreichende Besitzrechte im Sinne des Erbes (*inheritance*) für sich beanspruchen – wie aus der Gründungsurkunde des Herzogtums zu rekonstruieren ist. Die Verhandlungen um ihr Erbe führten indes nicht die Erbinnen selbst, sondern ihre Ehemänner, die aus der Überlassung der welfischen Besitzrechte reichen persönlichen Profit schlugen. Weibliches Erbe konnte daher affinale Netzwerke ebenso berücksichtigen wie die konsanguinen.

Wie die meisten Fälle gezeigt haben, wurde der Vorgangs des (Ver)Erbens nicht nur im Kontext verwandtschaftlicher Rechte und Pflichten gedeutet, sondern ebenfalls als Vertragsverhältnis begriffen. Wenn die welfischen Brüder im Jahr 1202 ihre Erbansprüche in aufwändiger Form urkundlich regelten und sich auf ihre *amicitia* beriefen, wenn Heinrich seinen Neffen Otto »das Kind« zu seinem Nachfolger erhob und ebenfalls auf die *amicitia* verwies, betonten die Akteure keine emotionale Nähe. Vielmehr brachte diese Bindungsform ein Vertragsverhältnis zum Ausdruck, das den verwandtschaftlichen Verpflichtungshorizont ergänzte und um genaue Absprachen präzisierte. Gleiches galt für Regelungen, die in zukünftigen Erbfällen greifen sollten. So trugen die seit dem 13. Jahrhundert zunehmend schriftlich fixierten Eheverträge auch diesen Fragen Rechnung und legten bereits vor der Hochzeit umfassende Regelungen für künftige Erbkonstellationen fest – wie das überaus detaillierte ravensburgisch-tecklenburgische Abkommen von 1238 exemplarisch zeigt. Dass diese Vorgänge zunehmend dem Pergament überantwortet wurden, ist der allgemeinen Entwicklung pragmatischer Schriftlichkeit im Beobachtungszeitraum geschuldet, die auch auf anderen Feldern begegnet[221)]. Ebenso ist die Tatsache, dass sich im chronologischen und geographischen Beobachtungszeitraum erstmals Testamente in Urkundenform der Frage des Nachlasses widmeten, dem allgemeinen Literalisierungsschub zuzuschreiben.

Auch wenn Erbgänge in erster Linie die Angelegenheit der betroffenen Familienverbände waren, sind sie in der Praxis kaum losgelöst von den jeweiligen herrschaftlichen Konstellationen zu interpretieren. Erbfälle im Schatten der welfischen Herzogsgewalt zeigten, dass die ausschließliche Fokussierung auf verwandtschaftliche Netzwerke und Strategien der Realität der Übertragungen nicht gerecht wird: Herrschaftliche Ansprüche wurden ebenso angemeldet wie das vermeintliche »Recht des Stärkeren« durchgesetzt. Ob Heinrich der Löwe bei der Behauptung seiner Ansprüche auf das Stader und Winzenburger Erbe seine Herzogsmacht missbrauchte oder zukunftsweisende Herr-

221) Pragmatische Schriftlichkeit im Mittelalter. Erscheinungsformen und Entwicklungsstufen, hg. von Hagen KELLER/Klaus GRUBMÜLLER/Nikolaus STAUBACH (Münstersche Mittelalter-Schriften 65), München 1992; Pragmatische Dimensionen mittelalterlicher Schriftkultur. Akten des internationalen Kolloquiums 26.–29. Mai 1999, hg. von Christel MEIER (Münstersche Mittelalter-Schriften 79), München 2002; Zwischen Pragmatik und Performanz. Dimensionen mittelalterlicher Schriftkultur, hg. von Christoph DARTMANN/Thomas SCHARFF/Christoph Friedrich WEBER (Utrecht Studies in Medieval Literacy 18), Turnhout 2011.

schaftsformen an den Tag legte, die sich als spätere Ordnungskonzepte etablierten, ist eine in der Forschung im Wissen um spätere Entwicklungen kontrovers diskutierte Frage. Den Akteuren selbst stellte sie sich in dieser Form wohl kaum: Sie trugen diese Konflikte auf den Hoftagen als konventionellen Bühnen der politischen Öffentlichkeit aus. Neben diesen Foren der Entscheidungsfindung suchten sie Kompromisse in Verhandlungen oder Entscheidungen durch Waffengewalt. Im Fall des Winzenburger Erbes spielten Rechte und Ansprüche der Verwandten am Ende keinerlei Rolle mehr – die Lösung des Konflikts folgte etablierten Mustern eines politischen Ausgleichs zwischen den mächtigsten Potentaten der Region. Exogene Faktoren bestimmten Erbgänge daher ebenso wie verwandtschaftliche Konzepte und sollten daher entsprechende Berücksichtigung finden. Da sie indes stark von individuellen politischen Rahmenbedingungen und territorialen Entwicklungen der Region abhingen, sind sie schwieriger durch allgemeine Systematisierungsversuche zu fassen, als dies bei verwandtschaftlichen Konzepten der Fall ist.

Summary: Concepts, practices and conflicts around inheritance in noble families between Weser and Ems (12th and 13th centuries)

The cases of inheritance presented in the essay were neither oriented at the concept of primogeniture nor of individual succession. If there were several sons, the secular brothers distributed the heritage among themselves. These distributions were based on different ways of proceeding which were meant to prevent privileging or defraudation and to reduce future conflicts. If there were no sons, not in all cases the closets agnates were regarded, but daughters could just the same play crucial roles. If a suitable marriage partner could be found for a daughter entitled to inheritance, such a union was a promising future dynastic prospect for the concerned family branch, and in such cases this could have priority over the claims of agnates. However, agnatic relational concepts played an important role also from another point of view: whereas a wider circle had access to inheritance in the sense of all legal and possessory titles, succession in the sense of rank and status could very well be limited to agnates. As it has become obvious from most cases, inheritance was not only interpreted in the context of family rights and obligations. It was also understood to be a contractual relationship, called *amicitia* and protected by appropriate documents.

Inheritance was primarily a matter of the concerned families. In practice, however, it could not be separated from the each respective political and power constellations. Cases of inheritance where Henry the Lion interfered in his function as Duke show that any exclusive focussing on family networks and strategies does not do justice to reality. It could well be that the Duke made claims based on or connected to his sovereignty, and also the alleged ›law of the strongest‹ was enforced. Thus, exogenous factors influenced inheritance to the same degree as kinship concepts. As, however, such cases depended much on individual regional developments, they are more difficult to systematise than kinship concepts.

Übertragungsmodelle und -techniken adligen und fürstlichen Erbens im mitteldeutschen Raum des 12. und 13. Jahrhunderts

Alexander Sembdner (Leipzig)

I.

»Ein Geschlecht vergeht, das andere kommt und nichts ist von Dauer unter der Sonne, sondern alles unterliegt der Nichtigkeit«, so lautet die Arenga einer Urkunde des Meißner Markgrafen Heinrichs III., des »Erlauchten«, die zwischen dem 15. Juni 1246 und dem 22. Februar 1247 ausgefertigt wurde[1]. Mit Rückgriff auf den Liber Ecclesiastes[2] begründete der Markgraf den Anspruch seiner 1240 beziehungsweise 1242 geborenen Söhne Albrecht und Dietrich auf den dritten Teil des Erbes Herzog Friedrichs II. von Österreich[3]. Dieser Anspruch ergab sich aus der Eheverbindung Markgraf Heinrichs mit Konstanze von Österreich, der Schwester Friedrichs II., aus der die beiden Söhne hervorgegangen waren. Da der Babenberger bekanntlich ohne männliche Erben verstorben war, jedoch das Privilegium minus von 1156 die Erbfolge in weiblicher Linie kannte, fiel jeweils ein Drittel des Erbes an Friedrichs Schwester Margarethe, Witwe König Heinrichs (VII.), an seine Nichte Gertrud, Tochter seines 1227 verstorbenen Bruders Heinrich, und eben an die Meißner Neffen[4]. Darüber nun schloss Heinrich der Er-

1) Die Urkunden der Markgrafen von Meißen und Landgrafen von Thüringen, Bd. 4: 1235–1247, bearb. von Tom GRABER/Mathias KÄLBLE (Codex Diplomaticus Saxoniae [im Folgenden CDS] I A/4), Peine 2014, Nr. 231, S. 321–323: *Quoniam generacio preterit et generacio advenit nichilque permanens est sub sole, set vanitati subiacent universa* [...].

2) Eccles. 1,4 und 2,11.

3) Zu Heinrich dem Erlauchten immer noch Wolf Rudolf LUTZ, Heinrich der Erlauchte (1218–1288), Markgraf von Meissen und der Ostmark (1221–1288), Landgraf von Thüringen und Pfalzgraf von Sachsen (1247–1263) (Erlanger Studien 17), Erlangen 1977; Christian HILLEN, Heinrich der Erlauchte, in: Sächsische Biografie, hg. vom Institut für Sächsische Geschichte und Volkskunde e. V., http://www.isgv.de/saebi/ (09.04.2022).

4) Vgl. zum Erbe der Babenberger den Beitrag von Roman ZEHETMAYER in diesem Band sowie DERS., Das sogenannte ›österreichische Interregnum‹. Von den Babenbergern zu den Habsburgern, in: Interregna im mittelalterlichen Europa. Konkurrierende Kräfte in politischen Zwischenräumen, hg. von Norbert KERSKEN/Stefan TEBRUCK (Tagungen zur Ostmitteleuropaforschung 38), Marburg 2020, S. 45–74. Zur wettinischen Perspektive der Vorgänge nun Peter WIEGAND, Markgraf Heinrich von Meißen und das Erbe der Babenberger. Wettiner, Henneberger und Premysliden während des österreichischen Interregnums (1246–1253), in: MIÖG

lauchte mit der Königswitwe Margarethe einen Vertrag, in welchem beide Parteien das Erbrecht (*ius hereditarium*) der jeweiligen Gegenseite (ihr eigenes und das ihrer Söhne) anerkannten, auf weitere Ansprüche am Erbe des Vertragspartners verzichteten und sich gegenseitige Unterstützung bei der Erlangung des Erbes zusicherten[5]. Allerdings konnte der Meißner Markgraf die Erbansprüche seiner Söhne in Österreich gegen König Wenzel I. von Böhmen nicht durchsetzen, obwohl ein Teil des österreichischen Adels durchaus einem der Wettiner die Herrschaft in Österreich anbieten wollte, wie Ottokars Österreichische Reimchronik berichtet[6]. Als Ausgleich entschädigte Wenzels Sohn König Ottokar II. Přemysl, der sich 1251 im Herzogtum Österreich behaupten konnte, Hein-

132 (2024) S. 1–24. Vgl. zum Privilegium minus Heinrich Appelt, Privilegium minus. Das staufische Kaisertum und die Babenberger in Österreich (Böhlau-Quellenbücher), Wien/Köln/Graz ²1976; Die Geburt Österreichs. 850 Jahre Privilegium minus, hg. von Peter Schmid/Heinrich Wanderwitz (Regensburger Kulturleben 4), Regensburg 2007. Über die Aufteilung berichtet ebenso Ottokars Österreichische Reimchronik, nach den Abschriften Franz Lichtensteins hg. von Joseph Seemüller (MGH Dt. Chron. 5), hier I, S. 17, V. 1260–1278: [...] *swaz noch des guotes was beliben, | daz man daz teilt endriu. | ich sag iu umbe wiu: | wand der frouwen wâren drî, | den daz reht wonte bî, | daz su des guotes solden walten. | daz wart an in behalten. | der kunigin Margareten | ein teil si geben heten. | XIV. darnâch ez sô ergie, | diu herzogin Gedrût enphie | daz ander teil an dem guot. | ouch wart den herren des ze muot, | daz man den dritten teil sande | hin gen Mîhsenlande: | den enphie durch reht dâ | diu marcgrævin Constantia. | daz was vil billich, wand ich las, | daz si herzog Fridrichs swester was.*

5) CDS I A/4 (wie Anm. 1), Nr. 231, S. 321–323: [...] *quod talis inter inclitam dominam Margaretam Romanorum qu[ondam reginam et filios] nostros composicio interve[nit, quod] tertiam partem omnium bonorum, que ex obitu ducis [Austrie et Stirie]* [...] *Friderici filii eius et soror[is eius] Constancie filiis eius[dem] et nostris iure hereditario [...] filiis nostris eadem domina recognoscit et quod eosdem pueros nostros ad eadem efficaciter [... Versa] vice dicimus et tenore presencium publice declaramus, quod ad hoc dare volumus operam, [ut adiuvantibus] nobis domina M(argareta) quondam Romanorum regina et filius eius Fridericus ea, que in terris Au[strie et Stirie iure heredi]tario vel proprietatis ipsis cedunt, valeant efficaciter adipisci. Dicimus preterea, quod [... eadem] domina vel filius eius, si terram Austrie et Stirie ipsum intrare continget vel aliis m[odis ... here]ditatem vel proprietatem adi[piscendam] vel obtinendam [cum n]ostro consilio vel [subsidio ...].*

6) Ottokars Österreichische Reimchronik (wie Anm. 4), S. 19, V. 1393–1416: *XV. nu sande got der guot | in ir herz und in ir muot, | daz si gehullen daran, | man sold êrbære boten hân | hin ze Mîhsen in daz lant, | die dâ tæten bekannt | dem marcgrâven Heinrich, | daz daz lant zÔsterrîch | sîner kind eins ze herren gert; | daz er si des niht entwert, | daz woldens immer dienen, | kæm er in die stat ze Wienen. | so wær er sîn lîht erbeten. | ‚ouch sult ir nimmer getreten | hinder iuch einen schrit. | swes er gert oder bit, daz gelobt im für uns alle.‘ | mit sô getânen schalle | die boten wurden gesant. | vil dicke wurden die gemant | von leien und von phaffen, si soldenz alsô schaffen, | daz in von got ze lône | wurd diu himelisch krône;* [...]. Auf ihrem Weg nach Meißen hätten die Boten in Prag bei König Wenzel um Geleit durch Böhmen gebeten, wobei sie ihm ihren Auftrag deutlich machten, ebd., S. 21, V. 1555–1576: *herr, ir habet wol vernomen, | wie ez darzuo ist komen, | daz unser lant lîdet nôt | sît herzog Frideriches tôt | von maniger hande sache. | den liuten zuo gemache | sô wolden wir gern | die selben nôt verkêrn. | darumbe sî wir gesant | hin ze Mîhsen in daz lant | zuo dem marcgrâven Heinrich, | daz er tuo sô frumiclich | an sînen kindern und an uns, | daz uns der genâden runs | von im zuo flieze, | daz in des iht verdrieze, | er geb uns einen sinen suon | ze herren. wil er daz tuon, | den well wir alle gerne hân, | alsô schiede wir von dan. | an daz der arme und der rîch | gehullen ze Ôsterrich.*

rich den Erlauchten im Jahr 1253 mit der böhmischen Stadt Sayda und der Burg Purschenstein[7].

Den wettinischen Erbplänen in Österreich, die hier nicht weiter verfolgt seien, war kein Erfolg beschieden, was sich bereits am nur noch fragmentarischen Überlieferungszustand der darüber ausgestellten Urkunde zeigt. Doch verdichten sich in diesem Beispiel langgestreckte Prozesse des Wandels wie der Verfestigung im Hinblick auf die soziale Praxis des Erbens, die in diesem Beitrag mit Fokus auf den mitteldeutschen Raum des 12. und 13. Jahrhunderts nachgezeichnet werden sollen. Auf der einen Seite erkennen wir das Denken in Kategorien von Verwandtschaft und Erbfolge als konstitutive Bezugs und Handlungsrahmen sozialer Gruppen, auf der anderen Seite steht die diskursive Wahrnehmung eines wie auch immer gearteten, normierten Erbrechts und dessen funktionale Inanspruchnahme in Form von schriftlich fixierten Erbverträgen.

Mit dem mitteldeutschen Raum seien dabei jene Gebiete zwischen Werra und Elbe angesprochen, die in Peter Moraws Kategorisierung politischer Landschaften des Spätmittelalters bezeichnenderweise als »Wettiner Lande – Mittelelberaum« zusammengefasst werden[8]. Die sich darin retrospektiv ausdrückende hegemoniale Stellung der Markgrafen von Meißen und späteren Kurfürsten von Sachsen ist nicht zuletzt das Ergebnis genealogischer Zufälle, geschickter Heiratspolitik und zum Teil militärischer Durchsetzung von Erbansprüchen. Im Mittelpunkt dieser Studie stehen daher Thüringen[9] sowie die Gebiete zwischen Elbe und Saale, also die Mark Meißen und das Oster-

7) Die Urkunden der Markgrafen von Meißen und Landgrafen von Thüringen, Bd. 5: 1248–1264, bearb. von Tom GRABER/Mathias KÄLBLE (CDS I A/5), Wiesbaden 2017, Nr. 88, S. 126 f. Ottokars Reimchronik spricht davon, dass König Wenzel die österreichischen Boten während ihres Aufenthalts in Prag überreden konnte, statt eines Sohnes des Meißner Markgrafen seinen Sohn Ottokar II. Přemysl zum Herzog zu wählen, vgl. Ottokars Österreichische Reimchronik (wie Anm. 4), S. 21–23, V. 1577–1744.

8) Peter MORAW, Regionen und Reich im späten Mittelalter, in: Regionen und Föderalismus. 50 Jahre Rheinland-Pfalz, hg. von Michael MATHEUS (Mainzer Vorträge 2), Stuttgart 1997, S. 9–29; DERS., Politische Landschaften im mittelalterlichen Reich. Probleme der Handlungsdichte, in: Landschaften im Mittelalter, hg. von Karl-Heinz SPIESS, Stuttgart 2006, S. 153–166. Vgl. auch: Mitteldeutschland. Begriff – Konstrukt – historische Realität, hg. von Jürgen JOHN, Rudolstadt 2001.

9) Vgl. Geschichte Thüringens, Bd. 2: Hohes und spätes Mittelalter, 2 Teilbde., hg. von Hans PATZE/Walter SCHLESINGER (Mitteldeutsche Forschungen 48, 2,1–2), Köln/Wien 1973–1974; Mathias WERNER, Neustadt, Orlagau und Thüringen im 12./13. Jahrhundert. Die hochmittelalterlichen Rahmenbedingungen der Anfänge von Neustadt an der Orla, in: Neustadt an der Orla. Vom Ursprung und Werden einer Stadt, hg. von Werner GREILING (Beiträge zur Geschichte und Stadtkultur 1), Rudolstadt 1997, S. 15–77; DERS., Thüringen und die Thüringer zwischen Völkerwanderungszeit und Reformation. Die mittelalterlichen Grundlagen von Vielfalt und Einheit in der thüringischen Geschichte, in: Vom Königreich der Thüringer zum Freistaat Thüringen. Grundlage und Grundzüge thüringischer Geschichte, Erfurt 1999, S. 11–42; DERS., Thüringen im Mittelalter. Ergebnisse – Aufgaben – Perspektiven, in: Im Spannungsfeld von Wissenschaft und Politik. 150 Jahre Landesgeschichtsforschung in Thüringen, hg. von DEMS. (Veröffentlichungen der Historischen Kommission für Thüringen 13), Köln 2005, S. 275–341; Stefan TEBRUCK, Zwischen Integration und Selbstbehauptung. Thüringen

land sowie die sogenannten königlichen Reichsländer des Pleißen- und Vogtlands[10]. Während sich die einschläge Forschung selbstverständlich mit Erbproblemen einzelner adliger Familien im mitteldeutschen Raum beschäftigt hat, fehlen vergleichende Untersuchungen für die Untersuchungszeit[11]. Anhand der im 12. und 13. Jahrhundert domi-

im wettinischen Herrschaftsbereich, in: Fragen der politischen Integration im mittelalterlichen Europa, hg. von Werner MALECZEK (VuF 63), Ostfildern 2005, S. 375–412.

10) Nach wie vor unübertroffen sind die strukturgeschichtlichen Untersuchungen von Walter SCHLESINGER, Kirchengeschichte Sachsens im Mittelalter, 2 Bde. (Mitteldeutsche Forschungen 27), Köln/Graz 1962, und Karlheinz BLASCHKE, Geschichte Sachsens im Mittelalter, Berlin 1990. Vgl. auch Walter SCHLESINGER, Egerland, Vogtland, Pleißenland. Zur Geschichte des Reichsguts im mitteldeutschen Osten, in: Forschungen zur Geschichte Sachsens und Böhmens, hg. von Rudolf KÖTZSCHKE, Dresden 1937, S. 61–91, wiederabgedruckt in: DERS., Mitteldeutsche Beiträge zur deutschen Verfassungsgeschichte des Mittelalters, Göttingen 1961, S. 188–211; Manfred KOBUCH, Reichsland Pleißen und wettinische Territorien in der Blütezeit des Feudalismus (1156–1307), in: Geschichte Sachsens, hg. von Karl CZOK, Weimar 1989, S. 105–150; Gerhard BILLIG, Die Ausprägung des oberen Vogtlandes als Kulturlandschaft und Herrschaftsraum im und nach dem großen hochmittelalterlichen Landesausbau, in: Neues Archiv für Sächsische Geschichte 72 (2001), S. 1–33; DERS., Pleißenland – Vogtland. Das Reich und die Vögte. Untersuchungen zur Herrschaftsorganisation und Landesverfassung während des Mittelalters unter dem Aspekt der Periodisierung, Plauen 2002; André THIEME, Pleißenland, Reich und Wettiner. Grundlagen, Formierung und Entwicklung der ›terra plisnensis‹ bis zur Mitte des 13. Jahrhunderts, in: Tegkwitz und das Altenburger Land im Mittelalter. 976–2001. 1025 Jahre Ersterwähnung von Altenburg und Orten im Altenburger Land, hg. von Peter SACHENBACHER/Ralph EINICKE/Hans-Jürgen BEIER (Beiträge zur Frühgeschichte und zum Mittelalter Ostthüringens), Langenweißbach 2003, S. 39–60; Gerlinde SCHLENKER, Transformationen – Die Wettiner und ihr Herrschafts- und Kulturraum zwischen dem 10. und dem frühen 13. Jahrhundert, in: Peripherien sächsischer Geschichte. Mitteldeutschland, Seeburg und Landsberg als Herrschafts- und Kulturräume der Ekkehardiner und Wettiner 743–1347, hg. von Stefan AUERT-WATZIK/Henning MERTENS (Beiträge zur Landsberger Regionalgeschichte 1), Halle a. d. Saale 2011, S. 91–120; Enno BÜNZ, Das Vogtland in Mittelalter und Früher Neuzeit, in: Vogtland, bearb. von DEMS/Sönke FRIEDREICH/Christian RANACHER/Lutz VOGEL (Kulturlandschaften Sachsens 5), Leipzig 2013, S. 21–54; Peter SACHENBACHER, Thüringen östlich der Saale im Mittelalter. Archäologisch, mediävistisch, onomastisch, ethnografisch und philosophisch vergleichende Studie zum früh und hochmittelalterlichen Landesausbau in Territorien der Germania Slavica Thuringiae, Darmstadt 2022.

11) Vgl. Enno BÜNZ/Christoph VOLKMAR, Adelslandschaft Mitteldeutschland. Tendenzen und Perspektiven der Forschung, in: Adelslandschaft Mitteldeutschland. Die Rolle des landsässigen Adels in der mitteldeutschen Geschichte (15.–18. Jahrhundert), hg. von DENS./Ulrike HÖROLDT (Schriften zur sächsischen Geschichte und Volkskunde 49), Leipzig 2016, S. 111–148, mit zahlreichen weiterführenden Hinweisen.

nierenden fürstlichen Familien der Wettiner[12] und Ludowinger[13] sowie weiterer regi-

12) Vgl. Stefan PÄTZOLD, Die frühen Wettiner. Adelsfamilie und Hausüberlieferung (Geschichte und Politik in Sachsen 6), Köln/Weimar/Wien 1997; Jörg ROGGE, Herrschaftsweitergabe, Konfliktregelung und Familienorganisation im fürstlichen Hochadel. Das Beispiel der Wettiner von der Mitte des 13. bis zum Beginn des 16. Jahrhunderts (Monographien zur Geschichte des Mittelalters 49), Stuttgart 2002; DERS., Die Wettiner. Aufstieg einer Dynastie im Mittelalter, Ostfildern 2005; Reiner GROSS, Die Wettiner (Kohlhammer-Urban-Taschenbücher 621), Stuttgart 2007, hier bes. S. 31–46; Harald WINKEL, Herrschaft und Memoria. Die Wettiner und ihre Hausklöster im Mittelalter (Schriften zur sächsischen Geschichte und Volkskunde 32), Leipzig 2010; Michael LINDNER, Dietrich, Dedo und Konrad von Landsberg – Markgrafen der Ostmark (1156–1210). Eine politisch-herrschaftliche Skizze aus der Zeit des hochmittelalterlichen Landesausbaus, in: Peripherien (wie Anm. 10), S. 267–290; André THIEME, Wettiner, Přemysliden und Ludowinger, in: Verwandtschaft – Freundschaft – Feindschaft. Politische Bindungen zwischen dem Reich und Ostmitteleuropa in der Zeit Friedrich Barbarossas, hg. von Knut GÖRICH/Martin WIHODA, Wien/Köln/Weimar 2019, S. 285–320. Zur Heiratspolitik der Wettiner ausführlich Tobias WELLER, Die Heiratspolitik des deutschen Hochadels im 12. Jahrhundert (Rheinisches Archiv 149), Köln/Weimar/Wien 2004, S. 627–697, zu jener der Wettiner und Askanier auch Christoph MIELZAREK, Albrecht der Bär und Konrad von Wettin. Fürstliche Herrschaft in den ostsächsischen Marken im 12. Jahrhundert (Forschungen zur Geschichte und Kultur des östlichen Mitteleuropa 56), Wien/Köln/Weimar 2020, S. 250–312.

13) Vgl. Jürgen PETERSOHN, ›De ortu principum Thuringie‹. Eine Schrift über die Fürstenwürde der Landgrafen von Thüringen aus dem 12. Jahrhundert, in: DA 48 (1992), S. 585–608; DERS., Die Ludowinger. Selbstverständnis und Memoria eines hochmittelalterlichen Reichsfürstengeschlechts, in: BDLG 129 (1993), S. 1–39; Hilmar SCHWARZ, Die Ludowinger. Aufstieg und Fall des ersten thüringischen Landgrafengeschlechts (Kleine Schriften der Wartburg-Stiftung 6), Eisenach 1993; Helmut ASSING, Der Aufstieg der Ludowinger in Thüringen, in: Brandenburg, Anhalt und Thüringen im Mittelalter. Askanier und Ludowinger beim Aufbau fürstlicher Territorialherrschaften. Zum 65. Geburtstag des Autors, hg. von Tilo KÖHN/Lutz PARTENHEIMER/Uwe ZEITMANN, Köln 1997, S. 241–294; Peter WIEGAND, Der milte lantgrâve als ›Windfahne‹? Zum politischen Standort Hermanns I. von Thüringen (1190–1217) zwischen Erbreichsplan und welfisch-staufischem Thronstreit, in: Hessisches Jahrbuch 48 (1998), S. 1–53; Eduard HLAWITSCHKA, Waren die Landgrafen von Thüringen, die sogenannten Ludowinger, Nachkommen Ludwigs und Sophies von Bar und Mousson/Mömpelgard?, in: Wirtschaft – Gesellschaft – Mentalitäten im Mittelalter. Festschrift zum 75. Geburtstag von Rolf Sprandel, hg. von Hans-Peter BAUM/Rainer LENG/Joachim SCHNEIDER (Beiträge zur Wirtschafts- und Sozialgeschichte 107), Stuttgart 2006, S. 271–288; Stefan TEBRUCK, Landesherrschaft – Adliges Selbstverständnis – Höfische Kultur. Die Ludowinger in der Forschung, in: Wartburg-Jahrbuch N. F. 17 (2008), S. 30–76; Matthias WERNER, Reichsfürst zwischen Mainz und Meißen. Heinrich Raspe als Landgraf von Thüringen und Herr von Hessen (1227–1247), in: Heinrich Raspe – Landgraf von Thüringen und römischer König (1227–1247). Fürsten, König und Reich in spätstaufischer Zeit, hg. von DEMS. (Jenaer Beiträge zur Geschichte 3), Frankfurt a. M./Berlin/Bern/Wien u. a. 2003, S. 125–271; DERS., Landgraf Heinrich Raspe von Thüringen (1227–1247) – Reichsfürst in der Mitte des Reiches und ›Gegenkönig‹ Konrads IV., in: Konrad IV. (1228–1254). Deutschlands letzter Stauferkönig, hg. von Karl-Heinz RUESS (Schriften zur staufischen Geschichte und Kunst 32), Göppingen 2012, S. 26–48; DERS., Friedrich, Propst von St. Stephan in Mainz und Graf von Ziegenhain (um 1152/53–1213/15). Ein fast vergessener Ludowinger, in: Nahaufnahmen. Landesgeschichtliche Miniaturen für Enno Bünz zum 60. Geburtstag, hg. von Alexander SEMBDNER/Christoph VOLKMAR (Schriften zur sächsischen Geschichte und Volkskunde 67), Leipzig 2021, S. 267–304. Zur Heiratspolitik der Ludowinger ausführlich WELLER, Heiratspolitik (wie Anm. 12), S. 676–626. Eine transkulturell vergleichende Studie hat Reinhard ZÖLLNER, Die Ludowinger und die Takeda. Feudale Herrschaft in Thüringen und Kai no kuni, Bonn 1995, vorgelegt.

onal bedeutender Adelsfamilien[14] sollen daher Übertragungsmodelle und -techniken adligen und fürstlichen Erbens im mitteldeutschen Raum rekonstruiert und systematisiert werden. Die vergleichende Perspektive mag dabei Divergenzen und Konvergenzen der sozialen Praxis adligen Erbens hervorheben. Unter den genannten Begriffen versteht Bernhard Jussen diskursive Modelle des Erbrechts, der Erbfolge oder der Erbengemeinschaft sowie soziale Techniken der Verteilung, der Delegierung und der Modellierung von Erbe[15]. Übertragungstechniken erscheinen dabei als aus den Übertragungsmodellen abgeleitete Handlungsmechanismen. So soll zunächst nach der normativen Grundlage erbrechtlicher Vorstellungen im mitteldeutschen Raum des Hochmittelalters gefragt werden (II), konnten sich doch Erbpraktiken beziehungsweise soziale Techniken

14) Hervorgehoben seien hier Herbert HELBIG, Der wettinische Ständestaat. Untersuchungen zur Geschichte des Ständewesens und der landständischen Verfassung in Mitteldeutschland bis 1485 (Mitteldeutsche Forschungen 4), Köln/Wien ²1980; Dieter RÜBSAMEN, Kleine Herrschaftsträger im Pleissenland. Studien zur Geschichte des mitteldeutschen Adels im 13. Jahrhundert (Mitteldeutsche Forschungen 95), Köln/Wien 1987; Gerhard BILLIG, Der Adel Sachsens im hohen und späten Mittelalter. Ein Überblick, in: Geschichte des sächsischen Adels, hg. von Katrin KELLER/Josef MATZERATH, Köln/Weimar/Wien 1997, S. 31–52. Vgl. auch Immo EBERL, Die frühe Geschichte des Hauses Schwarzburg und die Ausbildung seiner Territorialherrschaft, in: Thüringen im Mittelalter. Die Schwarzburger (Beiträge zur schwarzburgischen Kunst und Kulturgeschichte 3), Rudolstadt 1995, S. 79–130; Michael GOCKEL, Heinricus de Mildensteine et de Kuffes. Zur Herkunft der Herren von Mildenstein, in: Neues Archiv für Sächsische Geschichte 67 (1996), S. 11–29; Peter NEUMEISTER, Beobachtungen und Überlegungen zur Herkunft der Vögte von Plauen, Weida und Gera, in: Neues Archiv für Sächsische Geschichte 68 (1997), S. 1–45; Helge WITTMANN, Zur Frühgeschichte der Grafen von Käfernburg-Schwarzburg, in: Zeitschrift des Vereins für Thüringische Geschichte 51 (1997), S. 9–59; DERS., Der Adel Thüringens und die Landgrafschaft im 12. und 13. Jahrhundert. Das Beispiel der Grafen von Schwarzburg-Käfernburg, in: Der Weißenfelser Vertrag von 1249. Die Landgrafschaft Thüringen am Beginn des Spätmittelalters, hg. von Holger KUNDE/Stefan TEBRUCK/DEMS. (Thüringen gestern und heute 8), Erfurt 2000, S. 63–93; DERS., Im Schatten der Landgrafen. Studien zur adeligen Herrschaftsbildung im spätmittelalterlichen Thüringen (Veröffentlichungen der Historischen Kommission für Thüringen. Kleine Reihe 17), Köln 2005.

15) Vgl. Bernhard JUSSEN, Perspektiven der Verwandtschaftsforschung fünfundzwanzig Jahre nach Jack Goodys ›Entwicklung von Ehe und Familie in Europa‹, in: Die Familie in der Gesellschaft des Mittelalters, hg. von Karl-Heinz SPIESS (VuF 71), Ostfildern 2009, S. 275–324, hier S. 319–324; DERS., Erbe und Verwandtschaft. Kulturen der Übertragung, in: Erbe. Übertragungskonzepte zwischen Natur und Kultur, hg. von DEMS./Stefan WILLER/Sigrid WEIGEL, Berlin 2013, S. 37–64, hier S. 58–64. Zur Forschungsdiskussion in der historischen Verwandtschaftsforschung DERS., Famille et parenté. Comparaison des recherches françaises et allemandes, in: Les tendances actuelles de l'histoire du Moyen Âge en France et en Allemagne. Actes des colloques de Sèvres (1997) et Göttingen (1998), hg. von Jean-Claude SCHMITT/Otto Gerhard OEXLE (Publications de la Sorbonne. Histoire ancienne et médiévale 66), Paris 2002, S. 447–460. Vgl. auch Karl SCHMID, Heirat, Familienfolge, Geschlechterbewußtsein, in: Il matrimonio nella societá altomedievale (Settimane di studio del Centro italiano di studi sull'alto medioevo 24), Spoleto 1977, S. 103–137, wiederabgedruckt in: DERS., Gebetsgedenken und adliges Selbstverständnis im Mittelalter. Ausgewählte Beiträge. Festgabe zu seinem sechzigsten Geburtstag, Sigmaringen 1983, S. 388–423; DERS., Geblüt, Herrschaft, Geschlechterbewußtsein. Grundfragen zum Verständnis des mittelalterlichen Adels, hg. von Dieter MERTENS/Thomas ZOTZ (VuF 44), Sigmaringen 1998.

des Erbens[16] nur vor dem Hintergrund einer solchen gesellschaftlich akzeptierten normativen Folie abspielen, sodass mit Blick auf die Frage nach hochmittelalterlichen Übertragungstechniken der Normalfall des Erbvorgangs, etwa in Form von Erbteilungen, ebenfalls geklärt werden muss (III). In diesem Sinne konturieren familiäre Erbpläne oder intergenerationelle Aufgaben, soweit diese anhand der Überlieferung rekonstruierbar sind, gängige Übertragungsmodelle, die der Bewältigung kontingenter Situationen, wie sie bei Erbgängen entstehen konnten, dienen sollten (IV)[17]. Schließlich soll der Blick auf Disruptionen[18] eingespielter Routinen beziehungsweise Praktiken und nor-

16) Praktiken im Sinne der Praxeologie bezeichnen im Wesentlichen routinisierte Handlungs- beziehungsweise Verhaltensmuster, die eine materielle beziehungsweise körperliche Komponente beinhalten. Erbpraktiken müssten demnach unbewusst ausgeführte, regelhafte Sprach- und Verhaltensweisen der intergenerationellen Besitz- und Machtübertragung sein, welche sich in Form von Rechtsgewohnheiten manifestieren. Vgl. Andreas RECKWITZ, Grundelemente einer Theorie sozialer Praktiken. Eine sozialtheoretische Perspektive, in: Zeitschrift für Soziologie 32 (2003), S. 282–301. Dazu instruktiv auch Thomas WELSKOPP, Die Dualität von Struktur und Handeln. Anthony Giddens' Strukturtheorie als ›praxeologischer‹ Ansatz der Geschichtswissenschaft, in: Struktur und Ereignis, hg. von Andreas SUTER/Manfred HETTLING (Geschichte und Gesellschaft, Sonderheft 19), Göttingen 2001, S. 99–119, hier S. 104: »Vielmehr deutet die Kategorie der ›Praxis‹ auf die doppelte Konstitution der Wirklichkeit hin, die aus den strukturierenden Folgen sozialen Handelns und den handlungsbefähigenden Bedingungen, die Strukturen dem Handeln setzen, resultiert. ›Praxis‹ ist zugleich der Strom der Handlungen von Akteuren und der Prozeß der Reproduktion und Modifikation sozialer Strukturen. Nicht obwohl, sondern weil die Akteure handeln, entstehen und reproduzieren sich Strukturgeflechte, die man soziale Systeme nennen kann. Umgekehrt besitzen soziale Strukturen, so wirkungsmächtig sie die Gesellschaft ordnen, nur in der Praxis der Akteure eine materiale Qualität.«

17) Vgl. Martin KINTZINGER, Kontingenz und Konsens. Die Regelung der Nachfolge auf dem Königsthron in Frankreich und im Deutschen Reich, in: Die mittelalterliche Thronfolge im europäischen Vergleich, hg. von Matthias BECHER (VuF 84), Ostfildern 2017, S. 255–286; Alheydis PLASSMANN, Sudden death. Kontingenz des Todes und Legitimation von Herrschaft, in: Transkulturelle Annäherungen an Phänomene von Macht und Herrschaft. Spannungsfelder und Geschlechterdimensionen, hg. von Matthias BECHER (Macht und Herrschaft 11), Göttingen 2019, S. 95–122; Tilmann TRAUSCH, Vom Vater auf den Sohn – oder jemand anderen. ›Unübliche‹ Formen des Herrschaftsübergangs in transkultureller Perspektive, in: Norm, Normabweichung und Praxis des Herrschaftsübergangs in transkultureller Perspektive, hg. von DEMS. (Macht und Herrschaft 3), Göttingen 2019, S. 11–59. TRAUSCH, ebd., S. 21, ist somit auch im Hinblick auf diesen Beitrag zuzustimmen, dass »eine Trennung zwischen dem, was auf der praxeologischen Ebene ›üblich‹ oder ›unüblich‹ ist, und dem, was sich auf einer legitimatorisch-normativen Ebene als theoretische Perspektive der Zeitgenossen auf allgemeingültige Aussagen zu Herrschaftsübergängen findet, mit Blick auf vormoderne Ordnungen nur eine heuristische Trennung sein [kann]. Praktisch sind beide Ebenen nie eindeutig voneinander zu trennen [...].«

18) Disruptionen, verstanden als absichtsvolle oder zufällige (Zer-)Störung etablierter sozialer Ordnungen, mögen die beteiligten Akteure zum bewussten Reflektieren der bisher akzeptierten Diskurse und Praktiken herausfordern und somit im Zusammenhang unserer Fragestellung ebenjene Diskurse und Praktiken des Erbens stärker herausstreichen und in den Quellen sichtbar machen. Zugleich eröffnen Disruptionen für die beteiligten Akteure Handlungsoptionen beziehungsweise Ermöglichungszusammenhänge zur Veränderung der bestehenden sozialen Ordnungen aufgrund absichtsvollen, rationalen Handelns. Vgl. Hendrik VOLLMER, The Sociology of Disruption, Disaster and Social Change. Punctuated Cooperation, Cambridge 2013. Damit ergeben sich im Übrigen ohne Schwierigkeiten Anknüpfungspunkte der Praxeologie an die Rational-Choice-Theorie in Form des von

mativer Vorstellungen das Bild hochmittelalterlichen Erbens im mitteldeutschen Raum weiter aufhellen (V). Einschlägiges Schriftgut hinsichtlich der expliziten Regelung intergenerationeller Besitz und Machtübertragungen, etwa in Form von Testamenten[19], ist im Untersuchungszeitraum kaum vorhanden. Vielmehr müssen Information zu Übertragungsmodellen und Übertragungstechniken aus jenen Urkunden extrapoliert werden, die Besitzübertragungen oder Gerichtsverhandlungen dokumentieren[20]. Hinweise auf diskursive Modelle und Vorstellungen des Erbens im mitteldeutschen Raum bietet zudem die zeitgenössische chronikalische Überlieferung, für die Wettiner die zwischen 1223 und 1227 im Augustiner-Chorherrenstift auf dem Petersberg bei Halle

Hartmut Esser entwickelten Modells der Frame-Selection, versucht dieses doch sowohl rationales Entscheidungshandeln als auch automatisierte Handlungsroutinen und symbolische Interaktionen in einem einheitlichen Konzept zu vereinen, vgl. Hartmut ESSER, Die Rationalität des Alltagshandelns. Eine Rekonstruktion der Handlungstheorie von Alfred Schütz, in: Zeitschrift für Soziologie 20 (1991), S. 430–445; wiederabgedruckt in: DERS., Soziologische Anstöße, Frankfurt/New York 2004, S. 79–107; DERS., Die Definition der Situation, in: Kölner Zeitschrift für Soziologie und Sozialpsychologie 48 (1996), S. 1–34; wiederabgedruckt in: DERS., Soziologische Anstöße, Frankfurt/New York 2004, S. 109–150.

19) Vgl. Herrscher- und Fürstentestamente im westeuropäischen Mittelalter, hg. von Brigitte KASTEN (Norm und Struktur 29), Köln/Weimar/Wien 2007; DIES., Testamente, in: Höfe und Residenzen im spätmittelalterlichen Reich. Ein dynastisch-topographisches Handbuch, hg. von Werner PARAVICINI (Residenzenforschung 15), Stuttgart 2007, S. 603–614; DIES., Testamentarische Regelungen zur Integration der Königssöhne westeuropäischer Königsdynastien des Früh- und Hochmittelalters (bis ca. 1300) in die Familienherrschaft, in: Thronfolge (wie Anm. 17), S. 81–123; Susan RICHTER, Fürstentestamente der Frühen Neuzeit. Politische Programme und Medien intergenerationeller Kommunikation (Schriftenreihe der Historischen Kommission bei der Bayerischen Akademie der Wissenschaften 80), Göttingen 2009, hier S. 39–44.

20) Wesentlich ist hierbei das Editionswerk des Codex Diplomaticus Saxoniae, insbesondere: Urkunden der Markgrafen von Meißen und Landgrafen von Thüringen. 1100–1195, hg. von Otto POSSE (CDS I/A 2), Leipzig 1889; Urkunden der Markgrafen von Meißen und Landgrafen von Thüringen. 1196–1234, hg. von Otto POSSE (CDS I A/3), Leipzig 1898; CDS I A/4 (wie Anm. 1); CDS I A/5 (wie Anm. 7). Für den Herrschaftsraum der Askanier einschlägig: Codex Diplomaticus Anhaltinus [im Folgenden CDA). Erster Theil: 936–1212, Zweite Abtheilung: 1123–1170 Nov. 18, hg. von Otto von HEINEMANN (CDA 1/2), Dessau 1869; Codex Diplomaticus Anhaltinus. Erster Theil: 936–1212, Dritte Abtheilung: 1170. Nov. 18–1212 Febr., hg. von Otto von HEINEMANN (CDA 1/3), Dessau 1873; Codex Diplomaticus Anhaltinus. Zweiter Theil: 1212–1300, hg. von Otto von HEINEMANN (CDA 2), Dessau 1875. Für Thüringen nach wie vor unverzichtbar die Regesta diplomatica necnon epistolaria historiae Thuringiae, 4 Bde., hg. von Otto DOBENECKER, Jena 1896–1939 [im Folgenden Dobenecker], hier Bd. 2: 1152–1227, Jena 1900, und Bd. 3: 1228–1266, Jena 1925; außerdem das Mainzer Urkundenbuch, Bd. 2: Die Urkunden seit dem Tode Erzbischof Adalberts I. (1137) bis zum Tode Erzbischof Konrads (1200), bearb. von Peter ACHT, 2 Teilbde., Darmstadt 1968–1971, sowie das Urkundenbuch des Hochstifts Naumburg [im Folgenden UB Naumburg], Bd. 1, bearb. von Felix ROSENFELD (Geschichtsquellen der Provinz Sachsen und angrenzender Gebiete N. F. 1), Magdeburg 1925, und Bd. 2: 1207–1304, bearb. von Hans PATZE/ Josef DOELLE, hg. von Hans K. SCHULZE (Quellen und Forschungen zur Geschichte Sachsen-Anhalts 2), Köln/ Weimar/Wien 2000.

(Saale) vom Kanoniker Konrad verfasste Chronik des Lauterbergs[21] und die zwischen Juni 1216 und März 1217 von einem anderen Petersberger Chorherren verfasste Genealogia Wettinensis, die einen »durchaus glaubwürdiges Bild der Bewusstseinssphären und des Innenlebens des wettinischen Geschlechts widerspiegelt«[22]. Für die Ludowinger müssen das um 1190/98 entstandene Werk ›De ortu principium Thuringie‹[23] sowie die zwar erst im 14. Jahrhundert kompilierte Reinhardsbrunner Chronik, welche aber auf Vorlagen des 13. Jahrhunderts zurückgriff, herangezogen werden[24].

II.

Der mitteldeutsche Raum wurde im 12. und 13. Jahrhundert von fundamentalen kulturellen, gesellschaftlichen, politischen und wirtschaftlichen Umwälzungen erfasst. Im Zuge der sogenannten Ostsiedlung[25] wurde durch Rodungstätigkeit, Siedlungsausbau und Kulturverdichtung ein bis dahin wenig besiedelter und zum Teil herrschaftsfreier

21) Priester Konrad, Chronik des Lauterbergs (Petersberg bei Halle/S.), hg. von Klaus NASS (MGH SS rer. Germ. 83), Wiesbaden 2020. Vgl. PÄTZOLD, Wettiner (wie Anm. 12), S. 349–361; DERS., Adel – Stift – Chronik. Die Hausüberlieferung der frühen Wettiner, in: Adlige – Stifter – Mönche. Zum Verhältnis zwischen Klöstern und mittelalterlichem Adel, hg. von Nathalie KRUPPA (Studien zur Germania Sacra 30), Göttingen 2007, S. 135–182, hier S. 170–179; Bettina MARQUIS, Meißnische Geschichtsschreibung des späten Mittelalters (ca. 1215–1420), München 1998, hier S. 21–26; Wolfgang KIRSCH, Leitgedanken der Chronik vom Petersberg und die Wettiner, in: Konrad von Wettin und seine Zeit. Protokoll der Wissenschaftlichen Konferenz anläßlich des 900. Geburtstags Konrads von Wettin im Burggymnasium Wettin am 18. und 19. Juli 1998, hg. von Cornelia KESSLER/Ute WERNER/Ilsetraut DANNE (Beiträge zur Regional- und Landeskultur Sachsen-Anhalts), Halle a. d. Saale 1999, S. 35–55.

22) Genealogia Wettinensis, hg. von Ernst EHRENFEUCHTER (MGH SS 23), Hannover 1874, S. 226–230. Dazu Harald WINKEL, Die Genealogia Wettinensis. Ein Zeugnis dynastischen und monastischen Selbstverständnisses im Hochmittelalter, in: Neues Archiv für Sächsische Geschichte 70 (1999), S. 1–31; DERS., Herrschaft (wie Anm. 12), S. 99–140, das Zitat ebd., S. 137; MARQUIS, Geschichtsschreibung (wie Anm 21), S. 77–81; PÄTZOLD, Adel (wie Anm. 21), S. 154–170.

23) De ortu principum Thuringie, hg. von Georg WAITZ (MGH SS 24), Hannover 1879, S. 820–822; vgl. PETERSOHN, ›De ortu principum Thuringie‹ (wie Anm. 13); Stefan TEBRUCK, Die Reinhardsbrunner Geschichtsschreibung im Hochmittelalter. Klösterliche Traditionsbildung zwischen Fürstenhof, Kirche und Reich (Jenaer Beiträge zur Geschichte 4), Frankfurt a. M. 2001, S. 51–213, mit kritischer Edition ebd., S. 393–408; vgl. Hans PATZE, Landesgeschichtsschreibung in Thüringen, in: Jahrbuch für die Geschichte Mittel- und Ostdeutschlands 16/17 (1968), S. 95–168, hier S. 114–116; HLAWITSCHKA, Landgrafen (wie Anm. 13), S. 272 f.

24) Chronica Reinhardsbrunnensis, hg. von Oswald HOLDER-EGGER (MGH SS 30,1), Hannover 1896, S. 514–656. TEBRUCK, Geschichtsschreibung (wie Anm. 23), S. 214–384; vgl. HLAWITSCHKA, Landgrafen (wie Anm. 13), S. 272 f.

25) Zum Phänomen der Ostsiedlung, das hier nicht weiter ausgeführt werden soll, einschlägig: Die deutsche Ostsiedlung des Mittelalters als Problem der europäischen Geschichte. Reichenau-Vorträge 1970–1972, hg. von Walter SCHLESINGER (VuF 18), Sigmaringen 1975; Charles HIGOUNET, Die deutsche Ostsiedlung im Mittelalter, Berlin 1986; Ostsiedlung und Landesausbau in Sachsen. Die Kührener Urkunde von 1154 und ihr histori-

Raum erschlossen, der »in einer bemerkenswerten Dynamik zu einer verfassungsgeschichtlich hochentwickelten Region von erheblicher politischer Bedeutung aufstieg«[26]. Wie in kaum einer anderen Großregion des Reiches boten sich hier Möglichkeiten raschen, neuen Herrschaftsaufbaus, ausgedehnter Expansion und sozialen Aufstiegs[27]. Deutlich zeichnet sich aber ein administratives, politisches und wirtschaftliches Entwicklungsgefälle von West nach Ost, zwischen Thüringen im Altsiedelland westlich der Saale und der Mark Meißen im Neusiedelland östlich der Saale, ab, welches sich erst zum Ende des Hochmittelalters allmählich ausgleichen sollte. Dem bereits im Frühmittelalter christianisierten und in das Frankenreich integrierten Thüringen, welches einen hohen Grad an Herrschafts und Kirchenorganisation sowie ein früh entwickeltes Städtewesen[28] und eine überaus differenzierte Adelslandschaft aufwies[29], stehen die noch zu Beginn des 12. Jahrhunderts dünn besiedelten Gebiete östlich der Saale mit einer oft nur rudimentären Herrschafts und Kirchenstruktur gegenüber. Erst die im 12. Jahr-

sches Umfeld, hg. von Enno Bünz (Schriften zur sächsischen Geschichte und Volkskunde 23), Leipzig 2008; Enno Bünz, Ostsiedlung, in: HRG 4 (^{2}2017), Sp. 257–265.

26) Matthias Werner, Stadtentstehung im östlichen Thüringen und im Vogtland, in: Die Frühgeschichte Freibergs im überregionalen Vergleich. Städtische Frühgeschichte – Bergbau – früher Hausbau, hg. von Yves Hoffmann/Uwe Richter, Halle a. d. Saale 2013, S. 153–198, hier S. 154 f.

27) Vgl. Walter Schlesinger, Die mittelalterliche Ostsiedlung im Herrschaftsraum der Wettiner und Askanier, in: Deutsche Ostsiedlung in Mittelalter und Neuzeit (Studien zum Deutschtum im Osten 8), Köln 1971, S. 44–64; Enno Bünz, Kühren 1154. Ostsiedlung und Landesausbau in Sachsen. Zur Einführung, in: Ostsiedlung und Landesausbau (wie Anm. 25), S. 17–44.

28) Zum Städtewesen in Thüringen nun Christine Müller, Landgräfliche Städte in Thüringen. Die Städtepolitik der Ludowinger im 12. und 13. Jahrhundert (Veröffentlichungen der Historischen Kommission für Thüringen. Kleine Reihe 7), Köln/Weimar/Wien 2003. Für Sachsen: Karlheinz Blaschke, Das Städtewesen vom 12. bis zum 19. Jahrhundert, in: Atlas zur Geschichte und Landeskunde von Sachsen, Karte B 2.6 mit Beiheft, Dresden 2003; Ders., Studien zur Frühgeschichte des Städtewesens in Sachsen, in: Stadtgrundriß und Stadtentwicklung. Forschungen zur Entstehung mitteleuropäischer Städte. Ausgewählte Aufsätze von Karlheinz Blaschke, unter Mitarbeit von Uwe John hg. von Peter Johanek (Städteforschung A 44) Köln/Weimar/Wien 1997, S. 83–120. Für das Pleißenland: Walter Schlesinger, Die Anfänge der Stadt Chemnitz und anderer mitteldeutscher Städte. Untersuchungen über Königtum und Städte während des 12. Jahrhunderts, Weimar 1952, sowie die einschlägigen Beiträge in: Meißnisch-sächsische Mittelalterstudien. Ausgewählte Schriften von Manfred Kobuch, hg. von Uwe John/Markus Cottin (Schriften der Rudolf-Kötzschke-Gesellschaft 6), Beucha 2021.

29) Tebruck, Integration (wie Anm. 9), S. 378–388, hier bes. S. 383: »Früh einsetzende Christianisierung, Akkulturation und Integration in das Frankenreich, kirchliche Anbindung an die rheinische Metropole Mainz und herrschaftsrechtliche Polyzentralität kennzeichnen die politische und kulturelle Prägung Thüringens im Früh und Hochmittelalter. Darüber hinaus verband sich seine Entwicklung von einem Grenzraum des Karolingerreiches zu einer zentralen Brückenlandschaft im hochmittelalterlichen Reich mit der wachsenden Bedeutung für den Fernhandel, mit rascher Bevölkerungszunahme, Städtegründungen und steigender Wirtschaftskraft«. Vgl. Herbert Helbig, Wirtschaft und Gesellschaft im Mittelalter, in: Geschichte Thüringens 2,2 (wie Anm. 9), S. 1–49; Joachim Schneider, Adelslandschaft Mitteldeutschland – Adelslandschaften in Mitteldeutschland?, in: Adelslandschaft Mitteldeutschland (wie Anm. 11), S. 149–168, hier bes. S. 163–165.

hundert einsetzende Ostsiedlung führte zu einer raschen herrschaftlichen Durchdringung, zum Aufbau einer dichten Kirchenverwaltung, zu zahlreichen städtischen Gründungen sowie nicht zuletzt zur Erschließung des Erzgebirges und dem damit im letzten Drittel des 12. Jahrhunderts einsetzenden Silberbergbau[30]. So stellten die durch Ostsiedlung und Landesausbau entwicklungsgeschichtlich rasant aufholenden Räume östlich der Saale um 1200 bereits durchaus einen »Machtblock von auch im Reich zählbarem Gewicht« dar[31]. Doch erst zu Beginn des Spätmittelalters sollten sich die entwicklungsgeschichtlichen Ungleichheiten zwischen Alt- und Neusiedelland allmählich ausgleichen[32]. Nicht zuletzt weist die thüringische Adelslandschaft eine deutlich höhere herrschaftliche Vielgestaltigkeit in Form zahlreicher, alteingesessener und mächtiger Grafendynastien (wie die Grafen von Schwarzburg-Käfernburg oder die Grafen von Weimar-Orlamünde sowie jüngere Grafengeschlechter wie die Grafen von Gleichen, von Beichlingen, von Klettenberg, von Honstein und von Stolberg) auf, für die es im Markengebiet nichts Vergleichbares gab[33]. Diese Grafengeschlechter trugen zu einer enormen herrschaftlichen und kulturellen Verdichtung des Landes bei, während es im Gebiet östlich der Saale neben den Meißner Markgrafen vor allem die vom Königtum etablierten Burggrafengeschlechter (von Altenburg, Leisnig, Dohna und so weiter) und die königliche wie landesherrliche Ministerialität waren, die sich hier, auf Grundlage von Rodungs- und Siedlungstätigkeit, eigenständige Herrschaften aufbauen konnten[34].

30) Vgl. Schlesinger, Kirchengeschichte 2 (wie Anm. 10), S. 1–35, 351–425; Blaschke, Geschichte (wie Anm. 10), S. 77–186.

31) Thieme, Wettiner (wie Anm. 12), S. 295, ebd., S. 291: »Dabei gehörte die wirtschaftlich prosperierende, sich durch agrarische Landeserschließung, durch Städteförderung und Silberbergbau rasant wandelnde Markgrafschaft Meißen gerade im letzten Drittel des 12. Jahrhunderts zu den innovativen Wachstumsregionen des Reiches«. Vgl. auch Tebruck, Integration (wie Anm. 9), S. 385.

32) Vgl. Tebruck, Integration (wie Anm. 9), S. 385 f., ebd., S. 377: »Als die meißnischen Markgrafen Mitte des 13. Jahrhunderts die thüringische Landgrafschaft erwarben, war Thüringen zweifellos ein hoch entwickelter Raum, der den Stammlanden der Wettiner im östlich der Saale gelegenen Markengebiet in vielerlei Hinsicht überlegen war und dessen Entwicklungsvorsprung gegenüber allen anderen Teilen des wettinischen Herrschaftsbereiches im 13. Jahrhundert deutlich zu erkennen ist.«

33) Vgl. ebd., S. 380–382. Neben der in Anm. 14 erwähnten Literatur vgl. zudem Hans Patze, Die Entstehung der Landesherrschaft in Thüringen (Mitteldeutsche Forschungen 22), Köln/Graz 1962, S. 96–142; Ders., Politische Geschichte im hohen und späten Mittelalter, in: Geschichte Thüringens 2,1 (wie Anm. 9), S. 1–214, hier S. 146–208.

34) Vgl. Harald Schieckel, Herrschaftsbereich und Ministerialität der Markgrafen von Meissen im 12. und 13. Jahrhundert. Untersuchungen über Stadt und Stammort der Zeugen markgräflicher Urkunden (Mitteldeutsche Forschungen 7), Köln/Graz 1956, S. 11–32; Helbig, Ständestaat (wie Anm. 14); Rübsamen, Herrschaftsträger (wie Anm. 14); Susanne Baudisch, Lokaler Adel in Nordwestsachsen. Siedlungs- und Herrschaftsstrukturen vom späten 11. bis zum 14. Jahrhundert (Geschichte und Politik in Sachsen 10), Köln/Weimar/Wien 1999; André Thieme, Die Burggrafschaft Altenburg. Studien zu Amt und Herrschaft im Übergang vom hohen zum späten Mittelalter (Schriften zur Sächsischen Landesgeschichte 2), Leipzig 2001; Lothar Graf zu Dohna, Die Dohnas und ihre Häuser. Profil einer europäischen Adelsfamilie, Bd. 1, Göttingen 2013, S. 37–112; Manfred

Wesentlich für das Verständnis des Erbrechts beziehungsweise der sozialen Praxis des Erbens im Untersuchungsraum ist die mit den Prozessen der Ostsiedlung einhergehende Amalgamierung der verschiedenen Rechtsaufassungen beziehungsweise Rechtsgewohnheiten der in den mitteldeutschen Raum vordringenden Personengruppen im Unterschied zu den etwa im Thüringer Altsiedelland bestehenden Rechtsverhältnissen[35]. Erbrechtliche Unterschiede zwischen fränkisch-thüringischem Recht und Sachsenspiegelrecht zeigen sich noch in der Agrarverfassung des späten Mittelalters und darüber hinaus[36]. Ging die ältere Forschung mit Blick auf die bäuerliche Gesellschaft davon aus, dass die Realteilung das fränkisch-thüringische Erbrecht dominierte, während das altsächsische Recht allein die ungeteilte Weitergabe des Erbes kannte, so lässt sich dieser Befund für das adlige und fürstliche Erben im 12. und 13. Jahrhundert nicht bestätigen, zumal das Modell der Primogenitur zu keiner Zeit realisiert wurde[37].

KOBUCH, Die Lehnsherrschaft der Burggrafen von Leisnig. Untersuchungen auf Grund der Lehnbücher der Burggrafen von Leisnig im Sächsischen Landeshauptarchiv Dresden, in: Mittelalterstudien (wie Anm. 28), S. 1–66.

35) Vgl. dazu Walter SCHLESINGER, Zur Gerichtsverfassung des Markengebiets östlich der Saale im Zeitalter der Ostsiedlung, in: Jahrbuch für die Geschichte Mittel- und Ostdeutschlands 2 (1953), S. 1–94, wiederabgedruckt in: DERS., Mitteldeutsche Beiträge (wie Anm. 10), S. 48–133; Hans PATZE, Verfassungs und Rechtsgeschichte im hohen und späten Mittelalter, in: Geschichte Thüringens 2,1 (wie Anm. 9), S. 215–382; Heiner LÜCK, ›Flämische Siedlungen‹ und ›flämisches Recht‹ in Mitteldeutschland. Beobachtungen zu rechtsinstitutionellen und rechtssprachlichen Besonderheiten, in: Sprachkontakte. Niederländisch, Deutsch und Slawisch östlich von Elbe und Saale, hg. von Dieter STELLMACHER (Wittenberger Beiträge zur deutschen Sprache und Kultur 3), Frankfurt a. M./Berlin/Bern/Brüssel/New York/Oxford/Wien 2004, S. 73–100. So konstatiert Uwe SCHIRMER, Agrarverfassung, Agrarwirtschaft und ländliche Gesellschaft im spätmittelalterlichen Thüringen und Sachsen (1378–1525), in: Landwirtschaft und Dorfgesellschaft im ausgehenden Mittelalter, hg. von Enno BÜNZ (VuF 89), Ostfildern 2020, S. 251–327, hier S. 260 f.: »Infolge vielfältigster Assimilationsprozesse, deren Träger vorrangig flämische, altsächsische, fränkische und bayerische Kolonisten waren, sind die unterschiedlichen Verfassungsformen östlich der Saale im Zuge der Siedlungsbewegung zu einem weitestgehend homogenen Agrarverfassungstyp verschmolzen.« Vgl. ebd., für das Folgende.

36) SCHIRMER, Agrarverfassung (wie Anm. 35), S. 260: »Bis ins 19. Jahrhundert herrschte im fränkischen Teil Thüringens sowie im Thüringer Becken die Realteilung vor, während in der Magdeburger Börde, im Merseburger Stiftsgebiet, in den Harzgrafschaften und der Herrschaft Querfurt sowie grundsätzlich östlich der Saale – also auch im kirchlich zu Mainz gehörenden Orlagau – das Anerbenrecht mit geschlossener Hoffolge dominierte.«

37) Vgl. zur Primogenitur Hermann Johann Friedrich SCHULZE, Das Recht der Erstgeburt in den deutschen Fürstenhäusern und seine Bedeutung für die deutsche Staatsentwicklung, Leipzig 1851; Wilhelm BRAUNEDER, Primogenitur, in: HRG 4 (^{2}2017), Sp. 782–784. Zur Primogenitur im europäischen Königtum KASTEN, Testamentarische Regelungen (wie Anm. 19). Zum Erbrecht im Adel allgemein Karl-Heinz SPIESS, Familie und Verwandtschaft im deutschen Hochadel des Spätmittelalters. 13. bis Anfang des 16. Jahrhunderts, Stuttgart ^{2}2015, S. 201–204; DERS., Lordship, Kinship, and Inheritance Among the German High Nobility in the Middle Ages und Early Modern Period, in: Kinship in Europe. Approaches to Long-Term Development (1300–1900), hg. von David Warren SABEAN/Simon TEUSCHER/Jon MATHIEU, New York/Oxford 2007, S. 57–75; Karl A. KROESCHELL, Erbrecht, Erbe, Erbschaft. B. Rechte einzelner Länder Europas. I. Germanisches und deutsches Recht, in: Lex.MA 3(1983), Sp. 2105–2107; Hans-Rudolf HAGEMANN, Erbrecht, in: HRG 1 (^{2}2008), Sp. 1370–1383.

Ältere Rechtsvorstellungen mochten in diesem Raum aufeinandertreffen, doch ist es methodisch äußerst problematisch, eine Verbindung von den Volksrechten der Karolingerzeit hin zu den Rechtsverhältnissen des 12. und 13. Jahrhunderts zu ziehen[38]. Vereinzelte Spuren derselben mochten Eingang in die Rechtsgewohnheiten des Hochmittelalters gefunden haben, doch ist dies in den Quellen nicht zu greifen[39]. Noch schwieriger erscheint es den Einfluss der im mitteldeutschen Raum autochthonen Slawen auf erbrechtliche Vorstellungen ausmachen zu können. Dies vor allem, da die schriftliche Überlieferung in dieser Hinsicht nur sehr lückenhaft ist und zumal erst im 14. und 15. Jahrhundert einsetzt, diese mitunter durch die im Zuge der Ostsiedlung etablierten Erbmodelle überformt sein dürfte[40]. Slawische Verfassungsver-

38) Vgl. Gerhard Theuerkauf, Sachsenrecht im Übergang von der Lex Saxonum zum Sachsenspiegel, in: Die Salier und das Reich, 3 Bde., hg. von Stefan Weinfurter, Sigmaringen 1991, hier Bd. 2, S. 415–424, ebd., S. 415: »Von der Lex Saxonum zum Sachsenspiegel führt keine Kontinuität der Rechtsaufzeichnung.« Peter Landau, Thietmar von Merseburg im Zusammenhang der Überlieferung von Lex Saxonum und Lex Thuringorum – Eine Studie zum Erbrecht der Ottonenzeit, in: ZRGGerm 124 (2007), S. 296–300, wiederabgedruckt in: Ders., Deutsche Rechtsgeschichte im Kontext Europas. 40 Aufsätze aus vier Jahrzehnten, versehen mit Addenda, Register und einer Gesamtbibliographie des Autors, Badenweiler 2016, S. 97–102, ebd., S. 98.

39) Zum Problem der Rechtsgewohnheit Gerhard Dilcher, Mittelalterliche Rechtsgewohnheit als methodisch-theoretisches Problem, in: Ders./Heiner Lück/Reiner Schultze/Elmar Wadle/Jürgen Weitzel/Udo Wolter, Gewohnheitsrecht und Rechtsgewohnheit im Mittelalter (Schriften zur europäischen Rechts- und Verfassungsgeschichte 6), Berlin 1992, S. 21–65, wiederabgedruckt in: Ders., Normen zwischen Oralität und Schriftkultur. Studien zum mittelalterlichen Rechtsbegriff und zum langobardischen Recht, hg. von Bernd Kannowski, Köln/Weimar/Wien 2008, S. 33–84, und Ders., Leges – Gentes – Regna. Zur Rolle normativer Traditionen germanischer Völkerschaften bei der Ausbildung der mittelalterlichen Rechtskultur. Fragen und Probleme, in: Leges – Gentes – Regna. Zur Rolle von germanischen Rechtsgewohnheiten und lateinischer Schriftkultur bei der Ausbildung der frühmittelalterlichen Rechtskultur, hg. von dems./Eva-Maria Distler, Berlin 2006, S. 15–42, wiederabgedruckt in: Normen, S. 3–32. Vgl. zudem die Debattenbeiträge in: Rechtsgeschichte. Zeitschrift des Max-Planck-Instituts für europäische Rechtsgeschichte 17 (2010) sowie Hermann Krause/Gerhard Köbler, Gewohnheitsrecht, in: HRG 2 (^{2}2011), Sp. 364–375.

40) Walter Schlesinger, Die Entstehung der Landesherrschaft. Untersuchungen vorwiegend nach mitteldeutschen Quellen (Sächsische Forschungen zur Geschichte 1), Dresden 1941, S. 210–242; Ders., Die Verfassung der Sorben, in: Siedlung und Verfassung der Slawen zwischen Elbe, Saale und Oder, hg. von Herbert Ludat, Gießen 1960, S. 75–102, wiederabgedruckt in: Ders., Mitteldeutsche Beiträge (wie Anm. 10), S. 7–47, hier bes. S. 34–40; Rudolf Kötzschke, Zur Sozialgeschichte der Westslaven. Beobachtungen aus dem Mittelelbegebiet, in: Jahrbücher für Kultur und Geschichte der Slaven N. F. 8 (1932), S. 5–26, wiederabgedruckt in: Ders., Deutsche und Slaven im mitteldeutschen Osten. Ausgewählte Aufsätze, hg. von Walter Schlesinger, Darmstadt 1961, S. 16–49, hier S. 40, 47. Vgl. Walter Wenzel, Die Frühgeschichte der Sorben im Licht der Namen (Kleine Reihe des Sorbischen Instituts Bautzen 33), Bautzen 2021, hier bes. S. 36–39. Eine aus dem Jahr 1420 für das Gebiet des Klosters Neuzelle überlieferte Urkunde über den Erbgang der in den Lausitzen begegnenden »Deditzen« (wohl Zeidler und Fischer) geht allein von männlicher Erbfolge vom Vater auf den Sohn aus, Frauen waren von der Erbfolge ausgeschlossen. Beim Vorhandensein mehrerer Söhne fand eine Realteilung statt, beim kinderlosen Tod einer der Söhne fiel sein Anteil an die brüderliche Erbengemeinschaft zurück, vgl. Urkundenbuch des Klosters Neuzelle und seiner Besitzungen, hg. von Emil Theuner (Urkundenbuch zur Geschichte des Markgrafthums Niederlausitz 1), Lübben 1897, S. 127. Erbvorgänge der Sorben beziehungsweise Slawen im mit-

hältnisse sind im Zuge der Ostsiedlung im 12. und 13. Jahrhundert »fast gänzlich erodiert«[41].

Als normative Vergleichsfolie zum Verständnis adligen Erbens kann daher nur der zwischen 1220 und 1235 entstandene Sachsenspiegel Eikes von Repgow dienen[42], sind doch in diesen die erbrechtlichen Diskurse und Praktiken der Untersuchungszeit wie des Untersuchungsraums eingegangen[43]. Bekanntermaßen lässt sich Eike, der wohl ein Ministeriale der Grafen von Anhalt war, als Zeuge in Urkunden der Askanier (1215, 1219, 1233) sowie der Wettiner (1209, 1218) und Ludowinger (1224) nachweisen[44].

teldeutschen Raum lassen sich daher allein aus der Perspektive der Herrschenden rekonstruieren und spiegeln somit kaum Erbvorstellungen und Erbpraktiken der beherrschten slawischen Bevölkerung, vgl. etwa CDS I A/2 (wie Anm. 20), Nr. 117, S. 85 f.; CDS I A/3 (wie Anm. 20), Nr. 107, S. 87; SCHIRMER, Agrarverfassung (wie Anm. 35), S. 288 f.; Petra WEIGEL, Slawen und Deutsche. Ethnische Wahrnehmung und Deutungsmuster in der hoch und spätmittelalterlichen Germania Slavica, in: Ostsiedlung und Landesausbau (wie Anm. 25), S. 47–94, hier S. 62–67.

41) SCHIRMER, Agrarverfassung (wie Anm. 35), S. 260.

42) Vgl. Heiner LÜCK, Über den Sachsenspiegel. Entstehung, Inhalt und Wirkung des Rechtsbuches, Wettin-Löbejün ³2013; DERS., Der Sachsenspiegel. Das berühmteste deutsche Rechtsbuch des Mittelalters, Darmstadt 2017; Rolf LIEBERWIRTH, Eike von Repgow und sein Sachsenspiegel, Berlin 1982. Ob der Sachsenspiegel nun im Umfeld der im Harzraum vorhandenen Dom-, Stifts- und Klosterbibliotheken wie Halberstadt oder Quedlinburg entstanden ist, wie etwa Heiner Lück annimmt, oder im Zisterzienserkloster Altzelle in der Markgrafschaft Meißen, wie es Peter LANDAU, Der Entstehungsort des Sachsenspiegels. Eike von Repgow, Altzelle und die anglo-normannische Kanonistik, in: DA 61 (2005), S. 73–101, wiederabgedruckt in: DERS., Rechtsgeschichte (wie Anm. 38), S. 323–346, in die Diskussion eingebracht hat, spielt für unsere Fragestellung eine zu vernachlässigende Rolle, vgl. dazu auch Karl A. KROESCHELL, Der Sachsenspiegel in neuem Licht, in: Rechtsgeschichte in den beiden deutschen Staaten (1988–1990). Beispiele, Parallelen, Positionen, hg. von Heinz MOHNHAUPT (Ius Commune. Sonderhefte 53), Frankfurt a. M. 1991, S. 232–244, wiederabgedruckt in: DERS., Studien zum frühen und mittelalterlichen deutschen Recht (Freiburger rechtsgeschichtliche Abhandlungen N. F. 20), Berlin 1995, S. 457–469; Rolf LIEBERWIRTH, Entstehung des Sachsenspiegels und Landesgeschichte, in: Bilderhandschrift des Sachsenspiegels. Aufsätze und Untersuchungen. Kommentarband zur Faksimile-Ausgabe, hg. von Ruth SCHMIDT-WIEGAND, Berlin 1993, S. 43–61, wiederabgedruckt in: DERS., Rechtshistorische Schriften, hg. von Heiner LÜCK, Weimar/Köln/Wien 1997, S. 395–426.

43) Vgl. Ludger MEUTEN, Die Erbfolgeordnung des Sachsenspiegels und des Magdeburger Rechts (Rechtshistorische Reihe 218), Frankfurt a. M./Berlin/Bern/Brüssel/New York/Oxford/Wien 2000; LÜCK, Der Sachsenspiegel (wie Anm. 42), S. 72–77; DERS., Die Askanier und der Sachsenspiegel. Zu Recht und Verfassung im anhaltinischen Raum während des 13. Jahrhunderts, in: Die frühen Askanier. Protokoll der Wissenschaftlichen Konferenzen zur politischen und territorialen Herrschaftsgeschichte sowie den sozialen und kulturhistorischen Aspekten der frühen Askanier-Zeit am 19./20. Mai 2000 in Aschersleben/Ballenstedt und am 25. Mai 2002 in Bernburg, hg. von Cornelia KESSLER (Beiträge zur Regional- und Landeskultur Sachsen-Anhalts 28), Halle a. d. Saale 2003, S. 107–121, hier S. 113–116.

44) CDS I A/3 (wie Anm. 20), Nr. 140, S. 110; Nr. 254, S. 186 f.; Nr. 325, S. 231; CDA 2 (wie Anm. 20), Nr. 14, S. 13; Nr. 32, S. 30 f.; Nr. 116, S. 94, vgl. LÜCK, Sachsenspiegel (wie Anm. 42), S. 17; DERS., Askanier (wie Anm. 43), S. 108–110; LANDAU, Entstehungsort (wie Anm. 42), S. 326–329; Karl A. KROESCHELL, Rechtsaufzeichnung und Rechtswirklichkeit. Das Beispiel des Sachsenspiegels, in: Recht und Schrift im Mittelalter, hg. von Peter CLASSEN (VuF 23), Sigmaringen 1977, S. 349–380, wiederabgedruckt in: DERS., Studien (wie Anm. 42),

Fünf dieser sechs Urkunden beinhalten besitz- und erbrechtliche Angelegenheiten, zumal jene der Wettiner beziehungsweise Ludowinger auf Landdingen verhandelt wurden, ein Umstand, auf den wir noch zurückkommen werden. Die Rechtspraktiken und -normen der Zeit standen Eike also nicht nur vor Augen, er wirkte an diesen als Schöffe und Rechtsberater unmittelbar mit. Durch seine wohl auch persönlichen Beziehungen zu den führenden Adelsfamilien des Untersuchungsraumes hatte er das zeitgenössische Wissen über erbrechtliche Gewohnheiten im mitteldeutschen Raum kennengelernt, welches wiederum in den Sachsenspiegel eingeflossen ist[45)].

Der Sachsenspiegel betonte, wie schon die Lex Saxonum, die erbrechtliche Bevorzugung der Söhne vor den Töchtern, beide schlossen aber das Erbrecht der Töchter nicht aus, das beim Fehlen von Söhnen griff, weshalb die Übertragung von Allodialgut über eine oder mehrere Erbtöchter keine Seltenheit war[46)]. Ein Vorzug männlicher Erben kam nur bei Verwandten gleichen Grades in Betracht. Der Rechtsgewohnheit, wie sie im Sachsenspiegel deutlich wird, entsprach das Gesamterbe aller erbberechtigten Nachkommen oder Verwandten, ohne Vorzug eines Erstgeborenen. Der Erbanspruch konstituierte funktional die Verwandtschaft als soziale Gruppe. Grundsätzlich besaßen alle legitimen Kinder des Erblassers Anspruch auf gleiche Anteile am Erbe, in der Praxis wurde das Erbe jedoch oft nach Alter und Rang der Erben absteigend verteilt[47)]. Starb

S. 419–456, hier S. 422 f.; Peter JOHANEK, Eike von Repgow, Hoyer von Falkenstein und die Entstehung des Sachsenspiegels, in: Civitatum Communitas. Studien zum europäischen Städtewesen. Festschrift für Heinz Stoob zum 65. Geburtstag, hg. von Helmut JÄGER/Franz PETRI/Heinz QUIRIN (Städteforschung A 21), Köln/Wien 1984, S. 716–755, wiederabgedruckt in: DERS., Was weiter wirkt ... Recht und Geschichte in Überlieferung und Schriftkultur des Mittelalters, hg. von Antje SANDER-BERKE/Birgit STUDT, Münster 1997, S. 103–142.

45) Vgl. LANDAU, Entstehungsort (wie Anm. 42), S. 328; Rolf LIEBERWIRTH, Die Markgrafschaft Meißen und der Sachsenspiegel, in: Rechtsbücher und Rechtsordnungen in Mittelalter und früher Neuzeit (Sächsische Justizgeschichte. Schriftenreihe des Sächsischen Staatsministeriums der Justiz 9), Leipzig 1999, S. 12–32, hier S. 22.

46) Leges Saxonum, hg. von Karl Freiherr VON RICHTHOFEN/Karl Friedrich VON RICHTHOFEN (MGH LL 5), Hannover 1875–1889, XLI–XLII, S. 71 f.: *Pater aut mater defuncti filio non filiae hereditatem relinquent. Qui defunctus non filios sed filias reliquerit, ad eas omnis hereditas pertineat; tutela vero earum fratri vel proximo paterni generis deputetur.* Vgl. Peter LANDAU, Die Lex Thuringorum – Karls des Großen Gesetz für die Thüringer, in: ZRGGerm 118 (2001), S. 23–57, wiederabgedruckt in: DERS., Rechtsgeschichte (wie Anm. 38), S. 63–96, hier S. 83; Karl A. KROESCHELL, Söhne und Töchter im germanischen Erbrecht, in: Studien zu den germanischen Volksrechten. Gedächtnisschrift für Wilhelm Ebel, hg. von Götz LANDWEHR (Rechtshistorische Reihe 1), Frankfurt a. M. 1982, S. 87–116, wiederabgedruckt in: DERS., Studien (wie Anm. 42), S. 35–64. Zum Erbrecht der Töchter auch Armin WOLF/Karl A. KROESCHELL, Erbtochter, in: Lex.MA 3 (1983), Sp. 2120 f.; Wilhelm BRAUNEDER, Erbtochter, in: HRG 1 (2008), Sp. 1388; SPIESS, Familie (wie Anm. 37), S. 327–337; DERS., Lordship (wie Anm. 37), S. 66 f.; Werner GOEZ, Der Leihezwang. Eine Untersuchung zur Geschichte des deutschen Lehenrechts, Tübingen 1962, S. 29–50.

47) GOEZ, Leihezwang (wie Anm. 46), S. 201; HAGEMANN, Erbrecht (wie Anm. 37), Sp. 1375. Sachsenspiegel. Landrecht, hg. von Karl August ECKHARDT (MGH Fontes Iuris N. S. 1,1), Göttingen ²1955, S. 82 f. (I 6 § 1): *Mit swelkeme gude de man bestirft, dat het allet erve.* Vom Erbe ausgeschlossen waren Personen mit geistiger oder körperlicher Behinderung, ebd., S. 76 (I 4).

ein Mann kinderlos, übernahm sein Vater das Erbe, sollte dieser fehlen, seine Mutter noch vor seinem Bruder. Kinder der Söhne und Töchter erbten vor den Großeltern und den Geschwistern ihrer Eltern[48]. Der Sachsenspiegel entwarf eine Erbfolgeordnung auf Grundlage einer Gliederlehre bis zum siebten Verwandtschaftsgrad des Erblassers, die zugleich die Funktionen erfüllen sollte, Simultansukzessionen zu verhindern[49]. So ergab sich eine recht klare Erbreihenfolge, wobei immer der männliche Erbnehmer Vorrang vor dem weiblichen besaß: 1. Kinder des Erblassers (Söhne vor Töchtern), 2. dessen Enkel, 3. dessen Eltern, 4. dessen Geschwister, 5. dessen Geschwisterkinder, 6. alle weiteren Verwandten bis zum siebten Grad[50].

Von kaum zu überschätzender Bedeutung war der Erbenlaub beziehungsweise das Erbanwartsrecht, also die notwendige Zustimmung der legitimen Erben beziehungsweise Erbengemeinschaft bei Veränderungen des Erbguts durch den Erblasser, welche die Testierfreiheit des Erblassers erheblich einschränkte. Besitzübertragungen ohne Zustimmung der Erbnehmer konnten von diesen angefochten werden[51]. Entsprechende

48) Theuerkauf, Sachsenrecht (wie Anm. 38), S. 421 f.;Sachsenspiegel. Landrecht (wie Anm. 47), S. 82 f. (I 17 § 1): *Stirft de man ane kint, sin vader nimt sin erve; ne hevet he des vader nicht, it nimt sin muder mit mereme rechte, den sin bruder. Vader unde muder, suster unde bruder erve nimt de sone, unde nicht de dochter, it ne si dat dar nen sone ne si, so nimt it de dochter. Swen aver en erve versusteret unde verbruderet, alle de sek gelike na to der sibbe gestoppen mogen, de nemet geliken del dar an, it si man oder wif; disse heten de Sassen gan erven. Docht nimt sones unde dochter kint erve vor vader unde vor muder unde vor bruder unde vor suster dorch dat: it ne geit nicht ut dem busmen, de wile de evenbordege busme dar is. Swe so deme anderen evenbordich nicht n'is, de ne mach sin erve nicht nemen.*

49) Vgl. dazu ausführlich Meuten, Erbfolgeordnung (wie Anm. 43), S. 37–129, auch Dieter Riemer, Sächsisches Erbrecht und das ›Iden-Gut‹, in: Das Jahr 1112. Ida von Elsdorf und ihre Zeitgenossen, hg. von Wolfgang Dörfler/Luise Knoop/Bernd Ulrich Hucker (Rotenburger Schriften 92), Rotenburg 2012, S. 17–43, hier S. 25–28; Ders., Die Erben der Billunger – neue Erkenntnisse?, in: Jahrbuch der Männer vom Morgenstern 98 (2020), S. 113–148, hier S. 120 f.; Lück, Sachsenspiegel (wie Anm. 42), S. 72–77; Hagemann, Erbrecht (wie Anm. 37), Sp. 1372 f.

50) Sachsenspiegel. Landrecht (wie Anm. 47), S. 74–77 (I 3 § 3 bis I 5 § 3). Diese Gliederlehre übernahm auch der Schwabenspiegel, vgl. Schwabenspiegel. Kurzform. I. Landrecht II. Lehnrecht, hg. von Karl August Eckhardt (MGH Fontes iuris N. S. 4,1.2), Hannover ²1974, S. 50: *Ez erbet ain ieglich man seine mage hintz an die sibende sippe.* Es sei an dieser Stelle zudem auf die dezidiert praxeologische Komponente dieser Gliederlehre hingewiesen, wie sie in den Darstellungen der *codices picturati* des Sachsenspiegels deutlich wird, konnte man doch die jeweiligen Verwandtschaftsgrade ganz konkret am eigenen Körper erfahren und bemessen.

51) Peter Landau, Rechtsübertragung an Grund und Boden in den Volksrechten, in: Leges – Gentes – Regna (wie Anm. 39), S. 487–494, wieder in: Ders., Rechtsgeschichte (wie Anm. 38), S. 105–132; Ders., Lex Thuringorum (wie Anm. 46), S. 85, 89. Leges Saxonum (wie Anm. 46), LXII, S. 79: *Nulli liceat traditionem hereditatis suae facere praeter ad ecclesiam vel regi, ut heredem suum exheredem faciat, nisi forte famis necessitate coactus ut ab illo qui hoc accepereit sustentetur; mancipia liceat illi dare ac vendere.* Sachsenspiegel. Landrecht (wie Anm. 47), S. 109 (I 51 § 1): *Ane erven gelof unde ane echt dink ne mut neman sin egen noch sine lude geven.* […] *Gift he it weder rechte sunder erven gelof, de erve underwinde't sek mit ordelen, alse of he dot si, jene de it dar gaf, so he is nicht geven ne mochte.* Vgl. Werner Ogris/Christian Neschwara, Erbenlaub, in: HRG 1 (2008), Sp. 1360 f. Nicht von ungefähr spricht eine auf das Jahr 1200 gefälschte Urkunde der Burggrafen von Kirchberg, wohl Mitte des 13. Jahrhunderts entstanden, explizit von Zustimmung und Erlaubnis der Erben (*consensu et permissione heredum*

Fälle finden sich häufiger in der urkundlichen Überlieferung[52]. Die Praktik des Erbenlaubs war im gesamten Untersuchungsgebiet verbreitet und lässt sich in kontinuierlicher Regelmäßigkeit in den Quellen nachweisen. Sie erweist sich damit als wesentliches Kernelement der sozialen Praxis adligen Erbens, als grundlegende Übertragungstechnik der im mitteldeutschen Raum etablierten Übertragungsmodelle[53]. Der Erbenlaub fehlt nur dann in der urkundlichen Überlieferung, wenn es sich dabei um den Verzicht auf Naturalabgaben oder Einnahmen von Zöllen, Märkten beziehungsweise anderen Rechten handelte und dieser Verzicht nur für die Lebenszeit des Erblassers galt, also keine grundsätzliche Minderung der Erbmasse vorlag[54].

nostrorum), Heinrich F. AVEMANN, Vollständige Beschreibung des Geschlechtes der Reichs- und Burggrafen von Kirchberg in Thüringen, Frankfurt a. M. 1747, Nr. 15, S. 13; Dobenecker 2 (wie Anm. 20), Nr. 1171, S. 218. Die Erlaubnis (*permissione*) seiner Brüder und Verwandten zur Veränderung väterlicherer Testamentsbestimmungen benötigte auch Markgraf Dietrich II. von der Lausitz 1161, CDS I A/2 (wie Anm. 20), Nr. 298, S. 203 f. Vgl. auch WITTMANN, Schatten (wie Anm. 14), S. 188, 203, 361 f.; EBERL, Geschichte (wie Anm. 14), S. 111; GOCKEL, Heinricus (wie Anm. 14), S. 24.

52) So hatte Graf Hermann I. von Orlamünde die vor 1174 vollzogene Schenkung einer Saline an das Kloster Hamersleben durch seinen Vater, Markgraf Albrecht dem Bären, angefochten, da er als Erbe nicht seine Zustimmung gegeben hatte. Explizit hob er dabei die Rechtmäßigkeit seines Vorgehens (*secundum iusticiam iurisperitorum*) hervor, CDA 1/3 (wie Anm. 20), Nr. 546, S. 403: *Quod quia inconsulto et non consentiente me fecit, cum mihi cessisset heriditas(!), secundum iusticiam iurisperitorum patris mei donationem irritam facere volui.* Vgl. Dobenecker 2 (wie Anm. 20), Nr. 486, S. 92. In einer ca. 1229 ausgestellten Urkunde bekannte Graf Albert von Klettenberg, dass er vor seiner Abreise ins Heilige Land dem Kloster Walkenried einige Güter mit Zustimmung seiner Erben und seiner Söhne Albert und Konrad verkauft habe (*cum benigno heredum meorum assensu et voluntate filiorum meorum, Alberti scilicet et Conradi*), wobei Konrad noch unmündig gewesen sei (*qui Albertus annos pueriles transcenderat, Conradus vero annos adhuc infantiles agebat*). Nachdem Konrad volljährig geworden war, hatte er die Rechtmäßigkeit des Verkaufs unter Betonung seiner damaligen Unmündigkeit bestritten (*Temporis autem processu Conradus, junior filius noster, fratres de Walkenred minis et terroribus coepit molestare, asserens se bonis illis numquam renuntiasse, eo quod ipso in annis infantibilibus constituto facta fuisset illa vendicatio*), Urkundenbuch des Klosters Walkenried, Bd. 1: Von den Anfängen bis 1300, bearb. von Josef DOLLE nach Vorarbeiten von Walter BAUMANN (Quellen und Forschungen zur braunschweigischen Landesgeschichte 38/Veröffentlichungen der Historischen Kommission für Niedersachsen und Bremen 210), Hannover 2002, Nr. 162, S. 193 f.; Dobenecker 2 (wie Anm. 20), Nr. 1716, S. 314 f.

53) Ganz explizit ließ etwa Landgraf Ludwig III. von Thüringen in einer Urkunde aus dem Jahr 1185, in welcher der Erwerb von zwei Hufen durch das Augustiner-Chorherrenstift St. Moritz vor Naumburg vom landgräflichen Ministerialen Gottfried von Teutleben festgehalten wurde, nach der Datierung den Nachtrag anfügen, dass er die notwendige Zustimmung der Erben des Gottfrieds zu dieser Übertragung eingeholt habe. CDS I A/2 (wie Anm. 20), Nr. 514, S. 355 f.: *Ab habundantiorem etiam cautelam omnibus esse notum volumus, quod predictorum bonorum tradicionem vobis ita legitime contulimus, quod non solum prememorati Godefridi, verum etiam heredum suorum assensum requisitum adhibuimus.* Vgl. UB Naumburg 1 (wie Anm. 20), Nr. 327, S. 310 f.; Dobenecker 2 (wie Anm. 20), Nr. 719, S. 137.

54) Vgl. CDS I A/3 (wie Anm. 20), Nr. 213, S. 159 f.; Nr. 215, S. 161; Nr. 216, S. 161 f.; Nr. 235, S. 174; Nr. 246, S. 180; Nr. 404, S. 283; Nr. 420, S. 294 f.; Nr. 425, S. 297 f.; Nr. 451, S. 314.

Der Erbenlaub verweist nicht nur auf eine gedachte Erbengemeinschaft, die funktional für den diskursiven Zusammenhalt der Familie als sozialer Gruppe war[55], sondern steht im Zusammenhang mit der im Sachsenspiegel wiedergegebenen Gliederlehre. Sie war keine reine Formalie der Urkundenausstellung, sondern normativer Ausdruck routinisierter Übertragungstechniken, aber freilich auch kein Spezifikum des Untersuchungsraums, sondern im ganzen Reich verbreitet. Mit dem Erbenlaub wurde der genealogisch-diskursiven Konstruktion eines Verwandtschaftsverbandes als sozialer Ordnungskonfiguration Ausdruck verliehen[56]. Dies zeigt sich am Beispiel der Wettiner: Eine im Jahr 1195 in Leipzig ausgestellte Urkunde bestätigte den 1190 erfolgten Verkauf des Dorfs Altranstädt an das Kloster Altzelle durch Graf Dietrich von Sommerschenburg/Groitzsch für 300 Mark Silber. Hier interessiert vor allem die Formulierung des Erbenlaubs. Explizit wird erwähnt, dass der Ehe Dietrichs mit Jutta, Tochter Landgraf Ludwigs III. von Thüringen, noch keine Kinder hervorgegangen seien, weder Söhne noch Töchter. Zugleich stimmten alle (*omnibus*) seine Erben, sein Bruder Konrad von Landsberg, Markgraf der Lausitz, sowie seine Vettern, nämlich Markgraf Albrecht von Meißen, dessen Bruder Dietrich, Graf von Weißenfels, Graf Ulrich von Wettin und Graf Friedrich II. von Brehna diesem Verkauf zu[57]. Zunächst wurde also die Möglichkeit der Erbübertragung in direkter männlicher wie weiblicher Linie angesprochen, die aber mangels Nachkommen ausfiel. Sodann ging die Erbfolge die männlichen Verwandtschaftsgrade[58] hindurch: zuerst der eigene Bruder Konrad – von seinen anderen Brüdern schied Philipp als Geistlicher (Propst von St. Viktor in Xanten) aus, Heinrich und Goswin waren früh verstorben –, weiter zu den Vettern/Cousins ersten Grades, die

55) Als etwa Albrecht der Bär 1160 dem Johanniterorden die Kirche in Werben an der Elbe übertrug, geschah dies unter Zustimmung seiner Söhne Otto, Hermann, Heinrich, Adalbert, Dietrich und Bernhard, deren Anordnung gemäß ihrem Alter (wobei der drittälteste Sohn Siegfried, später Erzbischof von Bremen, fehlte) zugleich die potentielle Erbfolge widerspiegelte, vgl. CDA 1/2 (wie Anm. 20), Nr. 456, S. 333; Codex diplomaticus Brandenburgensis. Erster Haupttheil oder Urkundensammlung zur Geschichte der geistlichen Stiftungen, der adlichen Familien, so wie der Städte und Burgen der Mark Brandenburg, Bd. 6, hg. von Adolph Friedrich RIEDEL, Berlin 1846, Nr. 1, S. 9 f.; Dobenecker 2 (wie Anm. 20), Nr. 202, S. 38. Vgl. Werner OGRIS, Erbengemeinschaft, in: HRG 1 (1971), Sp. 953–955; SCHMID, Heirat (wie Anm. 15), S. 134–136.

56) Vgl. die Angaben in Anm. 49. Zum Verwandtschaftsbewusstsein auch JUSSEN, Verwandtschaftsforschung (wie Anm. 15); DERS., Famille (wie Anm. 15); vgl. Bernd SCHNEIDMÜLLER, Billunger – Welfen – Askanier. Eine genealogische Bildertafel aus dem Braunschweiger Blasius-Stift und das hochadlige Familienbewußtsein in Sachsen um 1300, in: AKG 69 (1987), S. 30–61; WINKEL, Genealogia Wettinensis (wie Anm. 22), S. 13–18.

57) CDS I A/2 (wie Anm. 20), Nr. 560, S. 386 f.; vgl. Dobenecker 2 (wie Anm. 20), Nr. 996, S. 189 f.

58) Für die Genealogie der Wettiner vgl. Otto POSSE, Die Wettiner. Genealogie des Gesamthauses Wettin Ernestinischer und Albertinischer Linie mit Einschluss der regierenden Häuser von Grossbritannien, Belgien, Portugal und Bulgarien, Leipzig/Berlin 1897, Tafeln 2–4; PÄTZOLD, Wettiner (wie Anm. 12), Genealogische Tafeln 1–2; DERS., Herrschaft zwischen Saale und Elbe. Markgraf Konrad von Meißen und die Niederlausitz, in: Konrad von Wettin (wie Anm. 21), S. 14–34, hier S. 30 f. Tafel 2; WINKEL, Herrschaft (wie Anm. 12), S. 321–323, Tafeln 4–6; DERS., Genealogia Wettinensis (wie Anm. 22), S. 30 f. Tafeln 2–3.

noch nicht verstorben waren, wohl in Reihenfolge ihres Alters nach Senioratsprinzip[59]. Auffällig ist, dass nicht nur regierende Fürsten als potentielle Erben, allerdings weibliche Verwandte gar nicht angesprochen wurden, wohl da männliche Verwandte in verschiedenen Graden vorhanden waren. So hielten Vorstellungen des Erbens den Familienverband zusammen, die gegenseitigen erbrechtlichen Ansprüche knüpften ein dichtes Netz sozialer Bindungen und Verpflichtungen. Diese Interdependenzen des Erbens bedingten die Ausformung funktionaler Erbregeln, wie sie im Erbenlaub gespiegelt wurden. Diese dienten der konflikt- beziehungsweise kostenreduzierten Bewältigung kontingenter Situationen, etwa des erbenlosen Todes. Zugleich schufen sie Opportunitäten des Erbens, indem sich Nebenlinien beziehungsweise weiter entfernte Verwandte außerhalb der Kernfamilie das zunehmend formalisierte Wissen der Erbregeln und damit verbundener, gewohnheitsmäßig ausgeführter Mechanismen des Erbens zunutze machen konnten[60].

59) Vgl. Karl-Heinz Spiess, Senior (Seniorat). I. Allgemein. Rechts- und Sozialgeschichte, in: Lex.MA 7 (1995), Sp. 1756.

60) Nachdem Markgraf Heinrich der Erlauchte 1230 für mündig erklärt worden war, urkundete er entweder gemeinsam mit den Grafen von Brehna oder musste deren Zustimmung zu Verkäufen und Schenkungen einholen, wobei diese durchgehend als seine Miterben (*coheredes*) bezeichnet wurden. Heinrich und die Grafen von Brehna, Otto II. und Dietrich I., waren Urgroßenkel Konrads des Großen, durch dessen Erbteilung 1156 die fünf wettinischen Linien entstanden waren. Heinrich war Cousin zweiten Grades der Grafen von Brehna. Zuvor wurde ein solcher Erbenlaub und die darüber deutlich werdende Erbfolge nicht in den Urkunden erwähnt, vermutlich da beim vorzeitigen Ableben Heinrichs die kaiserliche Eventualbelehnung der Ludowinger beziehungsweise Askanier mit der Mark Meißen gegriffen hätte. Nun aber konnten sich die Grafen von Brehna, insbesondere Dietrich II., bis zur Geburt Albrechts, des ersten Sohnes Heinrichs des Erlauchten, Hoffnung auf das Meißnische Erbe machen. In einer Urkunde vom 13. November 1234 wurde sogar ganz explizit davon gesprochen, dass Dietrich II. von Brehna der nächste Erbe Heinrichs sei (*cuius successio hereditatis ad nos spectabat*): CDS I A/3 (wie Anm. 20), Nr. 518, S. 363; vgl. Dobenecker 3 (wie Anm. 20), Nr. 467, S. 88; Lutz, Heinrich der Erlauchte (wie Anm. 3), S. 142. Bereits 1218 war Graf Friedrich II. von Brehna, Großvater Dietrichs II. von Brehna, als einziger Erbe Markgraf Dietrichs des Bedrängten bezeichnet worden (*quoniam alium tunc temporis non habebamus heredem*), wohl da dessen Sohn Heinrich (der Erlauchte) noch nicht geboren war und Dietrich nur einen unehelichen Sohn (den späteren Bischof Dietrich II. von Naumburg, 1243–1272) aufbieten konnte: CDS I A/3 (wie Anm. 20), Nr. 254, S. 186 f.; vgl. Urkundenbuch des Klosters Altzelle, Erster Teil: 1162–1249, bearb. von Tom Graber (CDS II 19), Hannover 2006, Nr. 57, S. 84–86; Dobenecker 2 (wie Anm. 20), Nr. 1804, S. 328; Winkel, Genealogia Wettinensis (wie Anm. 22), S. 9. Zuweilen stellten Markgraf Heinrich von Meißen und Dietrich I. von Brehna auch gemeinsam Urkunden aus, handelten hier also im Sinne einer Erbengemeinschaft, nicht aber einer gemeinschaftlichen Regierung. Nachdem mit der Geburt Albrechts 1240 die männliche Erbfolge in der Markgrafschaft Meißen gesichert war, tauchte nun wiederum allein Heinrich der Erlauchte in den Urkunden Dietrichs I. von Brehna auf, um den Erbenlaub zu erteilen, vgl. CDS I A/4 (wie Anm. 1), Nr. 114, S. 176 f.: *ex consensu dilecti consanguinei mei Heinrici marchionis Misnensis*. Ein vergleichbares Beispiel lässt sich für die Ludowinger anführen. Eine Urkunde Landgraf Ludwigs IV. vom 28. März 1222 führte seine gesamte Erbengemeinschaft auf, nämlich seine Mutter Sophia, seine Frau Elisabeth, seine Brüder Heinrich Raspe IV. und Konrad. Explizit spricht der Landgraf davon, dass er außer diesen keine anderen Verwandten habe (*insuper ne quis heredum supra dictorum, preter quos necdum alios habui*), da sein Sohn Hermann II. erst im Laufe des Jahres 1222 geboren wurde,

Für den mitteldeutschen Raum ergibt sich nun die Problematik, dass im Hochmittelalter Rechtsvorstellungen ganz unterschiedliche Art aufeinandertrafen und sich miteinander vermischten. Ein recht bekanntes Beispiel beleuchtet das Spannungsverhältnis zwischen personengebundenem Recht, welches von den Akteuren im Zuge der Ostsiedlung eingebracht wurde (Personalitätsprinzip) und den bereits vorhanden beziehungsweise sich in der wiederholten Interaktion der Akteure ausbildenden Rechtsgewohnheiten des Raums (Territorialitätsprinzip)[61]. Am 10. November 1181 bestätigte Friedrich Barbarossa auf einem Hoftag zu Altenburg den Spruch des Hofgerichts über die Schenkung von Besitz in Porstendorf durch die Brüder Heinrich und Werner von Stechau (in Thüringen) an das Zisterzienserkloster Pforte[62]. Mehrmals bekundeten die beiden Brüder öffentlich, dass sie wie ihre Vorfahren nach fränkischem Recht lebten (*quod Heinricus et Werners de Stecchowe germani fratres profitentes se iuri Franconum cum progenitoribus suis addictos*) und auch die Übertragung durch Markgraf Otto von Meißen und Landgraf Ludwig III. von Thüringen nach fränkischem Recht vollzogen wurde (*iure et iudicio Franconum publice contradiderunt*). Dagegen hatte einige Zeit später ihr jüngerer Bruder Gerhard Widerspruch eingelegt, denn er behauptete, dass das fränkische Recht für ihn nicht gelte, sei er doch Grieche und kein Franke (*dicentis se Grecum et non Franconem*). Jedoch konnten die mit Gerhard verwandten Gottschalk von Schkeuditz und Friedrich von Auenburg bezeugen, dass Gerhard bei der Erbteilung seinen angemessenen Pflichtteil erhalten hatte, denn sie waren an deren Durchführung beteiligt gewe-

CDS I A/3 (wie Anm. 20), Nr. 305, S. 218 f.; vgl. Dobenecker 2, Nr. 2001, S. 362. Bemerkenswert ist in diesem Fall der Vorrang weiblicher Erbnehmer (Sophia und Elisabeth) vor männlichen Verwandten (Heinrich Raspe IV. und Konrad), doch dies erklärt sich aus der zu diesem Zeitpunkt bestehenden Unmündigkeit der Brüder des Landgrafen. Vgl. auch CDS I A/3 (wie Anm. 20), Nr. 345, S. 244 f.; Nr. 412, S. 289 f.; Dobenecker 2 (wie Anm. 20), Nr. 2246, S. 402; Dobenecker 3 (wie Anm. 20), Nr. 15, S. 4.

61) Vgl. auch Bernd KANNOWSKI, Personaliätsprinzip, in: HRG 4 (^{2}2017), Sp. 477–480.

62) Die Urkunden Friedrichs I., Teil 4: 1181–1190, hg. von Heinrich APPELT (MGH DD 10,4), Hannover 1990, Nr. 812, S. 11 f.; vgl. CDS I A/2 (wie Anm. 20), Nr. 447, S. 310 f.; Urkundenbuch des Klosters Pforte [im Folgenden UB Pforte], Bd. 1, Teil 1: 1132–1300, bearb. von Paul BÖHME (Geschichtsquellen der Provinz Sachsen und angrenzender Gebiete 33), Halle a. d. Saale 1893, Nr. 26, S. 43 f. Diese Besitzübertragung zu ihrem und ihrer Vorfahren Seelenheil war vor 1177 erfolgt, vgl. ebd., Nr. 19, S. 32 f. Zur Sache Karl SCHULZ, Das Urtheil des Königsgerichts unter Friedrich Barbarossa über die Porstendorfer Besitzung des Klosters Pforte. Ein Beitrag zur Geschichte des fränkischen Rechts in Thüringen und dem Osterland, in: Zeitschrift des Vereins für Thüringische Geschichte und Altertumskunde N. F. 1 (1879), S. 153–240; Otto DOBENECKER, Chorherrenstift und Kommende Porstendorf, in: Zeitschrift des Vereins für Thüringische Geschichte und Altertumskunde N. F. 13 (1902/03), S. 363–372; HELBIG, Ständestaat (wie Anm. 14), S. 195; PATZE, Landesherrschaft (wie Anm. 33), S. 244; ZÖLLNER, Ludowinger (wie Anm. 13), S. 53 f.; Holger KUNDE, Das Zisterzienserkloster Pforte. Die Urkundenfälschungen und die frühe Geschichte bis 1236 (Quellen und Forschungen zur Geschichte Sachsen-Anhalts 4), Köln/Weimar/Wien 2002, S. 187 f.; Enno BÜNZ, Der Meißner Bischof Bruno von Porstendorf (1209/10–1228). Herkunft, Aufstieg, Rücktritt, Pensionierung, in: Neues Archiv für Sächsische Geschichte 77 (2006), S. 1–35, hier S. 12.

sen[63]. Dementsprechend kam das Hofgericht zu dem Urteil, dass Gerhard das Kloster unrechtmäßig belästigt hatte, da er keinerlei rechtmäßigen Anspruch auf den Besitz seiner Brüder geltend machen konnte[64].

Die Betonung Gerhards ein »Grieche« zu sein, der nicht an das »fränkische« Recht seiner Familie beziehungsweise seiner Brüder gebunden war, war ein verzweifelter Versuch, seine rechtlich mehr als dürftigen Ansprüche auf das Erbe seiner Brüder durchzusetzen. Für unsere Fragestellung wichtiger ist die mehrmalige Betonung, dass für die Familie von Stechau »fränkisches« Recht gelten würde, also personengebundene und nicht lokale Rechtsverhältnisse[65]. Freilich könnte »fränkisch« auch als allgemeiner Begriff für das geltende Landrecht gebraucht worden sein, mit dem man sich vom fremden »griechischen« Recht abzusetzen suchte, eine solche Deutung erscheint aber eher unwahrscheinlich. Vielmehr überlagerten sich unterschiedliche erbrechtliche Vorstellungen im sich dynamisch wandelnden Raum der Ostsiedlung[66]. Ihr persönliches Recht hatten die Herren von Stechau als Reichsministeriale[67] in den mitteldeutschen Raum mitgebracht, spätestens seit der ersten Hälfte des 13. Jahrhunderts verschmolzen jedoch unterschiedliche Personalrechte zum gewohnheitsmäßigen Landrecht[68]. Die Vorstellung, dass nicht die Abstammung, sondern der Lebensort die eigenen Rechtsverhältnisse bestimmte, drückt sich ja gerade in der Argumentation des »Griechen« Gerhards

63) D F I. (wie Anm. 62), Nr. 812, S. 11 f.: *Quem iam dudum cum portione praedii sui iusta divisione a se removerant, ut approbaverunt coram nobis testimoniis cognatorum suorum Godeschalci de Scudiz et Friderici de Owenburch, que facte divisioni interfuerant.*

64) Am 4. Dezember 1182 schließlich stimmte Gerhard auf einem Hoftag zu Merseburg dem Urteil zu und übertrug nun, mit Zustimmung seiner Brüder, auch seinen Erbteil an das Kloster, vgl. UB Pforte 1,1 (wie Anm. 62), Nr. 29, S. 47; CDS I A/2 (wie Anm. 20), Nr. 468, S. 325.

65) ZÖLLNER, Ludowinger (wie Anm. 13), S. 53 f., hingegen vermutet, Gerhard habe mit der Betonung, er sei »Grieche«, versucht, lokales Recht (also fränkisches Erbrecht) durch fremdes Recht auszustechen. Nach explizit »fränkischem Recht« hatte der 1204/05 verstorbene Naumburger Dompropst Hartmann sechs Hufen in der Aue bei Naumburg besessen (*iure proprietas Francorum possederat*) und diese *in idem ius et proprietatem* an den Domdekan Konrad von Helfta, Domkustos Volkwin und Domkanoniker Dietrich von Meißen ausgegeben. Nach dem Tod Hartmanns hatten dessen Erben diese Hufen beansprucht (*heredes ipsius ratione successionis eadem bona sibi vendicaverunt*), sodass die Erblichkeit von Lehen nach fränkischem Recht wohl kein Automatismus war, UB Naumburg 2 (wie Anm. 20), Nr. 9, S. 10 f.; Dobenecker 2 (wie Anm. 20), Nr. 1663, S. 304. Die explizite Betonung des fränkischen Rechts dürfte darauf hindeuten, dass dies nicht das gewohnheitsmäßig praktizierte Recht im Naumburger Raum darstellte.

66) Vgl. SCHLESINGER, Gerichtsverfassung (wie Anm. 35); Heiner LÜCK, Supan – Senior – Ältester. Kontinuität und Wandel in der Gerichtsverfassung des mitteldeutschen Kolonisationsgebiets, in: Europa in der Frühen Neuzeit. Festschrift für Günter Mühlpfordt. Bd. 1, hg. von Erich DONNERT, Weimar 1997, S. 83–98; DERS., Konrad der Große und die Gerichtsverfassung, in: Konrad von Wettin (wie Anm. 21), S. 129–146.

67) HELBIG, Ständestaat (wie Anm. 14), S. 195; RÜBSAMEN, Herrschaftsträger (wie Anm. 14), S. 21, 75, 129, 527.

68) LIEBERWIRTH, Markgrafschaft Meißen (wie Anm. 45), S. 23, sieht in dieser Vielschichtigkeit der Rechtsgewohnheiten sogar die Motivation Eikes von Repgow zur Abfassung des Sachsenspiegels.

von Stechau aus, da jener wohl einen Teil seines Lebens (als Kreuzfahrer?) im byzantinischen Reich verbracht hatte. Dieses Spannungsverhältnis von Personalitäts- und Territorialitätsprinzip dokumentiert der Sachsenspiegel eindrücklich, verzeichnete doch Eike von Repgow in der Vorrede »Von der Herren Geburt« akribisch die Herkunft jener adligen Familien, die in den mitteldeutschen Raum vordrangen[69]. Zugleich musste sich ein Beklagter vor dem königlichen Gericht nur nach seinem Recht, nicht nach jenem des Klägers verantworten[70]. Andererseits entfaltete jener Spruch des Sachsenspiegels nachhaltige Wirkung, wonach das Erbrecht des Landes und nicht das der einzelnen Akteure gelten sollte[71].

Eine derartige »landrechtliche« Komponente in der sozialen Praxis des Erbens musste sich jedoch zunächst in kontinuierlichen Interaktions- und Aushandlungsprozessen unter dem an der Ostsiedlung beteiligten Adel herausbilden. Im wettinischen Herrschaftsbereich scheint dies insbesondere auf den Landdingen erfolgt zu sein, waren diese doch mehr als reine Gerichtsversammlungen unter Beteiligung des regionalen Adels, sondern auch Orte der politischen Kommunikation, was sie freilich noch nicht zu Landtagen machte. Dabei orientierte sich die auf den Landdingen praktizierte Rechtsprechung ausdrücklich an den »Rechtsgewohnheiten des Landes« (*consuetudines terrae*), wie es der urkundliche Befund deutlich macht[72]. Die Betonung landrechtlicher

69) Sachsenspiegel. Landrecht (wie Anm. 47), S. 53 f.: [...] *De van Anhalt, de van Brandeborch, de van Orlemunde, de markgreve van Misne, de greve van Brenen; disse vorsten sint alle Swavee.* [...] *De lantgreven van Duringen, de van Regenstein, de van Blankenborch unde borchgreven van Wettin, de van Klodene, de van Crouzke, de van Gotebuz; dit sin alle Vranken.* [...] Vgl. Rolf LIEBERWIRTH, Die Sachsenspiegelvorrede von der herren geburt, in: Der Sachsenspiegel als Buch. Vorträge und Aufsätze, hg. von Ruth SCHMIDT-WIEGAND/Dagmar HÜPPNER (Germanistische Arbeiten zu Sprache und Kulturgeschichte 1), Frankfurt a. M./Bern/New-York/Paris 1991, S. 1–18, wiederabgedruckt in: DERS., Rechtshistorische Schriften (wie Anm. 42), S. 491–505.

70) Sachsenspiegel. Landrecht (wie Anm. 47), S. 96 (III 30 § 2): *Iewelk man mut ok antwarden vor dem koninge in allen steden na sime rechte, unde nicht na des klegeres rechte.* Vgl. Dietmar WILLOWEIT, Zur Frage des Personalitätsprinzips im Sachsenspiegel und in schlesischen Lokationsurkunden, in: Studien zur Geschichte des sächsisch-magdeburgischen Rechts in Deutschland und Polen, hg. von DEMS./Winfried SCHICH (Rechtshistorische Reihe 10), Frankfurt a. M./Bern u. a. 1980, S. 94–115.

71) Sachsenspiegel. Landrecht (wie Anm. 47), S. 96 (I 30): *Iewelk inkomen man untvet erve binnen deme lande to Sassen na des landes rechte unde nicht na des mannes, he si Beier oder Swaf oder Vranke.* Vgl. RIEMER, Sächsisches Erbrecht (wie Anm. 49), S. 28; DERS., Erben (wie Anm. 49), S. 121.

72) Am 11. April 1220 beurkundete Markgraf Dietrich von Meißen den Verkauf eines Gutes zu Prittitz an das Naumburger Domkapitel durch Mechthild, Witwe Konrads von Lobdeburg, vgl. CDS I A/3 (wie Anm. 20), Nr. 269, S. 198 f.; UB Naumburg 2 (wie Anm. 20), Nr. 36, S. 41 f. Diese Handlung geschah in Gegenwart des Markgrafen auf einem Landding (*in generali placito*) und nach den Gewohnheiten des Landes (*que secundum terre consuetudinem in talibus requiri consuevit*), nämlich mit Zustimmung der ebenfalls anwesenden Tochter Mechthilds (*accendente videlicet consensu filie sue, que presens erat*) sowie des Ehemanns der Tochter, des Grafen von Dassel. Zugleich waren die Brüder Mechthilds anwesend und gaben ihr Einverständnis. 1223 bekannten in Eisenberg Vogt Gisilbert von Goslar und sein Bruder Volkmar, dass ihre Verwandten, der Edle Tuto von Tautenburg, dessen gleichnamiger Sohn und dessen Geschwisterkinder, Heinrich, Volrad, Tuto, Timo und Sophia von Kohren, zu ihrem aller Seelenheil dem Kloster Eisenberg ein Gut in *Gunderamishagin* in Gegenwart Markgräfin

Gewohnheiten steht dabei in einem Zusammenhang zur Verhandlung oder öffentlichen Bekanntmachung von erbrechtlichen Angelegenheiten auf Landdingen, oft in Form freiwilliger Gerichtsbarkeit[73]. Dies diente, falls nicht Streitfragen um Erbansprüche geklärt werden mussten, in erster Linie der rechtlichen Absicherung von Besitzveränderungen durch öffentlichen Vollzug vor Zeugen, um die damit verbundenen Praktiken des Erbenlaubs beziehungsweise Erbverzichts rechtlich wie sozial zu sanktionieren[74]. Rechtssicherheit wurde durch den vor Zeugen öffentlich ausgeführten kommunikativen Akt hergestellt, zugleich schufen kontinuierliche Interaktionsprozesse wiederum Rechtsgewohnheit.

Juttas von Meißen übertragen hatten. Die Aussteller mussten dieser Übertragung nach Gewohnheit des Landes ihre Zustimmung geben, waren sie doch die nächsten Erben dieser Güter. CDS I A/3 (wie Anm. 20), Nr. 315, S. 225 f.: *Verum quia secundum terre consuetudinem in hac donatione requirebatur noster assensus, utpote qui eorundem bonorum proximi eramus heredes, nos donationem eandem gratiam et ratam habemus et pium ei prebemus assensum.* Dazu auch HELBIG, Ständestaat (wie Anm. 14), S. 191; SCHLESINGER, Gerichtsverfassung (wie Anm. 35), S. 75, der hier bereits ein »Territorialrecht« erkennen will. Auf einem Landding zu Schkölen 1231 beurkundete Markgraf Heinrich der Erlauchte den Erwerb von vier Hufen durch das Naumburger Domkapitel *a nobili viro domino Hermanno burcgravio de Novo Castro*, vgl. CDS I A/3 (wie Anm. 20), Nr. 469, S. 326. Die Datierung auf 1231 nach UB Naumburg 2 (wie Anm. 20), Nr. 109, S. 130–132. Zu dieser auf dem Landding öffentlich verhandelten Übertragung, die nach Art des Landes vollzogen worden sei (*que secundum terre consuetudinem in talibus requiri consuevit*), gaben die anwesenden Erben Burggraf Hermanns ihre Zustimmung (*accedente consensu heredum suorum*), nämlich alle seine Söhne (*omnium ipsius filiorum, qui presentes erant*), aber auch sein Bruder Meinher, Burggraf von Meißen (*ac eciam fatris sui domini Meinheri burcgravii de Misne, qui similiter presens erat*). Die Personalzusammenstellungen der hier geschilderten Erbfälle folgten konsequent der Gliederlehre des Sachsenspiegels.

73) Zu den Landdingen im mitteldeutschen Raum des 12. und 13. Jahrhunderts immer noch HELBIG, Ständestaat (wie Anm. 14), S. 388–392, vgl. auch LUTZ, Heinrich der Erlauchte (wie Anm. 3), S. 119–121, 299–306; Uwe ISRAEL, Sächsische Ständeversammlungen des Mittelalters und ihre Vorgeschichte, in: Geschichte der sächsischen Landtage, hg. von DEMS./Josef MATZERATH (Studien und Schriften zur Geschichte der sächsischen Landtage 5), Ostfildern 2019, S. 31–87, hier S. 35–39; LÜCK, Gerichtsverfassung (wie Anm. 66); Uwe SCHIRMER, Landstände im thüringisch-obersächsischen Raum (1231–1498). Ein Beitrag zur Geschichte des mitteldeutschen Hoch- und Niederadels (Jenaer Mediävistische Vorträge 8), Stuttgart 2021. Erst kürzlich erschienen ist die einschlägige Dissertation von Roberto RINK, Dingen, Tagen und Beraten. Politische Partizipation im obersächsischen-meißnischen Raum bis zum Beginn des 15. Jahrhunderts (Studien und Schriften zur Geschichte der sächsischen Landtage 10), Ostfildern 2021. Allerdings geht diese Studie kaum über Helbigs Werk hinaus und hat zur Thematik adligen Erbens nichts zu sagen, vgl. ebd., S. 46–57. Allgemein Jürgen WEITZEL, Ding, in: HRG 1 (^{2}2008), Sp. 1063–1075.

74) So bekannten auf einem Landding zu Collm unter Vorsitz Herzog Albrechts von Sachsen, als Vormund Markgraf Heinrichs III. von Meißen, die Söhne des Ritters Günther von Döben 1229, dass sie vom Propst des Meißner Kreuzklosters 47 Mark Silber für fünf Hufen in Wendisch-Luppa erhalten hatten. Der Verkauf des Gutes geschah mit Zustimmung ihrer Erben (*de suorum consensu heredum*), die öffentliche Auflassung der Güter in die Hand des Herzogs gemeinsam mit den Miterben (*resignantes ibidem in manus nostras publice cum suis coheredibus*): Urkundenbuch der Stadt Meissen und ihrer Klöster, hg. von E. G. GERSDORF (Urkundenbuch des Hochstifts Meissen 4/CDS II 4), Leipzig 1873, Nr. 398c, S. 447 f. Vgl. auch GOCKEL, Heinricus (wie Anm. 14), S. 20 f.

Es ist auffällig, dass allein im wettinischen Herrschaftsbereich erbrechtliche Angelegenheiten auf Landdingen unter expliziter Betonung landrechtlicher Gewohnheiten verhandelt wurden, während dies in der Landgrafschaft Thüringen offenbar nicht der Fall war[75]. Hier mögen die eingangs skizzierten Verfassungsunterschiede westlich und östlich der Saale eine Rolle spielen, war doch die Gerichtsverfassung im thüringischen Raum deutlich weiter entwickelt als im Markengebiet. Erbfragen wurden zwar auch auf den thüringischen Gerichtstagen verhandelt, jedoch in Gegenwart rechtskundiger Schöffen, sodass eine kommunikative Affirmation des Rechts durch anwesenden Adel nicht mehr nötig war[76]. Das Land zwischen Saale und Elbe war hingegen erst im 12. Jahrhundert vollumfänglich von der Ostsiedlung erfasst worden. Ein für die Vielzahl der daran beteiligten Akteure gültiges »Landrecht« beziehungsweise eine für das Land gültige Rechtsgewohnheit war erst durch beständige Aushandlungsprozesse in öffentlichen Kommunikationsräumen wie jenen der Landdinge zu schaffen. Die Uneindeutigkeit der Erbregeln des 12. und beginnenden 13. Jahrhunderts, wie sie in der offenen Verfassung des mitteldeutschen Raums allenthalben durchscheint und vom Sachsenspiegel zum Teil noch abgebildet wird[77], musste zwangsläufig zu Aushandlungen über das Erbe führen[78]. Dass die Landdinge im wettinischen Gebiet ein Phänomen der

75) Auf einem Landding (*in provinciali placito*) Landgraf Hermanns I. von Thüringen im Jahr 1190, bei welchem zwei Käufe des Zisterzienserklosters Pforte bestätigt wurden, wurde zwar die Zustimmung der jeweiligen Erben der Verkäufer erwähnt (*eius heredibus*), doch war dies die formelhafte Wiedergabe des Erbenlaubs, der bereits zuvor eingeholt, nicht aber Gegenstand der eigentlichen Verhandlung war, vgl. CDS I A/2 (wie Anm. 20), Nr. 562, S. 388; UB Pforte 1,1 (wie Anm. 62), Nr. 36, S. 54 f.; Dobenecker 2 (wie Anm. 20), Nr. 867, S. 164.

76) Hans Eberhardt, Die Gerichtsorganisation der Landgrafschaft Thüringen im Mittelalter, in: ZRG-Germ 75 (1958), S. 108–180; Patze, Landesherrschaft (wie Anm. 33), S. 496–517; Ders., Verfassungs- und Rechtsgeschichte (wie Anm. 35), S. 258–268; Schirmer, Landstände (wie Anm. 73), S. 9–16. So bestätigte Landgraf Hermann von Thüringen 1196 auf einem Gerichtstag zu Eisenach (*in nostro iure civili et plebiscito*) die Schenkung eines gewissen Ulrichs von Northof an das Nikolaikloster in Eisenach zur Ausstattung seiner beiden Töchter, die im Konvent des Klosters lebten. In diesem Fall wird explizit von der freiwilligen Leistung des Erbenlaubs (*cum consensu voluntario*) gesprochen, nicht aber, dass dies nach den Gewohnheiten des Landes erforderlich war, CDS I A/3 (wie Anm. 20), Nr. 3, S. 3 f.; vgl. Dobenecker 2 (wie Anm. 20), Nr. 1000, S. 191. Im Jahr 1200 wurde vor Landgraf Hermann von Thüringen auf einem Landding in der Pfalzgrafschaft Sachsen (*in iudiciali placito, quod in Saxonia prope nemus castri nostri habuimus*) ein Streit zwischen Graf Hugold von Buch und dem Kloster Pforte verhandelt, da Hugold Erbansprüche auf Güter erhob, die sein Vater dem Kloster übertragen hatte. Diesem Gericht stand neben dem Landgrafen der Schultheiß Gozwin von Wangen vor, als Beisitzer fungierten die Schöffen Gebhard und Gerhard von Querfurt, Albert von Osterhausen, Dietmar von Hornburg und Gartolf von Geizele sowie Eilward von Opphausen als Fürsprecher, vgl. CDS I A/3 (wie Anm. 20), Nr. 50, S. 44 f.; vgl. Dobenecker 2 (wie Anm. 20), Nr. 1178, S. 219 f.; Wittmann, Schatten (wie Anm. 14), S. 187. Eine derart funktional differenzierte Gerichtsverfassung lässt sich zur gleichen Zeit östlich der Saale nicht ausmachen.

77) Sichtbar etwa in der Unterscheidung einzelner Bestimmungen nach Sachsen und Schwaben, vgl. Sachsenspiegel. Landrecht (wie Anm. 47), S. 82 f. (I 17 § 1–2), S. 84 (I 19 § 1–2).

78) Dilcher, Rechtsgewohnheit (wie Anm. 39), S. 27: »Auch im Rahmen des nun aufgezeichneten sächsischen Rechts meint *Eikes* Rechtsbegriff aber nicht jene gesetzesgleiche normative Ordnung, die die älteren Lehrbücher und Monographien der Rechtsgeschichte zu entwerfen versuchen, sondern gerade das Zustandekommen im

ersten Hälfte des 13. Jahrhunderts blieben, mag mit Blick auf die soziale Praxis des Erbens auf eine stetige Verfestigung und Kodifizierung kommunikativ etablierter Übertragungsmodelle verweisen, die in der Formel »nach den Gewohnheiten des Landes« sichtbar und schließlich in Form des Sachsenspiegels greifbar werden. Dabei dürfte nicht zuletzt die zunehmende Monetarisierung der Gesellschaft eine wesentliche Rolle gespielt haben[79)].

dingförmlichen Verfahren – also modern gesprochen einen prozeßrechtlichen Aspekt, ein Verweis auf das im Konsens Festzustellene, damit zumeist auf Herkommen Begründete.« Vgl. auch Jürgen DENDORFER, Erbrecht, Lehnrecht, Konsens der Fürsten. Der zähringische Erbfall und die Etablierung neuer normativer Ordnungen um 1200, in: Die Zähringer. Rang und Herrschaft um 1200, hg. von DEMS./Heinz KRIEG/R. Johanne REGNATH (Veröffentlichungen des Alemannischen Instituts 85), Ostfildern 2018, S. 403–424, hier S. 410, 415. Zur Subjektivität von Rechtsauffassungen, die sich auch im Lehnrecht des Sachsenspiegels wiederfinden, Karl-Heinz SPIESS, Formalisierte Autorität. Entwicklungen im Lehnsrecht des 13. Jahrhunderts, in: Autorität und Akzeptanz. Das Reich im Europa des 13. Jahrhunderts, hg. von Hubertus SEIBERT/Werner BOMM/Verena TÜRCK, Ostfildern 2013, S. 137–148, hier S. 144–146.

79) Im Untersuchungsraum lassen sich dafür zahlreiche Belege anführen, ein instruktives Beispiel bietet ein 1206 vor Landgraf Hermann I. von Thüringen beurkundeter Rechtsstreit, vgl. CDS I A/3 (wie Anm. 20), Nr. 98, S. 78–80; Dobenecker 2 (wie Anm. 20), Nr. 1313, S. 244; Hans TÜMMLER, Die Geschichte der Grafen von Gleichen von ihrem Ursprung bis zum Verkauf des Eichsfeldes, ca. 1100–1294, Neustadt a. d. Orla 1929, S. 36; ZÖLLNER, Ludowinger (wie Anm. 13), S. 54. Der Abt des Klosters Volkerode hatte, unter Vermittlung Graf Erwins von Gleichen und dessen Söhnen Lampert und Ernst, dreieinhalb Hufen von den Gebrüdern Kuno und Rudolf sowie zwei weitere von deren Mutter gekauft. Diese Hufen waren Erbgut der beiden Brüder, auf die sie, zu diesem Zeitpunkt noch minderjährig, mit Zustimmung ihrer Mutter verzichtet hatten. Nachdem diese verstorben war, erhob Rudolf, mittlerweile volljährig, Besitzansprüche, bestritt also die Gültigkeit des Erbenlaubs aufgrund seiner Minderjährigkeit. Schließlich musste Graf Ernst von Gleichen als Klostervogt auf einem Gerichtstag zu Mühlhausen einen Ausgleich schaffen, sodass Rudolf und dessen Kinder und Erben (*pueri eius vel quis heredum suorum*) auf ihre Erbansprüche verzichteten und dafür mit 100 Mark entschädigt wurden. Für weitere Beispiele vgl. CDS I A/3 (wie Anm. 20), Nr. 50, S. 44 f.; Nr. 304, S. 217 f.; Nr. 343, S. 242 f.; Dobenecker 2 (wie Anm. 20), Nr. 1178, S. 219 f.; Nr. 1234, S. 228; Nr. 2020, S. 366 f.; Nr. 2233, S. 399; Dobenecker 3 (wie Anm. 20), Nr. 384, S. 72; Nr. 486, S. 90 f. Es ist bezeichnend, dass diese Fälle durchweg aus Thüringen stammen. Die zunehmende Monetarisierung der Gesellschaft, die mit dem Aufschwung des Städtewesens einherging, zeigt erneut den entwicklungsgeschichtlichen Vorsprung der Gebiete westlich der Saale gegenüber jenen des Neussiedellandes an. Wo jedoch Erbansprüche in Geld abgegolten werden konnten, da war es nur noch ein gedanklich kleiner Schritt zur spätmittelalterlichen »Kommerzialisierung« von Herrschaftsrechten, wie sie Ernst Schubert formuliert hat, vgl. Ernst SCHUBERT, Fürstliche Herrschaft und Territorium im später Mittelalter (Enzyklopädie Deutscher Geschichte 35), München ^{2}2006, S. 19–26. Das Erfassen von Herrschaftsrechten in monetären Kategorien drückt sich freilich bereits in der zu zahlenden Lehnware aus, vgl. dazu nun Andreas BÜTTNER, Geld – Gnade – Gefolgschaft. Die Monetarisierung der politischen Ordnung im 12. und 13. Jahrhundert (Beihefte zu J. F. Böhmer, Regesta Imperii 47), Wien/Köln 2022, hier bes. S. 384–389; GOEZ, Leihezwang (wie Anm. 46), S. 149–171; Volker RÖDEL, Lehnware, in: HRG 3 (^{2}2014), Sp. 762–765. Als Kaiser Friedrich II. 1227 den Fürsten des Reiches schrieb, dass er Landgraf Ludwig IV. die Mark Meißen, die jährlich 20.000 Mark Wert sei, und außerdem 5.000 Mark aus seiner eigenen Kammer, für dessen Kreuzzugsteilnahme versprochen habe, so ist die Kommerzialisierung von Herrschaftsrechten deutlich greifbar, vgl. CDS I A/3 (wie Anm. 20), Nr. 397, S. 278 f.

III.

Im Folgenden sei nun in den Blick genommen, was und wie man im Untersuchungsraum vererben konnte, also entsprechende Übertragungstechniken. Eine grundsätzliche, zeitgenössische Unterscheidung der Erbmasse in Eigengut und Lehen, die man jeweils gesondert behandelt hätte, lässt sich in den Quellen nicht feststellen[80]. Die Überlieferung macht deutlich, dass Lehensbeziehungen erblich gedacht wurden[81]. Es spielte hinsichtlich der grundsätzlichen Erblichkeit von Lehen im Untersuchungsraum keine Rolle, von welcher Qualität diese waren[82]. Handelte es sich nicht um vom König verliehene Ämter[83], so erweist sich die Erblichkeit in weiblicher Linie[84], auch bei Kir-

80) Vgl. zu dieser Diskussion auch DENDORFER, Erbrecht (wie Anm. 78), S. 405–407. Die von Susan Reynolds 1994 angestoßene und seitdem überaus fruchtbar geführte Diskussion um das mittelalterliche Lehenswesen muss hier nicht nachgezeichnet werden. Vgl. dazu: Das Lehnswesen im Hochmittelalter. Forschungskonstrukte – Quellenbefunde – Deutungsrelevanz, hg. von Jürgen DENDORFER/Roman DEUTINGER (Mittelalter-Forschungen 34), Ostfildern 2010; Ausbildung und Verbreitung des Lehnswesens im Reich und in Italien im 12. und 13. Jahrhundert, hg. von Karl-Heinz SPIESS (VuF 76), Ostfildern 2013; Oliver AUGE, Lehnrecht, Lehnswesen, in: HRG 3 (^{2}2014), Sp. 717–736; *Tenere et habere*. Leihen als soziale Praxis im frühen und hohen Mittelalter, hg. von Jürgen DENDORFER/Steffen PATZOLD (Besitz und Beziehungen. Studien zur Verfassungsgeschichte des Mittelalters 1), Ostfildern 2023.

81) Die Vorstellung von der Erblichkeit von Lehen erscheint im Untersuchungsraum unter dem mitteldeutschen Adel weit verbreitet und dürfte als soziale Praxis des Erbens allenfalls in Konfliktsituationen hinterfragt worden sein. So musste Friedrich Barbarossa auf einem Hoftag zu Erfurt am 30. November 1182 zwischen der Abtei Hersfeld und Landgraf Ludwig III. von Thüringen einen Streit um die Hersfelder Lehen Heinrich Raspes III., des verstorbenen Bruders Ludwigs, beilegen. Der Landgraf hatte die erledigten Lehen seines Bruders als Erbgut beansprucht, während das Kloster diese wieder einziehen wollte. Der Kaiser schlug sich auf die Seite seines Neffen Ludwig III. und befahl, dass Abt Siegfried diesem alle *beneficia*, die dessen Bruder Heinrich Raspe III. vom Kloster als Lehen (*in feodum*) erhalten hatte, nun ebenfalls übertragen musste. Der Konflikt entzündete sich wohl weniger an der Frage der Erblichkeit von Lehen an sich als an der Frage, ob der Bruder des Lehnsträgers berechtigte Erbansprüche auf die angefallenen Lehen stellen konnte, dazu ausführlicher unten (V), vgl. D F I. (wie Anm. 62), Nr. 835, S. 46 f.; CDS I A/2 (wie Anm. 20), Nr. 467, S. 324 f.; ZÖLLNER, Ludowinger (wie Anm. 13), S. 36 f., 55; Sigrid HAUSER, Staufische Lehnspolitik am Ende des 12. Jahrhunderts. 1180–1197 (Europäische Hochschulschriften, Reihe 3. Geschichte und ihre Hilfswissenschaften 770), Frankfurt a. M./Berlin/Bern/New York/Paris/Wien 1998, S. 304–307. Die im 12. und 13. Jahrhundert zunehmende Verdinglichung von Lehen dürfte dieser Vorstellung gewissen Vorschub geleistet haben, auch wenn sich hinter Begriffen wie *beneficium* oder *feudum* höchst unterschiedliche Lehnsobjekte verbergen konnten, vgl. Stefan WEINFURTER, Lehnswesen, Treueid und Vertrauen. Grundlagen der neuen Ordnung im hohen Mittelalter, in: Lehnswesen im Hochmittelalter (wie Anm. 80), S. 443–462, hier S. 457; Roman DEUTINGER, Das hochmittelalterliche Lehnswesen. Ergebnisse und Perspektiven, in: Lehnswesen im Hochmittelalter (wie Anm. 80), S. 463–474, hier S. 464.

82) Vgl. HAUSER, Lehnspolitik (wie Anm. 81), S. 275. Für Beispiele vgl. UB Naumburg 1 (wie Anm. 20), Nr. 230, S. 212–214; CDS I A/2 (wie Anm. 20), Nr. 270, S. 185; Dobenecker 2 (wie Anm. 20), Nr. 145, S. 26.

83) Vgl. Roman DEUTINGER, Vom Amt zum Lehen. Das Beispiel der deutschen Herzogtümer im Hochmittelalter, in: Ausbildung und Verbreitung (wie Anm. 80), S. 133–158, hier S. 145 f.

84) Vgl. Gisela VAN DER VEN, Die Entwicklung der weiblichen Erbfolge im deutschen Lehnrecht. Mit einem Exkurs über die Erbfolge von Seitenverwandten, dargestellt an den Reichslehen vom 10. bis zum ausgehenden

chenlehen, als unproblematisch, wobei dann freilich der erbrechtliche Anspruch auf das Lehen auf den Ehemann der Erbnehmerin überging[85]. So übertrugen am 24. November 1196 die Askanier Markgraf Otto II. von Brandenburg und sein Halbbruder Albrecht II. dem Erzstift Magdeburg diverse Besitzungen im Herzogtum Sachsen beziehungsweise in der Mark Brandenburg sowie in den Grafschaften Groitzsch und Falkenstein, um diese vom Magdeburger Erzstift als aufgetragenes Lehen wieder zu empfangen[86]. Nach-

14. Jahrhundert, masch. Diss. Marburg 1949; Norberto IBLHER Ritter von Greiffen, Die Lehenerbfolge in weiblicher Linie unter besonderer Berücksichtigung der Libri feudorum (Europäische Hochschulschriften, Reihe 2. Rechtswissenschaft 946), Frankfurt a. M./Bern/New York/Paris 1990; Hedwig RÖCKELEIN, De feudo femineo – Über das Weiberlehen, in: Herrschaftspraxis und soziale Ordnungen im Mittelalter und in der frühen Neuzeit. Ernst Schubert zum Gedenken, hg. von Peter AUFGEBAUER/Christine VAN DEN HEUVEL (Veröffentlichungen der Historischen Kommission für Niedersachsen und Bremen 232), Hannover 2006, S. 267–284; HAUSER, Lehnspolitik (wie Anm. 81), S. 291–296, 312–324.

85) Vgl. DENDORFER, Erbrecht (wie Anm. 78), S. 420; SCHMID, Heirat (wie Anm. 15), S. 120–123; HAUSER, Lehnspolitik (wie Anm. 81), S. 275. Vgl. auch WITTMANN, Schatten (wie Anm. 14), S. 346 f., 350 f. So übertrug Erzbischof Heinrich I. von Magdeburg nach dem erbenlosen Tod des Grafen Siegfried IV. von Boyneburg die heimgefallenen Magdeburger Stiftslehen am 27. November 1144 dem neuen Ehemann der Witwe Siegfrieds von Boyneburg, nämlich Graf Heinrich von Plesse sowie dessen Bruder Hermann, Valentin Ferdinand GUDENUS, Codex diplomaticus anecdotorum res Moguntinas, Trevirenses, Franconicas, Palatinas, finitmarumque regionum nec non jus germanicum et S. R. I. historiam vel maxime illustratium, Bd. 1, Göttingen 1743, Nr. 59, S. 160: [...] *qualiter comite Siegfrido de Buomeneburc sine heredibus defuncto, dum beneficium olim sibi concessum vacaret* [...] *ubi vidua defuncti comitis, cum marito nuper sibi coniuncto Heinrico comite, & Herimanno fratre ipsius, de Plesse, in hoc convenimus, ut investiti beneficio memorato* [...]; vgl. CDS I A/2 (wie Anm. 20), Nr. 179, S. 125 f. Laut einer Urkunde Erzbischof Adolfs von Köln vom 22. Januar 1197 hatte Jutta, Tochter Landgraf Ludwigs III. von Thüringen, zusammen mit ihrem Ehemann, dem Wettiner Graf Dietrich von Sommerschenburg, Allodialbesitz ihres Vaters beiderseits des Rheins für 3.500 Mark Silber an Adolfs Vorgänger Erzbischof Philipp verkauft. Dabei wird besonders betont, dass Jutta die einzige und legitime Erbin dieses Besitzes sei, CDS I A/3 (wie Anm. 20), Nr. 17, S. 16–18: [...] *Ivtte, que post obitum patris sui supra dicti lantgravii predictorum allodiorum legitima atque unica heres fuit* [...]; vgl. HAUSER, Lehnspolitik (wie Anm. 81), S. 286. Nachdem Erzbischof Philipp und dessen Nachfolger Erzbischof Bruno die Kaufsumme nur teilweise zahlen konnten, löste Erzbischof Adolf nun die restliche Summe ein, gab die so erworbenen Güter aber den Verkäufern und deren Erben (*sibi atque heredibus suis*) als Lehen zurück. Die dabei festgehaltenen Lehnsbestimmungen erweisen sich für das ludowingisch-wettinische Paar als recht günstig. Sollten sie ohne eigene Kinder versterben (*si idem comes Th[irricus] vel uxor sua predicta Ivtta sine liberis decesserint*), dann sollten die Lehen an denjenigen gehen, der mit ihnen am nächsten verwandt sei (*quicumque propinquior eorum heres extiterit, ille hoc beneficium accipiet*), was auf normative Erbfolgeregeln verweist, wie sie einige Jahrzehnte später in der Gliederlehre des Sachsenspiegels sichtbar werden.

86) CDS I A/3 (wie Anm. 20), Nr. 9, S. 8; Codex diplomaticus Brandenburgensis. Dritter Hauptheil oder Sammlung für allgemeine Landes- und kurfürstliche Haus-Angelegenheiten [im Folgenden CDB], Bd. 1, hg. von Adolph Friedrich RIEDEL, Berlin 1859, Nr. 2, S. 2–4. Zum brandenburgischen Lehnsauftrag der Askanier an das Magdeburger Erzstift ausführlich Georg SALLO, Über den Lehnsauftrag der Brandenburgischen Allode an das Erzstift Magdeburg, 1196, in: Geschichtsblätter für Stadt und Land Magdeburg 21 (1886), S. 272–282; Paul MARCUS, Herzog Bernhard von Anhalt (um 1140 bis 1212) und die frühen Askanier in Sachsen und im Reich (Europäische Hochschulschriften, Reihe 3. Geschichte und ihre Hilfswissenschaften 562), Frankfurt a. M./Berlin/Bern/New York/Paris 1993, S. 171–190. Allgemein zum Lehnsauftrag Karl-Heinz SPIESS, Lehnsauftrag, in: HRG 2 (1978), Sp. 1700 f.

dem diese Übertragung am 9. Juli 1197 durch Heinrich VI. bestätigt wurde, beurkundete der Kaiser knapp drei Wochen später, dass der Magdeburger Erzbischof den Brandenburger Markgrafen das eidliche Versprechen gegeben habe, sie binnen einer Frist von einem Jahr und sechs Wochen mit diesen Gütern zu belehnen[87]. Sollten Otto und Albrecht Kinder haben, konnten die Lehen auf ihre Nachkommen beiderlei Geschlechts, Söhne wie Töchter übertragen werden[88]. Sollten die Kinder noch minderjährig sein, so durften diese die Güter dennoch mit allen Rechten nutzen. Die Lehen erben konnte aber nach lokalem Lehnsrecht immer nur das älteste Kind, was auf deren Unteilbarkeit hinweisen mag (*in successoribus vero prime prolis secundum districtionem feodalis iusticie procedetur*).

Wurden Eigengut und Lehen ohne Amtscharakter beim Erbe unterschiedslos behandelt, so war der im Untersuchungsraum übliche Erbgang beim Vorhandensein mehrerer Söhne die Real- beziehungsweise Erbteilung, da jeder legitime und ebenbürtige Nachkomme gleichen Grades Ansprüche auf das Erbe seines Vaters erheben konnte[89]. Dies korrespondiert mit den im Sachsenspiegel aufscheinenden Rechtsgewohnheiten, sah doch dieser das Gesamterbe aller erbberechtigten Kinder, aber keinen Vorrang des Erstgeborenen vor[90]. Eine Form von Primogenitur ist zu keinem Zeitpunkt festzustellen,

87) CDS I A/3 (wie Anm. 20), Nr. 23, S. 21 f.; Nr. 24, S. 22 f.; CDB III,1 (wie Anm. 86), Nr. 4, S. 5 f.; Nr. 5, S. 7 f.; Die Urkunden Heinrichs VI., hg. von Heinrich APPELT (†)/Bettina PFERSCHY-MALECZEK unter Mitarbeit von Peter CSENDES u. a. (MGH DD H VI.), digitale Vorabedition in: MGH Editionsprojekte, https://www.mgh.de/de/die-mgh/editionsprojekte/die-urkunde-heinrichs-vi (16.02.2020), hier BB 599, BB 602. Vgl. HAUSER, Lehnspolitik (wie Anm. 81), S. 285.

88) Ein ähnliches Beispiel findet sich in einer am 5. März 1228 ausgestellten Urkunde Landgraf Heinrich Raspe IV. Darin beurkundete dieser, dass er den Grafen Wittekind und Hermann von Battenberg das Schloss Kellerberg, welches er ihnen zuvor abgekauft, wieder als Lehen ausgereicht hatte. Explizit wird dabei die Erbfähigkeit von Töchtern und Söhnen, von Männern wie Frauen im Bezug auf das Lehen betont, CDS I A/3 (wie Anm. 20), Nr. 409, S. 287 f.: [...] *scilicet ut hoc tam filie quam filii tam mulieres quam viri a nobis habeant perpetuo iure feodali* [...]. Zur Erblichkeit von Lehen in männlicher wie weiblicher Linie vgl. auch ebd., Nr. 480, S. 335; Dobenecker 3 (wie Anm. 20), Nr. 11, S. 2 f.; Nr. 323, S. 62; Nr. 1073, S. 179.

89) Vgl. SPIESS, Familie (wie Anm. 37), S. 201 f.; SCHMID, Geblüt (wie Anm. 15), S. 76 f.; Wolfgang HARTUNG, Adel, Erbrecht, Schenkung. Die strukturellen Ursachen der frühmittelalterlichen Besitzübertragungen an die Kirche, in: Gesellschaftsgeschichte. Festschrift für Karl Bosl zum 80. Geburtstag, hg. von Ferdinand SEIBT, München 1988, Teilbd. 1, S. 417–438, hier S. 418–421.

90) Vgl. die Angaben in Anm. 47. Die Regelhaftigkeit dieser Teilungspraktiken betonte schon der Sachsenspiegel im bekannten Satz, wonach der Ältere das Erbe teilen, der Jüngere aber die Teile auswählen sollte. Sachsenspiegel, Landrecht (wie Anm. 46), S. 212 (III 29 § 2): *Swar twene man en erve nemen scolen, de eldere scal delen unde de jungere scal kesen.* Die spätmittelalterliche, juristisch gelehrte Rezeption des Sachsenspiegels betonte dabei die Gleichberechtigung aller erbberechtigten Personen beim Teilungsvorgang, vgl. Glossen zum Sachsenspiegel-Landrecht. Buch'sche Glosse, Teil 2, hg. von Frank-Michael KAUFMANN (MGH Fontes iuris N. S. 7,2), Hannover 2002, S. 1104: *To deme drudden schal me en dingh, dat twe to horen, nicht in vele deel delen. Alse of ik ene houe hedde mit dy, vnde du woldest, dat ik delede, delede yk en dingh by vingerbreden, dat en were nicht ghedelet, mer yk scholde id in twe delen* [...]. Vgl. HAGEMANN, Erbrecht (wie Anm. 37), Sp. 1375; Andreas WACKE, Der Ältere teilt, der Jüngere wählt, in: HRG 1 (^{2}2008), Sp. 953 f.; Karin NEHLSEN-VON STRYK, ›Der Ältere teilt, der Jün-

auch wenn etwa Landgraf Ludwig IV., anders als seine Vorgänger, eine Regierungsbeteiligung seiner jüngeren Brüder Heinrich Raspe IV. und Konrad offenbar unterband[91]. Ohnehin endete eine gemeinsame, brüderliche Regierung oftmals beim Anfall von Besitzungen oder Rechten, die die standesgemäße Ausstattung aller Parteien ermöglichten[92]. Dabei ist zu konstatieren, dass das väterliche Erbe in der Praxis, im Gegensatz zur Norm des Sachsenspiegels, nicht immer zu gleichen Teilen unter den Erbnehmern aufgeteilt wurde, sondern nach dem Senioratsprinzip[93]. Der Erstgeborene, sollte dieser nicht in den geistlichen Stand eingetreten sein, wurde daher in der Regel mit den vornehmsten (und ökonomisch potentesten) Herrschaftsrechten seines Vaters bedacht.

Die Erbvorgänge nach dem Tod Dietrichs II., Markgraf der Lausitz, im Jahr 1185 zeigen dies exemplarisch. Nach dem Bericht der Chronik vom Lauterberg teilten seine Brüder, Markgraf Otto von Meißen und Dedo V. von Groitzsch (als Dedo III. Dietrichs Nachfolger in der Markgrafschaft), die Güter unter sich auf. Dedo habe seinen Anteil wiederum unter seinen Söhnen Konrad II. (später Markgraf der Lausitz) und Graf Dietrich von Sommerschenburg verteilt[94]. Hier lassen sich zum einen die späteren Erbregeln des Sachsenspiegels greifen, denn da Markgraf Dietrich II. keine noch lebenden Söhne im weltlichen Stand besaß – sein unehelicher, 1202 legitimierter Sohn Dietrich[95] († 1215) war Bischof von Merseburg – und auch seine Eltern bereits verstorben waren, ging das Erbe an seine noch lebenden Brüder über. Die Auf- und Zuteilung von allodialem Besitz unter den Erben eines adligen Herrschaftsträgers war von der Zustimmung

gere wählt.‹ Ein altes Rechtssprichwort in den Händen gelehrter Juristen, in: Römische Jurisprudenz – Dogmatik, Überlieferung, Rezeption. Festschrift für Detlef Liebs zum 75. Geburtstag, hg. von Karlheinz Muscheler (Freiburger rechtsgeschichtliche Abhandlungen. N. F. 63), Berlin 2011, S. 469–488.

91) Werner, Reichsfürst (wie Anm. 13), S. 129. Vgl. auch Cordula Nolte, Die Familie im Adel. Haushaltsstruktur und Wohnverhältnisse im Spätmittelalter, in: Familie in der Gesellschaft des Mittelalters (wie Anm. 15), S. 77–105, hier S. 84, bes. Anm. 32.

92) Vgl. beispielsweise Tümmler, Geschichte (wie Anm. 79), S. 52, 78; Eberl, Geschichte (wie Anm. 14), S. 94, 113–117; auch Rogge, Herrschaftsweitergabe (wie Anm. 12), S. 315–325. Wittmann, Adel Thüringens (wie Anm. 14), S. 78, macht für die Söhne Graf Sizzos von Schwarzburg-Käfernburg († 1160) deutlich, dass diese zwar die beiden Stammburgen unter sich aufteilten, aber gemeinsam in den Urkunden handelten. Dennoch waren Erbteilung und Abschichtungsprozesse üblich, wie sich nach dem söhnelosen Tod Heinrichs I. im Jahr 1184 zeigte. Dessen Bruder Günther I., dem das Erbe zugefallen war, verfügte damit zwar über die gesamten Besitzungen des Hauses, übertrug aber sofort die Schwarzburg an seinen ältesten Sohn Heinrich II., wie auch seine beiden Söhne Heinrich II. und Günther II. nach dem Tod des Vaters 1197/98 eigenständige Herrschaft ausübten, jedoch wiederum gemeinsam handelten.

93) Spiess, Senior (Seniorat) (wie Anm. 59); vgl. Mielzarek, Albrecht der Bär (wie Anm. 12), S. 259, weist darauf hin, dass auch die Verheiratung der Söhne gemäß ihrem »Rang in der Erbfolge« erfolgte.

94) Chronik des Lauterbergs (wie Anm. 21), S. 165: *Eo* [Markgraf Dietrich II.] *vero mortuo, cum inter Ottonem Misnensem et Dedonem Orientalem marchiones proprietatis eius divisio fieret, ius proprietatis prefate possessionis in partem Dedonis cessit et post eum ad filios ipsius, Conradum scilicet Orientalem marchionem et Tidericum comitem de Sumerschenburch transivit.* Vgl. Hauser, Lehnspolitik (wie Anm. 81), S. 288; zur Genealogie Anm. 58.

95) Lindner, Dietrich (wie Anm. 12), S. 274.

und Mitwirkung der bereits skizzierten Erbengemeinschaft über das Instrument des Erbenlaubs (vgl. Abschnitt II) abhängig. Zum anderen erweist sich die Praxis der Erbteilung als unhinterfragte Routine. Der bereits geschilderte Fall des »Griechen« Gerhard von Stechau aus dem Jahr 1181 dokumentiert die konkrete Umsetzung einer Erbteilung. Explizit wurde festgehalten, dass jedem Erben ein gerechter (*iusta*) Anteil am Erbe zugesprochen worden sei. Gerecht bedeutete aber eben nicht, dass es sich dabei um den gleichen Anteil handelte. Zudem traten Verwandte der Erbnehmer als ausführende Akteure der Erbteilung auf und trugen so zu einer sozialen Sanktionierung des Erbgangs bei. Gerhard mochte zum Zeitpunkt der Aufteilung des väterlichen Erbes noch unmündig gewesen sein und versuchte wohl nachträglich eine Verbesserung seines Erbteils zu erwirken. Dies scheiterte freilich am Vorhandensein von Zeugen und ihrer Mitwirkung am Erbgang[96].

War die Aufteilung von Allodialbesitz ohnehin üblich, so erscheint dies auch bei Lehen – mit Ausnahme der vom König vergebenen Ämter – zumindest theoretisch unproblematisch, sofern die Zustimmung des Lehnsgebers eingeholt wurde und eine Gesamtbelehnung aller Teilinhaber erfolgte, wie dies etwa in der roncaglischen Gesetzgebung deutlich wird[97]. Doch bekanntlich drangen die lehnrechtlichen Vorstellungen italienischer Juristen erst mit dem Ausgang des Hochmittelalters in den mitteldeutschen

96) Erneute Zustimmung zu Besitzübertragungen waren üblich, wenn potentielle Erbnehmer zum Zeitpunkt der Übertragung unmündig waren und daher den Erbenlaub nicht erklären konnten, vgl. auch die Angaben in Anm. 52 oben. So bestätigten Erzbischof Wichmann von Magdeburg und dessen Bruder Konrad am 19. Juni 1155 eine Besitzübertragung ihrer Mutter Mechthild an das Johannisstift zu Halberstadt im Jahr 1116, da zumindest Wichmann zu diesem Zeitpunkt noch unmündig gewesen war, Dobenecker 2 (wie Anm. 20), Nr. 99, S. 18, vgl. Dobenecker 1 (wie Anm. 20), Nr. 1118, S. 235. Burggraf Hermann von Magdeburg versprach dementsprechend 1216 die Entschädigung des Deutschen Ordens mit Gütern aus seinem eigenen Besitz, sollten die noch unmündigen Herren von Querfurt, deren Vormund er zu diesem Zeitpunkt war, nach ihrem Erwachsenwerden eine von Burggraf Hermann in ihrem Namen vollzogene Schenkung anfechten wollen; Urkundenbuch der Familie von Krosigk. Eine Sammlung von Regesten, Urkunden und sonstigen Nachrichten zur Geschichte der Herren von Krosigk und ihrer Besitzungen, Bd. 3, hg. von Konrad VON KROSIGK, Halle a. d. Saale 1886, Nr. 63, S. 209 f.: *Si autem hanc donationem pueri, cum adolescerent, suadentibus stultis hominibus nollent habere ratam; fideliter promitto, quod alia bona seu de hereditate sive de bonis imperii, ubi ipsis pueris utile et commodum fuerit, in recompensationem istorum libenter conferant.* Vgl. Dobenecker 2 (wie Anm. 20), Nr. 1706, S. 313.

97) Die Urkunden Friedrichs I., Teil 2: 1158–1167, hg. von Heinrich APPELT (MGH DD 10,2), Hannover 1979, Nr. 242, S. 34–36, hier S. 36: *Preterea ducatus, marchia, comitatus de cetero non dividatur. Aliud autem feudum, si consortes voluerint, dividatur ita, ut omnes, qui partem feudi habent iam divisi vel dividendi, fidelitatem domino faciant* [...]. Vgl. Dietmar WILLOWEIT, Landesteilungen, in: HRG 3 (^{2}2016), Sp. 463–468, hier Sp. 465. Zur roncaglischen Gesetzgebung Jürgen DENDORFER, Roncaglia: Der Beginn eines lehnrechtlichen Umbaus des Reiches?, in: Staufisches Kaisertum im 12. Jahrhundert. Konzepte, Netzwerke, politische Praxis, hg. von Stefan BURKHARDT/Thomas METZ/Bernd SCHNEIDMÜLLER/Stefan WEINFURTER, Regensburg 2010, S. 111–132; vgl. Knut GÖRICH, Die Ehre Friedrich Barbarossas. Kommunikation, Konflikt und politisches Handeln im 12. Jahrhundert (Symbolische Kommunikation in der Vormoderne), Darmstadt 2001, S. 314–320.

Raum vor[98]. Dennoch erscheint auch die erbliche Aufteilung von Lehen als nicht unüblich. Ein eindrückliches Beispiel bietet das (nicht besiegelte) Testament des Hugo von Schönburg, das in der Amtszeit Bischof Udos II. von Naumburg (1161–1186) ausgestellt worden ist[99]. Darin verteilte der bischöfliche Ministeriale die Einkünfte seiner Lehen beziehungsweise diese Lehen selbst, die von nicht weniger als 21 Lehnsgebern stammten, unter seinen fünf Söhnen (*quinque filiis sius beneficia sua post mortem suam possessura determinans*), wobei einige dieser Lehen auch tatsächlich in sich geteilt wurden. Unter den Lehnsgebern finden sich illustre Namen wie Graf Dedo V. von Groitzsch (der spätere Markgraf der Lausitz), die Grafen von Schwarzburg, die Burggrafen von Kirchberg, die Burggrafen von Leisnig, die Grafen von Falkenstein, die Grafen von Wernigerode und so weiter. Lehen waren somit eine weitere Form der personalen Bindung[100]. Wenn im Jahr 1203 beim relativ unspektakulären Verkauf einiger Hufen im thüringischen Gräfendorf, welche die Ministerialen Hartmut und Hermann als landgräfliche Lehen besaßen, nicht nur ihr Lehnsherr Landgraf Hermann I. sowie dessen Erben ihre Zustimmung geben mussten, sondern auch noch alle Erben der genannten Ministerialen[101], so erweist sich die erbrechtliche Komponente der Lehen als intergenerationelles Bindeglied zwischen Lehnsherrn und Vasallen.

Das ausdrückliche Teilungsverbot von Ämtern in der roncaglischen Gesetzgebung macht zwar darauf aufmerksam, dass es bereits im Hochmittelalter Versuche gegeben haben muss, auch Herzogtümer, Markgrafschaften oder Grafschaften unter den Erben aufzuteilen. Doch war dies im Untersuchungsraum keinesfalls gängige Praxis[102]. Die

98) Vgl. DEUTINGER, Lehnswesen (wie Anm. 81), S. 467 f.; SPIESS, Formalisierte Autorität (wie Anm. 78), S. 138 f., 146; DENDORFER, Erbrecht (wie Anm. 78), S. 418; WEINFURTER, Lehnswesen (wie Anm. 81), S. 457 f., 460.

99) UB Naumburg 1 (wie Anm. 20), Nr. 334, S. 314 f.; Dobenecker 2 (wie Anm. 20), Nr. 737, S. 140.

100) Vgl. Steffen PATZOLD, Das Lehnswesen im Spiegel historiographischer Quellen des 12. und 13. Jahrhunderts, in: Ausbildung und Verbreitung (wie Anm. 80), S. 269–306; Klaus VAN EICKELS, Verwandtschaft, Freundschaft und Vasallität: Der Wandel von Konzepten personaler Bindung im 12. Jahrhundert, in: Lehnswesen im Hochmittelalter (wie Anm. 80), S. 401–412; JUSSEN, Verwandtschaftsforschung (wie Anm. 15), S. 310 f.

101) CDS I A/3 (wie Anm. 20), Nr. 71, S. 59; vgl. Dobenecker 2 (wie Anm. 20), Nr. 1245, S. 230 f.

102) Vgl. Anm. 97; SPIESS, Familie (wie Anm. 37), S. 201; DERS., Lordship (wie Anm. 37), S. 60. Es ist die Konsequenz des in den Libri Feudorum, der um 1140–1160 begonnenen und um 1250 abgeschlossenen Sammlung des langobardischen Lehnrechts, festgehaltenen Grundsatzes, »dass nur der vom Kaiser Belehnte, nicht aber jeder Erbe zur Nachfolge in die genannten dignitates regales berufen ist«, WILLOWEIT, Landesteilungen (wie Anm. 97), Sp. 466; DERS., Römisches Recht, Gewohnheitsrecht und Politik im Reich und in den Territorien (12.–15. Jahrhundert). Eine Skizze zur Verortung der Goldenen Bulle, in: Die Goldene Bulle. Politik – Wahrnehmung – Rezeption, 2 Teilbde., hg. von Ulrike HOHENSEE/Mathias LAWO/Michael LINDNER/Michael MENZEL/Olaf B. RADER (Berichte und Abhandlungen. Berlin-Brandenburgische Akademie der Wissenschaften, Sonderband 12), Berlin 2009, Bd. 1, S. 241–257, hier S. 252. Karl LEHMANN, Das langobardische Lehnrecht. Handschriften, Textentwicklung, ältester Text und Vulgatatext nebst der capitula extraordinaria, Göttingen 1896, S. 98 (Vulgata Lib. I, Tit. 13): *De marchia vel ducatu vel comitatu vel aliqua regali dignitate si quis investitus fuerit per beneficium ab imperatore, ille tantum debet habere; heres enim non succedit ullo modo, nisi ab imperatore*

Auffassung von der Unteilbarkeit von Ämtern war offenbar noch im 12. und 13. Jahrhundert weitgehend akzeptiert und spielte auch in den Übertragungsmodellen des mitteldeutschen Adels eine wesentliche Rolle. Denn die in sich abgeschlossenen und unter einem bestimmten Amtstitel subsumierten Herrschaftsrechte, die vom König verliehen wurden, wurden in Individualsukzession nach dem Senioratsprinzip an die nächste Generation weitergegeben[103]. Gemäß dem Alter der potentiellen Erbnehmer wurden diesen entsprechende Herrschaftsrechte zugewiesen.

Die Erbteilung Markgraf Konrads von Meißen im Jahr 1156 erweist sich als exemplarisch für diese Erbpraxis. Unter seinen fünf Söhnen verteilte er seine Herrschaftsrechte absteigend nach deren Alter[104]. Sein ältester Sohn Otto erhielt mit der Mark Meißen den vornehmsten Amtstitel im Besitz Konrads, sein zweitältester Sohn Dietrich erhielt die Ostmark/Lausitz, der drittälteste Heinrich die Grafschaft Wettin mit dem Stammsitz der Familie, der viertälteste Dedo, der bereits seit 1144 als Erbe seiner Adoptivmutter Bertha die Grafschaft Groitzsch besaß, erhielt das 1143 durch Konrad III. an Konrad von Wettin übertragene Rochlitzer Land, der zum Zeitpunkt der Erbteilung wohl noch unmündige jüngste Sohn Friedrich wird 1156 mit keinem Titel angesprochen und erhielt vermutlich erst 1165 durch seine Brüder die nachrangige Grafschaft Brehna zugewiesen[105]. Zugleich wurde die Erbteilung dadurch bekräftigt, dass die Söhne des Mark-

per investituram acquisierit. Das Teilungsverbot von mit gräflicher Gerichtsbarkeit verbundenen königlichen Lehen (Grafschaften, Markgrafschaften, Herzogtümer etc.) fand ebenso Eingang in den Sachsenspiegel Eikes von Repgow: Sachsenspiegel. Lehnrecht, hg. von Karl August ECKHARDT (MGH Fontes iuris N. S. 1,2), Göttingen ^{2}1956, S. 38, Nr. 213 (20 § 5): *Biscope gut unde vanlen scal de koning ganz lien unde nicht twein.* Vgl. Georg KRAUSE, Der Sachsenspiegel und das Problem des sogenannten Leihezwangs. Zugleich ein Beitrag zur Entstehung des Sachsenspiegels, in: ZRGGerm 93 (1976), S. 21–99, hier S. 37–40. Sicherlich wird man aber in der Gesamtbelehnung von Erben geteilter Lehen, wie sie Barbarossa 1158, mit Ausnahme von Ämtern, ausdrücklich erlaubte, eine Wurzel der im Spätmittelalter oft geübten Praxis annehmen dürfen, dass sich an eine Landesteilung oftmals eine Gesamtbelehnung aller Erbnehmer durch den König anschloss und so das Teilungsverbot von Fürstentümern umgangen wurde.

103) SPIESS, Senior (Seniorat) (wie Anm. 59), Sp. 1756: »Während das allodiale Familiengut gleichberechtigt an alle Söhne fiel, machte die Unteilbarkeit der Amtslehen (Herzogtümer, Grafschaften) eine Individualsukzession notwendig, bei der häufig der älteste Sohn zum Nachfolger ausersehen wurde.«

104) Vgl. zum Folgenden PÄTZOLD, Wettiner (wie Anm. 12), S. 39–55, 67–69, 126 f., 150 f., 251 f., 306; DERS., Herrschaft (wie Anm. 58), S. 22 f.; Michael LINDNER, Eine Frage der Ehre. Markgraf Konrad von Wettin und Kaiser Friedrich Barbarossa, in: Im Dienste der historischen Landeskunde. Beiträge zu Archäologie, Mittelalterforschung, Namenkunde und Museumsarbeit vornehmlich in Sachsen. Festgabe für Gerhard Billig zum Geburtstag dargebracht von Schülern und Kollegen, hg. Reiner AURIG/Reinhardt BUTZ/Ingolf GRÄSSLER/André THIEME, Beucha 2002, S. 105–121, hier S. 105 f., 110; Vgl. ebd., S. 265 f., zur Diskussion, ob Dedo von Groitzsch der dritt- oder viertälteste Sohn Markgraf Konrads war. Für ein weiteres Beispiel auch TÜMMLER, Geschichte (wie Anm. 79), S. 13.

105) Noch die Erbteilung Markgraf Heinrichs des Erlauchten unter seinen Söhnen Albrecht und Dietrich folgte diesem hochmittelalterlichen Muster, als er 1263 mit der Markgrafschaft Landsberg sogar eigenmächtig einen neuen Amtstitel schuf, um diese dann seinem zweitältesten Sohn Dietrich zu übertragen, während sein ältester Sohn Albrecht standesgemäß die Landgrafschaft Thüringen und die Pfalzgrafschaft Sachsen erhielt. Für sich

grafen die Übertragung jener Güter, die Konrad und seine Gattin dem Augustiner-Chorherrenstift auf dem Petersberg zukommen ließen, durch eigene Handlung bestätigten, um Rechtsstreitigkeiten zu verhindern[106]. Die Vermeidung von Erbstreitigkeiten erfolgte über das Instrument des Erbenlaubs, wie zugleich die Praxis der Erbteilung selbst diesem Zweck diente[107].

Daneben traten andere Möglichkeiten beziehungsweise Techniken des Erblassers die Erbengemeinschaft zusammenzuhalten. So mussten gewisse Rechte unteilbar und unveräußerbar bleiben, etwa 1156 die Stiftsvogtei[108] über das Augustiner-Chorherrenstift auf dem Petersberg, welches Konrad von Meißen als Grablege aller wettinischen Linien vorgesehen hatte. Nach Darstellung der Chronik vom Petersberg sollte die Vogtei kontinuierlich dem ältesten der Söhne Konrads von Meißen oder dessen Erben zufallen, womit wiederum ein gewisses Senioratsprinzip etabliert wurde. Zudem durfte sie nicht als Lehen ausgegeben werden[109]. Über die Vogtei wollte Konrad seine Kinder und deren Erben an das Petersstift binden, in deren Hände er die Sorge um den Konvent und die Grablege ihrer Eltern und Vorfahren legte. Gerade die gemeinsame Verpflichtung auf die Förderung der Familiengrablege sollte die Erbengemeinschaft einen[110]. Zugleich

selbst behielt Heinrich, als Senior der Familie, die Markgrafschaft Meißen als vornehmsten Amtstitel im Besitz der Wettiner. Vgl. Rogge, Herrschaftsweitergabe (wie Anm. 12), S. 17–25; Ders., Wettiner (wie Anm. 12), S. 69–71; Lutz, Heinrich der Erlauchte (wie Anm. 3), S. 321–347; Marquis, Geschichtsschreibung (wie Anm. 21), S. 247–252.

106) Chronik des Lauterbergs (wie Anm. 21), S. 121: *Primo itaque possessiones, quascunque vel ipse vel uxor eius loco contulerant, per manus filiorum suorum, Ottonis videlicet Misnensis marchionis, Tiderici Orientalis marchionis, Heinrici comitis de Witin, Dedonis comitis de Rochelez et Friderici comitis de Brene, offerri fecit, ne aliqua de his post mortem eius questio nasceretur.*

107) Pätzold, Wettiner (wie Anm. 12), S. 306; Ders., Herrschaft (wie Anm. 58), S. 22 f.; Lindner, Ehre (wie Anm. 104), S. 106.

108) Zur Kirchenvogtei im Mittelalter nun die Beiträge in: Kirchenvogtei und adlige Herrschaftsbildung im europäischen Mittelalter, hg. von Kurt Andermann/Enno Bünz (VuF 86), Ostfildern 2019.

109) Chronik des Lauterbergs (wie Anm. 21), S. 121: *Deinde filiorum vel heredum quemlibet suorum seniorem post se advocatum loci ordinans, hoc statuit, ne advocacia ipsa ulli umquam iure feudi concedatur* [...]; CDS I A/2 (wie Anm. 20), Nr. 262, S. 176–179, hier S. 178: *Hoc quoque indissolubili perpetuitatis lege filiis meis et eorum legitimis heredibus servandum instituo, ut, quocumque principalis advocatus huius aecclesie fuerit, nulli umquam hominum advocatiam in ius beneficiale concedat.* Vgl. Lindner, Dietrich (wie Anm. 12), S. 281.

110) Eine Urkunde der Markgrafen Otto von Meißen und Dietrich II. von der Lausitz vom 28. Juli 1181 mag die Wirksamkeit dieser Erbverpflichtung anzeigen, vgl. CDS I A/2 (wie Anm. 20), Nr. 446, S. 308–310. Damit sollten einige Gravamina, die durch die Ausübung der Vogtei entstanden waren, ausgeräumt werden. Für unseren Kontext sind die erbrechtlichen Bezüge von Interesse. Dies beginnt bereits mit der Wortwahl in der Verkündigungsformel, die zwar wie üblich alle gegenwärtigen Getreuen (*omnium bonorum universitas*), aber auch alle zukünftigen Erben (*heredum nostrorum posteritas*) ansprach. Die Narratio schilderte zunächst die Stiftungsgeschichte des Petersstifts, insbesondere die reiche Ausstattung durch Markgraf Konrad und dessen Frau Lukardis mit Eigengut des Markgrafen (*proprietate sua*), wozu seine Erben ihre Zustimmung gegeben hätten (*heredum suorum voluntate dedicatam*). Erneut wurde festgehalten, dass die Stiftsvogtei nur einzeln und nur dem ältesten Erben (!) übertragen werden sollte (*advocacie prerogativam sibi soli vendicans et seniori heredum suorum per succes-*

formierten Erbteilungen die soziale Struktur des Familienverbandes, auch dies wird 1156 deutlich. Die beiden nunmehr markgräflichen Linien genossen fürstliches Ansehen und gehörten nur wenige Jahrzehnte später zu der sich ausbildenden Gruppe der Reichsfürsten. Die drei anderen Linien besaßen nur gräflichen Rang, waren aber durch ihre Verwandtschaft zu den Markgrafen von Meißen und von der Lausitz unter den Grafengeschlechtern sozial hervorgehoben[111)]. So hält eine Urkunde Bischof Gerungs von Meißen aus dem Jahr 1168 fest, dass Graf Dedo V. von Groitzsch seinem Vater Konrad in seiner adligen Natur in nichts nachstand[112)].

Wir dürfen jedoch nicht ohne weiteres davon ausgehen, dass die Väter beziehungsweise Erblasser testamentarisch vollkommen frei über das Erbe verfügen und dies nach Gutdünken verteilen konnten. Vielmehr spricht die Praxis des Erbenlaubs, die Zustimmung erbberichtigter Personen zu Veränderungen oder Veräußerungen der Erbmasse, dagegen[113)]. Der Erbenlaub verweist auf eine konsensuale Übereinkunft zwischen Erblasser und Erbnehmer, die den Erbvorgang wesentlich bestimmte[114)]. Dies zeigt eine Urkunde Markgraf Dietrichs II. von der Lausitz aus dem Jahr 1161. Dietrich tauschte mit dem Stift vom Petersberg das Gut Niemegk, das Markgraf Konrad von Meißen und dessen Ehefrau den Augustiner-Chorherren überlassen hatten, gegen die Kapelle Eilenburg mit allem Zubehör. Dazu benötigte er die Erlaubnis (*permissione*), seines ältesten Bruders Markgraf Otto von Meißen (zugleich Stiftsvogt), seiner anderen Brüder Heinrich, Dedo und Friedrich sowie des Magdeburger Erzbischofs, aber auch die Zustimmung (*assensu*) seines Sohnes Konrad[115)]. Hier sind zwei Ebenen gängiger Über-

sionum tempora eam assignans). Es nimmt nun nicht Wunder, dass zum Ausgleich der Streitigkeiten des Vogtes mit dem Stift neben Otto und Dietrich auch deren Brüder Heinrich von Wettin, Dedo V. von Groitzsch und Friedrich von Brehna anwesend waren, unter Vermittlung ihres Verwandten Erzbischof Wichmann von Magdeburg, mithin die gesamte Erbengemeinschaft Konrads von Wettin.

111) Pätzold, Herrschaft (wie Anm. 58), S. 23.

112) CDS I A/2 (wie Anm. 20), Nr. 355, S. 245 f.: *tanta nobilitate moribus non inferior.*

113) Zudem konnte ein Testament nach Sachsenspiegelrecht nur dann gültig sein, wenn dieses vor einem Gericht öffentlich erklärt wurde und die Erben dieser Verfügung mittels Erbenlaub zugestimmt hatten. Sachsenspiegel. Landrecht (wie Anm. 47), S. 158 (II 30): *Swe so eme erve toseget nicht van sibbe halven, wan van gelovedes halven, dat hebbe men vor unrecht, men ne moge [dat] getugen, dat dat gelovede vor gerichte gestedeget si.* Vgl. Riemer, Sächsisches Erbrecht (wie Anm. 49), S. 25.

114) Vgl. auch Kasten, Testamentarische Regelungen (wie Anm. 19), S. 121, zur Testamentspraxis unter den europäischen Königshäusern: »Man bedurfte ihrer [der Testamente] nicht, um die Thronfolge zu regeln, dennoch regelten sie die Thronfolge und wiesen auch den jüngeren Söhnen ihren untergeordneten Platz in der Familienherrschaft zu, deren Ausstattung ein wichtiges Anliegen der Testamente war. [...] Kein König hat sich jedoch allein auf die testamentarischen Regelungen verlassen. Die Herrschertestamente sind in eine Reihe von Maßnahmen eingebunden gewesen wie vor allem die Vereidigung auf den künftigen Thronfolger und das eidliche Versprechen von Verwandten, Hofangehörigen und Herrschaftsträgern, ihm zur Königsherrschaft zu verhelfen [...].« Zum Testierrecht staufischer Vasallen auch Hauser, Lehnspolitik (wie Anm. 81), S. 329–338.

115) CDS I A/2 (wie Anm. 20), Nr. 298, S. 203 f.: [...] *consilio et permissione Wichmanni Magdeburgensis archiepiscopi coram Ottone fratre meo seniore Misnense marchione advocato montis et ceteris fratribus meis Heinrico, De-*

tragungstechniken zu erkennen. Die Veränderung väterlicher Erbbestimmungen (Überlassung des Guts Niemegk) erforderte die Erlaubnis gleichberechtigter Erbnehmer, der Erbengemeinschaft, also der Brüder Dietrichs. Die Vergabe von Eigengut (Kapelle Eilenburg samt Zubehör), die grundsätzlich Teil der Erbmasse war, auf die sein Sohn Konrad Anspruch besaß, musste wieder von diesem im Sinne des Erbenlaubs genehmigt werden. So besaßen die Väter recht begrenzte Handlungsspielräume hinsichtlich der Gestaltung ihres Erbes[116].

Dies zeigt sich an den Auseinandersetzungen Albrechts (des Stolzen) von Meißen, des ältesten Sohns Markgraf Ottos, um das Erbe beziehungsweise »Testament« seines Vaters[117]. Laut Bericht der Chronik vom Petersberg hätte Markgraf Otto auf Anraten seiner Ehefrau Hedwig, einer Tochter Albrechts des Bären, die ihren zweiten Sohn Dietrich (den Bedrängten) mehr geliebt habe als ihren Erstgeborenen, sein Testament zugunsten seines jüngeren Sohnes ändern wollen (*testamento mutato*). Insbesondere sollte demnach Dietrich die Markgrafschaft Meißen erhalten. Nachdem Albrecht von diesem Vorhaben erfuhr, setzte er mit Hilfe seines askanischen Onkels Herzog Bernhard III. von Sachsen, seines wettinischen Onkels Markgraf Dedo III. von der Lausitz und dessen Sohn Konrad II., Albrechts Cousin, seinen Erbanspruch durch, indem er seinen Vater 1189 gefangen nehmen ließ, symbolisch dessen Schatz (*thesaurus*) von 30.000 Mark einkassierte und Otto erst auf Vermittlung des Kaisers wieder auf freien Fuß setzte[118]. Da-

done, Friderico, assensu filii mei Conradi facto datis [...]

116) Spiess, Familie (wie Anm. 37), S. 272. Dies zeigen noch die Ereignisse nach der Erbteilung Heinrichs des Erlauchten in der zweiten Hälfte des 13. Jahrhunderts. Nachdem Landgraf Albrecht von Thüringen nach 1263 gewaltsam weitere Ansprüche gegenüber seinem Vater geltend gemacht hatte, geriet er in dessen Gefangenschaft und wurde zum Sühnevertrag von Tharand vom 30. April 1270 gezwungen: Otto Posse, Die Hausgesetze der Wettiner bis zum Jahre 1486, Leipzig 1889, Tafel 8; inhaltliche Beschreibung bei Rogge, Herrschaftsweitergabe (wie Anm. 12), S. 22. Demnach verpflichtete sich Albrecht, alle Ansprüche und Forderungen, die er seit der Teilung seines Vaters erhoben hat, fallen zu lassen (*ab eo tempore quo nos emancipavit vel ab ipso* [sc. Heinrich] *separavit*). Die Urkunde spricht explizit von trennen (*separare*), aber besonders davon, dass er aus väterlicher Gewalt entlassen wurde (*emancipare*), was bedeutete, dass er zu Lebzeiten des Vaters keine weiteren Erbansprüche besaß. Sollte Albrecht gegen die Bestimmungen des Vertrages verstoßen, habe Heinrich das Recht, das Erbe Albrechts, welches diesem nach dem Tod des Vaters zustehe, zu entziehen und dieses Albrechts Bruder Dietrich oder irgendjemand anderem zu übertragen. Zum einen wird hier das Recht des Sohnes auf das väterliche Erbe, welches ihm nach dem Tod zufallen sollte, angesprochen, auf der anderen Seite steht aber die (erzwungene) Zustimmung des Erben gegenüber dem Erblasser (im Sinne des Erbenlaubs), dass dieser über das Erbe frei verfügen könne.

117) Dazu ausführlich Karl Wenck, Ein meissnischer Erbfolgekrieg am Ende des 12. Jahrhunderts, in: Zeitschrift des Vereins für Thüringische Geschichte und Altertumskunde 10 (1880/82), S. 183–218; vgl. Hauser, Lehnspolitik (wie Anm. 81), S. 280–283; Pätzold, Wettiner (wie Anm. 12), S. 56 f.

118) Chronik des Lauterbergs (wie Anm. 21), S. 159 f.: *Otto Misnensis marchio a filio suo Alberto captivatus est pro causa huiusmodi. Cum esset duorum pater filiorum, Alberti et Tiderici, Albertum, qui maior natu erat, marchionem post se ordinaverat iuniori sufficientibus satis reditibus aliis deputatis. Mater vero iuniorem plus diligens marito persuadere conata est, ut feoda, que meliora habebat, ipsi assignaret, ad postremum eciam, ut testamento mutato ordionacionem de seniore factam in iuniorem transferret. Ad quod cum marchio inclinatus hoc facere intenderet, hoc*

mit war die Angelegenheit aber noch nicht beendet, denn 1190 versuchte wiederum Dietrich seine Erbansprüche gewaltsam gegen seinen älteren Bruder durchzusetzen, wobei er durch die Heirat mit Jutta, der Schwester Landgraf Hermanns I. von Thüringen, ludowingische Unterstützung erhielt[119)].

Während der zeitgenössische Bericht der Pegauer Annalen von einem geänderten Testament Ottos von Meißen zugunsten seines jüngeren Sohnes nichts zu berichten weiß, dafür aber die gewaltsame, innerfämiliäre Auseinandersetzung insbesondere mit Blick auf die damit einhergehenden Schäden für Land und Leute schildert und die vermittelnde Rolle Kaiser Friedrichs I. und König Heinrichs VI. betont[120)], argumentiert die Chronik vom Lauterberg retrospektiv im Sinne Markgraf Dietrichs des Bedrängten, des zur Zeit ihrer Abfassung regierenden Herrschers. Nicht nur habe sich Albrecht gegen die Erbregelung des Vaters unrechtmäßig verhalten und damit für Elend und Zerstörung gesorgt. Wichtiger noch erscheint es dem Chronisten, die drohenden Strafmaßnahmen des Kaisers gegen dieses Vorgehen zu betonen. Dieser habe Albrecht hinrichten lassen wollen, hätte ihn nicht sein Kreuzzugsgelübde davon abgehalten. Seinem Sohn Heinrich VI. aber habe der Kaiser angeblich den Auftrag erteilt, Albrechts »abscheuliche« Tat nicht ungesühnt zu lassen. Diese Passage bezieht sich unmittelbar auf jene für die Wettiner so prekäre Situation des intragenerationellen Übergangs der Markgrafschaft von Albrecht auf Dietrich im Jahr 1195 und die Einziehung der Mark durch Kaiser Heinrich VI., welche die wettinische Herrschaft existenziell bedrohte (vgl. Abschnitt V). Erst Albrechts Zuwiderhandeln gegenüber dem väterlichen Testament habe die Wettiner in diese Lage gebracht, so das Narrativ des Chronisten vom Petersberg. Ähnlich düster ist das Bild, dass die, freilich erst später entstandene, Reinhardsbrunner

comperto senior filius consilio, ut fertur, Bernhardi ducis avunculi sui et aliorum quorundam parentum et amicorum fideliumque suorum patrem captum in castro Dewin detinuit, testamenti prioris ab eo exigens confirmacionem deputatis ei custodibus, quorum unus fuit Conradus comes, filius Dedonis marchionis, fratris Ottonis marchionis. Unde eciam presumptum est, ipsum Dedonem captivacionis eius conscium fuisse. Imperator vero rem gestam audiens graviter accepit, certumque erat, quod morte Alberti factum vindicaturus fuisset, nisi eum peregrinacionis sue promovende intencio prohibuisset. Missa tamen legacione ei sub obtentu gracie sue precepit, ut patrem a captivitate relaxaret, monens eciam patrem, ut dissimulato dolore in graciam suam filium revocaret. Filio vero suo Heinrico regi iniunxit solicite, ne facti detestandi negligeret ulcionem. Sicque marchio solutus est thesauris suis, quos plurimos habebat, a filio ex parte iam maxima devastatis. Wenck, Erbfolgekrieg (wie Anm. 117), S. 193–197; Marquis, Geschichtsschreibung (wie Anm. 21), S. 210–213; Hauser, Lehnspolitik (wie Anm. 81), S. 281 f.; Büttner, Geld (wie Anm. 79), S. 108.

119) Chronik des Lauterbergs (wie Anm. 21), S. 173; Chronica Reinhardsbrunnensis (wie Anm. 24), S. 551–554; Wenck, Erbfolgekrieg (wie Anm. 117), S. 200–203, 209–212; Marquis, Geschichtsschreibung (wie Anm 21), S. 213–215; Wiegand, ›Windfahne‹ (wie Anm. 13), S. 5; Pätzold, Wettiner (wie Anm. 12), S. 57–60.

120) Annales Pegavienses et Bosvienses, hg. von Georg Heinrich Pertz (MGH SS 16), Hannover 1859, S. 234–274, hier S. 266 f.

Chronik von Albrecht von Meißen zeichnet[121]. Während aber die Petersberger Chronik Albrecht die Missachtung des väterlichen Willens vorwarf, wandelte die Reinhardbrunner Geschichtsschreibung dieses Motiv nun dahingehend, dass allein Albrecht die Behauptung aufgestellt hätte, man habe ihn um seine Erbansprüche auf die Mark Meißen bringen wollen[122].

Aus der testamentarischen Regelung des Vaters wurde eine vermeintliche Rechtfertigungsstrategie Albrechts, mit deren Hilfe dieser sein in den Augen des Chronisten anstößiges Handeln legitimierte. So mochte schon dem Reinhardsbrunner Geschichtsschreiber die Abweichung von der gängigen Erbpraxis, die Bevorzugung des jüngeren zu Ungunsten des älteren Sohnes, als wenig plausibeles Narrativ erscheinen, womit er die allgemeinen erbrechtlichen Vorstellungen im Untersuchungsraum spiegelte. Das Übergehen des ältesten Sohns in der Nachfolge der wichtigsten Herrschaftsrechte der Familie mochten nicht wenige Zeitgenossen als skandalös empfunden haben. Nicht ohne Grund konnte sich Albrecht bei der Abwehr der »allen Erbgewohnheiten widersprechende[n] Zurücksetzung durch den Vater«[123] auf die Unterstützung der mit ihm verwandten sächsischen Fürsten verlassen, handelte er doch nach gemeinhin akzeptierter Rechtsge-

121) Chronica Reinhardsbrunnensis (wie Anm. 24), S. 543 f.: *Interea* [...] *in Orientali Saxonia intestinorum bellorum acrimonia incredibiliter exorta est. Nam filius Ottonis marchionis* [sc. Albrecht], *territorii Misnensis principatum gubernantis, eundem patrem suum dolo circumveniens captivum abduxit et urbes paternas hostiliter occupans, vim quam potuit cum iniquitatis sue fautoribus patri intulit et universam provinciam patricidali infamia decoloravit.* Nach Tebruck, Geschichtsschreibung (wie Anm. 23), S. 170, war Albrecht »in den ›Historien‹ des Reinhardsbrunner Anonymus zum abgründig bösen Gegner des Landgrafen schlechthin stilisiert worden.«

122) Chronica Reinhardsbrunnensis (wie Anm. 24), S. 544: *Filius vero patri titulum emancipacionis ac proscribende hereditatis instanter opposuit, asserens se exhereditato filium iuniorem* [sc. Dietrich] *in principatu debere provehi et circa ea que ipsum attingerent preditum fieri.* Die negative Charakterisierung Albrechts des Stolzen in der Reinhardsbrunner Chronik wird zudem dadurch unterstrichen, dass dieser ohne Erlaubnis den Italienzug Heinrichs VI. 1190 verlassen haben soll, um gegen seinen jüngeren Bruder vorzugehen, da er fürchtete, dass dieser ihn aus seinen Herrschaftsrechten drängen würde, ebd., S. 550: *Adalbertus quoque iunior marchio Mysnensis ante ingressum Appulie fuga cum paucis suorum disparens ad emancipandum fratrem suique principatus possidenda gubernacula reversus est.* Vgl. Wenck, Erbfolgekrieg (wie Anm. 117), S. 199 f. Auf diese Weise sollte zudem betont werden, dass Dietrich der Bedrängte, der mit Jutta, der Schwester Landgraf Hermanns I. von Thüringen verheiratet war, der legitime Nachfolger Ottos von Meißen gewesen sei. Schließlich sollten so auch die ludowingischen Ansprüche auf das wettinische Erbe nach der Eventualbelehnung 1226 und 1227 unterstrichen werden. Dass Albrecht von Meißen zudem Landgraf Hermann I. vor Kaiser Heinrich VI. des Hochverrats bezichtigte, sollte den ungeliebten Meißner Markgrafen weiter desavouieren, bis hin zu dessen qualvollen Tod, der in aller Grausamkeit geschildert wird, Chronica Reinhardsbrunnensis (wie Anm. 24), S. 554, vgl. Wenck, Erbfolgekrieg (wie Anm. 117), S. 204, 212; Wiegand, ›Windfahne‹ (wie Anm. 13), S. 5, und die Angaben in Anm. 145 oben.

123) Thieme, Wettiner (wie Anm. 12), S. 292. Vgl. Schulze, Erstgeburt (wie Anm. 37), S. 178; Wenck, Erbfolgekrieg (wie Anm. 117), S. 194; Hauser, Lehnspolitik (wie Anm. 81), S. 282. Zu den verwandtschaftlichen Verbindungen Albrechts des Stolzen zu den Askaniern Mielzarek, Albrecht der Bär (wie Anm. 12), S. 259–261.

wohnheit, welche zumal durch den Kaiser anerkannt wurde[124]. Darüber hinaus war bereits einige Jahre zuvor die Nachfolge in der Mark Meißen wie auch in der Lausitz verbindlich geregelt worden. Im Jahr 1185 führten sowohl Markgraf Ottos Sohn Albrecht wie Markgraf Dedos III. Sohn Konrad II. bereits den Markgrafentitel, Albrecht sogar auf einem Landding zu Collm[125]. So verwundert es nicht, dass Dedo III. und sein Sohn Konrad II. die Ansprüche ihres Neffen beziehungsweise Vettern gegen Otto von Meißen unterstützten. Der Bruch des Vaters mit der bereits öffentlich bezeugten Erbfolgeregelung verstieß gegen etablierte Übertragungsmodelle und eingeübte Erbpraxis, er mochte darüber hinaus eigene Erbplanungen gefährden.

IV.

Der mit Ostsiedlung und Landesausbau verbundene Wandel adliger Herrschaftsausübung – von einer Herrschaft über Personen und Personengruppen hin zu einer Herrschaft über geographische Räume und den darin lebenden Menschen – bedeutete zugleich einen Wandel der adligen Vererbungsgewohnheiten[126]. Erbteilungen sollten zwar innerfamiliäre Streitigkeiten vermeiden, mochten aber zugleich den Zusammenhalt der aufkommenden Territorialherrschaften gefährden. Nicht zuletzt deshalb entwickelte auch der Adel des mitteldeutschen Raums gewisse Strategien beziehungsweise Techniken, Söhne von der Erbfolge auszuschließen. Dies geschah nach den bekannten Mustern, dass diese entweder in den geistlichen Stand eintraten oder unverheiratet blie-

124) Dennoch wurde der Vorfall, dass Albrecht sein Erbrecht gewaltsam durchsetzte, wohl als außergewöhnlich wahrgenommen. Die Annalen des Klosters Altzelle schildern die Festnahme Markgraf Ottos durch seinen Sohn zwar sehr viel nüchterner als der Chronist vom Petersberg. Annales Veterocellensis, hg. von Georg Heinrich PERTZ (MGH SS 16), Hannover 1859, S. 41–47, hier S. 43: *1189. Otto marchio captivatus est ab Alberto filio suo.* Doch in Anbetracht der auffälligen Sparsamkeit der Einträge der Altzeller Annalen, die allein Aufmerksamkeit erregende Begebenheiten im regionalen Bezugsrahmen des Klosters verzeichneten, musste sich die Auseinandersetzung Albrechts mit seinem Vater um die strittige Erbfolge in das Gedächtnis der Zeitgenossen eingebrannt haben. So hielten auch die zeitgenössischen Annalen des Aachener Kanonikerstifts St. Marien diese Begebenheit fest, Annales Aquenses, hg. von Georg WAITZ (MGH SS 24), Hannover 1879, S. 34–39, hier S. 39: *1189. Otto Mihsinensis marchio a filio suo captivus tenetur.* Dass darüber hinaus in den Altzeller Annalen weder der Tod Dietrichs des Bedrängten noch Kaiser Heinrichs VI. erwähnt wird (hingegen jener Markgraf Ottos des Reichen 1190 sowie Albrechts des Stolzen 1195), mag die latente Unsicherheit der wettinischen Herrschaft mit der Machtübernahme Dietrichs 1198 bis zur Volljährigkeit Heinrichs des Erlauchten 1230 spiegeln. Vgl. zur Altzeller Chronik MARQUIS, Geschichtsschreibung (wie Anm 21), S. 49–53; WINKEL, Herrschaft (wie Anm. 12), S. 269 f.; PÄTZOLD, Wettiner (wie Anm. 12), S. 268 f.

125) CDS I A/2 (wie Anm. 20), Nr. 509, S. 350 f.; Nr. 510, S. 351–353; Vgl. LINDNER, Dietrich (wie Anm. 12), S. 274. Auch Otto, der Sohn Albrechts des Bären, wurde in der Regierungszeit König Konrads III. bereits als *marchio* in den Urkunden angesprochen, vgl. MARCUS, Herzog Bernhard (wie Anm. 86), S. 43 f.

126) Vgl. WITTMANN, Adel Thüringens (wie Anm. 14), S. 65 f.

ben[127)]. Dies setzt voraus, dass die Übertragung des Erbes mit klar umrissenen Karriere- beziehungsweise Lebensplanungen der Kinder verbunden war, deren Durchsetzung wohl dem ältesten männlichen Familienmitglied zukam[128)]. Zugleich hing die Durchführung solcher Pläne von den vorhandenen Ressourcen einer Familie ab[129)]. Die standesgemäße Versorgung leiblicher Söhne verlangte entsprechende Herrschaftsrechte, die weitergegeben werden konnten. Dabei ist jedoch zu bedenken, dass erst das Spätmittelalter schriftlich fixierte Erbverzichtserklärungen einzelner Familienmitglieder in Form von Verzichtsurkunden kannte, während die in hochmittelalterlichen Urkunden auftauchenden Verzichtserklärungen Einzelansprüche auf bestimmte Güter, nicht jedoch das gesamte Erbe betreffen[130)].

Entsprechende »Erbpläne« sind am Beispiel der Ludowinger recht anschaulich nachvollziehbar[131)]. War 1123 die Würde des Grafen von Thüringen von Ludwig dem Springer allein auf seinen ältesten lebenden Sohn, den 1131 zum Landgrafen von Thüringen erhobenen Ludwig I. übergangen[132)], versuchte man durch eine konzertierte Heiratspolitik das Gisonische Erbe und damit die Grafschaft Hessen für den jüngeren Bruder Heinrich Raspe zu sichern[133)]. Ein dritter Sohn Ludwigs des Springers, Udo, wurde

127) Vgl. SPIESS, Familie (wie Anm. 37), S. 203 f.; KASTEN, Testamentarische Regelungen (wie Anm. 19), S. 81 f.; ROGGE, Herrschaftsweitergabe (wie Anm. 12), S. 315–325; Eva SCHLOTHEUBER, Familienpolitik und geistliche Aufgaben, in: Familie in der Gesellschaft des Mittelalters (wie Anm. 15), S. 223–247, hier S. 225 f.; Benjamin MÜSEGADES, Wohin mit den Kindern? Nachfolgeregelungen der Pfalzgrafen bei Rhein und Herzöge von Sachsen vom 14. bis zum 16. Jahrhundert, in: (Un)Gleiche Kurfürsten? Die Pfalzgrafen bei Rhein und die Herzöge von Sachsen im späten Mittelalter (1356–1547), hg. von DEMS./Jens KLINGNER (Heidelberger Veröffentlichungen zur Landesgeschichte und Landeskunde 19), Heidelberg 2017, S. 123–138. NOLTE, Familie (wie Anm. 91), S. 78, macht auf das allgemeine Problem des Adels aufmerksam, »gleichzeitig den Besitz zusammenzuhalten und den generativen Fortbestand zu sichern, und als Konsequenz die Entwicklung bestimmter Heirats- und Vererbungsstrategien«. Zu Erbschaftsstrategien JUSSEN, Verwandtschaftsforschung (wie Anm. 15), S. 286–302.

128) SPIESS, Familie (wie Anm. 37), S. 281 f.; DERS., Lordship (wie Anm. 37), S. 61 f.

129) NOLTE, Familie (wie Anm. 91), S. 84; SCHMID, Geblüt (wie Anm. 15), S. 77.

130) 1216 beurkundete etwa Hartmann von Lobdeburg den Verzicht seiner Gemahlin Christina auf Erbansprüche gegenüber gewissen Gütern, die ihre verstorbene Mutter, Markgräfin Sophia von Meißen, dem Kloster Altzelle übertragen hatte, vgl. CDS I A/3 (wie Anm. 20), Nr. 234, S. 173 f.; CDS II 19 (wie Anm. 60), Nr. 50, S. 75 f.; für ein ähnliches Beispiel auch TÜMMLER, Geschichte (wie Anm. 79), S. 52. Zum Erbverzicht SPIESS, Familie (wie Anm. 37), S. 332–337.

131) Vgl. ZÖLLNER, Ludowinger (wie Anm. 13), S. 46, 58 f.; auch WERNER, Reichsfürst (wie Anm. 13), S. 128 Anm. 12. Für die Genealogie der Ludowinger vgl. TEBRUCK, Geschichtsschreibung (wie Anm. 23), S. 409, und die Stammtafeln bei WERNER, Reichsfürst (wie Anm. 13); DERS., Friedrich (wie Anm. 13).

132) Das Chronicon Gozecense spricht explizit davon, dass die Söhne Ludwigs des Springers, Ludwig und Heinrich Raspe I., jeder für sich ihren Teil des Erbes angetreten hätten, Richard AHLFELD, Die Gosecker Chronik (Chronicon Gozecense), in: Jahrbuch für die Geschichte Mittel- und Ostdeutschlands 16/17 (1968), S. 1–49, hier S. 38, XIV: *Defuncto patre filii successerunt et partes singulas singuli hereditauerunt.*

133) Während dieser nämlich Hedwig, die Witwe Graf Gisos IV. von Gudensberg heiratete, nahm dessen Bruder Ludwig deren gleichnamige, aus der Ehe mit Giso IV. stammende Tochter zur Frau. Mit dem Tod Gisos V. auf

hingegen Bischof von Naumburg (1125–1148) und schied damit aus der Erbfolge aus. In der nächsten Generation wiederholte sich, dank Kinderlosigkeit Heinrich Raspes I., dieses Modell, welches nun sogar mit der Namengebung[134] der folgenden Generation verbunden wurde: Der erstgeborene Sohn Ludwig II. wurde wohl schon bei seiner Geburt zum Landgrafen von Thüringen bestimmt und bekanntlich nach dem Tod seines Vaters 1140 noch als Kind auf einem Reichstag zu Worms von Konrad III. zum Landgrafen erhoben[135]. Der zweitgeborene Heinrich, der wiederum den Zunamen Raspe bekam, erhielt die Grafschaft Hessen, die im Gegensatz zur Landgrafschaft kein vom König verliehenes Amt, sondern ludowingisches Allodialgut war[136]. Der jüngste, ebenfalls Ludwig genannte Sohn, wurde auf eine geistliche Karriere als Mönch im Kloster Reinhardsbrunn vorbereitet.

Abermals sorgte der generative Zufall dafür, dass Heinrich Raspe II. erbenlos blieb und die Grafschaft Hessen an seinen Bruder zurückfiel. Unter den Söhnen Ludwigs II. wurde erneut der älteste, gleichnamige Sohn Ludwig III. mit der Landgrafenwürde ausgestattet, doch unterbrach nun der zweitälteste Sohn Friedrich die ludowingische Namenstradition zugunsten der staufischen, war doch seine Mutter Jutta eine Tochter

dem zweiten Italienzug Lothars III. 1137 fiel die bereits zeitweilig von Heinrich Raspe I. verwaltete Grafschaft Hessen endgültig an die Ludowinger. Vgl. WELLER, Heiratspolitik (wie Anm. 12), S. 591 f.; Mathias WERNER, Neugestaltung in der Mitte des Reiches. Thüringen und Hessen nach dem Ende des ludowingischen Landgrafenhauses 1247 und die Langsdorfer Verträge von 1263, in: Neugestaltung in der Mitte des Reiches. 750 Jahre Langsdorfer Verträge. 1263/2013, hg. von Ursula BRAASCH-SCHWERSMANN/Christine REINLE/Ulrich RITZERFELD (Untersuchungen und Materialien zur Verfassungs- und Landesgeschichte 30), Marburg 2013, S. 5–118, hier S. 22–24; DERS., Friedrich (wie Anm. 13), S. 271 f.; DERS., Reichsfürst (wie Anm. 13), S. 131–134, zum ludowingischen Herrschaftsbereich. Vgl. auch ZÖLLNER, Ludowinger (wie Anm. 13), S. 44; Bettina ELPERS, Die Beteiligung der Ludowingerinnen an der Landesherrschaft. ›Sola sedens domina gentium, principissa provinciarum‹, in: Hessisches Jahrbuch 46 (1996), S. 79–113, hier S. 85 f.

134) Vgl. dazu die Beiträge in: Machterhalt und Herrschaftssicherung. Namen als Legitimationsinstrument in transkultureller Perspektive, hg. von Matthias BECHER/Hendrik HESS (Macht und Herrschaft 8), Göttingen 2019, sowie Nomen et gens. Zur historischen Aussagekraft frühmittelalterlicher Personennamen, hg. von Dieter GEUENICH/Wolfgang HAUBRICHS/Jörg JARNUT (Ergänzungsbände zum Reallexikon der germanischen Altertumskunde 16), Berlin/New York 1997, und Konkurrierende Zugehörigkeit(en). Praktiken der Namengebung im europäischen Vergleich, hg. von Christof ROLKER/Gabriela SIGNORI (Spätmittelalterstudien 2), Konstanz 2011.

135) Annales Pegavienses (wie Anm. 120), S. 258: *Anno 1140. Luodewicus provincialis comes obiit* [...]; *ibi* [sc. Worms] *Luodewicus, adhuc puer, provincialis efficitur.* Cronica S. Petri Erfordensis moderna, hg. von Oswald HOLDER-EGGER, in: Monumenta Erphesfurtensia saec. XII. XIII. XIV. (MGH SS rer. Germ. 42), Hannover/Leipzig 1899, S. 150–398, hier S. 174 f.: *MXCL. Ludewigus provincialis comes obiit II. Idus Ianuarii.* [...] *Cunradus rex circa purificacionem sancte Marie curiam suam habuit Wormacie, ubi Ludewigus filius Ludewici provincialis comitis, admodum puer, clemencia regis ac principum Thuringie adeptus est principatum.* Vgl. ZÖLLNER, Ludowinger (wie Anm. 13), S. 56.

136) Auf die intergenerationelle Gleichnamigkeit macht bereits die Gosecker Chronik aufmerksam, AHLFELD, Gosecker Chronik (wie Anm. 132), S. 38, XIV: *Lodeuuicus* [sc. Landgraf Ludwig I.] *duos filios genuit, quos sui fratisque nomine nuncupauit.*

Herzog Friedrichs II. von Schwaben, Friedrich I. Barbarossa somit sein Onkel. Ob Ludwig II. für Friedrich irgendeine Form der Herrschaftsbeteiligung beabsichtigte, muss unklar bleiben. Das mit den Namen Ludwig und Heinrich verbundene ludowingische Erbmodell änderte sich jedenfalls nicht, denn für Friedrich war eine geistliche Karriere als Propst von St. Stephan in Mainz vorgesehen[137]. Der dritte Sohn Heinrich Raspe III. wurde hingegen gemäß eingespielter Praxis Graf von Hessen. Ob für den jüngsten Sohn Hermann ebenfalls eine geistliche Karriere vorgesehen war, muss unklar bleiben, jedoch sorgte die 1180 vollzogene Übertragung der sächsischen Pfalzgrafschaft an Landgraf Ludwig III., nachdem Adalbert von Sommerschenburg 1179 erbenlos verstorben war, für eine Ressourcenerweiterung, die die Ausstattung Hermanns mit einem weltlichem Herrschaftstitel und zugleich eine entsprechende Rangerhöhung ermöglichte. Die Erbansprüche auf die Pfalzgrafschaft wurden durch die Ehe Hermanns mit Sophia, einer Tochter Pfalzgraf Friedrichs II. von Sommerschenburg, untermauert. Die 1180 durch den Tod Heinrich Raspes III. anfallenden hessischen Besitzungen verblieben aber bei Ludwig III. von Thüringen und wurden nicht mit Pfalzgraf Hermann geteilt, der freilich 1190 mit dem Ableben seines ältesten Bruders alle ludowingischen Herrschaftsrechte in seiner Hand vereinen konnte[138].

Da Friedrich von Ziegenhain und dessen Nachfolger de facto aus der ludowingischen Erbfolge ausgeschieden waren, konnte Landgraf Hermann I. abermals die ludowingischen Besitzungen geschlossen an seine Erben weitergeben. Der generative Zufall verhinderte erneut die Aufspaltung der Familie in mehrere Linien wie etwa bei den Wettinern nach 1156. Zugleich entwickelten die Ludowinger nun eine veränderte Strategie hinsichtlich der intergenerationellen Herrschaftsweitergabe. Dabei mochte der Aufenthalt zweier Söhne Ludwigs II. am Hof des französischen Königs Ludwig VII. eventuell eine Rolle gespielt haben, bei denen es sich um Ludwig III. und Hermann I. gehandelt haben könnte[139]. Freilich führten diese noch keine Form der Primogenitur ein, doch können wir nun allmählich die Konzentration von Herrschaftstiteln in der Hand des regierenden Fürsten beobachten. Deutlich wird dies im Vorgehen Landgraf Ludwigs IV. Nachdem dieser 1217 die Landgrafschaft von seinem Vater Hermann I. übernommen hatte, schloss er seine beiden jüngeren Brüder von jeglicher Form der Herrschaftsbeteiligung aus und verzichtete auch auf die vorher praktizierte Abschichtung von Herrschaftsrechten beziehungsweise -titeln zugunsten jüngerer Brüder[140]. Hier mochte zum

137) Vgl. Werner, Friedrich (wie Anm. 13), S. 273; Elpers, Beteiligung (wie Anm. 133), S. 88 f.

138) Vgl. Weller, Heiratspolitik (wie Anm. 12), S. 610; Werner, Friedrich (wie Anm. 13), S. 273, 287; Thieme, Wettiner (wie Anm. 12), S. 289; Hauser, Lehnspolitik (wie Anm. 81), S. 307.

139) CDS I A/2 (wie Anm. 20), Nr. 306, S. 208 f. Landgraf Ludwig II. empfahl demnach König Ludwig VII. von Frankreich zwei seiner Söhne, welche er zum Studium nach Paris geschickt habe.

140) Werner, Neugestaltung (wie Anm. 133), S. 24 f.; Ders., Reichsfürst (wie Anm. 13), S. 128 f., und ebd., S. 139: »[...] erscheint es als um so bemerkenswerter, daß Ludwig IV. entgegen der Praxis seiner Vorgänger Ludwig II. und Ludwig III. seine regierungsfähigen jüngeren Brüder nicht an der Herrschaft beteiligte und abwei-

einen das Vorgehen Heinrichs VI. 1190 gegen Ludwigs Vater Hermann I. nachgewirkt haben, da der Kaiser die Erbansprüche des Ludowingers auf die Landgrafschaft in der Nachfolge seines Bruders anfänglich nicht akzeptierte (vgl. Abschnitt V). Eine ähnlich bedrohliche Situation aufgrund generativer Unsicherheit (Hermann I. besaß im Jahr 1190 keine eigenen männlichen Erben) sollte womöglich durch die Konzentration von Herrschaftsrechten in einer Hand vermieden werden, da so eigene Erbansprüche auf Grundlage einer deutlich erhöhten Machtbasis durchgesetzt werden konnten. Zum anderen verfolgte Ludwig IV. wohl tatsächlich den Plan einer Art Primogenitur, die die Übertragung der in einer Hand konzentrierten ludowingischen Besitzungen an seinen Sohn Hermann II. vorsah[141]. Sein früher Tod 1227 und die Herrschaftsübernahme durch seinen jüngeren Bruder Heinrich Raspe IV. scheinen diese Pläne aber zunichte gemacht zu haben, da Heinrich zur gewohnten Praxis der Abschichtung von Herrschaftstiteln zurückkehrte[142].

Derart eingespielte Erbpläne beziehungsweise Erbmodelle wie jenes der Ludowinger kennen wir von anderen Familien des Untersuchungsraums in dieser Form nicht, zumal deren Umsetzung von nur schwer zu kontrollierenden Variablen abhängig war. Dass drei Generationen hessischer Grafen kinderlos blieben, könnte zumindest für Heinrich Raspe II. und Heinrich Raspe III. mit einem Heiratsverbot einhergegangen sein, das sich jedoch nicht eindeutig belegen lässt. Jedenfalls ermöglichte das doch recht weit verstreute hessische Erbe, welches man nachgeborenen Söhnen übertragen konnte, die Ausstattung des Erstgeborenen mit den wesentlich wichtigeren thüringischen Herrschaftskomplexen. Zugleich unterschied man wohl klar zwischen dem Amtstitel der Landgrafschaft und den allodialen hessisch-rheinischen Gütern[143]. Die Reduktion erbberechtigter Nachkommen in Korrelation zur vorhandenen Erbmasse, insbesondere zu den zu vergebenden Herrschaftstiteln, war hingegen bei den Familien des Untersuchungsgebiets übliche Praxis[144]. Verfügte Markgraf Konrad von Meißen im Jahr 1156 mit der Mark Meißen, der Mark Lausitz sowie weiteren allodialen Grafschaften über

chend von der vor ihm immer wieder praktizierten Abschichtung einzelner ludowingischer Herrschaftsbereiche wie Hessen oder der Pfalzgrafschaft Sachsen die gesamte Regierungsgewalt in seiner Hand behielt. Ganz offensichtlich suchte er ein Auseinanderfallen des großen ludowingischen Hauses in mehrere Linien zu vermeiden und die alleinige Nachfolge für seine Nachkommen, d.h. bis 1227 allein für seinen im März 1222 geborenen Sohn Hermann, zu sichern.«

141) Einfluss auf den Versuch Ludwigs IV. zur Etablierung einer Primogeniturordnung mochte zugleich dessen Gemahlin Elisabeth von Thüringen gehabt haben, beschwerte sie sich doch darüber, dass Brüder ihres Gatten den »rechtmäßigen« Erben Ludwigs IV., ihren Sohn Hermann, übergangen hätten, vgl. Werner, Reichsfürst (wie Anm. 13), S. 153 (bes. Anm. 118), 262.

142) Werner, Neugestaltung (wie Anm. 133), S. 26 f.; Ders., Reichsfürst (wie Anm. 13), S. 152 f.

143) Weller, Heiratspolitik (wie Anm. 12), S. 624; Werner, Friedrich (wie Anm. 13), S. 272.

144) Vgl. Marcus, Herzog Bernhard (wie Anm. 86), S. 60–62, zu den bereits zu Lebzeiten Albrechts des Bären vorgenommenen Aufteilungs- beziehungsweise Abschichtungsprozessen unter seinen Söhnen; Rübsamen, Herrschaftsträger (wie Anm. 14), S. 351, für den pleißenländischen Adel; Wittmann, Adel Thüringens (wie

eine ausreichende Anzahl an weltlichen Herrschaftstiteln, die jedem seiner fünf Söhne eigenständige Herrschaftsübung ermöglichte, so wurden bereits in der nächsten Generation Versuche unternommen, einzelne männliche Nachkommen in den geistlichen Stand zu bringen, um so die nunmehr verkleinerten Herrschaftsgrundlagen nicht weiter zu reduzieren, was mit der Abschichtung gewisser Erbgüter auf Lebenszeit einherging[145].

Eine Reduktion erbberechtigter Söhne führte jedoch mitunter zu gewissen generativen Engpässen, die den Fortbestand einzelner Adelshäuser bedrohen konnten. Allgemein scheinen die meisten Adelsfamilien im Untersuchungszeitraum in mindestens einer Generation einer Situation generativer Bedrohung gegenüber gestanden zu haben. So lässt sich etwa bei den Wettinern in der Generation Heinrichs des Erlauchten in der ersten Hälfte des 13. Jahrhunderts ein solcher generativer Flaschenhals erkennen. Wiesen in der Generation Ottos von Meißen die einzelnen wettinischen Linien im Durchschnitt eine Nachkommenschaft von 2,2 erwachsenen Söhnen pro Vater auf, so reduzierte sich dies in der nachfolgenden Generation bereits auf durchschnittlich 0,625 erwachsene Söhne. Erst die Söhne und Enkel Heinrichs des Erlauchten sorgten ab Mitte des 13. Jahrhunderts für eine generative Entspannung, sodass die Erbfolge innerhalb der Familie gesichert war. Dass Heinrichs ludowingischer Onkel Ludwig IV. 1226

Anm. 14), S. 78 f., am Beispiel der Grafen von Schwarzburg-Käfernburg. Zu generativen Strategien im Hoch- und Niederadel NOLTE, Familie (wie Anm. 91), S. 87 f.

145) So berichtet die Chronik vom Lauterberg, dass Markgraf Dietrich II. von der Lausitz seine Güter in Groitzsch jenseits der Mulde seiner Gemahlin Kunigunde als Wittum und seinem jüngsten Sohn Dietrich, Bischof von Merseburg (1201–1215), auf Lebenszeit übertragen hatte und diese nach dem Tod des Markgrafen an dessen jüngeren Bruder Dedo V. von Groitzsch/Rochlitz gefallen seien, Chronik des Lauterbergs (wie Anm. 21), S. 165: *Tidericus marchio, frater Dedonis, Groiz possessionem quandam sue proprietatis super fluvium Mildam Cunegundi comitisse et Tiderico filio eius Mersenburgensi episcopo dedit, quamdiu viverent, possidendam.* Die Abschichtung von Gütern auf Lebenszeit zur Versorgung nachgeborener Söhne in geistlichen Ämtern wird bereits in einer Urkunde des Ludowingers Udo I., Bischof von Naumburg, aus dem Jahr 1145 deutlich, UB Naumburg 1 (wie Anm. 20), Nr. 172, S. 151 f.; CDS I A/2 (wie Anm. 20), Nr. 184, S. 129 (Regest). Udo übertrug der Naumburger Domkirche eine Hörige samt ihrer Nachkommenschaft und ihrem Bruder. Bei dieser Übertragung waren auch seine Erben anwesend (*heredibus meis presentibus*). Zugleich entschädigte er das Hochstift für gewisse Güter, die er an den Stiftsvogt Konrad von Meißen abtreten musste, durch eigenes Erbe, das er von seinen Eltern erhalten hatte (*que ex hereditate parentum meorum mihi successerant*), UB Naumburg 1 (wie Anm. 20), Nr. 173, S. 152 f.; CDS I A/2 (wie Anm. 20), Nr. 185, S. 129 f. Diese Erbgüter waren die Dörfer Helfta, Kleinkorbetha und Holleben. Alles, was in diesen drei Dörfern sein Erbgut sei (*quicquid enim in his villis mihi hereditario iure successerat*), sollte an die Naumburger Domkirche übergehen, wobei wiederum seine Erben zur Erteilung des Erbenlaubs anwesend waren (*heredibus nostris astantibus*). Was der Bischof hier seiner Kirche übertrug, war Streubesitz an den Rändern des ludowingischen Herrschaftsbereichs. Dieses Beispiel mag verdeutlichen, mit welchen zum Teil geringen Mitteln nachgeborene Söhne abgeschichtet wurden. Sehr viel bedeutender waren die eigenen kolonisatorischen Leistungen des Bischofs in seinem Hochstift. Diese setzte er, dem innerfamiliären Auftrag folgend, zur Sicherung der Memoria seines Vaters, Graf Ludwigs des Springers, ein, als er am 13. April 1147 diverse Güter und Einkünfte an das Kollegiatstift Zeitz übertrug, vgl. UB Naumburg 1 (wie Anm. 20), Nr. 179, S. 159 f.; CDS I A/2 (wie Anm. 20), Nr. 201, S. 138 f.

und sein Cousin Hermann II. 1227 eine kaiserliche Eventualbelehnung beim vorzeitigen Ableben Heinrichs von Meißen erwirkt hatten[146], spiegelt diese Situation generati-

146) Zum Phänomen der Eventualbelehnung, die von Anwartschaften (Exspektanzen) unterschieden werden muss, Goez, Leihezwang (wie Anm. 46), S. 76–94; Krause, Sachsenspiegel (wie Anm. 102), S. 85–89. Lehnsanwartschaften beziehungsweise Eventualbelehnung waren keine Seltenheit. Im Gegenteil scheint es nach Eindruck des Sachsenspiegels »öfter vorgekommen zu sein, dass ein Lehnsherr das Lehen eines Vasallen bereits einer anderen Person zugesagt hat, bevor es ledig geworden ist«, so Spiess, Formalisierte Autorität (wie Anm. 78), S. 145. Allein die Reinhardsbrunner Geschichtsschreibung berichtet davon, dass der Kaiser 1226 Ludwig IV. die Mark Meißen, die Lausitz, sowie die *terram Pruscie* in Aussicht gestellt habe, Chronica Reinhardsbrunnensis (wie Anm. 24), S. 605: *Imperator ergo, quia idem lantgravius bene ad placitum sue voluntatis obsequium sibi prestiterat, contulit sibi iure pheodi marchiam Mysnensem et Lusaciam et terram Pruscie quantum expugnare valeret et sue subicere potestati.* In einer auf den 6. Dezember 1227 datierten Urkunde berichtete Friedrich II. den Fürsten des Reichs, dass er Landgraf Ludwig IV. allein die Mark Meißen für dessen Kreuzzugsteilnahme versprochen habe, der Landgraf aber vor Ortranto aufgrund eines Fiebers gestorben sei, CDS I A/3 (wie Anm. 20), Nr. 397, S. 278 f.: *Et ceteris insuper passagium transituris cum nobili viro principe et consanguineo nostro lantgravio Thuringie de marchia Misnensi gratiam fecimus, ut crucem assumeret et veniret, qui eamdem marchiam ex iure imperii simili modo tenere possemus valentem ultra xx milia marcarum argenti per annum, et addidimus etiam de camera nostra quinque milia marcarum, eligentes potius utilitati nostre deesse quam servicio crucifixo.* Die Eventualbelehnung Hermanns II. vom September 1227 ist hingegen urkundlich überliefert, ebd., Nr. 395, S. 277, stellte aber wiederum allein die Mark Meißen in Aussicht. Vgl. dazu Lutz, Heinrich der Erlauchte (wie Anm. 3), S. 77–79; Zöllner, Ludowinger (wie Anm. 13), S. 43; Krause, Sachsenspiegel (wie Anm. 102), S. 90 Anm. 205. Zugleich versuchte die ludowingische Geschichtsschreibung den mit der kaiserlichen Eventualbelehnung einhergehenden Erbanspruch durch eine konstruierte genealogische Abstammung von Wettinern und Ludowingern auf einen gemeinsamen Urahn zu untermauern, wie sie in der zeitgenössischen Schrift ›De ortu principum Thuringiae‹ aufscheint. Vgl. dazu auch Tebruck, Geschichtsschreibung (wie Anm. 23), S. 162 (hier Anm. 152), 169–171. So wurde über Adelheid von Stade († 1110), Gemahlin Ludwig des Springers († 1123), eine gemeinsame Abstammung konstruiert. Denn Adelheid, eine Tochter Markgraf Lothar Udos II. von der Nordmark († 1082), soll demnach eine Schwester namens Uta besessen haben, die mit Thimo von Wettin († ca. 1101), dem Vater Markgraf Konrads des Großen verheiratet gewesen sein soll. De ortu principum Thuringiae (wie Anm. 23), S. 821: *Hec* [sc. Adelheid] *nobilissima Saxonum stirpe progenita, Utonis marchionis de Stadin erat filia; cuius sororem Utam nomine comes Thiemo Saxonicus duxit et ex ea Cunradum marchionem, patrem Ottonis marchionis, avum Dieterici marchionis de Misne et Adile, progenuit. Quam Adelheidim, ut predictum es, Ludewicus comes sibi coniunxit et cum ea divicias innumeras sibi hereditavit.* Freilich war Thimo von Wettin mit Ida, einer Tochter Herzog Ottos II. von Northeim, verheiratet gewesen. Tatsächlich aber waren Ludowinger und Wettiner miteinander verschwägert, denn Berengar von Sangerhausen, der Bruder Ludwig des Springers, war mit Bertrada, einer Tochter Graf Konrads von Katlenburg verheiratet gewesen, vgl. Genealogia Wettinensis (wie Anm. 22), S. 228; Posse, Genealogie (wie Anm. 58), Tafel 1; Tebruck, Geschichtsschreibung (wie Anm. 23), S. 402 f., bes. Anm. 26; Pätzold, Herrschaft (wie Anm. 58), S. 16. Doch über diese eheliche Verbindung des jüngeren Bruders Thimos von Wettin und damit nachrangigen Onkels des späteren Markgrafen Konrad von Meißen ließen sich für die Ludowinger kaum erbrechtliche Ansprüche ableiten. Mit Petersohn, Ludowinger (wie Anm. 13), S. 13, ist mit Blick auf ›De ortu principum Thuringiae‹ daher festzuhalten: »Es geht hier nicht um die genealogische Richtigkeit dieser Behauptungen, sondern um ihren Stellenwert für das Ahnenbewußtsein der Ludowinger.« Über die präsentierte Genealogie wurde eine gemeinsame Abstammung von Ludowingern und Wettinern behauptet, sodass sich die Ansprüche der Ludowinger auf das vakante wettinische Erbe nicht nur über die Ehe Dietrichs des Bedrängten mit Jutta von Thüringen ergeben sollten, sondern hier eine genealogische Kontinuitätslinie über fünf Generationen hinweg eröffnet wurde. Bezeichnend jedenfalls, dass die Nachkommen der vermeintlichen Schwester Adelheids von

ver Unsicherheit. Dies galt freilich ebenso für die Ludowinger, deren männliche Nachkommenschaft sich aufgrund biologischer Zufälle, aber eben auch familiärer Erbpläne von Generation zu Generation reduziert hatte, bis sie mit Heinrich Raspe IV. 1247 in männlicher Linie ausstarben[147]. Insofern ist zu bedenken, ob die oft negativ konnotierte Aufspaltung vieler Adelshäuser in mehrere Linien nicht wesentlich zu deren Überleben beigetragen hat[148].

Für die Umsetzung familiärer Erbmodelle war indes die Zustimmung und Mitwirkung der potentiellen Erbnehmer, der Erbengemeinschaft, von entscheidender Bedeutung. Generative Strategien des Adels erforderten individuelle Opfer, die nicht immer akzeptiert wurden, da sie nicht selten mit adligem Statusdenken oder individuellen Interessen kollidierten[149]. So hatte Landgraf Ludwig II. seinen jüngeren Bruder Heinrich Raspe II. in eindrücklichen Worten davor gewarnt, das Erbe ihrer Vorfahren, insbesondere den ererbten Rang und Namen, nicht durch unnütze Waffenspiele in Friedenszeiten zu schmälern[150]. Das von den Vorfahren erhaltene Erbe, insbesondere der ererbte Status, wurde somit zum argumentativen Instrument innerfamiliärer Ordnung. Deren Aufrechterhaltung bedurfte der Disziplinierung erbberechtigter Familienmitglieder, doch gab es immer wieder Versuche, diese Ordnung zu durchbrechen, wie das Beispiel der Ludowinger zeigt. In einem in der Reinhardsbrunner Briefsammlung überlieferten, wütenden Schreiben Landgraf Ludwigs II. an den Reinhardsbrunner Konvent, wohl aus der Zeit zwischen 1144 und 1168, beklagte sich der Landgraf über mangelnde Dankbar-

Stade bis zu Dietrich dem Bedrängten und dessen Schwester Adelheld, Gemahlin König Ottokar I. Přemysl von Böhmen, nachgezeichnet wurden. Der söhnelos gebliebene und in der Reinhardsbrunner Geschichtsschreibung zum Gegner der Ludowinger stilisierte Albrecht der Stolze wie auch der zum Zeitpunkt der Abfassung wohl noch unmündige Heinrich III. von Meißen wurden geflissentlich ignoriert.

147) Vgl. Werner, Reichsfürst (wie Anm. 13), S. 195, 215 f. Zum Problem der Kinderlosigkeit (beziehungsweise dem Fehlen männlicher Erben) als existenzieller Bedrohung adliger Familien auch Schmid, Heirat (wie Anm. 15), S. 123–128; Regina Toepfer, Kinderlosigkeit. Ersehnte, verweigerte und bereute Elternschaft im Mittelalter, Stuttgart 2020, hier bes. S. 97–107, 304–310.

148) Vgl. Spiess, Familie (wie Anm. 37), S. 272–278, sowie John Beckman Freed, The Counts of Falkenstein. Noble Self-Consciousness in Twelfth-Century Germany (Transactions of the American Philosophical Society 74,6), Philadelphia 1984, S. 62–67, für die negativen, zuweilen existenziell bedrohlichen Auswirkungen familiärer Erbpläne am Beispiel der Grafen von Falkenstein.

149) Vgl. Nolte, Familie (wie Anm. 91), S. 92–96. Dies zeigt sich sehr anschaulich in den großen Schwierigkeiten der Erben Landgraf Ludwigs IV. dessen Gemahlin Elisabeth von Thüringen in die Erbengemeinschaft am landgräflichen Hof zu integrieren. Bekanntermaßen forderte Elisabeth vehement eine Abschichtung beziehungsweise Abtrennung von der Familie ihres verstorbenen Ehemanns, um sich einem Leben in Armut und der Hingabe für die Armen zu widmen, sodass man ihr schließlich in Marburg, am »äußersten Westen der ludowingischen Territorien«, eine Möglichkeit zur Entfaltung bot, Petersohn, Ludowinger (wie Anm. 13), S. 27, das Zitat ebd.; vgl. Zöllner, Ludowinger (wie Anm. 13), S. 50–53.

150) Die Reinhardsbrunner Briefsammlung, hg. von Friedel Peeck (MGH Epp. sel. 5), Weimar 1952, Nr. 63, S. 57 f.; Zöllner, Ludowinger (wie Anm. 13), S. 46, 59. Zöllner sieht in der »Vorliebe des jungen Heinrich für gefährlichen Turniersport« ein »Ventil für die Frustrationen eines jüngeren Sohnes«.

keit trotz der Wohltaten seiner Familie für das Kloster. Insbesondere tadelte er, dass sich sein Bruder Ludwig, offenbar auf den Rat der Mönche hin, geweigert hatte, Tonsur und Mönchsgewand zu nehmen[151]. Der jüngste Sohn Ludwigs I. war dazu ausersehen worden, als Geistlicher die Memoria der Familie zu pflegen[152], doch mit diesem vorgezeichneten Lebensplan war der junge Mann offenbar nicht einverstanden. Möglicherweise mochte der Tod seines Bruders Heinrich Raspe II. 1154/55 dazu beigetragen haben, dass sich Ludwig dem Mönchsgelübde verweigerte, da er sich unter Umständen Hoffnung auf das hessische Erbe machte. Doch eine Änderung des familiären Erbplans war offenbar nicht vorgesehen, wie zumal der scharfe Tonfall im Brief seines ältesten Bruders deutlich macht. Ludwig wurde schließlich mit der wenig bedeutenden Herrschaft Thamsbrück abgefunden. Da er wohl unverheiratet blieb, jedenfalls keine Kinder zeugte, fiel diese nach seinem Tod 1189 an die Familie zurück[153].

In der nächsten Generation durchbrach der zweitgeborene Sohn Friedrich erneut die familiären Erbplanungen. Schon im Alter von 17 Jahren 1169/70 zum Propst des Kollegiatsstifts St. Stephan in Mainz erhoben, sollte er in dieser Position als enger Vertrauter Erzbischof Christians I. von Mainz, der als Graf von Buch aus ludowingischer Klientel stammte, fungieren. Mit diesen Besetzungen erlangten die Ludowinger erheblichen Einfluss im Zentrum des Mainzer Erzbistums[154]. Dies ging einher mit der Schaffung eines erblichen Kanonikats für den Landgrafen an St. Stephan vor Oktober 1171, dessen Pfründe und Einnahmen dem Stift übertragen wurden. Mit der Verpflichtung der Kanoniker zur Aufnahme seines nachfolgenden Sohnes und sämtlicher aus dessen Linie stammenden Nachfolger in die Bruderschaft des Stifts sollte eine enge wechselseitige Bindung zwischen den Ludowingern und dem erzbischöflichen Eigenstift begründet werden, die über die Lebenszeit Christians I. und Ludwigs II. hinauswies[155]. Zur Durchführung dieses Plans war zunächst Ludwigs Sohn Friedrich vorgesehen, was allerdings daran scheiterte, dass Friedrich sein Amt zwischen 1175 und 1180 selbstständig resignierte. Möglicherweise führten Zerwürfnisse mit dem Stiftskapitel zu diesem Schritt, möglicherweise aber auch persönliche Gründe. Jedenfalls strebte Friedrich, wie sein

151) Reinhardsbrunner Briefsammlung (wie Anm. 150), Nr. 22, S. 21 f.: *Preterea quidam videmini novam conformare materiam, ex qua gravem adversum me quandoque faciatis emergere calumoniam. Frater meus L., quem optuli Deo lege monastica, vestro consilio et veste et tonsura abstinet monachica. Scilicet id tantum temeritati sue deputabitur, quo aspirare nullomodo presumpserit, quin eum ex communi favor illexerit. Pro his igitur, si me talem qualem reddidistis vobis exhibuero, apud Deum et eius genitricem ipsis propiciantibus excusabilis ero, dum bone voluntatis mee fructum non invenero.* Vgl. CDS I A/2 (wie Anm. 20), Nr. 152, S. 109.

152) Vgl. dazu allgemein SCHLOTHEUBER, Familienpolitik (wie Anm. 127).

153) WELLER, Heiratspolitik (wie Anm. 12), S. 595; PATZE, Verfassungs- und Rechtsgeschichte (wie Anm. 35), S. 221: »Die Versorgung von Ludwigs II. Bruder Ludwig mit Thamsbrück wird man als Apanage, nicht einmal als Örterung bezeichnen können.«

154) Vgl. WERNER, Friedrich (wie Anm. 13), S. 274–277.

155) CDS I A/2 (wie Anm. 20), Nr. 379, S. 264 f.; Mainzer Urkundenbuch 2,2 (wie Anm. 20) Nr. 338. Vgl. dazu WERNER, Friedrich (wie Anm. 13), S. 279–283; PETERSOHN, Ludowinger (wie Anm. 13), S. 19.

Onkel Ludwig von Thamsbrück, nunmehr eine weltliche Laufbahn an. Mit diesem Rückzug scheiterten nicht nur die Pläne seines Vaters hinsichtlich des »Landgrafenkanonikats«, »sondern er war auch ein Rückschlag für die Karriereplanungen und das Rangstreben der Ludowinger und stellte möglicherweise auch einen Verstoß gegen die ›Familienraison‹ dar«[156]. Zugleich stand nunmehr Landgraf Ludwig III. vor dem Problem, wie mit dem in die Welt zurückgekehrten jüngeren Bruder umzugehen sei. Die 1180 durch den Tod Heinrich Raspes III. an ihn gefallenen hessischen Besitzungen hatte Ludwig als *lantgravius Thuringie et rector Hassie* in seiner Hand vereinigt. Die so verbreiterte Herrschaftsgrundlage zugunsten Friedrichs zu schmälern, stand dem Landgrafen offenbar nicht im Sinn, zumal sein Bruder erst nach dem Tod Heinrichs 1180 an den ludowingischen Hof zurückgekehrt war, wohl um das hessische Erbe zu erlangen. Zuvor hatte er sich längere Zeit im Gefolge Christians I. in Italien aufgehalten[157]. Die Möglichkeit der Schaffung einer nachrangigen Herrschaft wie für seinen Onkel Ludwig von Thamsbrück oder den mit seiner Nichte verheirateten Wettiner Graf Dietrich von Sommerschenburg/Groitzsch (bis 1190 Magdeburger Domkanoniker und nach dem Tod seines Vaters in den weltlichen Stand zurückgekehrt)[158], wurde offenbar nicht in Erwägung gezogen. Friedrich blieb vom familiären Erbplan ausgeschlossen, er war durch seinen willkürlichen Wechsel aus dem geistlichen in den weltlichen Stand aus der Erbengemeinschaft ausgeschieden. Erst die vor 1186 anzusetzende Hochzeit mit Lukardis, der Erbtochter des im Juni 1184 auf dem Hoftag Heinrichs VI. in Erfurt ums Leben gekommenen Grafen Gozmar III. von Ziegenhain, erlaubte Friedrich die Erlangung einer eigenen Herrschaft[159].

Bei vom König verliehenen Ämtern stellt sich zusätzlich die Frage nach dessen Rolle als Lehnsherr der Fürsten im Gefüge adliger Übertragungsmodelle. Das über die Lehnsvergabe normierte personale Vertrauen[160] zwischen Lehnsherrn und Vasallen mochte auch im Hinblick auf die Erblichkeit von Lehen eine Rolle spielen, insofern sich dadurch Personenbindungen und Herrschaftskonfigurationen verfestigten[161] beziehungsweise

156) Werner, Friedrich (wie Anm. 13), S. 284 f., das Zitat ebd., S. 285.

157) Ebd., S. 285–287.

158) Vgl. Pätzold, Wettiner (wie Anm. 12), S. 60 f.; Thieme, Wettiner (wie Anm. 12), S. 289.

159) Vgl. dazu Werner, Friedrich (wie Anm. 13), S. 288–296.

160) Nach Weinfurter, Lehnswesen (wie Anm. 81), S. 459, ist aus dem Lehnswesen hervorgegangenes Lehnrecht ein Ordnungsinstrument, »das in der Epoche der ausgreifenden Herrschafts- und Territorialpolitik des 12. Jahrhunderts eine neue Grundlage des Vertrauens zwischen Personen, ja zwischen ganzen Vernetzungen von Personen generieren sollte, und zwar eines Vertrauens, das rechtlich definiert und damit überprüfbar ist«.

161) So ging etwa die Erhebung des noch unmündigen Ludwigs II. zum Landgrafen auf dem Reichstag zu Worms 1140 einher mit dem Anschluss der Ludowinger an das staufische Königshaus durch die Heirat Ludwigs II. mit Jutta, der Tochter Herzog Friedrichs II. von Schwaben. Allgemein veränderte sich die Heiratspolitik der Ludowinger in der Generation Ludwigs II. Standen zuvor Heiratsprojekte im thüringisch-sächsischen Raum im Mittelpunkt, die dem Zweck des Territorialausbaus im ludowingischen Kernland dienten, sollten Eheschließungen mit den Staufern, Přemysliden und Askaniern der Rang- und Statuserhöhung der Familie dienen, vgl.

die erbrechtlichen Bindungen zwischen Lehnsgeber und Lehnsempfänger politische Abhängigkeitsverhältnisse festschreiben konnten[162]. Beispielhaft zeigt sich dies wiederum an der Erbteilung Markgraf Konrads von Meißen im Jahr 1156. In der Forschung gilt es als unstrittig, dass die Erbpläne des Wettiners nur im Einvernehmen mit Kaiser Friedrich Barbarossa durchgeführt werden konnten, da mit der Mark Meißen und der Mark Lausitz vom König verliehene Ämter betroffen waren[163]. Noch vor dem 3. August 1157 habe Barbarossa diese Erbteilung anerkannt, da nunmehr zumindest Konrads Sohn Dietrich II. in seiner Würde als Markgraf der Lausitz mit seinen Brüdern Dedo V. und Heinrich vor dem Kaiser erschien, wobei letztere allerdings nicht als Grafen angesprochen wurden[164]. Als eindeutiger Beleg kaiserlicher Zustimmung zum Erbplan gilt der älteren Forschung eine Urkunde Graf Dedos V. von Groitzsch für das Kloster Zschillen (Wechselburg) aus dem Jahr 1174, in welcher dieser Güter im Rochlitzer Land übertrug, die aus dem väterlichen Erbe stammten. Dieses Erbe sei aus königlicher Schenkung (*regali donatione*) und aufgrund der Bestätigung eines väterlichen Privilegs an Dedo übergegangen[165]. Ein solches Privileg hat sich nicht überliefert. Stutzen lässt bereits die Wortwahl, die allein von einer Schenkung, nicht aber von Lehen spricht. Vielmehr bezieht sich dieser Passus wohl auf die Übertragung des Rochlitzer Landes im Jahr 1143 durch Konrad III. an Markgraf Konrad von Meißen und dessen Ehefrau Lukardis, die allerdings nur chronikalisch überliefert ist. Dabei ist aber nur davon die Rede, dass

Weller, Heiratspolitik (wie Anm. 12) S. 624 f.; Zöllner, Ludowinger (wie Anm. 13), S. 47–49; Petersohn, Ludowinger (wie Anm. 13), S. 20 f.

162) Die diesen Praktiken zugrunde liegenden Diskurse zeigen sich in einer auf Markgraf Dietrich von Meißen zum Jahr 1210 gefälschten Urkunde, die vermutlich um 1229 in Merseburg angefertigt wurde. Darin wurde behauptet, dass der Meißner Markgraf wie seine Vorfahren (*sicut nostri progenitoribus*) Leipzig, Naunhof, Schkeuditz und viele andere Lehen vom Merseburger Bischof empfangen habe, CDS I A/3 (wie Anm. 20), Nr. 148, S. 118 f. Mit dieser Fälschung verfolgte der Merseburger Bischof wohl den Zweck, den minderjährigen Heinrich III. unter seine Lehnshoheit zu bringen. Bezeichnend, dass derselbe Markgraf Heinrich der Erlauchte im Jahr 1238 bei der Belehnung mit Naumburger Stiftslehen alle zuvor zwischen seinen Vorfahren und den Naumburger Bischöfen in dieser Hinsicht abgeschlossenen Verträge für nichtig erklären ließ, UB Naumburg 2 (wie Anm. 20), Nr. 168, S. 193–195; CDS I A/4 (wie Anm. 1), Nr. 38, S. 55–58.

163) Pätzold, Herrschaft (wie 58), S. 22 f.; Michael Lindner, Friedrich Barbarossa, Heinrich der Löwe und die ostsächsischen Fürsten auf dem Merseburger Pfingsthoftag des Jahres 1152. Mit einer Neuedition einer Urkunde Heinrichs des Löwen nach dem wiederaufgefundenen Original sowie einem Hinweis auf ein Deperditum Kaiser Friedrichs I., in: Zeitschrift für Geschichtswissenschaft 43 (1995), S. 197–210, hier S. 206–208; Jörg Rogge, Die Markgrafschaft Meißen in der Politik der deutschen Könige und Kaiser in der ersten Hälfte des 12. Jahrhunderts, in: Konrad von Wettin (wie Anm. 21), S. 56–59, hier S. 60; vgl. allgemein Goez, Leihezwang (wie Anm. 46), S. 57–76, ebd., S. 58: »Testamentarische Verfügungen über Lehen bedarf also der Genehmigung durch den Senior, bei Reichslehen durch den König.«

164) Die Urkunden Friedrichs I., Teil 1: 1152–1158, hg. von Heinrich Appelt (MGH DD 10,1), Hannover 1975, Nr. 176, S. 298 f.: *Theodericus marchio et fratres eius Heinricus et Dedo.*

165) CDS I A/2 (wie Anm. 20), Nr. 404, S. 280 f.: *Huius rei gratia in pago nostro Rocheliz, qui regali donatione et privilegii confirmatione paterna ad nos hereditate transivit.*

Konrad III. dem Markgrafen die Güter »gegeben« habe[166]. Dedo V. mochte sich eine erneute königliche Bestätigung dieser Schenkung beim Kaiser besorgt haben, aber ob es sich dabei um ein Lehen handelte, erscheint fraglich. Insofern lässt sich allein aus dieser Urkunde, die Otto Posse kurzerhand als »kaiserliche Bestätigung der Erbtheilung Konrads des Grossen« betitelte, eine solche kaiserliche Bestätigung tatsächlich nicht herauslesen[167].

Es ist hingegen auffällig, dass schon in der den Umstand der Erbteilung festhaltenden Schenkungsurkunde Konrads von Meißen vom 30. November 1156 dessen Söhne mit ihren neuen Würden angesprochen werden, mit Ausnahme des jüngsten Sohnes Friedrich, der erst in der chronikalischen Überlieferung des 13. Jahrhunderts bereits 1156 als Graf von Brehna erscheint[168]. Insofern war zu dem Zeitpunkt, als Markgraf Konrad den Verzicht auf seine weltlichen Würden erklärte und als Chorherr in das Petersberger Stift eintrat, die Verteilung des Erbes bereits vollzogen worden[169]. Der Meißner Markgraf betrachtete offensichtlich auch die vom König verliehenen Ämter als sein Eigentum – 1142 ließ er sich in einem Schreiben an Papst Innozenz II. als Besitzer (*possessor*) und Beschützer (*tutor*) der Mark Meißen bezeichnen[170] –, über die er frei verfügen konnte. So erscheint es fraglich, inwiefern der Kaiser im Vorfeld überhaupt Einfluss auf die wettinische Erbplanung nahm beziehungsweise nehmen konnte und ob er dabei auf vermeintliche lehnrechtliche Bindungen Wert legte[171]. Wann der nicht gerade häu-

166) Chronik des Lauterbergs (wie Anm. 21), S. 105 f.: *Anno MCXLIII.* [...] *Conradus rex dedit Conrado Misnensi et Orientali marchioni et uxori eius Lucarde provinciam Rochelez.* Vgl. zu Wortwahl beziehungsweise Begrifflichkeiten Gerhard LUBICH, Lehnsgeber und Lehnsnehmer – Herrschender und Beherrschter? Amtslehen und Herrschaftsgestaltung am Beispiel der Herzogtümer, in: Lehnswesen im Hochmittelalter (wie Anm. 80), S. 413–442, hier bes. S. 427: »Zwar sind Verben wie *dare, donare* oder *committere* für die Frage des Lehnscharakters nicht einschlägig, allerdings aussagekräftiger als die häufig zu findenden ›inhaltsleeren Passivkonstruktionen (*dux efficitur, constituitur, praeponitur*)‹, zeigen sie doch zumindest die Verfügungsgewalt des Gebenden.«

167) POSSE, Hausgesetze (wie Anm. 116), Tafel 3. Zumal die Grafschaft Groitzsch nicht als königliches Lehen, sondern als Allodialgut galt, weshalb es fraglich erscheint, warum der Kaiser zum Erbe Dedos überhaupt seine Zustimmung geben musste, vgl. PÄTZOLD, Herrschaft (wie Anm. 58), S. 23.

168) CDS I A/2 (wie Anm. 20), Nr. 262, S. 176–179: [...] *filiorum meorum marchionis Ottonis, marchionis Theoderici, comitis Heinrici, comitis Dedonis, et Friderici* [...]; Chronik des Lauterbergs (wie Anm. 21), S. 121. Friedrich wird erst in einer Urkunde Friedrich Barbarossas vom 26. Februar 1165 als Graf von Brehna angesprochen, D F I. (wie Anm. 164), Nr. 473, S. 385 f.; CDS I A/2 (wie Anm. 20), Nr. 325, S. 223 f., während er in einer Urkunde des Würzburger Bischofs Heinrich II. von Stühlingen vom November 1164 ohne Titel unter die Brüder Markgraf Ottos *de Withingen* gezählt wurde, vgl. ebd., Nr. 323, S. 220–222; UB Naumburg 2 (wie Anm. 20), Nr. 250, S. 229–231.

169) So auch MIELZAREK, Albrecht der Bär (wie Anm. 12), S. 266 Anm. 997.

170) CDS I A/2 (wie Anm. 20), Nr. 154, S. 110 f.: *Conradus unus dei gratia principum Saxoniae possessor et tutor Myssinensis marchiae* [...]. Vgl. SCHLESINGER, Gerichtsverfassung (wie Anm. 35), S. 71 f.

171) DEUTINGER, Amt (wie Anm. 83), S. 153; Jürgen DENDORFER, Das Lehnrecht und die Ordnung des Reiches. ›Politische Prozesse‹ am Ende des 12. Jahrhundert, in: Ausbildung und Verbreitung (wie Anm. 80), S. 187–220, hier S. 220: »Es lässt sich aus den besprochenen ›Prozessen‹ [gegen Heinrich den Löwen] nicht ableiten,

fig am Hof des Staufers bezeugte Konrad, der ein eher unterkühltes Verhältnis zum Kaiser pflegte[172], mit diesem eine Übereinkunft darüber geschlossen haben soll, ist aus den Quellen nicht zu ermitteln. Dieser Umstand bedingt auch die sehr divergenten Interpretationen der Vorgänge des Jahres 1156 in der Forschung[173].

Es sei also zumindest die Frage aufgeworfen, ob der Kaiser überhaupt wesentlichen Einfluss auf die wettinische Erbplanung im Jahr 1156 nahm oder ob er die Erbteilung Konrads von Meißen schlichtweg akzeptierte, da sie den üblichen Erbgewohnheiten, den erprobten Übertragungsmodellen entsprach. Die juristische Theorie der Zeit, wie sie in den Libri Feudorum zum Ausdruck kam, bestritt zwar das Erbrecht auf Ämter wie Markgrafschaft, Grafschaften oder Herzogtümer, sodass man daraus schließen könnte,

dass die Ordnung des Reiches unter Friedrich Barbarossa wesentlich durch lehnrechtliche Vorstellungen geprägt war.« Vgl. Ders., Vasallen und Lehen unter Friedrich Barbarossa: Politische Bindungen durch das Lehnswesen?, in: Verwandtschaft (wie Anm. 12), S. 69–96.

172) Vgl. Lindner, Ehre (wie Anm. 104), S. 108; Rogge, Markgrafschaft (wie Anm. 163), S. 65.

173) Während manche Autoren ein gewisses Wohlwollen des Staufers gegenüber dem Wettiner daraus ablesen wollen, dass Konrad die Marken an seine Söhne weitergeben konnte, vgl. Pätzold, Herrschaft (wie 58), S. 22; Lutz, Heinrich der Erlauchte (wie Anm. 3), S. 7–9, so haben Michael Lindner und im Anschluss daran Harald Winkel in den Vorgängen von 1156 eine vom Kaiser forcierte Zersplitterung wettinischer Herrschaftsrechte erkennen wollen, der ein massiver Ehrverlust Markgraf Konrads vorausgegangen sei. So habe Barbarossa die einzelnen Linien zu seinem Vorteil untereinander ausspielen können und sich zugleich die Möglichkeit vorbehalten, wettinische Herrschaftsrechte einzuziehen, vgl. Winkel, Herrschaft (wie Anm. 12), S. 144–146, urkundliche Belege ebd., S. 146 f. Anm. 647; Lindner, Ehre (wie Anm. 104), S. 110–112. Demnach könne von einer »Erbregelung« Markgraf Konrads von Meißen keine Rede sein. Vielmehr habe dieser eine Primogeniturordnung für seinen ältesten Sohn Otto angestrebt, da dieser spätestens seit 1147 ebenfalls als Markgraf in den Urkunden angesprochen wurde, was durch Barbarossa unterbunden worden sei, vgl. CDS I A/2 (wie Anm. 20), Nr. 202, S. 139 f.; Pätzold, Wettiner (wie Anm. 12), S. 52. Die Einführung des erstgeborenen Sohnes in das wichtigste, das Selbstverständnis des Familienverbandes konstituierende Amt – hier die Mark Meißen – schon zu Lebzeiten des Vaters kennen wir hingegen auch aus der Übertragungspraxis der Ludowinger und der Landgrafschaft Thüringen und verweist daher keineswegs auf irgendeine Art von Primogeniturordnung. Zugleich kann dieser Ansatz nicht erklären, warum sich nach der »auf Druck des Staufers erfolgten Zerschlagung des wettinischen Gebotsbereichs« im Jahr 1156, so Winkel, Herrschaft (wie Anm. 12), S. 154, weiterhin alle wichtigen Herrschaftstitel in den Händen der Söhne Konrads von Meißen, mithin also innerhalb des wettinischen Familienverbandes befanden. Ebenso fraglich ist Lindners Spekulation, dass es Schwierigkeiten beim erblichen Übergang der Markgrafschaft gegeben hätte, was allein daraus abgeleitet wird, dass Otto erst am 11. Januar 1158 urkundlich vor dem Kaiser in Erscheinung trat, vgl. Lindner, Ehre (wie Anm. 104), S. 114. Denn als Markgraf von Meißen ist Otto, nach der Schenkungsurkunde seines Vaters vom 30. November 1156, bereits am 19. April 1157 bezeugt, vgl. UB Naumburg 1 (wie Anm. 20), Nr. 230, S. 212–214; CDS I A/2 (wie Anm. 20), Nr. 270, S. 185. Insofern ist Rogge, Markgrafschaft (wie Anm. 163), S. 65, zuzustimmen: »Für die Staufer Konrad III. und Friedrich I. war die Mark Meißen nie ein Kernland ihrer Aktivitäten. Sie konnten sich aber auf die Loyalität des Markgrafen Konrad verlassen. Die Mark war – im Unterschied zum Herzogtum Sachsen – während ihrer Regierungszeit nie eine wirkliche Problemzone und der Markgraf gehörte nicht zu der antistaufischen beziehungsweise prowelfischen Opposition.«

dass Konrad eine Erlaubnis des Kaisers für seine Erbpläne benötigt hätte[174]. Doch bekanntlich sah die Rechtspraxis nördlich der Alpen anders aus – erst recht östlich der Saale[175]. Der im Sachsenspiegel festgeschriebene sogenannte Leihezwang von Fahnlehen war nicht verfassungsrechtlich, sondern allenfalls erbrechtlich fundiert[176]. Eine wesentlich größere Rolle hinsichtlich der Legitimität dieser Erbteilung dürften deshalb die beim Eintritt Konrads in das Petersstift anwesenden Großen und Verwandten, darunter Erzbischof Wichmann von Magdeburg und Markgraf Albrecht der Bär, gespielt haben, wie es schon im Fall des Gerhard von Stechau deutlich wurde (vgl. Abschnitt II). Sie bezeugten und garantierten die Planungen des Markgrafen, für die es keiner unmittelbaren Zustimmung des Kaisers bedurfte beziehungsweise dessen Zustimmung man ohne Auflagen mehr oder weniger erwartete.

Zugleich zeigt sich am Vorgehen Konrads von Meißen im Jahr 1156 die Funktion der Memoria als wesentlicher Kontinuitätsfaktor in den Übertragungsmodellen des Adels. Das mit der Memoria verbundene Gedenken an einen Verwandtschaftsverband konstituierte das Selbstverständnis adliger Geschlechter und sollte auf diesem Weg inter wie intragenerationelle Interdependenzen schaffen[177]. Religiös fundierte Schenkungen und gemeinschaftliche Verpflichtungen sollten ebenfalls dazu beitragen, Erbstreitigkei-

174) Lehmann, Lehnrecht (wie Anm. 102), S. 139 (Libri Feudorum, Antiqua IX,1): *Que de marchia vel comitatu vel ducatu vel aliqua regali dignitate fuerit investitus per beneficium ab imperatore, ille tantum debet habere, non etiam heres eius.* Vgl. etwa Steffen Schlinker, Territorialisierung und Dezentralisierung königlicher Rechte im Spätmittelalter im Prozess der Territorialstaatsbildung, in: Legitimation von Fürstendynastien in Polen und dem Reich. Identitätsbildung im Spiegel schriftlicher Quellen (12.–15. Jahrhundert), hg. von Grischa Vercamer/Ewa Wółkiewicz (Deutsches Historisches Institut Warschau. Quellen und Studien 31), Wiesbaden 2016, S. 71–96, hier S. 82: »Zwar hatten die Inhaber von Lehen ihre Rechtsstellung schon lange als erblich angesehen, sie vermochten aber nicht, darüber wie über Eigen zuverfügen.«

175) Vgl. Deutinger, Amt (wie Anm. 83), S. 147 f., 152: »Dass italienische Rechtsgelehrte wie Hugo von Gambolò die Erbfolge bei den Amtslehen ablehnten, hat man nördlich der Alpen offenbar gar nicht mitbekommen.« Dendorfer, Lehnrecht (wie Anm. 171), S. 220: »Differenzierte Regelungen, wie ein Lehen gültig zu erwerben sei und nach welchem Verfahren es zu entziehen war, gelangten offensichtlich erst über das lombardische Lehnrecht, möglicherweise vermittelt über die roncaglischen Lehnsgesetze des Kaisers, ins Reich. Die Durchsetzung des Lehnrechts im Reich wäre somit als Teil der umfassenderen Rezeption des gelehrten Rechts zu deuten, das im 12. Jahrhundert in Oberitalien entstand.«

176) Sachsenspiegel. Landrecht (wie Anm. 47), S. 245 (III 60 § 1): *De keyser liet alle ghestlich vorstenlen mit dem sceptro, alle werlik vanenlen mit vanen. Nen vanenlen mût he oc hebben ledich jar unde dach.* Ebd., S. 239 (III 53 § 3): *Alse ne mût de koning nene vanenlen, hene verliet binnen jare unde daghe.* Sachsenspiegel. Lehnrecht (wie Anm. 102), S. 104 (71 § 3). Goez, Leihezwang (wie Anm. 46); Krause, Sachsenspiegel (wie Anm. 102); Hartmut Leppin, Untersuchungen zum Leihezwang, in: ZRGGerm 105 (1988), S. 239–252; Maximilian Herberger/Bernd Kannowski, Leihezwang, in: HRG 2 (^{2}2014), Sp. 820–824.

177) Pätzold, Adel (wie Anm. 21), S. 138; Winkel, Genealogia Wettinensis (wie Anm. 22), S. 20 f.; Wittmann, Adel Thüringens (wie Anm. 14), S. 67 f. Vgl. allgemein zum Institut der Memoria die Beiträge in: Memoria. Der geschichtliche Zeugniswert des liturgischen Gedenkens im Mittelalter, hg. von Karl Schmid/Joachim Wollasch (Münstersche Mittelalter-Schriften 48), München 1984, und Memoria in der Gesellschaft des Mittelalters, hg. von Dieter Geuenich/Otto Gerhard Oexle (Veröffentlichungen des Max-Planck-Instituts für

ten innerhalb einer Generation zu vermeiden, zumal wenn die Erbengemeinschaft konsensual an der Auf und Zuteilung des Erbes beteiligt war. So verpflichtete nach Aussage der Chronik vom Petersberg Konrad von Meißen 1156 alle seine Söhne dazu, dass sie, aber auch ihre Ministerialen, ihre Grablege im Petersberger Stift einrichten sollten, was diese angeblich auch versprachen[178]. Die darüber ausgestellte Urkunde selbst kennt freilich kein solches Versprechen, das der Feder des Chronisten entsprungen sein dürfte. Vielmehr wird, im durchgängigen Gebrauch des Futurs, der Wunsch des Vaters deutlich, dass seine Söhne die Grablege nicht nur schützen und verteidigen, sondern selbst an der Seite ihrer Eltern bis zum Tag der Auferstehung schlafen mögen[179]. Das war weniger Auftrag an die Kinder, wie ihn die Chronik suggerierte, sondern fromme Hoffnung des Vaters, die sich freilich nicht erfüllte, gründete doch jeder Sohn in seiner eigenen Herrschaft ein eigenes Kloster als Grablege[180].

Die Pflege der Memoria, die zugleich durch umfangreiche Besitzübertragungen, also potentiellen Erbgütern, gesichert werden musste, konturierte und verfestigte das adlige Denken in genealogischen Verbindungen, aus der sich zugleich Erbansprüche speisten[181]. Nachdem Kaiser Heinrich VI. 1195 die Mark Meißen eingezogen hatte, dokumentiert eine Urkunde Hedwigs, der Witwe Markgraf Ottos von Meißen, vom 5. Januar 1197 den Anspruch der Wettiner auf die Markgrafenwürde, die sich insbesondere mit der in Altzelle gepflegten Familienmemoria verband und öffentlichkeitswirksam auf einem Landding zu Collm ausgestellt wurde[182]. Schon die Titulatur Hedwigs, die sich selbst als *marchionis Ottonis vidua quondamque Misnensis marchionissa* bezeichnen ließ, drückt den wettinischen Erbanspruch auf die Mark aus. Mit der Übertragung des aus väterlichem Erbe stammenden Dorfs Oetzsch bei Markranstedt verband die Markgräfin zugleich das Andenken an ihren verstorbenen Mann, ihren Sohn Albrecht und weitere Verwandte, wobei die Wortwahl auf die Familie ihres Mannes verweist (*affi-*

Geschichte 111), Göttingen 1994. Übertrieben kritisch in dieser Sache hingegen JUSSEN, Verwandtschaftsforschung (wie Anm. 15), S. 315 f.

178) Chronik des Lauterbergs (wie Anm. 21), S. 121 f.: [...] *et ut filii eius, quod eciam ipsi promiserunt, et ministertiales ipsorum in hoc loco sepulturam haberent, nimirum certus, ecclesiam ex hac causa in temporalibus maxime promovendam.* Vgl. Auch MARQUIS, Geschichtsschreibung (wie Anm 21), S. 192–200; für ein ähnliches Beispiel WITTMANN, Frühgeschichte (wie Anm. 14), S. 19–23.

179) CDS I A/2 (wie Anm. 20), Nr. 262, S. 176–179.

180) Vgl. zu den Grablegen der Wettiner allgemein WINKEL, Herrschaft (wie Anm. 12). Insbesondere scheint der Verlust des Landes Bautzen im Zuge der Erbteilung 1156 (vgl. unten Abschnitt V), mit dem Otto von Meißen als designierter Inhaber der Markgrafschaft Meißen sicherlich fest gerechnet hatte, dessen Andenken an seinen Vater getrübt zu haben, wie allgemein der sich abzeichnende Ehrverlust Konrads von Meißen gegenüber dem Kaiser dafür gesorgt haben dürfte, dass eine gemeinsame Memoria aller wettinischen Linien im Stift auf dem Petersberg nicht zustande kam, vgl. LINDNER, Ehre (wie Anm. 104), S. 113, zum Ehrverlust Konrads ebd., S. 114–121; DERS., Dietrich (wie Anm. 12), S. 272 f.

181) Vgl. HARTUNG, Adel (wie Anm. 89), S. 424–432; SPIESS, Lordship (wie Anm. 37), S. 60.

182) CDS I A/3 (wie Anm. 20), Nr. 14, S. 13 f.; WINKEL, Herrschaft (wie Anm. 12), S. 191–194.

nium meorum). Dass ihr Sohn Albrecht als in der Markgrafenwürde seinem Vater gleichrangig angesprochen wurde (*marchionis Ottonis, Alberti filii mei, nichilominus marchionis*) unterstrich zusätzlich, dass mit dieser Urkunde, die zur Zeit der kaiserlichen Verwaltung der Mark Meißen ausgestellt wurde, Haustradition, Familienmemoria und Erbanspruch eine argumentative Einheit bilden. Die Sorge um die wettinische Grablege in Altzelle war zugleich Erbauftrag wie Affirmation wettinischen Herrschaftsanspruchs[183]. Erbauftrag und Erbanspruch gingen Hand in Hand[184].

V.

Abschließend seien nun Disruptionen der dargelegten Übertragungstechniken und Übertragungsmodelle des mitteldeutschen Adels in den Blick genommen, anhand derer die Nachzeichnung von Praktiken und Diskursen adligen Erbens weitere Tiefenschärfe gewinnen soll. Dabei steht insbesondere die Regierungszeit Heinrichs VI. im Fokus, dessen intensives Ausgreifen in den mitteldeutschen Raum im Zuge des sogenannten »Erbreichsplans«[185] sich vor dem Hintergrund kontingenter generativer Situationen, nämlich dem Fehlen legitimer Söhne bei den Ludowingern wie bei den Wettinern, und

183) So urkundete Dietrich der Bedrängte, nachdem er die Mark Meißen 1197 wiedererlangen konnte, wiederum auf einem Landding zu Collm 1198 zugunsten des Klosters Altzelle, welches *hereditaria successione* von seinem Vater Otto auf ihn gekommen sei und welches er vor jeglichem Unrecht zu beschützen habe, vgl. CDS I A/3 (wie Anm. 20), Nr. 31, S. 29 f.; Winkel, Herrschaft (wie Anm. 12), S. 205 f. Einen solchen Erbauftrag schrieben die Zisterziensermönche von Altzelle Markgraf Heinrich dem Erlauchten und dessen Söhnen ins Gedächtnis. In einer Urkunde des Markgrafen von 1241 oder 1242, einer von Altzeller Hand geschriebenen Empfängerausfertigung über den Kauf von 21 Hufen in Ganzig, wird in der Narratio eine direkte Linie vom Großvater (*avus*) Heinrichs, Otto dem Reichen, dem *fundator* des Klosters über den Vater, Dietrich den Bedrängten, hin zu Heinrich selbst gezogen. Da seine Vorfahren als Wohltäter Altzelles hervorgetreten seien, sei es nun auch seine Pflicht, den Reichtum des Klosters zu mehren und dessen Ehre zu bewahren. Dass hierbei seine Söhne Albrecht und Dietrich, der eine gerade einmal zwei Jahre alt, der andere noch ein Säugling, als Mitinhaber der übertragenen Güter genannt werden, verdeutlicht die genealogisch vererbten Verpflichtungen, CDS I A/4 (wie Anm. 1), Nr. 113, S. 173–175. Wenig später spricht die Narratio einer Urkunde von 1243 zugunsten des Klosters Altzelle davon, dass Heinrich der Erlauchte in die Fußstapfen von Großvater und Vater getreten sei (*vestigiis inherentes*), ebd., CDS I A/4, Nr. 119, S. 182–184.

184) Dazu Winkel, Herrschaft (wie Anm. 12), S. 202–218, bes. S. 214; vgl. Ders., Genealogia Wettinensis (wie Anm. 22), S. 24–26, wonach insbesondere die Herrschaft über die Mark Meißen und die Niederlausitz als herrschaftliches Substrat des wettinischen Geschlechts darstellten, weshalb Dietrich der Bedrängte in eine direkte Kontinuitätslinie zu seinem Großvater Konrad dem Großen, der ebenfalls beide Markgrafschaften innehatte, gestellt wird. Vgl. für die Ludowinger Wiegand, ›Windfahne‹ (wie Anm. 13), S. 38–42, zum zwischen 1211 und 1213 entstandenen Landgrafenpsalter, auch Elpers, Beteiligung (wie Anm. 133), S. 102.

185) Vgl. dazu Ludwig Vones, Confirmatio Imperii et Regni. Erbkaisertum, Erbreichsplan und Erbmonarchie in den politischen Zielvorstellungen der letzten Jahre Kaiser Heinrichs VI., in: Staufferreich im Wandel. Ordnungsvorstellungen und Politik in der Zeit Friedrich Barbarossas, hg. von Stefan Weinfurter (Mittelalter-Forschungen 9), Stuttgart 2002, S. 312–334; Tebruck, Geschichtsschreibung (wie Anm. 23), S. 279–315; Win-

dem Aufeinandertreffen neuer, gelehrter Rechtsauffassungen mit regionalen Rechtsgewohnheiten, abspielte. Aus dieser Gemengelage erklärt sich womöglich das Vorgehen Heinrichs VI. im mitteldeutschen Raum bei der Einziehung von Ämtern beziehungsweise bei der Verweigerung der Lehnserneuerung für Landgraf Hermann I. 1190 und Dietrich den Bedrängten 1195[186]. Diese Maßnahmen erscheinen als Instrumente der kaiserlichen Expansionspolitik im sächsisch-thüringischen Raum, wo Heinrich VI. an die Territorialpolitik seines Vaters im Pleißen-, Vogt- und Egerland anknüpfen konnte[187].

Beim Tod Landgraf Ludwigs III. am 16. Oktober 1190, der mit Jutta nur eine Tochter hinterlassen hatte, waren noch zwei seiner jüngeren Brüder am Leben, Graf Friedrich von Ziegenhain und Pfalzgraf Hermann I. Da sich Friedrich durch den eigenmächtigen Austritt aus dem geistlichen Stand offenbar als möglicher Erbe disqualifiziert hatte (vgl. Abschnitt IV), war Hermann der nächste legitime Erbe des Landgrafen. Wie die Kölner Königschronik nüchtern berichtet, erreichte die Nachricht von Ludwigs Tod den Kaiser noch vor dessen Aufbruch nach Apulien im November 1190. Mit diesem Wissen sei Heinrich VI. nach Thüringen gezogen und habe stattdessen den Kölner Erzbischof nach Italien vorgeschickt. Dieses Vorgehen war aber nicht von Erfolg gekrönt und der Kaiser habe dem Bruder des verstorbenen Landgrafen letztlich alles überlassen (*omnia permittens*) und sich dann doch südlich der Alpen begeben[188]. Die Reinhardsbrunner Geschichtsschreibung zeichnet diese für die ludowingische Herrschaft so bedrohliche Situation weitaus düsterer und argumentiert mit einer auffällig verwandtschaftlich-erbrechtlichen Konnotation gegen das Vorgehen des Kaisers. Zunächst wird der innerfamiliäre Erbvorgang als unproblematisch erfasst. Nach dem Tod Ludwigs III. sei Hermann I. diesem gefolgt (*successit*). Aber der Kaiser habe ihm das freigewordene brüderliche Erbe (*hereditate fratris emancipatum*) nehmen und ihn mit Mißgunst zermürben, vernichten und ächten wollen. Nur unter Verzicht von zwei Städten und einer

KEL, Herrschaft (wie Anm. 12), S. 185 f.; WIEGAND, ›Windfahne‹ (wie Anm. 13), S. 7–10; HAUSER, Lehnspolitik (wie Anm. 81), S. 324–329; MARCUS, Herzog Bernhard (wie Anm. 86), S. 147–149.

186) Vgl. PETERSOHN, Ludowinger (wie Anm. 13), S. 21 f.; HAUSER, Lehnspolitik (wie Anm. 81), S. 289 f.; WIEGAND, ›Windfahne‹ (wie Anm. 13); PÄTZOLD, Wettiner (wie Anm. 12), S. 60, 252; THIEME, Wettiner (wie Anm. 12), S. 290 f.

187) Vgl. aber DENDORFER, Erbrecht (wie Anm. 78), S. 416, mit der berechtigten Kritik an der Frage nach einer langfristigen »staufischen Territorialpolitik«, denn die grundsätzliche »Annahme eines generationenübergreifenden Handlungszusammenhangs mit einem vom Vater, Friedrich Barbarossa, auf den Sohn, Heinrich VI., und wiederum den Enkel, Friedrich II., weitergegebenen Ziel« sei erklärungsbedürftig.

188) Chronica regia Coloniensis (Annales Maximi Coloniensis), hg. von Georg WAITZ (MGH SS rer. Germ. 18), Hannover 1880, S. 148: *In mense Novembri rex in Apuliam proficistur; sed audita morte patris et Ludewici lantgravii, Coloniensem archiepiscopum premittens, ipse in Thuringiam proficiscitur, eam sibi subicere temptans; postea tamen fratri ipsius omnia permittens, in Apuliam tendit.* Vgl. TEBRUCK, Geschichtsschreibung (wie Anm. 23), S. 255 f.; WIEGAND, ›Windfahne‹ (wie Anm. 13), S. 3–5.

provincia sowie dank guter Ratgeber habe sich Hermann durchsetzen und die Landgrafschaft erlangen können[189].

Dass Heinrich VI. dabei als der Sohn Barbarossas, Hermanns Onkel (*filius avunculi sui*), also als Vetter Hermanns, angesprochen wird, verweist auf ein in erbrechtlicher Hinsicht verwandtschaftlich-hierarchisches Denken des Autors, das sich in der erbrechtlichen Vorstellung des Sachsenspiegels wiederfindet. In der Erbfolge stand demnach, sollten Vater oder Söhne nicht vorhanden sein, der Bruder vor dem Vetter[190]. Zugleich sollte damit die »Rechtsauffassung der berechtigten Agnatenfolge in der Landgrafenwürde« zum Ausdruck gebracht werden[191]. Ob eine solche erbrechtliche Argumentation, wie sie offensichtlich von ludowingischer Seite verfolgt wurde, auch von den angesprochenen Ratgebern, die sich beim Kaiser für Hermann eingesetzt haben sollen, übernommen wurde, bleibt aufgrund mangelnder Quellen unklar. Bei der Aufnahme Landgraf Ludwigs II. und dessen Nachfolger in die Bruderschaft von St. Stephan zu Mainz im Jahr 1177 lässt die entsprechende Formulierung der Urkunde darauf schließen, dass man zumindest innerhalb der Familie der Ludowinger von einer Vererbung der Landgrafenwürde in direkter männlicher Linie (auf den ältesten Sohn) aus-

189) Chronica Reinhardsbrunnensis (wie Anm. 24), S. 550 f.: *Ludewico tercio lantgravio in Terra Sancta mortuo, Hermannus frater eiusdem fratri mortuo successit. Tandem Heinricus imperator, filius avunculi sui, ipsum invidencie calcibus atterere et hereditate fratris emancipatum eradere et proscribere semper cogitabat, velud ipsa malignandi occasio circa eundem principem serenissimum instanter edocebat; sed prudenti auxiliatorum adiutus consilio sub duarum civitatum et unius provincie resignacione principatum obtinuit.* Vgl. Tebruck, Geschichtsschreibung (wie Anm. 23), S. 255; Zöllner, Ludowinger (wie Anm. 13), S. 57; Büttner, Geld (wie Anm. 79), S. 386.

190) Tebruck, Geschichtsschreibung (wie Anm. 23), S. 260, auch zum Nachfolgestreit in der Mark Meißen 1195: »In beiden Fällen offenbaren die Kommentare des Reinhardsbrunner Autors eine Rechtsauffassung, die von der Erblichkeit der großen Reichslehen innerhalb der Familien ihrer jeweiligen Inhaber auszugehen scheint. Da 1190 wie 1195 in der Landgrafschaft Thüringen beziehungsweise der Markgrafschaft Meißen ein erbberechtigter Sohn fehlte, trat jeweils der Bruder des verstorbenen Lehnsmannes in das Erbe ein, so jedenfalls scheint man es in Reinhardsbrunn und sehr wahrscheinlich auch am landgräflichen Hof gesehen zu haben. Die staufische Politik in den Jahren 1190 bis 1195 erscheint vor diesem Hintergrund als der wiederholte Versuch, dynastisches Erbrecht zu brechen und den Ludowingern wie den seit Hermann I. und Dietrich dem Bedrängten mit ihnen verbündeten Wettinern ihre angestammte und legitime Herrschaft zu nehmen.« Vgl. dazu auch Leppin, Untersuchungen (wie Anm. 176), S. 242 f. Es mag daher nicht verwundern, dass Landgraf Hermann nach 1190 bewusst mit der älteren ludowingischen Familientradition, die die Verwandtschaft mit Saliern und Staufern betonte, sowie der Memoria in Reinhardsbrunn brach, vgl. Petersohn, Ludowinger (wie Anm. 13), S. 21–27; Wiegand, ›Windfahne‹ (wie Anm. 13), S. 3 f.

191) Winkel, Herrschaft (wie Anm. 12), S. 184 f.; Wiegand, ›Windfahne‹ (wie Anm. 13), S. 4 f.: »Da die Erblichkeit der Reichslehen auch in den Seitenlinien mittlerweile trotz Fehlens eines regelrechten königlichen Leihezwangs weit gediehen war, mußte die Einbehaltung der Landgrafschaft einen Schock bedeuten, der Hermanns Politik in den folgenden Jahren dauerhaft bestimmen sollte.« Vgl. Zöllner, Ludowinger (wie Anm. 13), S. 57 f.

ging, oder aber, falls keine männlichen Nachkommen vorhanden, dann innerhalb der Familie[192].

Heinrich VI. jedenfalls hielt sich rund anderthalb Monate in Thüringen auf und übte dort Herrschaftsrechte aus, wie eine Saalfelder Urkunde vom 16. November 1190 bezeugt. Dass in dieser Urkunde die Bischöfe von Halberstadt, Merseburg und Naumburg, die Äbte von Fulda, Hersfeld und Saalfeld sowie Herzog Bernhard von Sachsen und eben auch Pfalzgraf Hermann I., mithin also die regionalen Großen, als Zeugen fungieren, mag anzeigen, dass das Vorgehen Heinrichs VI. eben nicht so große Irritationen auslöste, wie es die spätere Geschichtsschreibung glauben machen wollte[193]. Von einem Widerstand der regionalen Großen gegen den Kaiser, der gegen die erbrechtlichen Vorstellungen und Erwartungen der Fürsten gehandelt habe, ist jedenfalls in den Quellen keine Rede[194]. Möglich ist, dass die Nachfolgefrage noch bis Dezember des Jahres 1190 offenblieb beziehungsweise von Heinrich VI. offengehalten wurde, um politisches Kapital aus der kontingenten Situation unsicherer Erbfolge zu schlagen[195].

Nach dem erbenlosen Tod Markgraf Albrechts von Meißen am 24. Juli 1195 hatte Heinrich VI. nunmehr die Mark Meißen einbehalten und diese, wie es in der chronikalischen Überlieferung heißt, von seinen Getreuen verwalten lassen[196]. Der Zeitpunkt sei günstig gewesen, denn Dietrich habe sich zu der Zeit im Heiligen Land aufgehalten

192) CDS I A/2 (wie Anm. 20), Nr. 379, S. 264 f. Der Landgraf, dessen Sohn, der im Prinzipat nachfolgen würde (*ut eo descendente filius suus, qui ei in principatu succederet*), oder aber ein Nachfolger aus seiner Verwandtschaft, der den Landgrafentitel erlangen würde (*a linea parentele eiusdem decedentes honorem et possessionem principatus illius adipiscerentur*), wurden zum Schutz des Stifts verpflichtet; vgl. Werner, Friedrich (wie Anm. 13), S. 279–283.

193) D H VI. (wie Anm. 87), BB 110.

194) Nach Thieme, Wettiner (wie Anm. 12), S. 290, hingegen verstieß der Kaiser »gegen die guten Gepflogenheiten ebenso wie gegen die konsensuale Herrschaftspraxis zwischen König und Fürsten des Reichs«. Vgl. zur konsensualen Herrschaftspraxis Jürgen Dendorfer, Autorität auf Gegenseitigkeit – Fürstliche Partizipation im Reich des 13. Jahrhunderts, in: Autorität und Akzeptanz (wie Anm. 78), S. 27–42.

195) Vgl. Tebruck, Geschichtsschreibung (wie Anm. 23), S. 258 f.; Pätzold, Wettiner (wie Anm. 12), S. 70.

196) Genealogia Wettinensis (wie Anm. 22), S. 229: *Anno 1195. Alberus marchio moritur, post cuius mortem Heinricus imperator Misnensem marchiam inconcessam tenuit aliquanto tempore.* Chronica Reinhardsbrunnensis (wie Anm. 24), S. 554: *Theodericus autem comes, frater mortui marchionis, principatu fraterno usque in hodiernum privatus est.* Vgl. Thieme, Wettiner (wie Anm. 12), S. 295–297; Marquis, Geschichtsschreibung (wie Anm 21), S. 215–219; Lutz, Heinrich der Erlauchte (wie Anm. 3), S. 9–13; Hauser, Lehnspolitik (wie Anm. 81), S. 290 f.; Pätzold, Wettiner (wie Anm. 12), S. 69–72. Noch wenige Monate zuvor, in der ersten Hälfte des Jahres 1195, hatten sich Markgraf Konrad II. von der Lausitz, Markgraf Albrecht von Meißen, Graf Dietrich von Weißenfels, Graf Ulrich von Wettin und Graf Friedrich II. von Brehna in Leipzig getroffen, um den Verkauf des Dorfes Altranstädt an das Kloster Altzelle durch Graf Dietrich von Sommerschenburg/Groitzsch zu beurkunden, vgl. CDS I A/2 (wie Anm. 20), Nr. 560, S. 386 f. Es muss Spekulation bleiben, ob diese Zusammenkunft der regierenden Wettiner dafür genutzt wurde, die Erbfolge des kinderlosen und schwer kranken Meißner Markgrafen zu diskutieren, denn entsprechende Reaktionen der Wettiner auf das Vorgehen Heinrichs VI. blieben aus, vgl. Wenck, Erbfolgekrieg (wie Anm. 117), S. 212 f.

und die Nachricht vom Tod seines Bruders erst einige Monate später erhalten. Er sei aber vom Kaiser derart bedrängt worden, dass er es nicht gewagt habe, öffentlich in die Mark zurückzukehren, sodass er in einem Fass versteckt die Rückreise antreten musste[197]. Soweit die wettinische Geschichtsschreibung, die hier eine Pilgerreise Dietrichs mit jener seines Vetters Konrad im Januar 1197 vermengte, sodass sich Dietrich vermutlich zum Zeitpunkt des Todes seines Bruders nicht im Heiligen Land aufgehalten haben dürfte. Dietrich ist als Graf von Weißenfels jedenfalls vor September 1196 bezeugt[198]. Wiederum handelte Heinrich VI. wohl auf der Grundlage jener Rechtsauffassung, wonach bei nicht gegebener direkter Erbfolge vom Vater auf den Sohn Ämter nicht ohne Weiteres weitervererbt werden konnten[199]. Diese Auffassung mochte auch unter den Fürsten verbreitet gewesen sein, denn es fällt auf, dass Dietrich weder von seinen Standesgenossen noch von seiner Familie Unterstützung gegen das kaiserliche Vorgehen erhielt. Ob Dietrich überhaupt versuchte, Widerstand zu leisten, ist aus den Quellen freilich gar nicht zu ermitteln, einzig die bereits oben angesprochene Urkunde seiner Mutter vom 5. Januar 1197 mag darauf schließen lassen, dass die Wettiner die Situation nicht einfach hinnahmen[200].

Im Gegensatz dazu berichtet die Reinhardsbrunner Geschichtsschreibung in gewohnt antikaiserlicher Manier, dass Dietrich seines Fürstentums beraubt worden sei und wiederholt damit jene erbrechtliche Argumentation von der Erbfolge im agnati-

197) Chronik des Lauterbergs (wie Anm. 21), S. 175 f.: *Tidericus comes, in partibus transmarinis morte fratris sui cognita, cum redire disponeret, imperatoris insidiis adeo artatus est, ut publice navem ingredi non auderet, sed a fidelibus suis lagena inclusus et navigio illatus sicque, donec in altum navis procederet, occultatus est. Imperator denique marchiam Misnensem suis reservans usibus fidelibus suis eam commiserat procurandam, que eciam usque ad mortem imperatoris per eosdem administrata est.*

198) CDS I A/2 (wie Anm. 20), Nr. 8, S. 7. Urkundliche Nachweise bei Tebruck, Geschichtsschreibung (wie Anm. 23), S. 257 Anm. 28.

199) Vgl. Goez, Leihezwang (wie Anm. 46), S. 50–57; Winkel, Herrschaft (wie Anm. 12), S. 119: »Die bittere Erfahrung, dass die Gewährung einer Agnatensukzession grundsätzlich der Entscheidungsfreiheit des Königs oblag, musste jedoch Dietrich der Bedrängte im Jahre 1195 machen.«; vgl. Ders., Genealogia Wettinensis (wie Anm. 22), S. 10; Dohna, Die Dohnas (wie Anm. 34), S. 47: »Es war ein später Versuch, das alte Lehnrecht des Reiches durchzusetzen, das einen Erbanspruch von Seitenverwandten – hier des Bruders Dietrich – nicht anerkannte.« Anders hingegen Krause, Sachsenspiegel (wie Anm. 102), S. 99: »Entgegen einer weit verbreiteten Auffassung entspricht das von Eike im [Sachsenspiegel] formulierte Lehnerbrecht, das nur die Sohnesfolge kennt, trotz aller Tendenzen zu seiner Durchbrechung und Überwindung noch der in der Zeit vom König tatsächlich geübten Belehnungspraxis auch und gerade bei den Reichsfürstentümern.« Bereits der Übergang der Mark Meißen von Heinrich II. von Eilenburg auf seinen Vetter Konrad von Wettin 1123 beleuchtet dieses Problemfeld, hatte doch Kaiser Heinrich V. nicht den Wettiner, sondern den kaisertreuen Wiprecht von Groitzsch zum Markgrafen von Meißen und der Lausitz erhoben. Nur mit Unterstützung der sächsischen Adelsopposition um Herzog Lothar von Süpplingenburg konnte Konrad seine Erbansprüche auf die Markgrafenwürde durchsetzen. Vgl. Lutz, Heinrich der Erlauchte (wie Anm. 3), S. 5–7; Pätzold, Herrschaft (wie Anm. 58), S. 20 f.; Rogge, Markgrafschaft (wie Anm. 163), S. 56 f.; Marcus, Herzog Bernhard (wie Anm. 86), S. 22 f.

200) CDS I A/3 (wie Anm. 20), Nr. 14, S. 13 f.; Winkel, Herrschaft (wie Anm. 12), S. 191–194.

schen Verwandtschaftsverband, die schon für Landgraf Hermann I. vorgebracht wurde[201]. Die wettinische Geschichtsschreibung hielt sich hingegen auffällig zurück. Nüchtern wurde vermerkt, dass der Kaiser die Mark eingezogen und verwaltet habe. Selbst als Dietrich die Phase der reichspolitischen Ungewissheit nach dem Tod Heinrichs VI. am 28. September 1197 bis zur Doppelwahl 1198 ausnutzen und sich doch noch erfolgreich als Meißner Markgraf durchsetzen konnte, kommentierte dies die Chronik vom Petersberg in einem dürren Satz[202]. Man mag aus dieser Formulierung schließen, dass man im Augustiner-Chorherrenstift auf dem Petersberg die Erbansprüche Dietrichs auf die Mark Meißen als selbstverständlich erachtete, da er diese mit dem väterlichen Erbe zusammenfasste, dennoch zeigt noch die kurze Nachricht zu Dietrichs Tod am 17. Februar 1221 das Bemühen, diesen in die Genealogie der wettnischen Markgrafen einzubetten und ihn als legitimen Nachfolger seines Vaters und seines Großvaters dazustellen[203]. Hingegen wandte die Genealogia Wettinensis die glückliche Wiedererlangung der Mark Meißen sogar ins Positive: Dietrich habe die Markgrafenwürde zunächst aufgrund der Verwurzelung seines Geschlechts im meißnischen Herrschaftsgebiet wiedererlangen können und sie danach (*postmodum*) aus der Hand König Philipps von Schwaben, dessen Wahl der Wettiner unterstützt hatte, erhalten. Mit Absicht dürfte dabei der Verfasser den offenen Begriff *donatio*, nicht aber das doch eindeutige *feudum*, benutzt haben[204]. Der Petersberger Chronist vermied hingegen jeglichen lehnrechtlichen Bezug und erwähnte den König mit keiner Silbe.

Die Zeitgenossen waren sich somit in der Frage des brüderlichen beziehungsweise agnatischen Erbanspruchs auf Amtstitel wohl keineswegs so sicher, wie es die spätere Geschichtsschreibung und Forschung sein sollte[205]. Dass Heinrich VI. 1195/96 im

201) Ebd., S. 185; LEPPIN, Untersuchungen (wie Anm. 176), S. 242 f.

202) Chronik des Lauterbergs (wie Anm. 21), S. 176: *Tidericus comes ad patriam reversus omnem hereditatem paternam obtinuit et marchiam Misnensem.*

203) Ebd., S. 260: *Tidericus Misnensis et Orientalis marchio, filius Ottonis, filii Conradi marchionis senioris, obiit XIII. kal. Marcii sepultusque est in Cella iuxta patrem suum.*

204) Genealogia Wettinensis (wie Anm. 22), S. 229: *Mortuo vero imperatore* [sc. Heinrich VI.], *anno 1197. Tidericus comes, filius Othonis marchionis, in transmarinis partibus tunc constitutus, mortem eius intelligens, festinato reversus, favore eorum, qui castris preerant, marchiam occupavit eamque postmodum donacione Philippi regis, in cuius elleccionem consenserat, obtinuit.* Vgl. PÄTZOLD, Adel (wie Anm. 21), S. 163 f.; WINKEL, Genealogia Wettinensis (wie Anm. 22), S. 11; HAUSER, Lehnspolitik (wie Anm. 81), S. 309 f. Zur Begrifflichkeit PATZOLD, Lehnswesen (wie Anm. 100), S. 273–275.

205) HAUSER, Lehnspolitik (wie Anm. 81), S. 310 f.: »Die Großen dieses Rechtskreises widersetzten sich der Einbehaltung, da sie ihre Rechtmäßigkeit bestritten. Bei ihnen herrschte offenbar die Überzeugung vor, daß der König die fraglichen Reichsfürstentümer nicht einbehalten durfte – zumindest nicht, solange sich als agnatischer Erbe nicht der Onkel, Vetter oder Neffe aus einer Nebenlinie, sondern ein Bruder des verstorbenen Vasallen zur Belehnung anbot. Die Regeln des Land- beziehungsweise Volksrechts überlagerten hier offensichtlich lehnrechtliches Denken. Machtpolitische Überlegungen und Gegebenheiten verhalfen der Vasallenseite zum (letzendlichen) Durchbruch und zur Durchsetzung ihrer Rechtsüberzeugung in all diesen strittigen Fällen. Ihre Einzelsiege schwächten aber die Position des königlichen Lehnsherrn in dieser Rechtsfrage auch grundsätzlich und

Zuge des sogenannten »Erbreichsplans« den Fürsten das Recht einräumen wollte, dass diese bei fehlenden Söhnen ihre Töchter oder bei Kinderlosigkeit männliche Verwandten als Erben ihrer Reichslehen einsetzen konnten, spiegelt jene Unsicherheit im Umgang mit generativen Kontigenzsituationen. Dieses Angebot mochte im Zusammenhang mit dem Vorgehen Heinrichs VI. in Thüringen 1190 und der Mark Meißen 1195 stehen, welches eine entsprechende Reaktion der Fürsten provozierte, sodass diese mit dem Wunsch nach entsprechender Regelung der Erblichkeit ihrer Ämter beim Fehlen männlicher Nachkommen an den Kaiser herantraten[206]. Allerdings wurden diese Pläne nie umgesetzt und anders als Landgraf Hermann I. tauchte Dietrich der Bedrängte bei diesen Verhandlungen gar nicht erst auf, obwohl sie ihn doch unmittelbar berührten. Hier klafften die sich aus dem familiären Selbstverständnis ergebenden Ansprüche auf die Mark Meißen und die Lausitz und das tatsächliche Machtpotential des Wettiners weit auseinander[207].

Wie sehr die einzelnen Familien prekäre generative Konstellationen als Bedrohung ihrer Herrschaft wahrnahmen, zeigt sich anschaulich in der Genealogia Wettinensis, die nach 1216, aber vor der Geburt Heinrichs III. von Meißen 1218 verfasst wurde[208]. Sie nennt unter den Kindern Dietrichs des Bedrängten dessen im Knabenalter verstorbene Söhne Otto und Konrad sowie seinen illegitimen Sohn Dietrich, den späteren Bischof von Naumburg, ohne dessen Illegitimität zu erwähnen[209]. So wurde eine gesicherte Erbfolge vom Vater auf den Sohn konstruiert, die freilich genauer Prüfung nicht standgehalten hätte, wohl aber der eingespielten Erbpraxis entsprach und somit erwar-

arbeiteten auf eine Änderung der Strukturen des Lehnswesens im vasallenrechtlichen Sinne hin.« Ebd., S. 307 f. für weitere Beispiele der Bruderfolge; vgl. Winkel, Genealogia Wettinensis (wie Anm. 22), S. 12. Krause, Sachsenspiegel (wie Anm. 102), S. 97–99, will hingegen durch zahlreiche Beispiele aus der Zeit von 1179–1227, die Eike von Repgow somit selbst erlebt hat beziehungsweise haben könnte, zeigen, dass der »Heimfall von Fahnlehen« kein höchst seltener Sonderfall, sondern vielmehr den »Normalfall« darstellte, sofern die direkte Sohnesfolge nicht gegeben war.

206) Dazu Vones, Confirmatio (wie Anm. 185), S. 320 f.; Tebruck, Geschichtsschreibung (wie Anm. 23), S. 287. Nach Auskunft des Reinhardsbrunner Chronisten unterstütze Landgraf Hermann I. diesen Plan, da er im Jahr 1196 keine männlichen Nachkommen vorweisen konnte. So habe er sich, jedenfalls nach Bericht des Chronisten, vom Kaiser zusichern lassen, dass beim Ableben Hermanns ohne männliche Erben die Landgrafschaft seiner Tochter Hedwig übertragen werden würde, vgl. Chronica Reinhardsbrunnensis (wie Anm. 24), S. 556; Patze, Verfassungs- und Rechtsgeschichte (wie Anm. 35), S. 221.

207) Vgl. Winkel, Herrschaft (wie Anm. 12), S. 123; Rogge, Markgrafschaft (wie Anm. 163), S. 59; Wittmann, Adel Thüringens (wie Anm. 14), S. 66 f.

208) Vgl. Pätzold, Adel (wie Anm. 21), S. 140, 150 f.; Winkel, Genealogia Wettinensis (wie Anm. 22), S. 8.

209) Genealogia Wettinensis (wie Anm. 22), S. 229: *Hic* [sc. Dietrich] *duxit filiam Hermanni comitis provincialis de Thuringia, Iuditam nomine, genuitque ex ea filiam Hethwigem et filium Othonem, qui puer obiit; item Sophiam et Conradum filium, qui eciam puer obiit, et tercium Tidericum.* Vgl. Winkel, Herrschaft (wie Anm. 12), S. 106 f., 116 f.; Ders., Genealogia Wettinensis (wie Anm. 22), S. 8 f.; Pätzold, Adel (wie Anm. 21), S. 155, 160. Zu den Kindern Dietrichs Weller, Heiratspolitik (wie Anm. 12), S. 674 f. Zu unehelichen Kindern allgemein Jussen, Verwandtschaftsforschung (wie Anm. 15), S. 300 f.

tet wurde. Die Genealogia Wettinensis bringt »ein Rechtsempfinden zum Ausdruck, welches neben der Brudernachfolge auch den Erbanspruch von entfernteren agnatischen Seitenverwandten fordert«[210]. Diese vermutlich erst einmal für den innerfamiliären Gebrauch verfasste Schrift erfüllte somit eine diskursive Funktion, die zumindest den noch zum Zeitpunkt der Abfassung nicht unbestrittenen Erb- und Herrschaftsanspruch Dietrichs des Bedrängten legitimieren sollte[211]. In Auftrag gegeben hatte die Genealogia Wettinensis aber nicht Dietrich der Bedrängte, sondern dessen Vetter Graf Friedrich II. von Brehna. Die in ihr enthaltenen Angaben und Formulierungen hinsichtlich der Übertragung der Mark Meißen wie der Mark Lausitz verfolgten augenscheinlich das Ziel, die Erblichkeit von Ämtern nicht nur in direkter Folge von Vater auf den Sohn, sondern auch innerhalb agnatischer Verwandtschaft als Gewohnheitsrecht darzustellen. Denn damit wäre schließlich Friedrich II. von Brehna zum Zeitpunkt der Abfassung als legitimer Erbe der Amtstitel des erbenlosen Dietrich in Frage gekommen[212].

Sowohl 1190 wie 1195 mochte nicht nur der erbenlose Tod Ludwigs III. von Thüringen beziehungsweise Albrechts von Meißen das Vorgehen Heinrichs VI. legitimiert haben, sondern auch der Umstand, dass die sich für erbberechtigt haltenden Brüder Her-

210) Winkel, Genealogia Wettinensis (wie Anm. 22), S. 12; Ders., Herrschaft (wie Anm. 12), S. 120: »Dabei wird die Vorstellung einer fortgesetzten Erbfolge suggeriert, bei der auch das agnatische Prinzip Anwendung finden konnte. Es wird dargestellt, dass die Herrschaftsrechte über die beiden Reichslehen Meißen und Niederlausitz bislang stets innerhalb der agnatischen Blutsverwandtschaft der Wettiner verblieben waren. Auch wenn ein direkter leiblicher Erbe fehlte und eine Vater-Sohn-Nachfolge nicht möglich war, waren die beiden Marken bislang vermittels einer subsidiären Erbfolge unter der Botmäßigkeit der Wettiner geblieben. So war es auch dem zur Abfassungszeit herrschenden Markgrafen gelungen, sein Erbrecht als agnatischer Seitenverwandter des jeweils verstorbenen Lehnsträgers – in einem Fall als Bruder, im anderen als Vetter – bezüglich beider wettinischer Reichslehen durchzusetzen und diese unter seiner Regentschaft zusammenzufassen. Dergestalt spiegelt die Genealogie einen dynastischen Anspruch auf eine kontinuierliche Belehnung mit den beiden Markgrafenwürden innerhalb des wettinischen Geschlechterverbands wider.« Vgl. Pätzold, Adel (wie Anm. 21), S. 160, 165 f.

211) Vgl. Pätzold, Adel (wie Anm. 21), S. 166 f.; Winkel, Herrschaft (wie Anm. 12), S. 133.

212) Winkel, Genealogia Wettinensis (wie Anm. 22), S. 11: »Vor dem Hintergrund der virulenten wettinischen Erbproblematik besehen beinhaltet die Quelle [...] eine Bewußtmachung der bisherigen Sukzessionsfälle. Dabei wird die Vorstellung einer fortgesetzten Erbfolge suggeriert, bei der auch das agnatische Prinzip Anwendung finden konnte. [...] Erfolgt durch die Rekapitulierung der Sukzessionsfälle sozusagen eine Vergewisserung des ungebrochenen Anrechts auf die möglicherweise gefährdeten Lehen, so mußte sich zum Zeitpunkt der Niederschrift der vorliegenden Genealogie dieser dynastische Anspruch in Ermangelung eines legitimen männlichen Erben zuvorderst auf Dietrichs Vetter Friedrich II. von Brehna beziehen. Bezeichnenderweise schließt die Schrift nun auch mit der Darstellung Friedrichs II., des potentiellen Nachfolgers Markgraf Dietrichs und somit Hoffnungsträgers des wettinischen Geschlechts.« Vgl. Ders., Herrschaft (wie Anm. 12), S. 118–123; Pätzold, Adel (wie Anm. 21), S. 167–170. So mochte die Genealogia Wettinensis gewisse erbrechtliche Vorstellungen und Erwartungen des Adels im mitteldeutschen Raum spiegeln, die mit dem auf der eingespielten Erbpraxis beruhenden Vorgehen des Kaisers kollidierten, vgl. Goez, Leihezwang (wie Anm. 46), S. 207–212; Krause, Sachsenspiegel (wie Anm. 102), S. 99.

mann beziehungsweise Dietrich ebenfalls keine legitimen Erben aufweisen konnten[213]. Hermanns erstgeborener Sohn Ludwig IV. kam wohl erst um 1200 zur Welt, Dietrichs Sohn Heinrich III. erst um 1218. So eröffneten kontingente Situationen erblicher Übertragung dem Königtum Möglichkeiten und Handlungsspielräume politischer Einflussnahme, war doch die Agnatensukzession von Ämtern ebenso abhängig von der Nähe zum König wie von dessen materiellen Interessen. Nachdem etwa Markgraf Dietrich II. von der Lausitz 1185 ohne legitime männliche Erben verstorben war, ließ sich der Kaiser die Nachfolge seines Bruders, des im Reichsdienst sehr aktiven Dedos III. von Groitzsch, mit einer Lehnware in Höhe von 4.000 Mark Silber bezahlen[214]. Als Markgraf Dietrich

213) Das Problem einer nicht gegebenen patrilinearen Erblinie vom Vater auf den Sohn spiegelt sich zugleich in einer recht abenteuerlichen Erzählung der Lauterberger Chronik, die die Vorstellungen des Chronisten am Beginn des 13. Jahrhunderts wiedergibt, vgl. Chronik des Lauterbergs (wie Anm. 21), S. 85 f. Sie behandelt die Vorgeschichte der Erwerbung der Mark Meißen durch Konrad von Wettin. Dieser war seinem Verwandten Heinrich II. von Eilenburg, Markgraf von Meißen und der Lausitz, in tiefer Abneigung verbunden, da dessen Geburt Konrads Erbansprüche auf die Marken seines Vetters Heinrich I. deutlich geschmälert hatte. Da Heinrich I. bei seinem Tod 1103 seine Witwe Gertrud schwanger zurückließ, die diesen Umstand noch beim Begräbnis ihres Mannes öffentlich verkündete und so den generativen Anspruch ihres ungeborenen Kindes auf die Marken bezeugte, ließ Konrad zunächst das Gerücht verbreiten, Getrud sei gar nicht schwanger, sondern habe sich nur Kissen auf den Bauch gebunden. Diese rief daraufhin die Ministerialen ihres Gatten zusammen, entblößte sich und ließ ihre Schwangerschaft öffentlich bezeugen. Nach der Geburt Heinrichs II. ließ Konrad dann das nächste Gerücht in die Welt setzen, dass nämlich Gertrud eine Tochter geboren, das präsentierte Kind in Wirklichkeit der Sohn der Köchin sei. Um dieser Behauptung Wirkung zu verleihen, umklammerte einer der Getreuen Konrads den Altar der Burgkapelle zu Eilenburg und schwor bei seiner Unversehrtheit, dass die Behauptung Konrads von Wettin wahr sei. Das endete für dessen Getreuen jedoch mit Blendung und Verstümmelung, sodass letztlich durch Gottesbeweis der legitime Erbanspruch Heinrichs II. von Eilenburg öffentlich erbracht war. Vgl. MARQUIS, Geschichtsschreibung (wie Anm. 21), S. 184–189; LUTZ, Heinrich der Erlauchte (wie Anm. 3), S. 5; WINKEL, Genealogia Wettinensis (wie Anm. 22), S. 14 f.; Bettina ELPERS, Regieren, Erziehen, Bewahren. Mütterliche Regentschaften im Hochmittelalter (Studien zur europäischen Rechtsgeschichte 166), Frankfurt a. M. 2003, hier S. 227–233, ebd., S. 35–57 ausführlich zu Gertrud von Braunschweig; DIES., »Während sie die Markgrafschaft leitete, erzog sie ihren kleinen Sohn«. Mütterliche Regentschaften als Phänomen adeliger Herrschaftspraxis, in: Fürstin und Fürst. Familienbeziehungen und Handlungsmöglichkeiten von hochadligen Frauen im Mittelalter, hg. von Jörg ROGGE (Mittelalter-Forschungen 15), Stuttgart 2004, S. 153–166, hier S. 154 f.

214) Genealogia Wettinensis (wie Anm. 22), S. 230; Cronica S. Petri Erfordensis moderna (wie Anm. 135), S. 193. Dazu MIELZAREK, Albrecht der Bär (wie Anm. 12), S. 266; vgl. auch PÄTZOLD, Wettiner (wie Anm. 12), S. 45, 252; WINKEL, Genealogia Wettinensis (wie Anm. 22), S. 9 f.; HAUSER, Lehnspolitik (wie Anm. 81), S. 288 f. LINDNER, Dietrich (wie Anm. 12), S. 275 f.; DERS., Ehre (wie Anm. 104), S. 112, spekuliert hingegen, dass auch Markgraf Otto von Meißen am Erwerb der *marchio Orientalis* interessiert gewesen sei, der Kaiser aber aus machtpolitischen Gründen dem finanziell weitaus weniger potenten Dedo den Vorzug gegeben habe, kann dafür aber keinerlei Belege anführen. Die Vermutung des spätmittelalterlichen Historiographen Johannes Tylich in seiner Schrift ›De origine principum, marchionum Misnensium et Thuringiae lantgraviorum‹, wonach Friedrich Barbarossa die Lausitz 1185 einbehalten wollte, entbehrt hingegen jeder gesicherten Grundlage, Annales Vetero-Cellenses, hg. von Julius Otto OPEL, in: Mitteilungen der Deutschen Gesellschaft zur Erforschung vaterländischer Sprache und Altertümer 1/2 (1874), S. 121–225, hier S. 192: *Mortuo Theoderico sine filio legitimo tota ejus hereditas videlicet marchia Lusatia, Yleborg, Landisperg et caetera ad Ottonem, marchionem Missnensem et ad*

von Meißen 1210 die Mark Lausitz von Otto IV. erhielt, verlangte dieser bereits 15.000 Mark, erließ dem Wettiner jedoch ein Drittel der Lehnware[215].

Standen in dieses Fällen sicherlich wirtschaftliche vor politischen Interessen, so hatte Friedrich Barbarossa auf einem Reichstag zu Würzburg im Juni 1156 seinem Verbündeten Herzog Vladislav von Böhmen in einem geheimen Abkommen zugesagt, ihn zum König zu krönen und das Land und die Burg Bautzen zu übertragen, wenn sich Vladislav persönlich am Heerzug gegen Mailand beteiligen würde[216]. Das Land Bautzen war jedoch bis dato gemeinsam mit der Mark Meißen verliehen worden und somit im Besitz Konrads von Meißen, der es sicherlich seinem ältesten Sohn Otto in Aussicht gestellt hatte. Ob Barbarossa zu diesem Zeitpunkt bereits von den Erbplänen Konrads wusste, muss unklar bleiben (vgl. Abschnitt IV). Dass sich mit der nur wenige Monate später vollzogenen Erbteilung die Möglichkeit ergab, seine Zusage gegenüber dem böhmischen Herzog einzulösen, indem er das Land Bautzen einbehielt und an Vladislav ausgab[217], bedeutet daher nicht, dass der Kaiser aktiven Einfluss auf die Erbpläne Konrads nahm, sondern dass er eine günstige politische Situation auszunutzen wusste. Auch nach dem Tod Albrechts des Bären 1170 hatte Barbarossa versucht, »Ansprüche bei Lehenserneuerungen gegenüber dem Lehnsempfänger geltend zu machen«[218]. Auf dem Goslarer Hoftag am 18. November 1171 hatte der Kaiser von Bernhard von Anhalt die Herausgabe des Plötzkauer Erbes verlangt[219], konnte sich gegen den Widerstand des Askaniers aber nicht durchsetzen und musste unter Vermittlung sächsischer Fürsten seine Pläne

Dedonem fratres ejus translata. Sed marchiam Lusatia imperator Fredericus aliquamdiu tenuit; sed Dedo comes pro quatuor milibus marcarum ipsam ab imperatore redemit. Vgl. Leppin, Untersuchungen (wie Anm. 176), S. 240 f. Anm. 17.

215) Chronik des Lauterbergs (wie Anm. 21), S. 209; Genealogia Wettinensis (wie Anm. 22), S. 230. Diese enorme Steigerung der Lehnware ist zugleich ein Zeugnis vom dynamischen Aufschwung der Marken östlich der Saale im Zuge der Ostsiedlung. Vgl. Büttner, Geld (wie Anm. 79), S. 385 f.; auch Pätzold, Wettiner (wie Anm. 12), S. 253; Ders., Adel (wie Anm. 21), S. 163; Winkel, Herrschaft (wie Anm. 12), S. 119; Ders., Genealogia Wettinensis (wie Anm. 22), S. 10; Lindner, Dietrich (wie Anm. 12), S. 267.

216) Lindner, Ehre (wie Anm. 104), S. 108 f.; Rogge, Markgrafschaft (wie Anm. 163), S. 63 f.

217) 1159 erscheint ein Amtsträger Vladislavs als Kastellan in Bautzen, 1160 verfügte der böhmische König über Besitzungen in der Oberlausitz, welche er vom Kaiser als *beneficium* erhalten habe, wie es in einer Bestätigungsurkunde des Kaisers vom 26. Februar 1165 explizit heißt, vgl. CDS I A/2 (wie Anm. 20), Nr. 295, S. 202; Nr. 325, S. 223; D F I. (wie Anm. 97), Nr. 473, S. 385 f. Dass unter den Zeugen dieser Urkunde Markgraf Otto von Meißen, Markgraf Dietrich von der Ostmark, Graf Dedo V. von Groitzsch, Graf Heinrich von Wettin und Graf Friedrich von Brehna, also alle Erben Konrads von Meißen, auftauchen, mag die Akzeptanz der Wettiner hinsichtlich des kaiserlichen Eingriffs in das väterliche Erbe in Bezug auf das Land Bautzen verdeutlichen.

218) Lindner, Friedrich Barbarossa (wie Anm. 163), S. 207; vgl. Ders., Ehre (wie Anm. 104), S. 112 Anm. 45; Marcus, Herzog Bernhard (wie Anm. 86), S. 72–74.

219) Annales Magdeburgenses, hg. Georg Heinrich Pertz (MGH SS 16), Hannover 1859, S. 107–196, hier S. 193 (Ann. Magd.): *1171. [...] Fridericus imperator in octava sancti Martini Goslarie curiam tenuit, in qua patrimonium Bernhardi comitis, filii marchionis Adalberti, quod dicitur Plozeke, exegit, ex quo gratis inter imperatorem et fratres eiusdem comitis dissensio orta, usque in festum sancti Johannis baptistae est dilata.* Annales Pegavienses

spätestens 1173 aufgeben. Dennoch lag dieses Vorgehen ganz auf der Linie kaiserlichen Herrschaftsausbaus im mitteldeutschen Raum[220)].

Bei der Erblichkeit der vom König verliehenen Ämter scheint im Untersuchungsraum somit allein das Fehlen legitimer Söhne erbrechtliche Probleme aufgeworfen zu haben[221)]. Der patrilineare Übergang von Ämtern auf die Söhne des Inhabers war unproblematisch, in der Auffassung Eikes von Repgow erfolgte er mehr oder weniger automatisch[222)]. Erst entsprechende disruptive Situationen sorgten dafür, dass diese Praxis reflektiert wurde. Das Beispiel der Auseinandersetzungen zwischen den Söhnen Markgraf Ottos von Meißen hat gezeigt, dass eine Abweichung von der gewohnten Vater-Sohn-Weitergabe für Irritationen sorgte, nicht nur beim »enterbten« Sohn, sondern auch bei dessen Verwandtschaft[223)]. Diese erbrechtliche Auffassung unter den Adligen des mitteldeutschen Raums wird ebenso deutlich, als nach dem Tod Dietrichs des Bedrängten im Jahr 1221 die Edlen und Ministerialen seines Herrschaftsgebiets einen

(wie Anm. 120), S. 260: *1171. imperator Fridericus Plozeka et alia praedia filiorum marchionis Adelberti oportinuit, et gravem discordiam commovit.*

220) THIEME, Wettiner (wie Anm. 12), S. 290; WINKEL, Herrschaft (wie Anm. 12), S. 161; LINDNER, Ehre (wie Anm. 104), S. 111; ROGGE, Markgrafschaft (wie Anm. 163), S. 61, 63. Vgl. Manfred KOBUCH, Zur Lagebestimmung der Wirtschaftshöfe des staufischen Tafelgüterverzeichnisses im meißnischen Markengebiet, in: Deutsche Königspfalzen. Beiträge zu ihrer historischen und archäologischen Erforschung, Bd. 4: Pfalzen – Reichsgut – Königshöfe, hg. von Lutz FENSKE (Veröffentlichungen des Max-Planck-Instituts für Geschichte 11,4), Göttingen 1996, S. 308–376, wiederabgedruckt in: DERS., Mittelalterstudien (wie Anm. 28), S. 67–134. Vgl. auch den Beitrag von Claudia Garnier in diesem Band.

221) GOEZ, Leihezwang (wie Anm. 46), S. 51 f.; KRAUSE, Sachsenspiegel (wie Anm. 102), S. 97–99; LEPPIN, Untersuchungen (wie Anm. 176), S. 241 f.; vgl. auch SCHMID, Heirat (wie Anm. 15), S. 128.

222) Heiner LÜCK, Woher kommt das Lehnrecht des Sachsenspiegels? Überlegungen zu Genesis, Charakter und Struktur, in: Ausbildung und Verbreitung (wie Anm. 80), S. 239–268, hier S. 262; WINKEL, Herrschaft (wie Anm. 12), S. 215, Anm. 976; GOEZ, Leihezwang (wie Anm. 46), S. 20–29, 182–189, 213–226; KRAUSE, Sachsenspiegel (wie Anm. 102), S. 80 f. Schon in der roncaglischen Gesetzgebung Barbarossas erscheint die Übertragung von Lehen vom Vater auf den Sohn weitgehend unproblematisch, solange sich der Sohn nicht im Gegensatz zum Lehnsgeber befand, D F I. (wie Anm. 97), Nr. 242, S. 34–36: *Si vero pater vult eum deducere, ut satisfaciat, et filius contempnit, patre mortuo in feudum non succedat, nisi prius domino satisfecerit.* Der patrilineare Übergang von Ämtern wie der Mark Meißen war für die Zeitgenossen jedenfalls Routine. Hatte etwa Dedo III. dem Kaiser noch Lehnware in Höhe von 4.000 Mark Silber für den Erhalt der Mark Lausitz zahlen müssen, so gestaltete sich deren Übertragung auf dessen Sohn Konrad II. völlig geräuschlos, während hingegen der Übergang jener Markgrafschaft auf Dietrich den Bedrängten den Wettiner 10.000 Mark Silber kostete, vgl. die Angaben in Anm. 213 und 214; HAUSER, Lehnspolitik (wie Anm. 81), S. 289; PÄTZOLD, Wettiner (wie Anm. 12), S. 62 f. In diesem Sinne präsentierte Heinrich der Erlauchte in einer Urkunde von 1241/42 seine beiden Söhne Albrecht und Dietrich als Mithandelnde, obwohl diese zu jenem Zeitpunkt kaum drei Jahre beziehungsweise ein Jahr alt gewesen sein dürften, vgl. CDS I A/4 (wie Anm. 1), Nr. 113, S. 173–175, und Anm. 183 oben. Bezeichnenderweise verschwinden Albrecht und Dietrich danach bis zur ihrer Volljährigkeit wieder aus den Urkunden des Markgrafen. Ihre Erwähnung scheint ausschließlich dem Zweck gedient zu haben, die nunmehr gesicherte partilineare Erblinie öffentlich zu präsentieren. Vgl. LUTZ, Heinrich der Erlauchte (wie Anm. 3), S. 321.

223) LINDNER, Dietrich (wie Anm. 12), S. 275; KRAUSE, Sachsenspiegel (wie Anm. 102), S. 97–99.

Treueeid auf dessen Sohn Heinrich III., der als der »wahre Erbe« (*verus heres*) bezeichnet wurde, leisteten[224]. Den entsprechenden Eid überliefert die Reinhardsbrunner Chronik in wörtlicher Rede. In einem rituellen Akt, eine Reliquie berührend, hätten sie ihrem *domicello* Heinrich die Treue geschworen, wie sie das nach Erbrecht (*iure hereditario*) schuldig seien. Die Erblichkeit der Mark war für sie – oder zumindest für den Chronisten – geltendes Recht[225]. Zugleich hätten die Großen die Vormundschaft Landgraf Ludwigs IV. über dessen Neffen[226] sowie dessen eventuelles Erbrecht beim vorzeitigen Ableben Heinrichs anerkannt. Dann nämlich wollten die Edlen und Ministerialen den Landgrafen zu ihrem Herrn und zum Markgrafen von Meißen wählen (*eligimus*) und ihm als wahren Erben (*vero heredi*) Treue schwören[227]. Diesen Eid leisteten alle Großen des Landes (*omnibus terre maioribus*) auf den jeweiligen Landdingen, wie es Gewohnheit (*consuetum*) sei. Wesentlich für die Erblichkeit von Ämtern war demnach nicht nur eine zunehmend lehnrechtlich fixierte Vergabepraxis durch den König, sondern insbesondere die Anerkennung der Erbansprüche im Land selbst, wobei die so herrschaftlich erfassten Gruppen nicht unbedingt in einem Lehns-, jedoch in einem

224) Chronica Reinhardsbrunnensis (wie Anm. 24), S. 596 f.: *Unde anno Domini M°CC°*XXI° [Kal. *Febr.] obiit Theodericus marchio Mysnensis, maritus domine Iutte, sororis domine Ludwici lantgravii* [...]. *Qui cum ad partes Missenenses prevenisset, territoria marchionis, marchiam Misnensem et Lusitz, ex integro optinens pace firmissima conservavit. De quo facto soror sua et filius eius H[einricus], verus heres, intestimabiliter sunt gavisi, mandantes omnibus terre maioribus, ut ei corporali prestito iuramento redderent caucionem in omnibus locis, in quibus placitum fieri est conswetum.* Denselben Diskurs bediente Heinrich der Erlauchte kurz nach dem Erlangen der Volljährigkeit 1230. In einer Urkunde von 1231 bestätigte er Besitzübertragungen seines Vaters an das Kloster Pforte, wobei er sich nicht einfach als dessen Erbe, sondern als Erbe des Wesens beziehungsweise der Beschaffenheit des Vaters bezeichnete, womit die Eigenschaft als Markgraf von Meißen gemeint war, CDS I A/3 (wie Anm. 20), Nr. 343, S. 303 f.: *Nos igitur, sicut paterne substantie sumus heredes* [...]. Vgl. UB Pforte 1,1 (wie Anm. 62), Nr. 102, S. 128 f.; LUTZ, Heinrich der Erlauchte (wie Anm. 3), S. 118.

225) SCHLESINGER, Gerichtsverfassung (wie Anm. 35), S. 75; LUTZ, Heinrich der Erlauchte (wie Anm. 3), S. 118.

226) Vgl. zur ludowingischen Vormundschaft und Regentschaft in der Mark Meißen LUTZ, Heinrich der Erlauchte (wie Anm. 3), S. 39–117; ELPERS, Regieren (wie Anm. 213), S. 164–186; DIES., Regentschaften (wie Anm. 213), S. 153–166; DIES., Beteiligung (wie Anm. 133), S. 86 f., 103–106; PÄTZOLD, Wettiner (wie Anm. 12), S. 82–84; WERNER, Reichsfürst (wie Anm. 13), S. 135; MARQUIS, Geschichtsschreibung (wie Anm. 21), S. 234–238.

227) Chronica Reinhardsbrunnensis (wie Anm. 24), S. 597: *Omnes ergo tam nobiles quam ministeriales cum reliquo vulgo tactis sanctorum reliquiis iuramentum hoc prestiterunt: ›Nos domicello nostro Heinrico marchioni Mysenensi iuramus fidelitatem iure hereditario sibi debitam et domino Ludewico tamquam vero tutori et auctori hac condicione, quod, si medio tempore domicellum nostrum infra annos discrecionis mori contigerit, dominum Ludewicum lantgravium in dominum et marchionem Missenensem eligimus et ipsi tamquam vero heredi et domino nostro iuramus. Sic nos adiuvet Deus et sancti, quorum reliquie hic in presencia habentur.‹ Tunc relinquens pius lantgravius sororem suam marchionissam in bona tranquilitate pacis totamque terram in statu optimo ad propria remeavit.* Vgl. CDS I A/3 (wie Anm. 20), Nr. 297, S. 215.

personalen Treueverhältnis zum Inhaber des Amtstitels standen[228]. Schon die Wiedererlangung der Mark Meißen durch Dietrich den Bedrängten 1197 erklärte die Genealogia Wettinensis damit, dass der Wettiner die Gunst jener besaß, die den Burgen im Land vorstanden[229]. Die grundsätzliche Erblichkeit der vom König ausgegebenen Ämter, die in dem hier untersuchten Zeitraum offenbar nie wirklich bestritten wurde, erweist sich nicht zuletzt als wesentlicher Baustein mittelalterlicher (Landes-)Herrschaft[230].

VI.

Die in diesem Beitrag skizzierten Entwicklungen adligen und fürstlichen Erbens im mitteldeutschen Raum des 12. und 13. Jahrhunderts kulminierten um die Mitte des 13. Jahrhunderts in einem für die sächsische, thüringische und hessische Landesgeschichte entscheidenden Ereignis: dem Aussterben der Ludowinger in männlicher Erbfolge durch den erbenlosen Tod Heinrich Raspes IV. 1247, der Übertragung der thüringischen Landgrafschaft an Markgraf Heinrich den Erlauchten von Meißen und dem sich daran anschließenden hessisch-thüringischen Erbfolgekrieg, der sich phasenweise bis 1264 hinziehen sollte[231]. Bereits 1243 hatte Heinrich Raspe IV. bei Kaiser Friedrich II. eine Eventualbelehnung seines wettinischen Neffen mit der Landgrafschaft

228) Dass dies kein Automatismus war, zeigen die anfänglichen Probleme Ludwigs IV., seinen Herrschaftsanspruch als Vormund Heinrichs des Erlauchten in der Mark Meißen durchzusetzen, vgl. LUTZ, Heinrich der Erlauchte (wie Anm. 3), S. 47–55. Ebenso war die Durchsetzung der Ansprüche Heinrichs des Erlauchten auf das ludowingische Erbe nach 1247 maßgeblich von der Anerkennung des thüringischen Adels abhängig, vgl. die Angaben unten, bes. Anm. 231.

229) Genealogia Wettinensis (wie Anm. 22), S. 229: [...] *favore eorum, qui castris preerant, marchiam occupavit* [...]. Gleichermaßen musste Heinrich Raspe IV. nach dem Tod seines Bruders Ludwig IV. 1227 seine Erbansprüche auf die Landgrafschaft Thüringen, einhergehend mit der Vormundschaft über Ludwigs noch unmündigen Sohn, durch den Mainzer Erzbischof und den thüringischen Adel bestätigen lassen, während die politische Schwäche König Heinrichs (VII.) hier keine Probleme bei der erblichen Herrschaftsübernahme bereitete, vgl. WERNER, Reichsfürst (wie Anm. 13), S. 130 f., 261.

230) Vgl. SCHLINKER, Territorialisierung (wie Anm. 174), S. 77 f., 88–93.

231) Vgl. TEBRUCK, Integration (wie Anm. 9), S. 390, bes. Anm. 29 für Literaturangaben; DERS., ›Pacem confirmare – iusticiam exhibere – per amiciciam concordare‹. Fürstliche Herrschaft und politische Integration. Heinrich der Erlauchte, Thüringen und der Weißenfelser Vertrag von 1249, in: Hochadelige Herrschaft im mitteldeutschen Raum (1200–1600). Formen – Legitimation – Repräsentation, hg. von Jörg ROGGE (Quellen und Forschungen zur sächsischen Geschichte 23), S. 243–303; DERS., Heinrich der Erlauchte und das ludowingische Erbe. Ein Wettiner wird Landgraf von Thüringen, in: Weißenfelser Vertrag (wie Anm. 14), S. 11–62, hier S. 39–53; LUTZ, Heinrich der Erlauchte (wie Anm. 3), S. 227–282; MARQUIS, Geschichtsschreibung (wie Anm 21), S. 238–241; Mathias KÄLBLE, Heinrich der Erlauchte, Sophie von Brabant und das ludowingische Erbe, in: Neugestaltung (wie Anm. 133), S. 255–287; ausführlich und umfassend WERNER, Neugestaltung (wie Anm. 133).

Thüringen und der Pfalzgrafschaft Sachsen erwirkt, sollte der Landgraf ohne männliche Erben versterben[232]. Ziel war es demnach mögliche Erbstreitigkeiten zu vermeiden, da Heinrich der Erlauchte der älteste Sohn Juttas, der erstgeborenen Tochter Hermanns I. von Thüringen, des Vaters Landgraf Heinrich Raspes IV., war. Hier zeigt sich auf deutliche Weise ein Denken in generativen Zusammenhängen, wie es in den Quellen immer wieder aufscheint. Denn die Erbfolge in der Landgrafschaft ging von den in Frage kommenden Söhnen Hermanns I. und deren männlichen Nachkommen, die 1243 bis auf Heinrich Raspe IV. alle verstorben waren, auf die älteste Tochter Jutta und deren männliche Nachkommen über, von denen Heinrich der Erlauchte wiederum der älteste war. Das entsprach nicht nur den Erbregeln des Sachsenspiegels, sondern verdeutlicht zugleich die anerkannte Praxis der Erblichkeit von Amtslehen, unabhängig davon, dass das Angebot Heinrichs VI. der allgemeinen Erblichkeit von Ämtern auch in weiblicher Linie im Zuge des sogenannten »Erbreichsplans« niemals Realität wurde[233]. Es war deshalb auch von Bedeutung, dass in der Eventualbelehnung von 1243 die Grafschaft Hessen als ludowingisches Allodialgut nicht ausdrücklich erwähnt wurde, da diese zunehmend selbstständige Herrschaft Teil innerfamiliärer Abschichtungsprozesse war. Dies spielte für die später erhobenen Erbansprüche Sophies von Brabant, der Nichte Heinrich Raspes IV., für ihren noch unmündigen Sohn Heinrich I. von Hessen eine nicht unwesentliche Rolle[234].

232) CDS I A/4 (wie Anm. 1), Nr. 123, S. 186–189: [...] *quod tibi post mortem avunculi tui Heinrici lantgravii Thuringie duos principatus suos, videlicet lantgraviam Thuringie et comaciam palacii Saxonie, et omnia alia feoda, que a nobis et ab imperio tenet, cum ipsorum pertinentiis iure contulimus feodali. Tali tamen forma, ut, si sine herede filio, quod deus advertat, ipsum premori contingerit, nostra concessio stabilis perseverat, ne inter heredes tunc, cum de patris sui Hermanni felicis recordationis primogenita suis genitus, lites et sediciones oriantur et ut eitam sic tuis presentibus respondeamus serviciis et imperio servire tenearis in futuro.* Vgl. Dobenecker 3 (wie Anm. 20), Nr. 1093, S. 182 f.; LUTZ, Heinrich der Erlauchte (wie Anm. 3), S. 206, 231; PETERSOHN, Ludowinger (wie Anm. 13), S. 37 f.; WERNER, Neugestaltung (wie Anm. 133), S. 11 f.; TEBRUCK, ›Pacem confirmare‹ (wie Anm. 231), S. 249.

233) Vgl. auch LUTZ, Heinrich der Erlauchte (wie Anm. 3), S. 231 f.

234) ELPERS, Beteiligung (wie Anm. 133), S. 106–110; WERNER, Reichsfürst (wie Anm. 13), S. 228 f.; DERS., Neugestaltung (wie Anm. 133), S. 11 f., ebd., S. 13: »Vor diesem Hintergrund darf es als fast sicher gelten, dass der erbliche Übergang der Herrschaft Hessen sowie eines Teils der ludowingischen Allode und Kirchenlehen in Thüringen an Sophie, Herzog Heinrich II. von Brabant und deren künftige Nachkommen in engem Zusammenhang mit der Eventualbelehnung von 1243 und im Einvernehmen ausgehandelt wurde.« Vgl. ZÖLLNER, Ludowinger (wie Anm. 13), S. 50 f.; BÜTTNER, Geld (wie Anm. 79), S. 296; zusammenfassend Helge WITTMANN, Zu den Auswirkungen des Erbfolgestreits nach dem Tode Heinrich Raspes IV. auf den thüringisch-hessischen Grenzraum, in: Neugestaltung (wie Anm. 133), S. 239–253. Zu den verwandtschaftlichen Verbindungen und den erbrechtlichen Ansprüchen Sophies von Brabant, Herzog Ottos I. von Braunschweig-Lüneburg, Herzog Albrechts I. von Sachsen und Graf Heinrichs I. von Anhalt auf das ludowingische Erbe auch TEBRUCK, ›Pacem confirmare‹ (wie Anm. 231), S. 259 f., vgl. ebd., S. 248–259, sowie WERNER, Neugestaltung (wie Anm. 133), S. 11–16.

Die schriftliche Fixierung dieses Erbgangs spiegelt die seit dem 13. Jahrhundert zunehmende Anwendung neuer Übertragungstechniken (Erbvertrag, Eventualbelehnung) zur Stabilisierung diskursiv etablierter Übertragungsmodelle, die im Sachsenspiegel kodifiziert wurden. Die Durchsetzung des wettinischen Erbanspruchs auf die Landgrafschaft Thüringen hing aber nicht nur von der kaiserlichen Eventualbelehnung, sondern ganz wesentlich von der Akzeptanz dieses Erbanspruchs innerhalb lokal verankerter herrschaftlicher Trägergruppen ab, hier des thüringischen Adels und der landgräflichen Ministerialität[235]. Zugleich besaß die Eventualbelehnung, wie alle erbrechtlichen Aushandlungsprozesse, die im Zusammenhang mit vom König verliehenen Ämtern standen, eine genuin politische Ebene, da sie in einem Zusammenhang mit der geplanten Heirat zwischen Margarethe, der Tochter Friedrichs II., und Albrecht, dem ältesten Sohn Heinrichs des Erlauchten, stand, wodurch sich der Kaiser die Unterstützung des mächtigen Wettiners gegen die päpstliche Partei sicherte[236].

So seien abschließend die wesentlichen Tendenzen der sozialen Praxis des Erbens im Adel des mitteldeutschen Raums des 12. und 13. Jahrhunderts thesenartig zusammengefasst:

1. Der Untersuchungsraum weist aufgrund der im Zuge der Ostsiedlung vordringenden Personengruppen eine Offenheit beziehungsweise Vielschichtigkeit erbrechtlicher Vorstellungen und ihrer praktischen Umsetzung auf, die sich in kontinuierlichen Aushandlungsprozessen zu jenen Rechtsgewohnheiten beziehungsweise Übertragungsmodellen amalgamierten, wie sie als *consuetudines terrae* auf den Landdingen des 13. Jahrhunderts und in den Erbregeln des Sachsenspiegels hervortreten.
2. Als funktional unabdingbar erweist sich das allgegenwärtige Instrument beziehungsweise die Übertragungstechnik des Erbenlaubs. Er war der gemeinsame Nenner der sozialen Praxis des adligen Erbens. Die notwendige Zustimmung der Erben bei Veränderungen der Erbmasse umriss nicht nur die gedachte Erbengemeinschaft und damit genealogische beziehungsweise intergenerationelle Interdependenzen, sondern stand im Zusammenhang mit der im Sachsenspiegel wiedergegebenen Gliederlehre.
3. Zugleich schränkte die Praxis des Erbenlaubs, die notwendige Zustimmung der Erbengemeinschaft zu Veränderungen der Erbmasse, die Testierfreiheit des Erblassers so wesentlich ein, dass es gar problematisch erscheint von Testamenten oder Erbplänen einzelner Akteure zu sprechen. Intergenerationelle Übertragungsmodelle, wie sie am Beispiel der Ludowinger sichtbar werden, waren abhängig von der konsensualen Mitwirkung aller Familienmitglieder und verlangten eine dementsprechende

235) Vgl. dazu Tebruck, Heinrich der Erlauchte (wie Anm. 231), S. 29–38; Ders., ›Pacem confirmare‹ (wie Anm. 231), S. 293; Wittmann, Adel Thüringens (wie Anm. 14), S. 87–91.
236) Vgl. CDS I A/4 (wie Anm. 1), Nr. 131, S. 199–203.

Disziplinierung derselben. Ein Verstoß gegen familiäre Erbpläne bedeutete nicht selten Ausschluss aus der Erbengemeinschaft.

4. Gängige Praxis adligen Erbens war daher die im Konsens mit der Erbengemeinschaft ausgehandelte Real- beziehungsweise Erbteilung, in welcher sowohl Allodialgut wie Lehen nach Senioratsprinzip zugeteilt wurden. Das Modell der Primogenitur wurde zu keiner Zeit verwirklicht, Abschichtungsprozesse konnten jedich die erbliche Ausstattung einzelner Erbnehmer verbessern. Dienten Erbteilungen dem Zweck zukünftige Erbstreitigkeiten zu verhindern, konnte die Erbengemeinschaft über die Ausübung gemeinsamer Rechte oder der Verpflichtung zur Memoria zusammengehalten werden.
5. Die patrilineare Erblichkeit von Ämtern wie der Markgrafschaft Meißen oder der Landgrafschaft Thüringen erweist sich schließlich als weithin akzeptierte Rechtsgewohnheit, als kaum mehr reflektierte Erbpraxis, die der Patrimonialisierung jener Ämter im späten Mittelalter, mit allen Konsequenzen bis hin zum Phänomen der Landesteilungen, Vorschub leistete. Es ist insofern zu hinterfragen, inwieweit das Königtum im 12. und 13. Jahrhundert Einfluss auf Erbpläne einzelner Fürsten- beziehungsweise Adelsfamilien nehmen konnte (und wollte), auch im Hinblick auf die Praxis der Erbteilung, die ganz selbstverständlich die Verteilung der vom König verliehenen Rechte und Ämter beinhaltete. Kontingente Situationen generativer Unsicherheit und transitiver Phasen in den einzelnen Adelsfamilien mochten dem Königtum politische wie wirtschaftliche Handlungsoptionen bieten, bedingten aber zugleich das Aufkommen diskursiver Bewältigungsstrategien, wie sie etwa in den Auseinandersetzungen der Ludowinger und Wettiner mit Heinrich VI. um das Prinzip der Agnatensukzession aufscheinen.
6. Diese Diskurse, die die Vorstellungen und Erwartungen allgemein akzeptierter Übertragungsmodelle konturierten und zugleich gängige Übertragungstechniken spiegelten, dürften ganz wesentlich dazu beigetragen haben, in der Wahrnehmung und im Handeln der zeitgenössischen Akteure einen funktionalen Zusammenhang zwischen Herrschaft und der Erblichkeit derselben herzustellen. Legitime Herrschaftsausübung ergab sich nicht allein durch die Verleihung königlicher Rechte und Titel, sondern war ganz wesentlich davon abhängig, dass die mit dem Land verbundenen Herrschaftsträger (Adel, Ministeriale etc.) die erbrechtlichen Ansprüche auf diese Rechte und Titel akzeptierten.

Summary

In the 12th and 13th centuries, Central Germany underwent an enormous cultural and economic transformation. The noble families involved in these processes, among them the Wettins in the Mark Meissen and the Ludowingians in the Landgraviate of Thuringia, brought their own customs and ideas regarding inheritance concepts and practices into this dynamic region, where they merged with each other. The comparative study based on documentary and chronical sources illustrates the preconditions and changes in noble and princely inheritance in Central Germany. Functionally indispensable was the ubiquitous transfer technique of the so-called Erbenlaub, the participation of the heirs in the transfer of the inheritance, as the common denominator of the social practice of noble inheritance. Intergenerational models of transference were dependent on the consensual participation of all family members. The division of the inheritance was therefore common practice, negotiated in consensus with the community of heirs; a form of primogeniture was never realised. At the same time the patrilineal hereditary nature of imperial fiefs such as the Margraviate of Meissen or the Landgraviate of Thuringia was a widely accepted legal custom and hardly ever reflected inheritance practice. It is doubtful whether the royalty was able or even willing to influence the inheritance plans of princely or noble families. Contingent situations of generative insecurity and transitive phases may have offered the royalty political and economic options for action, but at the same time contributed to the emergence of coping strategies amongst the principality, which had far-reaching consequences on the nature of high medieval princely rule by establishing a functional connection between sovereignty and its hereditary nature. The study of noble and princely inheritance in the High Middle Ages in Central Germany thus proves to be essential for understanding the emergence of late medieval territorial lordship.

Zu den Folgen des söhnelosen Todes eines Fürsten oder Grafen im hochmittelalterlichen Bayern und Österreich (1150–1250)

Roman Zehetmayer (St. Pölten/Wien)

I. Einleitung

Die Zusammensetzung des Adels in Österreich und Bayern war zwar einem ständigen Wandel unterworfen, zwischen etwa 1150 und 1250 veränderte sich die Adelslandschaft jedoch zweifellos besonders einschneidend. Ein wichtiger Grund dafür liegt im Aussterben auffallend vieler gräflicher und fürstlicher Familien in diesem Zeitraum und den damit einhergehenden Brüchen. Diese Entwicklungen sind der Geschichtsforschung auch nicht verborgen geblieben und wurden im Fall Bayerns immer wieder mit »Adels-« oder »Dynastensterben« beschlagwortet und mit den »Anfängen des wittelsbachischen Territorialstaates« in Verbindung gebracht[1]. Die Fachliteratur in Österreich zu den Auswirkungen des Aussterbens der Otakare, der Babenberger und der Andechser für Tirol ist kaum zu überblicken[2].

1) Etwa Wilhelm Störmer, Zur Adelsgesellschaft in Bayern und Österreich um 1200, in: Wolfger von Erla. Bischof von Passau (1191–1204) und Patriarch von Aquileja (1204–1218) als Kirchenfürst und Literaturmäzen, hg. von Egon Boshof/Fritz Peter Knapp (Germanistische Bibliothek N. F. 3,20), Heidelberg 1994, S. 69–106, bes. S. 71 f.; Diana Stock-Megies, Die Grafen von Bogen und von Ortenburg, Passauer Bischöfe und Wittelsbacher Herzöge. Mächtige Konkurrenten im Donauraum in der ersten Hälfte des 13. Jahrhunderts. Schwinden der Adelsvielfalt und Ausdehnung des bayerischen Territorialstaates, in: Passauer Jahrbuch 48 (2006), S. 37–56, hier S. 38, 51 f.; Andreas Kraus, Das Herzogtum der Wittelsbacher. Die Grundlegung des Landes Bayern, in: Wittelsbach und Bayern. Beiträge zur bayerischen Geschichte und Kunst, Bd. 1,1, hg. von Hubert Glaser, München 1980, S. 165–200, hier S. 180; Kurt Reindel, Bayern im Mittelalter, München 1970, S. 128 (›Sterben der großen Geschlechter‹). Siehe auch Max Spindler, Die Anfänge des bayerischen Landesfürstentums (Schriftenreihe zur bayerischen Landesgeschichte 26), München 1937, S. 93 f.; Jürgen Dendorfer, Die innere Entwicklung, in: Handbuch der bayerischen Geschichte, Bd. 1,1: Von der Vorgeschichte bis zum Hochmittelalter, hg. von Alois Schmid, München 2017, S. 321–416, hier S. 359; Tobias Weller, Die Heiratspolitik des deutschen Hochadels im 12. Jahrhundert (Rheinisches Archiv 149), Köln/Weimar/Wien 2004, S. 775. – Siehe bereits Hermannus Altahensis, Genealogia Ottonis II. ducis Bavariae et Agnetis ducissae, hg. von Philipp Jaffé (MGH SS 17), Hannover 1861, S. 376–378, hier S. 377 f.

2) Die wichtigste Literatur findet sich in den jeweiligen Abschnitten zu den einzelnen Familien.

Bei diesen Studien wurden neben der Ereignisgeschichte vor allem die Folgen für die Macht-, Besitz- und Verfassungsstrukturen in den Blick genommen oder einzelne Familien monografisch untersucht. Zu eingehenden vergleichenden Analysen der Vorgänge vor und nach einem sich abzeichnenden Aussterben der Familien ist es dagegen bislang noch nicht gekommen, was wohl nicht zuletzt der unübersichtlichen Quellenlage geschuldet ist. Da aber gerade Ausnahmesituationen – wie der söhnelose Tod eines bedeutenden Dynasten – schriftliche Spuren hinterlassen haben und dabei auch allgemeine Erkenntnisse über zeittypische Handlungsmechanismen, Entscheidungsprozesse oder Vorstellungen des Adels etwa von der Bedeutung des Rechts in seiner Lebenswelt zu erwarten sind, ist es nichtsdestotrotz lohnenswert, eine entsprechende vergleichende Untersuchung auf breiter Basis unter Berücksichtigung des österreichischen und bayerischen Raums in Angriff zu nehmen.

Im Mittelpunkt stehen dabei folgende Fragen:

* Welche Folgen hatte ein söhneloser Tod des Erblassers für die betroffene Familie und welche Strategien verfolgte diese, wenn sich der Eintritt eines solchen Ereignisses abzeichnete[3)]?
* Welche Forderungen stellten die Töchter und deren angeheiratete Familien oder andere enge weibliche Verwandte (vor allem Schwestern und Witwen) bei söhnelosem Tod eines Erblassers und wie versuchten sie, ihre Ansprüche durchzusetzen?
* Wie wurde dabei jeweils mit den einzelnen hinterlassenen Rechtstiteln umgegangen und welche Unterschiede gab es bei Eigengut, Lehen oder Vogteien?
* Wie reagierte das adelige Gefolge auf die Vorgänge?
* Was geschah mit dem Rang[4)], den der Verstorbene innehatte? Konnte der Rang bei söhnelosem Tod von einem oder mehreren Schwiegersöhnen übernommen werden?
* Welche Bedeutung kam bei solchen söhnelosen Erbfällen normativen Vorstellungen zu und lassen sich hierbei Änderungen vor dem Hintergrund der damals zu beobachtenden Verdichtungen der Landesherrschaften und der zunehmenden Rezeption des gelehrten Rechts beobachten?

3) Siehe allgemein Bernhard JUSSEN, Erbe und Verwandtschaft. Kulturen der Übertragung im Mittelalter, in: Erbe. Übertragungskonzepte zwischen Natur und Kultur, hg. von Stefan WILLER/Sigrid WEIGEL/DEMS. (Suhrkamp Taschenbuch Wissenschaft 2052), Berlin 2013, S. 37–64, hier S. 61 f.

4) Siehe zum Begriff Jörg PELTZER, Der Rang der Pfalzgrafen bei Rhein. Die Gestaltung der politisch-sozialen Ordnung im 13. und 14. Jahrhundert (RANK. Politisch-soziale Ordnungen im mittelalterlichen Europa 2), Ostfildern 2013, S. 23–31; für unsere Fragestellung besonders Jürgen DENDORFER, Grafen, Markgrafen, Herzöge. Der Rang der *principes* und der Hof der Könige im ostfränkisch-deutschen Reich (11./12. Jahrhundert), in: Rank and Order. The Formation of Aristocratic Elites in Western and Central Europe 500–1500, hg. von Jörg PELTZER (RANK. Politisch-soziale Ordnungen im mittelalterlichen Europa 4), Ostfildern 2015, S. 99–116; weiter Jörg PELTZER, Locus – nomen – gloria. Zum Rang Bertholds V., in: Die Zähringer. Rang und Herrschaft um 1200, hg. von Jürgen DENDORFER/Heinz KRIEG/Johanna REGNATH (Veröffentlichungen des Alemannischen Instituts 85), Ostfildern 2018, S. 173–186.

* Wie wurden dabei auftretende Konflikte ausgetragen und auf welche Art und Weise wurde versucht, diese zu minimieren oder zu bereinigen? Welche Verwandten oder anderen Akteure mengten sich dabei ein oder wurden konsultiert?
* Welche Rückschlüsse lassen die Beobachtungen auf die Vorstellungen von Verwandtschaftsstrukturen zu?

In einem ersten Schritt sollen diese Fragen jeweils separat und etwas ausführlicher bei den drei im Untersuchungszeitraum zwischen 1150 und 1250 in männlicher Linie ausgestorbenen Herzogsfamilien – nämlich den Otakaren, den Babenbergern und den Andechsern – und anschließend etwas knapper bei den markgräflichen Diepoldingern und bei elf ausgewählten gräflichen Familien analysiert werden. Aufgrund der großen Zahl an damals ausgestorbenen Grafenfamilien konnten in diesem Rahmen nicht alle einzeln untersucht werden[5], was am Gesamtergebnis aber nicht allzu viel ändern dürfte. Aufgrund der unterschiedlichen Quellenlage konnten die Grafen auch nicht immer in gleicher Intensität behandelt werden. In der abschließenden Zusammenschau soll versucht werden, die Einzelbeobachtungen in ein System zu bringen, um Muster und Veränderungen zwischen etwa 1150 und 1250 herauszufiltern. Vorangestellt sind dieser Zusammenschau Beobachtungen zur Erbpraxis und zu Übergabekonzepten im sogenannten Normalfall – also bei vorhandenen Söhnen –, um so eine Ausgangsbasis für den im Mittelpunkt stehenden »Ausnahmefall« zu erhalten und den Kontrast dazu besser erkennen zu können.

II. Zu den einzelnen Familien

II.1. Herzogsfamilien

II.1.1. Otakare

Bei den seit etwa 1055 als Markgrafen und seit 1180 als Herzöge in der Steiermark herrschenden Otakaren findet sich in fast jeder Generation jeweils nur ein Sohn, der nach dem Tod des Vaters stets reibungslos die Nachfolge und das Erbe antreten konnte[6]. Nur Otakar I. hinterließ nach seinem Tod 1075 oder 1076[7] zwei männliche Nachkommen,

5) Nicht separat behandelt wurden etwa die Grafen von Wolfratshausen, die Grafen von Velburg, die Salzburger Linie der Grafen von Plain-Hardegg, die Burggrafen von Regensburg, die Grafen von Mödling oder die Grafen von Dornberg. Markante Vorkommnisse im Rahmen des Aussterbens dieser Familien werden in der Zusammenschau berücksichtigt.

6) Siehe zur Familie Heinz Dopsch, Die steirischen Otakare. Zu ihrer Herkunft und ihren dynastischen Verbindungen, in: Das Werden der Steiermark. Die Zeit der Traungauer, hg. von Gerhard Pferschy (Veröffentlichungen des Steiermärkischen Landesarchives 10), Graz 1980, S. 75–139.

7) Dopsch, Otakare (wie Anm. 6), S. 134.

nämlich den älteren Adalbero, der zunächst in die Fußstapfen seines Vaters trat, und Otakar II. Beide standen während des Investiturstreits auf unterschiedlichen Seiten und bekämpften sich. Im Zuge dieses Konflikts musste Adalbero seinem Bruder wahrscheinlich schließlich Teilhabe an der Amtsgewalt zugestehen. Aber auch das bereinigte die Situation nicht, erst die Ermordung Adalberos durch seine eigenen Ministerialen beendete den Konflikt[8]. Der 1129 verstorbene Sohn Otakars II., Markgraf Leopold, hinterließ neben Otakar III.[9] auch einen außerehelichen Sohn, der drei Mal als Zeuge unter die markgräflichen Ministerialen eingereiht wurde, über den sonst aber nichts mitgeteilt werden kann[10].

8) Niederösterreichisches Urkundenbuch [im Folgenden NÖUB], Bd. 1: 777–1076, hg. von Maximilian Weltin/Roman Zehetmayer unter Mitarbeit von Dagmar Weltin/Günter Marian/Christina Mochty-Weltin (Publikationen des Instituts für Österreichische Geschichtsforschung 8,1), St. Pölten 2008, Nr. 31c; Traditionsurkunden des Klosters Garsten, hg. von Siegfried Haider (Quellenedition des Instituts für Österreichische Geschichtsforschung 8), Wien/München 2011, Nr. 1, S. 263 (zu 1075/77); Ders., Zu den Anfängen von Pfarre und Kloster Garsten, in: MIÖG 113 (2005), S. 293–329, hier S. 307 f.; NÖUB, Bd. 2: 1078–1158, hg. von Roman Zehetmayer/Dagmar Weltin/Maximilian Weltin unter Mitarbeit von Günter Marian/Christina Mochty-Weltin (Publikationen des Instituts für Österreichische Geschichtsforschung 8,2), St. Pölten 2013, S. 65; Vita beati Gebehardi archiepiscopi, hg. von Wilhelm Wattenbach, (MGH SS 11), Hannover 1854, S. 36; Genealogia marchionum de Stire, hg. von Georg Waitz (MGH SS 24), Hannover 1879, S. 72; Dopsch, Otakare (wie Anm. 6), S. 112 f.; zuletzt Roman Zehetmayer, Zu den Anfängen der Landwerdungen im nordalpinen Reich am Beispiel der Marken Steier, Österreich und Meißen, in: MIÖG 124 (2016), S. 1–25, hier S. 7 f.

9) Sowohl für Otakar III. als auch für dessen Sohn Otakar IV. führten wegen deren Minderjährigkeit mehrere Jahre lang jeweils deren Mutter, die Welfin Sophie und die Diepoldingerin Kunigunde, die Regentschaft, die offenbar das adelige Gefolge zusammenhalten und überregionale Versammlungen einberufen konnten; Bettina Elpers, Regieren, Erziehen, Bewahren. Mütterliche Regentschaften im Hochmittelalter, Frankfurt a. M. 2003, S. 58–78; NÖUB 2 (wie Anm. 8), S. 69 f.; Heinz Dopsch, Von der Mark an der Mur zum ›Stireland‹. Die Steiermark unter Otakaren und Babenbergern, in: Die Länder und das Reich. Der Ostalpenraum im Hochmittelalter, hg. von dems./Karl Brunner/Maximilian Weltin (Österreichische Geschichte 1122–1278), Wien 1999, S. 270–307, hier S. 280; Tobias Küss, Die älteren Diepoldinger als Markgrafen in Bayern (1077–1204). Adlige Herrschaftsbildung im Hochmittelalter (Münchner Beiträge zur Geschichtswissenschaft 8), München 2013, S. 261–263; NÖUB, Bd. 3: 1156–1182, hg. von Roman Zehetmayer unter Mitarbeit von Markus Gneiss/Sonja Lessacher/Günter Marian/Christina Mochty-Weltin/Dagmar Weltin (Publikationen des Instituts für Österreichische Geschichtsforschung 8,3), St. Pölten 2017, Nr. 5[6]; Franz Krones, Verfassung und Verwaltung der Mark und des Herzogthums Steier von ihren Anfängen bis zur Herrschaft der Habsburger (Forschungen zur Verfassungs- und Verwaltungsgeschichte der Steiermark 1), Graz 1897, S. 44, 99 f.; Roman Zehetmayer, Zu den steirischen Landtaidingen und zur rechtlichen Stellung der Salzburger Ministerialen im Land Steiermark bis etwa 1300, in: Zeitschrift des Historischen Vereins für Steiermark 94 (2003), S. 83–122, hier S. 96.

10) Dopsch, Otakare (wie Anm. 6), S. 118. – Die Markgrafen Otakar II. und Leopold hinterließen neben den erwähnten männlichen Nachkommen auch jeweils zwei Töchter; Weller, Heiratspolitik (wie Anm. 1), S. 780–784. Über deren Anteil am Erbe beziehungsweise Ausstattungen kann mangels Quellen kaum etwas mitgeteilt werden; siehe immerhin Urkundenbuch des Herzogthums Steiermark [im Folgenden StUB], Bd. 1: 798–1192, hg. von Joseph von Zahn, Graz 1875, Nr. 195: eine Schenkung Willbirgs, der ältesten Tochter Otakars, an das Kloster Admont, wobei das Schenkungsgut eher aus dem Besitz des verstorbenen Ehemannes, eines Grafen von

Als Folge des Sturzes Heinrichs des Löwen und der Ernennung Ottos von Wittelsbach zum Herzog von Bayern wurde die Steiermark 1180 zu einem Herzogtum erhoben[11]. Wohl kurz darnach trat bei Herzog Otakar IV. eine unheilbare Krankheit zutage[12], die offenkundig ein Hindernis für das Eingehen einer Ehe darstellte. Weil auch keine Geschwister vorhanden waren, war damit klar, dass die Weitergabe des Erbes innerhalb eines engeren Verwandtenkreises nicht möglich sein würde. Otakar reagierte offenbar umgehend, indem er Vorsorge für die Vermeidung der nun drohenden Konflikte traf und sich um die Nachfolge im Herzogsamt kümmerte. Es kam in den folgenden Jahren gehäuft zu Versammlungen mit den wichtigeren Adeligen und Ministerialen des Landes[13], die sichtlich in die Entscheidungsfindung über die Nachfolge eingebunden werden sollten. Früh wurde auch Kaiser Friedrich Barbarossa kontaktiert, dessen Gesandte zuweilen bei den Versammlungen erschienen sind[14].

Die nächsten Verwandten waren die Spanheimer – Otakars Tante hat einen Spanheimer geheiratet –, die noch dazu Herzöge im benachbarten Kärnten waren, und die Familie der Mutter, die älteren Diepoldinger[15]. Mit besonderer Energie aber bemühten sich die Babenberger, die noch 1174/75 in eine bewaffnete Auseinandersetzung mit den Otakaren verwickelt gewesen waren[16], um die Nachfolge, obwohl keine besonders enge Verwandtschaft vorlag. So spricht der österreichische Herzog Leopold V. bereits Ende 1181/Anfang 1182 in einer Urkunde von einer bestehenden *familiaris amicitia* zu seinem *dulcissimus amicus* Otakar, worin mit Recht ein erster Hinweis auf Bemühungen des Babenbergers um das otakarische Erbe gesehen wurde[17].

Und tatsächlich kristallisierten sich rasch die Babenberger als Nachfolger der Otakare heraus, doch mussten diese vor der diesbezüglichen Entscheidung noch den Adeligen und Ministerialen sowie den Prälaten der Steiermark bedeutende Zugeständnisse machen. Im anderen Fall hätten sie den »Zuschlag« nicht erhalten, jedenfalls wären

Vornbach, stammen dürfte. Zu Schenkungen ihrer Schwester Kunigunde, der Frau Graf Bernhards von Spanheim, siehe ebd., Nr. 199, 300. Siehe auch Hans PIRCHEGGER, Landesfürst und Adel in Steiermark während des Mittelalters, Bd. 1 (Forschungen zur Verfassungs- und Verwaltungsgeschichte der Steiermark 12), Graz 1951, S. 17 f.

11) Heinrich APPELT, Die Erhebung zum Herzogtum, in: Werden (wie Anm. 6), S. 63–75; DOPSCH, Mark (wie Anm. 8), S. 297.

12) Karl SPREITZHOFER, Georgenberger Handfeste. Entstehung und Folgen der ersten Verfassungsurkunde der Steiermark (Styriaca, Neue Reihe 3), Graz/Wien/Köln 1986, S. 30.

13) SPREITZHOFER, Handfeste (wie Anm. 12), S. 31; ZEHETMAYER, Landtaidinge (wie Anm. 9), S. 96.

14) StUB 1 (wie Anm. 10), Nr. 631 (1184); SPREITZHOFER, Handfeste (wie Anm. 12), S. 31; DOPSCH, Mark (wie Anm. 8), S. 299.

15) DOPSCH, Mark (wie Anm. 8), S. 298.

16) Die Ereignisse bei Georg JURITSCH, Geschichte der Babenberger und ihrer Länder, Innsbruck 1894, S. 275 f.

17) SPREITZHOFER, Handfeste (wie Anm. 12), S. 31; DOPSCH, Mark (wie Anm. 8), S. 298.

dann Konflikte zu erwarten gewesen[18]. Spätestens Mitte der 1180er Jahre kam es deshalb zu Verhandlungen zwischen Otakar, den Babenbergern und den im Land sitzenden Betroffenen[19] und im August 1186 wurde schließlich das Ergebnis bei einer großen Zusammenkunft auf dem Georgenberg bei Enns schriftlich festgehalten. In der damals ausgestellten Urkunde (Große Georgenberger Handfeste) wurde Herzog Leopold V. als Erbe Otakars IV. designiert und wurden einige wichtige Rechte der Ministerialen und Geistlichen fixiert. Die steirischen Ministerialen wollten in erster Linie ihre Rechtsgewohnheiten und einige Vorrechte behalten und konnten etwa erreichen, dass im Gegensatz zu Österreich keine Steuern bei außerordentlichen Ereignissen erhoben werden dürfen, dass Konflikte nicht durch Zweikampf, sondern anhand von Zeugenaussagen entschieden werden sollen oder dass Ministerialen Klöster ohne vorherigen Konsens der Herren beschenken dürfen[20].

An eine Vereinigung der beiden Herzogtümer und an eine Vereinheitlichung des Rechts war angesichts der fortgeschrittenen Landwerdungen nicht zu denken; Österreich und die Steiermark konnten nach dem Tode Otakars IV. von einem Herzog nur in Personalunion regiert werden, was in der Urkunde auch deutlich zum Ausdruck gebracht wurde.

Otakar spricht in der Urkunde seine Kinderlosigkeit und seine Sorge um sein Erbe direkt an. Hier heißt es auch, dass er mit den *meliores* Rat gehalten und dann Leopold

18) Urkundenbuch zur Geschichte der Babenberger in Österreich [im Folgenden BUB], Bd. 1: Siegelurkunden der Babenberger bis 1215, vorbereitet von Oskar von Mitis, hg. von Heinrich Fichtenau/Erich Zöllner (Publikationen des Instituts für Österreichische Geschichtsforschung 3,1), Wien 1950, Nr. 65 (1186): *Communicato igitur meliorum nostrorum prudenti consilio* [...] *Veruntamen ne aliquis de successoribus suis* [...] *in ministeriales et provinciales nostros inpie crudeliterve presumat agere, iura nostrorum secundum petitionem ipsorum scripto statuimus comprehendere ac privilegio munire*).

19) Zuletzt Roman Zehetmayer, Auf dem Weg zur Fürstenkanzlei. Das Beispiel der Herzogtümer Österreich und Steiermark, in: AfD 64 (2018), S. 177–216, hier S. 198.

20) BUB 1 (wie Anm. 18), Nr. 65: [...] *Otakarius* [...] *Et quia Deus sola dignatione suę misericordię primo parentibus nostris deinde nobis magnam contulit in hominibus et rebus gloriam, sollicitudinem habuimus non minimam, cum non haberemus heredem, cui omnia nostra cederent in hereditatem. Communicato igitur meliorum nostrorum prudenti consilio nobilissimum strennuissimum fidelissimumque ducem Austrię Leobaldum consanguineum nostrum, si sine herede decesserimus, successorem nobis designavimus, cuius provincia, cum nostre sit contigua, sub unius pacis ac principis facilius valeat utraque moderari iusticia. Quem quia nobis amicissimum fore credimus, quamdiu vixerit, nichil mali in nos et nostros eum moliri satis confidimus.* [...] *officiarii paribus ebdomadibus paribus diebus paribusque sumptibus serviant, sicut et hii qui de Austria serviunt. Ab infestationibus et exactionibus, quas per precones Austrię fieri cognovimus, terram nostrę ditionis, sicut actenus extitit, exemptam esse decernimus. Quisquis ergo ille fuerit, qui rerum summam post nos habuerit, circa nostros videlicet claustrales, ministeriales, conprovinciales hanc formam petitione eorum conscriptam modeste conservabit. Quod si spreta equitate clementer gubernare despexerit, sed quasi tyrannus in nostros se erexerit, apellandi et adeundi imperatoris curiam et pretendendi per hoc privilegium suam coram principibus iusticiam irrefragabilem habeant licentiam.*

zu seinem *successor* designiert habe[21], der dabei ausdrücklich als Verwandter (*consanguineus*) bezeichnet wird, obwohl die letzte eheliche Verbindung der beiden Familien hundert Jahre zurücklag und dies in den Jahrzehnten vor 1186 nirgends thematisiert worden war. Offenbar sollte dieser Hinweis die Legitimität der Erbeinigung untermauern. In der Urkunde wird als die entscheidende Begründung für den »Zuschlag« an die Babenberger angeführt: »Da dessen [Leopolds] Land dem unseren benachbart ist, könnten beide unter eines Friedens und Fürsten Gerechtigkeit leichter regiert werden«[22]. Allerdings waren auch die enger verwandten Herzöge von Kärnten Nachbarn der Steiermark. Den Ausschlag für die Babenberger gaben wohl deren größere Ressourcen, wodurch das Land Steier besser verteidigt und nicht zuletzt die Klöster besser geschützt werden konnten.

Für unser Thema ist nicht unerheblich, dass in der Georgenberger Handfeste einzelne erbrechtliche Forderungen des steirischen Adels und der Ministerialen festgehalten werden. So wird bestimmt, dass, falls ein Steirer ohne Testament sterbe, ihm nach Erbrecht der nächste Blutsverwandte folge, und dass Lehen auch an Töchter vererbt werden dürften[23].

Im Frühjahr 1187 begab sich Herzog Leopold zum Kaiser nach Regensburg und holte sich dessen Zustimmung für den Vertrag ein. Probleme bereitete allerdings der ungarische König, der die Übergabe der Steiermark an die Babenberger zunächst nicht akzeptieren wollte, sondern sich wohl selbst Hoffnungen machte, aber einlenken musste[24].

1192 starb Otakar und Kaiser Heinrich VI. ernannte vereinbarungsgemäß den österreichischen Herzog Leopold V. zum Herzog der Steiermark[25], der rasch nach Graz kam und dort eine sehr gut besuchte Versammlung abhielt, bei der laut einer dabei

21) In der Urkunde wird vielleicht begrifflich zwischen *heres* und *successor* unterschieden: *si sine herede decesserimus, successorem nobis designavimus*. In der 1190 ausgestellten Urkunde des Salzburger Erzbischofs, StUB 1 (wie Anm. 10), Nr. 701, wird Leopold aber als *heres* bezeichnet: [...] *notum esse volumus, qualiter quidam Otakari ducis Styrensis honestus ministerialis Otaker nomine castellanus in Graze sua peticione et servicio apud iamdictum ducem Styrensem dominum suum et apud Lupoldum ducem Austrię, quem idem dux Styrensis heredem tocius patrimonii sui instituerat* [...]. Der Begriff des *heres* dürfte demnach nicht immer einen Verwandten meinen.

22) Übersetzung nach Spreitzhofer, Handfeste (wie Anm. 12), S. 13.

23) BUB 1 (wie Anm. 18), Nr. 65: *In beneficiis nullam molestiam quę vulgo aneuelh vocatur sustinere cogantur, sed etiam qui filios non habuerint, filiabus beneficium dimittere non prohibeantur.*

24) Die Regesten des Kaiserreichs unter Friedrich I. 1152 (1122)–1190, neubearb. von Ferdinand Opll (J. F. Böhmer, Reg. Imp. IV,2,4), Wien/Köln/Weimar 2011, Nr. 3057; Continuatio Zwetlensis II, hg. von Wilhelm Wattenbach (MGH SS 9), Hannover 1851, S. 541–544, hier S. 543 zu 1186; BUB, Bd. 4,1: Ergänzende Quellen 976–1194, hg. von Heinrich Fichtenau/Heide Dienst (Publikationen des Instituts für Österreichische Geschichtsforschung 3,4,1), Wien 1968, Nr. 882; siehe Spreitzhofer, Handfeste (wie Anm. 12), S. 81 f.; Dopsch, Mark (wie Anm. 8), S. 302.

25) BUB 4,1 (wie Anm. 24), Nr. 914.

ausgestellten Urkunde das Wohl des Landes und seine Angelegenheiten besprochen wurden[26].

II.1.2. Babenberger

Bei den Babenbergern stand nicht nur 270 Jahre lang stets ein Sohn oder Bruder des verstorbenen Markgrafen beziehungsweise Herzogs bereit, um in der Mark beziehungsweise im Herzogtum Österreich nachzufolgen, 1156 wurde im Privilegium minus sogar eigens festgehalten, dass Herzog Heinrich II., dessen Frau Theodora und deren Kinder – nämlich sowohl Söhne als auch Töchter – das Herzogtum nach Erbrecht innehaben und sich bei kinderlosem Tod ihren Nachfolger im Amt selbst aussuchen dürfen[27].

Nur einmal, beim Tod Markgraf Leopolds III. im Jahr 1136, folgte nicht der Erstgeborene, Adalbert, sondern der Drittgeborene, Leopold IV., was prompt zu Konflikten zwischen den Söhnen führte. Eine bewaffnete Auseinandersetzung konnte aber vermieden und offensichtlich bei Verhandlungen im Rahmen von landesweiten Versammlungen eine Einigung erzielt werden[28]. Was Adalbert als Kompensation angeboten wurde,

26) BUB 1 (wie Anm. 18), Nr. 85: *in placito nostro Graetze primum habito*, Nr. 83: *aput Graece ministerialium nostrorum magnum conventum convocavimus illic de nostris rebus ac provincie salute saniori consilio aliquid tractaturi;* BUB 4,1 (wie Anm. 24), Nr. 917.

27) Letzter Druck NÖUB 2 (wie Anm. 8), Nr. 30[1] (1156 Juli 17, Regensburg). Siehe dazu vor allem Heinrich APPELT, Die libertas affectandi des Privilegium minus, in: DERS., Kaisertum, Königtum, Landesherrschaft. Gesammelte Studien zur mittelalterlichen Verfassungsgeschichte, hg. von Othmar HAGENEDER/Herwig WEIGL (MIÖG Ergänzungsband 28), Wien/Köln/Graz 1988, S. 174–179, hier S. 177 f.; DERS., Privilegium minus. Das staufische Kaisertum und die Babenberger in Österreich (Böhlau-Quellenbücher), Wien/Köln/Graz [2]1976, S. 55–62, 88 f.; Erich ZÖLLNER, Das Privilegium minus und seine Nachfolgebestimmungen, in: MIÖG 86 (1978), S. 1–26, hier S. 9–11; Roman DEUTINGER, Das Privilegium minus, Otto von Freising und der Verfassungswandel des 12. Jahrhunderts, in: Die Geburt Österreichs. 850 Jahre Privilegium minus, hg. von Peter SCHMID/Heinrich WANDERWITZ (Regensburger Kulturleben 4), Regensburg 2007, S. 179–200, hier S. 186.

28) NÖUB 2 (wie Anm. 8), Nr. 9[3]: *Preterea domina Agnes marchionissa* [*una cum*] *tribus liberis suis, scilicet Adalbero Leupoldo Ernesto,* [...], *cum essent apud Tulnum oppidum, ubi pro reconciliatione duorum fratrum Leupoldi et Adalberti convenerat conventus principum qui huius traditionis conscii sunt* [...]; zu diesem Konflikt etwa Heide DIENST, Babenberger-Studien. Niederösterreichische Traditionsnotizen als Quellen für die Zeit Markgraf Leopolds III. (Wiener Dissertation aus dem Gebiete der Geschichte 7), Wien 1966, S. 140–149; WELLER, Heiratspolitik (wie Anm. 1), S. 341 f.; Karl BRUNNER, Leopold, der Heilige. Ein Portrait aus dem Frühling des Mittelalters, Wien/Köln/Weimar 2009, S. 195–197; Jonathan LYON, Princely Brothers and Sisters. The Sibling Bond in German Politics, 1100–1250, Ithaca/London 2013, S. 37 f.; Roman ZEHETMAYER, Überregionale Versammlungen der Babenberger in der Mark Österreich, in: Semper ad fontes. Festschrift für Christian Lackner zum 60. Geburtstag, hg. von Claudia FELLER/Daniel LUGER (Veröffentlichungen des Instituts für österreichische Geschichtsforschung 76), Wien 2020, S. 429–449, hier S. 440 f., 447 f.

lässt sich nicht eruieren[29], der Zweitgeborene, Heinrich, erhielt die rheinischen Güter seiner Mutter Agnes und den Pfalzgrafentitel[30].

Folgte der älteste Sohn im Amt, wurden jüngere Brüder in der Regel mit bedeutenden Herrschaften ausgestattet. So bekam der jüngere Bruder Herzog Leopolds V., Heinrich, die Herrschaft Mödling und Besitz auf dem Nordgau[31], nach dem Tod Leopolds 1194 wurden die beiden Herzogtümer Österreich und Steiermark entgegen den Bestimmungen der Georgenberger Handfeste unter den beiden Söhnen aufgeteilt, wobei der jüngere, Leopold VI., die weniger wichtige Steiermark erhielt. Über die Gründe ist viel spekuliert worden[32]. Offenbar aber ist die Initiative vom Vater ausgegangen, der so vielleicht einen drohenden Konflikt zwischen seinen beiden Söhnen verhindern wollte[33].

Als Herzog Friedrich II., genannt der Streitbare, Mitte Juni 1246 gegen die Ungarn in der Schlacht an der Leitha tödlich verwundet worden war, hinterließ er weder Frau oder Kinder noch einen männlichen Seitenverwandten[34]. Er war damals 35 Jahre alt, so dass bis dahin noch Nachkommen erwartet werden konnten. Dennoch kam das Aussterben der Familie vielleicht nicht völlig überraschend, denn sein Privatleben mag Anlass gewesen sein, schon früher auf ein kinderloses Erbe zu spekulieren. So waren beide

29) Adalbert blieben jedenfalls die Vogteien und ein offensichtlich großer Grundbesitz; DIENST, Babenberger-Studien (wie Anm. 28), S. 140–149.

30) Die Regesten des Kaiserreichs unter Lothar III. und Konrad III. 1125–1152, Teil 2: Konrad III. 1138 (1093/94)–1152, bearb. von Jan Paul NIEDERKORN (J. F. Böhmer, Regesta Imperii IV,1,2), Wien/Köln/Weimar 2008, Nr. 174 (1140 Februar 13–Mai 1); Wolfram ZIEGLER, König Konrad III. (1138–1152). Hof, Urkunden, Politik (Forschungen zur Kaiser- und Papstgeschichte des Mittelalters. Beihefte zu J. F. Böhmer, Regesta Imperii 26), Wien/Köln/Weimar 2008, S. 394.

31) Franz GALL, Die ›Herzoge‹ von Mödling, in: Archiv für Österreichische Geschichte 120 (1953), S. 1–44; NÖUB 3 (wie Anm. 9), S. 510; Ronald SALZER, Die Babenberger und die Herrschaft Mödling, in: Burg und Herrschaft Mödling. Die Zeit der Babenberger 976–1246, hg. von Helmut SCHARSCHING/Roland SALZER, Weitra 2020, S. 123–170, hier S. 140–145. Knapp vor seinem Tod in den 1220er Jahren durfte sich Heinrich auch Herzog nennen.

32) Siehe zuletzt etwa SPREITZHOFER, Handfeste (wie Anm. 12), S. 83 f.; BUB, Bd. 4,2: Ergänzende Quellen 1195–1287, hg. von Oskar VON MITIS/Heide DIENST, Christian LACKNER/Herta HAGENEDER (Publikationen des Instituts für Österreichische Geschichtsforschung 3,4,2), Wien 1997, Nr. 940.

33) Siehe BUB 4,2 (wie Anm. 32), Nr. 947. – Über die Ausstattung beziehungsweise das Erbe der babenbergischen Töchter liegen nur wenige Informationen vor, so dass sich keine grundsätzlichen Aussagen über deren Erbansprüche treffen lassen; siehe zu den Eheschließungen ausführlich WELLER, Heiratspolitik (wie Anm. 1), S. 326–393; zu den einzelnen Ausstattungsgütern NÖUB 3 (wie Anm. 9), Nr. 21[4]; Die Traditionsbücher des Benediktinerstiftes Göttweig, hg. von Adalbert FUCHS (Fontes rerum Austriacarum 2,69), Wien 1931, Nr. 185 über eine Besitzschenkung Markgraf Leopolds III. an seine Schwester Gerbirg, deren Gefolgsleute hier roden sollten; siehe dazu etwa Christoph SONNLECHNER, Landschaft und Tradition. Aspekte einer Umweltgeschichte des Mittelalters, in: Text. Schrift. Codex. Quellenkundliche Arbeiten aus dem Institut für Österreichische Geschichtsforschung, hg. von Christoph EGGER/Herwig WEIGL (MIÖG Ergänzungsband 35), Wien 2000, S. 123–223, hier S. 173; zu Richardis, einer Tochter Herzog Heinrichs II., siehe Kap. II.2.12.

34) Die Quellen zum Tod des Herzogs sind zusammengestellt in: BUB 4,2 (wie Anm. 32), Nr. 1286; siehe zur Schlacht Heide DIENST, Die Schlacht an der Leitha 1246 (Militärhistorische Schriftenreihe 19), Wien 1971.

Ehen nicht nur unglücklich verlaufen und ohne Kinder geblieben, sondern wieder geschieden geworden, so dass er seit 1243 wieder unverheiratet war. Nicht zuletzt aber gab es relativ konkrete Gerüchte über homoerotische Beziehungen des Herzogs, was potentiellen Nachfolgern nicht unbekannt geblieben sein wird[35)].

Vor allem könnte der 1245 von Herzog Friedrich und Kaiser Friedrich ventilierte Plan, Österreich und die Steiermark zu vereinen, zu einem Königreich zu erheben und dieses mit einer Primogeniturregelung zu versehen[36)], in diesem Zusammenhang gesehen werden. Dieses Vorhaben war an eine Eheschließung Kaiser Friedrichs mit der Nichte des Herzogs, Gertrud, geknüpft. Der Kaiser ging aufgrund der geschilderten Verhältnisse damals vielleicht davon aus, dass Herzog Friedrich kinderlos bleiben und das neue Königreich schließlich den Staufern zufallen würde. Da sich aber Gertrud der Eheschließung verweigerte, wurde aus dem Plan nichts[37)].

Die ersten, die nach dem Tod Herzog Friedrichs die Initiative ergriffen, waren die beiden noch lebenden Babenbergerinnen[38)]: Friedrichs ehemals mit König Heinrich (VII.) verheiratete und dann in ein Kloster eingetretene Schwester Margarete[39)] und seine eben genannte Nichte Gertrud, die rasch den mit ihr verlobten böhmischen Thronfolger Vladislav heiratete und sich zunächst durchzusetzen schien[40)]. So führte sie

35) Etwa Georg SCHEIBELREITER, Die Babenberger. Reichsfürsten und Landesherren, Wien 2010, S. 334 f.

36) BUB 4,2 (wie Anm. 32), Nr. 1265 (1245); Oswald REDLICH, Die Pläne einer Erhebung Österreichs zum Königreich, in: Zeitschrift des Historischen Vereins für Steiermark 26 (1931), S. 87–99; Folker REICHERT, Landesherrschaft, Adel und Vogtei. Zur Vorgeschichte des spätmittelalterlichen Ständestaates im Herzogtum Österreich (Beihefte zum Archiv für Kulturgeschichte 23), Köln/Wien 1985, S. 374–376.

37) Friedrich HAUSMANN, Kaiser Friedrich II. und Österreich, in: Probleme um Friedrich II., hg. von Josef FLECKENSTEIN (VuF 16), Sigmaringen 1974, S. 225–308, hier S. 276–284.

38) Die Mutter Friedrichs war unmittelbar nach dessen Tod verstorben.

39) Zu diesem Eheprojekt und den Folgen auf Reichsebene zuletzt Robert GRAMSCH, Das Reich als Netzwerk der Fürsten. Politische Strukturen unter dem Doppelkönigtum Friedrichs II. und Heinrichs (VII.) 1225–1235 (Mittelalter-Forschungen 40), Ostfildern 2013, S. 98–113.

40) REICHERT, Landesherrschaft (wie Anm. 36), S. 43; HAUSMANN, Friedrich II. (wie Anm. 37), S. 287; Maximilian WELTIN, Landesherr und Landherren. Zur Herrschaft Ottokars Přemysls in Österreich, in: Ottokar-Forschungen, hg. von DEMS./Andreas KUSTERNIG (Jahrbuch für Landeskunde von Niederösterreich N. F. 44/45), Wien 1978/79, S. 159–225, Nachdruck in: Maximilian WELTIN, Das Land und sein Recht. Ausgewählte Beiträge zur Verfassungsgeschichte Österreichs im Mittelalter, hg. von Folker REICHERT/Winfried STELZER (MIÖG Ergänzungsband 49), Wien/München 2006, S. 130–187, hier S. 133; Roman ZEHETMAYER, Das sogenannte ›österreichische Interregnum‹. Von den Babenbergern zu den Habsburgern, in: Interregna im mittelalterlichen Europa. Konkurrierende Kräfte in politischen Zwischenräumen, hg. von Norbert KERSKEN/Stefan TEBRUCK (Tagungen zur Ostmitteleuropaforschung 38), Marburg 2020, S. 45–74, hier S. 65 f. – In einem Schreiben an Gertrud bestätigt ihr Papst Innozenz IV. die ihr von Herzog Friedrich hinterlassenen Rechte und Güter sowie jenen Besitz, den dieser infolge kaiserlichen Privilegs vererben konnte; BUB 4,2 (wie Anm. 32), Nr. 1296 (1248 Januar 28). Mit diesem kaiserlichen Privileg war wohl das Privilegium minus gemeint. Zugleich sanierte der Papst kraft der Fülle seiner Gewalt einen möglichen Defekt von Anordnungen Friedrichs.

seit 1247 den Titel *ducissa Austrie*[41]. Doch machte der Tod Vladislavs im Januar 1247 ihr vorerst einen Strich durch die Rechnung. Gertrud nahm daraufhin Kontakt mit dem Papst auf und fragte um einen geeigneten Ehemann an[42]. Ob aber die 1248 geschlossene Ehe mit Markgraf Hermann von Baden auf päpstliche Vermittlung hin zustande gekommen ist, bleibt unklar[43]. Nach der Hochzeit Gertruds mit Hermann von Baden bestätigte Innozenz diesem den Besitz des Herzogtums Österreich und betonte dabei, dass es dem Schwaben nach Erbrecht gemäß den landrechtlichen Gewohnheiten zugefallen sei[44]. Hermann griff unterstützt von Truppen aus seiner Heimat energisch in den Kampf ein[45] und dürfte 1249 weitgehend Anerkennung als Herzog gefunden haben[46], längerfristig setzte aber auch er sich nicht durch[47]. Nach seinem überraschenden Tod im Herbst 1250 versuchte Gertrud zwar mit einer 1252 geschlossenen Ehe mit dem mit König Béla von Ungarn verwandten Ruthenenfürsten Roman von Halicz, noch einmal in das Geschehen einzugreifen, blieb aber erfolglos[48]. Von Béla wurde sie schließlich mit einer Herrschaft in der Steiermark abgefunden[49].

41) Seit 1249 nannte sich Gertrud *ducissa Austrie et Stirie*; BUB, Bd. 2: Urkunden der Babenberger und ihrer Nachkommen von 1216 bis 1279, hg. von Oskar von Mitis/Heinrich Fichtenau/Erich Zöllner (Publikationen des Instituts für Österreichische Geschichtsforschung 3,2), Wien 1955, Nr. 442, 448, 453, 456, 457; Hausmann, Friedrich II. (wie Anm. 37), S. 295.
42) BUB 4,2 (wie Anm. 32), Nr. 1292 (1248 Jänner 21, Lyon).
43) Siehe Hermann Meier, Gertrud, Herzogin von Österreich und Steiermark, in: Zeitschrift des Historischen Vereins für Steiermark 23 (1927), S. 5–39, hier S. 7; zu Hermann: Volker Rödel, Die Häuser Baden und Wittelsbach in der ausgehenden Stauferzeit, in: Adel und Königtum im mittelalterlichen Schwaben. Festschrift für Thomas Zotz zum 65. Geburtstag, hg. von Andreas Bihrer/Mathias Kälble/Heinz Krieg (Veröffentlichungen der Kommission für geschichtliche Landeskunde in Baden-Württemberg, Reihe B Forschungen 175), Stuttgart 2009, S. 305–320, hier S. 315–318.
44) BUB 4,2 (wie Anm. 32), Nr. 1300 (1248 September 14, Lyon); Appelt, Privilegium minus (wie Anm. 27), S. 89 f.
45) So auch Continuatio Sancrucensis II, hg. von Wilhelm Wattenbach (MGH SS 9), Hannover 1851, S. 643 zu 1246.
46) Er nannte sich damals *dux Austrie et Styrie*; BUB 2 (wie Anm. 41), Nr. 444.
47) Siehe Annales Mellicenses, hg. von Wilhelm Wattenbach (MGH SS 9), Hannover 1851, S. 508 zu 1248; Continuatio Garstensis, hg. von Wilhelm Wattenbach (MGH SS 9), Hannover 1851, S. 598 zu 1248; Continuatio Sancrucensis II (wie Anm. 45), S. 642 zu 1248 und 1249; Weltin, Landesherr (wie Anm. 40), S. 135 f.; Reichert, Landesherrschaft (wie Anm. 36), S. 46 f., mit den Belegen in Anm. 172; Maximilian Weltin, Landesfürst und Adel. Österreichs Werden, in: Länder (wie Anm. 9), S. 218–261, Nachdruck in: Ders., Land (wie Anm. 40), S. 509–564, hier S. 555.
48) Etwa Hausmann, Friedrich II. (wie Anm. 37), S. 286, 301, 304; siehe Auctarium Mariaecellense, hg. von Wilhelm Wattenbach (MGH SS 9), Hannover 1851, S. 647 zu 1250.
49) 1267 dürften ihr diese Güter aber entzogen und ihr nur noch eine Leibrente und ein Wohnsitz zugewiesen worden sein. 1269 musste Gertrud die Steiermark verlassen und bei Verwandten in Meißen Zuflucht suchen. Sie ist 1288 im Klarissenkonvent Seuslitz gestorben; siehe umfassend Meier, Gertrud (wie Anm. 43).

Auch Margarete, die im Herbst 1246 das Dominikanerinnenkloster St. Markus in Würzburg verließ und nach Österreich kam[50], fand Unterstützung bei Papst Innozenz IV., der sie aufforderte, Graf Hermann von Henneberg, den Halbbruder Markgraf Heinrichs von Meißen, zu ehelichen[51], wozu es aber nicht kam. Margarete wurde kurz darauf vom noch zu erwähnenden kaiserlichen Statthalter zum Verzicht überredet. Sie spielte aber noch einmal eine Rolle, als sie 1252 den viel jüngeren neuen, österreichischen Landesfürsten Ottokar heiratete.

Zu vermuten ist, dass sich sowohl Margarete als auch Gertrud bei ihren Ansprüchen auf das Privilegium minus beriefen[52], das zwar neben den Söhnen eigentlich nur Töchter als Erben vorsah und alleine für Österreich Geltung hatte, aber vielleicht großzügig ausgelegt wurde[53]. Dass das Privilegium damals eine Rolle spielte, zeigt der Befehl Papst Innozenz' IV. an die auf Seiten des Kaisers stehenden Deutschordensritter, die auf ihrer Burg Starhemberg verwahrte Urkunde den beiden Babenbergerinnen auszuhändigen[54], und dass das Privilegium minus bei der Hochzeit zwischen Margarete und Přemysl Ottokar den Gästen vorgelegt, vorgelesen sowie dem Gemahl übergeben wurde[55]. Dies soll aber nicht darüber hinwegtäuschen, dass es für beide Babenbergerinnen im Endeffekt entscheidend war, bedeutende Ehemänner und möglichst viele heimische Große hinter sich zu scharen[56].

Stellt man die Frage nach weiteren Akteuren, die sich in den Konflikt eingemengt haben, so fällt auf, dass die beiden Babenbergerinnen immer wieder den Papst um Unterstützung gebeten haben. Seinen Einfluss hat die Forschung unterschiedlich eingeschätzt[57]. Die zahlreichen päpstlichen Schreiben weisen auf eine durchaus wichtige

50) Continuatio Garstensis (wie Anm. 47), S. 598 zu 1246: *Item vidua Henrici regis Alemannie Austriam ingereditur, hereditarium ius postulando.*

51) BUB 4,2 (wie Anm. 32), Nr. 1288 (1247 April 13) und Nr. 1289 (1247 April 15). Vielleicht wurde damals der Plan einer Teilung des babenbergischen Erbes zwischen Margarete und Markgraf Heinrich von Meißen ventiliert; BUB 4,2 (wie Anm. 32), Nr. 1287; Die Urkunden der Markgrafen von Meißen und Landgrafen von Thüringen, Bd. 4: 1235–1247, hg. von Tom Graber/Mathias Kälble (Codex diplomaticus Saxoniae 1,4), Peine 2014, Nr. 231 mit Vorbemerkung.

52) Wie Anm. 27.

53) Appelt, Privilegium minus (wie Anm. 27), S. 55 f., 88 f.; Reinhard Härtel, Böhmens Ausgriff nach Süden, in: Böhmen und seine Nachbarn in der Přemyslidenzeit, hg. von Ivan Hlaváček/Alexander Patschovsky (VuF 74), Ostfildern 2011, S. 203–246, hier S. 213.

54) BUB 4,2 (wie Anm. 32), Nr. 1290 (1247 September 3); Appelt, Privilegium minus (wie Anm. 27), S. 89; Hausmann, Friedrich II. (wie Anm. 37), S. 287.

55) Continuatio Garstensis (wie Anm. 47), S. 600 zu 1253; Ottokars österreichische Reimchronik, hg. von Joseph Seemüller (MGH Dt. Chron. 5,1), Hannover 1890, V. 2180–2185; Appelt, Privilegium minus (wie Anm. 27), S. 91 f.; Zehetmayer, ›Österreichisches Interregnum‹ (wie Anm. 40), S. 51.

56) Weltin, Landesherr (wie Anm. 40), passim; Zehetmayer, ›Österreichisches Interregnum‹ (wie Anm. 40), passim.

57) Etwa Hausmann, Friedrich II. (wie Anm. 37), S. 286, 289–292, 297–300 und passim; Weltin, Landesfürst (wie Anm. 47), S. 555.

Rolle, in der Historiographie wird Innozenz dagegen kaum erwähnt[58], was aber auch an der geringen »Sichtbarkeit« des päpstlichen Wirkens liegen könnte. Geringschätzen sollte man den Einfluss Innozenz' wohl nicht, denn er wird nicht grundlos so häufig kontaktiert worden sein[59].

Sehr früh erhob auch Kaiser Friedrich II. Ansprüche auf Österreich und die Steiermark, der die beiden Herzogtümer offensichtlich als vakant ansah[60] und dabei vielleicht bereits früher bestehende Ambitionen wieder aufleben ließ[61]. Er konnte aber nicht schnell reagieren und selbst in Österreich erscheinen, sondern entsandte 1247 Graf Otto von Eberstein als seinen Statthalter nach Österreich, der sich aber nicht so recht durchsetzte[62]. Als sich Otto zunehmend isoliert sah, wollte er beim Kaiser die Einsetzung von dessen Enkel Friedrich, des unmündigen Sohns Heinrichs (VII.) und Margaretes, als Herzog erwirken, doch wurde daraus nichts[63]. Im Sommer 1248 resignierte Otto von Eberstein und der Kaiser ernannte Herzog Otto II. von Bayern und Graf Meinhard von Görz zu seinen Statthaltern, die mit wechselndem Geschick agierten[64].

Es kam in dieser Phase zwar zu keinen größeren militärischen Auseinandersetzungen, aber zu mehreren fehdeartigen blutigen Konflikten zwischen den Parteien und von diesen unabhängig auch zwischen verschiedenen Adelsgruppen[65]. Es sind in diesen Jah-

58) Siehe auch WELTIN, Landesfürst (wie Anm. 47), S. 555.

59) ZEHETMAYER, ›Österreichisches Interregnum‹ (wie Anm. 40), S. 54 f.

60) Friedrich II. sah in den vakanten Herzogtümern nicht wie bis vor kurzem vermutet erledigte Reichslehen; siehe nämlich Roman DEUTINGER, Vom Amt zum Lehen. Das Beispiel der deutschen Herzogtümer im Hochmittelalter, in: Ausbildung und Verbreitung des Lehnswesens im Reich und in Italien im 12. und 13. Jahrhundert, hg. von Karl-Heinz SPIESS (VuF 76), Ostfildern 2013, S. 133–158, hier S. 142.

61) Siehe oben den Königsreichsplan. Dazu kommt, dass sich Friedrich II. 1236/39 bemühte, in den Besitz der beiden Herzogtümer zu gelangen; HAUSMANN, Friedrich II. (wie Anm. 37), S. 246–264; REICHERT, Landesherrschaft (wie Anm. 36), S. 19–36.

62) Continuatio Garstensis (wie Anm. 47), S. 598 zu 1247; Continuatio Sancrucensis II (wie Anm. 45), S. 642 zu 1246 und 1248; HAUSMANN, Friedrich II. (wie Anm. 37), S. 285, 292–297; WELTIN, Landesherr (wie Anm. 40), S. 132 f.; REICHERT, Landesherrschaft (wie Anm. 36), S. 41–45; WELTIN, Landesfürst (wie Anm. 47), S. 554.

63) Der 1246 noch minderjährige Sohn verstarb bereits 1251; BUB 4,2 (wie Anm. 32), Nr. 1287 Vorbemerkung; Continuatio Garstensis (wie Anm. 47), S. 598 zu 1248; HAUSMANN, Friedrich II. (wie Anm. 37), S. 297; ZEHETMAYER, ›Österreichisches Interregnum‹ (wie Anm. 40), S. 53 f. In seinem Testament verfügte Kaiser Friedrich II., dass sein Enkel die beiden Herzogtümer von König Konrad IV. als Lehen erhalten soll; BUB 4,2 (wie Anm. 32), Nr. 1303 (1250 Dezember [17]).

64) Continuatio Garstensis (wie Anm. 47), S. 598 f.; Annales sancti Rudberti, hg. von Wilhelm WATTENBACH (MGH SS 9), Hannover 1851, S. 790; WELTIN, Landesherr (wie Anm. 40), S. 135; StUB, Bd. 3: 1246–1260, hg. von Joseph von ZAHN, Graz 1903, Nr. 30, 54, 57, 58; HAUSMANN, Friedrich II. (wie Anm. 37), S. 207, 300; Alois ZAUNER, Ottokar II. Přemysl und Oberösterreich, in: Ottokar-Forschungen (wie Anm. 40), S. 1–72, hier S. 2 f.

65) Siehe Continuatio Garstensis (wie Anm. 47), S. 598 zu 1246, S. 599 zu 1248; Continuatio Sancrucensis II (wie Anm. 45), S. 642 zu 1247, S. 643 zu 1250; Continuatio Praedicatorum Vindobonensium a. 1025–1283, hg. von Wilhelm WATTENBACH (MGH SS 9), Hannover 1851, S. 727 zu 1246, Annales sancti Rudberti (wie

ren auf lokaler Ebene freilich auch Initiativen zu beobachten, die Auswirkungen des Interregnums zu mildern. So nahmen einzelne Adelige in ihren Einflussgebieten »öffentliche« Aufgaben wahr und sorgten für ein Mindestmaß an Sicherheit[66].

Nach dem Tod Hermanns von Baden und Kaiser Friedrichs II. im Jahre 1250 war eine schnelle Lösung in weite Ferne gerückt. In dieser Situation nahmen die wenigen noch übrig gebliebenen edelfreien und gräflichen Familien, vor allem aber die Spitzengruppe der landesfürstlichen Ministerialen die Entscheidung in die Hand. Bis dahin waren sie in mehrere sich bekämpfende Fraktionen zerfallen, doch muss der Adel 1250/51 die Situation als so bedrohlich eingeschätzt haben, dass sich die rivalisierenden Gruppen relativ rasch ausgesöhnt und auf die Přemysliden, zu denen einige Adelige auch schon in den Jahren davor auf verschiedenen Ebenen engere Kontakte geknüpft hatten[67], als Herzöge geeinigt haben. Der Adel nahm Gespräche mit König Wenzel von Böhmen auf und trug dessen Sohn Přemysl Ottokar die Herrschaft an[68]. Dieser hielt im Dezember 1251 unter Beteiligung der wichtigeren Adeligen eine Landesversammlung ab und war damit als Landesfürst in Österreich anerkannt[69]. In den ersten Jahren nach seiner Machtübernahme bemühte sich Ottokar sichtlich um den Konsens des heimischen Adels, dem er seine Herrschaft verdankte[70]. Im Februar 1252 heiratete er die um 23 Jahre ältere Babenbergerin Margarete[71]. Auf die hinter der Ehe stehenden Motive ist noch gesondert einzugehen[72].

Anm. 64), S. 790 zu 1248; WELTIN, Landesherr (wie Anm. 40), S. 134 Anm. 15, S. 136; REICHERT, Landesherrschaft (wie Anm. 36), S. 42, 53–59; BUB 4,2 (wie Anm. 32), Nr. 453 (1251); Gottfried E. FRIESS, Die Herren von Kuenring. Ein Beitrag zur Adelsgeschichte des Erzherzogtums Österreich unter der Enns, Wien 1874, S. 242–247; ZAUNER, Ottokar (wie Anm. 64), S. 2; ZEHETMAYER, ›Österreichisches Interregnum‹ (wie Anm. 40), S. 61.

66) Joachim RÖSSL, Böhmen, Ottokar II. Přemysl und die Herren von Kuenring, in: Ottokar-Forschungen (wie Anm. 40), S. 380–404, hier S. 388; REICHERT, Landesherrschaft (wie Anm. 36), S. 51 f.; ZEHETMAYER, ›Österreichisches Interregnum‹ (wie Anm. 40), S. 64 f. Siehe S. 342 f.

67) WELTIN, Landesherr (wie Anm. 40), S. 136 f.; ZEHETMAYER, ›Österreichisches Interregnum‹ (wie Anm. 40), S. 55.

68) Siehe Annales sancti Rudberti (wie Anm. 64), S. 792 zu 1251; Hermanni Altahensis Annales, hg. von Philipp JAFFÉ (MGH SS 17), Hannover 1861, S. 381–407, hier S. 393; WELTIN, Landesherr (wie Anm. 40), S. 137 f.; DERS., Landesfürst (wie Anm. 47), S. 555 f.

69) Ottokars österreichische Reimchronik (wie Anm. 55), V. 1393–1739; Codex diplomaticus et epistolaris regni Bohemiae, Bd. 4,1. 1241–1253, hg. von Jindřich ŠEBÁNEK/Sáša DUŠKOVÁ, Prag 1962, Nr. 465; WELTIN, Landesfürst (wie Anm. 47), S. 555 f.; DERS., Landesherr (wie Anm. 40), S. 136; REICHERT, Landesherrschaft (wie Anm. 36), S. 74 f.

70) Dazu grundlegend WELTIN, Landesherr (wie Anm. 40), passim; DERS., König Rudolf und die österreichischen Landherren, in: WELTIN, Land (wie Anm. 40), S. 421–435, hier S. 424.

71) HAUSMANN, Friedrich II. (wie Anm. 37), S. 302 f.; WELTIN, Landesherr (wie Anm. 40), S. 138 mit Anm. 42.

72) Siehe Kap. III.2.2.2.

Anders entwickelte sich die Situation in der Steiermark, wo zwar ebenso einige Adelige Ottokar favorisierten[73], andere aber den ungarischen König Béla IV.[74], der trotz seiner Niederlage gegen Herzog Friedrich in der Schlacht an der Leitha nach den beiden Herzogtümern griff[75]. Einige Große haben am ehesten in diesen Jahren einen Passus in die erwähnte Georgenberger Handfeste hineingefälscht, dass sie im Falle des söhnelosen Todes eines Herzogs den Nachfolger selbst bestimmen können[76], wodurch die Rolle des Adels bei der Suche nach einem Herzog rechtlich legitimiert und Ansprüche Ottokars aus dem Privilegium minus neutralisiert werden sollten[77]. Es kam daraufhin zu einer militärischen Auseinandersetzung zwischen Ottokar und Béla, die beide von jeweils unterschiedlichen Adelsparteien unterstützt wurden. Beim Frieden von Ofen 1254[78] ging die Steiermark zum größten Teil an den Ungarnkönig, doch wurde das damals zumindest de jure noch zu diesem Herzogtum gehörende Gebiet südlich der Wiener Neustadt davon abgetrennt und der Herrschaft Ottokars zugeschlagen. Ähnliches trifft auf den Traungau zu, der ebenso an Ottokar kam[79].

II.1.3. Andechs-Meranier

Zu den Andechs-Meraniern sei vorausgeschickt, dass sie zwar seit 1180 den Herzogstitel (Meranien/Dalmatien) und bereits seit 1173 den Markgrafentitel (Istrien) führten, diese allerdings nicht mit der tatsächlichen landesfürstlichen Beherrschung entsprechender Fürstentümer verknüpft waren[80]. Die Voraussetzungen waren – trotz des da-

73) Siehe Alfons HUBER, Die steirische Reimchronik und das österreichische Interregnum, in: MIÖG 4 (1883), S. 40–74, hier S. 44; HÄRTEL, Ausgriff (wie Anm. 53), S. 215; ZEHETMAYER, ›Österreichisches Interregnum‹ (wie Anm. 40), S. 59 f.

74) Continuatio Garstensis (wie Anm. 47), S. 599 zu 1252, S. 600 zu 1254; Continuatio Sancrucensis II (wie Anm. 45), S. 643 zu 1252; MEIER, Gertrud (wie Anm. 43), S. 10–13; Gerhard PFERSCHY, Ottokar II. Přemysl, Ungarn und die Steiermark, in: Ottokar-Forschungen (wie Anm. 40), S. 73–91, hier S. 74–77; WELTIN, Landesherr (wie Anm. 40), S. 144, 145 Anm. 84. – Kurzfristig wollte eine weitere Adelsgruppe dem bayerischen Herzogssohn Heinrich die Herrschaft antragen, was aber Episode blieb; Hermanni Altahensis Annales (wie Anm. 68), S. 395 f. zu 1253; Continuatio Garstensis (wie Anm. 47), S. 600.

75) HAUSMANN, Friedrich II. (wie Anm. 37), S. 286.

76) SPREITZHOFER, Handfeste (wie Anm. 12), S. 90 f.

77) ZEHETMAYER, ›Österreichisches Interregnum‹ (wie Anm. 40), S. 62.

78) Heinz DOPSCH, Erstmals unter einem König. Die Epoche Přemysl Otakars II., in: Länder (wie Anm. 9), S. 441–484, hier S. 446–449; WELTIN, Landesherr (wie Anm. 40), S. 134 Anm. 14, S. 140 f.

79) Codex diplomaticus et epistolaris regni Bohemiae, Bd. 5,1: 1253–1266, hg. von Jindřich ŠEBÁNEK/Sáša DUŠKOVÁ, Prag 1974, Nr. 21 (1254 April 3); Continuatio Garstensis (wie Anm. 47), S. 600 zu 1254; Hermanni Altahensis Annales (wie Anm. 68), S. 396 f.; WELTIN, Landesherr (wie Anm. 40), S. 140 f., 142 mit Anm. 67.

80) Siehe Edmund OEFELE, Geschichte der Grafen von Andechs, Innsbruck 1877, S. 66, 71; Alois SCHÜTZ, Das Geschlecht der Andechs-Meranier im europäischen Hochmittelalter, in: Herzöge und Heilige. Das Geschlecht der Andechs-Meranier im europäischen Hochmittelalter, hg. von Josef KIRMEIER/Evamaria BROCKHOFF (Veröffentlichungen zur bayerischen Geschichte und Kultur 24), Regensburg 1993, S. 22–187, hier S. 65 f.; DERS., Die Andechs-Meranier in Franken und ihre Rolle in der europäischen Politik des Mittelalters, in: Die Andechs-

mit verbundenen fürstlichen Rangs – beim söhnelosen Tod Ottos VIII. im Jahre 1248 deshalb andere als bei den bereits vorgestellten Herzogsfamilien. Daran ändert auch die 1208 erworbene Grafschaft beziehungsweise Pfalzgrafschaft Burgund, mit der ein prestigeträchtiger Pfalzgrafentitel verbunden war[81)], nichts. Weiter ist auf den großen geographischen Aktionsradius der Familie mit den Schwerpunkten Bayern, Tirol, Franken, Krain und Burgund hinzuweisen, wobei die Besitzungen auf ungewöhnlich vielen unterschiedlichen Rechtstiteln basieren, die im Einzelnen kaum zu überblicken sind[82)].

In der zweiten Hälfte des 12. Jahrhunderts stand den Andechsern stets ein Sohn als Nachfolger zur Verfügung[83)], Berthold IV. hinterließ bei seinem Tod 1204 aber zwei im Laienstand verbliebene männliche Nachkommen, nämlich Otto VII., der den Herzogstitel und im Wesentlichen die fränkischen Besitzungen, und Heinrich IV., der die Markgrafenwürde und die südlich der Donau gelegenen Besitzungen erhielt[84)]. Heinrich verlor nach dem Mord an König Philipp aufgrund des Verdachts auf Mitwisserschaft für einige Jahre seine Besitzungen[85)], wobei die Markgrafschaft Istrien 1209 dau-

Meranier in Franken. Europäisches Fürstentum im Mittelalter, Mainz 1998, S. 3–55, hier S. 22, 26; Lyon, Princely Brothers (wie Anm. 28), S. 161; Ders., Die Andechs-Meranier und das Bistum Bamberg, in: Das Bistum Bamberg in der Welt des Mittelalters, hg. von Christine und Klaus van Eickels (Bamberger interdisziplinäre Mittelalterstudien. Vorträge und Vorlesungen 1), Bamberg 2007, S. 247–262.

81) Bernd Schneidmüller, Die Andechs-Meranier. Rang und Erinnerung im hohen Mittelalter, in: Andechs-Meranier in Franken (wie Anm. 80), S. 55–68, hier S. 63; Johannes Mötsch, Das Ende der Andechs-Meranier. Streit ums Erbe, in: Andechs-Meranier in Franken (wie Anm. 80), S. 129–144, hier S. 129; Weller, Heiratspolitik (wie Anm. 1), S. 739; Clemens Regenbogen, Überlassene Herrschaft. Pfalzgraf Otto III. († 1248) und die Grafschaft Burgund, in: Ein Raum im Umbruch? Herrschaftsstrategien in Besançon im Hochmittelalter, hg. von Jessika Nowak/Jens Schneider/Anne Wagner, Wien/Köln/Weimar 2020, S. 157–175, hier S. 158 f.; Ders., Das burgundische Erbe der Staufer (1180–1227). Zwischen Akzeptanz und Konflikt (Mittelalter-Forschungen 61), Ostfildern 2019.

82) Siehe die Hinweise und Karten bei Schütz, Geschlecht (wie Anm. 80) passim; Dendorfer, Innere Entwicklung (wie Anm. 1), S. 364.

83) Die Bemerkung bei Schneidmüller, Andechs-Meranier (wie Anm. 81), S. 62, wonach die Andechs-Meranier im Gegensatz zu manch anderen Familien auf Herrschaftsteilungen verzichteten, ist deshalb missverständlich. – Zu den Töchtern ist anzumerken, dass diese vergleichsweise häufig in Klöster eintraten. Zu möglichen Gründen siehe Weller, Heiratspolitik (wie Anm. 1), S. 707.

84) Schütz, Geschlecht (wie Anm. 80), S. 69; Lyon, Princely Brothers (wie Anm. 28), S. 161. Otto erhielt auch die Grafschaft Windberg, die aber 1207/08 an den Bischof von Passau verkauft wurde; Ludwig Holzfurtner, Die Grafschaft der Andechser. Comitatus und Grafschaft in Bayern 1000–1180 (Historischer Atlas von Bayern, Altbayern 2,4), München 1994, S. 285.

85) Siehe zur Frage der Mitwisserschaft Bernd Ulrich Hucker, Der Königsmord von 1208. Privatrache oder Staatsstreich?, in: Andechs-Meranier in Franken (wie Anm. 80), S. 111–127, hier S. 117–120; dagegen Bernd Schütte, König Philipp von Schwaben. Itinerar, Urkundenvergabe, Hof (MGH Schriften 51), Hannover 2002, S. 450; Jan Keupp, Der Bamberger Königsmord, in: Philipp von Schwaben. Ein Staufer im Kampf um die Königsherrschaft, hg. von der Gesellschaft für Staufische Geschichte (Schriften zur staufischen Geschichte und Kunst 27), Göppingen 2008, S. 122–142.

erhaft an den Patriarchen von Aquileia überging[86]. Die anderen Besitzungen erhielt er zwar zurück, er starb aber bereits 1228 kinderlos, woraufhin sein Bruder Otto VII. erbte[87], einige Besitzungen kamen vielleicht auch an ihre im geistlichen Stand befindlichen Brüder[88]. Otto konnte auch den aus der Mitgift der Witwe Heinrichs, Sophia von Weichselberg, stammenden Besitz aufkaufen[89]. Dieser ging mit anderen Krainer Besitzungen und Gütern am unteren Inn aber 1229 als Heiratsgut an Ottos Tochter Agnes, die den zukünftigen Herzog von Österreich und Steier, Friedrich II., heiratete[90]. Die Ehe wurde aber bereits 1243 wieder geschieden und Agnes vermählte sich 1248 mit dem Kärntner Herzog Ulrich III., der dann diese Güter zum Teil erhielt[91].

Nach dem Tode Ottos VII. 1234 trat sein einziger, damals noch unmündiger Sohn Otto VIII. die Nachfolge an, für den sein zukünftiger Schwiegervater, Graf Albert III. von Tirol, und sein Onkel, Bischof Ekbert von Bamberg, die Vormundschaft übernah-

86) Gabrielle SCHLÜTTER-SCHINDLER, Die Regesten der Herzöge von Bayern 1180–1231 (Regesten zur bayerischen Geschichte), München 2013, Nr. LI 150 (1208 etwa November 15), LI 158, LI 162; siehe auch Egon BOSHOF, Zentralgewalt und Territorium des Reichs um die Wende vom 12. zum 13. Jahrhundert, in: Königtum, Kirche und Mission im Südosten des Reiches. Ausgewählte Aufsätze von Egon Boshof. Festgabe zum 75. Geburtstag, hg. von Franz-Reiner ERKENS (Veröffentlichungen des Instituts für Kulturraumforschung Ostbaierns und der Nachbarregionen der Universität Passau 63), Passau 2012, S. 371–398, hier S. 382; HOLZFURTNER, Grafschaft (wie Anm. 84), S. 282, 359; SCHÜTZ, Geschlecht (wie Anm. 80), S. 76 f., 84 f., 87–89; MÖTSCH, Ende (wie Anm. 81), S. 129; Josef RIEDMANN, Mittelalter, in: Geschichte des Landes Tirol, Bd. 1, Bozen/Innsbruck/Wien ²1990, S. 267–508, hier S. 331; WELLER, Heiratspolitik (wie Anm. 1), S. 741 f.; LYON, Princely Brothers (wie Anm. 28), S. 178.

87) WELLER, Heiratspolitik (wie Anm. 1), S. 742; siehe auch HOLZFURTNER, Grafschaft (wie Anm. 84), S. 359; SCHLÜTTER-SCHINDLER, Regesten (wie Anm. 86), Nr. LI 582.

88) Bischof Ekbert von Bamberg gründete etwa aus dem Erbgut Heinrichs das Stift Griffen in Kärnten; SCHÜTZ, Geschlecht (wie Anm. 80), S 93; DERS., Andechs (wie Anm. 80), S. 39; LYON, Princely Brothers (wie Anm. 28), S. 175 f. – Möglicherweise zahlte Otto seine Brüder zum Teil auch aus. Er konnte sich schließlich im Konflikt um die bayerischen Güter Heinrichs gegen Herzog Ludwig I., der sich vielleicht auf eine Art Heimfallrecht berufen hat, durchsetzen; Gabrielle SCHLÜTTER-SCHINDLER, Ludwig I., Herzog von Bayern und Pfalzgraf bei Rhein. Aufbereitung seiner ›gesta‹ zu einem Lebensbild, in: Zeitschrift für bayerische Landesgeschichte 77 (2014), S. 221–297, hier S. 283 f.; Heinz DOPSCH, Bayern. ›Mutterland‹ des Ostalpenraums. Die Landesbildung der Wittelsbacher im Vergleich zu den österreichischen Ländern, in: Zeitschrift des Historischen Vereins für Steiermark 91/92 (2000/2001), S. 259–308, hier S. 282.

89) Siehe Die Traditionen und Urkunden des Stiftes Diessen 1114–1362, hg. von Waldemar SCHLÖGL (Quellen und Erörterungen zur bayerischen Geschichte N. F. 22,1), München 1967, Nr. 17, S. 135; SCHÜTZ, Geschlecht (wie Anm. 80), S. 89; WELLER, Heiratspolitik (wie Anm. 1), S. 743; LYON, Princely Brothers (wie Anm. 28), S. 191 f.

90) SCHÜTZ, Geschlecht (wie Anm. 80), S. 90. – Seit damals führte Otto den Titel eines Markgrafen von Istrien nicht mehr; LYON, Princely Brothers (wie Anm. 28), S. 178.

91) Zur Frage, ob Friedrich II. Teile des Besitzes um Schärding einbehielt: Richard LOIBL, Der Herrschaftsraum der Grafen von Vornbach und ihrer Nachfolger. Studien zur Herrschaftsgeschichte Ostbayerns im Hochmittelalter (Historischer Atlas von Bayern. Altbayern 2,5), München 1997, S. 298–304; SCHÜTZ, Geschlecht (wie Anm. 80), S. 102 f., MÖTSCH, Ende (wie Anm. 81), S. 130.

men. 1236 wurde Otto volljährig und heiratete 1239 Elisabeth, eine der beiden Erbtöchter Alberts, mit dem er offenkundig einen Erbvertrag schloss[92]. Der Bischof von Brixen musste sich in dieser Situation sogar bereit erklären, die Kirchenlehen an Albert und Otto gemeinsam zu vergeben[93].

Am 18. oder 19. Juni 1248[94] verstarb Otto nach mehrwöchiger Krankheit, ohne Kinder zu hinterlassen oder weitere Veranlassungen getroffen zu haben. Nur bezüglich Burgunds war bereits 1242 mit Herzog Hugo IV. von Burgund vereinbart worden, dass dieser die Grafschaft nach einem etwaigen Tod Ottos ohne legitime Erben so lange in Händen halten solle, bis feststünde, wer die Nachfolge antreten würde[95]. Nach dem Tod Ottos übergab er Burgund schließlich an Alice/Adelheid, eine Schwester Ottos, die mit dem in der Grafschaft verankerten Graf Hugo von Chalon verheiratet war[96].

Die Tiroler Besitzungen fielen 1248, wohl aufgrund des genannten Erbvertrages, an Ottos Schwiegervater Albert[97], die inzwischen aus verschiedenen Gründen dezimierten oberbayerischen Güter konnten die Wittelsbacher in ihre Hände bringen[98]. Die Güter in Krain und Istrien befanden sich als Mitgift im Besitz der ältesten Schwester Ottos, Agnes. Vor ihrer Hochzeit mit ihrem zweiten Ehemann Herzog Ulrich von Kärnten erwirkten die beiden im November 1248 sogar einen päpstlichen Dispens, wodurch vermutlich ihre Erbansprüche angesichts des kurz davor erfolgten Todes Ottos VIII. abgesichert werden sollten[99].

In Franken war die Situation indes eine andere, denn hier erhoben die Ehemänner der anderen Schwestern Ottos – Burggraf Friedrich von Nürnberg, Friedrich von Tru-

92) Riedmann, Mittelalter (wie Anm. 86), S. 334, 337 f.; Schütz, Geschlecht (wie Anm. 80), S. 96, 98; Ders., Andechs (wie Anm. 80), S. 43 f.; Mötsch, Ende (wie Anm. 81), S. 132.

93) Riedmann, Mittelalter (wie Anm. 86), S. 338 f.

94) Schneidmüller, Andechs-Meranier (wie Anm. 81), S. 59.

95) Regenbogen, Herrschaft (wie Anm. 81), S. 164–167, 174.

96) Schütz, Geschlecht (wie Anm. 80), S. 102, 104; Regenbogen, Herrschaft (wie Anm. 81), S. 174.

97) Riedmann, Mittelalter (wie Anm. 86), S. 339; Mötsch, Ende (wie Anm. 81), S. 130.

98) Schon einige Jahre davor haben fehdeartige Auseinandersetzungen mit Herzog Otto II. von Bayern begonnen, die 1243 zum Verlust der Herrschaft Wolfratshausen und 1246 von Starnberg führten; Schütz, Geschlecht (wie Anm. 80), S. 96; Ders., Andechs (wie Anm. 80), S. 45; Mötsch, Ende (wie Anm. 81), S. 130; Regenbogen, Herrschaft (wie Anm. 81), S. 161 f., 172. Im Juni 1248 überließ Kaiser Friedrich II. vielleicht als Folge des Wechsels Ottos in das päpstliche Lager die Grafschaft Schärding-Neuburg den Wittelsbachern als Reichslehen; Monumenta Wittelsbacensia. Urkundenbuch zur Geschichte des Hauses Wittelsbach, Bd. 1: 1204–1292, hg. von Franz Michael Wittmann (Quellen und Erörterungen zur bayerischen Geschichte 5), München 1857, Nr. 41 (1248 Juni); Loibl, Herrschaftsraum (wie Anm. 91), S. 303 f.; siehe Oefele, Andechs (wie Anm. 80), S. 95; Schütz, Geschlecht (wie Anm. 80), S. 96, 102 f.; Mötsch, Ende (wie Anm. 81), S. 130; weiter Josef Hofbauer, Grafschaft Neuburg am Inn (Historischer Atlas von Bayern, Altbayern 1,20), München 1969, S. 50; Ludwig Holzfurtner, Herzog oder König? Königliche Eingriffe in bayerische Grafschaften während des Hohen Mittelalters, in: Zeitschrift für bayerische Landesgeschichte 68 (2005), S. 289–304, hier S. 302.

99) Mötsch, Ende (wie Anm. 81), S. 132. Agnes war auch im Besitz zahlreicher Lehen der Patriarchen von Aquileia, ein Amt, das damals ihr Onkel Berthold bekleidete.

hendingen und Graf Hermann von Orlamünde – Ansprüche auf den hinterlassenen Eigenbesitz und auf die umfangreichen Bamberger Lehen (samt Landgericht). Der damals nicht mehr von den Andechsern gestellte Bamberger Bischof[100] zog letztere aber zum Teil ein und reklamierte vielleicht auch Teile des Eigengutes (Kronach und Rosenburg) für das Bistum[101], worauf es zu langwierigen, auch mit Waffengewalt ausgetragenen Konflikten kam. Erwähnt sei lediglich, dass der Bischof sogar den Papst einschaltete und sich bestätigen ließ[102], dass Bamberger Burgen nicht zu Lehen ausgegeben werden dürfen. Um den Konflikt zu beenden, bestellten die Streitgegner mehrfach den Bischof von Würzburg zum Schiedsrichter, dessen Schiedssprüche aber offensichtlich auf keine Akzeptanz stießen. Schließlich wandten sich die Parteien an die Herzöge von Bayern. Die Herren von Truhendingen versuchten aber dennoch, das Verfahren zu verschleppen, so dass erst nach längerem Hin und Her ein von allen akzeptierter Schiedsspruch verkündet werden konnte. Die Auseinandersetzungen flammten aber immer wieder auf. 1260 wurden schließlich bei einem neuerlichen Schiedsspruch alle bambergischen Lehen dem Bischof und die Eigengüter der Andechser den Verwandten zugesprochen, die sich untereinander bereits früher über die Aufteilung geeinigt hatten, was aber doch wieder nicht in allen Punkten eingehalten wurde und kurzfristig zu neuerlichen Konflikten führte[103].

Burggraf Friedrich von Nürnberg erhielt darüber hinaus 1249 von König Wilhelm von Holland jene Reichslehen zugesprochen, die früher Otto besessen hatte, darunter die Grafschaft Burgund. Zur Untermauerung dieser Ansprüche wurde eine Ehe zwischen einer Tochter Friedrichs mit einem Angehörigen des Hauses Chalon vereinbart, die aber nicht zustande kam. Der erwähnten Schwester Ottos von Andechs, Alice/Adelheid, gelang es nach einigen Turbulenzen schließlich gemeinsam mit ihrem Mann Hugo von Chalon, Friedrich von Nürnberg die Ansprüche auf die Grafschaft abzukaufen und auch den nunmehr ebenfalls Forderungen stellenden Friedrich von Truhendingen sowie die Rechtsnachfolger der Grafen von Orlamünde mit Geldzahlungen zum Verzicht zu bewegen. Nach Abschluss der Verhandlungen wurde noch eine Fälschung auf Otto VIII. angefertigt, in der dieser seine Schwester Alice/Adelheid als Erbin in der Grafschaft einsetzte und sie adoptierte[104].

100) Siehe zu den Andechsern als Bischöfe von Bamberg Klaus van Eickels, Die Andechs-Meranier und das Bistum Bamberg, in: Andechs-Meranier in Franken (wie Anm. 80), S. 145–156.

101) Schütz, Geschlecht (wie Anm. 80) S. 104; Mötsch, Ende (wie Anm. 81), S. 132; Sebastian Kalla, Bamberger Bischofsurkunden (12./13. Jahrhundert), in: Tenere et habere. Leihen als soziale Praxis im frühen und hohen Mittelalter, hg. von Jürgen Dendorfer/Steffen Patzold (Besitz und Beziehungen. Studien zur Verfassungsgeschichte des Mittelalters 1), Ostfildern 2023, S. 289–332, hier S. 318 f.

102) Mötsch, Ende (wie Anm. 81), S. 133.

103) Die Details bei Mötsch, Ende (wie Anm. 81), S. 130–134.

104) Details bei Schütz, Geschlecht (wie Anm. 80), S. 104–106; Mötsch, Ende (wie Anm. 81), S. 135–137.

Anzunehmen ist, dass es bei diesen Auseinandersetzungen um Burgund auch um den prestigeträchtigen Rang eines Pfalzgrafen ging. Der Herzogstitel über Meranien indes wurde nicht mehr vergeben und keine der angeheirateten Familien konnte den Fürstenrang übernehmen. Es finden sich auch keine Hinweise, dass sich eine der erbberechtigten Familien darum bemüht hätte.

II.2. Markgrafen und Grafen

II.2.1. Ältere Diepoldinger

Zu den älteren Diepoldingern ist vorauszuschicken, dass sie trotz des Titels Markgrafen von Cham-Vohburg nicht zu den *principes* gezählt wurden und auch über keine Markgrafschaft verfügten[105)]. Nichtsdestotrotz war die Familie mit ihrem umfangreichen Besitz vor allem auf dem Nordgau, aber auch in Niederbayern, Ostschwaben und östlich der Enns eine der bedeutendsten Familien im Untersuchungsraum[106)], hatte indes zur Mitte des 12. Jahrhunderts ihren Höhepunkt zweifellos bereits überschritten[107)].

Damals stand Berthold II. an der Spitze der Familie, der sieben Schwestern und zwei Brüder hatte, von denen einer früh verstarb und der andere, Markgraf Diepold VI., eine jüngere Linie begründete, aber an die Bedeutung seines Bruders nicht herankam und vermutlich einen kleineren Anteil am Besitz erhielt[108)]. Umfangreichere Lehen des Klos-

105) Andrea STIELDORF, Marken und Markgrafen. Studien zur Grenzsicherung durch die fränkisch-deutschen Herrscher (MGH Schriften 64), Hannover 2012, S. 146–150, 296, 321 f.; WELLER, Heiratspolitik (wie Anm. 1), S. 787, 795; KÜSS, Diepoldinger (wie Anm. 8), S. 86.

106) Siehe KÜSS, Diepoldinger (wie Anm. 8), S. 95–140 und passim.

107) WELLER, Heiratspolitik (wie Anm. 1), S. 792 f.; KÜSS, Diepoldinger (wie Anm. 8), S. 86 f. Die österreichischen Besitzungen gingen zum größten Teil bereits während des Investiturstreits verloren; WELTIN, Landesfürst (wie Anm. 47), S. 511, 520–524; DERS., Ascherichsbrvgge. Das Werden einer Stadt an der Grenze, in: DERS., Land (wie Anm. 40), S. 338–374, hier S. 350–353; Günter MARIAN, Studien zum mittelalterlichen Adel im Tullnerfeld (Forschungen zur Landeskunde von Niederösterreich 39), St. Pölten 2017, S. 315; Heinz DOPSCH, Zwischen Dichtung und Politik. Herkunft und Umfeld Ulrichs von Liechtenstein, in: Ich – Ulrich von Liechtenstein. Literatur und Politik im Mittelalter, hg. von Franz V. SPECHTLER/Barbara MAIER (Schriftenreihe der Akademie Friesach 5), Klagenfurt 1999, S. 49–104, hier S. 60 Anm. 37; KÜSS, Diepoldinger (wie Anm. 8), S. 129 f.

108) WELLER, Heiratspolitik (wie Anm. 1), S. 789–792. Ebd., S. 790, zu den wenigen Hinweisen auf die Mitgift der Schwestern; KÜSS, Diepoldinger (wie Anm. 8), S. 58 f., 245–267. – Eine der Schwestern, Sophia, heiratete in erster Ehe Herrand II. von Falkenstein und in zweiter Graf Konrad von Peilstein, der Ansprüche auf Teile des Erbes Herrands gegenüber dessen Bruder, Graf Siboto IV., erhob; Codex Falkensteinensis. Die Rechtsaufzeichnungen der Grafen von Falkenstein, hg. von Elisabeth NOICHL (Quellen und Erörterungen zur bayerischen Geschichte N. F. 29), München 1978, Nr. 148, 150, 151; NÖUB 2 (wie Anm. 8), S. 331. Zur Befriedung kam es vermutlich erst nach der Vermittlung Herzog Heinrichs II. Siehe weiter KÜSS, Diepoldinger (wie Anm. 8), S. 264–267; John B. FREED, The Counts of Falkenstein. Noble Self-Consciousness in Twelfth-Century Germany (Transactions of the American Philosophical Society 74,6), Philadelphia 1984, S. 46.

ters Fulda vor allem in Ostschwaben dürften mit der Heirat ihrer Schwester Adela mit Friedrich Barbarossa[109)] als eine Art Mitgift an die Staufer gegangen sein, ohne dass Fulda dabei »großartig gefragt« worden sein dürfte[110)].

Berthold II. hinterließ bei seinem Tod 1182 einen gleichnamigen Sohn, der Elisabeth, die Tochter Herzog Ottos von Wittelsbach, heiratete[111)], die bereits 1189/90 kinderlos verstarb. Da sich dieser Berthold III. nicht noch einmal vermählte, war nunmehr das Ende der »Hauptlinie« der Diepoldinger absehbar. 1204 verschied der Markgraf schließlich[112)], woraufhin die *marchia* Cham[113)] an die Wittelsbacher fiel, ohne dass die noch existierende jüngere Linie der Diepoldinger versucht haben dürfte, eigene Ansprüche durchzusetzen[114)]. Dasselbe trifft auf die Vogtei über das Kloster Reichenbach und vermutlich die Herrschaft Vohburg zu[115)]. Über die Hintergründe für diesen Übergang liegen keine Nachrichten vor. Angenommen wurden Abmachungen noch vor dem Tod Bertholds III.[116)].

Die jüngere Linie erhielt lediglich die Herrschaft Nabburg. Sie konnte demnach nicht völlig außer Acht gelassen werden[117)]. Ob die jüngeren Diepoldinger bereits in die mutmaßlichen Absprachen zwischen den Wittelsbachern und Berthold III. eingebunden waren oder es erst danach zu diesem Kompromiss gekommen ist, wissen wir nicht. Angehörige dieser Linie führten weiterhin den Markgrafentitel[118)], so dass dieser das

109) Zur Ehe etwa Jürgen DENDORFER, Adelige Gruppenbildung und Königsherrschaft. Die Grafen von Sulzbach und ihr Beziehungsgeflecht im 12. Jahrhundert (Studien zur bayerischen Verfassungs- und Sozialgeschichte 23), München 2004, S. 413 Anm. 161; KÜSS, Diepoldinger (wie Anm. 8), S. 245–250.

110) KÜSS, Diepoldinger (wie Anm. 8), S. 133 f. – Zur Frage, ob auch das Egerland als Teil der Mitgift der Diepoldinger für Friedrich Barbarossa angesehen werden kann, siehe Jan Paul NIEDERKORN, Der Übergang des Egerlandes an die Staufer. Die Hochzeit Friedrich Barbarossas mit Adela von Vohburg, in: Zeitschrift für bayerische Landesgeschichte 54 (1991), S. 613–622.

111) Gabrielle SCHLÜTTER-SCHINDLER, Die Heiratsverbindungen der frühen Wittelsbacher, in: Zeitschrift für bayerische Landesgeschichte 67 (2004), S. 581–640, hier S. 598–602; WELLER, Heiratspolitik (wie Anm. 1), S. 794; KÜSS, Diepoldinger (wie Anm. 8), S. 267–269.

112) KÜSS, Diepoldinger (wie Anm. 8), S. 61 f.

113) Siehe zur Charakterisierung der *marchia* Cham oben Anm. 105. Demnach ist darunter um 1200 eine Herrschaft zu verstehen; siehe auch KÜSS, Diepoldinger (wie Anm. 8), S. 86.

114) Chronicon Reichenbacense, hg. von Andreas Felix von OEFELE (Rerum boicarum scriptores 1), Augsburg 1763, S. 402–406, hier S. 402 (fälschlich zu 1209): *Pertholdus marchio* [...] *carens hæredibus obiit VIII. kal. iunii et tunc marchia fuit devoluta ad manus Ludwici ducis Bawariæ, cuius sororem idem Bertholdus marchio habuit in uxorem. Qui Ludovicus electus est a fratribus in Reichenbach in advocatum* [...]; SCHLÜTTER-SCHINDLER, Regesten (wie Anm. 86), Nr. LI 106; DOPSCH, Bayern (wie Anm. 88), S. 278, 282, geht von einem Heimfallrecht aus; siehe auch SCHLÜTTER-SCHINDLER, Heiratsverbindungen (wie Anm. 111), S. 602.

115) KÜSS, Diepoldinger (wie Anm. 8), S. 94, 148, 163 f. (auch zu Ambitionen Friedrich Barbarossas, die Vogtei an sich zu bringen); anders WELLER, Heiratspolitik (wie Anm. 1), S. 770.

116) KÜSS, Diepoldinger (wie Anm. 8), S. 94.

117) Ebd., S. 62, 87 f.

118) Ebd., S. 86.

Aussterben der älteren Linie überdauerte. Über etwaige Ansprüche der Familien der Tanten Bertholds III. ist nichts bekannt.

II.2.2. Grafen von Vornbach

Eine der ersten Grafenfamilien des Untersuchungsraums, die nach der Mitte des 12. Jahrhundert ausstarben, waren die Vornbacher, die ihre Schwerpunkte am unteren Inn und im ostösterreichischen Raum hatten. Die Vornbacher spalteten sich bereits seit dem Ende des 11. Jahrhunderts in mehrere Linien auf, wobei in unserem Zusammenhang vor allem die Nachkommen Graf Tiemos II. von Interesse sind, die im Wesentlichen zwei Stränge bildeten (Vornbach-Vichtenstein und Vornbach-Neuburg-Pitten)[119)]. Der erste starb mit Graf Dietrich 1145 im Mannesstamm aus. Erwähnenswert ist dabei, dass zwar ein Großteil des Eigengutes an Dietrichs einzige Tochter beziehungsweise ihren Mann, Engelbert von Wasserburg[120)], überging, die Vogteien über St. Nikola und das Passauer Domkapitel, die Dietrich wie auch schon sein Vater ausgeübt hatte, aber an Graf Rapoto von Ortenberg[121)]. Vielleicht bekam auch Dietrichs Schwester Benedikta von Ollersbach Anteile am Eigen, die sie aber auch bereits als Mitgift erhalten haben könnte[122)]. Die um Vornbach gelegene Grafschaft Dietrichs wurde möglicherweise einem Angehörigen der Linie Vornbach-Neuburg, Ekbert III., überlassen[123)], obwohl der Grad der Verwandtschaft ein recht weitschichtiger war. Unter Umständen sollte sichergestellt werden, dass die Grafschaft um die ehemalige Stammburg in den Händen eines männlichen Angehörigen der Familie blieb.

Bei Ekbert III. handelt es sich um einen Urenkel Tiemos II. und damit um einen Spross der zweiten von diesem abstammenden Linie (Vornbach-Neuburg-Pitten). Er blieb vermutlich unverheiratet und jedenfalls kinderlos. Mit seinem Tod 1158 vor Mailand im Heer Friedrich Barbarossas starb auch dieser Zweig der Vornbacher aus[124)]. Ob dies völlig unerwartet eingetreten ist, ist schwer zu sagen. Ekbert war zu diesem Zeit-

119) Siehe zur Genealogie die Stammtafel bei Loibl, Herrschaftsraum (wie Anm. 91), S. 384 f. – Die vor 1173/88 ausgestorbene, in Bayern unbedeutend gebliebene Linie Winzenburg-Windberg muss hier nicht weiter beachtet werden; siehe ebd., S. 120.

120) Holzfurtner, Grafschaft (wie Anm. 84), S. 285; Loibl, Herrschaftsraum (wie Anm. 91), S. 114.

121) Loibl, Herrschaftsraum (wie Anm. 91), S. 381; Holzfurtner, Grafschaft (wie Anm. 84), S. 281.

122) NÖUB 2 (wie Anm. 8), Nr. 7[62] (1144/46); NÖUB 3 (wie Anm. 9), Nr. 20[11]: Benediktas Bruder Graf Dietrich erteilt seine Zustimmung zu einem von ihr geschlossenen Rechtsgeschäft. Ihr Mann dürfte damals nicht mehr gelebt haben, ihr Sohn noch minderjährig gewesen sein.

123) Loibl, Herrschaftsraum (wie Anm. 91), S. 274 f. Der Quellenbefund ist allerdings sehr dürftig.

124) Otto von Freising und Rahewin, Gesta Friderici I. imperatoris, hg. von Georg Waitz/Bernhard von Simson (MGH SS rer. Germ. 46), Hannover/Leipzig 1912, S. 207 f.; Chronica regia Coloniensis (Annales maximi Colonienses), hg. von Georg Waitz (MGH SS rer. Germ. 18), Hannover 1880, S. 99; NÖUB 2 (wie Anm. 8), Nr. 7[79], 7[80]; NÖUB 3 (wie Anm. 9), Nr. 16[8]; Maximilian Weltin, Das Pittener Gebiet im Mittelalter, in: Wehrbauten und Adelssitze Niederösterreichs. Das Viertel unter dem Wienerwald, Bd. 1, hg. von Karin Kühtreiber/Thomas Kühtreiber/Christina Mochty/Maximilian Weltin (Studien und Forschungen aus dem

punkt immerhin schon über 50 Jahre alt, auch hatte er vor dem Feldzug eine Stiftung für den Fall seines kinderlosen Todes getätigt[125]. Wie auch immer, die Grafschaften, der größte Teil der Besitzungen am unteren Inn und die Vogtei über das Benediktinerkloster Vornbach gingen an Graf Berthold III. von Andechs, dessen Vater in zweiter Ehe die Schwester Ekberts, Kunigunde, geheiratet hatte[126]. Im Zuge des Übergangs an die Andechser, die nicht allzu häufig persönlich am unteren Inn vor Ort gewesen sein dürften[127], gelang es vermutlich einigen ehemaligen Gefolgschaftsfamilien der Vornbacher, sich neu auszurichten und in die Klientel anderer Familien einzutreten[128]. Im Gebiet um den Regen und um Osterhofen konnten vielleicht die Grafen von Bogen den Vornbachern nachfolgen beziehungsweise diese möglicherweise hier schon zuvor verdrängen[129].

Die umfangreichen Vornbacher Besitzungen im sogenannten Pittener Gebiet, das damals in der Mark Steier lag, fielen indes nicht an die Andechser, sondern an Markgraf Otakar III. von Steier[130]. Anknüpfungspunkt war vermutlich eine schon länger zurückliegende Eheschließung Ekberts II., des Vaters Ekberts III., mit einer mutmaßlichen Tante Otakars[131]. Weshalb hier die Andechser keine – zumindest keine nachweisbaren – Ansprüche erhoben, bleibt unklar. Vielleicht waren diese Besitzungen an der ungarischen Grenze zu entlegen und war die Konkurrenz durch Otakar zu stark.

Vor wenigen Jahren konnte ein 1158 noch lebender Onkel Ekberts III., Leopold Troie, in den Quellen ausfindig gemacht werden[132], der ein illegitimer Spross mit einer Ministerialin war. Dennoch konnte er 1158 Anteile an der Burg Pitten und einigen Besitz behaupten[133]. Vielleicht war dies deswegen möglich, weil er als Ministeriale in das Gefolge der Otakare eintrat. Überhaupt ist bemerkenswert, dass die Ministerialität Ekberts im Pittener Gebiet auch nach dessen Tod eine gewisse Geschlossenheit be-

Niederösterreichischen Institut für Landeskunde, Sonderreihe 1), St. Pölten 1998, S. 19–35, hier S. 31 f.; Loibl, Herrschaftsraum (wie Anm. 91), S. 142, 276, 383 f.; Dopsch, Mark (wie Anm. 8), S. 288.

125) NÖUB 3 (wie Anm. 9), Nr. 16^8 (1158).

126) Loibl, Herrschaftsraum (wie Anm. 91), S. 103, 142, 275 f.; Schütz, Geschlecht (wie Anm. 80), S. 63, bezweifelt, dass alleine die Verwandtschaft zum Erbe führte, sondern auch den guten Beziehungen der Andechser zu Friedrich Barbarossa geschuldet war.

127) Holzfurtner, Grafschaft (wie Anm. 84), S. 285.

128) Loibl, Herrschaftsraum (wie Anm. 91), S. 143–145.

129) Ebd., S. 221, 284 f., 288, 290; Stock-Megies, Grafen (wie Anm. 1), S. 41.

130) Siehe ausdrücklich die Admonter Traditionsnotiz NÖUB 3 (wie Anm. 9), Nr. 16^6 (1158/64): *Marchio autem Otagrius, cui hereditas comitis post mortem ipsius accessit*; Nr. 11^2 (1160/61), Brief Gerhohs von Reichersberg an den Abt von Admont: *Nulla ibi erat exceptio vel terrę quam dicunt Ungarorum vel portionis illius, quam postea dominus marchio ab ipso comite obtinuit*; Nr. 3^5 (1160); Weltin, Pittener Gebiet (wie Anm. 124), S. 31.

131) Siehe Dopsch, Otakare (wie Anm. 6), S. 111, 116.

132) NÖUB 2 (wie Anm. 8), S. 342; siehe ebd., Nr. 7^{26}, 7^{40}.

133) Ebd., S. 342 f.

wahrte und einige ehemalige Gefolgsleute noch um 1160 als Ministerialen des verstorbenen Grafen bezeichnet wurden[134].

II.2.3. Grafen von Sulzbach

Die vor allem auf dem Nordgau, aber auch (sonst) im bayerisch-österreichischen Raum über umfangreichen Besitz und umfassende Herrschaftsrechte verfügenden Grafen[135] von Sulzbach starben mit Gebhard II. 1188 in männlicher Linie aus. Doch bereits nach dem Tod von dessen einzigem Sohn Berengar 1167 vor Rom[136] war den Zeitgenossen klar geworden, dass dies unabwendbar sein werde, zumal dessen Mutter keine Kinder mehr bekommen konnte[137]. Obwohl noch mehrere Töchter Gebhards am Leben waren, nahmen Bedeutung und Rang der Familie mit dem Tod Berengars deutlich ab. So erhielten die vor 1167 verheirateten Töchter immerhin noch Grafen (Kleve, Grögling, Ortenberg) zu Ehemännern, die jüngste Tochter nach 1172 aber nur noch einen edelfreien Gefolgsmann der Familie (Heinrich von Altdorf)[138]. Auch das Gefolge reagierte, indem sich vor allem an den südöstlichen Rändern des sulzbachischen Einflussbereichs einige Edle und Ministerialen anderweitig orientierten und Bindungen mit den verwandten Grafen von Ortenberg eingingen[139]. Auf dem Nordgau wurde in der zweiten Hälfte des 12. Jahrhunderts zudem die Konkurrenz durch die Wittelsbacher und die Staufer zunehmend zu einem Problem[140].

In dieser Situation des sich abzeichnenden Aussterbens der Familie ergriff Friedrich Barbarossa die Initiative. Er erkannte die Möglichkeit, nun auf dem Nordgau seine Herrschaft nachhaltig ausbauen zu können und schloss bereits 1174 mit dem Bischof von Bamberg einen Vertrag, wonach die in den Händen der Sulzbacher befindlichen

134) NÖUB 3 (wie Anm. 9), Nr. 16^9 (1158/64): *Pernhardus de Erlach ministerialis quondam comitis Ekkeberti* [...] *tradidit* [...] *sub plurimorum commilitonum suorum ministerialium eiusdem comitis*; WELTIN, Pittener Gebiet (wie Anm. 124), S. 32 Anm. 89; DOPSCH, Mark (wie Anm. 8), S. 290.

135) Keine Rolle muss in diesem Zusammenhang spielen, dass die Sulzbacher kurzfristig zu Markgrafen avancierten, DENDORFER, Gruppenbildung (wie Anm. 109), S. 289.

136) Etwa Historia Welforum, hg. und übersetzt von Erich KÖNIG (Schwäbische Chroniken der Stauferzeit 1), Sigmaringen ²1978, c. 32 II, S. 68; weitere Belege bei DENDORFER, Gruppenbildung (wie Anm. 109), S. 415 Anm. 173.

137) DENDORFER, Gruppenbildung (wie Anm. 109), S. 418; siehe zur Frau Gebhards, der Welfin Mathilde, auch ebd., S. 89–91; DERS., Die Grafen von Sulzbach, in: Hochmittelalterliche Adelsfamilien in Altbayern, Franken und Schwaben, hg. von Ferdinand KRAMER/Wilhelm STÖRMER (Studien zur bayerischen Verfassungs- und Sozialgeschichte 20), München 2005, S. 179–210, hier S. 187.

138) DENDORFER, Grafen (wie Anm. 137), S. 187–189, 206 f.; DERS., Gruppenbildung (wie Anm. 109), S. 104–111, 255. Zwischen den Sulzbachern und Spanheim-Ortenbergern war es bereits in der vorherigen Generation zu einer Ehe gekommen. Nach dem kinderlosen Tod der Sulzbacherin (Mathilde) entstand allerdings ein Konflikt zwischen den beiden Familien um die Mitgift; Monumenta Boica, Bd. 2, München 1764, Nr. 9, S. 189 f.; DENDORFER, Gruppenbildung (wie Anm. 109), S. 104.

139) DENDORFER, Gruppenbildung (wie Anm. 109), S. 210–217, 227.

140) Ebd., S. 50–253, 289–291, 417 f.

umfangreichen Lehen und Vogteirechte nach dem Tode Gebhards in seine Hände fallen würden[141]. Nach dem Eintritt des Ereignisses begab sich der Kaiser 1189 auf den Nordgau, um vor Ort Präsenz zu zeigen und den Anspruch auf die Lehen zu untermauern[142]. Barbarossa beließ dabei offensichtlich die ehemaligen Sulzbacher Lehennehmer in ihrem Besitz[143], wodurch er wohl für Stabilität sorgen wollte. Vielleicht schlossen sich ihm damals auch ehemalige Sulzbacher Gefolgsleute an und wurden so zu Reichsministerialen[144]. Der Übergang der Bamberger Lehen im Donauraum blieb aber nach dem Tode Friedrich Barbarossas nicht unwidersprochen, sondern führte wenige Jahre später zu heftigen bewaffneten Auseinandersetzungen (»Bogener Fehde«), in die sich die Wittelsbacher und die Grafen von Bogen, aber wohl auch die verwandten Grafen von Ortenberg einmengten[145].

Kaiser Friedrich versuchte nach 1188 auch, den Eigenbesitz der Grafen von Sulzbach in seine Hände zu bekommen, was aber offensichtlich doch nur durch Kauf möglich war, denn die Töchter Gebhards und deren Familien konnten sich zumindest den größten Teil des Allods sichern[146]. Die Familien der Töchter konnten aber nicht verhindern,

141) Die Urkunden Friedrichs I., Teil 3: 1168–11680, hg. von Heinrich APPELT (MGH DD 10,3), Hannover 1985, Nr. 624 (1167 August–1174 Juli 13); Die Regesten des Kaiserreichs unter Friedrich I., neubearb. von Ferdinand OPLL (J. F. Böhmer, Regesta Imperii IV,2,3), Wien/Köln/Graz 2001, Nr. 2086; DENDORFER, Grafen (wie Anm. 137), S. 189–208; DERS., Gruppenbildung (wie Anm. 109), S. 293, 307; Hubertus SEIBERT, Die entstehende territoriale Ordnung am Beispiel Bayerns (1115–1198), in: Stauferreich im Wandel. Ordnungsvorstellungen und Politik in der Zeit Barbarossas, hg. von Stefan WEINFURTER (Mittelalter-Forschungen 9), Stuttgart 2002, S. 253–287, hier S. 283.

142) Die Urkunden Friedrichs I., Teil 4: 1181–1190, hg. von Heinrich APPELT (MGH DD 10,4), Hannover 1990, Nr. 989 (1189 Januar 17); DENDORFER, Grafen (wie Anm. 137), S. 179 f.; SEIBERT, Ordnung (wie Anm. 141), S. 285.

143) Belegt im Falle der Grafen von Falkenstein: Codex Falkensteinensis (wie Anm. 108), Nr. 170 (1189 etwa Mai 10); DENDORFER, Grafen (wie Anm. 137), S. 180.

144) DENDORFER, Gruppenbildung (wie Anm. 109), S. 419, und unten Anm. 145.

145) Siehe SCHLÜTTER-SCHINDLER, Regesten (wie Anm. 86), Nr. LI 33; Richard LOIBL, Iubente imperatore pax facta est. Die ›Bogener Fehde‹ von 1192 und die Anfänge des bayerischen Landesfürstentums, in: Bayerische Geschichte/Landesgeschichte in Bayern. Festgabe für Alois Schmid zum 60. Geburtstag, hg. von Konrad ACKERMANN/Hermann RUMSCHÖTTEL (Zeitschrift für bayerische Landesgeschichte 68), München 2005, S. 157–184, hier S. 167 (zu möglichen Querverbindungen der Bogener und Ortenberger Fehde), 173 f., 179; Jürgen DENDORFER, Die Abtei und ihre Vögte im frühen und hohen Mittelalter, in: Die Abtei Niederaltaich. Geschichte, Kultur und Spiritualität von der Gründung bis zur Säkularisation, hg. von Stephan DEUTINGER/Roman DEUTINGER (StMGBO Ergänzungsband 53), St. Ottilien 2018, S. 93–128, hier S. 116 f.

146) Graf Gerhard von Grögling erhielt etwa die Burg Sulzbach und die Vogtei über das »Hauskloster« Kastl, Rapoto von Ortenberg Burg und Herrschaft Murach und umfangreichen Besitz auf dem Nordgau; DENDORFER, Grafen (wie Anm. 137), S. 192; DERS., Gruppenbildung (wie Anm. 109), S. 274–286, 297. – Nach einer zweifelhaften Nachricht erbte der Babenberger Leopold V. nach dem Tod Graf Gebhards Hainburg an der Donau; BUB 4,1 (wie Anm. 24), Nr. 885. – Kaiser Friedrich konnte immerhin das in die Hände der Grafen von Kleve gekommene Erbe um die Burg Floß erwerben; Codex diplomaticus et epistolaris regni Bohemiae, Bd. 2: 1198–1230, hg. von Gustav FRIEDRICH, Prag 1912, Nr. 97 (1212 September 26); Die Urkunden Friedrichs II., Teil 2:

dass auch noch nach 1188 einige Ministerialenfamilien ihren Handlungsspielraum vergrößerten und sich neue Herren suchten[147)].

Die Regensburger Domvogtei gelangte nach dem Aussterben der Sulzbacher in die Hände der in der Nähe St. Pöltens sitzenden Edlen von Lengbach. Verwandtschaftliche Verbindungen dürften nicht zu dieser Nachfolge geführt haben[148)], wohl aber haben sich die Lengbacher zuvor im Umfeld der Sulzbacher bewegt[149)]. Die Bischöfe von Regensburg wiederum mussten ein Interesse haben, dass nicht zuletzt die entlegenen Außenbesitzungen in Niederösterreich vor Ort geschützt werden. Über die Sulzbacher waren die Lengbacher auch zu ehemaligen Bamberger Lehen im heute salzburgischen Lungau, die 1188 in Reichslehen umgewandelt wurden, gekommen[150)]. Die bis zuletzt in Händen der Sulzbacher befindliche Vogtei über das Stift Berchtesgaden dürfte an die Babenberger gegangen sein, ohne dass sich die Hintergründe eruieren lassen[151)]. Nur im Falle der Vogtei über Kastl gelang es einer verschwägerten Familie, den Grafen von Grögling, die Nachfolge anzutreten[152)].

Der Grafentitel der Sulzbacher wurde nach dem Tode Gebhards nicht weitergegeben, zumal er davor mit keiner territorial fassbaren Grafschaft verbunden war[153)]. Dies und die starke Zersplitterung des Erbes nach 1188 hatte zur Folge, dass niemand in die Machtposition und in den damit verbundenen Rang nachfolgen konnte. Bemerkenswert ist immerhin, dass der ehemalige edle Gefolgsmann Heinrich von Altendorf 1183 zum Grafen aufsteigen konnte. Ausschlaggebend dafür waren vermutlich vor allem seine Verdienste für Friedrich Barbarossa[154)], doch könnte die erwähnte Ehe mit einer Sulzbacherin eine Grundlage für diese Rangverbesserung gewesen sein.

1212–1217, hg. von Walter KOCH (MGH DD 14,2), Hannover 2007, Nr. 173 (1212 September 26); D F I. (wie Anm. 142), Nr. 989 (1189 Januar 17); DENDORFER, Grafen (wie Anm. 137), S. 180; DERS., Gruppenbildung (wie Anm. 109), S. 274, 419 f. Vermutlich konnte Friedrich Barbarossa auch die in Händen von Sulzbacher Gefolgsleuten befindliche Burg Parkstein in seine Hände bekommen; ebd., S. 246 f. Nach 1188 wurden die Ministerialen von Thurndorf und von Creussen zu Reichsministerialen; ebd., S. 243, 246 f., 275.

147) DENDORFER, Gruppenbildung (wie Anm. 109), S. 229.

148) Anders Richard PERGER, Die Herren von Lengbach, in: Altlengbacher Chronik, Altlengbach [2]1998, S. 7–43, hier S. 56; siehe zu den Lengbachern auch Diethard SCHMID, Die Herren von Lengenbach als Domvögte von Regensburg, in: Adelsfamilien in Altbayern (wie Anm. 137), S. 341–372.

149) NÖUB 2 (wie Anm. 8), S. 351.

150) Ernst KLEBEL, Der Lungau, Salzburg 1960, S. 13–21; DENDORFER, Gruppenbildung (wie Anm. 109), S. 306, 419 f.; PERGER, Lengbach (wie Anm. 148), S. 65; NÖUB 2 (wie Anm. 8), S. 351.

151) REICHERT, Landesherrschaft (wie Anm. 36), S. 143 f.; Heinz DOPSCH, Von der Existenzkrise zur Landesbildung. Berchtesgaden im Hochmittelalter, in: Geschichte von Berchtesgaden. Stift. Markt. Land, Bd. 1: Zwischen Salzburg und Bayern (bis 1594), hg. von Walter BRUGGER/DEMS./Peter F. KRAMML, Berchtesgaden 1991, S. 265–386, hier S. 298–300.

152) Wie Anm. 146.

153) DENDORFER, Gruppenbildung (wie Anm. 109), S. 313 f.

154) Ebd., S. 255–257.

II.2.4. Grafen von Raabs

Die vor allem im nordwestlichen Niederösterreich und in Franken über Besitz verfügenden Grafen[155] von Raabs, die über mehrere Generationen hinweg das Burggrafenamt in Nürnberg bekleideten[156], starben mit dem Tod Konrads II. 1190/92 im Mannesstamm aus[157]. Konrad hinterließ aber zwei Töchter, von denen die ältere, Sophia, Friedrich von Zollern[158], und die jüngere, vermutlich Agnes, einen Grafen von Hirschberg geheiratet hatte[159].

Die Quellenlage lässt keine näheren Einblicke in die Vorgänge beim Tod Konrads zu, doch war dieser damals schon hochbetagt und hatte wohl genug Zeit, sein Erbe zu regeln. Vielleicht war das der Grund, weshalb die niederösterreichischen Besitzungen offenbar gütlich zwischen den Töchtern geteilt wurden, wobei die Babenberger den Anteil der Zollern einige Jahre später aufkauften[160]. Davor war es diesen beziehungsweise Sophia augenscheinlich gelungen, zahlreiche der von ihrem Vater hinterlassenen Gefolgsleute hinter sich zu scharen[161]. Sie konnte ihre Ansprüche aber nicht gänzlich durchsetzen, denn einige Besitzungen wurden wohl von den mächtigen landesfürstlichen Ministerialen von Zöbing entfremdet[162]. Friedrich von Zollern konnte aber die Nachfolge in der Nürnberger Burggrafschaft antreten[163], wodurch nicht nur die damit verbundene machtpolitische Stellung, sondern auch das Prestige und der entsprechende Rang übernommen wurden.

155) Siehe zum Grafentitel Roman ZEHETMAYER, Urkunde und Adel. Ein Beitrag zur Geschichte der Schriftlichkeit im Südosten des Reichs vom 11. bis zum 14. Jahrhundert (Veröffentlichungen des Instituts für Österreichische Geschichtsforschung 53), Wien/München 2010, S. 108–111; Clemens HOPF, Zur Geschichte der Herren von Nürnberg-Raabs, in: NÖLA. Mitteilungen aus dem Niederösterreichischen Landesarchiv 19 (2020), S. 63–93, hier S. 88 f.; NÖUB 3 (wie Anm. 9), S. 233.

156) HOPF, Geschichte (wie Anm. 155), S. 70 f., 79–81 (mit Vorbehalten).

157) Letzte Nennung BUB 1 (wie Anm. 18), Nr. 77 (1190); HOPF, Geschichte (wie Anm. 155), S. 93.

158) Das Stiftungen-Buch des Cistercienser-Klosters Zwetl, hg. von Johann von FRAST (Fontes rerum Austriacarum 2,3), Wien 1851, S. 436 f. (1204); BUB 4,2 (wie Anm. 32), Nr. 971.

159) Stiftungen-Buch (wie Anm. 158), S. 111 (1202/05); Karl LECHNER, Geschichte der Besiedelung und ursprünglichen Grundbesitzverteilung des Waldviertels, in: Jahrbuch für Landeskunde von Niederösterreich N. F. 19 (1924), S. 10–210, hier S. 154–160; DERS., Die Grafschaft Raabs, in: ebd. N. F. 21,2 (1928), S. 77–111, hier S. 80–89; BUB 4,2 (wie Anm. 32), Nr. 971 Kommentar.

160) BUB 4,2 (wie Anm. 32), Nr. 971 mit dem Kommentar; LECHNER, Raabs (wie Anm. 159), S. 82–89.

161) Siehe die Zeugenliste von Stiftungen-Buch (wie Anm. 158), S. 436 f.

162) So Clemens HOPF, Die Herren von Nürnberg-Raabs (Masterarbeit Universität Wien), Wien 2017, S. 150. Dies müsste freilich noch näher untersucht werden.

163) Stiftungen-Buch (wie Anm. 158), S. 436 f. (1204): *domina Sophya nobilis comitissa in Ragze filia comitis Chvnradi, uxor pvrcravii de Nvernberch* [...].

II.2.5. Grafen von Hohenburg

Die Hohenburg-Poigen-Rebgau-Wildberg waren – wie bereits der Namen zeigt – ein weitverzweigtes Herren- und später Grafengeschlecht[164] mit Besitzschwerpunkten auf dem Nordgau, im heutigen Oberösterreich und im Waldviertel. Die Aufsplitterung in mehrere Seitenzweige[165] würde es eigentlich notwendig machen, sich mit den Folgen des söhnelosen Todes gleich von mindestens vier Grafen auseinanderzusetzen, was aber vor allem angesichts der schlechten Quellenlage nur bedingt weitere Erkenntnisse erbrächte, so dass allein der Tod des letzten Familienangehörigen, Graf Friedrich II. von Hohenburg, im Jahre 1209[166] näher analysiert werden soll. Zu den früheren söhnelosen Todesfällen sei lediglich erwähnt, dass – soweit sich dies rekonstruieren lässt – durchwegs andere Linien die Besitznachfolgen antreten konnten[167], obwohl die Verwandtschaftsbeziehungen zum Teil nur noch lose bestanden. Ob daraus der Schluss zu ziehen ist, dass es einen die gesamte (agnatische) Familie umspannenden Zusammenhalt gab, bleibt aber fraglich. Zu bedenken ist nämlich, dass in keinem Fall Töchter oder Schwestern vorhanden waren, deren Familien Ansprüche hätten stellen können. Nach dem kinderlosen Tod der Grafen Adalbert und Gebhard von Poigen vor 1188 dürfte der österreichische Herzog Leopold V. größere Teile des Erbes erhalten oder zumindest beansprucht haben (*dum me heredem constituebant*)[168], ohne dass sich die Hintergründe eruieren ließen.

Was aber passierte nach dem kinder- und geschwisterlosen Tod Graf Friedrichs II. von Hohenburg im Jahre 1209? Die im Herzogtum Österreich gelegenen Besitzungen zog umgehend Herzog Leopold VI. ein[169] und begründete dies mit dem bei erbenlosem Tode ihm zukommenden Recht gemäß den *institutiones legum*[170], mit denen vermutlich auf eine entsprechende Bestimmung des Codex Iustinianus Bezug genommen wurde,

164) Zum Grafentitel Jürgen DENDORFER, Von Edelfreien zu Grafen. Zu den Grafen von Hohenburg auf dem Nordgau, in: Bayerische Geschichte (wie Anm. 145), S. 357, 368–378, 384.

165) Siehe die Stammtafel bei LECHNER, Geschichte (wie Anm. 159), Anhang (mit Vorbehalten); siehe auch DENDORFER, Edelfreie (wie Anm. 164), S. 361–367.

166) Zum genauen Datum siehe BUB 4,2 (wie Anm. 32), Nr. 1008.

167) So zumindest gemäß den Ausführungen bei LECHNER, Geschichte (wie Anm. 159), S. 123, 126; Alois ZAUNER, Vöcklabruck und der Attergau. Stadt und Grundherrschaft in Oberösterreich bis 1620 (Forschungen zur Geschichte Oberösterreichs 12), Linz 1971, S. 41 f. Da die Hohenburger zum Teil die Regauer Besitzungen erbten, hielten sie sich nach 1188 vermehrt im Herzogtum Österreich und an der Seite der Babenberger auf, während sie in Bayern kaum noch zu belegen sind; DENDORFER, Edelfreie (wie Anm. 164), S. 385 f.

168) BUB 1 (wie Anm. 18), Nr. 74 (1189 Januar 4); Urkundenbuch des Benedictiner-Stiftes Seitenstetten, hg. von Isidor RAAB (Fontes rerum Austriacarum 2,33), Wien 1870, Nr. 80 (1276 Dezember 21); ZAUNER, Vöcklabruck (wie Anm. 167), S. 41.

169) Zuletzt BUB 4,2 (wie Anm. 32), Nr. 1008 mit Kommentar.

170) BUB 1 (wie Anm. 18), Nr. 170 (1210), weiter Nr. 173 (1210 Juli 26).

wonach in solchen Fällen der Besitz des Verstorbenen dem Fiskus zufällt[171]. Leopold schloss aber nichtsdestotrotz kurze Zeit später eine Abmachung mit Markgraf Diepold von Vohburg, dem aus der jüngeren Linie der Diepoldinger stammenden neuen Ehemann der Witwe Graf Friedrichs, Mathilde (geb. Gräfin von Wasserburg), der vom Herzog mit dem größten Teil der eingezogenen österreichischen Besitzungen Graf Friedrichs belehnt wurde[172].

Über die auf dem Nordgau gelegenen Güter der Hohenburger kam Graf Friedrich mit Bischof Konrad von Regensburg überein, dass letzterer für eine hohe Kompensationszahlung bei einem erbenlosen Tod zum Besitznachfolger eingesetzt werden würde. In diesem Vertrag, der Termini des gelehrten Rechts enthält, wurde ausdrücklich ein Erbrecht bei den Lehen nur für männliche, nicht für weibliche Nachkommen festgehalten[173]. Die Witwe Mathilde verweigerte nach dem Tod ihres Mannes allerdings die Herausgabe der Besitzungen an den Bischof und konnte erreichen, dass dieser ihren neuen Ehemann Diepold mit der Herrschaft Hohenburg belehnte. Diepold und seine Erben dürften sich darüber hinweggesetzt und die Herrschaft als Eigen angesehen haben[174].

II.2.6. Grafen von Pernegg-Deggendorf

Die Herren beziehungsweise Grafen[175] von Pernegg-Deggendorf hatten ihre Besitzschwerpunkte um diesen bayerischen Ort sowie im nördlichen und nordöstlichen Nie-

171) Ebd., Nr. 170 (1210), weiter Nr. 173 (1210 Juli 26); siehe Othmar HAGENEDER, Die geistliche Gerichtsbarkeit in Ober- und Niederösterreich. Von den Anfängen bis zum Beginn des 15. Jahrhunderts (Forschungen zur Geschichte Oberösterreichs 10), Linz 1967, S. 295 Anm. 21; Winfried STELZER, Gelehrtes Recht in Österreich. Von den Anfängen bis zum frühen 14. Jahrhundert (MIÖG Ergänzungsband 26), Wien/Köln/Graz 1982, S. 235. – Siehe zu einer ähnlichen Vorgehensweise nach dem Aussterben der Grafen von Velburg 1218, die im Rahmen dieser Studie nicht eigens behandelt werden: BUB 4,2 (wie Anm. 32), Nr. 1046.

172) BUB 4,2 (wie Anm. 32), Nr. 1012 (1210/15) mit Kommentar; siehe auch Maximilian WELTIN, Die Urkunden des Archivs der niederösterreichischen Stände (8), in: NÖLA. Mitteilungen aus dem Niederösterreichischen Landesarchiv 9 (1986/87), S. 79–115, hier S. 88 f.; Benedikt WAGNER, Die Stiftungsurkunde des Klosters Altenburg, in: Benediktinerstift Altenburg 1144–1194, hg. von Ralph ANDRASCHEK-HOLZER (StMGBO Ergänzungsband 35), St. Ottilien 1994, S. 9–50, hier S. 31.

173) Thomas RIED, Genealogisch-diplomatische Geschichte der Grafen von Hohenburg, Regensburg 1812, S. 80–83; siehe auch unten Kap. III.3.

174) RIED, Genealogisch-diplomatische Geschichte (wie Anm. 173), S. 80–83; Manfred JEHLE, Parsberg (Historischer Atlas von Bayern, Altbayern 1,52), München 1981, S. 47 f.; DENDORFER, Edelfreie (wie Anm. 164), S. 367.

175) Der Grafentitel wurde lange mit Weitenegg in Verbindung gebracht, das für eine auf die Sighardinger zurückgehende Grafschaft gehalten wurde; etwa Karl LECHNER, Grafschaft, Mark und Herzogtum. Ein Beitrag zur Territorial- und Verfassungsgeschichte Österreichs, in: DERS., Ausgewählte Schriften. Mit einer Bibliographie, hg. von Kurt VANCSA, Wien 1947, S. 8–44, hier S. 41–43. Da aber Bezeichnungen Weiteneggs ab dem 13. Jahrhundert als *comicia*, *provincia* oder *grafschaft* keine Grafschaft, sondern ein Landgericht meinen, ist Weitenegg als »normale« Herrschaft anzusehen; BUB 4,2 (wie Anm. 32), Nr. 1145; Roman ZEHETMAYER, Reichs-

derösterreich. Der um 1200 verstorbene Graf Ekbert I. hinterließ einen Sohn, Ulrich III., während ein zweiter Sohn und eine Tochter bereits davor verstorben waren, ohne dass man etwas über etwaige Ehepartner oder Nachkommen wüsste[176)]. Graf Ulrich III. verstarb kurz nach 1217 und hinterließ einen Sohn namens Ekbert, der am Ende des 13. Jahrhunderts als »Narr« bezeichnet wurde und demnach vielleicht geistig behindert war[177)]. In dieser Quelle heißt es weiter, *der was des nicht wert, daz er daz æigen hiet*, weshalb Herzog Leopold VI. die Güter eingezogen habe. Die Quelle (sogenannte Landbuch von Österreich und Steier) gilt zwar als notorisch unzuverlässig[178)], doch dürfte zumindest letzteres nicht frei erfunden sein[179)], denn sonst ließe sich nur schwer erklären, weshalb die Babenberger bereits vor 1220/30 über seine Besitzungen verfügen konnten[180)]. Der genaue Geisteszustand des letzten Perneggers bleibt allerdings unklar, denn er konnte vor 1220 offenbar immerhin Besitz an ein Stift tradieren und einen Ministerialen belehnen[181)]. Ekbert könnte noch bis in die 1270er Jahre gelebt haben[182)], ohne dass über sein weiteres Schicksal etwas bekannt wäre. Verheiratet war dieser Ekbert offensichtlich nicht.

Lange wurde angenommen, dass die in den Händen der Pernegger befindliche Herrschaft Weitenegg nach dem Tode Graf Ulrichs III. nicht an die Babenberger, sondern an die Herren von Lengbach übergegangen ist[183)], was aber nicht zutrifft. Auch Weitenegg wurde von den Babenbergern kassiert[184)].

unmittelbare Gebiete im Herzogtum Österreich (13.–15. Jahrhundert), in: Österreich im Mittelalter. Bausteine einer revidierten Gesamtdarstellung, hg. von Willibald ROSNER (Studien und Forschungen aus dem Niederösterreichischen Institut für Landeskunde), St. Pölten 1999, S. 67–96, hier S. 78–82. Damit sind auch die früheren Überlegungen zum Grafentitel hinfällig. Diesen führten die Pernegger erst seit den 1180er Jahren; siehe BUB 1 (wie Anm. 18), Nr. 70, 77, 108. Nicht nachweisen lässt sich weiter, dass die Pernegger um Deggendorf Grafschaftsrechte wahrnahmen, sie waren auch hier wohl nur Inhaber einer Herrschaft; etwa NÖUB 2 (wie Anm. 8), Nr. 13[27], 21[11, 15]; NÖUB 3 (wie Anm. 9), Nr. 25[17]; missverständlich Klaus ROSE, Deggendorf (Historischer Atlas von Bayern, Altbayern 1,27), München 1971, S. 25 f.

176) Siehe die Stammtafel bei LECHNER, Geschichte (wie Anm. 159), Anhang.

177) Maximilian WELTIN, Die Grafschaft Pernegg-Drosendorf, in: DERS., Land (wie Anm. 40), S. 487–508, hier S. 497 Note 41; BUB 4,2 (wie Anm. 32), Nr. 1048 mit Kommentar.

178) WELTIN, König Rudolf (wie Anm. 70), S. 431–435.

179) Siehe auch WELTIN, Grafschaft (wie Anm. 177), S. 497 Note 41; anders LECHNER, Geschichte (wie Anm. 159), S. 145 f.

180) Die landesfürstlichen Gesamturbare Nieder- und Oberösterreichs aus dem 13. und 14. Jahrhundert, hg. von Alfons DOPSCH (Österreichische Urbare 1,1), Wien 1904, S. 30; BUB 4,2 (wie Anm. 32), Nr. 1048 Kommentar.

181) Die Traditionen, Urkunden und Urbare des Klosters Neustift bei Freising, hg. von Hermann-Joseph BUSLEY (Quellen und Erörterungen zur bayerischen Geschichte N. F. 19), München 1961, S. 53 Nr. 56 (dort zu 1170–1200, muss aber wegen der Zeugen auf nach 1217 datiert werden), S. 70 f. Nr. 72; siehe auch LECHNER, Geschichte (wie Anm. 159), S. 145.

182) WELTIN, Grafschaft (wie Anm. 177), S. 497 Note 41.

183) Etwa LECHNER, Geschichte (wie Anm. 159), S. 73 f.

184) PERGER, Herren (wie Anm. 148), S. 64.

Etwas verworren bleibt die Besitznachfolge in Deggendorf. Vielleicht aber kam diese Herrschaft von den Perneggern nach 1218/19 an einen ehemaligen Gefolgsmann, der sich in eine Abhängigkeit von den die Gegend dominierenden Grafen von Bogen begeben musste, die aber möglicherweise auch direkt auf Deggendorf zugegriffen haben[185].

II.2.7. Sighardinger

Bei den Sighardingern handelt es sich um eines der bedeutendsten Grafengeschlechter des Ostalpen- und bayerisch-österreichischen Donauraums. Die Familie teilte sich seit dem späten 11. Jahrhundert in mehrere Linien, von denen sich im Laufe des 12. Jahrhunderts die Grafen von Schala (Schallaburg bei Melk), die Grafen von Burghausen und die Grafen von Peilstein-Mörle-Kleeberg als die drei Hauptstränge herauskristallisierten, deren Ende jeweils separat untersucht werden muss[186].

Zeitlich die ersten, die im Mannesstamme ausstarben, waren 1168 die Grafen von Burghausen. Der vorletzte männliche Vertreter dieses Familienzweigs, der 1163[187] verstorbene Graf Gebhard I., hinterließ einen gleichnamigen Sohn, der offensichtlich unvermählt blieb, und zwei Töchter, von denen eine namens Ida den Grafen Leopold von Plain(-Hardegg) und die zweite, Liutgart, den Grafen Berthold von Bogen ehelichte, der allerdings bereits 1167 verstarb[188]. Möglicherweise zeichnete sich bereits nach dem Tode Gebhards I. das Ende der Familie ab, denn Herzog Heinrich der Löwe, der den Grafen als seinen *cognatus* bezeichnete[189], kassierte, zumindest nach Hermann von Niederaltaich, damals die Burg Burghausen und die dazugehörende Maut[190], obwohl mit Gebhard II. noch ein männlicher Angehöriger lebte.

Was genau 1168 nach dessen Tod mit dem Eigengut der Burghausener geschah, ist nicht ganz einfach zu durchschauen. Ein guter Teil des Besitzes im Salzburger Raum

185) ROSE, Deggendorf (wie Anm. 175), S. 25 f., 39 f.

186) Siehe zur Genealogie Franz TYROLLER, Genealogie des altbayerischen Adels im Hochmittelalter, in: Genealogische Tafeln zur mitteleuropäischen Geschichte, hg. von Wilhelm WEGENER, Göttingen 1962–1969, S. 25–524, hier S. 101, Tafel 5 (2. Hälfte).

187) Siehe die Quellen und Literatur bei WELLER, Heiratspolitik (wie Anm. 1), S. 667 mit Anm. 244.

188) TYROLLER, Genealogie (wie Anm. 186), S. 241, Nr. 24; siehe NÖUB 3 (wie Anm. 9), Nr. 14^{22}; irrig WELLER, Heiratspolitik (wie Anm. 1), S. 667.

189) Die Urkunden Heinrichs des Löwen Herzogs von Sachsen und Bayern, hg. von Karl JORDAN (MGH DD 5, Laienfürsten- und Dynastenurkunden der Kaiserzeit 1), Leipzig 1941, ND Stuttgart 1957, Nr. 37 (1157 November 23); siehe zur Verwandtschaft WELLER, Heiratspolitik (wie Anm. 1), S. 665 f.

190) Hermanni Altahensis Annales (wie Anm. 68), S. 381–407, hier S. 384 zu 1164: *Ex tunc duces Bawarie castrum in Purchusn possiderunt.* Franz TYROLLER, Burghausen in der Grafenzeit, in: Burghauser Geschichtsblätter 28 (1969), S. 5–53, hier S. 40 f.; Helga REINDEL-SCHEDL, Laufen an der Salzach. Die alt-salzburgischen Pfleggerichte Laufen, Staufeneck, Teisendorf, Tittmoning und Waging (Historischer Atlas von Bayern. Altbayern 1,55), München 1989, S. 218 f.; DOPSCH, Bayern (wie Anm. 88), S. 271; siehe auch DERS., Die Grafen von Lebenau (ca. 1130–1229), bescheidener Zweig einer großen Dynastie, in: Hochmittelalterliche Adelsfamilien (wie Anm. 137), S. 509–538, hier S. 533.

und in Niederösterreich ging vermutlich an die Familie der Schwester, die Grafen von Plain, über, die in beiden Regionen schon davor mit starkem Gefolge präsent waren[191]. Einige Güter aber verblieben der Witwe Gebhards I., Sophie von Wettin[192], die zudem über einen Sitz zu Grabenstätt bei Traunstein verfügte[193]. Vielleicht fielen manche Besitzungen vor allem in Österreich auch an einen anderen Familienzweig, die Grafen von Schala[194], und erst nach deren Aussterben an die Plainer. Die Vogtei über das sighardingische »Hauskloster« Michaelbeuern erhielt vermutlich zunächst der dritte Familienzweig, die Grafen von Peilstein[195], jene über das steirische Stift Admont indes der Babenberger Herzog Heinrich, weil Erzbischof Albert von Salzburg, der darüber die Verfügungsgewalt besaß, in den damaligen Auseinandersetzungen gegen Friedrich Barbarossa einen starken Rückhalt nötig hatte[196]. Die Babenberger bekamen damals vermutlich auch die Vogtei über die Abtei St. Peter zu Salzburg[197]. Möglicherweise wechselten in dieser Phase einige österreichische Gefolgsleute der Burghausener zu den Babenbergern[198].

Die benachbarten und nur weitschichtig verwandten Grafen von Lebenau konnten sich vermutlich Teile des Erbes am Inn, vor allem die Talsiedlung von Burghausen, sichern, wofür jedenfalls der Übergang von nach Burghausen genannten Niederadeligen in ihr Gefolge spricht[199]. Wahrscheinlich ging auch die Familie der Grafen von Bogen, in die die zweite Schwester, Liutgard, eingeheiratet hatte, nicht leer aus. Darauf weist jedenfalls hin, dass 1179/90 Graf Albert IV. von Bogen gemeinsam mit einem Grafen

191) Etwa NÖUB 3 (wie Anm. 9), Nr. 14[22], S. 384; Heinz DOPSCH, Im Namen des Erzengels Michael. Aus der Geschichte der Abtei Michaelbeuern von den Anfängen bis zur Grundentlastung (1848), in: Benediktinerabtei Michaelbeuern. Eine Dokumentation anläßlich der Eröffnung und Weihe der neu adaptierten Räume für Internat, Schule und Bildungsarbeit, Michaelbeuern 1985, S. 26–67, hier S. 40; Erwin KUPFER, Die Machtstellung der Sieghardinger im babenbergischen Österreich und die Anfänge von Waidhofen an der Ybbs, in: Waidhofen an der Ybbs und die Eisenwurzen, hg. von Willibald ROSNER/Reinelde MOTZ-LIENHART (Studien und Forschungen aus dem Niederösterreichischen Institut für Landeskunde 32), St. Pölten 2004, S. 32–54, hier S. 46.

192) Siehe WELLER, Heiratspolitik (wie Anm. 1), S. 665–668; Christoph MIELZAREK, Albrecht der Bär und Konrad von Wettin. Fürstliche Herrschaft in den ostsächsischen Marken im 12. Jahrhundert (Forschungen zur Geschichte und Kultur des östlichen Mitteleuropa 45), Wien/Köln/Weimar 2020, S. 255.

193) Siehe NÖUB 3 (wie Anm. 9), Nr. 14[19, 20]; WELLER, Heiratspolitik (wie Anm. 1), S. 668.

194) Siehe KUPFER, Machtstellung (wie Anm. 191), S. 45 f.

195) Heinz DOPSCH, Klöster und Stifte, in: Geschichte Salzburgs. Stadt und Land, Bd. 1,2, hg. von DEMS., Salzburg 1983, S. 1002–1053, hier S. 1019; widersprüchlich DERS., Namen (wie Anm. 191), S. 39 f.

196) Friedrich HAUSMANN, Die Vogtei des Klosters. Admont und die Babenberger, in: Babenberger-Forschungen, hg. von Maximilian WELTIN (Jahrbuch für Landeskunde von Niederösterreich N. F. 42), Wien 1976, S. 95–151, hier S. 114 f.; REICHERT, Landesherrschaft (wie Anm. 36), S. 136 f.; Othmar HAGENEDER, Lehensvogtei und Defensorenamt in den babenbergischen Herzogsurkunden, in: Babenberger-Forschungen, S. 70–94, hier S. 76; NÖUB 3 (wie Anm. 9), S. 454.

197) REINDEL-SCHEDL, Laufen (wie Anm. 190), S. 230; REICHERT, Landesherrschaft (wie Anm. 36), S. 183.

198) Siehe KUPFER, Machtstellung (wie Anm. 191), S. 45.

199) DOPSCH, Grafen (wie Anm. 190), S. 533 mit Anm. 133.

von Plain zum Seelenheil der Grafen von Burghausen eine Stiftung tätigte[200]. Hätten die Bogener nichts geerbt, wäre es dazu wohl kaum gekommen. Auch wenn viele Fragen offen bleiben, lässt sich immerhin feststellen, dass Besitz und Herrschaftsrechte der Burghausener nach 1168 stark aufgesplittet wurden[201].

Wie gesehen dürfte ein Teil vor allem der niederösterreichischen Güter an die hier ihren Schwerpunkt und ihren Sitz (Schallaburg) aufweisende Linie gefallen sein, die auf den älteren Bruder Gebhards I., Graf Sighard XI., zurückging. Dieser hinterließ bei seinem Tod 1142 zwei Söhne, Heinrich III. und Sighard XII. von Schala, die zwar beide noch etwa ein halbes Jahrhundert lebten, aber unverheiratet geblieben sein dürften. Sie sind vermutlich sogar zeitgleich 1191/92 verstorben[202]. Ihr Erbe im nördlichen Niederösterreich fiel an die Grafen von Ortenberg, wobei es bislang noch nicht gelungen ist, eine verwandtschaftliche Beziehung zu rekonstruieren[203]. Ein Teil der übrigen österreichischen Besitzungen, darunter vielleicht die Schallaburg selbst[204], wurde dem österreichischen Herzog Leopold V. überlassen; auch dafür werden die Gründe nicht deutlich[205]. Lange wurde vermutet, dass die Mutter der beiden eine Babenbergerin war, doch ist dies unwahrscheinlich[206]. Nicht zutreffen dürfte auch, dass die beiden Brüder

200) NÖUB 3 (wie Anm. 9), Nr. 14[22] (1179/90). Zum möglichen Erbe der Grafen von Bogen sind noch weiterführende Untersuchungen nötig.

201) Zu den 400 vor allem in Österreich gelegenen *beneficia* der Grafen von Burghausen, die den Grafen von Falkenstein zur Nutzung übergeben worden sind, siehe Codex Falkensteinensis (wie Anm. 108), Nr. 2; NÖUB 3 (wie Anm. 9), S. 339.

202) Die beiden Brüder sind 1190 zum letzten Mal belegt (BUB 1 [wie Anm. 18], Nr. 77) und offenbar kurz darnach gestorben. Dass dies beim Kreuzzug der Fall gewesen sein soll (Erwin KUPFER, Die Schallaburg und ihre Gründerfamilie, in: Die Schallaburg. Geschichte, Archäologie, Bauforschung, hg. von Peter AICHINGER-ROSENBERGER, Weitra 2011, S. 21–38, hier S. 30), ist nicht wahrscheinlich, wären Teilnahme und Tod solch prominenter Adeliger auf einem Kreuzzug doch vermutlich in der Historiographie nicht unerwähnt geblieben, auch müssen sie schon mindestens 60 Jahre alt gewesen sein (TYROLLER Genealogie [wie Anm. 186], S. 104, Nr. 41 f.). – Aus einer Nachricht des Jahres 1179 geht hervor, dass sich die Brüder sehr nahestanden; StUB 1 (wie Anm. 10), Nr. 601.

203) KUPFER, Machtstellung (wie Anm. 191), S. 46, 49, 52.

204) Dazu Maximilian WELTIN, Die Gedichte des sogenannten ›Seifried Helbling‹ als Quelle für die Ständebildung in Österreich, in: DERS., Land (wie Anm. 40), S. 254–323, hier S. 273 Anm. 106.

205) Gesichert trifft dies nur auf Besitz in der *provincia* »Forst«, also in der Gegend zwischen Erlauf und Mank südlich von St. Leonhard, zu; BUB 1 (wie Anm. 18), Nr. 167: *a comitibus Scalahensibus* [...] *hereditavi atque hereditare debebo*, vielleicht auch auf den Ort Niedersulz, den Leopold VI. von den Grafen *iure hereditario* erhalten hat (Urkunden des Cistercienser-Stiftes Heiligenkreuz im Wiener Walde, hg. von Johann Nepomuk WEIS [Fontes rerum Austriacarum 2,11], Wien 1856, Nr. 26), was aber nicht unbedingt einen Erwerb aufgrund des »Erbrechts« bedeuten muss, sondern auch Eigentumsrechte beziehungsweise das Recht, einen Besitz weitervererben zu dürfen, meinen kann.

206) Die dafür zuletzt herangezogene, allein im sogenannten Österreichischen Landbuch dokumentierte Ehe einer Tochter Leopolds II. mit einem Grafen von Schala zu Beginn des 12. Jahrhunderts (KUPFER, Schallaburg [wie Anm. 202], S. 30, 33) dürfte eine Fiktion sein (WELLER, Heiratspolitik [wie Anm. 1], S. 343–348) und würde einen Erbgang um 1200 ohnehin nicht erklären. Am wahrscheinlichsten erscheint deshalb, dass die letzten

den Bischof von Passau als Teilerben eingesetzt haben[207]. Möglich wäre indessen, dass sich eine der nächsten weiblichen Verwandten, die erwähnte Ida von Plain, Anteile am Erbe sichern konnte[208]. Darüber hinaus ist es auch im Falle der Grafen von Schala wahrscheinlich, dass sich nach deren Aussterben verschiedene Gefolgsleute einige Besitzungen einverleibt haben[209].

Zur dritten Linie, den Grafen von Peilstein-Mörle-Kleeberg, sei in aller Kürze angemerkt, dass Graf Siegfried II. bei seinem Tod 1194 zwar einen Sohn namens Friedrich VI. hinterließ, aber nicht dieser, sondern vielleicht sein Cousin, Friedrich V., die Vogtei über das »Hauskloster« Michaelbeuern erhielt. Nach dessen kinderlosem Tod im Jahre 1207 folgten als Vögte die verwandten Grafen von Plain, während der noch lebende letzte männliche Peilsteiner Friedrich VI., der unverheiratet blieb, auch diesmal leer ausging[210]. In dieser Phase dürfte außerdem der Bischof von Freising die im westlichen Niederösterreich gelegene peilsteinische Burg Konradsheim kassiert haben[211], was ein weiterer Hinweis auf eine Schwächephase der Familie wäre. Friedrich VI. wurde aber immerhin vom Salzburger Erzbischof die Vogtei über St. Zeno (in Reichenhall) übertragen[212].

Mit dem kinderlosen Tod Graf Friedrichs VI. im Jahre 1217/18 war der letzte männliche Angehörige der Sighardinger verstorben. Am Leben war nur noch seine Mutter Eufemia, die sich offenbar einige Besitzungen sichern konnte. Den Besitz im Gasteiner Tal kauften ihr die Wittelsbacher ab, die auch Rechte in und um Reichenhall erhielten. Der Erzbischof zog die in Händen der Peilsteiner befindliche Hochstiftsvogtei und die Vogteien über die Stifte St. Zeno und Reichersberg ein. In weiterer Folge kam es zu

Grafen von Schala und Herzog Leopold V. eine Übereinkunft ausverhandelt haben, wodurch dieser nach deren Aussterben einen Teil der Besitzungen erhalten konnte.

207) Vermutet wurde, dass die Bischöfe von Passau auf dem Erbweg die Pfarre von Niedersulz samt Patronatsrechten erhalten haben; so Kupfer, Schallaburg (wie Anm. 202), S. 30; anders Ders., Das Weinviertel. Herrschaft, Siedlung und soziales Geflecht im Hohen Mittelalter, Wien 2017, S. 136. In den dafür herangezogenen Urkunden wird aber lediglich von einer *donatio* berichtet (Urkunden des Cistercienser-Stiftes Heiligenkreuz [wie Anm. 205], Nr. 31), die die Grafen vielleicht schon zu Lebzeiten durchgeführt haben. Als ihre »Teilerben« kann man die Bischöfe jedenfalls nicht bezeichnen.

208) Siehe Salzburger Urkundenbuch [im Folgenden SUB], Bd. 3: Urkunden von 1200–1246, bearb. von Wilibald Hauthaler/Franz Martin, Salzburg 1918, Nr. 593; Dopsch, Namen (wie Anm. 191), S. 39 f., und die Belege für den Übergang von Gefolgsleuten bei Kupfer, Machtstellung (wie Anm. 191), S. 46 f.; Ders., Schallaburg (wie Anm. 202), S. 32; Ders., Weinviertel (wie Anm. 207), S. 136 f.

209) Roman Zehetmayer, Die Schallaburg unter den Herren von Zelking, in: Schallaburg (wie Anm. 202), S. 39–46, hier S. 40, 45 Anm. 20.

210) Dopsch, Namen (wie Anm. 191), S. 39 f.; abweichend Reindel-Schedl, Laufen (wie Anm. 190), S. 353.

211) BUB 4,2 (wie Anm. 32), Nr. 990; siehe Kupfer, Machtstellung (wie Anm. 191), S. 42 f.; Roman Zehetmayer, Vogtei und Herrschaftsaufbau des österreichischen und steirischen Adels im Hochmittelalter, in: Kirchenvogtei und adlige Herrschaftsbildung im europäischen Mittelalter, hg. von Kurt Andermann/Enno Bünz (VuF 86), Ostfildern 2019, S. 225–259, hier S. 229 f.

212) SUB 3 (wie Anm. 208), Nr. 956.

heftigen Auseinandersetzungen zwischen Erzbischof Eberhard II. von Salzburg, Herzog Ludwig von Bayern und den Grafen von Plain um das Erbe der Peilsteiner. Dabei setzte sich zu einem guten Teil der Wittelsbacher durch, während die Grafen von Plain weitgehend leer ausgingen. Ein in dieser Angelegenheit ergangener Schiedsspruch (beziehungsweise Vergleich) des Bischofs von Regensburg und Pfalzgraf Rapotos hätte dem Erzbischof zumindest in Reichenhall Mitbestimmungsrechte eingeräumt, was der bayerische Herzog aber in weiterer Folge zu verhindern wusste[213)]. Das Gasteiner Tal und die dortige Grafschaft wurden zwar dem Erzbistum verpfändet, verblieben aber in der Verfügungsgewalt der bayerischen Herzöge[214)].

In Österreich waren die Grafen von Plain(-Hardegg) erfolgreicher, denn einige Peilsteiner Gefolgsleute wechselten offensichtlich zu ihnen, andere verblieben an der Seite Eufemias[215)]. Diese dürfte auf ihre prekäre Lage insofern reagiert haben, indem sie in den Jahren 1218/20 Herzog Leopold VI. zu ihrem Erben für ihren österreichischen Besitz einsetzte[216)], womit sie letzteren wohl nicht zuletzt auch vor Begehrlichkeiten anderer schützen wollte. Tatsächlich sind nach ihrem Tod 1233 zahlreiche ihrer Güter an die Babenberger gefallen[217)].

II.2.8. Grafen von Lebenau

Bei den Grafen von Lebenau handelt es sich um eine Seitenlinie der Spanheimer mit Besitzschwerpunkten am unteren Inn und im steirisch-kärntnerischen Raum. Der bedeutendste Rechtstitel aber war vermutlich die den Grafen 1150 übertragene Vogtei über das Salzburger Domkapitel, wozu die von den Spanheimern übernommene Vogtei über Seeon kommt[218)].

213) Schlütter-Schindler, Regesten (wie Anm. 86), Nr. LI 300; SUB 3 (wie Anm. 208), Nr. 732; Max Spindler/Andreas Kraus, Die Auseinandersetzungen mit Landesadel, Episkopat und Königtum unter den drei ersten wittelsbachischen Herzögen (1180–1253), in: Das Alte Bayern. Der Territorialstaat vom Ausgang des 12. Jahrhunderts bis zum Ausgang des 18. Jahrhunderts, hg. von Andreas Kraus (Handbuch der bayerischen Geschichte 2), München [2]1988, S. 7–52, hier S. 25 f.; Kraus, Herzogtum (wie Anm. 1), S. 182; Heinz Dopsch, Salzburg im Hochmittelalter, in: Geschichte Salzburgs. Stadt und Land 1,1, hg von Dems. (Salzburg 1981), S. 229–418, hier S. 332 f., 363; Dopsch, Bayern (wie Anm. 88), S. 281; Birgit Gruber-Groh, Bad Reichenhall (Historischer Atlas von Bayern. Altbayern 1,57), München 1995, S. 92 f., 100; Schlütter-Schindler, Ludwig I. (wie Anm. 88), S. 245.

214) SUB 3 (wie Anm. 208), Nr. 830 (1228), 977 (1241 August 30); Schlütter-Schindler, Regesten (wie Anm. 86), Nr. LI 559; Kraus, Herzogtum (wie Anm. 1), S. 82; Dopsch, Salzburg (wie Anm. 213), S. 342; Ders., Bayern (wie Anm. 88), S. 282; siehe auch Schlütter-Schindler, Heiratsverbindungen (wie Anm. 111), S. 597 f.

215) Kupfer, Machtstellung (wie Anm. 191), S. 52.

216) BUB 2 (wie Anm. 41), Nr. 227 (1220 Mai 6): [...] *per manum illustris ducis Austrie et Stirie Levpoldi* [...], *cui etiam omnem proprietatem meam contradidi titulo testamenti*. Siehe dazu BUB 4,2 (wie Anm. 32), Nr. 1042 mit Kommentar.

217) BUB 4,2 (wie Anm. 32), Nr. 1042.

218) Dopsch, Grafen (wie Anm. 190), S. 519–525, 527.

Der zuerst mit Gräfin Eufemia von Dornberg und dann mit Gräfin Sophie von Plain verheiratete Graf Otto II. hinterließ bei seinem Tod um 1205 zwei Söhne, von denen der ältere, Siegfried IV., früh aus dem Leben schied (um 1210), während der zweite, Bernhard, noch bis 1229 lebte, aber ebenso unverheiratet und kinderlos geblieben ist[219]. Zu diesem Zeitpunkt war nur noch die anonym bleibende Schwester der beiden als letztes Familienmitglied am Leben, die den steirischen Edlen Ulrich von Peggau heiratete, der 1237 zum Grafen erhoben wurde. Die Ernennung zum Grafen durch Kaiser Friedrich II. hatte aber vermutlich nichts mit der Nachfolge der Lebenauer, sondern mit der Unterstützung des Herrschers während dessen Auseinandersetzung mit Herzog Friedrich dem Streitbaren zu tun[220]. An die Peggauer fiel nach dem Tode Bernhards das in der Steiermark und in Kärnten gelegene Allod der Grafen von Lebenau[221]. Ulrich von Peggau wollte von diesen auch die Vogtei über das Kärntner Kloster St. Paul übernehmen, das sich aber dagegen wehrte, worauf es zu einem langen Streit kam. Er durfte sich darüber aber nicht wundern, zumal er davor gemeinsam mit seinem Schwiegervater Klostergut geschädigt hatte[222].

Ulrich von Peggau war aufgrund seiner eher nur regionalen Bedeutung offenbar nicht imstande, Ansprüche auf das Eigengut der Lebenauer am unteren Inn zu stellen. Auch die benachbarte Familie der vielleicht damals bereits verstorbenen zweiten Frau Graf Ottos, Sophie von Plain, kam hier nicht zum Zug, sondern vor allem Erzbischof Eberhard II. von Salzburg, der nicht nur neun Tage nach Bernhards Tod die Vogteien über das Domkapitel und das Kloster Seeon kassierte[223], sondern auch die Eigengüter im Salzburggau für sich reklamierte. Auf diese hatte auch Herzog Ludwig I. Ambitionen, obwohl es keine – zumindest nachweisbaren – verwandtschaftlichen Beziehungen zu den Lebenauern gab. Da er vermutlich damals gerade von König Heinrich (VII.) und Otto VII. in die Defensive gedrängt war[224], musste er zurückstecken[225]. In einem Vertrag überließ Herzog Ludwig ehemals Lebenauer Besitz pro forma erzbischöflichen Gefolgsleuten, die diesen aber dem Erzbischof verpfänden mussten[226]. Lediglich die Stadt

219) Ebd., S. 529 f.

220) Siehe PIRCHEGGER, Landesfürst (wie Anm. 10), S. 135 f.

221) DOPSCH, Grafen (wie Anm. 190), S. 530.

222) Heinz DOPSCH, Landherren, Herrenbesitz und Herrenstand in der Steiermark 1100–1500. Wurzeln und Entstehung des steirischen Herrenstandes, ungedruckte Diss. Wien 1968, S. 69.

223) SUB 3 (wie Anm. 208), Nr. 838, 839 (1229 April 26, Salzburg). Die Vogtei kam zunächst an die Grafen von Wasserburg; DOPSCH, Grafen (wie Anm. 190), S. 531.

224) SCHLÜTTER-SCHINDLER, Ludwig I. (wie Anm. 88), S. 283 f.

225) SUB, Bd. 4: Ausgewählte Urkunden 1247–1343, bearb. von Franz MARTIN, Salzburg 1933, Nr. 29 (1254 Juli 26); DOPSCH, Grafen (wie Anm. 190), S. 531 Anm. 129.

226) SUB 4 (wie Anm. 225), Nr. 29 (1254 Juli 26); DOPSCH, Grafen (wie Anm. 190), S. 531 Anm. 129, 532 (spricht irrtümlich von einem Verkauf).

Burghausen dürfte damals an den Bayernherzog übergegangen sein[227]). Herzog Otto II. anerkannte die Übereinkunft aber nicht und es kam zu längeren Auseinandersetzungen, die erst 1254 mit dem endgültigen Verzicht der Wittelsbacher ein Ende fanden[228]).

II.2.9. Grafen von Bogen

Graf Albert III. von Bogen hinterließ bei seinem Tod 1197/98 eine Witwe, Ludmilla aus dem Hause der Přemysliden[229]), und drei minderjährige Söhne, von denen zwei, Berthold und Albert IV., Laien blieben. Ludmilla ehelichte vermutlich 1204 Herzog Ludwig I. von Bayern[230]), der aber nicht – wie häufig angenommen – die Vormundschaft über seine Stiefsöhne übernahm[231]). Diese traten nämlich bereits seit 1202 selbständig handelnd auf[232]) und gerieten bald in einen heftigen Konflikt mit dem von ihnen bevogteten Kloster Niederaltaich[233]).

Der ältere der beiden, Berthold, heiratete vielleicht Kunigunde von Hirschberg[234]), starb aber bereits 1218 vor Damiette kinderlos[235]). Die damals vorgenommene Gründung der Stadt Straubing durch Herzog Ludwig I. in unmittelbarer Nähe des Bogener Herrschaftsmittelpunkts dürfte mit dem Tod Bertholds in Verbindung stehen und gegen den letzten männlichen Angehörigen im Laienstand, Graf Albert IV., gerichtet gewesen sein[236]). Dieser war mit Richild von Dillingen, einer Enkelin Herzog Ottos I. von Wittelsbach, verheiratet, ohne dass deutlich wird, seit wann die bei Hermann von Niederaltaich kolportierte Nachricht über ihre Unfruchtbarkeit[237]) allgemein bekannt geworden ist und etwa das Handeln des eng verwandten Herzogs Ludwig I. gegenüber

227) Schlütter-Schindler, Regesten (wie Anm. 86), Nr. LI 608 (nach 1229 April 16/17–1231 September 16) mit Kommentar; Schlütter-Schindler, Ludwig I. (wie Anm. 88), S. 290, datiert die Verhandlungen in das Jahr 1231; allgemein Dopsch, Grafen (wie Anm. 190), S. 531–533.

228) SUB 4 (wie Anm. 225), Nr. 29 (1254 Juli 26); Dopsch, Grafen (wie Anm. 190), S. 533.

229) Max Piendl, Böhmen und die Grafen von Bogen, in: Bohemia 3 (1962), S. 137–149.

230) Schlütter-Schindler, Regesten (wie Anm. 86), Nr. LI 114; Weller, Heiratspolitik (wie Anm. 1), S. 774 f.; Schlütter-Schindler, Ludwig I. (wie Anm. 88), S. 229; Dies., Die Frauen der Herzöge. Schenkungen und Stiftungen der bayerischen Herzoginnen an Klöster und Stifte des Herzogtums und der Pfalzgrafschaft von 1077 bis 1355 (Zeitschrift für bayerische Landesgeschichte Beihefte 16), München 1999, S. 25–29.

231) Etwa Max Piendl/Ludwig Holzfurtner, Mitterfels. Die Pfleggerichte Mitterfels und Schwarzach und die Herrschaften Falkenstein, Brennberg und Siegenstein (Historischer Atlas von Bayern. Altbayern 1,62), München 2002, S. 58.

232) Schlütter-Schindler, Ludwig I. (wie Anm. 88), S. 230, 285 mit Anm. 497; Dies., Regesten (wie Anm. 86), Nr. LI 187, LI 566; Dendorfer, Abtei (wie Anm. 145), S. 123.

233) Schlütter-Schindler, Ludwig I. (wie Anm. 88), S. 236 f.; Dendorfer, Abtei (wie Anm. 145), S. 106 f., 119–221.

234) Nach Stock-Megies, Grafen (wie Anm. 1), S. 43, war Berthold vielleicht unverheiratet geblieben.

235) Dendorfer, Abtei (wie Anm. 145), S. 122.

236) Schlütter-Schindler, Regesten (wie Anm. 86), Nr. LI 307; Dies, Ludwig I. (wie Anm. 88), S. 244.

237) Hermann von Niederaltaich, De advocatis Altahensibus, hg. von Philipp Jaffé (MGH SS 17), Hannover 1861, S. 373–376, hier S. 375; siehe Dendorfer, Abtei (wie Anm. 145), S. 95.

Albert bestimmt haben könnte[238]. Noch um 1230 agierte dieser jedenfalls durchaus eigenständig[239]. Vielleicht wurde erst dann das Schicksal Alberts und seiner Frau publik, jedenfalls geriet er nun zunehmend unter den Einfluss seines Stiefbruders, Herzog Ottos II. Offenkundig wird dies vor allem 1240, also noch zu Lebzeiten Alberts, als sich Otto als dessen Erbe bezeichnete und dessen Schenkung an das Kloster Windberg bestätigte[240]. Otto besetzte außerdem 1241 im Zuge eines Kriegszugs gegen die Grafen von Ortenberg mit Zustimmung Alberts IV. die in Händen von dessen Gefolgsleuten befindliche Burg Natternberg[241]. Die Nachfolge wurde demnach von langer Hand vorbereitet.

Nach dem Tod Alberts IV. 1242 ging alles glatt und die Wittelsbacher konnten nicht nur die Eigengüter, sondern auch die Bogener Vogteien, darunter die besonders wichtige über Niederaltaich[242], und die Ministerialität übernehmen[243]. Auch die von Albert unrechtmäßig innegehabten Bamberger Lehen gingen 1242 an Otto, der sie gegen den Widerstand der Bischöfe behaupten konnte. Ähnliches trifft auf die Bogener Lehen der Bischöfe von Passau zu[244].

238) Schlütter-Schindler, Ludwig I. (wie Anm. 88), S. 285 f.

239) Siehe Schlütter-Schindler, Regesten (wie Anm. 86), Nr. LI 566 (1228), LI 592, LI 593 (1230 Februar 22): Ludwig und sein Sohn Otto bringen Albert dazu, auf Rechte über die Grafschaft Windberg zu verzichten. Siehe Karl Wild, Das Schicksal der Grafschaft Windberg, in: Ostbairische Grenzmarken 2 (1958), S. 193–224, hier S. 198; Loibl, Herrschaftsraum (wie Anm. 91), S. 280 f.; siehe auch Schlütter-Schindler, Ludwig I. (wie Anm. 88), S. 285; siehe auch Dendorfer, Abtei (wie Anm. 145), S. 121 Anm. 120, 124.

240) Siehe Monumenta Boica, Bd. 14, München 1784, Nr. 28, S. 50–52 (1242); Spindler, Anfänge (wie Anm. 1), S. 23.

241) Annales Scheftlarienses maiores, hg. von Philipp Jaffé (MGH SS 17), Hannover 1861, S. 335–343, hier S. 341 f. zu 1240; Piendl/Holzfurtner, Mitterfels (wie Anm. 231), S. 59; Spindler, Anfänge (wie Anm. 1), S. 23; Dopsch, Bayern (wie Anm. 88), S. 285; Spindler/Kraus, Auseinandersetzungen (wie Anm. 213), S. 43; Stock-Megies, Grafen (wie Anm. 1), S. 40.

242) Hermann von Niederaltaich, De advocatis (wie Anm. 237), S. 372 f., 376; Dendorfer, Abtei (wie Anm. 145), S. 97. Dazu kamen die Vogteien über Oberalteich, Windberg, Metten, Prüfening und Besitz des Augsburger Domkapitels; Dopsch, Bayern (wie Anm. 88), S. 285; Stock-Megies, Grafen (wie Anm. 1), S. 53. Siehe zur Vogteinachfolge bei Prüfening Schlütter-Schindler, Regesten (wie Anm. 86), Nr. LI †447 (1224 Januar 13?) mit Kommentar.

243) Piendl/Holzfurtner, Mitterfels (wie Anm. 231), S. 73 f.; Dopsch, Bayern (wie Anm. 88), S. 285; Rose, Deggendorf (wie Anm. 175), S. 41.

244) Schlütter-Schindler, Regesten (wie Anm. 86), Nr. LI 566 Kommentar; Dopsch, Bayern (wie Anm. 88), S. 285; Ludwig Veit, Passau. Das Hochstift (Historischer Atlas von Bayern. Altbayern 1,35), München 1978, S. 68 f.

II.2.10. Grafen von Wasserburg

Zu den nicht zuletzt durch die Kontrolle des Salzhandels am Inn, aber auch als Teilerben der Grafen von Vornbach zu Bedeutung gekommenen Grafen von Wasserburg[245] sei angemerkt, dass der mit Heilica von Wittelsbach[246] verheiratete Graf Dietrich bei seinem Tod 1206 drei Töchter und einen Sohn, Konrad, hinterließ, der eine schillernde Person gewesen sein muss und in zahlreiche Fehden verwickelt war[247]. Von den Töchtern heiratete Mathilde zuerst Graf Friedrich von Hohenburg und in zweiter Ehe Markgraf Diepold VI. von Cham-Vohburg[248], ihre Schwester Hedwig vielleicht zunächst Heinrich von Griesbach-Waxenberg und dann Otto von Lengbach, und die dritte Schwester Adelheid (?) Gebhard von Tölz. Keine der drei Schwestern überlebte ihren Bruder[249]. Dieser ehelichte Gräfin Kunigunde von Hirschberg, doch dürfte sich früh abgezeichnet haben, dass das Paar kinderlos bleiben und das Geschlecht im Mannesstamm aussterben würde, weshalb es bereits seit etwa 1230 durch zahlreiche Schenkungen oder Verpfändungen zu einer Art »Ausverkauf« des Besitzes gekommen sein soll[250], was freilich übertrieben scheint. 1242 oder bereits früher schloss Konrad mit Herzog Otto II. vermutlich wegen der engen Verwandtschaft – Konrads Mutter war wie gesehen eine Wittelsbacherin – einen Erbvertrag[251]. 1247 kam es zwischen den beiden nichtsdestotrotz zu einer heftigen Fehde, weil Konrad Albert Behaim unterstützte und bei dessen Kreuzzug gegen den Herzog teilnehmen wollte[252]. Im Verlauf der Auseinandersetzungen belagerte der Herzog den Grafen über 17 Wochen in einer Burg. Konrad konnte zwar fliehen, musste das Herzogtum allerdings vermutlich eine Zeitlang verlas-

245) Siehe zur Familie etwa GRUBER-GROH, Bad Reichenhall (wie Anm. 213), S. 79–87; Elisabeth NOICHL, Die Grafen von Wasserburg. Beiträge zur Genealogie und Geschichte, in: Heimat am Inn 10 (1990), S. 5–38. Die Grafen von Wasserburg mussten schon beim Eintritt Graf Gebhards von Wasserburg in das Stift Reichersberg 1169 Rückschläge hinnehmen, sicherte sich damals doch Heinrich der Löwe einen maßgeblichen Einfluss in der Salinenstadt Reichenhall; siehe GRUBER-GROH, Bad Reichenhall, S. 88; siehe auch SEIBERT, Ordnung (wie Anm. 141), S. 277; DOPSCH, Bayern (wie Anm. 88), S. 271, 281.

246) WELLER, Heiratspolitik (wie Anm. 1), S. 771; SCHLÜTTER-SCHINDLER, Heiratsverbindungen (wie Anm. 111), S. 584–588.

247) SPINDLER/KRAUS, Auseinandersetzungen (wie Anm. 213), S. 45; SCHLÜTTER-SCHINDLER, Regesten (wie Anm. 86), Nr. LI 595, Nr. LI 607; GRAMSCH, Reich (wie Anm. 39), S. 224; SCHLÜTTER-SCHINDLER, Ludwig I. (wie Anm. 88), S. 286.

248) Siehe S. 300 f., 308; WELLER, Heiratspolitik (wie Anm. 1), S. 717 f., 795.

249) TYROLLER, Genealogie (wie Anm. 186), S. 160, Tafel 10,2; NOICHL, Grafen (wie Anm. 245), S. 22.

250) Tertulina BURKARD, Wasserburg und Kling (Historischer Atlas von Bayern. Altbayern 1,15), München 1969, S. 84; SCHLÜTTER-SCHINDLER, Regesten (wie Anm. 86), Nr. LI 297 (1218 Oktober 22); HOLZFURTNER, Grafschaft (wie Anm. 84), S. 285; LOIBL, Herrschaftsraum (wie Anm. 91), S. 115; NOICHL, Grafen (wie Anm. 245), S. 23 f.

251) Siehe Monumenta Boica 2 (wie Anm. 138), Nr. 22, S. 201 f.; BURKARD, Wasserburg (wie Anm. 250), S. 85.

252) KRAUS, Herzogtum (wie Anm. 1), S. 188; siehe auch Christof PAULUS, Das Pfalzgrafenamt in Bayern im Frühen und Hohen Mittelalter (Studien zur bayerischen Verfassungs- und Sozialgeschichte 25), München 2007, S. 368; NOICHL, Grafen (wie Anm. 245), S. 25 f.

sen[253] und starb 1259 bei einem Brand in einem Leprosenhaus in der Steiermark. Unmittelbar nach der Flucht dürfte Herzog Otto II. die Grafschaft Wasserburg und zahlreiche Besitzungen Konrads eingezogen haben[254], woran auch ein Brief Papst Innozenz' IV. an die bayerischen Bischöfe mit der Aufforderung, den Herzog durch Androhung der Exkommunikation zur Rückgabe zu bewegen, nichts änderte[255]. 1254 schließlich belehnte der Salzburger Elekt Philipp die Bayernherzöge mit den Lehen und Vogteien Konrads von Wasserburg[256].

Unklar bleibt, was aus den niederösterreichischen Besitzungen Konrads geworden ist. Wahrscheinlich aber zog sich Konrad nach 1247 phasenweise hierher zurück und residierte dabei auf der Weinviertler Burg Kreuzenstein. 1259 oder vielleicht schon früher ging diese schließlich an den damaligen österreichischen Landesfürsten Přemysl Ottokar II. über[257].

II.2.11. Grafen von Ortenberg

Die von den Spanheimern abstammenden Grafen von Ortenberg verfügten vor allem am unteren Inn und in Niederbayern, als Teilerben der Sulzbacher auf dem Nordgau, im Chiemgau, wo sie eine Grafschaft innehatten[258], und im Isengau über weitläufige Besitzrechte. Nach dem Tod Rapotos I. im Jahre 1186 teilten dessen Söhne Rapoto II. und Heinrich den Familienbesitz[259], wobei in unserem Zusammenhang allein die Linie Rapotos II. von Interesse ist. Zu erwähnen wäre hierzu, dass nach 1186 eine Zeitlang offensichtlich auch noch ihre verwitwete Mutter, Elisabeth von Sulzbach, Einfluss auf die

253) Siehe dazu auch BURKARD, Wasserburg (wie Anm. 250), S. 86; NOICHL, Grafen (wie Anm. 245), S. 26.

254) Annales Scheftlarienses maiores (wie Anm. 241), S. 343 zu 1247; SPINDLER/KRAUS, Auseinandersetzungen (wie Anm. 213), S. 45; Rudolf BÜTTNER, Die Ministerialen von Lengbach unter Ottokar und den ersten Habsburgern, in: Ottokar-Forschungen (wie Anm. 40), S. 405–426, hier S. 407; LOIBL, Herrschaftsraum (wie Anm. 91), S. 115; BURKARD, Wasserburg (wie Anm. 250), S. 85; DOPSCH, Bayern (wie Anm. 88), S. 287; NOICHL, Grafen (wie Anm. 245), S. 26. Auch andere Adelige und Ministerialen kassierten offenbar verschiedene Besitztümer der Wasserburger.

255) Epistolae saeculi XIII e regestis pontificum Romanorum selectae, Bd. 2, hg. von Karl RODENBERG (MGH Epp. saec. XIII), Berlin 1887, Nr. 550 (1248 Mai 5).

256) Die Regesten der Erzbischöfe und des Domkapitels von Salzburg, Bd. 1, hg. von Franz MARTIN, Salzburg 1928, Nr. 212 (1254 Juli 27); PAULUS, Pfalzgrafenamt (wie Anm. 252), S. 368.

257) BÜTTNER, Ministerialen (wie Anm. 254), S. 407, 410.

258) PAULUS, Pfalzgrafenamt (wie Anm. 252), S. 367; Egon BOSHOF, Aufstieg und Fall des Hauses Ortenberg, in: Passauer Jahrbuch 59 (2017), S. 15–40, hier S. 22 f.

259) Friedrich HAUSMANN, Die Grafen von Ortenburg und ihre Vorfahren im Mannesstamm, die Spanheimer in Kärnten, Sachsen und Bayern, sowie deren Nebenlinien. Ein genealogischer Überblick, in: Ostbairische Grenzmarken 36 (1994), S. 9–62, hier S. 16; STOCK-MEGIES, Grafen (wie Anm. 1), S. 38; PAULUS, Pfalzgrafenamt (wie Anm. 252), S. 365 Anm. 526. Der Teil Heinrichs dürfte kleiner gewesen sein; LOIBL, Herrschaftsraum (wie Anm. 91), S. 166.

Familiengeschicke nahm und bis zu ihrem Tod 1206 in einem größeren Ausmaß über Güter verfügen konnte[260)].

Rapoto II., der seit 1208 das bayerische Pfalzgrafenamt bekleidete[261)] und mit Udilhild von Dillingen, einer Enkelin Herzog Ottos I., verheiratet war[262)], hinterließ bei seinem Tod 1231 einen gleichnamigen Sohn, der zunächst möglicherweise einen bewaffneten Konflikt mit Herzog Ludwig II. um die weitere Nutzung der herzoglichen Lehen austragen musste, in weiterer Folge aber offenbar gute Beziehungen zu den Wittelsbachern unterhielt[263)]. Rapoto III. hatte zwei Schwestern, die beide mit Grafen verheiratet waren[264)] und 1244, als ihr Bruder dem Bistum Freising verschiedene Besitzungen verkaufte, auf ihre diesbezüglichen Ansprüche ausdrücklich verzichteten[265)].

1241 starb Rapotos III. Onkel, Graf Heinrich von Ortenberg, und es kam zu einem heftigen Erbkonflikt unter dessen Söhnen aus unterschiedlichen Ehen beziehungsweise der Witwe, die von Herzog Otto und Rapoto III. unterstützt wurde. Nutznießer des Konflikts war vor allem der Wittelsbacher, der einen der fehdeführenden Söhne Heinrichs vertrieb und sich in den Besitz von dessen Gütern setzte[266)].

1248 starb der mit Gräfin Adelheid von Zollern verheiratete[267)] Rapoto III. söhnelos. Er hinterließ aber eine Tochter namens Elisabeth, die damals vermutlich noch unverheiratet war und erst zwischen 1254 und 1258 Graf Hartmann von Werdenberg-Kraiburg ehelichte[268)]. Unmittelbar nach dem Tode Rapotos zog Herzog Otto II. die »Grafschaft« beziehungsweise das Gericht im Chiemgau als Lehen ein, überließ diese Rechte zum Teil aber im Rahmen einer umfassenden Abmachung dem Salzburger Elekten Phi-

260) Siehe zur Ehe DENDORFER, Gruppenbildung (wie Anm. 109), S. 104 f.; KUPFER, Weinviertel (wie Anm. 207), S. 142–145.

261) PAULUS, Pfalzgrafenamt (wie Anm. 252), S. 365; HAUSMANN, Grafen (wie Anm. 259), S. 21.

262) WELLER, Heiratspolitik (wie Anm. 1), S. 773 mit Anm. 149; HAUSMANN, Grafen (wie Anm. 259), S. 21 f.

263) Siehe SCHLÜTTER-SCHINDLER, Regesten (wie Anm. 86), Nr. LI 603; DIES., Ludwig I. (wie Anm. 88), S. 290. Dies muss allerdings fraglich bleiben; Franziska JUNGMANN-STADLER, Vilshofen. Der historische Raum der Landgerichte Vilshofen und Osterhofen (Historischer Atlas von Bayern. Altbayern 1,29), München 1972, S. 84 f.; STOCK-MEGIES, Grafen (wie Anm. 1), S. 40; PAULUS, Pfalzgrafenamt (wie Anm. 252), S. 368.

264) HAUSMANN, Grafen (wie Anm. 259), S. 23.

265) Carl MEICHELBECK, Historia Frisingensis, Bd. 2, Augsburg 1729, S. 22 f.

266) SPINDLER, Anfänge (wie Anm. 1), S. 30 f.; SPINDLER/KRAUS, Auseinandersetzungen (wie Anm. 213), S. 43; DOPSCH, Bayern (wie Anm. 88), S. 285; STOCK-MEGIES, Grafen (wie Anm. 1), S. 40; LOIBL, Herrschaftsraum (wie Anm. 91), S. 166; BOSHOF, Aufstieg (wie Anm. 258), S. 37.

267) HAUSMANN, Grafen (wie Anm. 259), S. 22. Adelheid von Zollern ist erst 1304 verstorben.

268) Siehe die Nennungen bei HAUSMANN, Grafen (wie Anm. 259), S. 24; Hermanni Altahensis Annales, hg. von Andreas Felix OEFELE (Rerum Boicarum scriptores 1), Augsburg 1768, S. 656–684, hier S. 679 zu 1259 (Grundlage des Textes bildet eine Abschrift Aventins aus Hermanns Annalen. Die uns hier interessierende Passage findet sich bei Aventin aber lediglich in einem Nachtrag und ist nicht Teil der Annalen Hermanns, ohne dass die ursprüngliche Quelle vorderhand zu eruieren wäre; für Hinweise danke ich Roman Deutinger); Helmuth STAHLEDER, Mühldorf am Inn. Die Landgerichte Neumarkt, Kraiburg und Mörmoosen und die Stadt Mühldorf (Historischer Atlas von Bayern. Altbayern 1,36), München 1976, S. 34.

lipp[269]. Zugleich belehnte dieser die Bayernherzöge mit den Lehen und Vogteien Rapotos. Damals gingen auch die Vogteirechte über Baumburg und Frauenchiemsee an die Wittelsbacher[270]. Die Bamberger, Regensburger und Passauer Lehen sowie die Vogteirechte dürften, wenn auch nicht ohne Gewaltanwendung, zum Teil vielleicht unmittelbar nach dem Tode Rapotos und zum Teil in den folgenden Jahren in den Besitz des Wittelsbachers übergegangen sein[271].

Was unmittelbar nach dem Tod Rapotos III. mit seinem Eigengut geschah, bleibt unklar, war doch die einzige Tochter damals noch unverheiratet. Vielleicht aber ist es seiner Witwe Adelheid gelungen, verschiedene Besitzrechte zu behaupten. Um 1254/58 heiratete wie gesehen Elisabeth den Grafen Hartmann von Werdenberg-Kraiburg, der zumindest Anspruch auf das Erbe stellte, nach einer spätmittelalterlichen Quelle das Gefolge seines Schwiegervaters aber nicht zusammenhalten konnte und deshalb 1259 seinen Erbteil an Herzog Heinrich XIII. verkaufte[272]. Bemerkenswerterweise führten sowohl der Schwiegersohn Hartmann von Werdenberg als auch Rapotos Witwe Adelheid den Pfalzgrafentitel kurzfristig weiter, was aber kaum zur Erhöhung des Prestiges und damit des Ranges führte, weil Hartmann seine machtpolitische Bedeutung nicht steigern konnte[273].

II.2.12. Landgrafen von Stefling-Riedenburg

Zum Aussterben der eng mit den Burggrafen von Regensburg verwandten[274] Landgrafen von Stefling-Riedenburg sei lediglich angemerkt, dass Landgraf Heinrich eine Tochter Herzog Heinrichs II. von Österreich namens Richardis heiraten konnte[275]. Nach dem Tod ihres Mannes um 1190[276] kehrte diese mit dem einzigen gemeinsamen Kind, Otto, in ihre Heimat zurück, der 1196 als »Gesandter« nach Ungarn eingesetzt wurde,

269) Spindler/Kraus, Auseinandersetzungen (wie Anm. 213), S. 43.

270) SUB 4 (wie Anm. 225), Nr. 29 (1254 Juli 26); Die Regesten der Erzbischöfe und des Domkapitels von Salzburg 1 (wie Anm. 256), Nr. 212 (1254 Juli 27); Paulus, Pfalzgrafenamt (wie Anm. 252), S. 368–370; Stefan Wild, Die Besitzungen der Grafen von Kraiburg-Ortenberg im heutigen Tirol. Das Erbe der Aribonen, Sieghardinger, Pilgrimiden, Diepoldinger-Rapotonen und Sulzbacher, in: Passauer Jahrbuch 63 (2021), S. 61–98, hier S. 93.

271) Stock-Megies, Grafen (wie Anm. 1), S. 40, 47, 53 f.; Dopsch, Bayern (wie Anm. 88), S. 287; Loibl, Herrschaftsraum (wie Anm. 91), S. 216, Wild, Besitzungen (wie Anm. 270), S. 88, 90 f.

272) Hermanni Altahensis Annales (wie Anm. 268), S. 679 zu 1259 (siehe die Bemerkung zur Quelle in Anm. 268); Monumenta Wittelsbacensia (wie Anm. 98), Nr. 71 (1260 April 19), 117 (1275 Juli 20); Paulus, Pfalzgrafenamt (wie Anm. 252), S. 369.

273) Paulus, Pfalzgrafenamt (wie Anm. 252), S. 369 f.; Hausmann, Grafen (wie Anm. 259), S. 24; Boshof, Aufstieg (wie Anm. 258), S. 39.

274) Siehe zuletzt den Überblick bei Dendorfer, Innere Entwicklung (wie Anm. 1), S. 361.

275) NÖUB 3 (wie Anm. 9), Nr. 18^{12} Note *.

276) Weller, Heiratspolitik (wie Anm. 1), S. 379 mit Anm. 339.

dabei aber noch unverheiratet sein Leben ließ[277]. Die von den Burggrafen von Regensburg herrührenden niederösterreichischen Güter der Landgrafen fielen nun an Herzog Friedrich I. und nicht an Richardis[278], die aber dennoch über ihr östlich der Enns liegendes Heiratsgut sowie über einige Besitzrechte in Bayern verfügen konnte[279]. Der Großteil der bayerischen Allodialgüter kam nach Ottos Tod offenbar nicht ganz problemlos an die mit den Landgrafen verwandten Wittelsbacher[280]. Diese reklamierten auch umfangreiche an die Landgrafen ausgegebene Lehen der Bischöfe von Regensburg für sich, woraufhin eine Fehde entbrannte[281].

III. Zusammenschau und Schlussfolgerungen

Welche Schlüsse lassen sich nun nach der Analyse von insgesamt 15 Familien ziehen? Und sind daraus immer wiederkehrende Verhaltensmuster beim Eintreten des söhnelosen Todes eines Fürsten oder Grafen zu erkennen?

III.1. Zur Erbpraxis bei vorhandenen Söhnen

In einem ersten Schritt sollen einige Beobachtungen zum Verhalten beim »Normalfall« des Erbübergangs – also bei erblicher Weitergabe an einen oder mehrere Söhne – mitgeteilt werden, um den Kontrast zum söhnelosen Tod besser erkennen zu können. Bei Vorhandensein mehrerer Söhne im Laienstand erbte fast immer der älteste das wichtigste, den Rang der Familie maßgeblich bestimmende Amt[282], falls es ein solches gab. Nur nach dem Tod Markgraf Leopolds III. von Österreich 1136 folgte der Drittgeborene dem Vater als Markgraf, während ältere Brüder übergangen beziehungsweise mit

277) BUB 1 (wie Anm. 18), Nr. 64, 99; Manfred Mayer, Geschichte der Burggrafen von Regensburg, München 1883, S. 70; BUB 4,2 (wie Anm. 32), Nr. 960; Continuatio Reicherspergensis, hg. von Wilhelm Wattenbach (MGH SS 17), Hannover 1861, S. 523–543, hier S. 524.

278) Siehe BUB 1 (wie Anm. 18), Nr. 99: Herzog Friedrich ist hier als Grundbesitzer ausgewiesen; anders Weller, Heiratspolitik (wie Anm. 1), S. 379 f. Siehe auch BUB 1, Nr. 64: Herzog Leopold V. übernimmt nach dem Tode Burggraf Heinrichs von Regensburg dessen Bamberger Lehen samt Vogtei sowie Vogteirechte über die Besitzungen des Klosters Biburg.

279) Das Landbuch von Österreich und Steier, hg. von Joseph Lampel (MGH Dt. Chron. 3), Hannover/Leipzig 1900, S. 687–729, hier S. 719 f.; BUB 4,2 (wie Anm. 32), Nr. 960; siehe auch Weller, Heiratspolitik (wie Anm. 1), S. 380; Die Traditionen des Hochstifts Regensburg und des Klosters S. Emmeram, hg. von Josef Widemann (Quellen und Erörterungen zur bayerischen Geschichte N. F. 8), München 1943, Nr. 1007.

280) Ingrid Schmitz-Pesch, Roding. Die Pflegämter Wetterfeld und Bruck (Historischer Atlas von Bayern. Altbayern 1,44), München 1986, S. 72–74; Dopsch, Bayern (wie Anm. 88), S. 277 mit Anm. 86.

281) Schlüter-Schindler, Regesten (wie Anm. 86), Nr. LI 34.

282) Etwa Lyon, Princely Brothers (wie Anm. 28), S. 36.

weniger wichtigen Ämtern ausgestattet wurden. Die älteren Brüder nahmen dies nicht ohne weiteres hin und es kam zu Konflikten, die offensichtlich nur mit Mühe auf dem Verhandlungsweg bereinigt werden konnten[283]. Jüngere Söhne, die im Laienstand verblieben, erhielten sonst in der Regel einen maßgeblichen Anteil am Erbe, häufig die weniger wichtigen Ämter oder Herrschaften[284]. Nicht selten lassen sich bei den untersuchten Familien echte Besitzteilungen[285] feststellen (etwa bei den Andechsern[286], Ortenbergern[287], Wasserburgern[288]). Auch bei den durch die Anlage des Codex Falkensteinensis besonders gut dokumentierten Grafen von Falkenstein sind Teilungen unter Brüdern zu belegen[289]. Zudem findet sich in dieser Quelle die Nachricht, dass Graf Siboto IV. von Falkenstein seiner Frau und seinen Söhnen eine Burg und Besitz auf seinen Todfall hin übergeben habe, wobei die Söhne unter bestimmten Bedingungen frühzeitig zu einer Teilung berechtigt seien[290].

Selbst mehrere Herzogtümer in Händen eines Erblassers konnten auf verschiedene Söhne aufgeteilt werden: So vererbte Herzog Leopold V. bei seinem Tod 1194 entgegen früheren Abmachungen, die eigentlich die Übergabe beider Fürstentümer an nur einen Sohn vorsahen, das Herzogtum Österreich seinem ältesten Sohn Friedrich, die Steiermark aber an dessen Bruder Leopold VI., weil er vermutlich Konflikte zwischen den

283) Siehe Kap. II.1.2. – Sonst wäre noch auf die Grafen von Peilstein hinzuweisen, wurde doch nach dem Tod Graf Siegfrieds 1194 die Vogtei über Michaelbeuern nicht seinem Sohn Friedrich, sondern offensichtlich dem gleichnamigen Großcousin übertragen (Kap. II.2.7.). Die Initiative lag hier aber vielleicht beim bevogteten Kloster.

284) Siehe das Beispiel der Babenberger (Kap. II.1.2.), der älteren Diepoldinger (Kap. II.2.1.), der Spanheimer/ Grafen von Lebenau (Kap. II.2.8.) oder der Ortenberger (Kap. II.2.11.). Siehe dazu allgemein Karl-Heinz SPIESS, Familie und Verwandtschaft im deutschen Hochadel des Spätmittelalters, Stuttgart 1993, S. 296–300; Gerd ALTHOFF, Verwandte, Freunde und Getreue. Zum politischen Stellenwert der Gruppenbindungen im früheren Mittelalter, Darmstadt 1990, S. 55, 61; Gerhard LUBICH, Die Zähringer. Phasen und Charakteristika der Formierung eines ›Adelshauses‹, in: Zähringer (wie Anm. 4), S. 113–124, hier S. 121; LYON, Princely Brothers (wie Anm. 28), S. 38–40.

285) Siehe allgemein SPIESS, Familie (wie Anm. 284), S. 199 f., 272–277; LYON, Princely Brothers (wie Anm. 28), S. 32, 35.

286) Kap. II.1.3. Siehe zu einer früheren Besitzteilung der Andechser SCHÜTZ, Geschlecht (wie Anm. 80), S. 48.

287) Der Anteil des jüngeren Bruders dürfte aber kleiner gewesen sein; LOIBL, Herrschaftsraum (wie Anm. 91), S. 166.

288) BURKARD, Landgerichte (wie Anm. 250), S. 79.

289) Etwa NÖUB 2 (wie Anm. 8), Nr. 18[3] (1152/58): [...], *quando dividebat cum fratre suo* [...]; NÖUB 3 (wie Anm. 9), Nr. 12[3] (1169/73), 12[5]: [...] *post finem vitę suę et uxoris suę vel, si ipsi dimiserint, filiis suis equaliter dividendum*; Codex Falkensteinensis (wie Anm. 108), Nr. 118 (1165/66).

290) NÖUB 3 (wie Anm. 9), Nr. 12[5] (1169/75); siehe auch Codex Falkensteinensis (wie Anm. 108), Nr. 167 (zu 1185/89 Mai 10): Graf Siboto (IV.) von Neuburg(-Falkenstein) übergibt seinen Söhnen Kuno und Siboto (V.) als Anteil am Erbe jeweils Besitz: *Hec sunt bona, quę ego Niwinburgensis comes Siboto filio meo Sibotoni in hereditatis participatione coninventia hominum meorum, scilicet Meinhardi, Hoholdi, Liebardi, Heinrici, Uuernheri, Gebihardi, tradidi.*

Brüdern vermeiden wollte. Dies mag wohl auch sonst der Grund für Teilungen zwischen Brüdern gewesen sein[291].

Nachrichten im Codex Falkensteinensis zeigen, dass es in der Tat unter Söhnen immer wieder zu Erbschaftskonflikten gekommen ist, die häufiger im Rahmen von regelrechten Familienversammlungen bereinigt wurden[292]. Zuweilen wurden auch ordentliche Gerichte wie das Herzogsgericht angerufen[293]. Die Anwendung von Gewalt zwischen Brüdern oder anderen Familienmitgliedern wegen ungelöster Erbfragen lässt sich bei den untersuchten Beispielen allein bei den Ortenbergern belegen[294].

Unsicher bleibt, ob und in welchem Ausmaß auch im geistlichen Stand befindliche Söhne beim Tod des Vaters am Erbe beteiligt wurden. Bei unseren Beispielen haben sich nur bei den Andechsern vage Indizien dafür gefunden[295].

In zwei Fällen (Otakare, Vornbacher) lassen sich uneheliche Söhne nachweisen[296], die aber jeweils legitime Halbbrüder hatten. Da die Mütter in beiden Fällen aus der Ministerialenschicht stammen dürften, fanden auch die Söhne hier ihren Platz. Der Vornbacher spielte im regionalen Umfeld eine durchaus bedeutende Rolle und behauptete beim Tod des letzten männlichen Grafen 1158 einige Besitzrechte.

Hinweise auf Änderungen in der Erbpraxis bei vorhandenen Söhnen haben sich im Untersuchungszeitraum kaum gefunden. Anzuführen wäre lediglich der Versuch zur Etablierung einer Primogeniturregelung, als 1245 der Plan kreiert wurde, aus den Herzogtümern Österreich und Steiermark ein Königreich zu formen und es ungeteilt jeweils dem Erstgeborenen zu vererben[297]. Doch blieb dies vorläufig die Ausnahme[298].

***

In welchem Ausmaß aber erbten Töchter, wenn Brüder vorhanden waren[299]? Die behandelten Beispiele lassen zwar immer wieder erkennen, dass Frauen direkt über Besitzungen verfügen konnten, die offensichtlich von der Familie ihrer Väter herrührten, doch lässt sich in der Regel weder der Anteil am Gesamterbe bestimmen noch, ob es sich

291) Spiess, Familie (wie Anm. 284), S. 275. Dazu kommt, dass durch die Gründung einer Seitenlinie einem Aussterben vorgebeugt werden konnte; siehe ebd. S. 272–274.

292) Etwa NÖUB 2 (wie Anm. 8), Nr. 18^3 (1152/58); NÖUB 3 (wie Anm. 9), Nr. 12^3 (1169/73); Codex Falkensteinensis (wie Anm. 108), Nr. 118 (1165/66).

293) Codex Falkensteinensis (wie Anm. 108), Nr. 163 (1182/82): Graf Siboto und Gemahlin erheben vor dem Herzog Anklage wegen Erbansprüchen.

294) Kap. II.2.11.

295) Siehe Kap. II.1.3.

296) Kap. II.1.1, Kap. II.2.2; siehe allgemein Spiess, Familie (wie Anm. 284), S. 381 f.

297) Kap. II.2.2.

298) Etwa Spiess, Familie (wie Anm. 284), S. 272–289; Lyon, Princely Brothers (wie Anm. 28), S. 32.

299) Spiess, Familie (wie Anm. 284), S. 327–331; Werner Hechberger, Adel im fränkisch-deutschen Mittelalter. Zur Anatomie eines Forschungsproblems (Mittelalter-Forschungen 17), Ostfildern 2005, S. 311.

um Güter aus der Mitgift oder um solche, die sie erst nach dem Tod des Vaters erhielten, handelte[300]. Bei Erbverträgen der Grafen von Falkenstein werden nur die männlichen Nachkommen einbezogen[301], einmal wird dabei zusätzlich festgelegt, dass die Tochter bei ihrer Hochzeit eine Ausstattung gemäß dem *consilium amicorum* erhalten solle[302]. Dies legt den Schluss nahe, dass die Tochter sich mit der Mitgift begnügen und auf das sonstige Erbe verzichten musste[303]. Möglich wäre demnach, dass Töchter bei der Heirat und der Übertragung einer Mitgift auf weitere Forderungen zu verzichten hatten, falls Brüder vorhanden waren[304].

Im Codex Falkensteinensis haben sich weiter Erbverzichtserklärungen vor allem weiblicher Angehöriger und deren Ehemänner beziehungsweise Kinder erhalten[305]. Dies kann auf den ersten Blick als Hinweis dafür gesehen werden, dass Töchter beim Tod des Vaters trotz vorhandener Brüder grundsätzlich erben konnten[306]. Nicht auszuschließen ist aber, dass den Verzichtserklärungen Konflikte um die Mitgift vorausgegangen sind[307]. Eindeutig ist aber ein Eintrag, wonach die mit Siboto von Falkenstein verheiratete Hildegard von Mödling erst nach dem Tod ihres Vaters Erbansprüche stellte und deswegen vor dem Herzogsgericht klagte[308]. Die Einträge des Codex Falkensteinensis lassen somit insgesamt gesehen keine eindeutige Antwort auf die Frage zu, ob

300) Siehe allgemein WELLER, Heiratspolitik (wie Anm. 1), S. 807–809; SPIESS, Familie (wie Anm. 284), S. 329 f., 361–36, 369.

301) NÖUB 3 (wie Anm. 9), Nr. 12^3 (1169/73): *Ipse* [...] *tradidit* [...] *patruo suo* [...] *et filiis suis, qui sunt viri, quicquid hereditario iure a parentibus possederat tunc et in futurum* [...]; Codex Falkensteinensis (wie Anm. 108), Nr. 167; siehe zu den Töchtern Sibotos IV. FREED, Counts (wie Anm. 108), S. 17, 31, 45, der ebd. ebenfalls davon ausgeht, dass die Töchter vom Erbgang ausgeschlossen werden sollten.

302) NÖUB 3 (wie Anm. 9), Nr. 12^5 (1169/75): *post finem vitę suę et uxoris suę vel, si ipsi dimiserint, filiis suis equaliter dividendum et filię suę in dotem quam vocamus heimstiure aut in Bawaria aut in Austria secundum consilium amicorum dandam.*

303) Der Tochter Graf Sibotos IV. von Falkenstein wird freilich bei ihrer Ehe mit einem oberösterreichischen Adeligen zugestanden, dass sie als *dos* bei dessen Tod den gesamten Eigenbesitz erhält; Codex Falkensteinensis (wie Anm. 108), Nr. 143.

304) Dies scheint allgemein aber erst seit dem 14. Jahrhundert häufiger geworden zu sein; SPIESS, Familie (wie Anm. 284), S. 331 f.

305) NÖUB 3 (wie Anm. 9), Nr. $12^{6,7}$; siehe auch ebd., Nr. 12^8; Codex Falkensteinensis (wie Anm. 108), Nr. 148, S. 60* f.

306) Siehe auch NÖUB 3 (wie Anm. 9), Nr. $12^{9,10}$; Codex Falkensteinensis (wie Anm. 108), Nr. 158. Judith, die Tochter Herrands II., hat ihre Anteile an Burgen des Vaters eher nicht als Mitgift, sondern erst bei dessen Tod erhalten.

307) Allerdings ging es in einem Fall ausdrücklich um pauschale Ansprüche auf das *patrimonium* des Vaters der verstorbenen Ehefrau (NÖUB 3 [wie Anm. 9], Nr. 12^6) und in einem anderen ausdrücklich um die *hereditas* (ebd., Nr. 12^7). Da aber der Erblasser noch lebte, kann es bei den Konflikten nur um früher getroffene Abmachungen gegangen sein, am wahrscheinlichsten eben um den Umfang der Mitgift.

308) Codex Falkensteinensis (wie Anm. 108), Nr. 163 (1182/82). Ihr Vater dürfte um 1180 verstorben sein; TYROLLER, Genealogie (wie Anm. 186), S. 219, Tafel 15. Siehe zu ihren damals noch lebenden Brüdern FREED, Counts (wie Anm. 108), S. 45.

Töchter über die Mitgift hinaus Anteil am Erbe erhielten, zumal sich manche – freilich nicht immer eindeutig zu interpretierende – Aussagen möglicherweise diesbezüglich widersprechen. Vielleicht aber waren die Dinge im Fluss und es gab beide Möglichkeiten. 1217 überließ der ungemein mächtige österreichische Ministeriale Hadmar II. von Kuenring seiner Tochter testamentarisch ein Drittel seiner *homines* und seines Allods – die Lehen bleiben dagegen unerwähnt –, obwohl sie bereits bei ihrer Hochzeit 1208 eine reiche Mitgift erhalten hatte. Die Obsorge über dieses Drittel verblieb aber den Söhnen Hadmars[309]. Unter Umständen war es demnach am Beginn des 13. Jahrhunderts häufiger der Fall, dass Töchter beim Tod ihrer Väter auch bei vorhandenen Söhnen über die Mitgift hinaus erbten. Ihren Brüdern kam aber vielleicht nicht nur in diesem Fall eine gewisse Verfügungsgewalt über ihr Erbteil zu.

Die Mitgift konnte mitunter größere Ausmaße annehmen und einen beträchtlichen Teil des Erbes ausmachen[310]. So brachte etwa Agnes von Meranien ihrem Ehemann Herzog Friedrich II. reichen Besitz in Krain und Grafschaften am unteren Inn in die Ehe ein, die sie nach ihrer Scheidung zu einem guten Teil behaupten konnte[311]. Die Mitgift konnte vereinzelt auch Lehen umfassen[312].

III.2. Zur Erbpraxis bei söhnelosem Tod

III.2.1. Handlungsmuster vor dem drohenden Aussterben

Zeichnete sich ein söhneloser Tod eines Erblassers ab, war offensichtlich allen klar, dass nun Machtstellung und Rang der Familie akut gefährdet waren und auch das Vorhandensein von Töchtern dies nicht abwenden konnte[313]. Deutlich wird dies etwa an den Grafen von Sulzbach, deren Bedeutung mit dem kinderlosen Tod des einzigen Sohns massiv zurückging, obwohl der Vater noch über zwei Jahrzehnte lebte und Töchter vorhanden waren, deren sogenannter Marktwert jedenfalls sofort sank. Außerdem begann die Ministerialität, sich andere Herren zu suchen, was sich auch bei den Grafen von Mödling und bei anderen Familien beobachten lässt[314]. Als sich bei den Grafen von

309) Stiftungen-Buch (wie Anm. 158), S. 64 f., 81 f.: [...] *tercia pars hominum et allodiorum* [...] *sequestrans* [...] *a fratribus* [...].

310) Siehe auch WELLER, Heiratspolitik (wie Anm. 1), S. 807 f.

311) Kap. II.1.3.

312) So wurde Adela von Vohburg bei ihrer Ehe mit Friedrich Barbarossa mit Lehen des Klosters Fulda dotiert; siehe Kap. II.2.3.

313) LYON, Princely Brothers (wie Anm. 28), S. 30; siehe am Beispiel der Zähringer PELTZER, Locus (wie Anm. 4), S. 186.

314) Günther FLOHRSCHÜTZ, Die Vögte von Mödling und ihr Gefolge, in: Zeitschrift für bayerische Landesgeschichte 38 (1975), S. 3–143, hier S. 138 f. Siehe auch Kap. II.2.5. (Vornbacher), Kap. II.2.7. (Sighardinger), Kap. II.2.11. (Ortenberg).

Bogen das Aussterben ankündigte, geriet der letzte Graf nolens volens unter den Einfluss seines Halbbruders Herzog Ottos II. von Bayern[315].

Wie aber reagierte der Erblasser, wenn sich ein kinderloses Aussterben abzeichnete? Als Herzog Otakar IV. von seiner unheilbaren Krankheit erfuhr, setzte er offensichtlich rasch alles daran, vor allem für die Großen seines Herzogtums Steier eine gute Lösung zu erwirken. Er führte zahlreiche Gespräche und berief Versammlungen ein[316], bei denen er die im Herzogtum sitzenden Adeligen und hohen Geistlichen, aber auch Kaiser Friedrich Barbarossa einbezog. Es ging Otakar dabei vorrangig nicht um die Zukunft seiner Familie und deren Besitz, sondern in erster Linie um das Herzogtum. Mit allen Mitteln versuchte er offensichtlich, zukünftige Konflikte um das Erbe zu vermeiden. Im Unterschied zu den Grafen führte hier das absehbare Ende zu keinem Bedeutungsverlust, weil Otakar bis zum Schluss Landesfürst blieb und mit diesen Ressourcen bis zuletzt die Fäden in der Hand halten konnte[317].

Beim Aussterben der Babenberger in männlicher Linie 1246 sind Aussagen über das Verhalten im Vorfeld schwierig, weil nicht ganz deutlich wird, inwieweit schon davor damit gerechnet werden konnte[318]. Es wäre aber möglich, dass der gescheiterte Königsreichsplan des Jahres 1245 in diesem Zusammenhang zu sehen ist und damit auch Herzog Friedrich für den Fall des Aussterbens der Babenberger Sorge tragen wollte[319]. Damit wäre immerhin gewährleistet gewesen, dass eine weibliche Angehörige der Babenberger Königin geworden wäre und in weiterer Folge die Nachkommen an der Macht geblieben wären. Doch verweigerte die vorgesehene Königin die dafür notwendige Hochzeit mit Kaiser Friedrich II. Sowohl vor dem Aussterben der Otakare als auch der Babenberger wurde der König eingebunden, der bei Verhandlungen über die Zukunft von Herzogtümern wohl nicht außen vor gelassen werden konnte[320].

Grafen schlossen bei unabwendbarem kinderlosem Tod immer wieder Erbverträge mit Kirchenfürsten ab, worin eine umfassende finanzielle Entschädigung für den Erblasser und dessen Frau enthalten war. Als etwa 1223 das kinderlose Aussterben der Gra-

315) Kap. II.2.9.

316) Siehe ein ähnliches Verhalten bei den Zähringern: Jürgen Dendorfer, Erbrecht, Lehnrecht, Konsens der Fürsten. Der zähringische Erbfall und die Etablierung neuer normativer Ordnungen um 1200, in: Zähringer (wie Anm. 4), S. 403–424, hier S. 410.

317) Kap. II.1.1.

318) Der Tod Herzog Ottos VIII. von Andechs-Meranien und damit das Aussterben der Familie im Mannesstamm dürfte erst wenige Wochen zuvor erkennbar gewesen sein, so dass es zu keinen umfassenden Regelungen gekommen ist. Er dürfte bereits früher einen wechselseitigen Erbvertrag mit seinem Schwiegervater, Graf Albert III. von Tirol, geschlossen haben, wodurch aber ursprünglich nicht die Nachfolge nach dem Aussterben der Andechser, sondern der Grafen hätte festgehalten werden sollen. Dieser Erbvertrag betraf allein die Besitzungen in Tirol; Kap. II.1.3.

319) Kap. II.1.2.

320) Siehe zur Rolle des Königs beim Aussterben einer mächtigen Familie auch Dendorfer, Erbrecht (wie Anm. 316), S. 411 f., 422.

fen von Dornberg drohte, verkaufte der letzte Angehörige seine Burg und Herrschaft samt Ministerialen dem Erzbischof von Salzburg. Im Gegenzug erhielt er die Hälfte des Besitzes zu Lehen, eine jährliche Leibrente für sich und seine Frau und das Wohnrecht auf der Burg als Burggraf. Seine Frau durfte die Burg nach seinem Tod auf Lebenszeit für 400 Pfund als Pfand innehaben[321)]. Auch der letzte Graf von Hohenburg schloss mit den Regensburger Bischöfen einen Erbvertrag über seine Güter auf dem Nordgau. Seine Witwe sollte diesen Vertrag nach seinem Tod aber nicht anerkennen[322)]. Die Erblasser hatten bei Kinderlosigkeit offensichtlich nichts mehr zu verlieren, aber auch kaum mehr etwas zu gewinnen, und entschieden sich für solche Verträge, die ihnen einen sorgenfreien Lebensabend und wohl auch Schutz garantierten.

Bei den Grafen von Falkenstein zeigt sich, dass auch zwischen männlichen Angehörigen eines Hauses Erbverträge geschlossen wurden, wenn sich bei einem ein kinderloser Tod abzeichnete[323)]. So sollte offensichtlich der Besitz innerhalb der Familie gehalten werden. Dies war aber nur deshalb möglich, weil ein Vertragspartner überhaupt keine Kinder hatte. Auch sonst wurden Erbverträge nur in solchen Fällen geschlossen[324)].

Keine Option für eine Abwendung des Aussterbens waren Adoptionen, die sich bei den untersuchten Familien nicht beobachten lassen. Sie waren aber nicht völlig undenkbar, denn immerhin findet sich eine Adoption in einer Fälschung auf den letzten Andechser in der zweiten Hälfte des 13. Jahrhunderts[325)].

Wie aber reagierten potentielle Konkurrenten, wenn sich Möglichkeiten eines lukrativen Zugewinns abzeichneten? Dabei zeigt sich, dass vor allem ranghöhere oder besonders mächtige Personen zu profitieren versuchten. So schloss etwa Friedrich Barbarossa noch vor dem Ende der Grafen von Sulzbach einen Vertrag mit dem Bamberger Bischof ab, um sich die frei werdenden umfangreichen Lehen zu sichern[326)]. Er agierte aber hier weniger als König, sondern eher als Territorialherr, der vorrangig die Besitzrechte der eigenen Familie erweitern wollte. Im Laufe des 13. Jahrhunderts versuchten zunehmend die Landesfürsten, aber auch der Salzburger Erzbischof, Kapital aus dem Aussterben einer gräflichen Familie zu schlagen, und zwar auf unterschiedliche Art und Weise. In seltenen Fällen dürften sie unter einem Vorwand einfach zugegriffen haben, etwa als

321) Siehe zur Familie Theo HERZOG, Schaumburg, Wolfstein, Neudeck. Ein Burgennest unterhalb Landshut und sein Zusammenhang mit der Gründung der Stadt, in: Ostbairische Grenzmarken 5 (1961), S. 270–280; Georg SCHWARZ, Vilsiburg. Die Entstehung und Entwicklung der Herrschaftsformen im niederbayerischen Raum zwischen Isar und Rott (Historischer Atlas von Bayern. Altbayern 1,37), München 1976, S. 128–131; Günther FLOHRSCHÜTZ, Zur Genealogie der Hochadelsgeschlechter von Winklsaß und von Roning, in: Verhandlungen des Historischen Vereins für Niederbayern 122/123 (1996/97), S. 71–89.

322) Kap. II.2.5.

323) NÖUB 3 (wie Anm. 9), Nr. 12[4].

324) Auch im Falle des absehbaren Aussterbens der Zähringer dürften davor keine Absprachen getroffen worden sein; DENDORFER, Erbrecht (wie Anm. 316), S. 412.

325) Kap. II.1.3.

326) Kap. II.2.3.

Herzog Leopold VI. den letzten männlichen Grafen von Pernegg enteignete, der wohl geistig behindert war[327)], oder als sich Heinrich der Löwe 1167 die Burg Burghausen einverleibte, obwohl engere Verwandte des Erblassers am Leben waren[328)]. In einigen Fällen profitierten die Wittelsbacher von nahen verwandtschaftlichen Beziehungen, die vielleicht mitunter vorausschauend bewusst hergestellt worden waren, und schlossen mit dem Erblasser zusätzlich Übereinkünfte über das Erbe ab, wie beim sich abzeichnenden Aussterben der älteren Diepoldinger (Cham-Vohburger)[329)]. Der letzte Graf von Bogen war mit einer engen Verwandten der Wittelsbacher verheiratet. Als sich abzeichnete, dass die Ehe kinderlos bleiben würde, konnte Herzog Otto II. immer mehr Einfluss auf ihn erlangen und wurde bereits zu Lebzeiten als Erbe bezeichnet, so dass auch hier entsprechende Abmachungen zu vermuten sind[330)]. Eine ähnliche Konstellation liegt bei den Grafen von Wasserburg vor, doch kam es hier nichtsdestotrotz zu einer bewaffneten Auseinandersetzung, die mit einer frühzeitigen Aneignung des Erbes endete[331)].

Diese Beispiele betreffen fast durchweg das kinderlose Aussterben von Familien. Waren noch Töchter vorhanden, lassen sich derlei Ambitionen und Maßnahmen kaum finden. Dass es aber auch in diesen Fällen mitunter zu brachialen Interventionen kommen konnte, zeigt das Beispiel der mächtigen steirischen edelfreien Familie Gutenberg, von der klar war, dass das Familienoberhaupt Leutold nur zwei Töchter hinterlassen würde. Diese beiden Erbtöchter wurden nämlich 1178 von einem bedeutenden Ministerialen und einem Grafen entführt[332)]. Der Vater wollte dies nicht einfach hinnehmen und nahm mit seinen Ministerialen die Verfolgung auf, unterlag aber den beiden Brauträubern, woraufhin Leutold diesen nolens volens seine beiden Töchter zur Frau geben musste[333)]. Diese Episode zeigt drastisch, dass es bei einem sich abzeichnendem söhne-

327) Kap. II.2.6.
328) Kap. II.2.7.
329) Kap. II.2.1.
330) Kap. II.2.9.
331) Kap. II.2.10.
332) Die Tegernseer Briefsammlung des 12. Jahrhunderts, hg. von Helmut PLECHL (MGH Briefe d. dt. Kaiserzeit 8), Hannover 2002, Nr. 282 (1178); StUB 1 (wie Anm. 10), Nr. 686.
333) Tegernseer Briefsammlung (wie Anm. 332), Nr. 282; siehe Heinz DOPSCH, Die Ministerialität des Herzogtums Steiermark zur Zeit der Georgenberger Handfeste. Ihre rechtliche, gesellschaftliche und politische Stellung, in: Lebensformen im Mittelalter. 800 Jahre Georgenberger Handfeste (Mitteilungen des Musealvereines Lauriacum Enns 24), Enns 1986, S. 29–44, hier S. 32, 37; Roman ZEHETMAYER, Aufstieg im Hochmittelalter. Die Ministerialen in den Herzogtümern Österreich und Steier, in: Soziale Mobilität in der Vormoderne. Historische Perspektiven auf ein zeitloses Thema, hg. von Gustav PFEIFER/Kurt ANDERMANN (Veröffentlichungen des Südtiroler Landesarchivs 48), Bozen 2020, S. 33–64, hier S. 33. – Als die Mutter der beiden Töchter, Elisabeth von Gutenberg, sich Besitzungen vorbehielt, um damit Stiftungen für die Memoria tätigen zu können, mussten neben ihrem noch lebenden Mann auch die Töchter und die beiden Schwiegersöhne zustimmen (BUB 1 [wie

losem Tod mitunter alles andere als zimperlich zuging und eine gewisse Rücksichtslosigkeit zum Erfolg führte.

III.2.2. Übergabepraxis bei vorhandenen Töchtern oder engen weiblichen Verwandten

Was aber passierte, nachdem der söhnelose Tod eines Fürsten oder Grafen eingetreten war, und Töchter oder andere weibliche Familienangehörige vorhanden waren? Konnten diese das Erbe der väterlichen Familie ungeschmälert, nur zum Teil oder gar nicht übernehmen? – Es scheint bei dieser Frage sinnvoll, einige Unterscheidungen vorzunehmen und die Übergabepraxis der Grafen und Herzöge[334)] getrennt zu untersuchen. Zudem soll nach verschiedenen Rechtstiteln unterschieden und separat nach Eigenbesitz, Lehen und Vogteien gefragt werden[335)]. Weiter ist in diesem Zusammenhang das Problem der Weiter- oder Übergabe des Ranges des Vaters auf die Familien der Töchter zu thematisieren.

III.2.2.1. Grafen

III.2.2.1.1. Eigen

Sieht man sich zunächst die Übergabepraxis der Grafen beim Eigengut an[336)], so lässt sich zumeist – aber nicht immer – eine offenbar weitgehend problemlose und uneingeschränkte Nachfolge der Töchter oder Schwestern feststellen[337)]. Bedingung dafür aber war, dass diese verheiratet waren, was etwa im um 1277 schriftlich fixierten österreichischen Landrecht auch ausdrücklich festgehalten wurde[338)]. Auch bei den

Anm. 18], Nr. 191 [1214]). Hier ist von einem *contractus matrimonii* die Rede, ohne dass deutlich wird, was konkret darunter zu verstehen ist.

334) Die Herzöge von Andechs-Meranien werden nicht zu den Herzögen hinzugenommen, weil sie über kein Herzogtum verfügen konnten (siehe Kap. II.1.3.). – Die Otakare werden in die Untersuchung der Herzöge einbezogen (Kap. III.2.2.2.), obwohl bei ihrem Aussterben keine engeren weiblichen Familienangehörige am Leben waren.

335) Siehe dazu am Beispiel der Zähringer DENDORFER, Erbrecht (wie Anm. 316), S. 403–424.

336) Allgemein dazu LYON, Princely Brothers (wie Anm. 28), S. 34, 40; siehe am Beispiel der Zähringer DENDORFER, Erbrecht (wie Anm. 316), S. 405; allgemein Gunter WESENER, Geschichte des Erbrechtes in Österreich seit der Rezeption (Forschungen zur neueren Privatrechtsgeschichte 4), Graz/Köln 1957, S. 23, 33–38; ALTHOFF, Verwandte (wie Anm. 284), S. 55, der davon ausgeht, dass sich im 12. Jahrhundert die erbliche Vergabe an die weibliche Linie durchsetzt.

337) »Probleme« bei der Nachfolge von Töchtern und deren angeheirateten Familien gab es möglicherweise bei den Grafen von Burghausen (siehe Kap. II.2.7.).

338) Ausgewählte Urkunden zur Verfassungs-Geschichte der deutsch-österreichischen Erblande im Mittelalter, hg. von Ernst SCHWIND/Alfons DOPSCH, Innsbruck 1895, Nr. 34, S. 67, § 52. Siehe Victor HASENÖHRL, Österreichisches Landesrecht im 13. und 14. Jahrhundert. Ein Beitrag zur deutschen Rechtsgeschichte (Wien 1867), S. 133 f. Die Erbfolge der Töchter schon bei den Stadtrechten: WESENER, Geschichte (wie Anm. 336), S. 32 f.; siehe auch die Bestimmung der Georgenberger Handfeste (BUB 1 [wie Anm. 18] Nr. 65: *Si Stirensis intestatus obierit, iure succedat heredis, qui proximus fuerit sanguinis*). Das schließt auch weibliche Angehörige mit ein.

Grafen von Ortenberg zeigt sich, dass das Eigen zunächst nicht an die unverheiratete Tochter, sondern vorübergehend an die Witwe ging[339]. Nach dem kinderlosen Aussterben der Grafen von Hohenburg kassierte Herzog Leopold VI. die österreichischen Besitzungen unter Berufung auf eine Art von Heimfallrecht, musste nach der Wiederverheiratung der Witwe deren Mann diese Güter aber als Lehen überlassen[340]. Waren Töchter oder Schwestern des Erblassers verheiratet, so konnten sie in der Regel das Allod übernehmen; so etwa die Töchter des verstorbenen Grafen von Sulzbach, obwohl Friedrich Barbarossa durchaus Interesse am Allod hatte. Doch musste er den Familien der weiblichen Erben die Güter erst abkaufen[341]. Auch die beiden Töchter des letzten Grafen von Raabs erhielten nach dessen Tod offensichtlich den gesamten Grundbesitz; der österreichische Herzog kam erst später durch Kauf zu Gütern aus der Erbmasse[342].

Als die Grafen von Lebenau in männlicher Linie ausstarben, konnte die noch lebende Tochter lediglich die in der Steiermark und in Kärnten gelegenen Güter behaupten, wo ihr Ehemann seinen Sitz hatte. Auf den am Inn situierten Besitz, wo der Ehemann über keine Machtbasis verfügte, hatte sie aber keinen Zugriff[343]. Nach dem Aussterben der Vornbacher 1158 konnte die Familie der Schwester, die Andechser, einen guten Teil des Erbes übernehmen. Dies gilt aber nicht für die in der entfernten Steiermark liegenden Güter, in der die Andechser nicht verankert waren[344]. Zuweilen nutzten Gefolgschaftsfamilien die Gunst der Stunde und rissen Teile der nun zur Disposition stehenden Besitzungen an sich (etwa bei den Sulzbachern, Vornbachern, Sighardingern), ohne dass die Töchter des Erblassers etwas dagegen tun konnten[345].

Insgesamt gesehen aber konnten Erbansprüche von verheirateten Töchtern und Schwestern –und bis zu einem gewissen Grad auch von Witwen – der Erblasser kaum von vorneherein einfach vom Tisch gewischt werden. Selbst (über-)mächtige Interessenten am Erbe mussten Töchtern den gewünschten Besitz erst abkaufen. Das Beispiel der Ortenberger zeigt aber auch, dass den Töchtern mitunter nur der Verkauf blieb, weil keine Möglichkeit bestand, den Besitz dauerhaft zu sichern[346]. Witwen[347] dürften sich mitunter nur mit Mühe und nur zum Teil durchgesetzt haben, wobei sich ihre Chancen

339) Kap. II.2.11.

340) Kap. II.2.5.

341) Kap. II.2.3.

342) Kap. II.2.4. – Eufemia von Peilstein erhielt nach dem kinderlosen Tod ihres Sohnes einige Güter im Gasteiner Tal, die ihr die Wittelsbacher abkauften; Kap. II.2.7.

343) Kap. II.2.8.

344) Kap. II.2.2. Siehe auch das Beispiel der Sighardinger (Kap. II.2.7.).

345) Kap. II.2.2., Kap. II.2.3, Kap. II.2.7. und passim.

346) Kap. II.2.11.

347) Zum Erbrecht der Witwe im österreichischen Landrecht HASENÖHRL, Landesrecht (wie Anm. 338), S. 133 f.; allgemein SPIESS, Familie (wie Anm. 284), S. 149.

im Falle einer Wiederverheiratung erhöht haben[348]; gab es Töchter, wurden sie vermutlich abgefunden[349].

Eine Bedingung für die Durchsetzung von Erbansprüchen von nahen weiblichen Verwandten aber war offenbar in der Regel eine machtpolitische Stellung beziehungsweise Präsenz der angeheirateten Familien vor Ort. War dies nicht der Fall, so konnte es schwierig werden, die hier liegenden Eigengüter zu übernehmen, wobei die Quellen keine Aussage erlauben, wie häufig es dennoch gelang[350]. Warum aber konnten die Töchter häufiger nicht auf den Fernbesitz zugreifen? Zunächst stellt sich dabei die Frage, ob nicht mitunter auch erbende Söhne auf entfernt liegende Besitzungen verzichten mussten, weil etwa vor Ort sitzende Adelige bei der Gelegenheit zugriffen. Beispiele dafür haben sich vorderhand aber keine gefunden[351]. Möglich wäre, dass angeheiratete Ehemänner auf Fernbesitz der Frau mitunter deswegen verzichteten, weil die Durchsetzung der Autorität in den nun erhaltenen Stammgütern der Frau mühsam genug war.

In diesem Zusammenhang sei zur Illustration einmal mehr die erwähnte Entführung der beiden Erbtöchter Leutolds von Gutenberg durch einen Grafen und einen Ministerialen herangezogen. Die beiden Brauträuber konnten die Besitzungen der Herren von Gutenberg nicht einfach besetzen und so in Besitz nehmen; Voraussetzung für den Erfolg war eine Heirat, zu der es auch kam, unter welchen Umständen auch immer. Daraus ergibt sich auch, dass in jedem Fall damit gerechnet wurde, dass die beiden Töchter ihren Vater auch beerben würden beziehungsweise dass nach einer erfolgten Hochzeit die Ehemänner entsprechende Ansprüche anmelden konnten, die offensichtlich auch von niemandem bestritten wurden[352].

III.2.2.1.2. Lehen

Inwieweit aber konnten weibliche Erben die Lehen der söhnelos verstorbenen gräflichen Familienoberhäupter übernehmen? – Im Codex Falkensteinensis findet sich ein Hinweis, dass Lehen um 1170 nur an Söhne und nicht an Töchter übergehen dürfen[353]. Andere Quellenstellen weisen aber darauf hin, dass es hier im Laufe des 12. Jahrhun-

348) Siehe Kap. II.2.5. (Grafen von Hohenburg). – Das Beispiel der Elisabeth von Ortenberg zeigt, dass eine unverheiratete Witwe zuweilen trotz des Vorhandenseins von Söhnen Einfluss auf die Familiengeschicke nehmen konnte (Kap. II.2.11.).

349) Etwa Kap. II.2.7. (Grafen von Burghausen); siehe weiter Kap. II.2.11. (Grafen von Ortenberg).

350) Gemäß den durchgesehenen Quellen konnte sich zumindest eine noch nicht vor Ort engagierte angeheiratete Familie nach einem Erbfall in entfernten Gegenden (Niederösterreich) etablieren; siehe die Grafen von Wasserburg nach dem Aussterben der Linie Vornbach-Vichtenstein in Niederösterreich 1145 (Kap. II.2.2).

351) Möglich wäre aber, dass Ekbert, der letzte Graf von Pernegg, beim Tod seines Vaters auf die bayerischen Besitzungen um Deggendorf verzichten musste. Vielleicht hängt dies mit seiner mutmaßlichen geistigen Behinderung zusammen (Kap. II.2.6.).

352) Siehe auch StUB 1 (wie Anm. 10), Nr. 685 (1187).

353) Codex Falkensteinensis (wie Anm. 108), Nr. 136: *Eidem amicicię hoc addidit prefatus dominus Sigboto, quod omnia beneficia sua, quibus ipse inbeneficiatus erat, patruum suum prefatum comitem ab eisdem dominis inbenefi-*

derts beim Adel zu einer Änderung kam und auch Frauen als Inhaberinnen von Lehen akzeptiert wurden[354]. Dafür sprechen zum Beispiel eine Bestimmung der Georgenberger Handfeste, das österreichische Landrecht oder einige Urkunden[355]. Eine konkretere zeitliche Entwicklung lässt sich anhand der untersuchten Erbfälle kaum rekonstruieren, weil die Quellenlage dafür nicht ausreicht. Es fällt allerdings auf, dass sich im 12. Jahrhundert keine Konflikte um Lehen feststellen lassen, im 13. Jahrhundert aber, wie wir gleich sehen werden, in größerer Zahl, was darauf schließen lässt, dass die weiblichen Erben beziehungsweise deren Familien davor kaum Ansprüche auf die hinterlassenen Lehen gestellt haben.

Wie angedeutet, finden sich für solche Ansprüche im 13. Jahrhundert mehrere Beispiele. Das bedeutet aber nicht, dass Töchter beziehungsweise Schwestern der Erblasser deren Lehen auch übernehmen konnten. Gelungen ist dies etwa den Wittelsbachern nach dem Aussterben der Grafen von Bogen[356]. Hier leisteten zwar die Bischöfe von Bamberg und Passau Widerstand, blieben aber erfolglos. Ähnlich erfolgreich waren die Wittelsbacher nach dem Aussterben der Grafen von Wasserburg und der Grafen von Ortenberg[357]. Auch in diesen Fällen erhielten sie deren Kirchenlehen, aber erst nachdem sie mit den Erzbischöfen von Salzburg entsprechende Verträge abgeschlossen hatten. Hier waren es die mächtigen Herzöge von Bayern, die als enge Verwandte von weiblichen Angehörigen erbten und als solche Ansprüche auf freigewordene Lehen stellten und sich durchsetzen konnten. Bei den Grafen von Ortenberg war sogar noch eine Tochter des Erblassers vorhanden, die zwar den Eigenbesitz erfolgreich für sich reklamierte,

ciari peteret et eisdem beneficiis et filios suos viros, si sine heredibus, ut dixi, vitam finierit, nec ullam haberet potestatem éadem beneficia aliô tradi nisi ipsi comiti et suis filiis.

354) Siehe allgemein zur weiblichen Erbfolge Norberto Iblher Ritter von Greiffen, Die Lehenserbfolge in weiblicher Linie unter besonderer Berücksichtigung der Libri feudorum (Europäische Hochschulschriften 2,946), Frankfurt a.M. 1990; Hedwig Röckelein, De feudo femineo. Über das Weiberlehen, in: Herrschaftspraxis und soziale Ordnungen im Mittelalter und in der frühen Neuzeit, hg. von Peter Aufgebauer/ Christine van den Heuvel (Veröffentlichung der Historischen Kommission für Niedersachsen und Bremen 232), Hannover 2006, S. 267–284; Hubertus Seibert, Non predium, sed beneficium esset ... Das Lehnswesen im Spiegel bayerischer Privaturkunden des 12. Jahrhunderts (mit Ausblicken auf Tirol), in: Das Lehnswesen im Hochmittelalter. Forschungskonstrukte, Quellenbefunde, Deutungsrelevanz, hg. von Jürgen Dendorfer/Roman Deutinger (Mittelalter-Forschungen 34), Ostfildern 2010, S. 143–162, hier S. 157 f., jeweils mit weiterer Literatur; siehe auch Spiess, Familie (wie Anm. 284), S. 338; Dendorfer, Erbrecht (wie Anm. 316), S. 405.

355) Siehe S. 287; Schwind/Dopsch, Urkunden (wie Anm. 338), Nr. 34, S. 64, § 42, 43; dazu Hasenöhrl, Landesrecht (wie Anm. 338), S. 123–125; dazu die Urkunde Přemysl Ottokars, der 1260 Otto von Hardegg die weibliche Erbfolge bei den landesfürstlichen Lehen zugestand; Codex diplomaticus et epistolaris regni Bohemiae 5,1 (wie Anm. 79), Nr. 208 (1260 Januar 20).

356) Kap. II.2.9.

357) Kap. II.2.10, Kap. II.2.11. – Auch die Grafen von Tirol konnten als Familie der Witwe des letzten Herzogs von Andechs-Meranien 1248 die Brixener Kirchenlehen übernehmen. Diese hatten die beiden »Familienoberhäupter« davor freilich gemeinsam inne; Riedmann, Mittelalter (wie Anm. 86), S. 614.

es aber bei den Lehen möglicherweise gar nicht erst versucht hat. Auch bei den Herzögen von Andechs-Meranien konnten die Schwestern zwar das Allod übernehmen, blieben aber bei ihren Forderungen nach den umfangreichen Lehen der Bamberger Bischöfe erfolglos. Diese betrachteten Teile ihrer Lehen als heimgefallen und anerkannten die Ansprüche nicht[358]. Bei den Grafen von Sulzbach hatten Friedrich Barbarossa und der Bamberger Bischof von vorneherein nicht vor, etwaige Ansprüche der Töchter auf diese Lehen – sofern solche überhaupt gestellt wurden – anzuerkennen, sondern schlossen lange vor dem Tod des letzten Grafen einen von den Töchtern nicht in Frage gestellten Vertrag zugunsten des Kaisers[359]. Im nach einem Konflikt zwischen den Bischöfen von Regensburg und der Tochter des letzten Grafen von Hohenburg fixierten Vertrag wurde ausdrücklich festgehalten, dass Lehen nur den Söhnen weitergegeben werden dürfen, nicht aber den Töchtern[360].

Insgesamt gesehen ergibt sich ein disparates Bild. Zwar beanspruchten Töchter oder Schwestern bei söhnelosem Tod von Adeligen und Fürsten zumindest seit dem 13. Jahrhundert auch die hinterlassenen Lehen, doch fand dies bei den geistlichen Lehensherren zumeist keine Zustimmung. Diese sahen vielmehr eine Möglichkeit, sich von der Familie der Lehensnehmer zu emanzipieren und die Verhältnisse zu ihren Gunsten zu verändern und blieben zumeist erfolgreich. Nur den Wittelsbachern ist es gelungen, auch die Lehen zu übernehmen, zuweilen aber erst nachdem sie sich mit den kirchlichen Lehensherren vertraglich geeinigt hatten. Noch viel mehr als beim Eigenbesitz kam es hier augenscheinlich auf das Machtpotential an. Deutlich wird jedenfalls, dass Eigen und Lehen nicht grundsätzlich gleichbehandelt worden sind.

III.2.2.1.3. Vogteien

Bei den Vogteien sieht die Situation ähnlich disparat wie bei den Lehen aus. Auch hier finden sich einige Beispiele, bei denen die weiblichen Erben beziehungsweise deren Familien neben dem Eigengut auch die Vogteien der Erblasser übernehmen konnten, wobei einmal mehr vor allem die Wittelsbacher besonders erfolgreich waren (als Nachfolger der Diepoldinger in der Vogtei über das Kloster Reichenbach, obwohl noch eine jüngere Linie der Familie existierte[361]; als Nachfolger der Grafen von Bogen beim Kloster Niederaltaich[362]; als Nachfolger der Grafen von Ortenberg bei den Stiften Baumburg und Frauenchiemsee[363]). Sonst finden sich nur wenige weitere Beispiele von Töchtern oder Schwestern, die ihren Männern die Vogteien sichern konnten. Erfolgreich waren etwa die Grafen von Grögling, die nach den Grafen von Sulzbach die Vogtei über

358) Kap. II.1.3.
359) Kap. II.2.3.
360) Kap. II.2.5.
361) Kap. II.2.1.
362) Kap. II.2.9.
363) Kap. II.2.11.

das von diesen mitgegründete Kloster Kastl erhielten[364], die Andechser (noch als Grafen), die 1158 die Nachfolge der Vornbacher bei der Vogtei über deren namensgleiches »Hauskloster« antraten[365], oder die Grafen von Plain, die nach dem Ende der Grafen von Peilstein 1207 die Vogtei über das »Familienkloster« Michaelbeuern übernahmen[366]. Diese Fälle machen deutlich, dass Töchter am ehesten dann Vogteien erhielten, wenn es um sogenannte Hausklöster ging[367]. Zuweilen kam die Vogtei über ein solches beim Aussterben einer Linie aber auch an einen anderen männlichen Seitenzweig und nicht an die Familie der Töchter des Erblassers (1168 Michaelbeuern)[368].

In den überwiegenden Fällen gelang es Töchtern oder Schwestern allerdings nicht, die Vogteien der Erblasser zu erhalten[369]. Dies lag vor allem an den Bischöfen, die im Untersuchungsraum auf einen guten Teil der Vogteien Einfluss nehmen konnten[370], oder an den bevogteten Institutionen selbst, die beim söhnelosen Tod des Vogtes versuchten, sich von der Familie zu emanzipieren.

III.2.2.1.4. Rang

Wie gesehen konnten die angeheirateten Familien häufig zwar einen guten Teil des Eigenbesitzes, aber weniger häufig auch andere wichtige Herrschaftsrechte wie Lehen oder Vogteien übernehmen. Aber auch das adelige Gefolge ging öfter nicht geschlossen zu den Nachfolgern über. Nur ohnehin bereits bedeutenden Familien wie den Wittelsbachern oder Babenbergern gelang es, Besitz- oder Herrschaftsrechte weitgehend ungeschmälert zu übernehmen.

Die Schwestern des letzten Herzogs von Andechs-Meranien hatten jeweils Grafen geheiratet, die aber augenscheinlich erst gar nicht versuchten, den Herzogstitel für sich zu postulieren. Der damit verbundene Rang innerhalb der Reichsfürsten verschwand nach dem Tod Herzog Ottos deshalb. Vielleicht standen die Herzöge von Bayern dahin-

364) Kap. II.2.3.
365) Kap. II.2.2.
366) Kap. II.2.7.
367) Siehe allgemein REICHERT, Landesherrschaft (wie Anm. 36), S. 284 Anm. 353; am Beispiel der Zähringer DENDORFER, Erbrecht (wie Anm. 316), S. 423; wenig für unser Thema bei Jonathan LYON, Advocata, Advocatrix, Advocatissa. Frauen als Vögtinnen im Hochmittelalter, in: Kirchenvogtei (wie Anm. 211), S. 143–168.
368) Kap. II.2.7.
369) Die Grafen von Wasserburg erhielten nach dem Aussterben der Grafen von Vornbach-Vichtenstein nicht die Vogtei über St. Nikola und das Passauer Domkapitel (Kap. II.2.2.), die Töchter des letzten Grafen von Sulzbach nicht die Domvogtei über Regensburg und die Vogtei über Berchtesgaden (Kap. II.2.3.). Den Peggauern gelang es nicht, von den Grafen von Lebenau die Vogtei über St. Paul zu übernehmen (Kap. II.2.8.).
370) So hat Erzbischof Eberhard nach dem Tod Graf Friedrichs VI. von Peilstein die Vogteien über St. Zeno und Reichersberg, nach dem Aussterben der Grafen von Lebenau die Vogteien über das Domkapitel und Seeon einbehalten; beim Aussterben der Grafen von Burghausen gingen die Vogteien über Admont und St. Peter an die Babenberger (Kap. II.2.7.); allgemein Franz MARTIN, Die kirchliche Vogtei im Erzstifte Salzburg, in: Mitteilungen der Gesellschaft für Salzburger Landeskunde 46 (1906), S. 337–436.

ter, die eine Weitergabe nicht zulassen wollten, um nicht noch einmal ernsthafte Konkurrenten aufkommen zu lassen. Neben dem Herzogstitel stand auch die Grafschaft Burgund und der burgundische Pfalzgrafentitel, ein weiterer reichsfürstlicher Titel, zur Disposition, an dem die Andechser trotz aller Turbulenzen seit den 1220er Jahren festhielten[371]. Es gelang immerhin einer Schwester des letzten Andechsers, die Grafschaft, den Titel und damit den Rang zu sichern, aber vermutlich nur, weil die angeheiratete Familie (Chalon) vor Ort stark verankert war. Eine ihrer Schwestern heiratete einen Grafen von Orlamünde, woraufhin diese Familie eine Zeitlang das Wappen der Andechser weiterführte und sich so in die Familientradition stellte[372]. Außerdem verwenden sie seit damals die Dei-gratia-Legitimatio in der Intitulatio[373]. Ihren Rang innerhalb der Grafen dürfte dies aber nicht nachhaltig verbessert haben, wie die Reihung in den Zeugenlisten vermuten lässt[374].

Nach dem Aussterben der älteren Linie der Ortenberger versuchten sowohl die Witwe als auch der Mann der Tochter, den bayerischen Pfalzgrafentitel weiter zu führen[375] und so das damit verbundene Prestige und den Rang zu übernehmen. Da dies aber offenbar keine Wirkung zeitigte beziehungsweise keine Anerkennung erfuhr, verzichteten sie bald darauf oder mussten darauf verzichten. Erfolgreicher war eine Tochter des letzten Grafen von Raabs, deren Mann, Graf Friedrich von Zollern, dessen Amt eines Burggrafen von Nürnberg übernehmen konnte[376]. Damit konnten die Zollern nicht nur in die damit verbundene Machtstellung eintreten, sondern auch entsprechendes Prestige lukrieren. Es ist anzunehmen, dass dies auch dem Rang innerhalb der Grafen förderlich war. Jedenfalls wurde Friedrich in den Zeugenlisten nun bedeutend häufiger Burggraf von Nürnberg als Graf von Zollern genannt[377], sein Enkel konnte um 1240 immerhin eine Tochter der Herzöge von Andechs-Meranien heiraten[378].

Ein Aufstieg in einen höheren Adelsrang infolge einer vorteilhaften Ehe mit einer Erbtochter, etwa bei einer Ehe eines Edelfreien mit einer Grafentochter, ist hingegen nicht zu beobachten. Hinzuweisen wäre allenfalls auf Heinrich von Altendorf, einen ehemaligen Gefolgsmann der Grafen von Sulzbach, der eine Tochter der Grafen heira-

371) Regenbogen, Herrschaft (wie Anm. 81), S. 158 f.

372) Mötsch, Ende (wie Anm. 81), S. 137; siehe Kap. II.1.3.

373) Karl Reitzenstein, Regesten der Grafen von Orlamünde, Bayreuth 1871, S. 87.

374) Ebd., S. 94.

375) Kap. II.2.11.

376) Otto Spälter, Frühe Etappen der Zollern auf dem Weg zur Territorialherrschaft in Franken. Die allmähliche Entwicklung der Schriftlichkeit und der Landesorganisation bei den Burggrafen von Nürnberg zwischen 1235 und 1332 (Veröffentlichungen der Gesellschaft für fränkische Geschichte 9,48), Münsterschwarzach 2005, S. 39.

377) Siehe Die Regesten des Kaiserreiches unter Heinrich VI. 1165 (1190)–1197, neubearb. von Gerhard Baaken (J. F. Böhmer, Regesta Imperii IV,3), Köln/Wien 1972, Nr. 225, 227, 235, 272, 285, 302–304, 306, 308–310, 336, 339, 340, 350, 463, 507, 514.

378) Kap. II.1.3.

ten konnte und 1183 zum Grafen erhoben wurde. Die Heirat hat ihm dabei zwar vermutlich geholfen, war aber nicht die eigentliche Ursache, wichtiger waren seine Verdienste für Friedrich Barbarossa[379]. Die mit einer Erbtochter der Grafen von Lebenau verheirateten Edlen von Peggau stiegen zwar einige Jahre später in den Grafenrang auf, aber auch dies hat nichts mit der Eheschließung als vielmehr mit der Unterstützung Kaiser Friedrichs II. während seiner Auseinandersetzung mit dem österreichischen Herzog zu tun[380].

Insgesamt gesehen sei wiederholt, dass mit dem Aussterben einer mächtigen gräflichen Familie im Mannesstamm die nachfolgenden angeheirateten Familien nur selten dieselbe Machtstellung der Vorgänger in einer Region übernehmen konnten, sondern nur mit oft erheblichen Einbußen, außer bei der nachfolgenden Familie handelt es sich um ein noch mächtigeres Geschlecht. Dies hatte auch Folgen für den Rang der ausgestorbenen Familie, der kaum einmal unbeschadet und ohne Einbußen weitergegeben werden konnte.

III.2.2.2. Herzöge/Landesherren

Wie aber sah die Übergabepraxis beim Aussterben einer landesfürstlichen Familie im Mannesstamm aus? Gibt es Unterschiede zu den Grafen oder überwiegen die Gemeinsamkeiten? – Im Falle der Steiermark wurde Herzog Otakar frühzeitig klar, dass er nicht heiraten konnte und eine außerhalb der Familie liegende Nachfolgeregelung gefunden werden musste[381]. Im 1186 geschlossenen Erbvertrag wurden nicht nur die Vorrechte des Landesadels festgehalten und wurde Herzog Leopold V. von Österreich zum Nachfolger designiert, sondern auch fixiert, dass diesem das Herzogtum Steier, die Vogtei über die von den Otakaren beziehungsweise anderen Vorfahren gegründete Klöster, der Eigenbesitz, die Burgen, das Land (*terra*) und die Ministerialen[382] zur Gänze übertragen werden. Herzog Otakar IV. behielt sich immerhin 500 Mansen vor, die er für sein Seelenheil vergeben wollte[383]. Lehen, die Otakar IV. innehatte, werden dagegen keine

379) Kap. II.2.3.

380) Kap. II.2.8. Siehe auch DOPSCH, Landherren (wie Anm. 222), S. 69.

381) Kap. II.2.1.

382) Nur in einem Fall überließ Otakar IV. 1189/90 dem Salzburger Erzbischof wohl als direkte Folge des Erbvertrags einen Ministerialen; SUB, Bd. 2: Urkunden von 790–1199, bearb. von Willibald HAUTHALER/Franz MARTIN, Salzburg 1916, Nr. 475ab: *Eapropter tam presentibus quam futuris notum esse volumus, qualiter quidam Otakari ducis Styrensis honestus ministerialis Otaker nomine castellanus in Graze sua peticione et servicio apud iamdictum ducem Styrensem dominum suum et apud Lupoldum ducem Austrię, quem idem dux Styrensis heredem tocius patrimonii sui instituerat, impetravit, ut filium suum Vlricum in manus nobilis viri delegarent delegandum postmodum quocumque prefatus Otaker castellanus in Graze pater eius postularet*; DOPSCH, Mark (wie Anm. 8), S. 299.

383) BUB 1 (wie Anm. 18), Nr. 66 (1286 August 17, Georgenberg).

erwähnt[384]. Vermutlich wurde nicht vorausgesetzt, dass diese ohne gesonderte Zustimmung der Lehenherren übertragen werden konnten. Es dürften damals nichtsdestotrotz zumindest die umfangreichen Lehen der Salzburger Erzbischöfe an die Babenberger gegangen sein[385].

Nach dem Tode Herzog Friedrichs II. von Österreich und Steier 1246 waren mit der Schwester und der Nichte des letzten Herzogs noch enge weibliche Verwandte am Leben, die sich bei ihren Ambitionen auf die Nachfolge im Herzogtum auf das Privilegium minus beriefen[386]. Ihr gefährlichster Konkurrent, Kaiser Friedrich II., sah dies aber anders, ja er könnte nicht einmal ihre Rechte am babenbergischen Eigengut anerkannt haben, zumal sein Statthalter dieses offenbar zum Teil kontrollierte[387]. Über andere Teile des Allods verfügte vielleicht auch der Landesadel[388]. Dies legt den Schluss nahe, dass in dieser bürgerkriegsähnlichen Phase erbrechtliche Bestimmungen wenig zählten. Immerhin behauptete aber auch der Mann Gertruds, Hermann von Baden, phasenweise nicht wenige Eigengüter[389].

Neuer Herzog wurde auf Initiative des heimischen Adels schließlich Přemysl Ottokar. Schwierig zu entscheiden ist, was genau ihm die österreichischen Adeligen bei den Vorgesprächen in Aussicht gestellt haben: nur das Herzogtum oder auch den babenbergischen Eigenbesitz? Und in welchem Zusammenhang ist die kurze Zeit später zustande gekommene Ehe Ottokars mit der Schwester des Herzogs, Margarete, zu sehen? Erhielt Ottokar erst damit Zugriff auf das Eigen[390]? Wenn ja, dann könnte das bedeuten, dass die Adeligen zeitgleich oder vielleicht sogar zuerst mit Margarete verhandelten, die vielleicht noch vor der Einigung mit Ottokar einer Heirat zugestimmt hatte. Fraglich bleibt, welchen Handlungsspielraum Margarete überhaupt noch hatte und was mit dem Eigen geschehen wäre, wenn sie der Hochzeit nicht zugestimmt hätte. Und hätte Ottokar das Herzogtum auch ohne das babenbergische Allod übernommen? Vielleicht hätte Ottokar auch ohne Heirat sowohl das Herzogtum als auch das Eigengut erhalten. Zu bedenken ist nämlich, dass Ottokar nach seiner Scheidung von Margarete widerspruchslos das Eigen behielt[391].

384) Thematisiert werden lediglich an andere ausgegebene Lehen der Otakare. – Ein Hinweis darauf, dass die Babenberger auf einige weniger vorteilhaft erscheinende Kirchenlehen der Otakare verzichtet haben, bei PIRCHEGGER, Landesfürst (wie Anm. 10), S. 27.
385) BUB 2 (wie Anm. 41), Nr. 396 (1242).
386) Kap. II.1.2.
387) WELTIN, Landesherr (wie Anm. 40), S. 132 mit Anm. 9. Völlig gesichert scheint dies aber nicht zu sein.
388) Ebd., S. 169.
389) Ebd., S. 135 f., 138 mit Anm. 48.
390) So Max VANCSA, Geschichte Nieder- und Oberösterreichs, Bd. 1 (Allgemeine Staatengeschichte 3; Deutsche Staatengeschichte 6), Gotha 1905, S. 498; WELTIN, Landesherr (wie Anm. 40), S. 138 f. Als Bischof Wernhard von Seckau 1275 auf dem Reichstag den Standpunkt Ottokars vertrat, wies er daraufhin, dass dieser Österreich als Mitgift erhalten und die Steiermark erobert habe; siehe dazu HÄRTEL, Ausgriff (wie Anm. 53), S. 213.
391) WELTIN, Landesherr (wie Anm. 40), S. 146, 169.

Auch die umfangreichen im Herzogtum Österreich und ehemals in Händen der Babenberger befindlichen Lehen vor allem der Passauer, Salzburger[392], Regensburger und Freisinger Kirche gingen an Ottokar, der aber dafür dem Passauer Bischof einige Konzessionen machen musste. In einer Passauer Urkunde wird als Rechtsgrund für die Überlassung der Lehen möglicherweise die Ehe mit Margarete angeführt[393]. Darüber hinaus konnte Ottokar die zahlreichen Vogteirechte der Babenberger übernehmen[394].

Dass aber nicht alle Ansprüche von Nachkommen der Babenberger aus der Welt waren, zeigt eine Urkunde Graf Ulrichs von Heunburg und seiner Frau Agnes, der Tochter Gertruds und Hermanns von Baden, aus dem Jahre 1279, womit die beiden zugunsten König Rudolfs gegen 6000 Mark Silber auf Ansprüche unter anderem an Gütern Herzog Friedrichs des Streitbaren verzichteten[395].

Anders entwickelte sich die Situation in der Steiermark, wo sich der ungarische König Béla IV. durchsetzte[396], der trotz seiner Niederlage gegen Herzog Friedrich in der Schlacht an der Leitha die beiden Herzogtümer für sich beanspruchte[397]. Er erhielt jedenfalls widerspruchslos das babenbergische Allod, ohne eine Familienangehörige geheiratet zu haben[398].

392) Siehe BUB 2 (wie Anm. 41), Nr. 382, 396 (1242 April 6).

393) Urkundenbuch des Landes ob der Enns, Bd. 3, hg. vom Verwaltungs-Ausschuss des Museums Francisco-Carolinum zu Linz, Wien 1862, Nr. 205 (1253 April 20): *Verum domino Ottocharo* [...] *in ducatum postmodum subintrante occasione matrimonii, quod postmodum cum filia domini Leopoldi quondam ducis Austrie contraxit, nobis negotium huiusmodi exequentibus* [...] *multis nobis coepit precibus supplicare, ut in dictis feodis specialem sibi gratiam faceremus* [...]; Die Regesten der Bischöfe von Passau, Bd. 2: 1206–1254, bearb. von Egon Boshof (Regesten zur bayerischen Geschichte), München 1999, Nr. 2007 (1253 März 27), Nr. 2009; Schwind/Dopsch, Urkunden (wie Anm. 338), Nr. 41 (1253 April 1), 56 (1277 November 24); Weltin, Landesherr (wie Anm. 40), S. 138 Anm. 42, 140; Ders., König Rudolf (wie Anm. 70), S. 433 f.

394) Siehe Reichert, Landesherrschaft (wie Anm. 36), S. 136–216; Zauner, Ottokar II. (wie Anm. 64), S. 15–24.

395) BUB 2 (wie Anm. 41), Nr. 466 (1279 Oktober 22, Judenburg): [...] *ego Agnes* [...] *ex successione progenitorum meorum et maxime bone memorie quondam Friderici ducis Austrie propatrui mei, cuius bona et proprietates ad me spectare dicebam* [...].

396) Continuatio Garstensis (wie Anm. 47), S. 599 zu 1252, 600 zu 1254; Continuatio Sancrucensis II (wie Anm. 45), S. 643 zu 1252; Meier (wie Anm. 43), S. 10–13; Gerhard Pferschy, Ottokar II. Přemysl, Ungarn und die Steiermark, in: Ottokar-Forschungen (wie Anm. 40), S. 73–91, hier S. 74–77; Weltin, Landesherr (wie Anm. 40), S. 144, 145 Anm. 84.

397) Hausmann, Friedrich II. (wie Anm. 37), S. 286.

398) Siehe StUB 3 (wie Anm. 64), Nr. 188 (1255), 189 (1255), 190, 270 (1259). Béla konnte auch Gertrud mit einer Herrschaft in der Steiermark abfinden; Kap. II.1.1. – Béla geriet in eine Auseinandersetzung mit dem Salzburger Elekten Philipp und dem 1256 zum Erzbischof gewählten Ulrich; siehe Pferschy, Ottokar (wie Anm. 396), S. 80 f.; Heinz Dopsch, Přemysl Ottokar II. und das Erzstift Salzburg, in: Ottokar-Forschungen (wie Anm. 40), S. 470–508, hier S. 484 f. Was in dieser Phase mit den Salzburger Lehen geschah, wird nicht ganz deutlich.

Es ist offensichtlich, dass an eine Aufsplitterung des Amtes und der materiellen Ressourcen nicht gedacht wurde, und möglicherweise war es im Sinne aller Beteiligten, dass der Landesfürst mit umfassenden Rechten ausgestattet sein sollte, um keine Schwächung der landesfürstlichen Position zu riskieren. Vielleicht wurde der Eigenbesitz des Herzogs auch nicht mehr nur als Eigen einer Familie angesehen, sondern bereits als eine Art Kammergut, das mit dem Herzogstitel verknüpft war. Dies legt aber nahe, dass hier eine Unterscheidung in Erbe und Sukzession wenig weiterführend scheint.

Insgesamt kann die Übergabepraxis bei Herzögen (beziehungsweise Landesfürsten) und Grafen nur schwer miteinander verglichen werden, weil im ersten Fall doch eine ganz andere Dimension zu Disposition stand, nämlich nicht nur ein Herrschaftskomplex, sondern ein Land, dessen Bewohner ein Zusammengehörigkeitsgefühl entwickelt hatten. Bezeichnenderweise mengte sich der Gefolgschaftsadel beim Aussterben von Grafen in die Nachfolgefrage kaum ein, bei den Herzogtümern aber spielte der Landesadel dabei eine zentrale Rolle.

III.2.3. Konflikte

Es wurde bereits ausgeführt, wie Adelige auf das drohende Aussterben ihrer Familien im Mannesstamm reagierten. Was aber passierte, wenn eine friedliche Regelung im Vorfeld misslang? Gab es einen Unterschied zwischen Erbschaftsstreitigkeiten und anderen Konflikten[399]? Und gab es bei ersteren bevorzugte Mechanismen der Streitbeilegung?

Zumindest vordergründig ist auffällig, dass sich Konflikte unter potentiellen Erbinnen im Gegensatz zu Erbschaftsstreitigkeiten unter Brüdern[400] nicht finden, was allerdings Zufall sein kann.

Häufig zu Streit führte aber, wenn Töchter Lehen oder Vogteien beanspruchten, zumal Bischöfe oder Prälaten diesbezüglich diametral unterschiedliche Rechtsansichten vertraten[401]. Ein markantes Beispiel wären die zu blutigen Fehden ausartenden Auseinandersetzungen zwischen den Familien der Schwestern des letzten Andechsers und den Bischöfen von Bamberg um die Bamberger Lehen[402]. Immer wieder kam es auch zu Konflikten zwischen den Wittelsbachern, die als Erben mancher Grafengeschlechter ebenso deren Lehen und Vogteien beanspruchten, und den Erzbischöfen von Salz-

399) Siehe dazu etwa Peter SCHUSTER, Familien und Geschlechterbewusstsein im spätmittelalterlichen Adel, in: Geschichte und Region/Storia e regione 11,2 (2002), S. 13–36, hier S. 23.

400) Erwähnt seien die Konflikte innerhalb der Familie der Grafen von Ortenberg nach dem Tod Rapotos III. (Kap. II.2.11.), Konflikte unter männlichen Familienangehörigen der Falkensteiner oder der Konflikt unter den Babenbergern nach dem Tod Markgraf Leopolds III. 1136 (Kap. III.1.).

401) Kap. III.2.2.1.2.

402) Kap. II.1.3. Siehe auch den Konflikt zwischen den Bischöfen von Regensburg und der Tochter des Grafen von Hohenburg, zu dessen genauem Verlauf wir nichts wissen (Kap. II.2.5.); siehe auch das Beispiel der Zähringer DENDORFER, Erbrecht (wie Anm. 316), S. 413 f.

burg[403], wobei hier nicht zuletzt die Rivalität beim Ausbau und um die Arrondierungen der Territorien der beiden Mächte eine Rolle spielte.

Grundsätzliche Eigentümlichkeiten, eine besondere Heftigkeit oder das Gegenteil lassen sich bei Erbschaftskonflikten nicht erkennen[404], wobei zu konstatieren ist, dass die Erben kaum einmal untereinander, sondern zumeist nur mit Außenstehenden stritten.

Wie wurden einmal begonnene Konflikte um das Erbe wieder beendet? Gab es hier vielleicht Unterschiede zu anderen Konfliktursachen? Zumindest bei Streit um das Erbe von Grafen scheint dies nicht der Fall gewesen sein, begegnen doch die auch sonst zu beobachtenden Instrumentarien wie Schiedsgericht und Vergleich[405]. Nicht nachweisen lässt sich, dass Konflikte vor ein ordentliches Gericht gebracht wurden, was angesichts der nicht besonders zahlreichen Fälle aber Zufall sein wird[406].

Bei Konflikten um das Erbe von Landesfürsten wurden aufgrund der besonderen Dimension ganz andere Kräfte frei, wie vor allem das Aussterben der Babenberger zeigt. Es stand hier so viel auf dem Spiel, dass sich fast alle benachbarten Landesfürsten beziehungsweise Könige wie die Přemysliden, Árpáden und Wittelsbacher, aber auch der Kaiser und der Papst, nicht zuletzt auch die Adeligen des Herzogtums einmengten und bereit waren, Ansprüche auch mit Waffengewalt durchzusetzen. So kam es sowohl zu blutigen größeren Feldzügen als auch zu zahlreichen kleineren Fehden zwischen Adelsgruppen, ohne dass immer deutlich wird, ob dies mit dem Erbkonflikt überhaupt noch etwas zu tun hatte. 1246/51 sind in Österreich zunächst Initiativen zu beobachten, das Blutvergießen auf lokaler Ebene einzudämmen. Augenscheinlich gab es Ansätze lokaler Friedenswahrung durch einzelne bedeutende Adelige, die nun in ihren Einflussgebieten aus eigener Machtvollkommenheit öffentliche Aufgaben wahrnahmen und für ein Mindestmaß an Sicherheit sorgten. Albero (V.) von Kuenring, der sich unmittelbar nach dem Tod Herzog Friedrichs sogar *capitaneus Austrie* nannte, gewährte etwa damals Ge-

403) Etwa nach dem Aussterben der Grafen von Peilstein (Kap. II.2.7.), von Lebenau (Kap. II.2.8.) oder von Wasserburg (Kap. II.2.10.).

404) Wichtig war, die eigene Position und Interessen durch das Zeigen von Präsenz zu artikulieren. Ein Beispiel wäre Friedrich Barbarossa, der sich nach dem Ableben des letzten Sulzbachers auf den Nordgau begab, um seine Ansprüche auf die freiwerdenden und ihm vertraglich zugesicherten Bamberger Lehen zu untermauern (Kap. II.2.3). Siehe auch das Beispiel der Zähringer bei Dendorfer, Erbrecht (wie Anm. 316), S. 413.

405) Siehe auch den Konflikt zwischen den Bischöfen von Bamberg und den Erben der Andechser (Kap. II.1.3.) oder zwischen der Tochter des Grafen von Hohenburg und den Bischöfen von Regensburg (Kap. II.2.5.; Ried, Genealogisch-diplomatische Geschichte [wie Anm. 173], S. 80–83). Die Konflikte zwischen den Wittelsbachern und den Salzburger Erzbischöfen um das Erbe der Peilsteiner wurden durch einen Schiedsspruch beziehungsweise Vergleich des Bischofs von Regensburg und Pfalzgraf Rapotos bereinigt (Kap. II.2.7.).

406) Ein Eintrag im Codex Falkensteinensis zeigt, dass bei einem innerfamiliären Erbschaftskonflikt durchaus auch das Herzogsgericht angerufen wurde; siehe Kap. III.1.

leit um seine Burgen und sicherte den Donauverkehr[407]. Albero hielt weiter im lokalen Rahmen Landfragen (*inquisitiones generales*), also Umfragen nach im Wesentlichen kriminellen Landstreichern und umherziehenden Berufsverbrechern, ab[408]. Als sich nach einigen Jahren der Auseinandersetzungen um das Herzogtum noch immer keine Lösung abzeichnete, war es die Gesamtheit der wichtigeren Adeligen, die das Heft in die Hand nahm, indem diese alle Fehden untereinander beendeten und sich gemeinsam auf einen neuen Herzog einigten. – Das Fehlen eines Herzogs und Landesfürsten und die deshalb entstehenden Fehden wurde als solch große Belastung wahrgenommen, dass alternative Formen und Mechanismen der Konfliktlösung gefunden wurden. Vor allem ergriff nun mit dem Landesadel eine in dieser Konstellation sonst eher weniger hervortretende Gruppe die Initiative und trat als Autorität auf.

III.3. Bedeutung des Rechts

Weiter stellt sich die Frage, ob aus den Einzelbeispielen allgemeine Erkenntnisse für die Bedeutung, Rolle und Funktion des Rechts an sich in der adeligen Lebenswelt zu gewinnen sind[409]. Wie erwähnt konnten beim söhnelosen Tod eines Grafen dessen Töchter oder Schwestern in der Regel den Eigenbesitz erben[410]. Dies mussten auch (über)mächtige am Erbe interessierte Konkurrenten anerkennen, die den Töchtern das Erbe nicht einfach vorenthalten, sondern bestenfalls nachträglich abkaufen konnten. Es muss demnach entsprechende anerkannte normative Vorstellungen gegeben haben, deren Ignorierung auch für mächtige Personen Folgen nach sich gezogen hätte. Auch im österreichischen Landrecht ist von Kindern und nicht alleine von Söhnen als Erben die

407) Urkunden und Regesten zur Geschichte des Benedictinerstiftes Göttweig, Bd. 1: 1058–1400, hg. von Adalbert FUCHS (Fontes rerum Austriacarum 2,51), Wien 1901, Nr. 124 (1246 August 24); Continuatio Garstensis (wie Anm. 47), S. 98 zu 1247; RÖSSL, Böhmen (wie Anm. 66), S. 388; REICHERT, Landesherrschaft (wie Anm. 36), S. 51 f. Zum Selbstverständnis Alberos siehe ZEHETMAYER, Urkunde (wie Anm. 155), S. 135, 211–214.

408) Stiftungen-Buch (wie Anm. 158), S. 222–224 (1251 November 1); dazu ausführlich Roman ZEHETMAYER, Kloster und Gericht. Die Entwicklung der klösterlichen Gerichtsrechte und Gerichtsbarkeit im 13. Jahrhundert unter besonderer Berücksichtigung der Zisterze Zwettl (MIÖG Ergänzungsband 40), Wien/München 2001, S. 44–48.

409) Siehe SPIESS, Familie (wie Anm. 284), S. 201 f.; am Beispiel der Zähringer DENDORFER, Erbrecht (wie Anm. 316), S. 409: »Unumstritten waren die Ansprüche der Zähringererben offensichtlich nicht, was nur den Schluss erlaubt, dass es weder im Erb- noch im Lehenrecht eindeutige, sozusagen einklagbare Rechte gab. [...] Sie konnten [...] nur Startpunkt eines Aushandlungsprozesses sein«, und ebd., S. 410, 415; siehe auch LYON, Princely Brothers (wie Anm. 28), S. 34.

410) Kap. III.2.2.1.1.

Rede, wobei bei Vermögenszugewinn nur die Kinder der zu diesem Zeitpunkt bestehenden Ehe erbberechtigt sind[411].

Nicht in dieses Bild passt aber, dass es bei Fernbesitz den Töchtern nicht immer möglich war, das Erbe zu übernehmen[412]. Vielleicht war dies Töchtern beziehungsweise deren Männern in einigen Fällen auch von vorneherein klar, denn sie haben oft gar nicht erst versucht, sich hier durchzusetzen; dies lohnte sich vielleicht schlichtweg nicht, weil permanente Probleme absehbar waren[413]. Normative Vorstellungen fanden demnach wohl nur bis zu einem gewissen Grad Anerkennung und es dürfte weiteren Kreisen bewusst gewesen sein, dass es hier Grenzen gab und wo diese lagen. Unter ähnlichen Prämissen ist der nicht selten zu beobachtende Abfall von Gefolgsleuten bei einer Übergabe des Erbes an Töchter beziehungsweise deren Männer zu sehen.

Wiederum andere Voraussetzungen gab es bei den frei gewordenen Lehen, bei denen offenbar zwei gegensätzliche rechtliche Auffassungen aufeinanderprallten. Dies wäre ein Beispiel dafür, dass sich selbst in zentralen Bereichen mitunter kein Konsens einstellte und sich keine anerkannten normativen Vorstellungen etablierten[414]. Hier zählte dann vor allem die faktische Macht des Stärkeren. Dass im Fall der Herzogtümer die neuen Herzöge auch die Kirchenlehen ungeschmälert übernehmen konnten, hat unter Umständen nicht nur mit Autorität und Macht, sondern auch damit zu tun, dass die Lehensherren darin eine Möglichkeit der Einflussnahme auf die neuen Landesfürsten sahen. Ähnliches ist zu den rechtlichen Voraussetzungen bei der Übergabe der Vogteien zu sagen.

Bei der Nachfolge in den Herzogtümern fällt auf, dass im Endeffekt Verwandtschaft und erbrechtliche Vorstellungen wenig zählten, sondern der Konsens des heimischen Adels entscheidend wurde[415]. Dabei zeigt sich aber auch, wie im Fall des Falles mit gesondert verbrieften Rechten – hier mit dem Privilegium minus – umgegangen worden ist. So beriefen sich die Schwester und die Nichte des verstorbenen Erblassers darauf, obwohl die Urkunde eigentlich nur für Töchter galt. Von ihren Unterstützern wurde dies anerkannt, von ihren Gegnern aber nicht. Ob letztere so handelten, weil eben keine der beiden eine Tochter war, oder ob sie die Urkunde grundsätzlich nicht akzeptierten, wissen wir nicht. Wie erwähnt fälschten steirische Adelige nach 1246 einen Passus in die Georgenberger Handfeste, wonach sie im Falle des söhnelosen Todes eines Herzogs den Nachfolger selbst bestimmen können[416]. Dies dürfte zwar keine Wirkung erzielt

411) Schwind/Dopsch, Urkunden (wie Anm. 338), Nr. 34, S. 61, § 26, S. 67 § 52; Hasenöhrl, Landrecht (wie Anm. 338), S. 133 f. – Siehe bereits das Schreiben Papst Innozenz IV. an Gertrud, wonach sie das babenbergische Erbe gemäß Bestimmungen des Landrechts angetreten habe; siehe Anm. 44.

412) Kap. III.2.2.1.1.

413) Siehe dazu ebd.

414) Kap. III.2.2.1.2.

415) Kap. II.1.1., Kap. II.1.2., Kap. III.2.2.2.

416) Kap. II.1.2.

haben, wurde aber immerhin für nützlich erachtet, sonst hätte man sich der Mühe einer Manipulation nicht unterzogen.

Bewirkte aber vielleicht die Rezeption des gelehrten Rechts eine Änderung der rechtlichen Vorstellungen? Vorausgeschickt sei, dass sich bei den durchgesehenen Beispielen keine Anhaltspunkte für die Anwendung materiellen römischen Erbrechts gefunden haben. Aber auch der römisch-rechtliche Eigentumsbegriff spielt in den durchgesehenen Urkundentexten kaum eine Rolle. Nur in einzelnen Urkunden, wie im Vertrag zwischen den Bischöfen von Regensburg und der Witwe des letzten Grafen von Hohenburg, finden sich Termini, die dem gelehrten Recht entnommen sind[417)], ohne dass dies einen besonderen Einfluss auf den Inhalt der Übereinkunft genommen hätte.

Bemerkenswert erscheinen aber die zunehmend zu beobachtenden Bezugnahmen der österreichischen und steirischen Herzöge auf eine Art Heimfallrecht nach einem erbenlosen Tod. In einem Fall (Grafen von Hohenburg) beriefen sich die Babenberger dabei tatsächlich ausdrücklich auf das römische Recht, nämlich auf das Recht bei erbenlosem Tode gemäß den *institutiones legum*[418)], mit denen vermutlich auf eine entsprechende Bestimmung des Codex Iustinianus Bezug genommen wurde. Dies wurde aber nicht völlig widerspruchslos akzeptiert, denn der Herzog musste im Anschluss doch eine Seitenlinie des Erblassers berücksichtigen, indem er diese mit den beschlagnahmten Gütern belehnte[419)]. Möglich wäre, dass sich die Babenberger auch im Falle der Pernegger, bei denen nach 1217/18 nur noch ein mutmaßlich geistig behinderter Angehöriger lebte, und im Jahre 1218, als nach dem Tod des letzten Grafen von Velburg dessen Güter an die Babenberger fielen, auf solch eine Art Heimfallrecht beriefen[420)].

Immer wieder wurde angenommen, dass eine solche Art von Heimfallrecht auch von den Wittelsbachern angewendet worden ist[421)], doch ist dies anhand der untersuchten Beispiele nicht zu belegen. Die bayerischen Herzöge erreichten die Nachfolge vor allem durch vorteilhafte Eheschließungen, die sie zu engen Verwandten werden ließen[422)], zu-

417) Etwa RIED, Genealogisch-diplomatische Geschichte (wie Anm. 173), S. 80–83: [...] *liti cessit;* [...] *et possessioni proprietatis in eis renuntiavit* [...]; *fide data firmavit* [...]; *iuxta ordinem iudicalem* [...] et cetera.

418) BUB 1 (wie Anm. 18), Nr. 170 (1210), weiter Nr. 173 (1210 Juli 26).

419) Kap. II.2.5.

420) Beide Übergänge an die Babenberger sind lediglich im unzuverlässigen Landbuch überliefert; siehe Kap. II.2.5.; zu den Perneggern: Kap. II.2.6.; zu den Velburgern: BUB 4,2 (wie Anm. 32), Nr. 1046 (1218 Juli 11/12): *Der grave von Clamme der dinget dem herzogen Liupolden Chlamme di grafschaft unt Chlingenperch unt ander æigen ze Osterrich daz dar zu gehoret. Der starp ienhalp mers, unt geviel daz æigen an daz lant* (Kap. II.2.6); BUB 4,2 (wie Anm. 32), Nr. 1187 (1236 Januar).

421) Siehe dazu DOPSCH, Bayern (wie Anm. 88), S. 270 mit Anm. 54; KRAUS, Herzogtum (wie Anm. 1), S. 174–176; SPINDLER, Anfänge (wie Anm. 1), S. 94–100.

422) Siehe SCHLÜTTER-SCHINDLER, Heiratsverbindungen (wie Anm. 111), S. 630, 639.

weilen griffen sie auch ohne nähere verwandtschaftliche Bindungen zu (zum Beispiel bei den Grafen von Lebenau[423], Grafen von Mödling[424]).

Wie auch immer: Deutlich wird jedenfalls, dass sowohl die Babenberger als auch die Wittelsbacher seit etwa 1200 immer vehementer mit allen möglichen Maßnahmen – darunter zuweilen eben auch mithilfe des (neuen) Rechts – versuchten, auf den Besitz ausgestorbener Familien zuzugreifen und so ihre Landesherrschaften zu verdichten. Ihre diesbezüglichen rechtlichen Argumente fanden wie gesehen keine uneingeschränkte Anerkennung, dienten aber als Vorwand. Es ist auch nicht zu erkennen, dass es vielleicht unter Einfluss der damals zu beobachtenden »Verrechtlichungswelle« oder durch den allgemeinen Wandel im Rechtsdenken zu Änderungen in den Auffassungen oder Wahrnehmungen der erbrechtlichen Vorstellungen beziehungsweise zu einer zunehmenden Systematisierung oder dergleichen gekommen wäre.

III.4. Rückschlüsse auf Verwandtschaftsvorstellungen

Abschließend wäre noch kurz zu untersuchen, ob die durchgesehenen Beispiele Hinweise auf die vorherrschenden Verwandtschaftsvorstellungen bieten können, vor allem, ob eher agnatisch-patrilineare oder kognatische, also durch Frauen hervorgerufene Verwandtschaftsbeziehungen im Vordergrund gestanden sind[425]. Dass grundsätzlich die männlichen Nachkommen die entscheidende Konstante waren, ist nicht zu übersehen, aber auch, dass den durch Heirat der Töchter oder Schwestern verwandtschaftlich verbundenen Familien eine wichtige Rolle bei der Gruppenbildung zukam und so Interessensgemeinschaften entstanden oder bekräftigt wurden[426].

Wie gesehen konnten Töchter beim söhnelosen Tod des Vaters damit rechnen, zumindest große Teile des Eigens zu erhalten. Dies war auch dann der Fall, wenn wie bei den älteren Diepoldingern, den Sighardingern oder den Vornbachern noch eine männliche Seitenlinie existierte, die freilich jeweils etwas weiter entfernt verwandt war[427]. Demnach stand beim Erbe vor allem die direkte Linie der Familie im Vordergrund[428], während agnatisches Denken nur ansatzweise eine Rolle spielte, etwa wenn der letzte Graf von Vornbach-Vichtenstein die Grafschaft um die ehemalige Stammburg nicht an

423) Kap. II.2.8.

424) Flohrschütz, Vögte (wie Anm. 314), S. 142.

425) Siehe allgemein zum Beispiel Spiess, Familie (wie Anm. 284), S. 494–501; Hechberger, Adel (wie Anm. 299), S. 307–323; Jussen, Erbe und Verwandtschaft (wie Anm. 3), S. 51–53; Lyon, Princely Brothers (wie Anm. 28), S. 16 f.; Schuster, Familien (wie Anm. 399), S. 18–21.

426) Siehe allgemein Dendorfer, Gruppenbildung (wie Anm. 109), passim; Weller, Heiratspolitik (wie Anm. 1), passim.

427) Kap. II.2.1., Kap. II.2.2., Kap. II.2.7.

428) Siehe auch die Beobachtungen bei Lubich, Zähringer (wie Anm. 284), S. 121.

die Familie der Tochter, sondern wahrscheinlich an mittlerweile nur weitschichtig verwandte männliche Angehörige einer anderen Linie der Vornbacher übergeben hat[429]. Solche Fälle finden sich aber selten[430]. Noch seltener sind Hinweise auf ausgesprochen kognatische Vorstellungen. Nur ausnahmsweise erhielten weiter entfernte angeheiratete Verwandte eine Vogtei, obwohl noch ein Sohn lebte (Grafen von Peilstein)[431]. Doch dürfte dies ad hoc zu erklärende, spezifische Gründe gehabt haben.

Insgesamt gesehen dürfte die direkte Linie die wichtigste Familienstruktur gewesen sein, wobei aber nur in der Nachfolge durch Söhne eine vollwertige Fortsetzung der Familie gesehen wurde. Dafür spricht jedenfalls, dass mit dem Wissen um das drohende Aussterben einer Familie im Mannesstamm deren Stellung abrupt zurückging, auch wenn noch Töchter vorhanden waren. Es dürfte allen klar gewesen sein, dass es sich um einen Bruch handelte und Töchter nicht einfach die Familie des Erblassers fortsetzten. Die über Töchter und Schwestern, damit durch kognatische Verbindungen, nachfolgenden Familien konnten jedenfalls die Machtstellung oder den Rang der ausgestorbenen Familie nur mit großen Einschränkungen übernehmen[432].

IV. Resümee

Zieht man am Schluss noch ein kurzes Fazit aus der Analyse von insgesamt 15 Herzogs- und Grafenfamilien, so lässt sich festhalten:

Töchter konnten nach dem söhnelosen Tod eines Erblassers in der Regel den Eigenbesitz übernehmen, Lehen oder Vogteien aber nur dann, wenn die angeheiratete Familie besonders mächtig war und sich mit den Lehensherren oder bevogteten Institutionen einigen konnte. Bei Vogteien bestand immerhin bei den sogenannten Hausklöstern eine gewisse Chance auf eine Übernahme. Aber auch beim Eigenbesitz mussten Abstriche gemacht werden, weil die Töchter immer wieder auf Fernbesitz verzichten mussten. Da häufiger auch Ministerialen die Gunst der Stunde nutzten und sich abwendeten oder Besitzungen kassierten, brachte ein söhneloser Tod unweigerlich einen Bruch und mar-

429) Kap. II.2.2.

430) Möglich wäre, dass beim Aussterben der Grafen von Wolfratshausen 1157 die wohl in männlicher Linie verwandten Grafen von Andechs erbten (Schütz, Geschlecht [wie Anm. 80], S. 59), obwohl vielleicht noch eine Schwägerin des letzten Grafen, eine Wittelsbacherin, am Leben war. Doch gibt es für eine solche Aussage zu viele Unsicherheiten.

431) Kap. II.2.7.

432) Noch schwieriger ist es festzustellen, ob es eine Kontinuität im Familienbewusstsein oder beim Selbstverständnis zwischen einer im Mannesstamm ausgestorbenen Familie und angeheirateten Töchtern gab. Einen Hinweis auf einen Versuch findet sich wie gesehen bei den Grafen von Orlamünde, die das Wappen der Herzöge von Andechs eine Zeitlang weiterführten (Kap. II.1.3). Insgesamt finden sich aber bei den untersuchten Familien zu wenige Anhaltspunkte, um in dieser Frage weiterzukommen; siehe allgemein zuletzt Lubich, Zähringer (wie Anm. 284), S. 113–124; zu den Andechsern: Schneidmüller, Andechs-Meranier (wie Anm. 81), passim.

kante Umwälzungen mit sich. Deshalb konnten die mit den weiblichen Erbinnen verheirateten Familien auch nur sehr selten den Rang übernehmen.

Engere weibliche Verwandte des Erblassers konnten von Konkurrenten, auch wenn diese übermächtig waren, im Falle der Eigengüter nicht einfach ignoriert werden. Es muss demnach entsprechende normative Vorstellungen gegeben haben, die akzeptiert waren. Dies trifft aber nur auf das Allod zu und hatte seine Grenzen beim Fernbesitz, auf den Töchter immer wieder nicht zugreifen konnten. Hier zeigt sich ein eigentümliches Konglomerat von weithin akzeptierten rechtlichen Vorstellungen und zum Teil auch anerkannten auf Macht beruhenden Ansprüchen. Bis zu einem gewissen Grad waren rechtliche Vorstellungen wohl nur ein Ausgangspunkt. Es gab aber auch Bereiche, wie Lehen, bei denen sich grundsätzlich über einen längeren Zeitraum kein Konsens bei den rechtlichen Vorstellungen zwischen Interessensgruppen etablierte.

Änderungen bei den Handlungsmustern und in den Denkweisen gab es im Untersuchungszeitraum vielleicht bei den Lehen, zumal sich Konflikte um diese vor allem seit etwa 1200 erkennen lassen. Möglicherweise hat sich erst damals die Vorstellung bei den Adeligen durchgesetzt, dass sie die Lehen auch Töchtern weitergeben können. Die Lehensherren sahen dies aber anders. Die markantesten Änderungen lassen sich bei der Rolle der Landesfürsten erkennen, die zunehmend seit circa 1200 auf unterschiedliche Art und Weise versuchten, vom Aussterben der Grafenfamilien zu profitieren und so ihre Herrschaft zu verdichten, sei es durch vorausschauende Heiratsverbindungen mit Erbtöchtern, Erbverträge oder beim kinderlosen Aussterben auch durch nackte Gewalt, mit der Rezeption des gelehrten Rechts auch unter Berufung auf eine davon abgeleitete Art von Heimfallrecht. In diesem Fall diente das das neue Recht seit der Jahrhundertwende als Hebel oder als Vorwand, um vom Aussterben der Grafengeschlechter zu profitieren. Sonst lässt sich im Untersuchungszeitraum noch kein Einfluss des römischen Rechts auf erbrechtliche Vorstellungen erkennen.

Deutliche Unterschiede zu den Grafen ergaben sich beim Aussterben von landesfürstlichen Familien, spielte hier doch entweder im Vorfeld oder nachher der Landesadel eine ungleich stärkere, ja entscheidende Rolle, der vor allem auf seine Interessen und damit aber ansatzweise auf so etwas wie ein »Gemeinwohl« achtete, während erbrechtliche Vorstellungen weniger wichtig waren. Bei den Landesherrschaften deutet sich weiter an, dass die Unterscheidung von Amt und Eigenbesitz des Erblassers zunehmend schwand und sich eine Art Kammergut entwickelte, das bis zu einem gewissen Grad auch Lehen und Vogteien umfasste.

Summary: On the Consequences of the Death of a Prince or Count without a Son in High Medieval Bavaria and Austria (1150–1250)

The main questions to be addressed are strategies in the case of impending death of a prince or count without a son, resulting patterns of action and chances of success for daughters, possibilities of passing on rank and the significance of normative ideas. In a first step, these questions will be analyzed separately for the three ducal families that died out in the male line (Otakare, Babenberger, Andechser) and for twelve selected count families.

If the death of a family without sons became apparent, the position of power and rank of the family were immediately acutely endangered. Thus daughters found only less important husbands and the ministeriality more often looked for other lords. Daughters were often able to take over the own estates after the sonless death of their father, what was obviously accepted even by superior rivals and which implies corresponding normative ideas. However, these had their limits in the case of distant estates, which the daughters had to renounce again and again. Legal ideas were therefore perhaps to some extent only a starting point for negotiation processes. Daughters usually considered themselves entitled to inherit the fiefs as well, but this was more often not approved by the ecclesiastical dignitaries. Only very powerful families by marriage succeeded in taking over the fiefs as well.

There were clear differences to the counts in the extinction of territorial princes, since here the territorial nobility played a much stronger role, which paid attention to its interests and to some extent to the ›common good‹, while ideas of inheritance law were less important. In the case of the territorial sovereignties, there are further indications that the distinction between the office and the testator's own estates increasingly disappeared and a kind of ›chamber property‹ developed, which in part also included fiefdoms and advocacies.

Teilen will gelernt sein

Sukzessionskonflikte in den Herzogtümern Schlesiens (1150–1250)

Julia Burkhardt (München)

Im ausgehenden 16. Jahrhundert blickte der anonyme Schreiber des sogenannten *Chronicon Silesiae* auf die Anfänge des Bistums Breslau und des Herzogtums Schlesien zurück. Den frühen Entwicklungen vor 1400 schenkte der Chronist zwar nur kursorisch Beachtung, in dem er in großzügigen chronologischen Schritten die schlesischen Herzöge mitsamt ihren Familien aufzählte und sich auf die Nennung der wichtigsten Ereignisse der jeweiligen Zeit beschränkte[1]. Einen Zusammenhang jedoch verlor der Geschichtsschreiber allerdings nicht aus dem Blick: Trotz der Kürze seiner Darstellung beschrieb er (wenngleich auch knapp), wie die Nachfolge von einem Herzog zum nächsten erfolgt war. Über Herzog Władysław II. (1104–1159) beispielsweise vermerkte er, er sei nach dem Tod seines Vaters 1138 von den Polen *zu einem obristen des gantzes landes, regirenden fürsten und monarchen* bestimmt worden. In der Folgezeit allerdings habe sich Władysław mit seinen Brüdern zerstritten (der Chronist attestiert ihm eine *ubelhandlung* [...] *wieder seine brüder und das gantze land*) und suchte 1146 Unterstützung bei Konrad III. (1093/94–1152) im Reich, weshalb er bis heute zumeist mit dem Beinamen »der Vertriebene« bezeichnet wird[2]. Nach seiner Flucht habe dann Władysławs

1) Diesen Bruch zwischen dem Fokus auf der Stadt- beziehungsweise Bistumsgeschichte und der bisweilen lückenreichen genealogischen Darstellung konstatierten zuletzt auch die Herausgeber der Chronik: »Überhaupt wirken die ersten Zeilen der Chronik unmotiviert und erwecken den Eindruck, dass sie zu einem in sich geschlossenen Teil des Werkes hinzugefügt wurden, vielleicht weil es dem Verfasser wichtig erschien, Breslau, den wichtigsten Handlungsort, gleich am Beginn zu erwähnen, ehe er sich der Herzogsgeschichte zuwendet, in der er dann nur Streiflichter auf die Breslauer Begebenheiten wirft.« Chronicon Silesiae ab anno Christi 1052 usque in annum 1573 ultra quinque saecula, bearb. und hg. von Lars-Arne DANNENBERG/Mario MÜLLER (Scriptores rerum lusaticarum 6), Görlitz/Zittau 2013, hier Einleitung S. XXIV. Dieser Beitrag führt Überlegungen fort, die bereits in einem anderen Aufsatz (dort mit Zuspitzung auf die Figur der Regentin) entwickelt wurden; dies bedingt thematische Überschneidungen und sprachliche Übernahmen. Vgl. Julia BURKHARDT, Selbstverständnis und Herrschaftspraxis schlesischer Regentinnen im 13. Jahrhundert, in: Regentinnen und andere Stellvertreterfiguren. Vom 10. bis zum 15. Jahrhundert, hg. von Gabriela SIGNORI/Claudia ZEY (Schriften des Historischen Kollegs 111), Berlin 2023, S. 157–176.

2) Chronicon Silesiae (wie Anm. 1), S. 3. Zur Historiographiegeschichte Schlesiens vgl. Norbert KERSKEN, Historiographiegeschichte, in: Historische Schlesienforschung. Methoden, Themen und Perspektiven zwischen traditioneller Landesgeschichtsschreibung und moderner Kulturwissenschaft, hg. von Joachim BAHLCKE (Neue

Bruder, Bolesław IV. (genannt »Kraushaar«, 1121/22–1173), die Regierungsgeschäfte in Polen übernommen, wobei erneut auf seine Ernennung und Wahl zum *obristen herrn und regenten* verwiesen wird. Auf kaiserliche Intervention hin habe er jedoch schließlich seinen Neffen zur Kompensation Schlesien überlassen und das Land unter ihnen aufgeteilt – ein Vorgang, den der Chronist als Herauslösung Schlesiens aus Polen interpretiert.

Einige Jahre später jedoch habe der Sohn des geflüchteten Władysław II., Bolesław I. (genannt »der Lange«, 1127–1201), von seinem Onkel Bolesław IV. *das reich seines vatern* ebenso wie die väterliche Herrschaftsposition zurückverlangt (*und begerte, wieder an seines vatern stell eingesetzt zuwerden*). Auseinandersetzungen mit dem Bruder und dem eigenen Sohn folgten, so dass diese sich schließlich ganz von Bolesław ab- und dessen Onkel zuwandten. Immerhin aber habe Bolesław I., bevor er 1201 starb, ausdrücklich seinen Sohn *nach ime* [...] *im fürstenthumb als seinen erben, den es von rechtswegen zuegestanden*, eingesetzt[3].

Weitere vergleichbare Beschreibungen folgen – und bezeichnenderweise kreisen sie alle um die Frage, wie die herzogliche Nachfolge in Schlesien organisiert wurde. Die zitierten Ansprüche der schlesischen Herzöge beziehen sich programmatisch auf die Idee des familiären Erbes und der Primogenitur: Verfügt wurde die Übergabe der Landesherrschaft und des Herzogstitels vom Vater an den ältesten Sohn. Allerdings gab es auch Alternativen, etwa wenn Bolesław IV. »Kraushaar« kompensatorische Landeszuweisungen vornahm und Gebiete unter seinen Neffen aufteilte oder wenn der Neffe väterliche (und mithin erbliche) Rechte von seinem Onkel als neuem Herrscher einforderte. Folgt man dieser chronikalischen Darstellung, existierten also ganz offensichtlich unterschiedliche, möglicherweise auch konkurrierende Vorstellungen darüber, wie die fürstliche Sukzession in Schlesien im 12. und 13. Jahrhundert zu gestalten, zu legitimieren und durchzusetzen war. Damit verbunden sind in der Lesart des *Chronicon Silesiae* verschiedene Personenkonstellationen (primär familiär, aber nicht ausschließlich, wie Hinweise auf kaiserliche Interventionen zeigen) ebenso wie auch unterschiedliche se-

Forschungen zur Schlesischen Geschichte 11), Göttingen 2005, S. 93–124. Zu Władysław siehe für einen Überblick Kazimierz JASIŃSKI, Rodowód Piastów Śląskich. Piastowie wrocławscy, legnicko-brzescy, świdniccy, ziębiccy, głogowscy, żagańscy, oleśniccy, opolscy, cieszyńscy i oświęcimscy [= Die Herkunft der schlesischen Piasten. Die Piasten von Breslau, Liegnitz-Brest, Schweidnitz, Münsterberg, Glogau, Sagan, Oels, Oppeln, Teschen und Auschwitz], eingeleitet und hg. von Tomasz JUREK, Krakau 2007, bes. S. 57–62.

3) Chronicon Silesiae (wie Anm. 1), Zitate S. 4 und 5. Für einen Überblick über den historischen Kontext vgl. Magdalena BINIAŚ-SZKOPEK, Mid-Twelfth-Century Poland Between East And West – Conflicts, Alliances, Marriages, in: Historia Slavorum Occidentis 2,9 (2015), S. 15–35, sowie die weiteren Ausführungen in diesem Beitrag.

mantische Markierungen: Genannt werden ein »Oberster des ganzen Landes«, ein »regierender Fürst« beziehungsweise »oberster Landesfürst« sowie ein *monarcha*[4].

Diese knappe Exegese leitet unmittelbar zur Frage nach Legitimationsstrategien und Handlungsspielräumen in Sukzessionskonflikten zwischen 1150 und 1250 über. Im Fokus des Beitrags stehen im Sinne der Herausgeber des Bandes »Prozesse des Herrschaftsübergangs« von einer Person auf eine oder mehrere andere und somit die grundlegende Frage, welche Strategien und Mittel zur Bewältigung kontingenter Ereignisse entwickelt wurden[5]. Dass soziale Ordnungen sich als wiederholte Versuche der Kontingenzminimierung verstehen lassen, ist zuletzt vor allem in soziologischen Studien betont worden[6]. Übertragen auf das Untersuchungsthema, schließt diese Perspektive unterschiedliche Praktiken in verschiedenen zeitlichen Dimensionierungen ein – neben Versuchen der Vorab-Regelung der Sukzession beispielsweise auch Situationen des direkten Konfliktaustrags. Räumlich konzentrieren sich die folgenden Darlegungen auf Polen und insbesondere die Herzogtümer Schlesiens – ein Fallbeispiel, das sich aus verschiedenen Gründen für eine eingehendere Untersuchung der von den Herausgebern avisierten »Konturen hochadliger Übertragungskonzepte in Praxis und Imagination« anbietet. Seit dem sogenannten Testament des polnischen Herzogs Bolesław III. (genannt »Schiefmund«, 1058–1138) aus dem Jahr 1138 gab es in Polen bekanntermaßen ein hierarchisches Senioratsprinzip zur Regelung fürstlicher Sukzession, dessen Umsetzung zur Aufgliederung des Landes in verschiedene Teilfürstentümer führte – darunter auch das Herzogtum Schlesien. Immer wieder stellten Erbstreitigkeiten das Seniorat jedoch

4) Grundlegend zum Begriff des *monarcha* beziehungsweise der Monarchie vgl. die Ausführungen bei Jochen MARTIN/Hans K. SCHULZE/Werner CONZE/Hans BOLDT, Monarchie, in: Geschichtliche Grundbegriffe. Historisches Lexikon zur politisch-sozialen Sprache in Deutschland 4 (1978), S. 133–214. Im Abschnitt zu mittelalterlichen Bedeutungsebenen (S. 141–168) weist Hans K. Schulze darauf hin, dass die Begriffe *monarchia* sowie *monarcha* im deutschen Reich seit dem 12. Jahrhundert nicht nur für König-, Kaiser- oder Papsttum, sondern auch für fürstliche Alleinherrschaft verwendet wurden. Vgl. außerdem Hans K. SCHULZE, Mediävistik und Begriffsgeschichte, in: Festschrift für Helmut Beumann zum 65. Geburtstag, hg. von Kurt-Ulrich JÄSCHKE/Reinhard WENSKUS, Sigmaringen 1977, S. 388–405, sowie mit Blick auf theoretische Überlegungen Tilman STRUVE, Die Begründung monarchischer Herrschaft in der politischen Theorie des Mittelalters, in: ZHF 23,3 (1996), S. 289–323.

5) Siehe hierzu die Einleitung der Herausgeber. Vgl. zudem die instruktiven Überlegungen zum Umgang mit Kontingenz als historischer Kategorie bei: Benjamin SCHELLER, Kontingenzkulturen – Kontingenzgeschichten. Zur Einleitung, in: Die Ungewissheit des Zukünftigen. Kontingenz in der Geschichte, hg. von Frank BECKER/DEMS./Ute SCHNEIDER (Kontingenzgeschichten 1), Frankfurt/New York 2016, S. 9–30. Siehe außerdem Stefan BRAKENSIEK, Ermöglichen und Verhindern – Vom Umgang mit Kontingenz. Zur Einleitung, in: Ermöglichen und Verhindern. Vom Umgang mit Kontingenz, hg. von Markus BERNHARDT/DEMS./Benjamin SCHELLER (Kontingenzgeschichten 2), Frankfurt/New York 2016, S. 9–22, sowie Susanne REICHLIN, Kontingenzkonzeptionen in der mittelalterlichen Literatur, in: Kein Zufall. Konzeptionen von Kontingenz in der mittelalterlichen Literatur, hg. von DERS./Cornelia HERBERICHS, Göttingen 2010, S. 11–49.

6) So etwa bei Armin NASSEHI, Das große Nein. Eigendynamik und Tragik des gesellschaftlichen Protests, Hamburg 2020, bes. S. 14.

auf den Prüfstand, und im Falle Schlesiens resultierte dies in weiteren (Binnen-)Teilungen[7]. Unterlagen die Sukzessionsprinzipien im 12. Jahrhundert also einem fundamentalen Wandel? Gegen diese Vermutung spricht, dass zeitgenössische und spätere Quellen wie das *Chronicon Silesiae* die Parallelität unterschiedlicher Erb und Nachfolgeprinzipien beschreiben, deren Geltungskraft situativ ausgelotet und immer wieder neu verhandelt wurde. Umso lohnenswerter scheint es also, zeitgenössischen Sukzessionsmodellen, Vorstellungen von ihrer Rechtmäßigkeit sowie ihrer situativen Anwendung in einem längeren zeitlichen Zuschnitt nachzuspüren.

Eine strukturelle Gemeinsamkeit lässt sich in den jeweiligen Familienkonstellationen erkennen. Zwischen der Etablierung monarchischer Herrschaft im 10. Jahrhundert und dem »Dynastiewechsel« von den Piasten zu den Anjou und sodann Jagiellonen im 14. Jahrhundert herrschten männliche Vertreter der Piasten-Dynastie als Herzöge beziehungsweise Könige über Polen (in den polnischen Herzogtümern auch noch in der Zeit danach); sie sind auf den 992 verstorbenen Mieszko I. und seine (schwer genauer zu identifizierenden) Vorgänger zurückzuführen[8]. Die meisten Herrscher hatten entweder mehrere Söhne oder enge männliche Verwandte wie Neffen und Cousins, deren Ansprüche geltend gemacht werden konnten. Anstelle des in Westeuropa immer wieder problematischen »Sonderfalls« eines söhnelosen Herrschertodes offenbart sich die Herausforderung im polnischen Fall also vielmehr in der Existenz einer Vielzahl potentieller Nachfolger[9]. In den meisten Fällen schien sich die Gruppe potentieller Herrschaftsnachfolge vorrangig unter Rückgriff auf die Argumente Geschlecht, dynastische Nähe und Eignung auf die Kernfamilie des Herrschers (konkret: seine Söhne, offenbar nicht aber die Töchter) oder die männlichen Nachkommen seiner Geschwister zu beschränken. Eine klare Grenzziehung erweist sich jedoch als schwierig: Wer die Nachfolge an-

7) Für eine kurze Einführung vgl. Nora BEREND/Przemysław URBAŃCZYK/Przemysław WISZEWSKI, Central Europe in the High Middle Ages. Bohemia, Hungary and Poland, c. 900–1300 (Cambridge Medieval Textbooks), Cambridge 2013, bes. S. 172–176; Florin CURTA, New Powers (I). Piast Poland, in: Eastern Europe in the Middle Ages (500–1300), Bd. 1, hg. von DEMS. (Brill's Companions to European History 19), Leiden/Boston 2019, S. 341–362; Robert BARTLETT, Blood Royal. Dynastic Politics in Medieval Europe (The James Lydon Lectures in Medieval History and Culture), Cambridge 2020, bes. S. 183–239. Vergleichende Perspektiven zu Ostmitteleuropa entwickelte zuletzt Dániel BAGI, Divisio Regni. The Territorial Divisions, Power Struggles, and Dynastic Historiography of the Árpáds of 11th- and Early 12th-century Hungary, with Comparative Studies of the Piasts of Poland and the Přemyslids of Bohemia (Arpadiana II), Budapest 2020.

8) Aus der deutschsprachigen Forschung sei für einen konzisen Überblick verwiesen auf: Eduard MÜHLE, Die Piasten. Polen im Mittelalter (Beck'sche Reihe 2709. C.-H.-Beck-Wissen), München 2011. Biographische Orientierung in deutscher Sprache bietet: Die Piasten. Eine polnisch-schlesische Fürstenfamilie. Ein biografisches Lexikon, hg. von Clemens VINKELAU, Dreieich 2011. Vgl. außerdem die Hinweise in den folgenden Anmerkungen.

9) Zbigniew DALEWSKI, Was Herrscher taten, wenn sie viele Söhne hatten – zum Beispiel im Osten Europas, in: Die Macht des Königs. Herrschaft in Europa vom Frühmittelalter bis in die Neuzeit, hg. von Bernhard JUSSEN, München 2005, S. 125–137. Siehe auch die folgenden Ausführungen in Kapitel I sowie die dortigen Literaturhinweise.

trat, wurde seit dem 10. Jahrhundert zunächst in Abhängigkeit der jeweiligen Machtkonstellationen ausgehandelt, denn eine einheitliche, gar formalisierte Nachfolgeregelung existierte nicht[10]. Freilich waren nicht alle Söhne oder männlichen Verwandten in der Nachfolgesituation mündig, so dass sich für die jeweiligen Mütter beziehungsweise Witwen Handlungsspielräume als Regentinnen eröffneten[11]. Gestritten wurde folglich nicht allein darum, wem die Nachfolge unter welchen Bedingungen und aus welchen Rechten zukommen sollte, sondern stets auch, wie mit konkurrierenden Kräften umzugehen war. Dies lenkt den Blick auf die Kreise der beteiligten Personen sowie auf Autoritäten, die zur Klärung von Konflikten beitragen konnten – was sowohl in geschlechtergeschichtlicher Perspektive als auch im Hinblick auf die regionale und überregionale Einbindung der beteiligten Akteurinnen und Akteure interessant ist[12]. Ausgehend von diesen Überlegungen untersucht der vorliegende Beitrag in drei chronologisch geordne-

10) So lässt sich nicht immer klar nachvollziehen, wie verwandtschaftliche Grenzen in Bezug auf Herrschaftsberechtigte gezogen und damit der Kreis der Erbberechtigten bestimmt oder begrenzt wurde. Immerhin belegen verschiedene Urkunden, dass die Frauen der Familie (Ehefrauen, Töchter und Schwestern der Herrscher) eigenen Besitz hatten und auch über ihn verfügen konnten. Mehrfach sind zudem Regentschaften von Frauen belegt, jedoch keine Rechte auf eine eigenständige direkte Herrschaftsnachfolge. Vgl. zu Familienkonstellationen Bagi, Divisio Regni (wie Anm. 7), S. 153–168, ausführlich Abschnitt III, sowie die im Folgenden genannte Literatur. Eine vergleichende Darstellung zu Dynastien und Herrschaft in Ostmitteleuropa bietet Zbigniew Dalewski, Family Business. Dynastic Power in Central Europe in the Earlier Middle Ages, in: Viator 46,1 (2015), S. 43–60. Für dynastische Zusammenhänge vgl. außerdem die Beiträge in: Fernhändler, Dynasten, Kleriker. Die piastische Herrschaft in kontinentalen Beziehungsgeflechten vom 10. bis zum frühen 13. Jahrhundert, hg. von Dariusz Adamczyk (Quellen und Studien. Deutsches Historisches Institut Warschau 30), Wiesbaden 2015.

11) Siehe dazu Burkhardt, Selbstverständnis (wie Anm. 1). Siehe außerdem zu Witwen die Studie von Witold Brzeziński, Wdowieństwo i powtórne zamążpójście kobiet wśród możniejszej szlachty polskiej późnego średniowiecza [= Witwenschaft und Wiederverheiratung von Frauen des polnischen Adels im Spätmittelalter], in: Roczniki Historyczne 75 (2009), S. 105–122. Grundlegende Überlegungen zu Vormundschaftsformen finden sich bei Władysław Sobociński, Historia rządów opiekuńczych w Polsce [= Geschichte der Vormundschaftsregierungen in Polen], in: Czasopismo Prawno-Historyczne 2 (1949), S. 227–353; aktuelle Überlegungen entwickelte zuletzt vor allem Agnieszka Teterycz-Puzio, Więzy krwi czy żądza władzy? Postawa piastowskich książąt okresu rozbicia dzielnicowego wobec księżnych-wdów sprawujących rządy opiekuńcze [= Blutsbande oder Machtgier? Die Haltung der Piastenfürsten der Teilfürstentümer gegenüber verwitweten Herzoginnen, die Vormundschaften ausübten], in: Ojcowie i synowie – o tron, władzę, dziedzictwo: w 700. Rocznicę narodzin Karola IV Luksemburskiego króla czeskiego i cesarza 1316–1378 [= Väter und Söhne – über den Thron, die Herrschaft und das Erbe: Anlässlich des 700. Geburtstags von Karl IV. von Luxemburg, König von Böhmen und Kaiser], hg. von Beata Możejko/Anna Paner, Danzig 2018, S. 41–64. Vgl. zudem die weiteren Ausführungen und Literaturhinweise in diesem Beitrag.

12) Sébastien Rossignol, Femmes et pouvoir en Silésie polonaise. Veuvage, régence et succession (vers 1200–vers 1330), in: Splendor Reginae. Passions, genre et famille, hg. von Laurent Jegou/Sylvie Joye/Thomas Lienhard/Jens Schneider, Turnhout 2015, S. 197–204; Przemysław Wiszewski, Region-integrating or region-disintegrating? The Social Groups of Medieval Silesia Examined in the Context of their Political Activity (From the Last Decades of the 12th Century to the 15th Century), in: The Long Formation of the Region (c. 1000–1526), hg. von dems. (Cuius regio? Ideological and Territorial Cohesion of Silesia 1), Breslau 2013, S. 129–166, https://www.repozytorium.uni.wroc.pl/dlibra/publication/52738/edition/53351/content (15.03.2022).

ten Abschnitten, welche Bedeutung das Sukzessionsmodell von 1138 hatte (Abschnitt I), wie mit den Regelungen in der Konfliktrealität umgegangen wurde (Abschnitt II) und unter welchen Bedingungen auf alternative Modellierungen wie etwa Regentschaftskonstruktionen zurückgegriffen wurde (Abschnitt III).

I. Kompensation und Integration: Das Senioratsprinzip von 1138

Lange Zeit galt das sogenannte Testament des polnischen Herzogs Bolesław III. aus dem Jahr 1138 als markante Zäsur in der polnischen Geschichte. Weil die damit verbundene Etablierung des Senioratsprinzips zur Aufgliederung Polens in verschiedene Teilfürstentümer führte, interpretierte man diese Phase in älteren Arbeiten häufig als »Zersplitterung« oder in Abgrenzung zur Wiederherstellung der Monarchie im 14. Jahrhundert auch als »Niedergang«[13]. Dagegen haben jüngere Arbeiten die Deutung der komplexen hochmittelalterlichen Geschichte Polens entscheidend differenziert; ohne Anspruch auf Vollständigkeit seien exemplarisch einige wegweisende Perspektiven und Studien angeführt. Zuvorderst sind die Forschungen von Zbigniew Dalewski, Przemysław Wiszewski und Dániel Bagi zu dynastischen Traditionen in Polen beziehungsweise vergleichenden ostmitteleuropäischen Perspektiven zu nennen[14]. Auch der von Knut Görich und Martin Wihoda verantwortete Band zu den Beziehungen zwischen dem Reich und den Königreichen Ostmitteleuropas in der Zeit Friedrich Barbarossas lässt sich in dieser Entwicklung verorten[15]. Eduard Mühle initiierte und verantwortete als Direktor des Deutschen Historischen Instituts Warschau umfassende Forschungen zur Dynastie der Piasten, zum Adel im mittelalterlichen Polen sowie zur Förderung von Städten und kirchlichen Einrichtungen durch die polnischen Herzöge[16]. In Anknüpfung daran ent-

13) Für einen Überblick über ältere Debatten, insbesondere bei Oswald Balzer, vgl. Sławomir GAWLAS, Das Erb- und Wahlrecht des Herrschers in Polen im 14. Jahrhundert, in: Die Goldene Bulle. Politik – Wahrnehmung – Rezeption, hg. von Ulrike HOHENSEE/Mathias LAWO/Michael LINDNER/Michael MENZEL/Olaf B. RADER, 2 Bde., Berlin 2009, S. 665–712.

14) Przemysław WISZEWSKI, Domus Bolezlai. Values and Social Identity in Dynastic Traditions of Medieval Poland (c. 966–1138) (East Central and Eastern Europe in the Middle Ages, 450–1450, 9), Leiden 2010; Zbigniew DALEWSKI, Family Business. Dynastic Power in Central Europe in the Earlier Middle Ages, in: Viator 46,1 (2015), S. 43–60; Zbigniew DALEWSKI, Patterns of Dynastic Identites in the Early Middle Ages, in: Acta Poloniae Historica 107 (2013), S. 5–43; DERS., Ritual and politics: writing the history of a dynastic conflict in medieval Poland (East Central and Eastern Europe in the Middle Ages 3), Leiden 2008; BAGI, Divisio Regni (wie Anm. 7).

15) Verwandtschaft – Freundschaft – Feindschaft. Politische Bindungen zwischen dem Reich und Ostmitteleuropa in der Zeit Friedrich Barbarossas, hg. von Knut GÖRICH/Martin WIHODA, Wien/Köln/Weimar 2019.

16) Breslau und Krakau im hohen und späten Mittelalter. Stadtgestalt – Wohnraum – Lebensstil, hg. von Eduard MÜHLE (Städteforschung Reihe A, Darstellungen 87), Köln/Weimar/Wien 2014; Monarchische und adlige Sakralstiftungen im mittelalterlichen Polen, hg. von Eduard MÜHLE (Stiftungsgeschichten 9), Berlin 2013; Stu-

wickelte Grischa Vercamer wichtige Perspektiven zur Legitimation dynastischer Herrschaft in historiographischen Werken[17]. Einen stärkeren Fokus auf die diplomatische Überlieferung legte jüngst Sébastien Rossignol mit seiner Studie zu ›Herzogsurkunden als Medien der Herrschaftsrepräsentation‹, in der er verschiedene Regionen (darunter auch Schlesien) vergleichend untersuchte und neben Herrschern dabei auch Herrscherinnen größere Aufmerksamkeit widmete[18]. Grundlegend für die Entwicklung Schlesiens im Hoch- und Spätmittelalter und die Frage regionaler Identitäten sind schließlich die Forschungen von Andreas Rüther[19] sowie Tomasz Jurek[20].

An diesem – freilich nur kursorischen – Durchgang lässt sich bereits ablesen, auf welche Quellenbestände sich Forschungen zur fürstlichen Herrschaft in Polen und Schlesien im 12. und 13. Jahrhundert vornehmlich stützen: Den wohl größten Bestand stellen Urkunden sowie Siegel dar, für die freilich erst seit etwa 1200 ein markanter quantitativer Anstieg zu verzeichnen ist[21]. Überdies wurden in den letzten Jahren ver-

dien zum Adel im mittelalterlichen Polen, hg. von Eduard Mühle (Quellen und Studien. Deutsches Historisches Institut Warschau 25), Wiesbaden 2012; Mühle, Die Piasten (wie Anm. 8).

17) Grischa Vercamer, Hochmittelalterliche Herrschaftspraxis im Spiegel der Geschichtsschreibung. Vorstellungen von ›guter‹ und ›schlechter‹ Herrschaft in England, Polen und dem Reich im 12./13. Jahrhundert (Quellen und Studien. Deutsches Historisches Institut Warschau 37), Wiesbaden 2020; Legitimation von Fürstendynastien in Polen und dem Reich. Identitätsbildung im Spiegel schriftlicher Quellen (12.–15. Jahrhundert), hg. von Grischa Vercamer/Ewa Wółkiewicz (Quellen und Studien. Deutsches Historisches Institut Warschau 31), Wiesbaden 2016.

18) Sébastien Rossignol, Maiestas principum. Herzogsurkunden als Medien der Herrschaftsrepräsentation in Schlesien, Pommern und Pommerellen (1200–1325) (Quellen und Studien Deutsches Historisches Institut Warschau 36), Wiesbaden 2019; Urkundenformeln im Kontext. Formen der Schriftkultur im Ostmitteleuropa des Mittelalters (13.–14. Jahrhundert), hg. von Sébastien Rossignol/Anna Adamska (Veröffentlichungen des Instituts für Österreichische Geschichtsforschung 65), Wien 2016; Potestas et communitas. Interdisziplinäre Beiträge zu Wesen und Darstellung von Herrschaftsverhältnissen im Mittelalter östlich der Elbe, hg. von Aleksander Paroń/Sébastien Rossignol/Grischa Vercamer/Bartłomiej Sz. Szmoniewski, Breslau 2010.

19) Andreas Rüther, Region und Identität. Schlesien und das Reich im späten Mittelalter (Neue Forschungen zur Schlesischen Geschichte 20), Köln/Weimar/Wien 2010; Andreas Rüther, Landesbewußtsein im spätmittelalterlichen Schlesien. Formen, Inhalte und Trägergruppen, in: Spätmittelalterliches Landesbewußtsein in Deutschland, hg. von Matthias Werner (VuF 61), Ostfildern 2005, S. 293–332.

20) Vgl. aus der Fülle seiner Arbeiten beispielhaft Tomasz Jurek, Die Entwicklung eines schlesischen Regionalbewußtseins im Mittelalter, in: Zeitschrift für Ostmitteleuropa-Forschung 47,1 (1998), S. 21–48.

21) Grundlegend: Winfried Irgang, Urkundenforschung, in: Historische Schlesienforschung (wie Anm. 2), S. 53–68; Sébastien Rossignol, Preambles and Politics. Ducal and Princely Charters in Silesia, Western Pomerania, and Rügen (ca. 1200–ca. 1325), in: Urkundenformeln im Kontext (wie Anm. 18), S. 95–118; Tomasz Jurek, Język średniowiecznych dokumentów śląskich [= Die Sprache mittelalterlicher schlesischer Urkunden], in: Kwartalnik historyczny 111,4 (2004), S. 29–45; Ders., Die Urkundensprache im mittelalterlichen Schlesien, in: La langue des actes. Actes du Xie Congrès international de diplomatique, hg. von Olivier Guyotjeannin, Paris 2004, http://elec.enc.sorbonne.fr/CID2003/jurek (15.03.2023); Marek L. Wójcik, Dokumenty i kancelarie książąt opolsko-raciborskich do początków XIV wieku [= Urkunden und Kanzleien der Herzöge von Oppeln-Ratibor bis zum Beginn des 15. Jahrhunderts], Breslau 1999; Winfried Irgang, Vom sorgsamen Umgang mit

mehrt Herrschaftstopographien mittels archäologischer und bauhistorischer Quellen untersucht[22]. Zu den bedeutendsten Quellen gehören jedoch fraglos die großen historiographischen Werke der Zeit, allen voran die *Cronicae et gesta ducum sive principum Polonorum* des sogenannten Gallus Anonymus (für die Zeit bis ins frühe 12. Jahrhundert)[23] oder die *Chronica Polonorum* des Vincentius Kadłubek (für die Zeit bis circa 1200)[24].

Welche Probleme diese Überlieferungslage mit sich bringt, zeigt das Beispiel des sogenannten Testaments von Bolesław III. »Schiefmund«. Anders als es die Bezeichnung vermuten lässt, bezieht sich »Testament« nicht auf die Form (im Sinne eines urkundlich bezeugten letzten Willens), sondern den Inhalt: Der Begriff bezeichnet die von Bolesław III. verfügte Nachfolgeregelung, wie sie in der um 1200 entstandenen »Chronik der Polen« des Krakauer Bischofs Vincentius Kadłubek (ca. 1150–1223) beschrie-

den Quellen. Zur Frage der Echtheit einiger schlesischer Urkunden des 13. Jahrhunderts, in: Zeitschrift für Ostforschung 37 (1988), S. 359–375; Heinrich APPELT, Urkundenfälschungen in Schlesien, in: Fälschungen im Mittelalter, Bd. 4: Diplomatische Fälschungen (Schriften der Monumenta Germaniae Historica 33), Hannover 1988, S. 531–573; Josef Joachim MENZEL, Urkundenpublikation und Urkundenforschung in Schlesien, in: MIÖG 79 (1971), S. 156–171. Zur disziplinären Entwicklung vgl. Tomasz JUREK/Krzysztof SKUPIENSKI, Die polnische Diplomatik an der Schwelle zum 21. Jahrhundert. Eine Bilanz, in: AfD 52 (2006), S. 505–516. Zu Siegeln vgl. zudem Zenon PIECH, O średniowiecznej sfragistyce i heraldyce książęcej na Śląsku [= Zur mittelalterlichen Sphragistik und fürstlichen Heraldik in Schlesien], in: Kwartalnik Historyczny 99 (1992), S. 3–25.

22) Vgl. exemplarisch Dominik NOWAKOWSKI, Grundherrschaft und Sozialstrukturen im mittelalterlichen Schlesien. Adlige Eigenwirtschaft im Fürstentum Glogau am Beispiel der Karriere der Ritterfamilie von Rechenberg, in: Potestas et communitas (wie Anm. 18), S. 227–244; DERS., Siedziby książęce i rycerskie księstwa głogowskiego w średniowieczu [= Ritter- und Herzogsburgen des Herzogtums Glogau im Mittelalter], Breslau 2008. Grundlegend zudem Sebastian BRATHER, Siedlungsarchäologie, in: Historische Schlesienforschung (wie Anm. 2), S. 1–28; Andreas RÜTHER, Höfe- und Residenzenforschung, in: ebd., S. 407–430.

23) Kritische Ausgabe: Galli Anonymi Cronicae et gesta ducum sive principum Polonorum, hg. von Karol MALECZYŃSKI (Monumenta Poloniae Historica N. S. 2), Krakau 1952; Übersetzungen: Gallus Anonymus, Gesta principum Polonorum, übers. und kommentiert von Paul W. KNOLL/Frank SCHAER, mit einem Vorwort von Thomas N. BISSON (Central European Medieval Texts 3), Budapest 2003; Gallus Anonymus, Polens Anfänge. Chronik und Taten der Herzöge und Fürsten von Polen, übers., eingeleitet und erklärt von Josef BUJNOCH (Slavische Geschichtsschreiber 10), Graz 1978. Zur Chronik vgl. neuerdings Anna AURAST, Fremde, Freunde, Feinde. Wahrnehmung und Bewertung von Fremden in den Chroniken des Gallus Anonymus und des Cosmas von Prag, Bochum 2019; VERCAMER, Hochmittelalterliche Herrschaftspraxis (wie Anm. 17). Für einen Forschungsüberblick vgl. Eduard MÜHLE, Exul apud vos et peregrinus. Najnowsze badania nad tzw. Gallem Anonimem [= Exul apud vos et peregrinus. Neueste Forschungen zum so genannten Gallus Anonymus], in: Studia Źródłoznawcze 50 (2012), S. 87–96.

24) Die Chronik der Polen des Magisters Vincentius, übers., eingeleitet und hg. von Eduard MÜHLE (Ausgewählte Quellen zur Geschichte des Mittelalters 48), Darmstadt 2014; Writing History in Medieval Poland. Bishop Vincentius of Cracow and the ›Chronica Polonorum‹, hg. von Darius GÜTTNER-SPORZYŃSKI (Cursor Mundi 28), Turnhout 2017.

ben ist[25]. Kadłubek berichtete, dass Bolesław III. angesichts seines nahenden Todes befohlen habe, »[...] Urkunden mit letztwilligen Verfügungen auszustellen, in denen er [seinen] vier Söhnen [Władysław II., Bolesław IV., Mieszko III. und Heinrich von Sandomir] sowohl die Wechsel der angestammten Tugenden als auch die Nachfolge im Königreich vererbt [...]«[26]. Mit Recht lässt sich hier also von einem Versuch zur Kontingenzbewältigung sprechen: Kurz vor seinem Tod versuchte Bolesław III., verbindliche Regelungen für seine Nachfolge zu schaffen und ließ seine (zunächst mündlich verkündeten?) Bestimmungen hierfür verschriftlichen.

Freilich wirft die chronikalische Überlieferung des sogenannten Testaments Fragen auf. Immerhin gibt es neben der Erzählung des Krakauer Bischofs (die zudem mehrere Jahrzehnte nach dem eigentlichen Geschehen entstand) nur wenige weitere Belege für die Verfügung Bolesławs III. und ihren Rechtscharakter. Handelte es sich vielleicht um eine Rechtsfiktion des im Römischen Recht versierten Bischofs Kadłubek[27], deren Relevanz für die territoriale und politische Entwicklung Polens weit geringer war als bisweilen angenommen? Gegen diese Vermutung lassen sich verschiedene Argumente ins Feld führen: in der Langzeitperspektive spätere urkundliche Bestätigungen wie etwa diejenige Papst Innozenz' III. aus dem Jahr 1210[28] oder im unmittelbaren Kontext der Verfügung ihr Entstehungshintergrund (also offenbar der Versuch Bolesławs III., künf-

25) Zur zeitgenössischen Terminologie vgl. Marek Derwich, Testament Bolesława Krzywoustego w polskiej historiografii średniowiecznej, in: Acta Universitatis Wratislaviensis 499/Historia 33 (1980), S. 113–153. Zu Testamenten in Polen vgl. neuerdings Jakub Wysmułek, History of Wills, Testators and their Families in Late Medieval Krakow. Tools of Power (Later Medieval Europe 23), Leiden/Boston 2021.

26) Chronik der Polen (wie Anm. 24), 3. Buch, XXVI,19, S. 278–279, hier S. 278: *Qui dum fatale munus a se iam exigi sentiret, testamentales mandat conscribi codicillos, in quibus et auitarum uices uirtutum et regni successionem quattuor legat filiis* [...]. Vgl. außerdem die klassische Studie von Gerard Labuda, Testament Bolesława Krzywoustego [= Das Testament von Bolesław »Schiefmund«], in: Opuscula Tymienecki septuagenario dedicata, hg. von Antoni Horst, Posen 1959, S. 171–194. Zu Diskussionen führte auch die monographische Studie von Jacek Osiński, Statut Bolesława Krzywoustego [= Das Statut von Bolesław »Schiefmund«], Krakau 2014.

27) Zu den verschiedenen Spielarten von Fiktionen im Recht vgl. Kristin Y. Albrecht, Fiktionen im Recht (Studien zur Rechtsphilosophie und Rechtstheorie 75), Baden-Baden 2020. Albrecht, S. 251, definiert Rechtsfiktionen als »ein Vorstellungsgebilde im Recht, welches von einer ihm übergeordneten Regel des Rechts [...] auf artifizielle Weise abweicht, um damit einen Zweck des Rechts zu erfüllen«. Für eine Diskussion der quellenkritischen Probleme rund um das »Testament« sowie der rechtshistorischen Bezüge bei Kadłubek vgl. Bagi, Divisio Regni (wie Anm. 7), S. 48–76, 222–224.

28) Schlesisches Urkundenbuch [im Folgenden SUB], Bd. 1: 971–1230, hg. von Heinrich Appelt/Josef Joachim Menzel, Köln 1963, Nr. 118, Urkunde vom 9. Juni 1210, S. 87 f. Darin auch die Kurzbeschreibung des Senioratsprinzips: *Significavit nobis dilectus filius nobilis vir* [...] *dux Zlesie, quod cum quondam* [...] *dux Polonie certam dederit singulis filiorum suorum in Polonia portionem, principalem civitatem Cracona maiori natu reservans instituit, ut semper qui esset de ipsius genere prior natu, civitatem teneret eandem, ita quod si maior decederet vel cederet iuri suo, qui post eum de toto genere maior esset, ipsius civitatis possessionem intraret.* Gerade aufgrund des Entstehungskontextes (einer Auseinandersetzung zwischen Leszek dem »Weißen« und Mieszko, vgl. dazu Abschnitt II) hält Bagi die Urkunde jedoch für keinen validen, sondern vielmehr kontaminierten Beleg. Bagi, Divisio Regni (wie Anm. 7), S. 224.

tige Konflikte um Herrschaftszugriff und Erbe zu vermeiden) sowie ihre 1138 praktizierte Umsetzung.

Obgleich sich Vincentius Kadłubek über die konkreten Motive Bolesławs III. ausschweigt, lassen sie sich aus der Darstellung von dessen Regierungszeit und in begrenztem Maße auch aus früheren Prozessen der Herrschaftsübertragung plausibel rekonstruieren. Schon seit Beginn der piastischen Herrschaftsbildung waren, wie Maike Sach betont hat, kontinuierlich »Kämpfe um die Vorherrschaft und/oder die Nachfolge in der Gesamtherrschaft [...] zu beobachten gewesen«[29]. Allgemein verbindliche Regelungen, wie die Herrschaft von einer Person an die nächste zu übertragen war, gab es nicht. Stattdessen wurde die Nachfolge immer wieder situativ ausgehandelt, wobei unterschiedliche Argumente zum Einsatz kamen (zum Beispiel Primogenitur, rechtmäßige Abstammung, Idoneität, Konsens oder Unterstützung der Adeligen)[30]. Eduard Mühle schreibt in diesem Zusammenhang dem Verständnis Polens als eines gemeinsamen dynastischen *patrimonium* besonders große Prägekraft zu: Männliche Vertreter der Piasten hatten als *domini naturales* Anteil an ihm und konnten deshalb Anspruch auf das väterliche Erbe dieses Reichs erheben[31]. Mit welchen konkreten Problemen diese Vorstellung behaftet sein konnte, zeigte sich eindrücklich in den 1130er Jahren, als es zu einem langwierigen und blutrünstigen Konflikt zwischen Bolesław III. und dessen Halbbruder Zbigniew kam, eine Einigung zwischen den Brüdern um die Vorherrschaft in Polen schien nicht möglich. Erst als Bolesław III. seinen Bruder inhaftieren sowie blenden ließ und dieser in der Haft schließlich sein Leben ließ, war der Konflikt (wenn auch auf dem grausamen Weg des Faktischen) zugunsten des Herzogs und seines Machtbereichs geklärt[32]. Bolesław III. hatte also selbst erfahren, wie fragil die Herrschersuk-

29) Maike SACH, Reale und gedachte Ordnung. Regnum als Ordnungskonfiguration in Prozessen der Integration, der Dekomposition und Reintegration im früh- und hochmittelalterlichen Polen, in: Potestas et communitas (wie Anm. 16), S. 143–161.

30) DALEWSKI, Was Herrscher taten (wie Anm. 9). Vgl. zudem Eduard MÜHLE, Die Slawen im Mittelalter zwischen Idee und Wirklichkeit, Wien/Köln 2020, bes. S. 263–283.

31) MÜHLE, Piasten (wie Anm. 8), S. 37 f. Vgl. zudem BAGI, Divisio Regni (wie Anm. 7), bes. S. 217–219, der auf die sukzessiv stärker werdende Verbindung von dynastischer Abstammung beziehungsweise Zugehörigkeit und Wählbarkeit in herrscherliche Positionen verweist, die schließlich zu einer Konzentration auf die *domini naturales* führte (»Candidates who were not members of these dynasties were excluded from the succession process as well«, Zitat S. 218). Wie der Kreis der Herrschaftsberechtigten eingegrenzt oder definiert wurde, ist aus den Quellen nicht immer eindeutig zu rekonstruieren und wird sowohl in Bezug auf Polen als auch andere Reiche Ostmitteleuropas diskutiert. Vgl. dazu (zwar mit Fokus auf Ungarn, aber mit reichen komparativen Perspektiven) BAGI, Divisio Regni (wie Anm. 7), bes. S. 219–228. Vgl. überdies Sławomir GAWLAS, Die Territorialisierung des Deutschen Reichs und die teilfürstliche Zersplitterung Polens zur Zeit des hohen Mittelalters, in: Quaestiones Medii Aevi Novae 1 (1996), S. 25–42.

32) Vgl. dazu die ausführliche Beschreibung in Gallus Anonymus, Gesta principum Polonorum (wie Anm. 23), 3. Buch, XXV, S. 270–281. Vgl. zu dieser Episode sowie insbesondere zur darauffolgenden Bußleistung Bolesławs: Zbigniew DALEWSKI, Boleslaw Wrymouth's Penance and Gallus Anonymous' Chronicle, in: Gallus Anonymous and his Chronicle in the Context of Twelfth-Century Historiography from the Perspective of the Latest

zession in Ermangelung allgemein verbindlicher Regeln war, gerade wenn es mehrere Anwärter auf die Nachfolge gab.

Diese Konstellation war 1138 besonders virulent: Bolesław III. hatte fünf Söhne, von denen bereits vier volljährig waren (Władysław II., Bolesław IV., Mieszko III. und Heinrich von Sandomir, dazu der 1138 geborene Kazimierz II.)[33]. Möglicherweise intendierte der Herzog deshalb eine Normierung der fürstlichen Sukzession. In der chronikalischen Erzählung des Vincentius Kadłubek war die zentrale Bezugsgröße von Bolesławs III. Entscheidung das *regnum*, verstanden als das gesamte Reich der Piasten – in den Worten von Sławomir Gawlas »monopolisierte [sein Beschluss] die Herrschaft des Landes in den Händen der Dynastie«[34]. Dass es sich dabei jedoch keinesfalls um eine einseitige Verfügung, sondern um das Resultat eines Aushandlungsprozesses zwischen Herrscher und politischer Elite des Landes handelte, belegen parallele Quellen aus dem römisch-deutschen Reich wie beispielsweise die Magdeburger Annalen: »In demselben Jahre starb Bolizlaus, der Herzog der Polanen; er hinterließ fünf ihn überlebende Söhne, unter welche er *vor den Bischöfen und Fürsten jenes Landes* seine Erbschaft vertheilte«[35].

Dem Chronisten Kadłubek zufolge verfügte Bolesław III. zur Operationalisierung eine Tetrarchie seiner volljährigen Söhne mit genauen Abgrenzungen, nämlich »dergestalt, dass in den Händen des Ältesten sowohl die Herrschaft über die Provinz Krakau als auch die Oberherrschaft verbleiben sollte. Und wenn diesen das treffen sollte, was menschlich ist, sollte immer das Alter und die Berücksichtigung des Erstgeborenen den Streit um die Nachfolge entscheiden«[36]. Somit sollte nicht nur die Situation unmittel-

Research, hg. von Krzysztof STOPKA, Krakau 2010, S. 125–140, sowie BAGI, Divisio Regni (wie Anm. 7), S. 242 f., 259 f.

33) Magdalena BINIAŚ-SZKOPEK, Dla kogo Śląsk? Konflikty Piastów w drugiej połowie XII wieku [= Wem gehört Schlesien? Konflikte der Piasten in der zweiten Hälfte des 12. Jahrhunderts], in: Opolskie Studia Administracyjno-Prawne 14,4 (2016), S. 25–36, sowie die weiteren Ausführungen.

34) GAWLAS, Erb- und Wahlrecht (wie Anm. 13), S. 673.

35) Eduard WINKELMANN, Die Jahrbücher von Magdeburg (Die Geschichtsschreiber der deutschen Vorzeit 12,12), Berlin 1863, S. 81 f.; Annales Magdeburgenses, hg. von Georg Heinrich PERTZ (MGH SS 16), Hannover 1859, S. 107–196, hier S. 186: *Eodem anno obiit Bolizlaus dux Polanorum, relinquens quinque filios superstites, quibus et divisit hereditatem suam coram episcopis et principibus illius terrae. E quibus Bolizlavus, quia senior erat et gener Conradi regis, ducatum illius terre obtinuit.* Auch in anderen deutschen Annalen finden sich Erwähnungen von Bolesławs III. Verfügung, so etwa in den Annales Palidenses (hg. von Georg Heinrich PERTZ, MGH SS 16, S. 48–98, hier bes. S. 82) oder den Gesta Friderici (Ottonis et Rahewini Gesta Friderici I. imperatoris, hg. von Georg WAITZ und Bernhard SIMSON [MGH SS rer. Germ. 46], Hannover 1912, S. 81). Vgl. dazu auch LABUDA, Testament (wie Anm. 7), S. 180 f.

36) Chronik der Polen (wie Anm. 24), 3. Buch, XXVI,19, S. 278 f.: [...] *certos tetrarchiarum limites disterminans, eatenus ut penes maiorem natu et Cracouiensis prouincie principatus et auctoritas resideret principandi. De quo si quid humanitus obtigisset, semper etatis maioritas et primogeniture ratio litem successionis decideret.*

bar nach seinem Tod geregelt, sondern auch künftige Konflikte verhindert werden: das sogenannte Testament Bolesławs III. verwob prospektiv mehrere Zeitschichten.

Strukturell sahen Bolesławs III. Bestimmungen eine Kopplung von Seniorat, Primogenitur und dem Prinzip intergenerationeller Hierarchie vor: Künftig sollte der älteste männliche Verwandte (in der Chronik als *maior* bezeichnet) die fürstliche Oberherrschaft (den *principatus*) über Polen haben, während die Jüngeren ihm als Junioren unterstellt waren, gleichzeitig aber über eigene Territorien verfügten. Starb der *maior*, dann entschied die beschriebene Kombination aus Alter und Geburtsreihenfolge: So sollte nicht etwa automatisch einfach der älteste Sohn des Verstorbenen nachfolgen, sondern jeweils der älteste männliche Verwandte[37)]. Schon den Zeitgenossen fiel jedoch auf, dass Bolesław III. seinem fünftgeborenen Sohn Kasimir II. keine spezifische Rolle in diesem System zuwies. Befragt, warum er das Kind außen vor lasse, habe der alternde Herzog auf die Frage der Mündigkeit verwiesen: »Denn es ist eine gerechte [Sache], die Anteile der Unmündigen den Vormündern und nicht den Unmündigen anzuvertrauen.« Offenbar wurde also die für das Erbe (hier verstanden im Sinne der Zuteilung von Fürstentümern) in Frage kommende Gruppe auf mündige und regierungsfähige Personen begrenzt, freilich ohne diese Kriterien näher zu explizieren[38)].

Tatsächlich wurde das 1138 entworfene Sukzessionsmodell nach Bolesławs III. Tod zunächst entsprechend dessen Wünschen umgesetzt: Der *principatus* wurde seinem ältesten Sohn Władysław II. als Senior anvertraut, dessen damit verbundene Erhöhung sich Kadłubek zufolge »sowohl durch das Vorrecht der Erstgeburt als auch die Nachfolge im Königreich« ergab[39)]. Neben der Verantwortung für die Einheit unter den Teilfürsten verfügte er, wie Eduard Mühle betonte, fortan über fundamentale Aufgaben, so etwa die »oberste Rechtsprechung, Kriegführung, Pflege der friedlichen Außenbeziehungen, die Investitur der (Erz-) Bischöfe und Einsetzung der wichtigsten weltlichen Amtsträger«[40)]. Territorial gehörte zu seinen Einflussbereichen vor allem Kleinpolen

37) Vgl. dazu auch die Definition bei BARTLETT, Blood Royal (wie Anm. 7), S. 188: »›Seniority‹ describes a rule of succession whereby the position of ruler is transmitted not from father to son but to the next oldest member of the dynasty.« Zur Debatte um die beiden zentralen Prinzipien des »Testaments« (Primogenitur und Alter) vgl. BAGI, Divisio Regni (wie Anm. 7), S. 224 f. sowie (mit vergleichenden Ausführungen) 228–248.

38) Chronik der Polen (wie Anm. 24), 3. Buch, XXVI,21, S. 280 f.: *Cesset ergo inofficiosi querela, equum enim est partes pupillares tutoribus debere mandari non pupillis.* Vgl. zu den Kindheitskonzeptionen in der Chronik Matthew KOVAL, Childhood in Medieval Poland (1050–1300). Constructions and Realities in a European Context (East Central and Eastern Europe in the Middle Ages, 450–1450, 73), Leiden/Boston 2021, bes. Kap. 3.

39) Chronik der Polen (wie Anm. 24), 3. Buch, XXVI,23, S. 280 f.: *Succedit autem patri Wladislaus, tam primogeniture priuilegiis insignis quam regni successione sublimis, set ambitiosus altero, reliquo fastuosus.*

40) MÜHLE, Piasten (wie Anm. 8), S. 40. Vgl. zudem GAWLAS, Erb- und Wahlrecht (wie Anm. 13), S. 673 f., sowie SACH, Reale und gedachte Ordnung (wie Anm. 29), S. 150, die auf die Orientierung dieses territorialen Zuschnitts an »alten Stammesgrenzen« verweist.

mit der bedeutenden Metropole Krakau[41]. Die Junioren erhielten (zumindest sofern sie volljährig waren) eigene Teilgebiete – Schlesien, Großpolen, Masowien oder aber Sandomir. Das garantierte ihnen nicht nur von vorneherein eine Teilhabe an der Herrschaft, sondern in gewisser Weise auch eine Perspektive für einen hierarchischen Aufstieg mit fortschreitendem Alter. Weder bedeutete diese Konstruktion eine Auflösung des *regnum* noch zielte sie darauf. Im Gegenteil, die Vorstellung eines Reiches, für das man gemeinsam Verantwortung trug, hatte weiterhin Bestand. Wiederholt sind dafür Indizien in den herzoglichen *intitulationes* gesucht worden – etwa in den synonymen Bezeichnungen der Fürsten als »Herzog von Polen« (*dux Poloniae*). Sébastien Rossignol hat jedoch jüngst zu Recht darauf hingewiesen, dass sich der Titelgebrauch in herzoglichen Urkunden bereits im 12. Jahrhundert ausdifferenzierte und offenbar je nach Adressatenkreis und Situation gezielt regionale Zugehörigkeiten wie die Funktion als »Herzog von Schlesien« hervorgehoben wurden[42].

II. Konfliktsituationen und Handlungsoptionen im 12. Jahrhundert

Sowohl die Kombination aus Seniorat und Primogenitur als auch das scheinbar paradoxe Verhältnis regnaler Vorstellungen und regionaler Identitäten machen die Senioratsregelung (die es vergleichbar zu dieser Zeit auch in anderen Reichen, etwa Böhmen oder Kiew, gab)[43] für die Untersuchung mittelalterlicher Sukzessionsmodelle zu einem besonders interessanten Fall. Vordringlich scheint zunächst die Frage, ob im Hinblick auf die 1138 intendierte Vermeidung von Erbfolgestreitigkeiten und die Etablierung eines allgemein gültigen Normierungsmodells eine Systematisierung über das Seniorat erfolgreich war. Das lenkt auch den Blick auf das Verhältnis von übergeordneter Geltungskraft und Alltagsrealitäten: Inwiefern nämlich beeinflusste die Senioratsregelung regionale Herrschaftsvorstellungen in den Teilfürstentümern und mithin auch dortige Sukzessionsordnungen? Ebenso ist zu überlegen, ob die Herrschaftsteilung beziehungs-

41) Teresa Rodzińska-Chorąży, Kraków as the Power Center of the Early Piast State, in: Hortus artium medievalium 25 (2019), S. 427–439. Vgl. zudem Gawlas, Erb- und Wahlrecht (wie Anm. 13), S. 675 f., sowie die Beiträge zu Krakau in: On Common Path. Budapest and Kraków in the Middle Ages. Exhibition Catalogue, hg. von Judit Benda, Virág Kiss und Grazyna Lichonczak-Nurek, Budapest 2016.

42) Rossignol, Maiestas principum (wie Anm. 18), S. 99–139. Vgl. außerdem Jurek, Entwicklung eines schlesischen Regionalbewußtseins (wie Anm. 20) sowie Rüther, Landesbewußtsein (wie Anm. 19).

43) Vgl. dazu Bartlett, Blood Royal (wie Anm. 7), S. 189; mit Blick auf Ungarn im vergleichenden Kontext vgl. Bagi, Divisio Regni (wie Anm. 7), S. 228–248; Christian Lübke, Die Familie als Baustein des Herrschaftsprogramms der Rjurikiden. Zeugnisse familiären Bewußtseins in der Kiever Rus' im 11. Jahrhundert, in: Die Familie in der Gesellschaft des Mittelalters, hg. von Karl-Heinz Spiess (VuF 71), Ostfildern 2009, S. 249–273; Janet Martin, Calculating Seniority and the Contests for Succession in Kievan Rus', in: Russian History/Histoire Russe 33 (2006), S. 267–281. Für frühere Beispiele siehe A. H. Merrills, The Secret of my Succession. Dynasty and Crisis in Vandal North Africa, in: Early Medieval History 18,2 (2010), S. 135–159.

weise ihr Niederschlag in der territorialen Verfügungsgewalt eigentlich eine notwendige Folge des Senioratsprinzips war oder vielmehr eine Kompensation von dessen Schwächen. Damit eng verwoben ist schließlich die verfassungsgeschichtliche Bewertung des Senioratsprinzips in der Langfristperspektive: Ist die Scheidung in Teilfürstentümer als Zersplitterung im Sinne einer staatlichen Instabilität oder doch eher als Wegweiser zu einer regionalen Herrschaftsverdichtung zu interpretieren[44]? Oder war das auf Interessenausgleich und Konfliktvermeidung abzielende Senioratsprinzip gar eine »innovationsfeindliche« Variante fürstlicher Sukzession, weil man potentielle Generationenkonflikte prospektiv auszuhebeln versuchte[45]?

Unmittelbar nach Bolesławs III. Tod 1138 realisierte man dessen Maßgaben noch weitgehend: Fortan gab es einen *senior*, der von Krakau aus seine Oberherrschaft gegenüber den Junioren zu behaupten versuchte. Schon bald jedoch wurden die Grundprinzipien dieser Ordnung – der Interessenausgleich und die Integration mehrerer politischer Akteure – auf die Probe gestellt. Bezeichnenderweise geschah das nicht im Kontext dynastischer Kontingenz (also beispielsweise rund um den Tod oder mit Blick auf das nahende Versterben eines Herrschers). Vielmehr testeten akute familiäre Auseinandersetzungen und Konkurrenzen die Belastbarkeit des austarierten Gefüges zwischen dem ältesten und den jüngeren männlichen Verwandten.

So bemühte sich Herzog Władysław II., der als neuer Fürst von Polen und zugleich als Herzog von Schlesien eine Doppelfunktion einnahm, um die Alleinherrschaft über ganz Polen – zum offensichtlichen Missfallen seiner jüngeren Brüder. Konkret waren das Bolesław IV. genannt »Kraushaar«[46], Mieszko III. genannt »der Alte«

44) Dániel Bagi etwa argumentierte in seiner Studie zu Ostmitteleuropa im 11. Jahrhundert plausibel, dass territoriale Aufteilungen eigentlich als Konfliktlösungen konzipiert und etabliert wurden, dann aber ihrerseits zum Ursprung intradynastischer Konflikte wurden; eine *a priori*-Verbindung beider Phänomene lasse sich dagegen nicht nachweisen: BAGI, Divisio Regni (wie Anm. 7), S. 321. Vgl. dazu auch MÜHLE, Piasten (wie Anm. 8), S. 68; SACH, Reale und gedachte Ordnung (wie Anm. 29), S. 153 f.; DALEWSKI, Was Herrscher taten (wie Anm. 9), S. 130 f.; GAWLAS, Die Territorialisierung (wie Anm. 31).

45) Auf die stabilisierende Funktion des Senioratsprinzips verweist etwa LÜBKE, Familie als Baustein (wie Anm. 43), S. 250: »Diese Ordnung [...] war verantwortlich für die angemessene Versorgung und Teilhabe am Herrschaftssystem nicht nur der Nachkommen des jeweiligen Großfürsten selbst, sondern aller Nachkommen des Stammvaters Rjurik.« Zum Ausmaß intergenerationeller Konflikte vgl. außerdem MARTIN, Calculating Seniority (wie Anm. 43).

46) Magdalena BINIAŚ-SZKOPEK, Bolesław IV Kędzierzawy – książę Mazowsza i princeps [= Bolesław IV. »Kraushaar«: Herzog von Masowien und *princeps*], Posen 2009, https://repozytorium.amu.edu.pl/handle/10593/5978 (15.03.2023); DIES., Dzielnica Bolesława Kędzierzawego w testamencie Krzywoustego [= Bolesław »Kraushaars« Erbe im Testament des Bolesław »Schiefmund«], in: Cognitioni gestorum. Studia z dziejów średniowiecza dedykowane Profesorowi Jerzemu Strzelczykowi [= Cognitioni gestorum: Studien zur Mittelalterlichen Geschichte, gewidmet Professor Jerzy Strzelczyk], hg. von Dariusz A. SIKORSKI/Andrzej M. WYRWA, Warschau 2006, S. 301–310.

(1126/27–1202)[47], Kasimir II. genannt »der Gerechte« (1138–1194) und Heinrich von Sandomir († 1166)[48]. Der Anführer in dieser Konstellation war der nächstgeborene Bruder Bolesław IV., der auch im Namen seiner jüngeren Brüder agierte. Das ist insofern bemerkenswert, als er seinem älteren Bruder ja gerade die Vorrang-Stellung streitig machte, die er selbst gegenüber den jüngeren Brüdern beanspruchte. In der ›Chronik der Polen‹ des Vincentius Kadłubek wird der Streit übrigens auf das Betreiben von Władysławs Ehefrau Agnes von Babenberg zurückgeführt[49]. Neben misogynen Bemerkungen des Chronisten ist die Schuldzuweisung allerdings auch deshalb interessant, weil der Chronist Agnes' Engagement mit unterschiedlichen Vorstellungen von erblichen Rechten begründete: Agnes habe ihren Mann »einen Halbfürsten [genannt], ja einen halben Mann, der sich mit dem Viertel-Stückchen eines Morgen Landes zufrieden gibt [und der] so viele Fürsten [neben sich] weibisch erträgt.« »Durch die Schrecklichkeit seiner Ehefrau» habe der »an sich sehr menschliche Fürst« sodann seine Menschlichkeit eingebüßt und den Krieg gegen die jüngeren Brüder eröffnet – mit der Absicht, diese vollständig zu enterben[50].

Trotz des breiten Spektrums an Konflikten, das von militärischen Auseinandersetzungen bis zur Exkommunikation Władysławs II. reichte, kam es in dem Bruderstreit dennoch nicht zu einem grundlegenden Diskurs um die Bolesław'sche Sukzessionsordnung. Auch ist nicht zu erkennen, dass man sich auf eine Autorität einigen konnte (oder wollte?), die den Streit entscheiden sollte und dies auch vermochte. Stattdessen suchten beide Streitparteien Unterstützung, und zwar sowohl im eigenen Land als auch bei den Nachbarn[51]. Bekanntermaßen fand Władysław diese Unterstützung bei Konrad III.,

47) Leszek WETESKO, Zur Stiftungstätigkeit Herzog Mieszkos III. des Alten in Großpolen, in: Monarchische und adlige Sakralstiftungen (wie Anm. 16), S. 347–370.

48) Zum Konflikt vgl. überdies Magdalena BINIAŚ-SZKOPEK, Konflikty w łonie dynastii piastowskiej a wzrost znaczenia możnowładztwa na przykładzie sporów synów Boleslawa Krzywoustego [= Konflikte in der Dynastie der Piasten und der Bedeutungszuwachs des Adels am Beispiel der Auseinandersetzungen zwischen den Söhnen von Bolesław »Schiefmund«], in: Pierwsze polsko-czeskie forum młodych mediewistów: Materiały z konferencji naukowej Gniezno 27–29 września 2005 roku, hg. von Józef DOBOSZ/Jakub KUJAWIŃSKI/Marzena MATLA-KOZŁOWSKA (Publikacje Instytutu Historii 75), Posen 2007, S. 159–172.

49) Zu Agnes' politischem Einfluss und ihrer (kritischen) Bewertung in der Chronistik neuerdings Eduard MÜHLE, The Real and Perceived Influence of Minority Groups in Poland in the Twelfth and Thirteenth Centuries, in: Journal of Medieval History 45,3 (2019), S. 389–404.

50) Chronik der Polen (wie Anm. 24), 3. Buch, XXVI,24, S. 280 f.: *Vocat igitur uirum semiprincipem, immo semiuirum, qui quarta unius iugeris contentus portiuncula, tot plus quam principes muliebriter sustineat. Quia uero sine diffi cultate perorat, qui imperat, promptissime uiri animum inclinat. Itaque princeps in se humanissimus uxoris atrocitate ab humanitate desciscit.* Zu Darstellungen von Kindheit und Jugend in der ›Chronik‹ siehe auch KOVAL, Childhood (wie Anm. 38), S. 48–72.

51) So deutet etwa Marian Dygo einen Brief des Krakauer Bischofs Matthäus als Indiz, dass offenbar mit dem Gedanken gespielt wurde, den berühmten Bernhard von Clairvaux als Vermittler einzuschalten: Marian DYGO, Wokół listu biskupa krakowskiego Mateusza do Bernarda, opata Clairvaux [= Zu dem Brief des Bischofs Mat-

mit dem er über seine Gemahlin Agnes von Babenberg verwandt war[52)]. Das folgende Engagement Konrads III. und wenig später das seines Nachfolgers Friedrich Barbarossa zugunsten des Herzogs von Schlesien ist in der älteren Forschung verschiedentlich als Ausdruck eines imperialen Herrschaftsanspruchs gegenüber Polen beziehungsweise Schlesien interpretiert worden. Zbigniew Dalewski und Knut Görich haben zuletzt jedoch plausibel dafür argumentiert, dass verwandtschaftliche Vertrauensverhältnisse und regionale Allianzen ausschlaggebend für die Kooperation von König beziehungsweise Kaiser und Herzog waren[53)]. So oder so: Eine Einigung zwischen Władysław II. und seinen Brüdern gelang nicht. Vielmehr eignete sich Bolesław IV. »Kraushaar« – in Missachtung der väterlichen Sukzessionsplanung, wohl aber in Achtung des Senioratsprinzips – den *principatus* an; der schlesische Herzog Władysław II. musste endgültig ins Reich fliehen, wo er 1159 verstarb[54)].

Obgleich sich die Auseinandersetzung längst von dem Streit um die fürstliche Oberherrschaft zu einem Disput um das Teilfürstentum Schlesien verlagert hatte, war sie mit dem Tod Władysławs »des Vertriebenen« nicht beendet. Nun beanspruchten nämlich seine Söhne das väterliche Erbe in Schlesien. Mutmaßlich auf den militärischen und politischen Druck Friedrich Barbarossas hin lenkte der neue polnische Fürst, Bolesław IV. »Kraushaar«, vier Jahre nach dem Tod seines Bruders (1163) schließlich ein und gab seinen Neffen Schlesien zurück[55)]. Schenkt man der ›Chronik der Polen‹, die ausführlicher über diese Zusammenhänge berichtet, Glauben, dann entspann sich nun so etwas wie eine juristische Auseinandersetzung: Bolesław IV. »Kraushaar« nämlich habe den Neffen Schlesien »als Zeichen der Gnade« und »als Trost für den Verlust der Eltern« zugestanden. Diese jedoch behaupteten, »dass sie die besagte Provinz nicht als Ge-

thäus von Krakau an Bernhard, den Abt von Clairvaux], in: Europa barbarica, Europa christiana. Studia mediaevalia Carolo Modzelewski dedicate, hg. von Roman Michałowski, Warschau 2008, S. 47–58.

52) Jürgen Dendorfer, ›Aus dem Geschlecht König Konrads‹/›De genere regis Cůnradi‹ – Die Familie König Konrads III. und die frühen Staufer, in: Konrad III. (1138–1152). Herrscher und Reich, Göppingen 2011, S. 25–45.

53) Vgl. dazu Zbigniew Dalewski, Polnische Herzöge und das Reich im 12. Jahrhundert, in: Verwandtschaft – Freundschaft – Feindschaft (wie Anm. 15), S. 149–176, hier bes. S. 156–158; Knut Görich, Friedrich Barbarossa. Eine Biographie, München 2011, bes. S. 262–264.

54) Auch Eduard Mühle verweist darauf, dass die Vertreibung Władysławs II. keinesfalls eine Infragestellung des Senioratsprinzips bedeutet habe; vielmehr sei die Entmachtung des Fürsten von den beteiligten Adeligen und Klerikern als legitime Widerstandsmaßnahme verstanden worden. Vgl. dazu Eduard Mühle, Der polnische Episkopat im Alexandrinischen Schisma (1159–1177), in: Verwandtschaft – Freundschaft – Feindschaft (wie Anm. 15), S. 247–282.

55) Vgl. dazu beispielsweise die Schilderung im Chronicon Polono-Silesiacum, hg. von Wilhelm Arndt (MGH SS 19), Hannover 1866, S. 553–570, hier S. 562: *Quorum matre defuncta et in Porta sepulta, Boleslaus monarchus orphanos colligit et eis patrimonium Slesie concedit. Tandem hii duo fratres, Boleslaus et Mesico, municipia preparantes a patruo monarchiam repetunt. Quos cum iuri primogeniture abrenunciasse allegaret, multociens cum illis pugnavit sed minus valuit, cum municipiorum et armatorum Teuthonicorum fulciretur presidio.*

schenk, nicht zu Lehen, sondern als rechtmäßige Erben, nämlich in rechtmäßiger Nachfolge erworben hätten. Ja sie verlangen, sich Rückkehrern gleichstellend, die Wiedereinsetzung in ihr Heimkehrerrecht.« Dieses Ansinnen habe Bolesław IV. »Kraushaar« jedoch mit dem Hinweis darauf abgewiesen, dass beide Neffen mit der Rückkehr nach Schlesien auf ihr Restitutionsrecht verzichtet hätten (eine Lesart, die sich leicht verändert auch im zitierten *Chronicon Polono-Silesiacum* findet). Und obgleich sich in dieser Passage verschiedene Zitate aus beziehungsweise Anlehnungen an das *Corpus Iuris Civilis* oder das *Decretum Gratiani* finden, scheint der Chronist Kadłubek keinen Gerichtsprozess beschrieben, sondern vielmehr eine politische Aushandlung mit juristischem Vokabular ausgeschmückt zu haben[56].

In der väterlichen Tradition Władysławs »des Vertriebenen« regierte ab 1163 ein weiterer Bolesław (genannt »der Lange«) als Herzog über Schlesien; das Verhältnis zum polnischen *senior* schien befriedet. Wie bedeutsam seine herzogliche Position war, zeigt eine Urkunde aus dem Jahr 1175, mit der Bolesław I. das von ihm gegründete Kloster Leubus in seinen Schutz nahm[57]. Darin verwendete er die Bezeichnung *dux Zlesie*, die sich auch auf dem anhängenden Wachssiegel findet. Es zeigt ein Standbild des Herzogs, der einen Helm und ein erhobenes Schwert trägt. Dabei handelt es sich um die erste urkundliche Verwendung dieses Titels, und zu Recht ist deshalb vermutet worden, dass der Rang des Herzogs begrifflich wie visuell von dem des polnischen *senior* abgegrenzt werden sollte[58].

Diese selbstbewusste Darstellung als »Herzog von Schlesien« fiel bezeichnenderweise in eine Zeit, die längst wieder von innerfamiliären Auseinandersetzungen geprägt war. Über Ursachen und Verlauf lässt sich aufgrund der dürftigen Quellenlage nur mutmaßen: Offenbar hatte sich Bolesław »der Lange« in seiner Funktion als Herzog von Schlesien nicht nur mit seinen Brüdern, sondern auch mit Jarosław, seinem Sohn aus erster Ehe, überworfen. Wieder einmal erwiesen sich die Verbindungen ins Reich und Allianzen mit dem Kaiser als tragfähig: Bolesław »der Lange« floh zu Friedrich Barba-

56) Chronik der Polen (wie Anm. 24), 3. Buch, XXIX,9, S. 290 f.: *Pene siquidem in ipso ingressus uestibulo non donationis, non beneficii titulo, set heredibus utpote legitimis successione legitima dictam sibi accessisse prouinciam asserunt Wladislaide. Immo ad similitudinem subliminio reuersorum, iure postliminii restitutionem petunt. Submouetur illorum intentio transactionis exceptione. ‚Renuntiastis, inquit princeps, hac in parte iuri uestro, cum sit iuris exploratissimi omnibus licere, [his] que pro se introducta sunt, renuntiare.* Vgl. auch die Einleitung zur Chronik, bes. S. 59 f.; vgl. zu Rechtsreflexionen in der Chronik zudem ausführlich Zénon Kałuża, Vincentius's Chronicle and Intellectual Culture of the Twelfth Century, in: Writing History (wie Anm. 24), S. 139–174; vgl. darüber hinaus erneut Bagi, Divisio Regni (wie Anm. 7), S. 222–224.

57) SUB 1 (wie Anm. 28), Nr. 45, S. 26–29. Zu Kloster Leubus vgl. Waldemar P. Könighaus, Die Zisterzienserabtei Leubus in Schlesien von ihrer Gründung bis zum Ende des 15. Jahrhunderts (Deutsches Historisches Institut Warschau Quellen und Studien 15), Wiesbaden 2004.

58) Abb. Nr. 3, S. 256, in: Zenon Piech, Studia nad legendą pieczęci Piastów [= Studien zu den Siegeln der Piasten], in: Sfragisticznij Soricznik 6 (2016), S. 205–264, hier S. 256. Vgl. dazu auch Rossignol, Maiestas principum (wie Anm. 18), S. 99 mit weiteren Hinweisen auf Forschungsliteratur.

rossa und kehrte erst zurück, als der polnische *senior* auch auf kaiserlichen Druck hin eine pragmatische Lösung gefunden hatte: Bolesław »der Lange« musste seine Herrschaft über Schlesien fortan teilen. Er selbst behielt das Gebiet rund um Breslau, während Ratibor und Oppeln an den Bruder Mieszko I. (genannt »Humpelbein«, † 1211) und den Sohn Jarosław († 1201) gingen – seit den 1170er Jahren war das Teilfürstentum Schlesien damit in drei separate Entitäten getrennt[59]. Im Grunde war diese Aufgliederung eine Fortführung der Kernidee des Seniorats, wonach der situative Interessenausgleich (auch in Form territorialer Zuweisungen) potentiellen Konflikten entgegengestellt werden sollte. Der Umgang mit der fürstlichen Sukzession bewegte sich im 12. Jahrhundert in Schlesien folglich im Spannungsfeld zwischen Einheitsstreben (erkennbar an der schlesischen *Intitulatio*) und Kompensationsversuchen: »Ein Verzicht auf Teilungen« – so bilanzierte Andreas Rüther treffend – »festigte zwar die Herrschaft von Erstgeborenen, doch minderte er die innerfamiliäre Gerechtigkeit. Persönliche Wünsche erbberechtigter Brüder standen dem Streben nach Unteilbarkeit und Landeseinheit entgegen«[60].

Aber nicht nur in Schlesien, auch in Polen offenbarten sich gegen Ende des 12. Jahrhunderts die Belastbarkeitsgrenzen des Seniorats: 1177 nutzte ein oppositioneller Kreis polnischer Adeliger die herzogliche Vielzahl zu seinen Gunsten[61]. Sie vertrieben den regierenden *senior* (Mieszko III., genannt »der Alte«) und riefen an seiner Stelle dessen kleinen Bruder – Kasimir II. »den Gerechten« – zum *monarcha* aus, wie die polnisch-schlesische Chronik zu berichten weiß[62]. Dieser Putsch bedeutete einen klaren Bruch mit dem bisherigen Senioratssystem, überging man doch die Tatsache, dass es noch lebende ältere Verwandte gab, zugunsten eines jüngeren Wunschkandidaten[63]. Kasi-

59) Tomasz SADOWSKI, Książęta opolscy i ich państwo, Breslau 2001, S. 21–38 (zu Mieszko), hier bes. 24 f.

60) Andreas RÜTHER, Die schlesischen Fürsten und das spätmittelalterliche Reich, in: Principes. Dynastien und Höfe im späten Mittelalter, hg. von Cordula NOLTE/Karl-Heinz SPIESS/Ralf-Gunnar WERLICH (Residenzenforschung 14), Stuttgart 2002, S. 33–62, Zitat S. 39.

61) Siehe dazu auch die kritischen Überlegungen zum Sammelbegriff des »Adels« bei: Eduard MÜHLE, Czym były elity społeczne wczesnego średniowiecza? Próba zdefiniowania świeckiego możnowładztwa polskiego pierwszej połowy XII w. [= Wer waren die sozialen Eliten des frühen Mittelalters? Versuch einer Definition der weltlichen Adeligen in der ersten Hälfte des 12. Jahrhunderts], in: Historia Slavorum Occidentis 28,1 (2021), S. 55–83.

62) Chronicon Polono-Silesiacum (wie Anm. 55), S. 562: *Illi ergo ad Kasmirum confugentes, eum in presidium Cracovie introducunt et monarcham constituunt.* Zum Kontext vgl. ausführlich Marek SMOLIŃSKI, Dyplomacja księcia Mieszka III. Starego w dobie zamachu stanu z lat 1177–1180/1181 [= Die Diplomatie von Fürst Mieszko III. dem Alten in der Zeit des Staatsstreiches von 1177–1180/1181], in: Średniowiecze polskie i powszechne 3 (2004), S. 32–67.

63) Unter den »Rebellen« befand sich auch ein Sohn des geschassten *Seniors*. Zum intergenerationellen Konflikt vgl. KOVAL, Childhood (wie Anm. 38), S. 60–62, sowie die ausführliche (freilich parteiische) Beschreibung in: Chronik der Polen (wie Anm. 22), 4. Buch, VI, S. 322–327. Siehe dazu Grischa VERCAMER, Vorstellung von Herrschaft bei Magister Vincentius von Krakau (um 1150–1223), in: Macht und Spiegel der Macht. Herrschaft

mir II. baute im Laufe der nächsten Jahre seine Position strategisch klug und vor allem zu eigenen Gunsten aus. Bei einer 1180 in Łęczyca abgehaltenen Synode sprach Kasimir der Kirche weitreichende Immunitäten und Privilegien zu[64]. Offenbar kam es im Rahmen dieser Versammlung auch zu einer Anerkennung seiner Oberherrschaft – das jedenfalls legt eine Bulle Alexanders III. nahe, in der dieser 1181 Kasimirs Beschlüsse bestätigte und den Piasten als anerkannten Herzog von Polen bezeichnete[65].

In Polen wurde die Oberherrschaft von Kasimir II. zwar *de facto* akzeptiert, keinesfalls galt jedoch sein Vorrang als *dauerhaft* etabliert. Im Gegenteil: Dass die Idee des Seniorats – auch wenn sie durch den Umsturz des Jahres 1177 konterkariert worden war – im politischen Diskurs fest verankert blieb, zugleich aber hoch umstritten war, zeigen die folgenden Entwicklungen. 1194 nämlich starb Kasimir II. und erneut stellte sich die Frage der Sukzession. Der Logik des Seniorats folgend hätte die fürstliche Oberherrschaft an den von Kasimir seinerzeit gestürzten Mieszko II. »den Alten« als ältestes männliches Familienmitglied gehen müssen; eine Gruppe von Adeligen rund um Pełka/Fulko (1186–1207), den Bischof von Krakau, votierte jedoch dafür, die Rolle des *princeps* dem ältesten (freilich noch minderjährigen) Sohn des Verstorbenen zuzubilligen[66].

Eine beachtenswerte Beschreibung dieser Auseinandersetzung findet sich in der ›Polnisch-Schlesischen Chronik‹, die gegen Ende des 13. Jahrhunderts im Zisterzienserkloster Leubus entstand[67]. Sie berichtet, dass der Krakauer Bischof den Sohn Ka-

in Europa im 12. und 13. Jahrhundert vor dem Hintergrund der Chronistik, hg. von Norbert KERSKEN/Grischa VERCAMER (Deutsches Historisches Institut Warschau. Quellen und Studien 37), Wiesbaden 2013, S. 309–339.

64) Eduard MÜHLE, Der polnische Episkopat (wie Anm. 54); Aleksander GIEYSZTOR, Nad statutem Łęczyckim 1180 r: odnaleziony oryginał bulli Aleksandra III z 1181 r [= Zum Statut von Łęczyca aus dem Jahr 1180: Das wiederaufgefundene Original der Bulle Alexanders III. aus dem Jahr 1181], in: Księga pamiątkowa 150-lecia Archiwum Głównego, Warschau 1958, S. 181–207; Jan ADAMUS, O mniemanej łęczyckiej ustawie sukcesyjnej roku 1180 [= Über das angebliche Erbschaftsgesetz aus Łęczyca im Jahr 1180], in: Collectanea Theologica 17/1–2 (1936), S. 183–206.

65) Vgl. dazu DALEWSKI, Polnische Herzöge (wie Anm. 53), bes. S. 151 mit zahlreicher weiterführender Literatur. Zur Unterstützung Kasimirs durch führende Geistliche wie den Erzbischof von Gnesen und den Bischof von Krakau vgl. Eduard MÜHLE, Sakralstiftungen von Herzögen und Großen im piastischen Polen. Forschungsgeschichtliche Kontexte und mittelalterliche Zusammenhänge, in: Monarchische und adlige Sakralstiftungen (wie Anm. 16), S. 7–36, hier bes. S. 19.

66) Zur Politik des Krakauer Bischofs vgl. zuletzt Jacek MACIEJEWSKI, Biskup krakowski Pełka a bita nad Mozgawą w 1195 roku, in: Kwartalnik Historyczny 124,3 (2017), S. 411–438, http://kh-ihpan.edu.pl/images/KH2017-3/01_Maciejewski.pdf (15.03.2023).

67) Norbert KERSKEN, Von individueller Themenvielfalt zu systematischer Methodenreflexion. Die Erschließung nichturkundlicher Quellen als Ausgangspunkt mediävistischer Forschung in Schlesien vor 1914, in: Epochen –Themen – Methoden. Geschichtsschreibung in Schlesien vom späten 18. Jahrhundert bis 1914, hg. von Joachim BAHLCKE/Roland GEHRKE (Neue Forschungen zur Schlesischen Geschichte 30), Köln 2021, S. 33–72, bes. S. 51; Wojciech MROZOWICZ, Die Polnische Chronik (Polnisch-Schlesische Chronik) und die Chronik der Fürsten Polens (Chronica principum Poloniae) als Mittel zur dynastischen Identitätsstiftung der schlesischen Piasten, in: Legitimation von Fürstendynastien (wie Anm. 17), S. 249–262.

simirs II., Leszek (1186/87–1227, genannt »der Weiße«), zum *monarcha* ausgerufen habe und dies von allen Seiten bestätigt worden sei; einzig bezüglich der Ansprüche des zweiten Sohnes Kasimirs II. hätten Bedenken bestanden – was zunächst einmal auf eine allgemeine Akzeptanz der herzoglichen Primogenitur schließen lässt[68]. Daraufhin habe sich jedoch Mieszko »der Alte« vor den Anwesenden zornig auf den Boden geworfen: Die fürstliche Majestät werde, so argumentierte er, durch die Regierung eines Kindes verspottet und wie er gänzlich zu Boden geworfen; die Anwesenden sollten deshalb sofort die Einsetzung Leszeks rückgängig machen und stattdessen ihn selbst anerkennen, immerhin sei er älter und als älterer Bruder des Verstorbenen eher zur Herrschaft berechtigt. Listig habe er sodann auf die Mutter des knapp siebenjährigen Knaben eingewirkt und so immerhin erreicht, dass er zum Vormund des jungen Leszek eingesetzt wurde[69].

Zwei Aspekte bedürfen einer gesonderten Erwähnung: 1. Bewusst spielt der Text mit dem Altersunterschied zwischen dem *senex* Mieszko und dem *infantulus* Leszek (der übrigens in der gesamten Szene nicht eigenständig in Erscheinung tritt). In ungleich größerer Ausführlichkeit, allerdings ohne den Appell an die Mutter, findet sich diese Episode auch in der ›Chronik der Polen‹ des Vincentius Kadłubek: Hier kommentiert Mieszko III. die Entscheidung für seinen Neffen als lächerlich und interpretiert sie als Infantilität alter Männer. Matthew Koval hat herausgearbeitet, dass der Chronist einerseits Kindheit beziehungsweise Jugend mit mangelnder politischer Eignung gleichsetzt, andererseits das Argument des kindlichen Verhaltens aber mittels einer rhetorischen Inversion auch gegen seine politischen Opponenten wendet[70]. Trotz unterschiedlicher Akzentsetzungen beinhalten beide chronikalischen Darstellungen damit eine nicht nur

68) Ausführlich zu diesem Kontext: Zbigniew DALEWSKI, Ritual im Wandel. Herzogserhebungen der polnischen Herrscher um die Wende vom 12. zum 13. Jahrhundert, in: Ritualisierung politischer Willensbildung. Polen und Deutschland im hohen und späten Mittelalter, hg. von Wojciech FAŁKOWSKI/Bernd SCHNEIDMÜLLER/Stefan WEINFURTER (Quellen und Studien. Deutsches Historisches Institut Warschau 24), Wiesbaden 2010, S. 79–99; DERS., The Knighting of Polish Dukes in the Early Middle Ages: Ideological and Political Significance, in: Acta Poloniae Historica 80 (1999), S. 15–43, https://rcin.org.pl/ihpan/dlibra/publication/42435/edition/25362/content?ref=struct (15.03.2023).

69) Vgl. die Beschreibung in Chronicon Polono-Silesiacum (wie Anm. 53), S. 563: *Hoc defuncto statim Fulco, episcopus Cracovie, principem pronunciat Lesticonem, filium eius primogenitum, monarchum Cracovie, aliis acclamentibus, aliis per pretencionem iuventutis renitentibus, sed pars episcopi prevaluit. Fuit autem alter filius Casmiri, Conradus nominue, cui cessit in sorte Cuiavia et Mazovia. Quibus auditis consternitur, animo ille senex Mesico et indignanti animo humi prosternitur, ait enim non tam suum se apud illos dolere contemptum, quam super excellentem tante dignitatis maiestatem, sub infantuli gubernamine, prostratam ludibrio. Unde Cracoviensibus mandate ut resipiscant, Lesticonem ammoveant et se seniorem etate ac primogeniture principem agnoscant, alioquin gladium bellicum experiri habeant. Sed dum nil proficeret, callide a matre puerorum dolosis suasionibus obtinet, ut saltem tamquam tutor pupillorum ad honestatem ipsius senii sibi monarchie gubernacio credatur, et sic bona voluntate Lesconi honorem primatus decipitur.*

70) Chronik der Polen (wie Anm. 2), 4. Buch, XXII,1, S. 382 f. Ausführlich dazu KOVAL, Childhood (wie Anm. 38), S. 64–67.

in inhaltlicher, sondern auch in semantischer Sicht konsequente Modellierung des von Mieszko III. (nur temporär erfolgreich) eingeforderten Seniorats.

Als der Senior 1202 starb, markierte dies faktisch das Ende der Senioratsordnung. Sowohl Mieszko »dem Alten« in Krakau als auch dem kurz vorher verstorbenen Herzog Bolesław »dem Langen« von Schlesien folgten die ältesten Söhne nach; und trotz unterschiedlicher Versuche sollte es keinem der Anwärter mehr gelingen, dauerhaft eine anerkannte Oberherrschaft über ganz Polen zu etablieren. Das heißt freilich nicht, dass das Seniorat aus der Vorstellung der Zeitgenossen verschwunden wäre. Wenn etwa 1210 Innozenz III. im Zuge solcher Konkurrenzen urkundlich zugunsten der schlesischen Herzöge bestätigte, dass die Maßgaben von 1138 nach wie vor Gültigkeit besäßen[71)], dann zeugte das von einem ungebrochenen Bewusstsein dieses Sukzessionsmodells.

Dennoch schien die Senioratsidee in der Realität des frühen 13. Jahrhunderts nicht mehr durchsetzbar. Polen war (und blieb) in fünf Teilfürstentümer geteilt: in die beiden schlesischen Herzogtümer Breslau und Oppeln-Ratibor, die Herzogtümer Krakau-Sandomir, Großpolen sowie Masowien. Diese Unterteilung beruhte auf geradlinigen innerfamiliären Erbfolgen in den Teilfürstentümern einerseits und auf flankierenden vertraglichen Einigungen andererseits. 1201 beispielsweise war es Mieszko I. (genannt »Humpelbein«) gelungen, die Gebiete in Oppeln und Ratibor zu einem Territorium zusammenzuführen. Um dieser Maßnahme langfristige Geltung zu verschaffen, schloss Mieszko mit Heinrich I. (1167/74–1238), dem Herzog im Breslauer Teilfürstentum, einen Vertrag, der zudem päpstlich bestätigt wurde: Gegenseitig erkannten die Vertragspartner ihren Besitzbestand an und schlossen überdies potentielle Erbansprüche für die Zukunft aus[72)].

2. Im Kontext des Sukzessionskonflikts von 1194 dokumentiert die polnisch-schlesische Chronik auf gleich zwei Ebenen eine innerfamiliäre Modellierung von Rechtsansprüchen: Die Vormundschaft eines volljährigen männlichen Familienmitglieds über einen minderjährigen Verwandten einerseits; und die situative Partizipation bezie-

71) SUB 1 (wie Anm. 28), Nr. 118, Urkunde vom 9. Juni 1210, S. 87 f. Darin auch die Kurzbeschreibung des Senioratsprinzips entsprechend der Initiative des schlesischen Herzogs (offenbar Heinrichs I., der sich für Mieszko I. »Humpelbein« einsetzte): *Significavit nobis dilectus filius nobilis vir* [...] *dux Zlesie, quod cum quondam* [...] *dux Polonie certam dederit singulis filiorum suorum in Polonia portionem, principalem civitatem Cracona) maiori natu reservans instituit, ut semper qui esset de ipsius genere prior natu, civitatem teneret eandem, ita quod si maior decederet vel cederet iuri suo, qui post eum de toto genere maior esset, ipsius civitatis possessionem intraret.*

72) SUB 1 (wie Anm. 28), Nr. 80 (Bestätigung des Vertrages zwischen Heinrich I. und Mieszko durch Innozenz III., 1202 November 25), S. 52 f., hier S. 52: *Sane in audientia nostra fuit ex tua parte propositum, quod inter te ac nobilem virum Mesconem patruum tuum talis compositio intervenit, quod acceptis mille marcis argenti, quas ipsi solvisti, contentus esset castris et terra, que compositionis tempore detinebat, nec ullo tempore ad aliquam partem terre vel castra, que titulo successionis paterne tenebas, aspiraret ullatenus aut te vel filium tuum in posterum molestaret*, sowie ebd., Nr. 81, S. 53 (päpstliches Mandat an den Erzbischof von Gnesen sowie weitere Bischöfe zur Einhaltung dieses Vertrags).

hungsweise den grundsätzlichen Handlungsspielraum der Mutter eines solchen Kindes andererseits[73].

III. Dynastie und Vormundschaft: Regentinnen im 13. Jahrhundert

Fürstinnen, die Regentschaftsaufgaben für ihre minderjährigen Kinder oder Geschwister übernahmen, waren im hochmittelalterlichen Polen keine Seltenheit – auch wenn die Forschung diesem Phänomen lange Zeit kaum oder nur in ausgewählten Fallstudien Aufmerksamkeit geschenkt hat[74]. Eine wichtige Zäsur markieren deshalb die Studien von Gregorz Pac zu den Frauen der Piasten-Dynastie bis zum 12. Jahrhundert (2013), von Sébastien Rossignol zu Urkunden von Herz*ö*gen und Herzoginnen (2019) sowie von Agnieszka Teterycz-Puzio zu piastischen Regentinnen (2016)[75]. In ihrer vergleichenden Analyse identifizierte Teterycz-Puzio für den Zeitraum vom 12. bis zum 14. Jahrhundert mehr als ein Dutzend Fürstinnen, die ausweislich urkundlicher Quellen, Siegeln, chronikalischer oder hagiographischer Beschreibungen als Regentinnen wirkten. Diesen quantitativ signifikanten Umstand führte sie strukturell auf die 1138 etablierte Senioratsordnung und die daraus folgende Aufgliederung Polens in verschiedene Teilfürstentümer zurück. Im Kontext zunehmender politischer Konkurrenz und Instabilität konnte sich, so konstatiert Teterycz-Puzio, die Regentschaft von Fürstinnen als alternative Herrschaftsform entwickeln und dauerhaft etablieren[76].

Noch markanter als bei der Untersuchung der Handlungsspielräume männlicher Akteure offenbart sich indes in Bezug auf die Handlungsspielräume von Fürstinnen die

73) Vgl. Gawlas, Erb- und Wahlrecht (wie Anm. 13), S. 669, der darauf hinweist, dass Sobociński, Historia rządów (wie Anm. 11), unter Verweis auf den Umbruch von 1194 »das erstmalige Auftauchen einer auf den Grundsatz der Erblichkeit gestützten Vormundschaftsregierung in der Krakauer Senioratsprovinz« belegte.

74) Vgl. dazu die klassische Untersuchung von Sobociński, Historia rządów (wie Anm. 11); vgl. zudem die Ausführungen bei Burkhardt, Selbstverständnis (wie Anm. 1). Die folgenden Ausführungen in diesem Abschnitt fassen die darin entwickelten Thesen bei Übernahme ausgewählter Passagen komprimiert zusammen.

75) Gregorz Pac, Kobiety w dynastii Piastów, Toruń 2013; engl. Übersetzung: Ders., Women in the Piast dynasty. A comparative study of Piast wives and daughters (c. 965–c. 1144) (East Central and Eastern Europe in the middle ages 80), Leiden/Boston 2022; Rossignol, Maiestas principum (wie Anm. 18); Agnieszka Teterycz-Puzio, Piastowskie księżne regentki o utrzymanie władzy dla synów koniec XII w. – początek XIV w., Krakau 2016.

76) Agnieszka Teterycz-Puzio, Regency of Piast Duchesses – Mother`s Government on Their Behalf, in: Prawa kobiet dawniej i dziś. W 100-lecie nadania praw wyborczych kobietom w Polsce [= Frauenrechte damals und heute. Zum 100-jährigen Jahrestag der Gewährung des Frauenwahlrechts in Polen], hg. von Ders./Wanda Kamińska/Patrycja Osińska, Słupsk 2020, S. 9–18, vgl. beispielsweise S. 10: »Hence, the continuity of government was menaced and a fear of removing minor sons from power as a follow-up of their father's sudden death aroused. Consequently, a system was introduced, which prescribed that in the case of a duke's premature death and the minority of his successor, power would be transferred to the mother, who would sometimes rule with the help of her husband's cousins.«

Überlieferungsproblematik: Zahlreiche Chronisten beispielsweise erwähnen Frauen und ihre Rolle in Sukzessionskonflikten nur am Rande oder aber in negativem Licht – erinnert sei an die bereits erwähnte Darstellung der Agnes von Babenberg; bisweilen unterliegt deshalb auch die Forschung, die sich maßgeblich auf narrative oder hagiographische Quellen stützt, zeitgenössischen Stereotypen[77]. Dennoch lohnt ein Blick auf die etwas besser dokumentierten Fälle, um die Frage nach genderspezifischen Handlungsspielräumen bei Nachfolgestreitigkeiten in die Diskussion einzubringen[78].

Ein solcher Fall führt in das Herzogtum Oppeln-Ratibor. Zur Erinnerung: Dieses schlesische Fürstentum war durch die Teilungen der 1170er Jahre entstanden, die Folge eines Abkommens zwischen Bolesław »dem Langen« und seinem Bruder beziehungsweise Sohn waren. Unterschied man anfangs noch zwischen drei Entitäten (Schlesien-Breslau, Oppeln und Ratibor), so wurden Oppeln und Ratibor ab 1201 unter der Herrschaft Mieszkos I. vereint. In den Jahrzehnten seit der ersten (Drei-)Teilung waren zumeist Söhne ihren Vätern auf den Herzogsthron nachgefolgt. Auf diese Weise wurde im Jahr 1211 auch Kasimir I. in der Nachfolge seines Vaters Mieszko I. Herzog von Oppeln-Ratibor, wo er bis zu seinem Tod (1229 oder 1230) herrschte[79]. Kasimir war mit Viola verheiratet, über deren Herkunft von dem spätmittelalterlichen Chronisten Jan Długosz (1415–1480) folgend gemutmaßt wurde, sie sei eine bulgarische Prinzessin[80]. Gemeinsam hatte das Paar zwei Kinder: die in den 1220er Jahren geborenen Söhne Mieszko II. und Władysław, die beim Tod des Vaters mithin noch minderjährig waren[81].

Eine denkbare Option schien in dieser Situation zunächst die Übernahme der Vormundschaft durch den ältesten männlichen Verwandten der anderen schlesischen Fa-

77) Tracy ADAMS, Powerful Women and Misogynistic Subplots: Some Comments on the Necessity of Checking the Primary Sources, in: Medieval Feminist Forum. A Journal of Gender and Sexuality 51,2 (2016), S. 69–81, https://doi.org/10.17077/1536-8742.2038 (15.03.2023); Martina HARTMANN, Sage – Klischee – Fiktion? Zum Bild der merowingischen Königinnen in den frühmittelalterlichen erzählenden Quellen, in: Kulturelles Gedächtnis und interkulturelle Rezeption im europäischen Kontext, hg. von Ewa DEWES/Sandra DUHEM, Berlin 2008, S. 23–32.

78) Erste Überlegungen dazu bei Sébastien ROSSIGNOL, Femmes et pouvoir (wie Anm. 12).

79) SADOWSKI, Książęta opolscy (wie Anm. 59), bes. S. 39–48.

80) Zur Biographie vgl. Władysław DZIEWULSKI, Bułgarka księżną opolską, in: Śląski Kwartalnik Historyczny Sobótka 24 (1969), S. 159–170, sowie neuerdings TETERYCZ-PUZIO, Piastowskie księżne regentki (wie Anm. 73), bes. S. 137–152; vgl. außerdem (mit weiteren Literaturhinweisen) BURKHARDT, Selbstverständnis (wie Anm. 1) und ROSSIGNOL, Maiestas principum (wie Anm. 18), S. 41 f. Zur politischen Relevanz ihrer Abstammung vgl. zudem Gábor BARABÁS, Prinz Koloman und Herzogin Viola von Oppeln. Beitrag zu einem historiografischen Disput, in: Ungarn-Jahrbuch 32 (2014/2015), S. 1–24.

81) SADOWSKI, Książęta opolscy (wie Anm. 59), S. 49–60 (Mieszko II.) sowie 61–80 (Władysław *I.*); Jerzy RAJMAN, Mieszko II., der Dicke, Herzog von Oppeln und Ratibor (1239–1246), in: Archiv für schlesische Kirchengeschichte 53 (1995), S. 241 f.; DERS., Mieszko II Otyły książę opolsko-raciborski (1239–1246) [= Mieszko II. der Dicke, Herzog von Oppeln-Ratibor (1239–1246)], in: Kwartalnik historyczny 100,3 (1993), S. 19–41.

milienlinie, namentlich durch Heinrich I. (1167/1174–1238, genannt »der Bärtige«), seit 1201 Herzog von Schlesien-Breslau[82]. Immerhin hatte Heinrich »der Bärtige« schon in früheren, vergleichbaren Fällen versucht, die Vormundschaft über unmündige Söhne zu erlangen – so etwa gegenüber Herzogin Grzymisława von Krakau-Sandomir nach dem Tod ihres Ehemanns Leszek »des Weißen« 1227[83].

In Oppeln-Ratibor kam es jedoch zunächst zu einer anderen Lösung: Offenbar übernahm nämlich unmittelbar nach dem Tod ihres Mannes Viola die Regentschaft für die Söhne. Unter den zwischen 1211 und 1281 ausgestellten herzoglichen Urkunden finden sich vier Dokumente Violas. Diese stellte die Herzogin entweder in ihrem eigenen Namen und dem ihrer Söhne aus (*dei gracia ducissa de Opol*)[84] oder sie erschien gemeinsam mit ihren Söhnen unter den Zeugen[85]. Wie insbesondere die in den Urkunden zum Ausdruck gebrachte Handlungsgemeinschaft von Herzogin und Söhnen (*ducissa* [...] *cum filio*) offenlegt, verstand sich Viola als rechtmäßige Herrscherin in der Nachfolge ihres Mannes; gleichzeitig band sie die eigene Stellung aber stets dezidiert an die erblichen Ansprüche ihrer Söhne. Sinnbildlich fand diese Vorstellung politischer Kontinuität in der Verwendung des Siegels ihres Mannes ihren Ausdruck[86].

Darüber hinaus bemühte sich Viola darum, ihre Stellung als Regentin auch von anderer Seite aus anerkennen und somit absichern zu lassen: So richtete sie im Jahr 1233 einen Brief an Papst Gregor IX., in dem sie um päpstlichen Schutz und Konfirmation ihrer Vormundschaftsansprüche ersuchte[87]. Obgleich sich der Wortlaut der Supplik nicht erhalten hat, erlaubt die Reaktion Gregors IX. Rückschlüsse auf den Sachverhalt:

82) Benedykt ZIENTARA, Heinrich der Bärtige und seine Zeit. Politik und Gesellschaft im mittelalterlichen Schlesien (Schriften des Bundesinstituts für Kultur und Geschichte der Deutschen im östlichen Europa 17), München 2002, für den Streit um Oppeln-Ratibor bes. S. 279–297.

83) Chronicon Polono-Silesiacum (wie Anm. 53), S. 564: [...] *sed relicta Lestkonis, tyrannide illius considerate, cum consilio ac consensus procerum pium principem Henricum ducem Slesie, dictum cum barba, maritum sancte Hedwigis, advocans se suosque parvulos duos illius tutele conmisit* [...] Zum Kontext vgl. TETERYCZ-PUZIO, księżne regentki (wie Anm. 75), S. 65–95; DIES., Więzy (wie Anm. 11), S. 48–52, sowie BARABÁS, Prinz Koloman (wie Anm. 81), S. 6. Zu Heinrich vgl. ZIENTARA, Heinrich der Bärtige (wie Anm. 82).

84) SUB 1 (wie Anm. 28), Nr. 319 (1230), S. 234: Viola von Oppeln befreit gemeinsam mit ihren noch minderjährigen Söhnen ein Dorf von Zahlungen und gewährt ihm die ritterliche Güterfreiheit: [...] *ego Uiola dei gratia ducissa de Opol cum meis Mescone et Vlodizlao pueris usa baronum consilio pro anima domini mei, cum nature concessisset* [...].

85) SUB, Bd. 2: 1231–1250, hg. von Heinrich APPELT/Josef Joachim MENZEL, Wien 1977, Nr. 1, S. 1: In einer Schenkungsurkunde für das Heiliggeistspital in Breslau werden Viola und ihre Söhne als Zeugen genannt. Für eine Übersicht der von Viola oder mit ihrer Erwähnung ausgestellten Urkunden vgl. TETERYCZ-PUZIO, Piastowskie księżne regentki (wie Anm. 75), S. 151 f.

86) Sébastien ROSSIGNOL, The authority and charter usage of female rulers in medieval Silesia, c. 1200–c. 1330, in: Journal of Medieval History 40,1 (2014); S. 63–84; vgl. außerdem WÓJCIK, Dokumenty (wie Anm. 21), bes. S. 56 f.

87) BARABÁS, Prinz Koloman (wie Anm. 81). Zur Entwicklung päpstlicher Schutzurkunden zugunsten europäischer Fürsten (hier: polnischer Fürsten) vgl. Johannes FRIED, Der päpstliche Schutz für Laienfürsten. Die

Am 3. Dezember 1233 erklärte Gregor IX., dass er als Beschützer aller Witwen Viola und ihre Söhne mitsamt ihrem Besitz in seinen Schutz nehme[88]. Zur Bekräftigung seines Beschlusses ließ der Papst drei Wochen später ein Schreiben an die regional zuständigen geistlichen Amtsträger, den Erzbischof von Gnesen sowie die Bischöfe von Breslau und Olmütz, ausfertigen: Genau wie Gregor IX. sollten auch sie die *vidua ducissa de Oppol* mitsamt ihren Söhnen in ihren Schutz nehmen[89]. Auf diese Weise wurden zumindest Violas Rechte und die ihrer Söhne anerkannt sowie weitere Personen aufgefordert, für die Regentin einzutreten; über die Vormundschaftsrechte war damit freilich noch keine Aussage getroffen.

Es ist sicher kein Zufall, dass Viola just in dieser Zeit – ab 1234 nämlich – ein ausgesprochen programmatisches Siegel verwendete: Das Majestätssiegel zeigt die Herzogin auf einem Thron sitzend, zu ihrer rechten und linken Seite befinden sich – deutlich kleiner figuriert – die beiden Söhne. Die Umschrift indes erwähnt die Söhne nicht, sondern weist allein Namen und Position der Herzogin aus (*SIGILLUM VIOLE DUCISSE IN OPOLE*). Offenbar sollten sich, so argumentierte Zenon Piech, die Aussagen von Umschrift und Bild komplementieren[90]. Und obgleich Viola auch in anderen Dokumenten immer wieder auf ihre Doppelfunktion als Herzogin und Vormund verwies, ist ihr Majestätssiegel Piech zufolge für diese Zeit dennoch außergewöhnlich[91]. Es ist denkbar, dass die Herzogin auf diese Weise ihre exklusive Rolle als legitimer Vormund und Regentin ikonographisch darstellen wollte. Zugleich ist jedoch zu betonen, dass sie kontinuierlich auf die dynastische Sukzessionslinie von ihrem Mann zu ihren Söhnen als Ursprung der eigenen Herrschaftsansprüche verwies[92].

politische Geschichte des päpstlichen Schutzprivilegs für Laien (11.–13. Jh.), Heidelberg 1980, hier bes. S. 289–306.

88) SUB 2 (wie Anm. 85), Nr. 50 (1233), S. 33 f., hier S. 34: *Tuis igitur, dilecta in Christo filia, devotionis precibus inclinati tuam ac filiorum tuorum personas in devotione ecclesie persistentes cum omnibus bonis, que impresentiarum iuste ac rationabiliter possidetis etc. in modum protectionis usque communimus.*

89) SUB 2 (wie Anm. 85), Nr. 52 (1233), S. 34. Auch der ungarische Prinz Koloman wurde mit einem solchen Schreiben zum Konservator von Violas Angelegenheit gemacht; zu seinen Zuständigkeiten vgl. Barabás, Prinz Koloman (wie Anm. 81).

90) Piech, Studia (wie Anm. 58), S. 22. Einen Überblick über herzogliche Siegel bietet Marian Gumowski, Handbuch der Polnischen Siegelkunde, Graz 1966, S. 44–68, zu Schlesien 52–54.

91) Dagegen erwähnt Teterycz-Puzio, Piastowskie księżne regentki (wie Anm. 75), S. 282, zwei Siegel Mirosławas von Pommern aus den Jahren 1224 und 1229, die die Herzogin mit einer Kindergestalt an der Seite zeigen.

92) Diese Deutung spiegelt sich auch in der *Intitulatio* Violas als »Herzogin von Oppeln und Witwe des Herrn Kasimir« wider, die sich in einer Urkunde aus dem Jahr 1235 findet: SUB 2 (wie Anm. 85), Nr. 105, S. 72: *ego Viola dei miseracione ducissa Opoliensis relicta dominis ducis Casimiri.* Zum Kontext der Ausstellung vgl. Teterycz-Puzio, Piastowskie księżne regentki (wie Anm. 75), S. 143 f. Vgl. zur These der symbolischen Repräsentation außerdem Rossignol, Authority (wie Anm. 86), S. 70.

Weitere Argumente liefert der Ausstellungskontext der Urkunde, an der das Majestätssiegel angebracht wurde. Es handelt sich um eine Urkunde Heinrichs I. »des Bärtigen«, des Herzogs von Schlesien-Breslau, in der Heinrich die Rechte des Klosters Czarnowanz bestätigte. Dieses Kloster war von Violas verstorbenem Ehemann Kasimir gefördert worden. Neben Ausführungen zu Person und Wirkens des Stifters äußerte sich Heinrich darin auch zur Frage der Vormundschaft über seine Oppelner Großneffen: So machte er selbst Ansprüche auf die Vormundschaft geltend und interpretierte diese Verantwortung sowohl als Obhut beziehungsweise Schutz (*tutela*) als auch als Lenkung (*gubernatio*) der ihm anzuvertrauenden Mündel[93]. Dass nun just an diesem Dokument, in dem der Herzog von Schlesien-Breslau eigene Avancen auf das Erbe seines verstorbenen Cousins ausdrückte, Viola ihr Majestätssiegel anbrachte, lässt sich in unterschiedlichen Formen interpretieren: als explizite Machtdemonstration der Herzogin oder aber, wie Sébastien Rossignol es formulierte, als »symbolisches Korrektiv« zur Politik Heinrichs I.[94].

Sowohl Heinrich als auch Viola verstanden sich als rechtmäßige Vertreter der minderjährigen Kinder und mithin als rechtmäßige Herrscher über Oppeln-Ratibor. Wie sich der Vormundschaftsstreit in den folgenden Jahren entwickelte, lässt sich aus den erhaltenen Quellen nicht exakt rekonstruieren. In den 1230er Jahren scheinen die beiden jedoch zu einem Kompromiss gefunden zu haben, wie gemeinsame Teilnahmen an Versammlungen oder Gebietsüberschreibungen nahelegen. 1238 beispielsweise erhielt Viola von Heinrich (oder dessen Sohn) die Gebiete von Ruda und Kalisch, möglicherweise als Ausgleich für Herrschaftsrechte in Oppeln-Ratibor[95]. Fortan bezeichnete sich Viola in ihren Urkunden als »Herzogin von Kalisch und Ruda«, setzte aber gleichzeitig die Praxis der Doppelnennung mit ihren Söhnen fort. Auch ihre Söhne Mieszko II. und Władysław I. beriefen sich in späteren Jahren immer wieder auf den Rat und die Autorität der Mutter[96]. Schließlich gelang es dem Erstgeborenen, Mieszko II., sich als Her-

93) SUB 2 (wie Anm. 85), Nr. 80 (1234), S. 52: *Eapropter nos Henricus dei gracia dux Zlesie et Cracouię presenti documento notum facimus pesentibus et futuris, quod, cum tutelam et gubernationem filiorum dilecti fratris nostri ducis Casimiri, Mesconis scilicet et Wlodislaui, gerentes essemus* [...]. Unterstützung für seine Ansprüche auf Oppeln-Ratibor erhielt Heinrich von einigen Amtsleuten seines verstorbenen Cousins. Vgl. außerdem Zientara, Heinrich der Bärtige (wie Anm. 82), bes. S. 279–297.

94) Vgl. dazu Rossignol, Authority (wie Anm. 86), S. 69 f.

95) Vgl. beispielsweise SUB 2 (wie Anm. 85), Nr. 156 (1238), S. 100 f., hier S. 100: *Hinc est, quod aetati, quae praesens et quae ventura est, notum esse cupimus, quod nos Viola dei gratia ducissa de Kalisz et de Ruda cum filio nostro duce Vladislao* [...] *contulimus* [...]. Vgl. dazu auch Dziewulski, Bułgarka (wie Anm. 80), S. 174 f., sowie Zbigniew Bereszyński, Opolscy władcy ziemi rudzkiej i ich dziedzictwo historyczne [= Die Oppelner Herrscher von Ruda und ihr historisches Erbe], in: Rocznik Wieluński 12 (2012), S. 81–87. Ausführlicher zudem Burkhardt, Selbstverständnis (wie Anm. 1).

96) So beispielsweise Mieszko II. anlässlich einer Schenkung an das Heiliggeistspital in Breslau: SUB 2 (wie Anm. 85), Nr. 166 (1239), S. 106 f., hier S. 107: *Nos vero paternae iussioni, sicut decet, obedientes dictam hereditatem*

zog von Oppeln-Ratibor zu etablieren; nach seinem Tod im Jahr 1246 folgte ihm seinen testamentarischen Verfügungen entsprechend sein jüngerer Bruder nach[97].

IV. Handlungsspielräume und Legitimationsstrategien in Sukzessionskonflikten: Zusammenfassende Überlegungen

Das Herzogtum Oppeln-Ratibor hatte jedoch nur bis zum Ende des 13. Jahrhunderts Bestand – dann wurde es ein weiteres Mal geteilt. Ab ca. 1250 kam es jedoch auch andernorts zu Teilungen: In Großpolen ebenso wie in Masowien, und interessanterweise auch in dem Oppeln benachbarten (Nieder-)Schlesien. Wie in den meisten der hier betrachteten Fälle hatte das wesentlich mit dynastischer Kontingenz zu tun: So hinterließ der 1241 bei Liegnitz (Legnica) gefallene Heinrich II. (1191–1241, genannt »der Fromme«) fünf minderjährige Söhne, für die Heinrichs Witwe Anna von Böhmen die Vormundschaft übernahm[98]. Was nun folgte, lässt sich kursorisch zusammenfassen: Die Erbfolge des ältesten Sohnes Bolesław II. Rogatka (1224/30–1278, genannt »der Kahle«), sodann Auseinandersetzungen mit den jüngeren Brüdern inklusive militärischer Interventionen und Inhaftierungen, Phasen der Kooperation ebenso wie der temporären Herrschaftsteilungen und schließlich die endgültige Teilung Niederschlesiens (Schlesien-Breslaus) in die drei eigenständigen Fürstentümer Breslau, Liegnitz und Glogau. Jede dieser Teilungen erwies sich »am Ende als dauerhaft«[99].

Allein in Schlesien entstanden im Laufe des 14. Jahrhunderts auf diese Weise mehr als ein Dutzend eigenständiger Fürstentümer: »Im Sterbefall beanspruchten«, so bilanzierte Andreas Rüther, »alle Vertreter des Geschlechts ihren Anteil und schufen somit eigene Filiationen«[100]. Mehr als ein Dutzend eigenständige Fürstentümer aber bedeutete: mehr als ein Dutzend Mal eigene Residenzen, Verwaltungen, politisches Personal, und potentiell spezifische religiöse und kulturelle Traditionen (wobei die Erinnerung an die gemeinsame Stammfamilie der Piasten auch weiterhin als dynastischer Kitt

cum suis pertinentiis de consensu et praecepto dilectae matris nostrae dominae Violae et dilecti fratris nostri iunioris ducis Vladislai dicto hospitali contulimus [...].

97) Vgl. dazu Burkhardt, Selbstverständnis (wie Anm. 1); vgl. außerdem Jerzy Rajman, Mieszko II. (wie Anm. 81) sowie Ders., Mieszko II Otyły (wie Anm. 81).

98) Zu Anna von Böhmen vgl. Burkhardt, Selbstverständnis (wie Anm. 1); Teterycz-Puzio, Piastowskie księżne regentki (wie Anm. 75), S. 111–136; Maciej Michalski, Kobiety i świętość w żywotach trzynastowiecznych księżnych polskich [= Frauen und Heiligkeit in den Viten polnischer Herzoginnen des 13. Jahrhunderts], Posen, 2004, S. 77–79.

99) Jerzy Mularczyk, Podziały Śląska między synów Henryka II Pobożnego w połowie XIII wieku [= Die Teilungen Schlesiens unter den Söhnen Heinrichs II. »des Frommen« um die Mitte des 13. Jahrhunderts], in: Przegląd Historyczny 76,3 (1985), S. 481–504. Zitat: Rossignol, Maiestas principum (wie Anm. 18), S. 33.

100) Rüther, Region und Identität (wie Anm. 19), S. 39.

wirkte)[101]. Die Ausprägungen jeweils eigener Verwaltungen und Höfe sprechen indes dafür, dass die polnischen und schlesischen Teilfürstentümer als autonome und mithin gleichrangige Territorien galten. Erst im ausgehenden Mittelalter sollten sich verbindliche erbrechtliche Regelungen (Prinzipien der Primogenitur und Unteilbarkeit des Landes) durchsetzen[102]. Während die Erbfolge in den meisten Teilfürstentümern – so auch in Schlesien – vorrangig über die patrilineare Sukzession organisiert wurde, gewann in anderen Fürstentümern, wie Sławomir Gawlas betont, die Wahl beziehungsweise der adelige Konsens an Bedeutung, so dass auch im wiedervereinigten Königreich Polen des 14. und 15. Jahrhunderts die Prinzipien der dynastischen Erbfolge und der Wahl noch zusammengedacht wurden[103].

Im 12. und 13. Jahrhundert jedoch beriefen sich die polnischen und schlesischen Herzöge auf unterschiedliche Nachfolgemodelle. Maßgeblich waren die Auseinandersetzungen um fürstliche Sukzession seit 1138 durch das Senioratsprinzip geprägt, das zur Vorbeugung künftiger Auseinandersetzungen sowie zur Einhegung dynastischer und machtpolitischer Kontingenz angelegt worden war. Die Autorität der Älteren schien in den Augen der Zeitgenossen ein geeignetes Mittel, um Ausgleich, Konsens und somit Stabilität für die Zukunft zu schaffen: Eine Vorstellung, die auf den Wert von Erfahrung und Lebensweisheit baute. Vielleicht aber hatten ihre Verfechter den Partizipationswillen jüngerer Generationen und die Wucht intergenerationeller Auseinandersetzungen unterschätzt: Zunehmend wurde das Seniorat in der Praxis auf den Prüfstand gestellt und besonders die Idee der Primogenitur stark gemacht. Die Berufung auf das väterliche Erbe und der Verweis auf die Position der Erstgeborenen dienten dazu, eigene Ansprüche als exklusiv zu legitimieren und mittels tragfähiger Allianzen durchzusetzen. Obwohl verschiedentlich auch Akteure und Instanzen außerhalb der jeweiligen Familien konsultiert wurden (zum Beispiel Adelige, Bischöfe, König/Kaiser oder Papst), lässt sich nicht feststellen, dass Einigkeit über einen verbindlichen Rechtsbestand oder dessen autoritativen Hüter herrschte. Stattdessen wurde die herzogliche Nachfolge stets aufs Neue verhandelt, erstritten oder erkämpft. Die Senioratsordnung von 1138 hatte eine attraktive Option, sicher aber kein allgemein gültiges Normierungsmodell geschaffen. Vielmehr musste die Idee der Herrschaftsteilung im Sinne von »shared responsibilities« von territorialen Verfügungsgewalten über einzelne Herzogtümer flankiert werden, um individuelle Interessen von Thronanwärtern zu befriedigen: Teilen wollte eben

101) Vgl. dazu (mit Blick auf die Dynastie als »politischer Kitt«): Marcin R. PAUK, Eine Dynastie oder mehrere? Herrschaft und ihre Legitimation in der politischen Kultur Polens (12.–13. Jahrhundert), in: Legitimation von Fürstendynastien (wie Anm. 17), S. 29–54.

102) Vgl. dazu RÜTHER, Landesbewußtsein (wie Anm. 19); Marcin PAUK/Ewa WÓŁKIEWICZ, The Administrative Structure of Silesia as a Determinant of Legal and Constitutional Cohesion (12th–15th century), in: The Long Formation, hg. Przemysław WISZEWSKI (wie Anm. 10), S. 65–91.; vgl. zudem RÜTHER, Region und Identität (wie Anm. 19), S. 39.

103) GAWLAS, Erb- und Wahlrecht (wie Anm. 13), S. 670 f.

gelernt sein. Auf diese Weise entstand ein komplexes System sich bisweilen widersprechender, bisweilen aber auch komplementierender Sukzessionsvorstellungen, das neben der Erfahrung der älteren auch der Beteiligung der jüngeren Generationen Gewicht zubilligte[104].

Summary: Succession conflicts in the Duchies of Silesia (1150–1250)

The so-called »Testament« of the Polish Duke Bolesław III. (called »the Wrymouth«) from 1138 is generally considered a significant turning point in the history of Poland. In order to regulate ducal succession, Bolesław III. established a »seniority order«, combining it with the principle of intergenerational hierarchy: In the future, the oldest male relative should have princely supremacy over Poland, while the younger ones were subordinate to him as juniors, but at the same time had their own territories. The implementation of this concept led to the division of Poland into various sub-principalities – a phase that has repeatedly been characterized as »fragmentation« or »decline« in earlier studies, but in more recent studies was rather interpreted as an indication of processes of consolidation and stabilization. The article examines legitimization strategies and power practices in Polish succession conflicts between 1150 and 1250. A special focus lies on the duchies of Silesia, in which further (internal) divisions occurred in this period as a result of inheritance disputes. The significance of the seniority order of 1138 is discussed, as well as the question how contemporaries dealt with it in the reality of conflict situations and under what conditions alternative models such as primogeniture were preferred. The contribution thus not only analyzes normative ideas and political semantics, but also legitimization strategies and reception patterns in later times. Against this background, it discusses ideas, mechanisms and negotiation processes of princely succession in high medieval Poland and Silesia, oscillating between primogeniture and seniority.

104) Mein herzlicher Dank gilt Eduard Mühle (Münster) für den Austausch zu diesem Thema.

Die Probleme der Anderen?

Die Erbschafts- und Nachfolgefrage im přemyslidischen Böhmen[1]

Martin Wihoda (Brünn)

Im Sommer 1199 setzte der böhmische König Přemysl Ottokar I. (1197–1230) Papst Innozenz III. darüber in Kenntnis, der Prager Bischof Daniel habe seine Ehe mit Adelheid von Meißen für ungültig erklärt, wobei sich der Přemyslide gleichzeitig erkundigte, ob der Heilige Vater seiner neuen Ehe mit der Tochter des ungarischen Königs Emmerich, Konstanze, den Segen erteilen würde. Dabei betonte Ottokar, er habe Adelheid aus jugendlicher Unbesonnenheit, ohne Mitgiftverträge und ohne Rücksicht auf die Verwandtschaft geheiratet. Erst nach Jahren habe er auf Drängen von Freunden einen solchen Vertrag schließen wollen, wobei sich aber gezeigt hätte, dass die Ehe angesichts der Blutsverwandtschaft vierten Grades ungesetzlich sei[2].

Abweichend hierzu klang jener Brief vom Herbst 1199, mit dem Papst Innozenz III. den Magdeburger Erzbischof Ludolf beauftragte, er möge beide Seiten ins Verhör nehmen. Der Papst führte zur Erklärung an, die Beziehung habe 20 Jahre und mehr bestanden[3], zwei Jahre später gab er mehr als 18 Jahre an[4], und dass aus dieser Ehe Söhne und Töchter hervorgegangen seien. Ludolf erhielt darüber hinaus den Hinweis, die Scheidung habe auf Wunsch Přemysl Ottokars I. und auf dessen Willen hin stattgefunden, und die herzogliche Wache habe Adelheid den Zutritt zu dem Saal verweigert, in dem das Urteil verlesen worden sei[5].

1) Die vorliegende Studie wurde im Rahmen des Projektes GACR GA21–07769S (Kosmas a jeho svět/*Cosmas of Prague and his World*) ausgearbeitet.

2) Codex diplomaticus et epistolaris regni Bohemiae, Bd. 2: 1198–1230, hg. von Gustav FRIEDRICH, Prag 1912, Nr. 8, S. 6–8: [...] *vestre notificamus sanctitati, nos in puericia nostra cuidam consaguinee nostre, ipsa eciam in tenera etate existente, sine dotalibus instrumentis, preter parentum nostrorum conscienciam, insuper et illius cognatis ignorantibus, adhesisse et sic nos aliquot annis, set non sine lessione utriusque consciencie, cohabitasse* [...].

3) Die Register Innocenz' III., hg. von Othmar HAGENEDER/Werner MALECZEK/Alfred A. STRNAD, Bd. 2 (2. Pontifikatsjahr 1199/1200: Texte), Rom/Wien 1979, Nr. 179 (188), S. 343–345.

4) Codex diplomaticus et epistolaris regni Bohemiae (wie Anm. 2), Nr. 20, S. 14–16; Nr. 55, S. 48–50; Nr. 88, S. 81–85.

5) Die Register Innocenz' III. (wie Anm. 3), S. 344: [...] *dux Boemie illam duxisset legitime in uxorem, et ipsam viginti annis et amplius velut uxorem legitimam pertractasset, filiis et filiabus ex ea susceptis: eandem, suadente humani generis inimico, a suo consortio separavit et* [...] *Pragensis episcopus convocato quorumdam prelatorum consilio in quodam monasterio, ad petitionem et mandatum ipsis ducis, ipsa volente ad eos accedere, ut suas coram eis*

Was der Papst wirklich im Sinn hatte, deutet wiederum ein Schreiben vom Oktober 1199 an, in dem er der französischen Geistlichkeit befahl, ihren König zur Erneuerung des Eheversprechens anzuhalten, da der durch dessen schlechtes Beispiel ermunterte Herzog von Böhmen seine eigene Gemahlin gegen eine Ehebrecherin ausgetauscht hätte[6]. Im Frühjahr 1201 erinnerte Innozenz III. daran, dass Adelheid gegen das Urteil des Prager Bischofs fristgemäß Berufung eingelegt habe und dass der Herzog von Böhmen Zeugen in Frage stellte, die Adelheid und ihr Bruder Markgraf Dietrich von Meißen der Kommission präsentiert hatten[7].

Der Prager Hof bemühte sich, die kurialen Untersuchungen mit allen Mitteln zu vereiteln, und nach fünf Jahren sah sich der Papst gezwungen, den Salzburger Erzbischof Eberhard darum zu bitten, weitere Befragungen vorzunehmen. In einem Schreiben vom 26. April 1206 führte er erwartungsvoll aus, Přemysl Ottokar I. habe vor den Großen seines Landes, den Freien und den Ministerialen des Markgrafen Dietrich von Meißen bekannt, seine Gemahlin und die Kinder im Widerspruch zum Recht und zu den guten Sitten verstoßen zu haben und dabei öffentlich geschworen, diesen Fehler zu korrigieren[8].

Im Dezember 1208 ließ Innozenz III. jedoch seufzend verlauten, Přemysl Ottokar I. entziehe sich den Verhandlungen und habe gleichzeitig jenen Priester einkerkern lassen, der ihm die Einladung dazu überbracht hatte[9]. Der böhmische König hatte hingegen das Gefühl, ihm werde das Recht verwehrt, eigene Zeugen zu präsentieren, und dass das Protokoll voreingenommene Aussagen enthalte. Seine Beschwerden wurden von dem kurialen Prokurator jedoch abgelehnt, der am 13. April 1210 im Verlaufe der Anhörungen vor dem Papst forderte, Adelheid solle vollständige Satisfaktion erhalten. Gegen dieses Urteil brachte Přemysls Verteidiger den Einwand vor, Adelheid hätte sich vor dem Prager Bischof zur Blutsverwandtschaft bekannt. Den Papst konnte Přemysl Ottokar zwar nicht überzeugen, dessen ungeachtet erreichte er einen Aufschub der abschließen-

proponeret rationes, militibus eiusdem ducis prohibentibus ei bis vel ter ingressum, ex parte illius appelatione ad sedem apostolicam interposita, sententiam inter eos divortii non est veritus promulgare [...].

6) Ebd., Nr. 188 (197), S. 359–363, hier S. 360.

7) Codex diplomaticus et epistolaris regni Bohemiae (wie Anm. 2), Nr. 20, S. 14–16.

8) Die Register Innocenz' III., hg. von Andrea SOMMERLECHNER gemeinsam mit Othmar HAGENEDER/Christoph EGGER/Rainer MURAUER/Herwig WEIGL, Bd. 9 (9. Pontifikatsjahr 1206/1207: Texte und Indices), Wien 2004, Nr. 60, S. 108–110, hier S. 110: [...] *Interea vero prefatus rex, correctus á Domino, sicut dicitur, et magna contra ipsum adversitate surgente, reversus ad semet ipsum, dixisse proponitur: Merito hec patior, quia legitimam uxorem meam sine causa dimisi et propter hoc filios meos filiasque confudi. Cumque reatum suum taliter recognosceret, convocatis maioribus terre sue, nichilominus etiam liberis et ministerialibus fratris eiusdem uxoris sue, iuravit ipse fecitque iurari per suos, quod superinductam expelleret ac legitimam revocaret* [...].

9) Die Register Innocenz' III., hg. von Othmar HAGENEDER/Andrea SOMMERLECHNER gemeinsam mit Christoph EGGER/Rainer MURAUER/Reinhard SELINGER/Herwig WEIGL, Bd. 11 (11. Pontifikatsjahr 1208/1209: Texte und Indices), Wien 2010, Nr. 179 (184), S. 294 f.

den Anhörung bis St. Martin, also bis zum 11. November 1210[10], die, wie es den Anschein hat, wiederum nicht die letzte sein sollte, denn der Streit vor dem Heiligen Stuhl fand erst mit dem Tod Adelheids am 1. Februar 1211 ein Ende[11].

Den demütigenden Kampf um Ehre und Zukunft ihrer Kinder verfolgte Adelheid von Meißen unter dem Schutz ihres Bruders Dietrich, und gerade die Hartnäckigkeit des Meißner Markgrafen machte aus der Scheidung eine Angelegenheit der Familienehre. Deshalb sparte Přemysl Ottokar I. nicht an Bestechungsgeldern, um unbequeme Zeugen zum Schweigen zu bringen. Deshalb war er bestrebt, Adelheid und ihre Kinder aus dem öffentlichen Raum zu verbannen[12].

Seine Aufmerksamkeit konzentrierte er auf den zu Beginn des 13. Jahrhunderts bereits volljährigen Vratislav, dessen Stellung er gleich zweifach in Frage stellte. Zunächst gab er seinem Sohn aus zweiter Ehe den gleichen Namen[13], und als dieser in zartem Alter verstarb[14], erklärte er Wenzel, den jüngeren Bruder des gestorbenen Vratislav, zu seinem Erstgeborenen. Einen bedeutenden Erfolg verzeichnete Přemysl Ottokar I. im Dezember 1207, als er den römisch-deutschen König Philipp von Schwaben zu überzeugen vermochte, dem damals etwa zweijährigen Wenzel seine Tochter Kunigunde zu versprechen. Verlobungen konnten kaum mehr als eine symbolische Bedeutung haben, doch der Prager Hof hatte Grund zu feiern, da Philipp von Schwaben Wenzel als legitimen Nachfolger Přemysl Ottokars anerkannte[15].

Die Vergangenheit holte Přemysl Ottokar I. noch einmal ein. Im Herbst 1210 verstrickte er sich in eine Verschwörung gegen Kaiser Otto IV., was Dietrich von Meißen ausnutzte, indem er im März 1212 seinen Neffen Vratislav zum Hoftag nach Frankfurt mitbrachte. Der Kaiser gelobte vor Ort, dass er diesem die Herrschaft in Böhmen garantiere[16], und im Mai 1212 stattete er Vratislav auf dem Hoftag in Nürnberg angeblich im Beisein von böhmischen Adeligen und Landesherren mit den Zeichen der landesherrlichen Macht aus[17].

10) Die Register Innocenz' III., hg. von Andrea SOMMERLECHNER/Herwig WEIGL gemeinsam mit Othmar HAGENEDER/Rainer MURAUER/Reinhard SELINGER, Bd. 13 (13. Pontifikatsjahr 1210/1211: Texte und Indices), Wien 2015, Nr. 50, S. 78–83.

11) Marie L. ČERNÁ, Rozvod Přemysla I. s Adélou Míšeňskou, in: Časopis Společnosti přátel starožitností českých 31 (1923), S. 9–44.

12) Martin WIHODA, První česká království (Edice česká historie 32), Prag 2015, S. 226–231.

13) Codex diplomaticus et epistolaris regni Bohemiae (wie Anm. 2), Nr. 21, S. 17 f.; Nr. 22, S. 18–20.

14) Ebd., Nr. 86, S. 79 f.

15) Martin WIHODA, Ein schwieriges Bündnis. Philipp von Schwaben, die Přemysliden und die Veränderungen im Osten des Reiches, in: Philipp von Schwaben. Beiträge der internationalen Tagung anlässlich seines 800. Todestages. Wien 29. bis 30. Mai 2008, hg. von Andrea RZIHACEK/Renate SPREITZER (Forschungen zur Geschichte des Mittelalters 19), Wien 2010, S. 227–244, hier S. 240.

16) Constitutiones et acta publica imperatorum et regum, Bd. 2: 1198–1272, hg. von Ludwig WEILAND (MGH Constitutiones 1), Hannover 1896, Nr. 39, S. 48 f.

17) Chronica regia Coloniensis, hg. von Georg WAITZ (MGH SS rer. Germ. 18), Hannover 1880, III, S. 232 f.

Der symbolische Akt hatte in Böhmen jedoch nicht die gewünschte Resonanz zur Folge. Die Landesherren hielten Přemysl Ottokar I. die Treue, und nach vier Jahren wählten sie Přemysls Sohn Wenzel zum König[18]. Vratislav galt dessen ungeachtet immer noch als gefährlich, zumal er an den Höfen der Reichsfürsten als Sohn des Königs von Böhmen bekannt war und empfangen wurde[19]. Im Jahre 1225 erbat sich Landgraf Ludwig IV. von Thüringen seine Zeugenschaft[20], und noch am 1. Juni 1235 erscheint Vratislav als Sohn des vormaligen Königs von Böhmen in einem Privileg, mit dem Markgraf Heinrich III. von Meißen Guben das Magdeburger Stadtrecht verlieh[21].

Doch kehren wir noch einmal zur ersten Ehe Přemysl Ottokars I. zurück, die aufgrund des vierten Verwandtschaftsgrades (*in quarto gradu consanguinitatis*) geschieden worden war. Darauf beriefen sich sowohl Přemysls Brief an Papst Innozenz III. aus dem Jahr 1199 als auch die in Meißen erstellte wettinische Genealogie (*propter notam consanguinitatis*)[22]. Die dermaßen aufgezeigte Blutsverwandtschaft war jedoch eine indirekte. Der vier Generationen entfernte Herzog der Böhmen Spytihněv II (1055–1061) war zwar mit Ida aus dem Geschlecht der Wettiner verheiratet[23], jedoch muss man in Prag gewusst haben, dass Přemysl Ottokar aus der Linie von Spytihněvs Bruder Vratislav II. abstammte. Ebenso wenig dürfte es in Böhmen an der Wende vom 12. zum 13. Jahrhundert ein Geheimnis gewesen sein, dass die Wettiner und Přemysliden durch vielfältige Bande miteinander verbunden waren. Im Gedächtnis haften blieb die Erinnerung an Markgraf Otto den Reichen (1156–1190), der seine Tochter Sophia dem Sohn von Herzog Soběslav I., Udalrich, versprochen hatte. Danach folgte die angeblich ungebührliche Verbindung von Ottos Tochter Adelheid mit Přemysl Ottokar, und im Frühjahr 1186 heiratete Adelheids Bruder Albrecht der Stolze (1190–1195) die Tochter des böhmischen Herzogs Friedrich und Přemysls Nichte Sophie[24]. Und nur der Vollständigkeit halber sei hinzugefügt, dass Přemysls Cousine Hedwig mit Adelheids Onkel, dem Grafen Friedrich von Brehna, die Ehe einging[25].

18) Die Urkunden Friedrichs II., Teil 2: 1212–1217, hg. von Walter Koch (MGH DD 14,2), Hannover 2007, Nr. 377, S. 410–413.

19) Codex diplomaticus et epistolaris regni Bohemiae (wie Anm. 2), Nr. 122, S. 111.

20) Ebd., Nr. 280, S. 274.

21) Karl Gander, Zur 700-Jahrfeier Gubens. Ein Blick auf die Gründung der Stadt und die Geschichte der Lausitz bis 1304, in: Niederlausitzer Mitteilungen 23 (1935), S. 47–49.

22) Genealogia Wettinensis, hg. von Ernst Ehrenfeuchter (MGH SS 23), Hannover 1874, S. 229.

23) Ebd., S. 228.

24) Ebd., S. 229.

25) Ebd., S. 230.

Přemysliden und Wettiner[1]**:**

- **Břetislav I.** Herzog der Böhmen † 1055
  - **Spytihněv II.** Herzog der Böhmen † 1061 [***Ida***]
  - **Vratislav II.** Herzog der Böhmen (1085/1086 König) † 1092
    - **Vladislav I.** Herzog der Böhmen † 1125
      - **Vladislav II.** Herzog der Böhmen (1158 König) † 1174
        - **Friedrich** Herzog der Böhmen † 1189
          - Sophia [***Albrecht der Stolze***]
        - **Přemysl Ottokar I.** Herzog der Böhmen (1198 König) † 1230 [1. ***Adelheit***] 2. Konstanze
          - (mit 1. Adelheit) Vratislav † post 1235
          - (mit 2. Konstanze) Vratislav † 1201?
          - (mit 2. Konstanze) **Wenzel I.** König von Böhmen † 1253
            - Agnes [***Heinrich der Erlauchte***]
            - **Přemysl Otakar II.** König von Böhmen † 1278
      - Diepolt † 1174
        - Hedwig [***Friedrich von Brehna***]
    - **Soběslav I.** Herzog der Böhmen † 1140
      - Ulrich Fürst von Olmütz † 1177 (?) [***Sophia***]

[1] Fett gesetzte Namen: Herrschende Přemysliden. Fett-kursiv gesetzte Namen: Wettiner.

Abb. 1: Genealogische Tabelle

In der Rückschau ist erkennbar, dass Přemysl Ottokar I. zielgerichtet agierte. Es überrascht vielleicht allein das Maß der Rücksichtslosigkeit, mit der er nicht nur mit Adelheid umging, sondern auch mit seinen Kindern aus erster Ehe. Um 1200 ging Přemysl mindestens auf die Vierzig zu[26], und doch ließ er seinen einzigen, damals bereits erwachsenen Sohn Vratislav fallen und sah sich dann weitere 15 Jahre gezwungen, die Rechte seiner Nachfahren aus zweiter Ehe unter schwierigen Bedingungen zu verteidigen. So als ob er sich nicht eingestehen wollte, dass er durch seine Leichtsinnigkeit die Vorrangstellung seines Geschlechts gefährdete und die böhmischen Länder an den Rand einer schweren dynastischen Krise brachte[27].

Die Erfahrung zuhause tat Přemysls Verhalten bis zu einem gewissen Grad entschuldigen, vor 1200 waren es nämlich immer mehrere Kandidaten, die sich um die Macht bewarben. Eine Warnung konnte lediglich die Erinnerung an das Jahr 1034 sein, als sich die Auswahl bis auf einen einzigen Přemysliden reduziert hatte, und der Prager Thron folglich von Břetislav I. aus der illegitimen Verbindung zwischen Fürst Udalrich (1012–1034) und der angeblich nicht adeligen Božena eingenommen worden war[28]. Přemysl Ottokar I. hat demnach mit Recht annehmen können, dass nicht genügend Nachfolger ein Problem der Anderen sei und für Böhmen das genaue Gegenteil gelte. Wir kommen somit zu der Frage, wie die Přemysliden die Erbrechte sicherten und nach welchen Regeln sich die Nachfolge richtete?

***

Ein wertvolles Zeugnis stellt jene Urkunde dar, die der römisch-deutsche König Friedrich II. am 26. Juli 1216 vor Ulm ausstellen und mit einer goldenen Bulle besiegeln ließ. In der Einleitung verkündete er, dass ihn ein Bote des böhmischen Königs Přemysl Ottokar I. aufgesucht habe und ihm die Nachricht übermittelte, dass die Landesherren und Adeligen mit dem mährischen Markgrafen Vladislav Heinrich an der Spitze Přemysls Sohn Wenzel zu ihrem König gewählt hätten und man sein Einverständnis erbeten habe[29]. Der Staufer entsprach der Bitte und bestätigte Wenzel als Herrscher des König-

26) Martin WIHODA, Vladislaus Henry. The Formation of Moravian Identity (East Central and Eastern Europe in the Middle Ages, 450–1450 33), Leiden/Boston 2015, S. 15.

27) WIHODA, První česká království (wie Anm. 12), S. 226–236.

28) Josef ŽEMLIČKA, Přemyslovci. Jak žili vládli a umírali, Prag 2005, hier S. 148–157.

29) D F II. (wie Anm. 18), Nr. 377, S. 410–413: [...] *misso ad presentiam nostram Benedicto, venerabili archidiacono Belinensi, exposuerunt celsitudini nostre dilecti fideles nostri Henricus marchio Morauie et universitas magnatum et nobilium Boemie, quod communi voluntate et assensu dilecti nostri Odacrii, illustris regis Boemie, elegerunt in regem eorum Vencezlaum, filium ipsius regis Boemie primogenitum. Propter quod maiestati nostre attentius supplicarunt, ut electionem ipsius Vencezlai ratam haberemus et firmam et eidem nostrum benignum impertiremur assensum* [...].

reichs Böhmen mit sämtlichen alten Rechten und Ehren[30]. Unwillkürlich griff Friedrich somit in die böhmische Nachfolgeordnung ein, indem er die Macht auf Přemysls erstgeborenen Sohn Wenzel übertrug und nicht, wie das bislang geltende Senioratsrecht vorsah, auf den ältesten Přemysliden[31].

Diese den böhmischen Adeligen vertraute Regel ging angeblich auf Herzog Břetislav I. (1034–1055) zurück. Wenn wir Cosmas von Prag und seiner Chronik der Böhmen das Wort überlassen, habe der Herzog am Ende seines Lebens – Cosmas zufolge unmittelbar auf dem Sterbebett – den Wunsch geäußert, dass unter seinen Söhnen und Enkeln stets der Älteste Macht und Thron erhalten soll. Im Bemühen, die Würde des Augenblicks zu unterstreichen, führte Cosmas die Landesherren zu dem Sterbenden und ließ sie einen Eid geloben[32], dem Břetislavs Tod am 10. Januar 1055 einen sakralen und im Grunde genommen unverrückbaren Charakter verliehen hat[33].

Aus Cosmas' Schilderung wird weiter ersichtlich, dass Břetislavs Senioratsprinzip Mähren eine bedeutsame Rolle zuerkannte, wo sich die jüngeren Geschwister des regierenden Herzogs aufhalten sollten, sofern ihnen ihr eigenes graues Haar nicht den Weg auf die Prager Burg freimache[34]. Geduld und Respekt gegenüber den Regeln zählten jedoch nicht zu den Familientugenden, was Cosmas dazu veranlasste, im Zusammenhang mit der Verhaftung Ottos II. von Olmütz im Jahre 1110 in den Mund Herzog Vladislavs II. die Worte zu legen, Mähren und seine Verweser unterstünden ein für alle Mal den böhmischen Herzögen, da das selige Andenken an Herzog Břetislav I. es so gebiete[35].

Cosmas' Aufzeichnungen trennen von Břetislavs Tod sieben Jahrzehnte und wir können lediglich vermuten, wo die Legende endet und was zur Gegenwart des Chronis-

30) Martin Wihoda, Die Sizilischen Goldenen Bullen von 1212. Kaiser Friedrichs Privilegien für die Přemysliden im Erinnerungsdiskurs (Forschungen zur Kaiser- und Papstgeschichte des Mittelalters. Beihefte zu J. F. Böhmer Regesta Imperii 33), Wien/Köln/Mainz 2012, S. 217–227.

31) Johann Loserth, Das angebliche Senioratsgesetz des Herzogs Břetislaw I. und die böhmische Succession in der Zeit des nationalen Herzogthums. Ein Beitrag zur altböhmischen Rechtsgeschichte, in: Archiv für österreichische Geschichte 64 (1882), S. 1–78.

32) Cosmae Pragensis Chronica Boemorum, hg. von Bertold Bretholz/Wilhelm Weinberger (MGH SS rer. Germ. N. S. 2), Berlin 1923, II,13, S. 101 f.: [...] *Dux Bracizlaus* [...] *convocat eos qui forte aderant terre primates, quibus astantibus verbis fatur talibus:* [...] *Qua de re rogo vos per Dominum et obtestor fidei vestre per sacramentum, quatinus inter meos natos sive nepotes semper maior natu summus ius et solium obtineat in principatu omnesque fratres sui sive, qui sunt orti herili de tribu, sint sub eius dominatu* [...].

33) Martin Wihoda, Morava v době knížecí 906–1197 (Edice Česká historie 21), Prag 2010, S. 115 f.

34) Barbara Krzemieńska, Die Rotunde in Znojmo und die Stellung Mährens in böhmischen Přemyslidenstaat, in: Historica 27 (1987), S. 5–59.

35) Cosmae Pragensis Chronica (wie Anm. 32), III,34, S. 205: [...] *terra Moravia et eius dominatores semper Boemorum principis sint sub potestate, sicut avus noster, pie memorie Bracizlaus ordinavit* [...].

ten im ersten Viertel des 12. Jahrhunderts gehört[36]. Schwerlich übersehen lassen sich zudem kleinere Widersprüche. In den Ereignissen aus den Jahren 1055 und 1061 gewidmeten Kapiteln erwähnt Cosmas, der Senior habe die mährischen Provinzen den jüngeren Fürsten zugeteilt[37], fügte für das Jahr 1091 jedoch hinzu, dass Konrad von Brünn jenen Teil beherrscht habe, der ihm durch die Auslosung und durch den Faden des Erbes zugefallen sei (*sorte ac funiculo hereditatis*)[38]. An anderer Stelle legt Cosmas die Behauptung in den Mund von Konrads Gemahlin Wirpirk, dass alle und alles dem Herzog der Böhmen gehöre (*none nos et nostra tua sunt*), und dieser das Land, gemeint sind die mährischen Provinzen, von daher anvertrauen könne, wem er wolle[39].

Die knappe, sich auf Cosmas' Chronik konzentrierende Aufzählung belegt, dass sich in den böhmischen Ländern vor dem Ende des 11. Jahrhunderts zwei diametral entgegengesetzte Normen zu kreuzen begannen. Die erste berief sich dabei auf Břetislavs Seniorat, welches das machtpolitische Primat den dem Alter nach höhergestellten Mitgliedern der Familie zuerkannte. Die zweite hingegen betonte die Erblichkeit in einer einzigen Familienlinie, die direkte Nachfolge vom Vater auf den Sohn also, in der Regel auf den ältesten, wobei die Denare, die König Vratislav gegen Ende seiner Herrschaft, offenbar ab 1087, hat prägen lassen und die den Namen seines zweitgeborenen Sohnes Boleslav tragen, darauf hindeuten, dass auch jüngere Nachkommen zur Übernahme der Macht haben vorbestimmt sein können[40]. Bei gleichzeitiger Betrachtung zeigt sich, dass vor 1306, genauer bis zum Aussterben der Přemysliden, niemand auf die Idee gekommen ist, das Erbrecht auf Frauen auszudehnen, womit man im Zirkelschluss wieder zu der zuhause gemachten Erfahrung gelangt, die mit einer höheren Zahl legitimer Nachfolger arbeitete und es offensichtlich nicht zuließ, dass den Přemysliden ein Aussterben der männlichen Linie drohe[41].

Zugleich galt, dass jeder künftige Herzog der Böhmen sich einer Wahl durch das *colloquium Bohemorum* zu unterziehen hatte, was in die ohnehin unklaren Regeln Verwirrung und Spannungen brachte[42]. Der von der Prager Burg aus regierende Přemyslide bemühte sich deshalb im Vorfeld all diejenigen aus dem Weg zu räumen, die mit seinen eigenen Nachfahren konkurrieren könnten. Im Jahr 1091 versuchte Vratislav II., seinen

36) Dušan TŘEŠTÍK, Kosmova kronika. Studie k počátkům českého dějepisectví a politického myšlení, Prag 1968, S. 50–54.

37) Cosmae Pragensis Chronica (wie Anm. 32), II,15, S. 105; II,18, S. 110.

38) Ebd., II,43, S. 149.

39) Ebd., II,45, S. 152: [...] *Et si quid* [...] *frater in fratrem peccavit emenda; terram autem, qua tua est, cui mavis commenda* [...].

40) Jarmila HÁSKOVÁ, Mincovnictví Vratislava II. Fakta a problémy, in: Numismatické listy 43 (1988), S. 148–158, hier S. 157 f.

41) Marek STARÝ, K právním aspektům nástupnictví na knížecí stolec a královský trůn v Čechách za vlády Přemyslovců, in: Právněhistorické studie 37 (2005), S. 29–67.

42) Michał KULECKI, Ceremoniał intronizacyjny Przemyślidów w X–XIII wieku, in: Przegląd Historyczny 75 (1984), S. 441–450.

Bruder Konrad von der Nachfolge auszuschließen, und Břetislav II. (1092–1100) ließ seinen Brünner Cousin Udalrich aus denselben Gründen in Haft nehmen. Im Jahr 1137 hat Soběslav I. (1125–1140) die Landesherren und seine Verwandten übergangen, als er auf dem Hoftag in Bamberg König Konrad III. darum bat, seinen dem Kindesalter kaum entwachsenen Sohn als direkten Erben zu bestätigen[43)] und die Landesherren nach seiner Rückkehr dazu brachte, diese Vereinbarung mit einem Eid auf die Reliquien der Heiligen zu bekräftigen[44)].

Die Nachfolgeordnung fand darüber hinaus Eingang in das zeitgenössische Vokabular. Jeder legitime Přemyslide besaß das Recht sich *princeps* zu nennen, doch der Titel *dux* war in der Regel, wenn auch nicht immer, dem Senior vorbehalten. Unter den nichtregierenden Mitgliedern der Familie hat sich zumeist der Titel *princeps* durchgesetzt, für die mährischen Přemysliden konnte freilich keine geeignete Bezeichnung gefunden werden. Otto I. von Olmütz bezeichnete sich in der Stiftungsurkunde des Klosters Hradisch bei Olmütz aus dem Jahre 1078 als denjenigen, der von Gottes Gnaden sei (*dei gracia id quod est*)[45)]. Cosmas schrieb über Konrad von Brünn als von einem Diarchen[46)], aus dessen Sohn Udalrich machte er einen Tetrarchen[47)]. Keineswegs deshalb, weil dem einen die Hälfte und dem anderen ein Viertel Mährens zugefallen wäre, sondern deshalb, weil beide dem Senior untergeordnet waren[48)].

Auch erstaunt kaum, dass die Beziehungen zwischen den přemyslidischen Fürsten für äußere Betrachter einfach unverständlich waren. Papst Gregor VII. wandte sich am 18. März 1074 einfach an die Brüder des Herzogs der Böhmen (*fratribus Wratizlai ducis Boemiorum*)[49)]. Der Notar des Kaisers Heinrich V. nannte Udalrich von Brünn einen Adeligen aus Mähren (*vir nobilis de Maerheren*)[50)]. Otto von Freising behalf sich vor der Mitte des 12. Jahrhunderts mit dem Titel eines Grafen (*Maraviensis comes*)[51)],

43) Canonici Wissegradensis continuatio Cosmae, hg. von Josef EMLER (Fontes rerum Bohemicarum 2), Prag 1874, S. 228 f.

44) Vratislav VANÍČEK, Soběslav I. Přemyslovci v kontextu evropských dějin v letech 1092–1140 (Historická paměť, velká řada 14), Prag/Litomyšl 2007, S. 288 f.

45) Codex diplomaticus et epistolaris regni Bohemiae, hg. von Gustav FRIEDRICH, Bd. 1, Prag 1904–1907, Nr. 79, S. 82–85.

46) Cosmae Pragensis Chronica (wie Anm. 32), II,35, S. 131.

47) Ebd., III,51, S. 224.

48) Martin WIHODA, Moravský údělník nebo kníže?, in: Pro pana profesora Libora Jana k životnímu jubileu, hg. von Bronislav CHOCHOLÁČ/Jiří MALÍŘ/Lukáš REITINGER, Brünn 2020, S. 113–120.

49) Gregorii VII Registrum, hg. von Erich CASPAR (MGH Epp. 2,1), Berlin 1920, Nr. I/59, S. 86 f.

50) Die Urkunden Heinrichs V. und der Königin Mathilde, hg. von Matthias THIEL, in: MGH Datenbanken, www.mgh.de/ddhv/ (19.10.2022), Nr. 232.

51) Ottonis episcopi Frisingensis Chronica sive Historia de duabus civitatibus, hg. von Adolf HOFMEISTER (MGH SS rer. Germ. 45), Hannover 1912, VII,26, S. 351.

und nach der gleichen Regel richtete sich die Kanzlei des Kaisers Friedrich I. Barbarossa[52] oder der Hof des österreichischen Herzogs Heinrich II. Jasomirgott[53].

Einen bedeutenden Rang erkannten die Benediktiner des Klosters Hradisch bei Olmütz den mährischen Přemysliden zu. Die Burg Olmütz, und in zweiter Hinsicht Mähren, wurden von ihnen zur Heimat (*patria*) Fürst Ottos I. und seiner Nachfahren erhoben[54]. Zum Jahr 1140 ist die Rede von Otto III. von Olmütz, den der Böhmenherzog Vladislav II. aus der Verbannung rief und ihn in seiner mährischen Heimat auf den Thron setzte (*intronizavit eum in patria sua scilicet in Moravia*)[55]. Mit dem Ehrentitel eines Landesvaters (*pater patrie*) bedachten die Benediktiner auch den ersten Fürsten aus der Linie der Olmützer Ottonen, wenngleich sie diesmal nicht das Land, sondern das eigene Kloster meinten[56].

Im Kloster Hradisch war man sich jedoch darüber im Klaren, dass über alles Wesentliche in Prag entschieden wurde und dass sich die mährischen Přemysliden dem Willen des Seniors unterordnen mussten. Deshalb lobten sie Otto III. von Olmütz dafür, dass er sich im Jahre 1145 nicht den aufrührerischen Verwandten angeschlossen, sondern im Gegenteil dem böhmischen Herzog Vladislav II. die Treue gewahrt hatte (*iure Boemico duci adesit*)[57]. Dabei sollte nicht untergehen, dass die Benediktiner in einer Zeit an den Klosterannalen arbeiteten, in der sie bei den böhmischen Herzögen selbst in Ungnade gefallen waren und auf diese Weise versuchten deren Gunst wieder zu gewinnen[58].

Die mährischen Přemysliden waren jedoch nicht allein auf die Ausführungen der Benediktiner von Kloster Hradisch angewiesen. Ihre Ambitionen und Vorstellungen konnten sie darüber hinaus auch in die Prägung von Denaren einbringen, und obwohl sich ihre Selbstdarstellung auf einfache Symbole beschränkte, vermochten sie einen relativ klaren Dialog mit der Öffentlichkeit zu führen. Der größte Kreis der Münzprägungen zeigte die Symbole der landesherrlichen Macht. Hierzu zählten Abbildungen des

52) Die Urkunden Friedrichs I., Teil 3: 1168–1180, hg. von Heinrich APPELT (MGH DD 10,3), Hannover 1985, Nr. 782, S. 341–343.

53) Urkundenbuch zur Geschichte der Babenberger in Österreich, Bd. 1: Siegelurkunden der Babenberger bis 1215, vorbereitet von Oskar von MITIS, hg. von Heinrich FICHTENAU/Erich ZÖLLNER (Publikationen des Instituts für Österreichische Geschichtsforschung 3,1), Wien 1950, Nr. 24, S. 32–34.

54) Martin WIHODA, Anály hradišťsko-opatovické nebo První moravská kronika? Po stopách nekosmovského pojetí českých dějin, in: Morava a české národní vědomí od středověku po dnešek. Sborník příspěvků z konference Češi nebo Moravané? K vývoji národního vědomí na Moravě, konané dne 28. 2. 2001 v Brně, hg, von Jiří MALÍŘ/Radomír VLČEK (Disputationes Moravicae 2), Brünn 2001, S. 25–31.

55) Annales Gradicenses et Opatowicenses, hg. von Wilhelm WATTENBACH (MGH SS 17), Hannover 1861, S. 651.

56) Ebd., S. 648.

57) Ebd., S. 652.

58) Martin WIHODA, Benediktinská kapitola v dějinách kláštera Hradisko u Olomouce, in: Ve stopách svatého Benedikta. Sborník příspěvků z konference Středověké kláštery v zemích Koruny české konané ve dnech 24.–25. května 2001 v Třebíči, hg. von Libor JAN/Petr OBŠUSTA (Disputationes Moravicae 3), Brünn 2002, S. 29–38.

Fürsten in seiner Majestät, in der Regel als stehende (Halb-)Figur in einer einfachen, zuweilen durch einen Mantel verhüllten Tunika mit Lanze oder Banner, Schwert, Schild, mitunter mit einem Kreuz in der Hand. Der Stempelschneider begnügte sich zuweilen mit dem Brustbild oder dem Haupt des Herrschers, das er entweder en face oder im Profil darstellte, mitunter mit Kopfbedeckung, in anderen Fällen mit Binde, zumeist jedoch blieb er barhäuptigen Porträts treu. Das Banner dokumentierte die Ablegung des Treueids gegenüber dem Herzog der Böhmen, das Schwert die Verleihung der Ausübung der Gerichtsbarkeit und der Schild den Schutz der Schwachen. Das Kreuz gehörte zu den Symbolen, die die mährischen Fürsten daran erinnerte, dass sie das Land nach Gottes Gesetzen regierten. Die Präsenz einer höheren Ordnung, des himmlischen Jerusalems, wurde auch durch die sakrale Architektur verkündet, und die Tatsache, dass Mähren von den Auserwählten Gottes regiert wurde, bestätigten christologische Motive (Fisch, das Lamm Gottes, von Weinreben umschlungenes Kreuz), eine segnende Hand und die Namen von Heiligen in den Umschriften (Abb. 2)[59].

Das Münzregal stellte die mährischen Přemysliden auf die Ebene des in Prag regierenden Seniors, und ebenso kann ihr Recht verstanden werden, das militärische Aufgebot der Provinz einzuberufen. Wie die Schlacht bei Mailberg (1082) gegen die Österreicher oder die auf dem *campus Lucsco* (1116) gegen die Ungarn und gegebenenfalls die Feldzüge in das von den Piasten beherrschte Odergebiet, erkennen lassen, hatten sie sich auch bei den Kriegszügen eine gewisse Handlungsfreiheit bewahrt. Den mährischen Fürsten wurde die Rechtsfindung anvertraut, und die recht großzügige Ausstattung der Klöster Hradisch bei Olmütz und Trebitsch verrät, dass sie über Ländereien und Rechte verfügen konnten. Trotzdem konnten die mährischen Přemysliden nicht aus dem Schatten des Seniors, des Herzogs der Böhmen heraustreten, da sie, wie der in Krakau

59) Jan Šmerda, Denáry české a moravské. Katalog mincí českého státu od X. do počátku XIII. století, Brünn 1996, hier bes. S. 98–119.

schreibende Gallus Anonymus notierte, über nur wenig Besitz und bescheidenen Reichtum verfügten[60].

Den mährischen Přemysliden wurden zwar wesentlich umfangreichere Rechte als ihren nichtregierenden Verwandten in Böhmen zugesprochen, doch wie sah es mit der Erblichkeit der mährischen Provinzen aus? Die starken Bindungen der Nachfahren Ottos I. an Olmütz und Konrads an Brünn und Znaim sind unbestreitbare Tatsachen: Ihre angeblichen Erbrechte wurden jedoch bereits vom Herzog, seit 1085/86 König Vratislav (1061–1092), übergangen. Im Jahre 1087 vertrieb er die Familie seines Bruders Otto aus Olmütz und übertrug die Verwaltung der Burg auf seinen Sohn Boleslav[61]. Im Jahre 1099 ereilte das gleiche Schicksal Konrads Erben Udalrich und Litold, an deren Stelle ihr Prager Vetter Bořivoj trat. Wenn wir die außerhalb Mährens verbrachten Jahre zusammenzählen, war Ottos Linie für nahezu ein halbes Jahrhundert von der Macht in Olmütz ausgeschlossen, die Brünner Přemysliden kämpften ihrerseits ein Drittel des Bemessungszeitraums um einen Platz an der Sonne, und lediglich im kleinen Teilfürstentum Znaim, wo die böhmischen Herzöge über zwei von neun Dekaden entschieden, kann von einer gewissen Kontinuität gesprochen werden[62].

Dennoch waren die von der Prager Burg aus regierenden Herzöge nicht allmächtig. Ihren Einfluss teilten sie mit der Versammlung der Böhmen, die sich noch vor dem Aufstieg der Přemysliden am Ende des 9. Jahrhunderts in einer gewissen institutionellen Form herausgebildet hatte[63]. Formal sollten sich die Älteren des Landes nach dem Vermächtnis von Herzog Břetislav I. richten, das ihnen auferlegte, wie abzustimmen sei: Herrscher der Böhmen sollte das älteste Mitglied der Dynastie werden[64].

Im herzoglichen Böhmen sah die Realität freilich anders aus. Břetislavs gleichnamiger Enkel richtete sich nicht nach diesem Vermächtnis und bat Kaiser Heinrich IV. im Frühjahr 1099, seinen Bruder Bořivoj als direkten Nachfolger zu bestätigen[65]. 1107 wurde Bořivoj II. durch den Olmützer Fürsten Svatopluk gestürzt, bei dem es sich zwar nicht um den ältesten Přemysliden handelte[66]. Er erfreute sich jedoch der Unterstüt-

60) Galli Anonymi Cronicae et Gesta ducum sive principum Polonorum, hg. von Karol MALECZYŃSKI (Monumenta Polonia Historica Nova series 2), Krakau 1952, III,16, S. 142 f.

61) WIHODA, První česká království (wie Anm. 12), S. 166 f.

62) WIHODA, Morava v době knížecí (wie Anm. 33), S. 385–387.

63) Martin WIHODA, Sněmy Čechů, in: Šlechta v proměnách věků, hg. von Tomáš KNOZ/Jan DVOŘÁK (Edice Země a kultura ve střední Evropě 17), Brünn 2011, S. 17–37.

64) Martin WIHODA, Macht und Struktur der Herrschaft im Herzogtum Böhmen. Grundlagen, Legitimierung und zeitgenössische Vorstellungen, in: Macht und Spiegel der Macht. Herrschaft in Europa im 12. und 13. Jahrhundert vor dem Hintergrund der Chronistik, hg. von Norbert KERSKEN/Grischa VERCAMER (Deutsches Historisches Institut Warschau, Quellen und Studien 27), Wiesbaden 2013, S. 341–358.

65) Cosmae Pragensis Chronica (wie Anm. 32), III,8, S. 169.

66) Ebd., III,9, S. 183–185.

zung der führenden Adeligen, wobei die *primates* im Jahre 1125 Soběslav[67] und 1140 auch Vladislav auf den Prager Thron verhalfen. Vom Senioratsprinzip machte erst Konrad Otto im Jahre 1191 wieder Gebrauch, möglicherweise deshalb, weil er selbst überhaupt keine Erben hatte[68].

Die Rückkehr zum Senioratsprinzip war Ende des 12. Jahrhunderts eine natürliche und eigentlich auch die einzig mögliche Lösung. Die Primogenitur, die direkte Nachfolge vom Vater auf den Sohn, wurde sowohl von der nicht herrschenden Familienlinie als auch von den böhmischen Landesherren abgelehnt, die begründetermaßen die Befürchtung hegten, dass ihr Wahlrecht, also auch ihr Anteil an der Inthronisierung eines neuen Herrschers, angezweifelt werden könnte[69]. Mit den Interessen des Adels sah sich auch Přemysl Ottokar I. ständig konfrontiert, und als er seinen noch sehr jungen, im Jahre 1205 geborenen Sohn Wenzel als direkten Nachfolger durchsetzen wollte, musste er zwei Hindernisse überwinden: die Verwandten überzeugen, ihre Nachfolgerechte aufzugeben und den böhmischen Adeligen versichern, dass Wenzels Wahl auch in ihrem natürlichen Interesse lag. Soweit wir beurteilen können, wog er die Stimme der Landesherren mit dem Versprechen der Unantastbarkeit des alten Wahlrechts auf, was sich auch im Inhalt der Sizilischen Goldenen Bulle von 1212 niederschlug, in der durchklang, dass sich die Böhmen ihren Herrscher ohne irgendwelche Bedingungen wählen können (*ut quicunque ab ipsis in regem electus fuerit*) und dass ihre Entscheidung vom römisch-deutschen König ohne weiteres respektiert werde[70].

Den böhmischen Adeligen könnte zugesagt haben, dass sie keinen Herzog zu wählen hatten, sondern einen König, und der Verlauf der Wahlversammlung, die im Sommer 1216 auf der Prager Burg zusammenkam (*in communi colloquio Boemorum Prage habito*)[71], spricht dafür, dass sie Přemysl Ottokar I. entgegenkamen. Dabei mussten sie sich noch nicht einmal mit einer komplizierten Entscheidungsfindung auseinandersetzen, da Přemysls Bruder und Mitregent, der mährische Markgraf Vladislav Heinrich, den Anwesenden empfahl, die Hand für seinen Enkel Wenzel zu heben. Die Einmütigkeit der Wahl (*comuni voluntate*) wurde darüber hinaus durch die Auswahl der Eingeladenen abgesichert. Unter ihnen fehlte sowohl Přemysls Sohn aus erster Ehe Vratislav als auch Přemysls entfernter, vor allem jedoch sehr einflussreicher Vetter Diepold[72].

67) Monachi Sazawiensis continuatio Cosmae, hg. von Josef Emler (Fontes rerum Bohemicarum 2), Prag 1874, S. 253–257; Canonici Wissegradensis continuatio (wie Anm. 43), S. 203 f.

68) Wihoda, Morava v době knížecí (wie Anm. 33), S. 209–243.

69) Roderich Schmidt, Die Einsetzung der böhmischen Herzöge auf den Thron zu Prag, in: Aspekte der Nationenbildung im Mittelalter, hg. von Helmut Beumann/Werner Schröder (Nationes I), Sigmaringen 1978, S. 439–463.

70) D F II. (wie Anm. 18), Nr. 171, S. 1–5.

71) Codex diplomaticus et epistolaris regni Bohemiae (wie Anm. 2), Nr. 125, S. 113 f.

72) Wihoda, Die Sizilischen Goldenen Bullen (wie Anm. 30), S. 217–227.

***

Wenn wir die partiellen Beobachtungen verallgemeinern, lassen sich die Veränderungen des Erbrechts zwischen 1150 und 1250 in Böhmen in zwei Abschnitte einteilen: Vor 1216 wurde die Nachfolge der Herzöge auf der Prager Burg in formaler Hinsicht durch das Vermächtnis des Herzogs Břetislav I. geregelt, das eine Kandidatur aller legitimen Mitglieder der Familie zuließ, und zwar entsprechend ihres Alters, mit dem Ältesten beginnend. Nach 1216 wiederum sollten die Erstgeborenen aus der Familienlinie von Přemysl Ottokar I. und Konstanze von Ungarn aufeinanderfolgen. Für den gesamten Zeitraum galt zugleich, dass die Machtübernahme die Versammlung der Böhmen bestätigen musste, wenngleich sie ab 1253 keine Wahl hatte. König Wenzel I. (1230–1253) wurde lediglich durch Přemysl Ottokar II. (1253–1278) überlebt, der nur einen einzigen legitimen männlichen Erben hinterließ, den im Jahre 1278 noch unmündigen Wenzel II. (1278/83–1305), nach welchem Wenzel III. (1305–1306) als letzter gekrönter Přemyslide das Zepter ergriff[73].

Der Prager Königshof zeigte dessen ungeachtet keinerlei Anzeichen von Unruhe. Im Jahre 1252 nahm Přemysl Ottokar II. mit dem Wissen und der Unterstützung des Vaters die Erbin der babenbergischen Besitzungen, die fast fünfzigjährige Margarethe, zur Frau. Von der altersmäßig ungleichen Verbindung hat bestimmt niemand Nachkommen erwartet, trotzdem ließ sich Přemysl Ottokar erst nach zehn Jahren scheiden. Der Nachfolgefrage schenkte man nicht einmal unter der Regierung Wenzels II. größere Aufmerksamkeit, dessen zerbrechliche Gesundheit kein Geheimnis war[74]. Nach der Ermordung Wenzels III. am 4. August 1306 hat die Versammlung der Böhmen zwar getagt, um über einen Nachfolger zu entscheiden, doch ohne verbindliche Regeln konnte man sich lange nicht einigen, wem die landesherrlichen Rechte übergeben werden sollten[75].

Die böhmische Landesrepräsentation suchte eine Anleitung dazu im Kronarchiv auf der Prager Burg, doch die vorgefundenen Privilegien lösten die Erbfolgefrage nicht. Ihr am nächsten kamen die Sizilische Goldene Bulle von 1212 und die Goldene Bulle von Ulm aus dem Jahre 1216. Die erste versprach, die königlichen Insignien würden jedem ordentlich gewählten Nachfolger Přemysl Ottokars I. verliehen, mit dem zweiten Privileg nahm Friedrich II. von Sizilien zur Kenntnis, dass sich die Böhmen Přemysls Sohn

73) Josef Žemlička, Konec Přemyslovců. Skladba a fungování jejich pozdní monarchie (Edice Česká historie 38), Prag 2020.

74) Libor Jan, Václav II. Král na stříbrném trůně 1283–1305 (Edice Ecce homo 31), Prag 2015, hier bes. S. 538–541.

75) Martin Wihoda, Dynastiewechsel in Böhmen. Zwischen den althergebrachten Gewohnheiten und einem neuen Anfang, in: Interregna im mittelalterlichen Europa Konkurrierende Kräfte in politischen Zwischenräumen, hg. von Norbert Kersken/Stefan Tebruck (Tagungen zur Ostmitteleuropaforschung 38), Marburg 2020, S. 121–130.

Wenzel zum König erwählt hatten. Aus diesem Grunde wurden beide Privilegien abgeschrieben und dem König Albrecht am 23. Oktober 1306 zur Bestätigung vorgelegt[76].

Friedrichs Urkunden hoben die Wahl hervor, ohne jedoch zu präzisieren, ob auch jemand anderes als ein Nachkomme von Přemysl Ottokar I. um die Stimmen der Adeligen hätte werben können. Die offenkundige Schwäche der Nachfolgeordnung beseitigte erst Karl IV. (1346–1378). Im Frühjahr 1348 bestätigte er die Gültigkeit eines Korpus von elf Urkunden des Kronarchivs, einschließlich der Sizilischen Goldenen Bulle von 1212, in die er einen Abschnitt einfügen ließ, der besagte, dass eine Wahl des böhmischen Königs lediglich dann in Betracht käme, wenn die herrschende Dynastie in männlicher und weiblicher Linie aussterben würde[77].

Im Jahre 1526 zwangen die böhmischen Stände Ferdinand I. zu der Verpflichtung, dass die Krone ausschließlich in männlicher Linie weitergegeben werden dürfe. 20 Jahre später mussten sie unter Druck jedoch anerkennen, dass das Königreich Böhmen als rechtsgültiges Erbe seiner Gemahlin an Ferdinand gefallen war, und ließen den Eintrag über die freie Wahl aus den Landtafeln streichen[78]. Ende des 16. Jahrhunderts überwog in Böhmen jedoch wieder der ständische Einfluss, weswegen Erzherzog Matthias, der sich anschickte die Regierung in Prag zu übernehmen, Richard Strein von Schwarzenau darum bat, er möge für seinen Bedarf einen Kommentar zum böhmischen Erb- und Nachfolgerecht verfassen[79].

Matthias' Hofmeister kam dieser Aufgabe nach. Besondere Aufmerksamkeit widmete er dabei den Beweisen, mit denen die böhmischen Stände das Wahlverfahren verteidigten, und er erläuterte seinem Herrn, dass die böhmische Landesgemeinschaft ungeachtet der unterschiedlichen Konfessionen davon überzeugt sei, das Recht zu besitzen frei zu wählen. Matthias wurde zudem darüber belehrt, dass die Habsburger bei einem Teil des Adels unbeliebt seien und der Herrscher keinen Nachfolger ernennen oder gar krönen lassen solle. Die Wahlansprüche der böhmischen Stände hat Richard Strein jedoch mit Hilfe der Bestätigung der Sizilischen Goldenen Bulle von 1348 angefochten, in der Karl IV. präzisiert hatte, dass das Stimmrecht nur in dem Fall Anwendung finden solle, wenn kein männlicher oder weiblicher Erbe bekannt sei. Strein wies seinen Dienst-

76) Martin WIHODA, ›...nec petiuimus nec habemus ...‹ Zlatá bula sicilská v královské volbě roku 1306, in: Ad vitam et honorem. Profesoru Jaroslavu Mezníkovi přátelé a žáci k pětasedmdesátým narozeninám, hg. von Tomáš BOROVSKÝ/Libor JAN/DEMS., Brünn 2003, S. 261–272, hier S. 268–270.

77) WIHODA, Die Sizilischen Goldenen Bullen (wie Anm. 30), S. 246–252.

78) Sněmy české 2, hg. von Antonín GINDELY/František DVORSKÝ, Prag 1880, Nr. 165, S. 479–495; Nr. 167, S. 497.

79) Melchioris Goldasti Heiminsfeldii Commentarii de Regni Bohemiae, incorporatarumque provinciarum juribus ac privilegiis nec non de hereditaria successione Regiae Bohemorum familiae, in libros VI. divisi, et inde a prima origine diligentissime et accuratissime deducti, cum animadversionibus Stranski, Balbini, aliorumque. Cura atque studio Johanni Hermanni Schminckii, Francofurti ad Moenum, Impensis Dominici a Sande, 1719, Sp. 89–94 (Des Wohlgebornen Herrn, Herrn Reichart Streinen Freyherrn zu Schwartzenaw etc. Bedencken wegen des Koenigreichs Boeheim, ob dasselbig Erblich oder ein Wahl-koenigreich seye).

herrn auch darauf hin, dass der böhmische Landtag diesem Zusatz im Jahre 1548 zugestimmt habe, und er versuchte aufzuzeigen, dass die Erb- und Nachfolgeordnung seit Karls Zeiten nicht allein Söhne und Enkel berücksichtige, sondern auch Brüder, was bei Matthias der Fall sei[80].

Karls Privileg aus dem Jahre 1348 wurde auch im Jahre 1617 aufmerksam gelesen und zitiert, als die böhmischen Stände über Matthias' Nachfolge durch seinen Vetter Ferdinand II. berieten. Die Protestanten forderten Wahlfreiheit, während die Katholiken mit Rücksicht auf die Habsburger der Erblichkeit den Vorrang gaben[81]. Es folgten Unruhen, der Ausschluss der Habsburger durch die protestantische Konföderation, die Niederlage am Weißen Berg im Jahre 1620 sowie die ›Verneuerte Landesordnung‹, die sieben Jahre später die Erblichkeit des böhmischen Königthrons in habsburgischer Linie bestätigte[82].

Die Verteidigung der ständischen Interessen, einschließlich des Rechts der freien Wahl griff im holländischen Exil Pavel Stransky auf, der vornehmlich mit Melchior Goldast von Haiminsfeld, einem in habsburgischen Diensten stehenden sächsischen Rechtsgelehrten und Diplomaten, eine Polemik führte. Pavel Stransky beabsichtigte dabei, alle wichtigen Herrscherprivilegien und Gesetze zu prüfen, weshalb er weit in die Vergangenheit zurückging, sprichwörtlich bis zu den mythischen Anfängen der böhmischen Staatlichkeit. Dabei konnte er Přemysl Ottokar I. und die Sizilische Goldene Bulle von 1212 nicht außer Acht lassen, an denen er die freie Wahl schätzte, laut Stransky ein Zeugnis für die Unabhängigkeit der böhmischen Stände (*Respublica Boema*) von der habsburgischen Dynastie[83].

Melchior Goldast betrachtete die böhmische Nachfolgefrage aus allgemeiner Perspektive. Er ging von dem Rechtssystem des römisch-deutschen Reiches aus und sah die Erbregelung in Böhmen als dessen Bestandteil. Dennoch war er sich der Kompliziertheit der böhmischen Gepflogenheiten bewusst, die er rechtlich und auch semantisch auszulegen versuchte. Er verglich den Sinn des lateinischen *eligere* und *electio* mit den deutschen Pendants *wählen* und *Wahl* sowie mit dem tschechischen Terminus *wolba*. Ähnlich wie Richard Strein gelangte er zu der Schlussfolgerung, dass sich die böhmische Nachfolgeordnung von unterschiedlichen, nicht selten auch gegensätzlichen Regeln leiten ließ, und dass das Recht der freien Wahl, obschon es in den Herrscherurkunden auftaucht, von den Habsburgern nie bestätigt wurde, weswegen nicht einmal die stän-

80) Ebd., Sp. 96–122 (Information des Hochloeblichen Hauses Oesterreich erblich Succession der Cron Boeheim und welcher gestalt auch sonst die Succession daselbst erblich, und was darbey bis auff diese Zeit verlaufen).

81) Ebd., Sp. 123–127 (Information von der Koeniglichen Erb- und der Staendten Wahlgerechtigkeit in Boeheim: de anno 1617).

82) Hans-Wolfgang BERGERHAUSEN, Die ›Verneuerte Landesordnung‹ in Böhmen 1627. Ein Grunddokument des habsburgischen Absolutismus, in: HZ 272 (2001), S. 327–351.

83) Respublica Bohemiae a M. Paulo Stranski descripta, Leiden 1634, S. 115, 117, 119, 189, 216–218, 238, 345 f.

dische Repräsentation deren Ansprüche auf den böhmischen Thron hatte anzweifeln können[84].

Die scharfsinnige Polemik der zwei anerkannten Juristen wurde noch im 18. Jahrhundert rezipiert, doch waren die gelehrten Kommentare lediglich von akademischer Bedeutung, da die ›Verneuerte Landesordnung‹ aus dem Jahre 1627 die Nachfolgerechte im Königreich Böhmen den Habsburgern zusprach, die somit auf die Interessen und Meinungen der Stände keinerlei Rücksicht mehr nehmen mussten. Streng genommen regelte die ›Verneuerte Landesordnung‹ die Erbfrage so, dass sie sich mit den Vorstellungen Přemysl Ottokars I. deckte. Somit kehren wir zurück in das Böhmen der zweiten Hälfte des 12. und den Beginn des 13. Jahrhunderts, als zu viele herrschwillige přemyslidische Fürsten um die Macht rangen[85].

Die Přemysliden sollten sich nach dem Senioratsprinzip richten, das jedoch oft verletzt wurde und um das Jahr 1200 als hoffnungslos veraltete Norm galt. Sie wurde durch die Primogenitur ersetzt, gegen die sich freilich die Versammlung der Böhmen mit dem Anspruch stellte, sich ihren künftigen Herrscher wählen zu können. Die böhmischen Länder waren somit přemyslidischer Erbbesitz und gleichzeitig Wahlherzogtum. Möglicherweise verspürte auch deshalb niemand das Bedürfnis, die Nachfolgerechte auf Přemyslidinnen oder auf verwandte Geschlechter in der Nachbarschaft zu beziehen. Im Jahre 1306 hat sich jedoch gezeigt, dass die Erbfrage in der Tat nicht nur ein Problem der Anderen ist ...

Summary: The problems of the Others? The Inheritance and Succession Question in Přemyslid Bohemia

Considering the form of inheritance rights in the Czech lands at the end of the Přemyslid era, the period concerned (1150–1250) can be divided into two parts. Before 1216, the succession of rulers at Prague Castle was governed by the will of the duke Bretislaus I († 1055), which allowed the candidacy of all legitimate members of the family in descending order of age. On the other hand after 1216, power was to be passed exclusively to the firstborn son of the line of Přemysl Otakar I and Constance of Hungary. However, the reality was much more complex because too many dukes were vying for power in Bohemia in the 12th century. The principles of agnatic seniority often yielded to the interests of the nobility, who were entitled to choose their lord freely. The Czech lands were thus both a hereditary possession of the Přemyslids and an elected duchy. This may

84) Melchioris Goldasti Heiminsfeldii Commentarii (wie Anm. 79), VI,20, Sp. 1177–1184.

85) Zbigniew Dalewski, Was Herrscher taten, wenn sie viele Söhne hatten – zum Beispiel im Osten Europas, in: Die Macht des Königs. Herrschaft in Europa vom Frühmittelalter bis in die Neuzeit, hg. von Bernhard Jussen, München 2005, S. 125–137.

be the reason why no one felt the need to extend the rights of inheritance to female members of the Přemyslid dynasty or to blood-related families in the neighbourhood.

Around 1200, agnatic seniority was regarded as a hopelessly outdated norm. It could be replaced by agnatic primogeniture, which was opposed by the Bohemian Diet, not intending to surrender the right of free election. In his efforts to limit inheritance rights to his own sons Přemysl Otakar I had to overcome two obstacles: he had to persuade his relatives to renounce their succession rights and he had to assure the Bohemian lords that primogeniture was in their natural interest. As far as can be judged, he won the goodwill of the leaders by promising the inviolability of the right to vote, and during his long reign (1197–1230), he pushed out of the public arena all those who might interfere with his plans. He may have achieved his goal, but he clearly underestimated the possibility that there might sometimes be a lack of direct successors. The violent death of the last crowned Přemyslid, Wenceslaus III, in 1306 then illustrated that the succession question was not a problem of the other dynasties after all.

Die Grafschaft Savoyen erben (1148–1285) – eine Skizze

Klaus Oschema (Paris/Bochum) und Laurent Ripart (Chambéry)

I. Einleitung – Ereignisse und Quellen

Im Rahmen des vorliegenden Bandes möchte dieser Beitrag den Blick auf ein Gebiet und eine adlige Dynastie lenken, die aus der Warte der deutschsprachigen Forschung gerne ein wenig stiefmütterlich behandelt wird: Die Grafschaft Savoyen, die 1416 in den Rang eines Herzogtums aufstieg[1)], formierte sich im Laufe des hohen Mittelalters und die gräfliche Familie begegnet seit ihrem ersten klareren Aufscheinen in den Quellen in der Zeit um 1000 immer wieder als wichtige Bezugsgröße für die römisch-deutschen Könige und Kaiser[2)].

In einer komplexen Konstruktion beruhen dabei die mittelalterlichen Vorstellungen von der genealogischen Geschichte des Hauses Savoyen auf der nachgerade paradox anmutenden Idee, dass die Dynastie eigentlich keine Geschichte habe: Damit ist der Gedanke gemeint, dass die Grafen (und später die Herzöge) stets ohne Konflikte aufeinander folgten, gemäß einer seit Urzeiten festgelegten Reihenfolge. Ein solches Bild vermittelte beispielsweise die erste Genealogie des Hauses Savoyen, die höchstwahr-

1) Hierzu jüngst La naissance du duché de Savoie (1416), hg. von Laurent Ripart/Christian Guilleré/Pascal Vuillemin (Sociétés, Religions, Politiques 49), Chambéry 2020. Als Gesamtdarstellungen der Geschichte Savoyens im Mittelalter siehe Giuseppe Sergi, Potere e territorio lungo la strada di Francia. Da Chambéry a Torino fra X e XIII secolo, Neapel 1981; Bernard Demotz, Le comté de Savoie du XIe au XVe siècle. Pouvoir, château et État au Moyen Âge, Genf 2000; Histoire de la Savoie en images, hg. von Christian Sorrel, Chambéry 2006; François Demotz, La Maison de Savoie au Moyen Âge. Naissance d'une dynastie (Mémoires et documents publiés par la Société savoisienne d'histoire et d'archéologie 123), Chambéry 2021. In deutscher Sprache zur frühen Entwicklung auch Siegmund Hellmann, Die Grafen von Savoyen und das Reich bis zum Ende der Staufischen Periode, Innsbruck 1900. – Wir danken Jürgen Dendorfer und Jörg Peltzer als Herausgebern dieses Bandes für die Möglichkeit, nach der Tagung auf der Reichenau (12.–15. Oktober 2021) noch einen Beitrag zum savoyischen Beispiel beisteuern zu können. Um die Orientierung zu erleichtern, ist diesem Beitrag eine Kartendarstellung zu den savoyischen Besitzungen im 12. und 13. Jahrhundert beigefügt sowie eine genealogische Tafel, welche die wichtigsten erwähnten Protagonist*innen verzeichnet. Zur besseren Unterscheidung der Träger des Namens Bonifatius/Bonifaz wurde für die Markgrafen von Montferrat die Form Bonifatius gewählt, für die Savoyer Grafen hingegen die Variante Bonifaz.

2) Einige Hinweise hierzu in Klaus Oschema, Herzog, Hexen, Heiratsmarkt? Wahrnehmung und Rolle des spätmittelalterlichen Savoyen im Südwesten des Reichs, in: Starke Frauen? Adelige Damen im Südwesten des spätmittelalterlichen Reiches, hg. von dems./Peter Rückert/Anja Thaller, Stuttgart 2022, S. 18–42.

scheinlich um 1342 herum in der dynastischen Nekropole im Kloster Hautecombe verfasst wurde[3]: In dieser Zeit wurden die Rechte des Grafen Aymon von seiner Nichte angefochten, der Tochter seines Bruders Eduard, die der Fürst von der Thronfolge ausgeschlossen hatte. Um die Macht des Grafen besser zu legitimieren, erklärte die ›Genealogie von Hautecombe‹, dass es seit jeher dem Brauch entspreche, die Frauen vom Erbe der Grafschaft auszuschließen, und dass das Grafenamt stets ohne Probleme vom Vater auf den Sohn übergegangen sei[4].

Diese Auffassung wurde von den savoyischen Historiographen bis weit in die Neuzeit hinein fortgeschrieben. Samuel Guichenon, der bekannteste unter ihnen, brachte sie in seiner 1660 veröffentlichten ›Histoire généalogique de la royale maison de Savoie‹ in eine wirkungsvolle Form[5]: Er eliminierte praktisch jeden Hinweis auf Konflikte um die Thronfolge und konzentrierte sich stattdessen auf den Nachweis, dass das Haus Savoyen die Herrschaft seit seinen Ursprüngen nach unveränderlichen Prinzipien weitergegeben hatte und darin nie angefochten worden war. Diese Tradition wurde weitgehend an die jüngere Geschichtsschreibung weitergegeben, die interne Konflikte innerhalb der Dynastie systematisch herunterspielte oder sogar leugnete, um die Einheit der Dynastie zu feiern und das Bild zu erzeugen, dass alle Familienmitglieder stets an einer gemeinsamen Strategie zur Steigerung der Macht der Dynastie beteiligt gewesen seien[6].

Dieses Narrativ erwies sich lange Zeit als gleichermaßen anziehend und wirksam. Zugleich verschleierte es eine Realität, die weit komplexer und konfliktgeladener war als das, was die Historiographen zu feiern versuchten. Die sogenannte Sitte des Ausschlusses der Frauen vom Erbe der Grafschaft war in Wahrheit eine Erfindung des 14. Jahrhunderts, mit der die Verdrängung weiblicher Erbinnen im Nachhinein gerechtfertigt werden sollte. Über den Bemühungen, diese Praxis zu etablieren und zu legitimieren, ging vergessen, dass das savoyische Fürstentum im 11. Jahrhundert faktisch bereits einmal von einer Frau regiert worden war, der Gräfin Adelheid (Adelaide)[7]. Auch über-

3) Laurent Ripart, La généalogie d'Hautecombe et ses continuations. De la memoria monastique à l'historiographie de la maison princière (XIVe–XVIe siècle), in: Écrire l'histoire, penser le pouvoir. États de Savoie, XVe–XVIe siècles, hg. von dems. (Collection Sociétés, Religions, Politiques 44), Chambéry 2018, S. 129–176 (mit Edition und französischer Übersetzung der ›Genealogia‹, S. 153–158).

4) Ebd., S. 155: *quia non est consuetum in comitatu Sabaudie quod filia succedat patri in comitatu et possessione comitatus.*

5) Samuel Guichenon, Histoire généalogique de la royale maison de Savoie, 2 Bde., Lyon 1660.

6) Siehe hierzu Laurent Ripart, Non est consuetum in comitatu Sabaudie quod filia succedit patri in comitatu et possessione comitatus. Genèse de la coutume savoyarde de l'exclusion des filles, in: Pierre II de Savoie. ›Le Petit Charlemagne‹ († 1268), hg. von Bernard Andenmatten/Agostino Paravicini Bagliani/Eva Pibiri (Cahiers lausannois d'histoire médiévale 27), Lausanne 2000, S. 295–331, hier S. 295–299.

7) Siehe die Beiträge in La Contessa Adelaide e la società del secolo XI. Atti del Convegno di Susa (14–16 novembre 1991) (Segusium 32), Susa 1992; vgl. auch Laurent Ripart, La tradition d'Adélaïde dans la maison de Savoie, in: Adélaïde de Bourgogne, genèse et représentations d'une sainteté impériale, hg. von Patrick Corbet/Monique Goullet/Dominique Iogna-Prat, Dijon 2002, S. 55–77.

schrieb die erbauliche genealogische Erzählung der Historiographen die Tatsache, dass im 12. und 13. Jahrhundert fast alle Erbgänge zu starken Spannungen und zuweilen sogar zu bewaffneten Konflikten führten[8]. Die Herrschaft wurde wiederholt entsprechend den Machtverhältnissen weitergegeben – etwa im Jahr 1285, als Amadeus V. die noch minderjährigen Söhne seines älteren Bruders Thomas (III.) ausschaltete, um selbst die Grafschaft zu übernehmen[9]. All dies bedeutet natürlich nicht, dass das Erbe und die Weitergabe der Herrschaft völlig ohne rechtliche oder institutionelle Rahmungen und Vorgaben erfolgt wäre. Vielmehr ist zu beobachten, wie sich die Vorstellungen und Regelungen angesichts ganz spezieller dynastischer Konstellationen grundlegend wandelten, bevor sie sich dann an der Schwelle zum späten Mittelalter weitgehend konsolidierten.

Um diesen Prozess und die damit verbundenen Fragen zu untersuchen, konzentrieren wir uns in diesem Beitrag auf den Zeitraum 1148 bis 1285: Im Jahr 1148 starb Graf Amadeus III. auf dem Kreuzzug und hinterließ nur einen jungen Sohn[10]. Der Erbfall leitete damit Jahre der Regentschaft ein, die von einem scharfen Machtkonflikt innerhalb der fürstlichen Familie geprägt waren. 1285 wiederum starb Graf Philipp, der letzte der Söhne von Graf Thomas I. († 1233) – ein Todesfall, der eine lange Periode in der Geschichte der Grafschaft beendete, in der drei der acht Söhne von Thomas I. nacheinander an die Herrschaft gekommen waren[11]. In der Geschichte der savoyischen Dynastie markieren die Jahre 1148 und 1285 eine Phase, in der die Herrschaft besonders umkämpft war: Bei praktisch allen Nachfolgen im Grafenamt sind heftige Gegensätze zu beobachten und wiederholt kam es sogar zu offenen Konflikten zwischen den Anwärtern. Die damit verbundenen dynastischen Krisen erscheinen insgesamt zu repetitiv, um nicht den Gedanken an strukturelle Hintergründe zu wecken. Zunächst einmal legen sie die Deutung nahe, dass die Herrschaft eines Fürsten weiterhin mit dem Bild eines Kriegsherrn verbunden war, der seine entsprechende Befähigung nicht zuletzt dadurch unter Beweis stellen musste, dass er sich in der Thronfolge durchsetzen konnte. Sie zeigen aber auch, dass die dynastische Legitimität auf widersprüchlichen Prinzipien beruhte und Erben mit ebenso realen wie divergierenden Rechten und Ansprüchen gegen-

8) Einen Eindruck vermittelt Eugene Cox, The Eagles of Savoy. The House of Savoy in 13th-century Europe, Princeton NJ 1974, der auf Graf Thomas I. und die Generation seiner Söhne fokussiert, so dass beinahe das gesamte 13. Jahrhundert abgedeckt wird.

9) Siehe Cox, Eagles of Savoy (wie Anm. 8), S. 444–448, 452; siehe zu Amadeus V. auch knapp Francesco Cognasso, I Savoia, Mailand 1971, S. 105–118, sowie Bernard Demotz, Amédée V le Grand, Comte de Savoie, in: Revue savoisienne 118 (1978), S. 42–55.

10) Zu Amadeus III. siehe Charles W. Previté Orton, The Early History of the House of Savoy, Cambridge 1912, S. 278–315; zu seinem Kreuzzug siehe Laurent Ripart, La croisade du comte Amédée III de Maurienne († 1148): un potlatch sans contrepartie?, in: Chrétiens, juifs et musulmans dans la Méditerranée médiévale. Mélanges en l'honneur d'Henri Bresc, hg. von Benoît Grévin/Annliese Nef/Emmanuelle Tixier, Paris 2008, S. 149–165.

11) Im Überblick siehe Cox, Eagles of Savoy (wie Anm. 8).

einander antraten. Nicht zuletzt wird anhand der konkreten Lösungen auch deutlich, wie mit der klareren Ausprägung des savoyischen Grafentitels im frühen 13. Jahrhundert die Sukzession in der gräflichen Herrschaft mit dem Anspruch auf spezifische territoriale Grundlagen verbunden erscheint, während weitere Besitzungen flexibel zur Befriedigung anderweitiger Ansprüche auf materielles Erbe genutzt werden konnten.

Für die Untersuchung der hier interessierenden Sachverhalte im gewählten Zeitraum sind Quellen recht unterschiedlichen Umfangs und Charakters heranzuziehen. Erzählende Quellen sind, wie beinahe stets im untersuchten Gebiet, so gut wie nicht vorhanden. Urkunden sind hingegen wesentlich zahlreicher überliefert, aber sie ändern im Laufe der Zeit nicht nur ihren Umfang, sondern auch ihren Charakter. Als besonders wichtig für unsere Fragestellung erweist sich dabei die Etablierung neuer Gattungen im urkundlichen Material, das für die Dynastie überliefert ist und deren älteste Stücke aus den Jahren 1210–1230 stammen – allen voran die einsetzende Überlieferung von Eheverträgen. Mindestens ebenso bedeutsam erscheint daneben die Etablierung der Testierpraxis in den savoyischen Territorien in den 1230er Jahren, da sie nicht nur die Praktiken des Vererbens veränderte, sondern uns zugleich die Möglichkeit bietet, deren Parameter besser zu erfassen[12].

II. Regentschaften als Krisenmomente

Die Nachfolge der Grafen, die sich ab den 1230er Jahren als »von Sayoven« bezeichneten (bis dahin hatte die Bezeichnung »von der Maurienne« vorgeherrscht)[13], scheint zunächst einmal auf recht konventionelle Weise geregelt worden zu sein: Die Ausübung der gräflichen Rechte blieb de facto den Männern der Familie vorbehalten. Dies zeigt beispielsweise die Nachfolge des Grafen Amadeus III., der, bevor er 1147 zum Kreuzzug aufbrach, auf dem er dann sein Leben ließ, alle Vorkehrungen getroffen hatte, um die Regentschaft für seinen Sohn Humbert III. zu regeln[14]. Humbert III. wurde 1136 in der zweiten Ehe Amadeus' mit Mathilde von Albon geboren, die wahrscheinlich selbst 1145 gestorben war. Der Nachfolger war damit also noch minderjährig und seine Mutter stand nicht zur Verfügung, um die Amtsgeschäfte zu leiten.

Amadeus III. hatte die Regentschaft für den jungen Humbert Amadeus von Hauterive anvertraut, einem Cousin König Konrads III., Abt der Zisterzienserabtei Haute-

12) Viele der Materialien wurden bereits erfasst von Ludwig Wurstemberger, Peter der Zweite, Graf von Savoyen, Markgraf in Italien, sein Haus und seine Lande. Ein Charakterbild des dreizehnten Jahrhunderts, diplomatisch bearbeitet. Mit einem Urkundenbuche, 4 Bde., Bern/Zürich 1856–1858; der vierte Band des Werks besteht vollständig aus Regesten und teils auch Wiedergaben der gesamten Dokumente.

13) Näher zur Entwicklung der Titulatur siehe unten, Abschnitt III.

14) Previté Orton, Early History (wie Anm. 10), S. 309–313, 317.

combe am Lac de Bourget und seit 1145 Bischof von Lausanne[15]. Nachdem die Nachricht vom Tod des Grafen eintraf, der wahrscheinlich 1148 auf Zypern gestorben war[16], wurde Amadeus von Hauterive auch formell zum Regenten ernannt. Amadeus III. war zu Beginn seiner Herrschaft selbst minderjährig gewesen und man hatte damals die Regentschaft dem Grafen Aymon von Genf anvertraut[17]. Diese Konstellation hatte anscheinend nicht nur gute Erinnerungen hinterlassen und die Erfahrung könnte den Grafen dazu veranlasst haben, eine solche Aufgabe nicht erneut einem benachbarten Fürsten anzuvertrauen, von dem Übergriffe auf die Güter seines Schützlings zu befürchten waren. Schon aus dieser Warte mochte es sinnvoller erscheinen, mit dem Bischof von Lausanne einen Kleriker und noch dazu einen engen Vertrauten des verstorbenen Grafen heranzuziehen. Daneben existierte aber noch ein weiterer Grund für die Wahl Amadeus', der vermutlich im Vordergrund stand: Mit der Bestimmung sollte versucht werden, Renaud, den Onkel Humberts III., von dieser bedeutenden Stellung fernzuhalten. Die Beziehung von Graf Amadeus III. zu ihm, seinem jüngeren Bruder, war angespannt, wie etwa die Tatsache zeigt, dass Amadeus ihm 1143 das Amt als Propst der Abtei Saint-Maurice d'Agaune entzogen hatte[18], mit dem Renaud über bedeutende Einkünfte im Tal von Bagnes verfügt hatte. Nach dem Tod von Amadeus III. nutzte Renaud tatsächlich auch die Situation, um die Propstei gewaltsam wieder an sich zu bringen[19].

Amadeus von Hauterive fühlte sich in dieser Situation zweifellos bedroht und bat daher den französischen König Ludwig VII. um Hilfe, war dieser doch ein Cousin ersten Grades des jungen Grafen Humbert III. Diese entschlossene Reaktion zwang Renaud bald, auf die Propstei wieder zu verzichten. Zugleich aber zeigt sein Vorgehen, das durchaus als Revolte gegen die herrschaftliche Gewalt zu beschreiben ist, dass das Primogeniturrecht als Grundlage der dynastischen Ordnung damals zwar nicht diskutiert wurde, dass aber die Herrschaftsübernahme eines jungen Grafen sehr wohl mit Forderungen seiner Verwandten einhergehen konnte, die danach strebten, ihre Macht und ihren Reichtum zu vergrößern.

15) Zu Amadeus von Hauterive/Lausanne siehe weiterhin Anselme DIMIER, Amédée de Lausanne, disciple de saint Bernard, Abbaye de Saint-Wandrille 1949; Daniel MOREROD, Genèse d'une principauté épiscopale. La politique des évêques de Lausanne (IXe–XIVe siècle) (Bibliothèque historique vaudoise 116), Lausanne 2000, S. 151–161.

16) RIPART, La croisade du comte Amédée III (wie Anm. 10), S. 159.

17) PREVITÉ ORTON, Early History (wie Anm. 10), S. 283 f.; Pierre DUPARC, Le comté de Genève, IXe–XVe siècle (Mémoires et documents publiés par la Société d'histoire et d'archéologie de Genève 39), Genf 1978, S. 96 f.

18) Maurice ZUFFEREY, Die Abtei Saint-Maurice d'Agaune im Hochmittelalter (830–1258) (Veröffentlichungen des Max-Planck-Instituts für Geschichte 88), Göttingen 1988, S. 152 f.

19) Laurent RIPART, Le temps des réformes (de l'an mil au milieu du XIIIe siècle), in: L'abbaye de Saint-Maurice, 515–2015, Bd. 1: Histoire et archéologie, hg. von DEMS./Bernard ANDENMATTEN, Gollion 2015, S. 156–183, bes. S. 163–167.

Anders verhielten sich die Dinge im Jahr 1189, als Humbert III. seinerseits starb und als Nachfolger ebenfalls nur einen minderjährigen Sohn namens Thomas hinterließ. Humbert III. war viermal verheiratet gewesen: Seine erste Ehe mit Faidiva von Toulouse (⚭ 1151; † 1154) führte ebenso wenig zu Nachkommen wie seine zweite Verbindung mit Gertrud von Lothringen (⚭ 1155), die 1162 aufgelöst wurde, vermutlich aufgrund der anhaltenden Kinderlosigkeit. Aus Humberts Ehe mit Clementia von Zähringen (⚭ 1164; † 1167) gingen dann drei Töchter hervor: Sophia, Alix/Adelheid und Eleonore. Erst in seiner vierten Ehe mit Beatrix von Vienne/Mâcon (⚭ 1177) erblickte endlich der lang ersehnte männliche Nachfolger das Licht der Welt[20]. Vieles deutet darauf hin, dass Humbert III. seine Hoffnungen auf die Herrschaftsweitergabe in seiner eigenen Nachkommenschaft zuvor bereits weitgehend aufgegeben hatte: Inmitten einer Reihe regionaler Konflikte suchte er ab 1171 ein Bündnis mit König Heinrich II. von England, indem er eine Ehe zwischen Johann, dem späteren Johann Ohneland, und seiner eigenen Tochter Alix vereinbarte[21]. Der 1173 geschlossene Vertrag wurde im Rahmen eines regionalen Ausgleichs verhandelt, an dem neben Alfons II. von Aragón auch Raimund V. von Toulouse und Gerard von Mâcon teilnahmen. Seine Bestimmungen sahen unter anderem umfangreiche Geldzahlungen von Heinrich II. an Humbert III. vor, der sich im Gegenzug verpflichtete, seiner Tochter seine gesamte Grafschaft mit in die Ehe zu geben. Letztlich kamen weder die Ehe noch die weiteren Abmachungen dauerhaft zum Tragen, da Alix frühzeitig starb[22] und Thomas geboren wurde – der wohl nach Thomas von Canterbury benannt wurde, was die engen Verbindungen Savoyens zu England schon in dieser Zeit zum Ausdruck brachte. In seinen letzten Lebensjahren geriet Humbert III. dann in einen tiefen Konflikt mit König Heinrich VI., dem Sohn Friedrich Barbarossas, und starb am 4. März 1189 im kaiserlichen Bann[23].

Vor diesem Hintergrund war die Regentschaft für den 1178 geborenen jungen Grafen Thomas eine ebenso dringliche wie komplexe Angelegenheit. Gräfin Beatrix, Humberts Witwe, bemühte sich rasch, die Situation zu regeln – und nur wenige Tage nach Humberts Tod stand Markgraf Bonifatius von Montferrat de facto als Regent fest, auch wenn er den Titel erst später formell annahm[24]. Bonifatius war ein Cousin des jungen Thomas und stammte aus einer Familie, die während des gesamten 12. Jahrhunderts ein wertvoller Verbündeter der savoyischen Dynastie gewesen war und zudem über eine sehr gute Beziehung zu den Staufern verfügte[25]. Nach allem was wir wissen, erhob kein weiterer Verwandter des verstorbenen Grafen Ansprüche irgendeiner Art.

20) Als Überblick weiterhin PREVITÉ ORTON, Early History (wie Anm. 10), S. 328 f., 345, 352.

21) Ebd., S. 338–341.

22) Ebd., S. 341; Frédérique LACHAUD, Jean sans Terre, Paris 2018, S. 34 f.

23) PREVITÉ ORTON, Early History (wie Anm. 10), S. 350.

24) Ebd., S. 355–357.

25) Francesco COGNASSO, Il Piemonte nell'età sveva (Miscellanea di storia patria, ser. IV 10), Turin 1968, S. 296–298. Bonifatius' Vater Wilhelm von Montferrat war über seine Ehe mit Judith, einer Halbschwester Kon-

Bonifatius machte sich nun rasch daran, die savoyische Familie mit dem Kaiser zu versöhnen: Er brachte den jungen Grafen Thomas dazu, auf verschiedene Rechte und Ansprüche zu verzichten, unter anderem im Bistum Sitten, im Chablais und im Piemont, wo ihm wahrscheinlich nur noch das Susatal blieb. Den offensichtlichen Erfolg des Ausgleichs dokumentiert eine Urkunde, die Heinrich VI. am 14. Juli 1190 in Fulda für die Kölner Domkirche ausstellte und in deren Zeugenliste Thomas erscheint[26]. Aller Wahrscheinlichkeit nach begann Thomas schon früh, selbständig zu regieren (vermutlich ab 1191), und er erwies sich bereits in jungen Jahren als energischer und expansiver Graf[27].

Dank seines Kinderreichtums ergab sich nach Graf Thomas' Tod im Jahr 1233 keine Notwendigkeit für eine Regentschaft. Erst in der nächsten Generation traten die Probleme erneut auf, und zwar in ebenso komplexen wie konfliktreichen Konstellationen, die jedoch aufgrund der neuen Quellenfülle nun wesentlich klarer nachvollziehbar sind. Die Frage der Regentschaft wurde 1253 eröffnet, als Graf Amadeus IV. bei seinem Tod nur einen minderjährigen Sohn und mehrere Töchter hinterließ: Aus seiner ersten Ehe mit Anne/Marguerite de Bourgogne (⚭ 1221/1222, † 1242) waren zwei Töchter hervorgegangen, Beatrix und Marguerite, die seit 1233 beziehungsweise 1235 verheiratet waren. Nach dem Tod von Anne/Marguerite hatte Amadeus im Jahr 1244 Cecilia des Baux geheiratet, mit der er einen Sohn, Bonifaz, und drei weitere Töchter (Beatrix, Constance, Eleonore) zeugte.

Amadeus regelte seinen Nachlass im Laufe seines Daseins wiederholt in unterschiedlichen Testamenten, die sich in ihren Bestimmungen teils recht stark unterschieden[28]. In der Fassung, die er am 19. September 1252 niederlegte, setzte er ausdrücklich Bonifaz als Erben aller Güter, Rechte und Besitzungen ein: *In primis uolo facio et instituo Boni-*

rads III., Onkel Barbarossas, mit dem er auch eng kooperierte, siehe Knut GÖRICH, Friedrich Barbarossa. Eine Biographie, München 2011, S. 231. Diese Nähe schloss zeitweise Verwerfungen aber nicht aus, wie sie etwa durch das Vorgehen von Wilhelms Sohn Konrad gegen Erzbischof Christian von Mainz im Jahr 1178 verursacht wurden, siehe ebd., S. 488 f. Bonifatius profitierte von einer engen Bindung zu Heinrich VI., siehe Peter CSENDES, Heinrich VI., Darmstadt 1993, S. 91, 141, 214 f., sowie David BRADER, Bonifaz von Montferrat bis zum Antritt der Kreuzfahrt (1202) (Historische Studien 55), Berlin 1907, so dass er als Vermittler besonders geeignet erscheinen mochte. Zu seiner späteren Rolle im Rahmen des 4. Kreuzzugs und im lateinischen Kaiserreich von Konstantinopel siehe Filip VAN TRICHT, The Latin *Renovatio* of Byzantium. The Empire of Constantinople (1204–1228) (The Medieval Mediterranean 90), Leiden 2011.

26) Die Regesten des Kaiserreiches unter Heinrich VI. 1165 (1190)–1197, neubearb. von Gerhard BAAKEN (J. F. Böhmer, Regesta Imperii IV,3), Köln/Wien 1972, Nr. 103; wenn Thomas hier als *comes Sabaudiae* erscheint, so entspricht das nicht den Gewohnheiten seiner eigenen Titelführung.

27) Im Überblick PREVITÉ ORTON, Early History (wie Anm. 10), S. 353–420; Francesco COGNASSO, Tommaso I ed Amedeo IV, 2 Bde., Turin 1940; COX, Eagles of Savoy (wie Anm. 8), S. 7–32; knapp Bernard ANDENMATTEN, Thomas I. von Savoyen, in: Historisches Lexikon der Schweiz (2011), https://hls-dhs-dss.ch/de/articles/017864/2011-02-24/ (14.04.2022).

28) COX, Eagles of Savoy (wie Anm. 8), S. 55, 105, 224.

facium filium meum mihi heredem in omnibus bonis meis, iuribus, possessionibus, et quasi dominiis iurisdictionibus, et omnibus aliis vniuersis et singulis aliquo iure et occasione ad me pertinentibus[29]. Für den Fall, dass Bonifaz seinerseits ohne Nachkommen sterben sollte, bestimmte Amadeus IV. seinen eigenen jüngeren Bruder Thomas II. zum Erben – der im Testament bereits ausdrücklich als *comes Sabaudiae* (»Graf von Savoyen«) angesprochen wird, was andeuten mag, dass er in die Ausübung der fürstlichen Macht eingebunden war. Die beiden älteren Töchter Amadeus', Beatrix und Margarete, die inzwischen die Markgrafen Manfred III. von Saluzzo beziehungsweise Bonifatius II. von Montferrat geheiratet hatten, mussten sie sich mit der Mitgift begnügen, die Amadeus ihnen bei ihrer Heirat gegeben hatte (*precipio ipsas filias meas esse contentas de bonis meis*). Dieser ausdrückliche Verweis war keineswegs unbedeutend, hatte der Graf doch 1235 seinen beiden Töchtern vertraglich zugesichert, dass sie bei seinem Tod fast seinen gesamten italienischen Besitz erhalten würden. Eben diesen Besitz hatte er übrigens davor noch Thomas II. testamentarisch zugesagt (ebenso wie seinen Besitz in Savoyen) – die Wandelbarkeit der Bestimmungen wird hier deutlich erkennbar[30].

Im Testament von 1252 sicherte Amadeus nun auch seiner eigenen Frau die lebenslange Nutzung seiner eigenen Ländereien zu; im Falle einer Wiederverheiratung sollte ihre Mitgift den Betrag umfassen, den er einst selbst für sie als Mitgift erhalten hatte, sowie weitere 1000 Pfund *viennois*. Zum Regenten (*tutor*) für den jungen Bonifaz wurde Thomas II. bestimmt. Schließlich verfügte Amadeus IV., dass seine jüngste Tochter Beatrix (nicht zu verwechseln mit ihrer gleichnamigen älteren Schwester) dem Kloster Betton anvertraut werden sollte, das er als Begräbnisstätte gewählt hatte[31]. Beide Bestimmungen wurden nach seinem Tod jedoch nicht umgesetzt, da die Gräfinwitwe Cecilia des Baux sich weigerte, die Anordnungen zu respektieren[32]. Unter den Bestimmungen zu den verschiedenen Schenkungen fällt insbesondere der Hinweis auf einen »großen Ring« (*grossum annulum*) auf, der Bonifaz zufallen sollte. Es ist nicht auszuschließen, dass es sich hierbei um den sogenannten Mauritiusring handelte, der im Spätmittelalter als Symbol der fürstlichen Macht von Graf zu Graf weitergegeben wurde[33].

29) WURSTEMBERGER, Peter der Zweite (wie Anm. 12), Bd. 4, Nr. 306, S. 159–162.

30) COX, Eagles of Savoy (wie Anm. 8), S. 55.

31) Näher hierzu siehe unten, Abschnitt IV.

32) RIPART, Non est consuetum (wie Anm. 6), S. 314.

33) Laurent RIPART, L'anneau de Saint Maurice, in: Héraldique et emblématique de la Maison de Savoie (XIe–XVIe s.), hg. von Bernard ANDENMATTEN/Agostino PARAVICINI BAGLIANI/Annick VADON (Cahiers lausannois d'histoire médiévale 10), Lausanne 1994, S. 45–91.

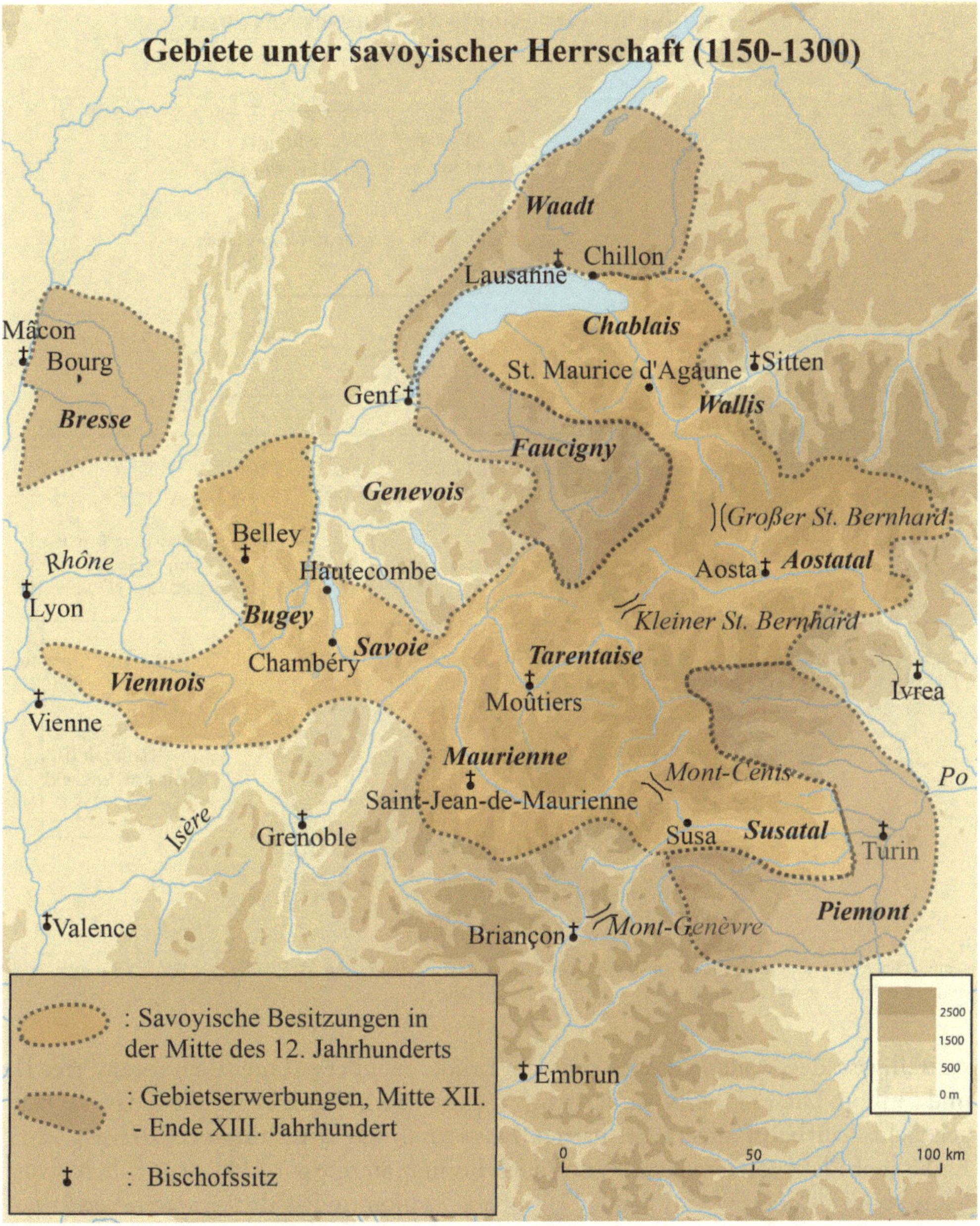
Gebiete unter savoyischer Herrschaft (1150-1300)
Waadt
Chillon
Lausanne
Chablais
Mâcon
Bourg
Bresse
St. Maurice d'Agaune
Sitten
Genf
Wallis
Faucigny
Genevois
Großer St. Bernhard
Belley
Rhône
Hautecombe
Aosta
Aostatal
Lyon
Bugey
Kleiner St. Bernhard
Savoie
Chambéry
Tarentaise
Viennois
Moûtiers
Ivrea
Vienne
Maurienne
Mont-Cenis
Po
Saint-Jean-de-Maurienne
Isère
Grenoble
Susa
Susatal
Turin
Valence
Briançon
Mont-Genèvre
Piemont
: Savoyische Besitzungen in der Mitte des 12. Jahrhunderts
: Gebietserwerbungen, Mitte XII. - Ende XIII. Jahrhundert
: Bischofssitz
Embrun
2500
1500
500
0 m
0
50
100 km

Vereinfachte Genealogie des Hauses Savoyen

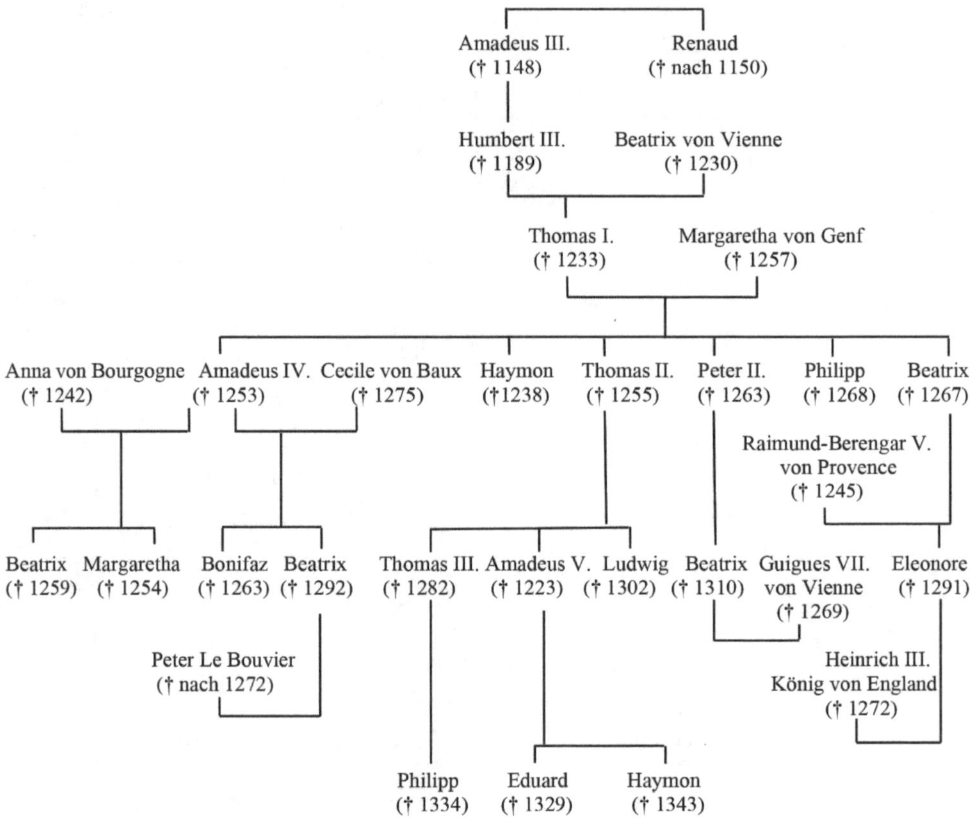

Anm.: Diese Genealogie ist nicht vollständig, sondern zeigt die wichtigsten Mitglieder des Hauses Savoyen, die in diesem Artikel erwähnt werden.

Auffällig ist, dass Amadeus seine weiteren Brüder nicht erwähnte, allen voran Peter II. und Philipp. Dieses Übergehen lässt sich nicht einfach damit begründen, dass sie eine geistliche Laufbahn angetreten hatten: Das trifft zwar auf Philipp zu, der seit 1245 Erzbischof-Elekt von Lyon war[34], und auch Bonifaz amtete seit 1241 als Erzbischof von Canterbury[35] (die weiteren Brüder Humbert, Aymon und Wilhelm waren bereits gestorben). Peter hingegen, den Graf Thomas I. zunächst ebenfalls auf eine kirchliche

34) Cox, Eagles of Savoy (wie Anm. 8), S. 346–363.
35) Ebd., S. 135, 382–392.

Laufbahn gebracht hatte, war unmittelbar nach dem Tod seines Vaters in die Welt zurückgekehrt und hatte sich als energischer Adliger erwiesen, der nicht zuletzt in England sehr aktiv war[36]. Dass er im Testament nicht genannt wurde, hing vermutlich damit zusammen, dass seine Beziehung zu Amadeus recht konfliktreich war. Zugleich dürfte Amadeus IV. wohl davon ausgegangen sein, dass seine Brüder sich an die Bestimmungen halten sollten, die 1234 nach dem Tod von Graf Thomas im Vertrag von Chillon getroffen worden waren[37].

Tatsächlich war das Testament von 1252 ohnehin nicht das letzte, das Amadeus IV. erstellte: Am 24. Mai 1253, als er wohl den Tod nahen fühlte, verfasste er nochmals ein neues Testament, in dem er seiner Frau Cecilia die Burgen Montmélian und La Rochette übertrug und beschloss, sich in Hautecombe beerdigen zu lassen[38]. Kurze Zeit darauf starb er schließlich am 11. Juni 1253 in Montmélian und wurde am 13. Juli am gewünschten Ort beigesetzt. Trotz der detaillierten Vorgaben, die Amadeus gemacht hatte, scheint sich die Nachfolge kompliziert gestaltet zu haben, zumal seine Brüder Peter und Philipp versuchten, die Regentschaft auszunutzen, um einen größeren Anteil am Familienerbe einzufordern. Thomas II., Bruder des verstorbenen Grafen und starker Mann in der Grafschaft, wurde aber wie vorgesehen zum Vormund für Bonifaz ernannt und konnte seine jüngeren Brüder zwingen, auf ihre Gebietsansprüche zu verzichten. Unter Berufung auf Friedrich Barbarossas Bestimmung über die Unteilbarkeit von Grafschaften und Herzogtümern, die als Reichslehen gehalten wurden, zwang er Peter und Philipp in zwei Urkunden vom 16. Februar 1255[39], die Rechte des jungen Bonifaz gegen eine finanzielle Entschädigung anzuerkennen. Diese Ereignisse zeigen, wie unklar die Grundsätze der Übertragung von Herrschaft und Besitz zu diesem Zeitpunkt noch sein konnten – und wie beschränkt die Gestaltungsmöglichkeiten, aber auch die Regelungskraft testamentarischer Verfügungen letztlich war. Mit der Übertragung der Regentschaft an seinen Bruder Thomas II. war es Amadeus IV. gelungen, die Rechte seines

36) Zu Peter siehe die Beiträge in Pierre II de Savoie (wie Anm. 6); Ernst TREMP, Auf dem Weg in die Moderne. Peter II. von Savoyen und die Anfänge von Territorialstaatlichkeit im 13. Jahrhundert, in: ZHF (1998), S. 481–507; COX, Eagles of Savoy (wie Anm. 8) sowie weiterhin WURSTEMBERGER, Peter der Zweite (wie Anm. 12). Zu Peters Engagement in England siehe Jean-Pierre CHAPUISAT, A propos des relations entre la Savoie et l'Angleterre au XIIIe siècle, in: Bulletin philologique et historique (jusqu'à 1610) du comité des travaux historiques et scientifiques (1961), S. 429–434, sowie David CARPENTER, Henry III. The Rise to Power and Personal Rule 1207–1258, New Haven/London 2020.

37) COX, Eagles of Savoy (wie Anm. 8), S. 224.

38) WURSTEMBERGER, Peter der Zweite (wie Anm. 12), Bd. 4, Nr. 329 f., S. 170 f.

39) Ebd., Nr. 386 f., hier Nr. 387, S. 191: *Item dicit idem Th.[omas] quod comitatus non debet dividi nec ducatus iuxta legem Frederici quondam imperatoris.* Zu den hinter diesem Verweis stehenden Bestimmungen der Hoftage in Roncaglia siehe Jürgen DENDORFER, Roncaglia: Der Beginn eines lehnrechtlichen Umbaus des Reiches?, in: Staufisches Kaisertum im 12. Jahrhundert. Konzepte – Netzwerke – Politische Praxis, hg. von Stefan BURKHARDT/Thomas METZ/Bernd SCHNEIDMÜLLER/Stefan WEINFURTER, Regensburg 2010, S. 111–132, der bei der Suche nach Rezeptionszeugnissen vor allem auf die Frage der Heerfolgepflicht fokussiert.

Sohnes Bonifaz zu wahren, indem er ihn unter den Schutz des starken Mannes der Dynastie stellte. Um dies zu bewerkstelligen, musste er aber seine eigene Frau Cecilia beiseiteschieben, der er im Gegenzug eine beträchtliche Erhöhung ihrer Witwenausstattung zugestand, indem er ihr das gräfliche Land in der Tarentaise zuwies, *ut servet Bonifacium eorum filium*[40]. Damit war wieder einmal die Witwe eines Grafen von der Regentschaft für ihren Sohn zugunsten eines starken männlichen Verwandten ausgeschlossen worden.

Als Thomas II. 1259 seinerseits starb, war Bonifaz immer noch minderjährig – zumindest deutet darauf hin, dass er noch 1262 bei einer Lehensvergabe als »der Sohn des Grafen Amadeus« beschrieben wurde[41]. Nach dem Tod seines Onkels hatte schließlich doch seine Mutter Cecilia die Regentschaft übernommen, die ihren neuen Status auch deutlich hervorhob, indem sie nun ein Reitersiegel zu verwenden begann[42]. Sie musste jedoch auch mit den Ansprüchen anderer savoyischer Damen rechnen: Margarete von Genf, die Witwe des Grafen Thomas I., war zwar 1258 verstorben, hatte aber ihrer Tochter Beatrix, der Witwe Graf Raimund Berengars V. von der Provence, reiche Besitzungen in den Alpen hinterlassen. Beatrix, die Mutter von vier Königinnen, ließ sich auf der Burg Menuet nieder, die über der Ortschaft Les Échelles im Petit Bugey thronte. Beatrix von Fieschi, die Witwe von Thomas II., scheint ebenfalls eine wichtige politische Rolle gespielt zu haben[43].

Im Frühjahr 1263 starb dann auch Bonifaz selbst, der sich offenbar nie von seiner Regentschaft emanzipieren konnte, unter nicht genau bekannten Umständen und zu einem nicht klar zu bestimmenden Zeitpunkt, vermutlich während einer Militärkampagne gegen Turin[44]. Nach seinem Tod gelang es seinem Onkel Peter II., der zu diesem Zeitpunkt dank seiner privilegierten Beziehungen zu König Heinrich III. von England eine sehr starke Position erlangt hatte[45], die Herrschaft zu übernehmen. Ohne Rücksicht auf die Rechte seiner Neffen zu nehmen, die aus der Ehe seines Bruders Thomas' II. mit Beatrix von Fieschi hervorgegangen waren, eignete Peter sich den Grafentitel und die herrschaftlichen Rechte mit ebenso großer Entschlossenheit wie Erfolg an[46]. Zumindest eine erneute Regentschaft konnte auf diese Weise vermieden werden – ebenso

40) Wurstemberger, Peter der Zweite (wie Anm. 12), Bd. 4, Nr. 329 f., S. 170 f.

41) Cox, Eagles of Savoy (wie Anm. 8), S. 278; Wurstemberger, Peter der Zweite (wie Anm. 12), Bd. 4, Nr. 576, S. 297.

42) Cox, Eagles of Savoy (wie Anm. 8), S. 280; Guichenon, Histoire généalogique (wie Anm. 5), S. 135.

43) Cox, Eagles of Savoy (wie Anm. 8), S. 280 f.

44) Ripart, Non est consuetum (wie Anm. 6), S. 314; Wurstemberger, Peter der Zweite (wie Anm. 12), Bd. 1, S. 553; Cox, Eagles of Savoy (wie Anm. 8), S. 303.

45) Vgl. oben, Anm. 36.

46) Cox, Eagles of Savoy (wie Anm. 8), S. 303 f.; siehe im Überblick Paolo Buffo, Petro II, conte di Savoia, in: DBI 83 (2015), https://www.treccani.it/enciclopedia/pietro-ii-conte-di-savoia_%28Dizionario-Biografico%29/ (18.04.2022).

wie 1268 nach Peters Tod, als Philipp, sein letzter noch lebender Bruder, das Amt des Grafen übernahm und damit erneut den Söhnen von Thomas II. zuvorkam. Daran, dass Peter sich als ausgesprochen energischer und erfolgreicher Graf erwies, der der Verwaltung und der Rechtsprechung wichtige Impulse verlieh, kann in der Retrospektive kaum Zweifel bestehen[47].

III. Grafentitel und dynastische Landübertragung

Nach diesem knappen Blick auf die Momente der Regentschaftsregierungen, die zentrale Züge der Erbregelungen verdeutlichen konnten, möchten wir uns im Folgenden spezifischer auf die Weitergabe des Grafentitels und die Bestimmungen zur Übertragung der Gebiete im Besitz der Familie konzentrieren. Hinsichtlich des Grafentitels selbst und seiner Verwendung ist zunächst grundsätzlich festzuhalten, dass sich beides im Laufe des untersuchten Zeitraums erst allmählich festigte. Als erstes identifizierbares Mitglied der Familie der zukünftigen Grafen von Savoyen erschien Humbert I., der später den Beinamen »Weißhand« erhielt, im Jahr 1000 zunächst ohne nähere Bezeichnung. Erst ab 1003 ist die Führung eines Grafentitels nachzuweisen, der aber ohne nähere räumliche Bestimmung blieb – auch wenn Humberts Besitzungen klar auf einen territorialen Schwerpunkt rund um die eigentlichen savoyischen Ländereien zwischen dem Lac du Bourget und dem Isère-Tal hindeuten[48]. Dieser Befund könnte unter anderem damit zu erklären sein, dass es den Grafen nicht möglich war, eine Macht territorial zu definieren, die sich aus verschiedenen Rechten zusammensetzte, welche im Wesentlichen von den Bistümern ihrer Region stammten[49]. Nur der kurzlebige Titel »Graf von Belleysans«, der in einer Urkunde aus der zweiten Hälfte des 11. Jahrhunderts aufscheint, könnte vielleicht darauf hinweisen, dass sich die Dynastie ihrer besonderen Verbindungen zur Stadt Belley bewusst war, dem ältesten Bischofssitz, den sie unter Kontrolle bringen konnte[50].

Erst zu Beginn unseres Untersuchungszeitraums änderte sich die Situation nachhaltig: Zwar wurde in der Forschungsliteratur wiederholt eine Reihe von Dokumenten herangezogen, um zu zeigen, dass die Dynastie seit dem Ende des 11. Jahrhunderts den

47) Vgl. die in Anm. 36 genannten Titel.

48) Cyrille Ducourthial, Géographie du pouvoir en pays de Savoie au tournant de l'an Mil, in: Le royaume de Bourgogne autour de l'an Mil, hg. von dems./Christian Guilleré/Jean-Michel Poisson/Laurent Ripart (Collection Sociétés, Religions, Politiques 8), Chambéry 2008, S. 207–245; Laurent Ripart, Du royaume aux principautés (Savoie-Dauphiné, X^{e}–XIe siècles), in: ebd., S. 247–276.

49) Laurent Ripart, Les fondements idéologiques du pouvoir des premiers comtes de Savoie (de la fin du Xe au début du XIIIe siècle), 3 Bde., Nizza (Diss. masch, Université de Nice) 1999, Bd. 2, S. 373–378.

50) Laurent Ripart, Le diocèse de Belley comme foyer de la première principauté savoyarde, in: Le Bugey 102 (2015), S. 51–64.

Titel »Graf von Maurienne« verwendet haben soll, doch bei näherer Betrachtung erweisen sich die jeweiligen Quellen entweder als eindeutig falsch oder zumindest als in ihrer Aussagekraft uneindeutig[51]. Der erste sichere Beleg für diesen Titel – in der Form *comes de Moriana* – erschien in einer portugiesischen Urkunde von 1146, bevor er sich zum Ende des 12. Jahrhunderts hin als *comes Maurianensis* stabilisierte[52]. Die Grafen führten dabei üblicherweise zugleich auch den Titel »Markgraf von Italien«, da sie über wichtige territoriale Besitzungen im Piemont verfügten, deren Ursprung mit den arduinischen Markgrafen von Turin in Verbindung gebracht wird.

In der zweiten Hälfte des 12. Jahrhunderts erschien zudem ein neuer Titel, jener des *comes Sabaudiae*, der sich wahrscheinlich an die Bezeichnung der *Sapaudia* anlehnte, jenen römischen Bezirk, in dem Aetius im 5. Jahrhundert die Burgunder angesiedelt hatte[53]. Der Titel *comes Sabaudiae* ist erstmals im Jahr 1150 belegt und wurde Anfang des 13. Jahrhunderts mit jenem des *comes Savoiae* gleichgesetzt, also mit dem Titel »Graf von Savoyen«. Die *Sabaudia* dürfte fortan wohl nicht mehr in ihrer antiken Prägung verstanden worden sein, sondern nur noch als gelehrtes Äquivalent zum romanischen Begriff *Savoia*[54]. Ab den 1220er Jahren setzte sich die Form *comes Sabaudiae* gegenüber dem *comes Maurianensis* dauerhaft durch, so dass die gräfliche Dynastie nun vollumfänglich als jene der »Grafen von Savoyen« anzusprechen ist. Diese Entwicklung scheint mit einem grundlegenden Wandel im Verständnis der herrschaftlichen Souveränität einhergegangen zu sein, der es nun erlaubte, den Namen *Sabaudia* nicht mehr nur als regionale Bezeichnung zu betrachten, die allein auf Savoyen verwies, sondern vor allem als eine Art Sammelbegriff, mit dem im 13. Jahrhundert alle Besitzungen der Grafen, zumindest jene westlich der Alpen, bezeichnet wurden[55].

Was die Weitergabe des Titels betrifft, so scheint im Laufe des 12. Jahrhunderts das Recht des ältesten Sohnes des verstorbenen Grafen, alleine in die herrschaftliche Position seines Vorgängers einzutreten, nie ernsthaft in Frage gestellt worden zu sein[56]. So begegnet etwa der noch minderjährige Thomas I. kurz nach dem Tod seines Vaters Humbert III. im Jahr 1189 als *comes Maurianensis et marchio in Italia*, der am 12. Juni 1189 mit Zustimmung seiner Mutter und mehrerer seiner Großen Schenkungen an das

51) RIPART, Les fondements idéologiques (wie Anm. 49), Bd. 2, S. 374.

52) Ebd., S. 375.

53) Zur Verortung und den Bestimmungsproblemen siehe im Überblick Justin FAVROD, Histoire politique du royaume burgonde (443–534) (Bibliothèque historique vaudoise 113), Lausanne 1997; Reinhold KAISER, Die Burgunder, Stuttgart 2003, S. 40–46.

54) RIPART, Les fondements idéologiques (wie Anm. 49), Bd. 2, S. 411.

55) Ebd., S. 413.

56) Konstruktionen der gemeinsamen Herrschaft im engeren Sinne sind in Savoyen nicht zu beobachten; vgl. zum Phänomen der »coseigneurie« Hélène DÉBAX, La seigneurie collective. Pairs, pariers, paratge: les coseigneurs du XIe au XIIIe siècle, Rennes 2012, bes. S. 79–136.

Kapitel der Kathedrale von Saint-Jean de Maurienne in Anwesenheit des Markgrafen Bonifatius von Montferrat, seines Vormunds, bestätigt[57].

Erst nach dem Tod des Grafen Thomas I. im Jahr 1233 wurde die gräfliche Erbfolge offensichtlich Gegenstand energischer Diskussionen, wobei die Sukzession in der Herrschaft und der Anspruch auf materielles Erbe zunehmend klarer gegeneinander abgegrenzt wurden: Thomas' jüngere Söhne verlangten nachdrücklich, zumindest einen Teil des väterlichen Erbes zu erhalten, und stellten damit die Rechte von Amadeus IV., dem ältesten der Brüder, auf den Löwenanteil des Erbes in Frage (nicht aber auf die Sukzession im Grafenamt). Der wohl recht heftige Konflikt wurde 1234 im Vertrag von Chillon beigelegt, in dem Amadeus die materiellen Ansprüche seiner Brüder zum Teil anerkennen und insbesondere Aymon das Chablais überlassen musste[58]. Damit ist die Abfindung durch die Ausgliederung einzelner Territorien jenseits des savoyischen Kerngebiets als Praxis belegt, auch wenn Peter, der jüngste unter den Brüdern, der sich zu diesem Zeitpunkt im weltlichen Stand befand, zunächst nur mit einer Geldzahlung und dem Besitz zweier Burgen abgefunden wurde[59]. Amadeus IV. gelang es damit auf jeden Fall, die Anerkennung seiner übergeordneten Autorität über die gesamte Dynastie durchzusetzen – nicht zuletzt dank seiner Allianz mit seinem Bruder Thomas II., dem er das Piemont anvertraute[60].

Die anhaltende Sonderstellung von Amadeus IV. zeigte sich insbesondere darin, dass er als einziger den Grafentitel tragen durfte: Die überlieferten Quellen unterscheiden systematisch zwischen ihm, der durchgehend als *comes Sabaudiae* begegnet, und seinen Brüdern, die zwar die Bezeichnung *de Sabaudia*, aber nie den Grafentitel erhielten. Als beispielsweise Aymon, der Herr des Chablais, im Oktober 1235 eine Schenkung an die Kirche von Abondance bestätigte, wurde er als *dominus Agaunensis et frater comitis Sabaudie* (»Herr von Agaune und Bruder des Grafen von Savoyen«) bezeichnet[61]. Auch in dem Friedensabkommen, das im November 1235 zwischen den savoyischen Brüdern und Bischof Hugo Cagnoli von Turin geschlossen wurde, erschien nur Amadeus IV. mit dem Titel eines Grafen (als *comes Maurianensis et in Italia marchio*), während sein ebenfalls erwähnter jüngerer Bruder Thomas II. im Text nur als *dominus* begegnet[62]. Der mit dem Grafentitel verbundene Ranganspruch erscheint damit grundsätzlich zunächst an die Sukzession in der Herrschaft gebunden und nicht an die Gesamtheit des Famili-

57) Wurstemberger, Peter der Zweite (wie Anm. 12), Bd. 4, Nr. 35, S. 14 f.

58) Cox, Eagles of Savoy (wie Anm. 8), S. 42; Wurstemberger, Peter der Zweite (wie Anm. 12), Bd. 4, S. 42–46, Nr. 96.

59) Cox, Eagles of Savoy (wie Anm. 8), S. 43.

60) Ebd., S. 52 f.

61) Wurstemberger, Peter der Zweite (wie Anm. 12), Bd. 4, Nr. 104, S. 53.

62) Ebd., Nr. 103, S. 48–53.

enverbands[63]. Allerdings wäre die praktische Wahrnehmung noch näher zu untersuchen, denn die skizzierte Praxis führte gelegentlich zu asymmetrischen Konfigurationen. Dies wird deutlich, wenn regionale Adlige mit Grafenrang solchen Mitgliedern der savoyischen Familie, denen der Grafentitel vorenthalten blieb, den Treueeid leisteten: So huldigte Graf Rudolf von Gruyères am 9. Mai 1244 Peter II. von Savoyen, der zwar sein Lehnsherr wurde (und das *castrum* Gruyères als Lehen an Rudolfs Sohn Wilhelm übertrug), aber in der Urkunde nur als *domin[us] Petr[us] de Sabaudia* erscheint[64].

Anders als Peter begegnet dessen älterer Bruder Thomas II. in der urkundlichen Überlieferung zu Lebzeiten von Amadeus IV. zwar durchaus mit einem Grafentitel, dieser bezog sich jedoch nicht auf das savoyische Gebiet, sondern auf die Grafschaft Flandern, die Thomas durch seine Heirat mit Johanna von Flandern im Jahr 1237 erworben hatte[65]. Deutlich macht dies etwa das am 2. November 1240 errichtete Testament Amadeus' IV., in dem Thomas II. ausdrücklich als *Flandriae comes* benannt und als Alleinerbe vorgesehen wurde[66]. Noch in einer 1251 mit Bischof Johannes von Turin geschlossenen Vereinbarung erscheint Thomas II. als *quondam comes Flandriae*[67]. Am häufigsten wurde er als *Thomasius de Sabaudia comes* bezeichnet[68] und eben nicht als *Thomasius comes Sabaudiae* – eine subtile, aber dennoch grundlegende Unterscheidung. Einige Dokumente mögen allerdings darauf hindeuten, dass sein Grafentitel zumindest in einer gewissen Zweideutigkeit wahrgenommen werden konnte: So wurde er etwa in den Vereinbarungen mit der Stadt Asti am 28. Juli 1252 als *dominus Thomas de Sabaudia comes qui dicitur de Flandria et alia* erwähnt, ohne dass diese *alia* explizit gefasst wurden[69].

63) Zum Phänomen des Rangs am konkreten Beispiel der Pfalzgrafen bei Rhein, aber mit grundlegenden Beobachtungen siehe Jörg Peltzer, Der Rang der Pfalzgrafen bei Rhein. Die Gestaltung der politisch-sozialen Ordnung des Reichs im 13. und 14. Jahrhundert (RANK. Politisch-soziale Ordnungen im mittelalterlichen Europa 2), Ostfildern 2013.

64) Wurstemberger, Peter der Zweite (wie Anm. 12), Bd. 4, Nr. 174, S. 98; vgl. insgesamt zum savoyischen Ausgreifen in die Waadt Bernard Andenmatten, La maison de Savoie et la noblesse vaudoise (XIIIe–XIVe s.). Supériorité féodale et autorité princière (Mémoires et documents publiés par la Société d'Histoire de la Suisse Romande IV,8), Lausanne 2005.

65) Cox, Eagles of Savoy (wie Anm. 8), S. 56 f.

66) Wurstemberger, Peter der Zweite (wie Anm. 12), Bd. 4, Nr. 133, S. 68.

67) Ebd., Nr. 276, S. 147. Nach dem Tod seiner Ehefrau Johanna ging das Erbe der Grafschaft Flandern an deren jüngere Schwester Margarethe über, so dass Thomas auf den Titel verzichten musste, den er lediglich durch die Ehe erworben hatte; siehe zu den beiden Schwestern Gérard Sivéry, Jeanne et Marguerite de Constantinople, comtesses de Flandre et de Hainaut au XIIIe siècle, in: Jeanne de Constantinople, comtesse de Flandre et de Hainaut, hg. von Nicolas Dessaux, Paris 2009, S. 15–31.

68) Siehe etwa die Nennungen in Alphonse Huillard-Bréholles, Historia diplomatica Friderici II, 6 Bde., Paris 1852–1861, hier Bd. 6,2, Nr. 659 (1248), 674 (1248), 714 (1249).

69) Wurstemberger, Peter der Zweite (wie Anm. 12), Bd. 4, Nr. 302, S. 156–159, hier S. 156.

Nach dem Tod von Amadeus IV. im Jahr 1253 erhoben seine jüngeren Brüder, wie bereits erwähnt, erneut Anspruch auf einen Teil des Erbes. Interessant ist jedoch, dass in den zur Konfliktregelung überlieferten Dokumenten nur Thomas II. den Titel eines Grafen trug, während Bonifaz, der minderjährige Sohn des verstorbenen Grafen, vorerst nur als sein *pupillus* auftauchte[70]. Daraus geht aber nicht klar hervor, ob Thomas damit den Titel eines Grafen von Savoyen beanspruchen wollte: Ein zwischen ihm, Turin und Asti im November 1256 geschlossener Friedensvertrag bezeichnete ihn zwar durchaus als *comes de Sabaudia,* nahm aber kurz darauf seine traditionelle Bezeichnung *dominus Thomas de Sabaudia comes* wieder auf[71]. In einem Friedensvertrag zwischen Asti und Chieri, der im Juni 1260 geschlossen wurde, ein Jahr nach dem Tod von Thomas II., verwiesen die Vertragsparteien im Plural auf die Grafen von Savoyen (*cum comitibus Sabaudiae*)[72]. Dies könnte möglicherweise andeuten, dass man die Ausübung der gräflichen Gewalt doch als auf die Mitglieder der Familie aufgeteilt wahrnahm – eine Praxis, die, wenn auch nicht in institutionalisierter Form, durchaus im Einklang mit einer eher kollektiven Ausübung der fürstlichen Autorität stand.

Im Jahr 1268 testierte Graf Peter II. auf dem Sterbebett zugunsten seines Bruders Philipp, bei dem bereits absehbar war, dass er wohl ebenfalls ohne männlichen Erben bleiben würde. Für diesen Fall gab Peter II. vor, dass die Grafschaft Savoyen dann an ihre Neffen fallen sollte, das heißt an die Söhne von Thomas II., unter denen Peter keine spezifische Reihenfolge festlegte[73]. Ob dies den Gedanken an die Ausübung eines kollektiven Rechts zum Ausdruck bringt, ist beim aktuellen Stand der Forschung nicht eindeutig zu beantworten; wahrscheinlicher erscheint aber, dass Peter die Möglichkeit offenhalten wollte, den geeignetsten unter seinen Neffen mit der Nachfolge zu betrauen. Allem Anschein nach hatte Philipp in der Folge wohl zunächst geplant, Thomas III. als eigenen Nachfolger einzusetzen, den ältesten Sohn von Thomas II. Dieser starb aber bereits 1282 und hinterließ nur minderjährige Söhne. Als Philipp schließlich im Jahr 1284 sein eigenes Erbe regelte, schloss er diese Söhne von Thomas III. aus, wahrscheinlich weil sie zu jung waren, und ernannte den zweiten Sohn von Thomas II., Amadeus, zum nächsten Grafen[74].

Dieser übernahm 1285 die Nachfolge Philipps und wurde somit zum Grafen Amadeus V. von Savoyen. Allerdings verlief diese Machtübertragung nicht ohne Schwierigkeiten, da Ludwig, Amadeus' jüngerer Bruder, einen Teil des Erbes beanspruchte: Durch einen Schiedsspruch von 1286 wurde er schließlich entschädigt, indem er das Waadt-

70) Ebd., Nr. 386 f., S. 187–192.

71) Ebd., Nr. 433, S. 210–214, hier S. 210.

72) Ebd., Nr. 543, S. 273–276, hier S. 275.

73) Ebd., Nr. 749, S. 431–436; Nr. 751, S. 437; siehe auch Bernard ANDENMATTEN, Contraintes lignagères et parcours individuel: les testaments de Pierre II de Savoie, in: Pierre II de Savoie (wie Anm. 6), S. 265–293, hier S. 275.

74) COX, Eagles of Savoy (wie Anm. 8), S. 445.

land und einige Rechte in Bugey erhielt, während der Grafentitel und der Rest der Ländereien an Amadeus V. und seine Nachkommen fielen[75]. Zugleich blieben die Rechte der minderjährigen Kinder von Thomas III. weiterhin ungeklärt: Dieser Teil des Konflikts konnte erst 1294 beigelegt werden, als Graf Amadeus V. Philipp, dem ältesten Sohn von Thomas III., eine Apanage im Piemont gewährte[76]. Die Alleinstellung der gräflichen Position war nun klar anerkannt, ebenso wie das Recht der anderen Erben auf eine Entschädigung in Form der Vergabe von Land, das unter den territorial peripheren Domänen ausgewählt wurde. Herrschaftssukzession und Erbe traten damit deutlich auseinander.

Insgesamt geht aus diesem knappen Überblick hervor, dass der Titel »Graf von Savoyen«, der erst um 1220 konsolidiert aufscheint, in den folgenden Jahrzehnten in eine doppelte Gebrauchstradition mündete: Alle männlichen Angehörigen des Hauses wurden nun regelmäßig als *de Sabaudia* angesprochen, so dass die Bezeichnung der Identifikation der gesamten Dynastie diente. Zugleich blieb der Titel eines *comes de Sabaudia* ausschließlich dem Grafen selbst vorbehalten. Dieser erscheint nach einer Phase mehrerer Regentschaften für minderjährige Nachfolger bald durchgängig als der »starke Mann« der Linie, wobei es sich aber nicht immer um den ältesten Sohn des vorherigen Grafen handeln musste. Auch wenn immer wieder territoriale Besitzungen abgetrennt wurden, um andere Familienmitglieder zu entschädigen[77] – beispielsweise als Thomas das Piemont zugesprochen wurde oder Ludwig das Waadtland erhielt – blieb der zentrale Besitz im Gebiet Savoyens und der Maurienne in jedem Fall von solchen Teilungen ausgeschlossen. In der Praxis werden dabei allerdings unterschiedliche Modi deutlich, da Peter II. diese Unteilbarkeit mehr oder weniger faktisch berücksichtigte, während sein Bruder Thomas II. sie im Jahr 1255 ausdrücklich als imperiale Rechtsvorschrift benannte[78].

75) Wurstemberger, Peter der Zweite (wie Anm. 12), Bd. 4, Nr. 867, S. 490; Cox, Eagles of Savoy (wie Anm. 8), S. 448.

76) Ferdinando Gabotto, Storia del Piemonte nella prima metà del secolo XIV (1292–1349), Turin 1894, S. 17 f.

77) Für die einschlägigen Bestimmungen, die Peter II. in seinen unterschiedlichen Testamenten festlegte, siehe Andenmatten, Contraintes lignagères (wie Anm. 73), S. 271–278.

78) Siehe oben, Anm. 39; vgl. auch Andenmatten, Contraintes lignagères (wie Anm. 73), S. 279: »Même si Pierre respecte indivisibilité du comté, il le fait d'une manière implicite, contrairement à son frère Thomas qui, en 1255, se référait aux constitutions impériales empêchant le partage des comtés et des duchés pour refuser à Pierre sa part d'héritage.«

IV. Die Rechte der Frauen

Neben den Momenten der Regentschaft und der Übertragung des Grafentitels bieten insbesondere die Regelungen zu den Rechten der Töchter des Hauses Savoyen einen besonders aufschlussreichen Einblick in die Entwicklung der dynastischen Ordnung, des Machtverständnisses und der erbrechtlichen Regelungen. Zwischen dem 12. und dem Ende des 13. Jahrhunderts sind dabei wichtige und gravierende Veränderungen zu beobachten, deren Auswirkungen weit über die engere Frage nach dem Recht auf die Vererbung von Gütern hinausgehen. Bei der näheren Untersuchung ist zunächst zu berücksichtigen, dass die Deutung der dynastischen Weitergabe stark von einem historiographischen Filter beeinflusst wurde, der noch die moderne Forschung lange Zeit dazu verleitete, sich auf Nebenpfaden zu verirren: Kurz nachdem Graf Amadeus VIII. am 9. Februar 1416 zum Herzog erhoben worden war[79], hatte der frisch erhobene Fürst Jean d'Oronville, genannt »Cabaret«, mit der Abfassung der ›Chroniques de Savoie‹ beauftragt. Dieses Werk, von dem mehr als 30 Handschriften erhalten sind, bot nicht nur die erste detaillierte Darstellung der Geschichte der savoyischen Dynastie, sondern wurde auch zur Grundlage der späteren historiographischen Tradition[80]. Die Abfassung der Chronik war Teil eines Programms der fürstlichen Legitimation, für dessen Umsetzung Amadeus VIII. ganz unterschiedliche Medien mobilisierte – die Bandbreite reicht von der Schaffung eines prestigeträchtigen Fürstenhofs bis hin zur Entwicklung einer übersteigerten Frömmigkeit[81]. In diesem Zusammenhang überarbeitete Cabaret die Geschichte der Dynastie, um zu beweisen, dass *la coustume du contee de Savoye n'a*

79) Siehe La naissance du duché de Savoie (wie Anm. 1).

80) Ediert in La Chronique de Savoye de Cabaret. Texte intégral, hg. von Daniel CHAUBET, Chambéry 2006; siehe zum Werk und zum Autor Daniel CHAUBET, L'historiographie savoyarde, Bd. 1: Moyen Âge et Renaissance (Cahiers de civilisation alpine 12), Paris 1994, S. 65–92; vgl. auch Laurent RIPART, L'historiographie savoyarde des XVe et XVIe siècles: une mise en perspective, in: Écrire l'histoire (wie Anm. 3), S. 7–17.

81) Vgl. etwa Jacques CHIFFOLEAU, Amédée VIII ou la Majesté impossible?, in: Amédée VIII – Félix V. Premier duc de Savoie et pape (1383–1451), hg. von Bernard ANDENMATTEN/Agostino PARAVICINI BAGLIANI/Nadia POLLINI (Bibliothèque historique vaudoise 103), Lausanne 1992, S. 19–49. Zum Mäzenatentum Amadeus' VIII. siehe knapp Sheila EDMUNDS, Le patronage artistique de la Maison de Savoie à l'époque d'Amédée VIII, in: ebd., S. 395–404; zur Repräsentation im Medium von Siegel- und Münzbild siehe Luisa GENTILE, L'empreinte du prince: l'image d'Amédée VIII dans les sceaux et les monnaies, in: États et institutions: autour du 600e anniversaire de l'érection du comté de Savoie en duché. Actes du 46e congrès des sociétés savantes de Savoie (Saint-Jean-de-Maurienne, 1er–2 octobre 2016), hg. von Laurent PERRILLAT, Saint-Jean-de-Maurienne 2018, S. 225–233. Zum monumentalen Gesetzeswerk der ›Statuta Sabaudiae‹ von 1430 siehe jetzt (inkl. Textedition) La loi du prince. La raccolta normativa Sabauda di Amedeo VIII (1430), hg. von Franco MORENZONI/Matthieu CAESAR (Biblioteca storica subalpina 228), 2 Bde., Turin 2019. Tatsächlich setzten die Investitionen Amadeus' in Projekte der herrschaftlichen Repräsentation bereits deutlich vor 1416 ein, siehe für den Bereich der Kunstförderung Frédéric ELSIG, La peinture dans le duché de Savoie à la fin du Moyen Âge (1416–1536), Mailand 2016, S. 27–38. Gleichwohl ist mit der Erhebung in den Herzogsrang eine deutliche Ausweitung zu konstatieren.

pas d'usance que femmes y doijent heriter[82]. Dabei arbeitete er die Geschichte der dynastischen Erbfolgen auf eine Weise um, die es ihm erlaubte zu erklären, dass Frauen niemals Anspruch auf die Ausübung der gräflichen Macht gehabt hätten.

Der Blick auf die Realitäten der Erbfolge führt hingegen zu einer komplexeren Geschichte, die man im 12. Jahrhundert einsetzen lassen kann, insbesondere mit den Vereinbarungen, die Graf Humbert III. und Heinrich II. von England im Jahr 1173 trafen, als sie eine Ehe zwischen ihren Kindern verabredeten. Wie wir bereits gesehen haben, verfügte Humbert zu dieser Zeit über keinen männlichen Nachkommen und hatte wahrscheinlich auch die Hoffnung darauf verloren. Als er 1173 eine Ehe zwischen seiner Tochter Alix und Heinrichs Sohn Johann, dem späteren Johann »Ohneland«, vereinbarte, stellte Humbert daher die Möglichkeit in Aussicht, seinem zukünftigen Schwiegersohn und seiner Tochter die gesamte Grafschaft (*totum comitatum suum*) und alle anderen Ländereien zu übertragen, die er besaß, falls er tatsächlich sterben sollte, ohne einen Sohn gezeugt zu haben[83]. Diese Situation trat letztlich doch nicht ein: Zum einen, weil Alix vor der eigentlichen Hochzeit starb. Zum anderen ging aus der 1177 geschlossenen vierten Ehe Humberts – mit Beatrix von Vienne – schließlich ein Sohn hervor: Thomas, der 1178 geboren wurde und die Grafschaft erben konnte. Dennoch zeigen die vertraglichen Vereinbarungen von 1173, dass die Weitergabe des Erbes und der herrschaftlichen Titel über die weibliche Linie am Ende des 12. Jahrhunderts aus der Sicht des Grafen immerhin denkbar war, wie es in den Gebieten des Königreichs Burgund ohnehin weitgehend der Fall war[84].

Die bereits erwähnten wiederholten Regentschaften verdeutlichen zudem, dass die Ausübung von Herrschaftsrechten durch Frauen im Haus Savoyen wohl nicht gänzlich unvorstellbar war. Auch wenn letztlich stets ein Mann offiziell die Rolle des Vormunds übernahm, übten die Grafenwitwen oft eine durchaus anerkannte Macht aus: Dies war etwa bei Gisela von Burgund der Fall, die während der Regentschaft für ihren minder-

82) La Chronique de Savoye (wie Anm. 80), CLIII, S. 158; dem Text der Chronik zufolge antwortete der Erzbischof von Tarentaise mit diesen Worten als Sprecher der Ständeversammlung in Chambéry einer bretonischen Gesandtschaft, welche die Ansprüche von Graf Eduards Tochter Beatrix einklagte (die im Text Margarite genannt wird).

83) Previté Orton, Early History (wie Anm. 10), S. 338–341; Ripart, Non est consuetum (wie Anm. 6), S. 300. Für die breitere Einbettung des Phänomens weiblicher Regentschaftsregierung siehe die Beiträge in Mächtige Frauen? Königinnen und Fürstinnen im europäischen Mittelalter (11.–14. Jahrhundert), hg. von Claudia Zey (VuF 81), Ostfildern 2015; Femmes de pouvoir, femmes politiques durant les derniers siècles du Moyen Âge et au cours de la première Renaissance, hg. von Éric Bousmar/Jonathan Dumont/Alain Marchandisse/Bertrand Schnerb (Bibliothèque du Moyen Âge 28), Brüssel 2012, sowie Fürstin und Fürst. Familienbeziehungen und Handlungsmöglichkeiten von hochadligen Frauen im Mittelalter, hg. von Jörg Rogge (Mittelalter-Forschungen 15), Stuttgart 2004, S. 203–224.

84) Ripart, Non est consuetum (wie Anm. 6), S. 302–307.

jährigen Sohn Amadeus III. durch Graf Aymon von Genf ab 1103 sehr bestimmend auftreten konnte[85].

Für die weiblichen Nachkommen der Familie war zudem grundsätzlich eine Beteiligung am materiellen Erbe vorgesehen, meist in Form einer Mitgift, manchmal aber auch in Form von Grundbesitz, den die Grafentöchter oder ihre Ehemänner ihren Brüdern noch über ihre Mitgift hinaus abtrotzen konnten. So erhielt die Tochter des Grafen Thomas I., Margarete, 1239 von ihrem Bruder Amadeus IV. die Burg Monthey und den Marktflecken Saint-Maurice d'Agaune, obwohl sie bei ihrer Heirat mit Hartmann dem Älteren von Kyburg im Jahr 1218 bereits mit einer Mitgift in Höhe von 2000 Mark Silber ausgestattet worden war[86].

Wenngleich die Auszahlung einer Mitgift folglich nicht notwendig alle späteren Ansprüche ausschloss, kam ihr doch besondere Bedeutung zu, da man sie als zentrales Mittel betrachtete, zukünftige Vorstöße zu vermeiden. In dieser Hinsicht sind die Vorkehrungen, die Amadeus IV. für seine spät geborene Tochter Beatrix traf, aufschlussreich für die einschlägigen Praktiken und deren Wahrnehmung: Noch zum Lebensende des Grafen hin war Beatrix zu jung, um verheiratet zu werden, so dass ihre Ansprüche auf einen Teil des Erbes nicht durch eine Mitgift abgegolten werden konnten. Daher ordnete Amadeus IV. testamentarisch an, dass sie in das Kloster Betton eintreten sollte[87]. Seine beiden älteren Töchter Beatrix und Margarethe, die bereits verheiratet waren, sollten sich hingegen ausdrücklich mit ihrer Mitgift begnügen[88]. Nach seinem Amtsantritt im Jahr 1263 bestätigte Graf Peter II. in Form eines Vidimus die Bestimmungen seines Bruders Amadeus.

Peters Befürchtungen, dass seine Nichte weiterhin Rechte geltend machen könnte, waren wohl nicht ganz unberechtigt, da es ihr mit Hilfe ihrer Mutter gelungen war, den Gang ins Kloster zu vermeiden. Noch im Oktober 1268, also nach Peters Tod, beschwerte sie sich beim nun regierenden Grafen Philipp, dass sie von ihrer Familie keinerlei Ausstattung erhalten habe. Philipp regelte die Situation schließlich, indem er Beatrix mit einem Mann seines Vertrauens verheiratete, nämlich mit seinem eigenen Schwager Peter le Bouvier aus der Familie der Herren von Salins. Zugleich verlangte er von Beatrix, dass sie ihm ausdrücklich alle ihre Rechte auf die Erbfolge in der Grafschaft abtrat; einige Tage später ließ er ausdrücklich klarstellen, dass sie eine Mitgift erhalten und damit alle anderen Rechte verloren hatte[89].

85) Previté Orton, Early History (wie Anm. 10), S. 278; Ripart, Non est consuetum (wie Anm. 6), S. 301 f.
86) Ripart, Non est consuetum (wie Anm. 6), S. 310; Archivio di Stato di Torino, Sezione Corte, Matrimoni, mazzo I/1, 1 und 3.
87) Ripart, Non est consuetum (wie Anm. 6), S. 313–315; für die testamentarische Verfügung Amadeus' IV. siehe Wurstemberger, Peter der Zweite (wie Anm. 12), Bd. 4, Nr. 306, S. 161; Nr. 331, S. 171.
88) Ripart, Non est consuetum (wie Anm. 6), S. 313, Anm. 53.
89) Ebd., S. 314 f.

Die Frage nach den Erbrechten von Grafentöchtern stellte sich zur Zeit Graf Peters II. (1263–1268) besonders akut, der beim Antritt der Nachfolge seines Neffen Bonifaz im Jahr 1263 gleich mehrere potentielle Konkurrenten beiseite schob. Dabei ignorierte er nicht nur die Ansprüche, welche die Söhne seines älteren Bruders Thomas hätten vorbringen können, sondern auch diejenigen der jüngeren Schwestern von Bonifaz selbst. Vor allem aber hatte Peter II., als er 1268 auf dem Sterbebett sein Testament machte, seiner eigenen Tochter Beatrix, seinem einzigen leiblichen Kind, zwar reiche Besitztümer zugestanden, aber gleichzeitig verfügt, dass der Grafentitel ausschließlich seinem Bruder Philipp zustehen sollte: *In comitatu autem Sabaudie et in aliis bonis nostris, tam ultra Montes quam citra, ubicumque existentibus heredem nostrum facimus et instituimus karissimum fratrem nostrum Philippum de Sabaudia comitem Burgundie, exceptis legatis et eleemosinis que inferias continentur*[90].

Zwar konnte Cabaret in seinen ›Chroniques de Savoie‹ am Anfang des 15. Jahrhunderts den Ausschluss der Tochter Peters II. als unproblematische testamentarische Verfügung präsentieren, die nicht weiter zu kommentieren war[91]. Ein genauerer Blick auf den Kontext dieser Erbfolgeregelung zeigt jedoch, dass sie in erster Linie aus opportunistischen Überlegungen heraus erfolgte: Beatrix war nämlich mit dem Grafen Guigues VII. verheiratet, dem Herrn der Dauphiné, mit der Savoyen seit langem in einem äußerst gespannten Konkurrenzverhältnis stand. Grundsätzlich mochte dieser Eheschluss ein probates Mittel der Entspannung und des Ausgleichs gewesen sein. Nun aber bestand die Gefahr, dass über Beatrix die Grafschaft an einen Grafen der Dauphiné geraten konnte. Angesichts der wechselhaften Vorgeschichte – mit den Grafen von Vienne war es insbesondere seit den frühen 13. Jahrhundert immer wieder zu kriegerischen Auseinandersetzungen gekommen, obschon es auch längere Phasen der Kooperation gab[92] – hätte schon der savoyische Adel eine solche Nachfolge kaum akzeptiert. Tatsächlich stieß die getroffene Regelung, also Beatrix' Ausschluss vom Erbe, auf einen sehr breiten Konsens. Allerdings nutzten von nun an die Grafen der Dauphiné die Situation, um erneut einen langjährigen Konflikt mit Savoyen zu beginnen, der bis 1355 andauern sollte[93].

90) WURSTEMBERGER, Peter der Zweite (wie Anm. 12), Bd. 4, Nr. 749, S. 431–436, hier S. 431.

91) La Chronique de Savoye (wie Anm. 80), XCV, S. 118: [...] *et ordonna* [das heißt Peter II.] *en son testament que sa fillie femme a conte d'Albonoys ne deust mie heriter apprés luy la contee de Savoye; ains voulsist que y heritast messire Philippe son frere, et commanda a luy bailler l'annel de saint Maurice sur condition qu'en grand devotion et reverance le pourtast tout sa vie, et apprés son decés ceulx qui seroyent contes de Savoye pareillemant le doygent avoyr et porter.*

92) Siehe COX, Eagles of Savoy (wie Anm. 8), S. 23, 29, 122 f., 190, 292, 374.

93) Zu den Regelungen im Vertrag von Paris siehe Eugene L. COX, The Green Count of Savoy. Amadeus VI and transalpine Savoy in the XIVth century, Princeton NJ 1967, S. 105; der Text des Vertrags ist ediert bei Jean CORDEY, Les comtes de Savoie et les rois de France pendant la Guerre de Cent Ans (1329–1391), Paris 1911, S. 312–325.

Eine nähere Untersuchung der Testamente von Peter II. zeigt zudem, dass es zum damaligen Zeitpunkt offensichtlich keine rechtlichen Grundlagen im eigentlichen Sinne gab, die es erlaubt hätten, die Weitergabe der Grafschaft über eine weibliche Erbfolge juristisch verbindlich auszuschließen. Für Peter II. stellte sich daher unvermeidbar die Frage seines eigenen Vorgehens, verfügte er doch selbst über keinen männlichen Nachkommen, da aus seiner Ehe mit Agnes de Faucigny nur die einzige Tochter Beatrix hervorgegangen war.

Bereits in seinem Testament von 1255 hatte Peter II., der damals noch nicht Graf von Savoyen war, entschieden, seine Tochter vom Erbe seiner territorialen Besitzungen auszuschließen: Sie sollte lediglich einen Geldbetrag in Höhe von 5000 Pfund *viennois* erhalten, während Peters Besitzungen in England an seine Nichte Eleonore fallen sollten, die Ehefrau von König Heinrich III., jene auf dem Kontinent an seinen Bruder Philipp[94]. Nach seinem Amtsantritt als Graf verfasste Peter im September 1264 ein neues Testament, in dem er seine Tochter ausdrücklich als Ehefrau des Grafen Guigues VII. von Vienne ansprach (*filiam nostram uxorem G. Delphini Viennensis*)[95]. Ihr Erbe wurde nun in einer sehr offenen Wendung auf den ihr rechtlich zustehenden Anteil beschränkt: *heredem nobis instituimus in debito bonorum subsidio sive in legitima sua quantum potest vel debet habere in bonis nostris*[96]. Mit dieser etwas kryptischen Formel wurde Beatrix letztlich aber vollständig vom eigentlichen savoyischen Erbe ausgeschlossen, das stattdessen an Peters Nichte Eleonore gehen sollte. Zugleich traf der Graf weitergehende Regelungen, indem er festlegte, dass im Falle des Todes von Königin Eleonore zunächst sein eigener Bruder Philipp und dann seine Neffen in der Reihenfolge ihrer Geburt an ihre Stelle treten sollten: [...] *volumus quod eodem modo perveniat et devolvatur ad nepotem nostrum, primogenitum filium comitis Thome quondam fratris nostro, vel ad eum qui post eum natus est primogenito non superstite ad minorem natum aliis non superstitibus*[97].

Diese Vorgaben verdeutlichen, dass in Peters Augen offensichtlich nichts grundsätzlich dagegen sprach, dass eine Frau (in diesem Fall die Königin von England) zumindest theoretisch die Grafschaft Savoyen erben konnte. Bemerkenswert ist zugleich, dass Peter noch weitere Bestimmungen traf, die wenigstens teilweise im Widerspruch zum eben Erläuterten standen: Sollte nämlich Eleonore das Amt nicht übernehmen können und ihre Rechte auf diese Weise an Philipp zurückfallen, so sollte die Grafschaft nach diesem an denjenigen seiner Neffen übertragen (genauer: »restituiert«) werden, der ihm am geeignetsten erschien: *ea omnia restituat illi de filiis dicti fratris nostri qui videbitur sibi utilior et convenientior ad dicta bona jure hereditario obtinenda*[98]. Eine solche Regelung

94) Der Text ist ediert in ANDENMATTEN, Contraintes lignagères (wie Anm. 73), S. 284–286.
95) Ebd., S. 287–292, hier S. 287.
96) Ebd., S. 287 f.
97) Ebd., S. 288.
98) Ebd.

legt den Schluss nahe, dass es bei der Erbfolge letztlich weniger um Fragen der Primogenitur oder gar des Geschlechts ging, sondern vielmehr um die »Eignung« und Befähigung des Nachfolgers zur Ausübung der Herrschaft. Wenn ein solches Vorgehen praktisch umsetzbar erschien, dann muss man wohl annehmen, dass es in der politischen Gesellschaft Savoyens weithin anerkannt gewesen sein dürfte. Später änderte Peter II. seinen Willen erneut und teilte in seinem Testament vom 7. Mai 1268 Faucigny und das Waadtland seiner Tochter Beatrix zu[99] – eine Bestimmung, die noch lange Zeit zu Konflikten führen sollte, auch (oder gerade) weil Philipp sich in dieser Hinsicht nicht an den Willen seines Bruders hielt und Beatrix nur das Faucigny überließ[100].

Auf den ersten Blick mag es seltsam erscheinen, dass Peter II. zwar in Erwägung zog, die Grafschaft an eine Frau zu übertragen (in diesem Fall an seine Nichte Eleonore), nicht aber an seine eigene Tochter. Wahrscheinlich gab hier die besondere Position Eleonores als Königin von England den Ausschlag, so dass Peter letztlich wohl daran dachte, in Ermangelung eines männlichen Erben im regierungsfähigen Alter die Grafschaft Savoyen der englischen Krone anzuvertrauen, um den Besitz seiner Dynastie zu schützen. Auch ist zu überlegen, ob er eine solche Regelung lediglich als zwischenzeitlichen Zustand betrachtete: Insgesamt scheinen Peter II. und Philipp, die beide erst in fortgeschrittenem Alter Grafen wurden und selbst keine männlichen Nachkommen hatten, nämlich vor allem versucht zu haben, das Familienerbe zu bewahren, um es anschließend an einen geeigneten männlichen Nachfolger weiterzugeben. In diesem Sinne dürfte wohl ihre recht enge und harmonische Beziehung zu ihrem jungen Neffen Thomas III. zu deuten sein, dem Sohn ihres Bruders Thomas II. Dieser hatte seinerseits bereits 1270 das Wappen seines Onkels angenommen, was ebenfalls darauf hindeutet, dass er dazu bestimmt war, dessen Nachlass zu erhalten[101]. Tatsächlich scheinen Peter II. und Philipp in gewisser Weise wie Regenten regiert zu haben, ohne vollumfänglich alle gräflichen Vorrechte auszuüben: So benutzte Peter etwa niemals ein Reitersiegel, wie es für einen Grafen üblich war, sondern führte weiterhin das kleine Wappensiegel, das er bereits als jüngerer Bruder des Grafen von Savoyen besessen hatte. Sein Bruder Philipp verwendete zwar ein Reitersiegel, tat dies aber vermutlich vorrangig deswegen, weil er durch seine Heirat mit Adelheid von Burgund im Jahr 1267 die Pfalzgrafschaft Burgund erworben hatte[102] – ein Schritt, für den er auf sein Amt als Erzbi-

99) Ebd., S. 292; der Text des Testaments bei WURSTEMBERGER, Peter der Zweite (wie Anm. 12), Bd. 4, Nr. 749, S. 431–436.

100) COX, Eagles of Savoy (wie Anm. 8), S. 374–377.

101) RIPART, Non est consuetum (wie Anm. 6), S. 320.

102) Ein unvollständiger Abdruck ist etwa am Freiheitsbrief für die Stadt Louhan aus dem Jahr 1269 erhalten (Archives municipales de Louhan, AA No 1, in: Sigilla. Base numérique des sceaux conservés en France, http://www.sigilla.org/sceau-type/philippe-savoie-sceau-equestre-2932 [12.04.2022]). Die schwer beschädigte Legende lässt die Rekonstruktion der Formel *[comiti]s palatini Burgondi[e]* zu. Zu den Siegeln Philipps siehe auch Luigi CIBRARIO/Domenico Casimiro PROMIS, Sigilli de' Principi di Savoia, Turin 1834, S. 110–114. Von einem

schof-Elekt von Lyon verzichtet hatte, ein Jahr bevor er die gräfliche Erbschaft von seinem Bruder Peter erhielt[103].

Die sich wandelnden Vorgaben Peters II. für sein Erbe und seine Nachfolge weisen also darauf hin, dass zu diesem Zeitpunkt die Übertragung der Herrschaftsrechte an (oder zumindest über) eine Frau in Savoyen durchaus denkbar war, auch wenn dies aufgrund der Zufälle in der faktisch sehr erratisch verlaufenen Praxis der Weitergabe des Grafenamtes letztlich doch nicht zustande kam. Die Konflikte, zu denen die Frage der Herrschaftsnachfolge führte, betrafen im Übrigen nicht nur die Rechte der Töchter der Familie, sondern auch die der jüngeren Söhne: So führte die Nachfolge von Graf Thomas, wie bereits gesehen, zu heftigem Streit zwischen seinem ältesten Sohn, Graf Amadeus IV., und dessen jüngeren Brüdern, die jeweils eine Apanage forderten. Dieser Streit wurde erst 1234 durch den Vertrag von Chillon beigelegt, der Aymon und Peter II. eine Ausstattung zusicherte, auch wenn die ihnen zugeteilten Ländereien kleiner ausfielen, als sie es ursprünglich angestrebt hatten[104].

Der Konflikt zwischen Philipps Neffen entwickelte sich ebenfalls auf schwierige Weise: 1282 starb Thomas III., der älteste von ihnen, und hinterließ drei junge Söhne. Nachdem Graf Philipp, von dem keine testamentarischen Verfügungen bekannt sind, im Jahr 1285 verschied, wurden Thomas' Söhne von Amadeus V., Thomas' jüngerem Bruder, verdrängt. Amadeus gelang es, sich als Graf durchzusetzen, aber er musste sich dabei der Konkurrenz und der Ansprüche seines jüngeren Bruders Ludwig erwehren: Dieser ließ sich schließlich durch eine umfangreiche Apanage abfinden, die unter anderem das Waadtland umfasste[105]. Wieder einmal waren also die Neffen, diesmal jene der folgenden Generation, zugunsten eines Nachfolgers im Grafenamt übergangen worden, der faktisch in der Lage war, die politische Führung zu übernehmen – mit der Nebenfolge, dass nun der eigentlich ältere Zweig der Familie zugunsten einer jüngeren Linie ausgeschaltet wurde. All dies zeigt, dass die Organisation der Erbfolge in dieser Phase vorrangig den realen Machtverhältnissen folgte, welche die Beziehungen unter den verschiedenen Erben strukturierten (was natürlich nicht bedeutet, dass sie sich jeglicher Form rechtlicher Prinzipien entzogen hätten).

Der formale Ausschluss von Frauen von der Weitergabe des Grafenamts wurde dann schließlich im 14. Jahrhundert als Prinzip durchgesetzt: Hintergrund war erneut eine konkrete Situation, da nämlich aus der Ehe von Graf Eduard, dem ältesten Sohn Amadeus' V., mit Blanca von Burgund nur eine Tochter namens Jeanne hervorging. Um zu verhindern, dass diese die Grafschaft erhielt, vereinbarten zunächst Amadeus V. und

1282 belegten Reitersiegel ist die Legende nicht vollständig rekonstruierbar, sie ließ womöglich erstmals den burgundischen Titel fallen, ebd., S. 114.

103) Zur Rückkehr Philipps in den weltlichen Stand siehe Cox, Eagles of Savoy (wie Anm. 8), S. 357–362.

104) Siehe oben, Anm. 58.

105) Cox, Eagles of Savoy (wie Anm. 8), S. 445–447.

Eduard sowie später Eduard und sein Bruder Aymon, dass letzterer in der Grafschaft nachfolgen sollte, falls Eduard nicht doch noch einen Sohn zeugte[106)]. Als Graf Eduard schließlich im Jahr 1329 starb, ohne dass sich etwas an der Lage geändert hätte, machte der Ehemann seiner Tochter Jeanne, niemand geringeres als Herzog Johann III. von der Bretagne, mit Nachdruck die Rechte auf die Grafschaft geltend, die er aus dem Erbanspruch seiner Frau ableitete. Trotz einer größeren Geldzahlung Aymons an seine Nichte blieb die Situation langfristig angespannt: Noch im Jahr 1344 trat Jeanne, die selbst keine Kinder hatte, ihre Rechte an Herzog Philipp von Orléans ab, den jüngsten Sohn König Philipps VI. von Frankreich[107)].

In diesem Zusammenhang wurde nun der Grundsatz des Ausschlusses von Frauen von der Nachfolge in der Herrschaft zum ersten Mal ausdrücklich formuliert: Interessanterweise fand dies nicht in einem Rechtstext statt, sondern in einer Genealogie der Grafendynastie, die wahrscheinlich Anfang der 1340er Jahre im Zisterzienserkloster Hautecombe verfasst wurde, das den Grafen von Savoyen als Nekropole diente. Im kurzen Eintrag zu Graf Peter II. erläuterte der anonym gebliebene Verfasser, dass dieser lediglich eine Tochter gehabt habe, die ihm allerdings nicht im Grafenamt gefolgt sei, weil es in der Grafschaft Savoyen nicht Brauch sei, dass Töchter ihren Vätern in diesem Amt nachfolgen könnten: *et uxor ejus* [das heißt Peters II.] *fuit filia domini Faucigniaci, de qua habuit filiam unam que fuit uxor comitis Albonensis. Mortuus est sine filio masculo et non successit ei filia in comitatu, quia non est consuetum in comitatu Sabaudie quod filia succedit patri in comitatu et possessione comitatus*[108)]. In einer ausgesprochen eleganten Strategie legitimierte man damit kurz nach 1340 im Medium eines historiographischen Textes ein rechtliches Prinzip, das man erst jüngst aus aktuellem Anlass, also in einer spezifischen Situation, etabliert hatte, indem man einen oberflächlich ähnlichen, letztlich aber völlig anders gelagerten Fall aus der Geschichte mit der quasi überzeitlichen Geltung der rechtlichen Grundlage erklärte. Ja mehr noch: Ohne die Regelung, die anlässlich von Eduards Situation für den Umgang mit seiner einzigen Tochter getroffen wurde, überhaupt anzusprechen, wurden Jeannes Rechte mit dem historischen Verweis negiert. Zugleich erhob man ebendiese Einzelfallregelung zum Prinzip, das tatsächlich für die Zukunft ungebrochene Beachtung fand[109)].

106) Ripart, Non est consuetum (wie Anm. 6), S. 324 f.

107) Ebd., S. 327–329.

108) Généalogie d'Hautecombe, in: Ripart, La généalogie d'Hautecombe (wie Anm. 3), S. 155.

109) Mit dieser Rekonstruktion des Prinzips, die weibliche Erbfolge in der Herrschaft auszuschließen, wird es zudem wahrscheinlich, dass die Etablierung in Savoyen vom französischen Vorbild inspiriert war, zumal Savoyen in vielerlei Hinsicht eng mit Frankreich und dessen Königshaus verbunden war. Zum Ausschluss der weiblichen Nachfolge in Frankreich, der nach dem Tod Karls IV. (1328) in verschärfter Form festgeschrieben wurde, siehe Ralph E. Giesey, Le rôle méconnu de la loi salique. La succession royale (XIVe–XVIe siècles), Paris 2007.

V. Fazit: die Entstehung einer Kultur der fürstlichen Erbfolge

Zu Beginn des 14. Jahrhunderts entstand in der Grafschaft Savoyen eine neue Rechtsordnung, die zum einen auf der Durchsetzung der männlichen Primogenitur beruhte, zum anderen aber auch auf dem Recht nachgeborener Brüder, eine Apanage zu erhalten (zumindest dann, wenn sie nicht zu zahlreich waren). Die gräfliche Erbfolge wurde somit zu einer Rechtsangelegenheit, die auf einem fest etablierten Brauch beruhte, der sich aber erst allmählich in einer komplexen Geschichte herausgebildet hatte, in der sich die zunächst unklaren rechtlichen Prinzipien für die Nachfolge im Grafenamt zunehmend formierten und durchsetzten. Während des langen 13. Jahrhunderts von 1148 bis 1285 wurde die Übertragung des Grafenamts letztlich von Fall zu Fall und quasi informell geregelt, auch wenn sich in der Retrospektive eine Reihe leitender Grundsätze erkennen lässt. Zugleich differenzierte man in dieser Phase immer deutlicher zwischen der herrschaftlichen Sukzession und der Teilhabe am materiellen Erbe. Zur Einhegung der immer wieder aufscheinenden Konflikte um das Erbe trug gewiss auch ein Phänomen bei, das wir im Rahmen dieses Beitrags zwar kurz ansprechen, aber nicht näher beleuchten konnten: Gerade die kinderreichen Vertreter der Familie schichteten immer wieder einen großen Teil ihrer männlichen Nachkommenschaft ab, indem sie ihre Söhne auf kirchliche Karrieren hin orientierten[110)].

Wenngleich die Nachfolgeregelungen in ihrer Entwicklung zunächst erratisch erscheinen mögen, so fügten sie sich doch alle in eine Kultur der dynastischen Treue ein, welche den regionalen Adel dazu brachte, das Prinzip der Kontinuität der Rechte des Hauses Savoyen zu wahren. Auch in den zunächst verwirrend oder unklar erscheinenden Situationen, in denen ein Onkel an die Stelle eines Neffen trat oder ein Fremder statt eines Verwandten die Regentschaft übernahm, war die politische Gemeinschaft Savoyens stets auf die Wahrung der dynastischen Interessen des Hauses Savoyen bedacht. Zwar mochte es weithin wünschbar erscheinen, dass der älteste Sohn eines verstorbenen Grafen die Nachfolge seines Vaters antreten konnte, aber oft zwangen die Ereignisse dazu, abweichende Lösungen zu finden, um auf komplizierte und unvorhersehbare Situationen zu reagieren. In der Folge improvisierte man auf originelle Weise, indem man etwa Peter II. und Philipp, die Onkel des verstorbenen Grafen Bonifaz, dazu einlud, die Grafschaft zu regieren, bis die eigentlich rechtmäßigen Erben, die Söhne von Thomas II. zum Zug kommen konnten. Zur Sicherung der Verhältnisse zögerte man auch nicht, zuweilen einen Verwandten des Grafen von bestimmten Positionen auszuschließen und ihm gegenüber eine Person zu bevorzugen, die nicht der Familie angehörte, wenn dies in Aussicht stellte, die dynastischen Rechte besser zu wahren. Ein klares Beispiel für ein

110) Zu den Söhnen von Graf Thomas, die zum Teil später in die Welt zurückkehrten, siehe Cox, Eagles of Savoy (wie Anm. 8), S. 14; auch von den fünf Söhnen Thomas' III. schlugen vier eine kirchliche Karriere ein, der älteste der Brüder (Philipp) begründete die Linie der Savoyen-Achaia.

solches Vorgehen bot Graf Amadeus III., der in Übereinstimmung mit seinen Getreuen den Bischof von Lausanne als Regent für den jungen Humbert III. wählte, anstatt Renaud, den intriganten Onkel des kleinen Grafen, von dem für die Grafschaft Schaden zu befürchten war. Aus derselben Logik heraus wandte man sich an den Markgrafen von Montferrat, um die Regentschaft für Graf Thomas auszuüben – und auch der Gedanke, die Nachfolge Peters II. über die Königin Eleonore von England zu regeln fügt sich hier ein, da sie situativ als glaubwürdigste Lösung erscheinen mochte, um die dynastischen Rechte langfristig zu wahren.

Bei alldem sind zugleich weitreichende Wandlungen in der politischen Praxis festzustellen, die sich an Teilen des hier herangezogenen Materials festmachen lassen: Zwar ist grundsätzlich davon auszugehen, dass die hier untersuchten Regelungen zu Regentschaft, Erbe und Nachfolge stets auch mit den wichtigen Gefolgsleuten des jeweiligen Grafen abgesprochen wurden. Insgesamt aber kann man den Eindruck gewinnen, dass die Verfügung über das Erbe der Herrschaft lange Zeit weitgehend den Grafen vorbehalten war, die sich zur Mitte des 13. Jahrhunderts hin schlicht in Form ihrer Testamente äußerten (besonders eindrücklich im Fall Amadeus' IV.). Zum Ende des Jahrhunderts begegnet dann stärker der Verweis auf die Gewohnheiten, welche den Gestaltungsspielraum eingrenzten: So verwies etwa Thomas III. in seinem Testament vom 14. Mai 1282 auf die *bona consuetudo comitatus Sabaudiae* und sein Onkel Graf Philipp griff kurz darauf ebenfalls diese Formel auf[111]. Als Amadeus V. seinem Sohn Eduard anlässlich von dessen Eheschluss mit Blanca von Burgund das Nachfolgerecht für seinen männlichen Erstgeborenen zusichern wollte, vertraute er bereits nicht mehr auf seine eigene Verfügungsgewalt, sondern ließ eine Versammlung savoyischer Adliger diese Regelung beschwören[112]. Dieses Einbeziehen breiterer Kreise, mit dem weitere Akteure jenseits der Gruppe der Verwandten in die Aushandlungsprozesse einbezogen wurden, deutet die Entstehung einer politischen Gemeinschaft in der Grafschaft an, die nunmehr im Zusammenspiel für die Geschicke verantwortlich sein sollte. Insofern überrascht es auch wenig, dass 1324 die Vereinbarung zwischen Amadeus V. und seinem Sohn Eduard für den Fall von dessen söhnelosem Tod auf Französisch redigiert wurde, um einen größeren Adressatenkreis zu erreichen. Zusätzlich schickte man den Notar Jean de Creysiaco auf eine Rundreise durch die savoyischen Territorien, auf der er 35 Eidesleistungen von mindestens 55 savoyischen Vasallen notierte, welche die Regelungen ausdrücklich anerkannten[113].

Die hier bezeugte Treue zur herrschenden Dynastie konnte paradoxerweise dazu führen, dass die politische Gemeinschaft legitime Erben ausschloss, wenn ihre Rechte den übergreifenden Interessen der Dynastie zuwiderlaufen konnten. Dies war der Fall

111) Ripart, Non est consuetum (wie Anm. 6), S. 324.

112) Ebd., S. 325.

113) Ebd., S. 326 f.

bei Beatrix, der Tochter von Graf Peter II., die wohl nicht so sehr deshalb von der gräflichen Erbfolge ausgeschlossen wurde, weil sie eine Frau war, sondern vielmehr, weil ihre Ehe mit dem Dauphin es ihr nicht mehr ermöglichte, die Interessen des Hauses Savoyen, der savoyischen Gebiete und der politischen Gemeinschaft Savoyens zu vertreten. Zuweilen konnte all dies auch zu ausgesprochen komplexen Konstellationen führen, etwa als Graf Amadeus IV. seinen ihm eng verbundenen Bruder Thomas II. sehr weitgehend in die Ausübung seiner gräflichen Macht mit einbezog. Insgesamt ging die gräfliche Dynastie aus dem gelegentlich verworrenen und krisenreichen langen 13. Jahrhundert, das im Zentrum unserer Überlegungen stand, aber fraglos symbolisch gestärkt hervor: Dies lässt sich an der Entwicklung der gräflichen Heraldik ebenso festmachen wie an der Einrichtung (und dem Ausbau) der Nekropole von Hautecombe – und nicht zuletzt an der stolzen Selbstbezeichnung aller Mitglieder der Dynastie als *de Sabaudia*[114].

Summary

Focusing on the county of Savoy and its ruling dynasty, this chapter analyses the principles and practices involved in the transmission of lands and titles in the period 1148 to 1285, that is between the demise of Count Amédée III during the Third Crusade, whose heir was a minor, and the death of Count Philipp, the last remaining son of Count Thomas I. This assessment draws on historiographic works but is mainly based on charters and wills, which became more common in the mid-13th century. The title *comes Sabaudie* is first attested in 1150, superseding *comes Maurianensis* only in the 1220s. Major developments can be observed in the use of this seigneurial title, its transmission and the transmission of lands. For the early part of the period, principles and practices come to the fore in situations where regencies were established following the succession of minors (ch. II). The later succession arrangements of Thomas I (d. 1233) indicate his eldest surviving son, Amédée IV, received the title of count while younger siblings were compensated with lands beyond the territorial core of the family's possessions (ch. III). From the mid-13th century onwards, women were, in practice, excluded from the line of succession: the wills of Count Peter II, for example, excluded his daughter Beatrix. Yet this exclusionary principle was only formalised retrospectively, as the »Généalogie d'Hautecombe«, written shortly after 1340, illustrates (ch. IV). The case of Savoy thus enables us to identify major changes across this period. Women were increasingly prevented from claiming rights to a lordship that appears increasingly well-defined. At the same time, the repeated exclusion during the later 13th century of sons who were minors

114) Über die dynastische Kultur des Hauses Savoyen siehe Luisa Clotilde Gentile, Riti ed emblemi. Processi di rappresentazione del potere principesco in area subalpina (XIII–XVI secc.) (Corti e principi fra Piemonte e Savoia 2), Turin 2008.

from succeeding in favour of their adult uncles seems to indicate a major structural change. The principle of succession by the eldest son gave way to an approach that underlined the consolidation and safeguarding of the dynasty and its rule.

Erben unerwünscht?

Adeliges Erben und politische Macht im hochmittelalterlichen Nord- und Mittelitalien

Christoph Dartmann (Hamburg)

Was kann ich als Spezialist für die Geschichte der städtischen Gesellschaften Ober- und Mittelitaliens zur Debatte über adeliges und fürstliches Erben zwischen der Mitte des 12. und der Mitte des 13. Jahrhunderts beitragen? Das Profil des Adels in einer stark städtisch geprägten Gesellschaft, aber auch die Organisation politischer Macht in den Stadtkommunen auf der Basis einer breiten Partizipation führten dazu, dass sich Mechanismen der Weitergabe von Besitz, Rechten und Schlüsselpositionen in den regionalen Machtstrukturen im kommunalen Italien in fundamentaler Weise von denen in anderen Regionen Europas unterschieden haben. Das spiegelt sich in einer Überlieferung, die von städtischen und kirchlichen Archiven dominiert wird, aber vor allem auch in Forschungstraditionen, in denen die Fragen kaum eine Rolle spielen, die im Zentrum des vorliegenden Bandes stehen. Diese periphere Position des von mir behandelten Untersuchungsgebiets bietet aber die Chance, Alternativen zu vermeintlichen Selbstverständlichkeiten der mediävistischen Diskussion zu adeligem und fürstlichem Erben zu profilieren. Wegen der ungewöhnlichen Konstellation von regionalen Eliten, die für sich einen adeligen Status beanspruchen und zugleich als Bürger die städtischen Kommunen prägten, muss ich in diesem Beitrag nicht nur nach Prozessen des Transfers von Besitz, Rechten und Machtpositionen fragen, sondern auch nach den Charakteristika von adeligen und fürstlichen Akteurinnen und Akteuren im Norden und im Zentrum der Apenninenhalbinsel.

I. Einführung

In einem Kurzessay zum Erinnern mahnt Walter Benjamin dazu, nicht allein die einzelne Erinnerung zu suchen, sondern sich vor allem auch Rechenschaft davon abzulegen, von welchem Standpunkt aus diese Erinnerung eigentlich gesucht worden ist. In Analogie zu einer Ausgrabung notiert er: »[…] der betrügt sich selber um das Beste, der nur das Inventar der Funde macht und nicht im heutigen Boden Ort und Stelle bezeichnen kann, an denen er das Alte aufbewahrt. So müssen wahrhafte Erinnerungen viel weniger berichtend verfahren als genau den Ort bezeichnen, an dem der Forscher ihrer habhaft wurde«[1]. In der Bundesrepublik des frühen 21. Jahrhunderts wird die Besonderheit adeligen und fürstlichen Erbens nur gelegentlich zum Thema gemacht. Es ist bemerkenswert, dass es überhaupt noch zu entsprechender Berichterstattung kommt, weil seit über einem Jahrhundert rechtlich gesehen kein Adel mehr existiert, seitdem mit Artikel 109,3 der Weimarer Reichsverfassung Adelstitel in bloße Namensbestandteile überführt worden sind. Einige prominente Fälle in ehemals regierenden Häusern haben es in letzter Zeit dennoch bis in die Schlagzeilen der überregionalen Berichterstattung gebracht. Vor ein paar Jahren kam es zum Konflikt, weil Erbprinz Ernst August von Hannover den ererbten Familienbesitz der Welfen, Schloss Marienburg bei Pattensen, für einen Euro an das Land Niedersachsen veräußern wollte. Der junge Investmentbanker handelte nach der Logik seines Berufsstands, ein unrentables Investment zu beenden und die Kosten auf die Allgemeinheit abzuwälzen: Das Bundesland sollte die millionenschwere Restauration der Immobilie übernehmen. Sein Vater, Ernst August Prinz von Hannover, berief sich hingegen auf Klauseln in einem Schenkungsvertrag und einem Erbvertrag und konnte so einen Verkauf verhindern, den er als »groben Undank« klassifizierte[2]. Die Auseinandersetzung mündete schließlich darin, dass das Eigentum am Schloss einer Stiftung Schloss Marienburg übertragen wurde[3]. Über die Kosten wird diskret hinweg geschwiegen; auch die fortlaufenden rechtlichen Auseinandersetzungen, mit denen der auch sonst nicht konfliktscheue Prinz Ernst August seinen Sohn weiterhin überzieht, werden ausgeblendet[4]. Derartige Konflikte um den Umgang mit dem familiären Erbe bieten vor allem dem Boulevard-Journalismus reichlich Material, liefern wegen ihrer geschichtskulturellen Implikationen und den damit verbundenen politischen Dimensionen aber auch gutes Anschauungsmaterial für das Fortwirken dynastischer Strukturen auf dem Gebiet der Bundesrepublik – stärker noch als bei den Welfen gilt das für die laufenden Bemühungen des Hauses Hohenzollern, Millionenzahlungen der öffentlichen Hand zu erwirken. In den Geldbeträgen, die in beiden Fällen im Raum stehen, spiegelt sich die lange Tradition deutscher Fürstenhäuser und der ihnen über Jahrhunderte zugewachsenen Vermögenswerte[5].

1) Walter Benjamin, Ausgraben und Erinnern, in: Ders., Denkbilder, Frankfurt a. M. 1994, S. 100 f., das Zitat ebd.

2) Marco Seng, Prinz Ernst August senior will sein Schloss zurück, in: Hannoversche Allgemeine online [10.02.2019], https://www.haz.de/Nachrichten/Politik/Niedersachsen/Streit-um-Marienburg-Prinz-Ernst-August-will-sein-Schloss-zurueck (16.09.2021).

3) So auf der Homepage der Stiftung, https://www.stiftung-schloss-marienburg.de/ (16.09.2021).

4) Ernst August von Hannover verklagt seinen Sohn, in: Süddeutsche Zeitung online [16.02.2021], https://www.sueddeutsche.de/panorama/ernst-august-von-hannover-klage-sohn-immobilien-1.5208363 (16.09.2021).

5) Vgl. die Dokumentation über die rechtlichen Bemühungen des Hauses Hohenzollern, nicht genehme Aussagen von Fachhistoriker*innen mit Strafen belegen zu lassen, in: Die Klagen der Hohenzollern – eine Dokumentation des Verbands der Historiker und Historikerinnen Deutschlands e. V., https://wiki.hhu.de/spaces/viewspace.action?key=HV (07.03.2022).

Trägt man im Stil einer Ausgrabung diese oberste Schicht ab, stößt man auf die Macht vormoderner Dynastien bis zum Ende des Deutschen Kaiserreichs im Jahr 1918. Zu der Zeit, zu der ab dem 19. Jahrhundert Geschichte als Wissenschaft breit universitär verankert wurde und das Fach in Deutschland einen bis heute fortwirkenden Kanon an Quellen, Themen und Methoden entwickelte, wurden die deutschen Länder zum Teil von Dynastien wie den Welfen oder den Großherzögen zu Mecklenburg regiert, deren Geschichte bis ins Hochmittelalter zurückreichte. Andere wie die Hohenzollern wurden durch eine ideelle Ansippung an die Staufer in diese Tradition eingeordnet. Die wissenschaftliche Erforschung fürstlicher Dynastiebildung und adeliger Eigentums- und Machtübertragung bedeutete in dieser Zeit die Arbeit an der Erinnerung der herrschenden Häuser, stand also in einem recht unvermittelten gegenwartsgenetischen Funktionszusammenhang[6].

Dieses ausgeprägte Interesse an adeligem und fürstlichem Erben im Hochmittelalter ist einer Konfiguration mittelalterlicher Geschichte verpflichtet, die es so in Italien nicht gibt. Im italienischen Geschichtsbild vom Hochmittelalter dominierte über lange Zeit die Fokussierung auf vermeintlich »bürgerliche« Stadtkommunen als zentralen Trägern der nationalen Tradition[7]. Diese nationale Tradition wurde durch die Abgrenzung von feudal-adeligen Akteuren entfaltet, nicht zuletzt vom nordalpinen Kaisertum des römisch-deutschen Reichs und der Habsburger. Dieses »Nationalepos« des 19. Jahrhunderts war nicht so stark wie in Deutschland darauf angewiesen, große Fürstendynastien in den eigenen Plot einzuweben – abgesehen von der Casa Savoia, die zur Trägerin

6) Eine junge Skizze des Prozesses der Fachentwicklung bei Stefan JORDAN, Geschichtswissenschaft, in: Staatslexikon online [22.10.2019], https://www.staatslexikon-online.de/Lexikon/Geschichtswissenschaft (07.03.2022); ausführlicher zum Beispiel Thomas NIPPERDEY, Deutsche Geschichte 1866–1918, Bd. 1: Arbeitswelt und Bürgergeist, München 1990, S. 633–644. Zur historiographischen »Ansippung« der Hohenzollern an die Staufer vgl. Johann Gustav DROYSEN, Geschichte der Preußischen Politik. Erster Theil: die Gründung, Berlin 1855. Zu Droysen grundlegend: Wolfgang HARDTWIG, Von Preußens Aufgabe in Deutschland zu Deutschlands Aufgabe in der Welt. Liberalismus und borussianisches Geschichtsbild zwischen Revolution und Imperialismus, in: HZ 231 (1980), S. 265–324; Wilfried NIPPEL, Johann Gustav Droysen. Ein Leben zwischen Wissenschaft und Politik, München 2008; vgl. dazu kritisch Thomas WELSKOPP, Der ›echte Historiker‹ als ›richtiger Kerl‹. Neue Veröffentlichungen (nicht nur) zum 200. Geburtstag von Johann Gustav Droysen, in: HZ 288 (2009), S. 385–407.

7) Italia e Germania. Immagini, modelli, miti fra due popoli nell'Ottocento/Das Mittelalter. Ansichten, Stereotypen und Mythen zweier Völker im neunzehnten Jahrhundert. Deutschland und Italien, hg. von Reinhard ELZE/Pierangelo SCHIERA (Annali dell'Istituto storico italo-germanico in Trento/Jahrbuch des Italienisch-deutschen historischen Instituts in Trient. Contributi/Beiträge 1), Bologna/Berlin 1988; für ein internationales Panorama: La civiltà comunale italiana nella storiografia internazionale, hg. von Andrea ZORZI (Biblioteca di storia 5), Florenz 2008. Die Wirkmächtigkeit der vermeintlich bürgerlichen Prägung der italienischen Kommunen diskutiert noch die Einleitung zu Hagen KELLER, Signori e vassalli nell'Italia delle città (secoli IX–XII), übersetzt von Andrea PIAZZA, Turino 1995, S. XI–XLVIII. Vgl. auch die Hinweise bei Andrea ZORZI, Toscana, terra anche di signori, in: Le signorie cittadine in Toscana. Esperienze di potere e forme di governo personale (secoli XIII–XV), hg. von DEMS. (Italia comunale e signorile 3), Rom 2013, S. 7–18.

der Nation stilisiert wurde[8]. In den größeren Regionalstaaten der Frühen Neuzeit verkörperte lediglich das Herzogtum Savoyen eine derartige Tradition, ansonsten regierten auswärtige Dynastien oder andere Potentaten: Die Republik Venedig und der Kirchenstaat blieben ebenso wie die Republik Genua bis zu ihrem Ende Wahlmonarchien, Mailand wurde als Nebenland der Habsburger regiert, die ab dem 18. Jahrhundert auch das Großherzogtum Toskana von den Medici übernahmen. Auch in Süditalien lösten sich spätestens nach dem Ende der Staufer Dynastien ab, die aus der Perspektive des 19. Jahrhunderts als ausländisch erschienen[9]. Vor diesem Hintergrund hatte die italienische Historiographie keinen Anlass, sich mit dem Thema fürstlich-familiärer (Dis-)kontinuität vom Mittelalter bis ins 19. Jahrhundert zu befassen, jedenfalls nicht in der gegenwartsgenetischen Funktion, die diese Fragen für die deutsche Geschichtswissenschaft besessen haben.

Weil sich dieses Thema für die städtisch geprägte Kultur Ober- und Mittelitaliens kaum aufdrängt, steht die Arbeit über adeliges und fürstliches Erben in dieser Region vor mehreren Herausforderungen:

1. Wie bereits angesprochen besitzen die großen Regionalstaaten des ausgehenden Mittelalters und der Frühen Neuzeit in der »nationalen Autobiographie« Italiens eine ganz andere Stellung als nördlich der Alpen[10]. Doch auch für das Hochmittelalter spielt fürstliche Herrschaft in dieser Erzählung eine untergeordnete Rolle. Die Entstehung der Renaissancefürstentümer, in denen sich dynastische Herrschaft verwirklichte, resultierte ja aus einer Transformation von Stadtkommunen, die über lange Zeit als Degeneration von republikanischen oder demokratischen Verfassungen gelesen wurde[11]. Auch wenn dieses Narrativ inzwischen revidiert oder zumindest modifiziert worden ist, gibt es auf regionaler Ebene keine Kontinuität großräumiger adliger Herrschaftsbildung vom 11. zum 14. Jahrhundert. Die in der Signorie ab der Mitte des 13. Jahrhunderts neu aufsteigenden Familien mussten neue Traditionen

8) Zur Formierung des italienischen Nationalstaats vgl. jüngst Gabriele B. Clemens, Geschichte des Risorgimento. Italiens Weg in die Moderne (1770–1870) (Italien in der Moderne 27), Wien/Köln 2021. Einen Zugang zu aktueller Literatur zum Risorgimento ermöglicht auch Teresa Armanno, I Savoia e il Risorgimento italiano. La costruzione della tradizione. Consenso, propaganda e nuove identità tra storia e storiografia, in: Mo.do. Rivista di Storia, scienze umane e Cultural Heritage 1 (2020), S. 303–313.

9) Überblicke ermöglichen Volker Reinhardt, Geschichte Italiens. Von der Spätantike bis zur Gegenwart, München 2003, sowie die Oxford Short History of Italy, hg. von John Davis, 7 Bde., Oxford 2000–2004.

10) Der Begriff der »nationalen Autobiographie« entlehnt bei Wolfgang Jacobmeyer, Das Schulgeschichtsbuch – Gedächtnis der Gesellschaft oder Autobiographie der Nation?, in: Geschichte, Politik und ihre Didaktik 26 (1998), S. 26–35.

11) Neben den oben Anm. 9 genannten Überblicken zentral: Signorie cittadine nell'Italia comunale, hg. von Jean-Claude Maire Vigueur (Italia comunale e signorile 1), Rom 2013.

erfinden, um ihren vermeintlich alten Adel in Szene zu setzen. Der Weg zur vererbbaren Fürstenherrschaft war lang und kompliziert[12].

2. Eng damit verbunden ist auch die Quellenlage und ihre Aufbereitung für die Forschung: Als wesentliche Überlieferungsträger fungieren für das 12. und 13. Jahrhundert kirchliche und städtische Institutionen[13]. Adelige Besitzverhältnisse im ländlichen Raum werden vor allem dort sichtbar, wo sie für kirchliche Akteure von Interesse waren – als Nachbarn, als Kooperationspartner, als Rivalen. Die Auswahl der dokumentierten Verhältnisse orientierte sich aber an den Interessen der geistlichen Institutionen, nicht der adeligen Akteure oder Verbände. Für den städtischen Raum, mit dem nord- und mittelitalienische Adelige im Hochmittelalter vielfach aufs engste verbunden waren, stellt sich die Überlieferungslage noch viel schwieriger dar. Das ist umso misslicher, weil zahlreiche Familien bis in die höchsten Statusgruppen hinein nicht nur über Landbesitz verfügten, sondern auch intensiv am städtischen Wirtschaftsleben beteiligt waren. Wesentliche Teile dessen, was für die Fragestellung dieses Beitrags zentral ist – die Übertragung von immobilem und mobilem Eigentum und anderen Rechtstiteln –, ist damit allenfalls fragmentarisch und verzerrt zu fassen.
3. Nicht nur die Überlieferungslage, sondern auch ihre Erschließung ist seit dem 19. Jahrhundert vom Interesse an städtischen und geistlichen Institutionen dominiert. Schon die Stadtkommunen haben in ihren ›Libri Iurium‹ begonnen, für ihre Geschichte einschlägige Dokumente zusammenzustellen und zu tradieren[14]. Diese mittelalterlichen Sammlungen wurden ab dem 19. Jahrhundert das Muster für aufwändige Erschließungen hochmittelalterlicher Urkunden, in denen das Interesse an der Verfassung und den politischen Prozessen der Stadtgemeinden im Zentrum stand. Weil vollständige Urkundenbücher oder Regestenwerke nach wie vor wegen der schlichten Masse der Überlieferung kaum realisierbar erscheinen, prägen die Interessen und Vorlieben der Editoren des 19. und frühen 20. Jahrhundert bis heute ein Stück weit die Forschung. Erst die Erschließung vollständiger Urkundenbestände und die gezielte Analyse ländlicher Besitz- und Herrschaftsverhältnisse – vor allem seit den 1970er und 1980er Jahren – haben daran Wesentliches geändert.

12) Dario Canzian, Condivisione del potere, modalità di successione e processo di dinastizzazione, in: Maire Vigueur, Signorie (wie Anm. 11), S. 439–464.

13) Unersetzt nach wie vor: Paolo Cammarosano, Italia medievale. Struttura e geografia delle fonti scritte (Aulamagna 2), Rom 2016 [zuerst 1991].

14) Antonella Rovere, I ›libri iurium‹ dell'Italia comunale, in: Civiltà comunale: libro, scrittura, documento. Atti del Convegno (Atti della Società ligure di storia patria 103; N. S. 29,2), Genua 1989, S. 157–199. Zuletzt zu einem Beispiel: Petra Koch, Hic debet scribere Petrus notarius ... Zur Entstehung der Vercelleser Urkundensammlung des 13. Jahrhunderts, in: Träger der Verschriftlichung und Strukturen der Überlieferung in oberitalienischen Kommunen des 12. und 13. Jahrhunderts, hg. von Hagen Keller/Marita Blattmann (Wissenschaftliche Schriften der WWU Münster, Reihe X 25), Münster 2016, S. 155–217.

Trotz dieser Hindernisse ist es möglich, die stadtzentrierte und von städtischen Kommunen dominierte ober- und mittelitalienische Gesellschaft als Spielart europäischer Adelsgesellschaften vorzustellen, in denen die Verteilung von Besitz und von Machtpositionen deutlich anderen Regeln unterlag als nördlich der Alpen. Dieser Blick auf eine naheliegende und mit dem nordalpinen Raum eng verflochtene historische Alternative kann zumindest dazu beitragen, das scheinbar Selbstverständliche als historisch kontingent zu profilieren. Zu diesem Zweck werden im Anschluss folgende Themen behandelt:

- eine Skizze derjenigen, die für Nord- und Mittelitalien als Adel bezeichnet werden können;
- eine Darstellung, was eigentlich vererbt wurde und was nicht;
- drei Beispiele für fürstliche Transferprozesse.

Abschließend möchte ich drei Themenbereiche zusammenfassend diskutieren: 1. Die eingeschränkte Bedeutung »fürstlicher« Macht in Ober- und Mittelitalien; 2. Die Frage nach fürstlichem und fürstlichen Erben; 3. Die geschichtskulturelle Prägung des Untersuchungsdesigns »adeliges und fürstliches Erben«.

II. Adel in Ober- und Mittelitalien während des Hochmittelalters

Es ist fraglich, ob der Begriff »Adel« geeignet ist, die Charakteristika sozialer Eliten im Hoch- und Spätmittelalter adäquat zu erfassen, oder ob er nicht zu sehr mit Assoziationen belastet ist, die aus politisch-sozialen Spannungen am Übergang zwischen Vormoderne und Moderne resultieren. Joseph Morsel hat vorgeschlagen, auf die Verwendung des Begriffs »noblesse« im Sinne eines erblichen, nach unten abgeschlossenen Standes, der die politischen Strukturen mittelalterlicher Gesellschaften kontrolliert habe, zu verzichten. Dieses Bild sei immer noch von den Argumenten geprägt, mit denen am Übergang zur Moderne gegen das Ancien Regime gekämpft worden sei; es auf mittelalterliche Verhältnisse zu übertragen bedeute eine Rückprojektion späterer Gemengelagen und Deutungen auf die Jahrhunderte zwischen dem 5. und dem 15. Jahrhundert. Außerdem laufe man Gefahr, ideologische Postulate von *nobilitas*, die mittelalterliche Akteure propagiert hätten, mit der sozialen Realität zu verwechseln. Die hohe gesellschaftliche Dynamik, die Fluktuation gesellschaftlicher Eliten und die vielfältigen Modi der Strukturierung von Familienverbänden drohten hinter dem falschen, einheitlichen Bild eines mittelalterlichen Adels zu verschwinden[15].

Auch ohne Morsels terminologischen Vorschlag zu übernehmen, ist es hilfreich, die Implikationen zu reflektieren, die der Begriff »Adel« mit sich bringt. Gerade für das

15) Joseph Morsel, L'aristocratie médiévale, V^{e}–XVe siècle, Paris 2004.

italienische Hoch- und Spätmittelalter ist inzwischen an verschiedenen Beispielen herausgearbeitet worden, wie dynamisch und vielschichtig gesellschaftliche Eliten strukturiert waren und wie sie ihre familiären Beziehungen gestaltet haben. Ohne auf den Begriff der »noblesse« zu verzichten zeichnet zum Beispiel Guido Castelnuovo ähnlich wie Morsel ein pluralistisches, dynamisches Bild davon, was es bedeutet hat, in der kommunalen Gesellschaft Italiens als adelig bezeichnet zu werden[16]. Der Jurist Bartolo de Sassoferato sei im Trecento zu dem Schluss gekommen, adelig sei derjenige, der in seiner Stadt für adelig gehalten werde. In dieser Formulierung sind nicht nur die lokalen Unterschiede in der Wahrnehmung angesprochen, sondern auch die wichtige Rolle, die die divergierenden kommunalen Rechtssysteme der einzelnen Städte für die Zuschreibung adeliger Positionen besessen haben[17]. In der Darstellung Castelnuovos, die ein breites Quellenspektrum zusammenführt, werden ganz unterschiedliche Ressourcen genannt, die dazu beigetragen haben können, als adelig anerkannt zu werden: Landbesitz und Herrschaftsrechte, Reichtum, das Erfüllen von Schlüsselfunktionen in der städtischen Politik, militärische Fähigkeiten, Alter und Größe der Familie und ein adeliger Lebensstil. Weil diese Ressourcen nicht gleich verteilt gewesen seien, ergebe sich je nach Kontext eine unterschiedliche Bestimmung dessen, was es bedeute, »in der Stadt zum Adel zu zählen«. Zugleich bietet diese vielschichtige Beschreibung Spielräume, Dynamiken vom Auf- und Abstieg zwischen Nichtadeligen und Adeligen sowie innerhalb adeliger Ranggefüge nachzuzeichnen.

Für die Frage nach Sukzessionsvorgängen und dem Transfer von Besitz innerhalb der städtischen Eliten und den daraus resultierenden Familienstrukturen liegen breitere Untersuchungen vor allem für das Spätmittelalter vor, also die Zeit ab 1250. Erst ab dem späteren 13. Jahrhundert ist es möglich, Familienstrukturen detailliert zu erfassen und insbesondere Transferprozesse zu verfolgen, und zwar in den Städten, in denen Quellen zur Besteuerung ein breites Bild städtischer Eigentumsverhältnisse zu zeichnen vermögen. Beispielhaft hat Marta Gravela dies für Turin geleistet[18]. Die relativ überschaubare Größe der Bevölkerung dieser Stadt im Spätmittelalter und die breite Überlieferung von Steuerinventaren ermöglicht es Gravela, für zahlreiche Familien der erweiterten städtischen Eliten, aber auch für Familien mit einer moderateren Stellung über mehrere Jahrzehnte nachzuverfolgen, wie der Zusammenhalt innerhalb der Familiengruppe organisiert war und wie politische Rahmenbedingungen sowie familiäre Strategien die Mechanismen von Sukzession und innerfamiliärem Besitztransfer strukturiert haben. Entscheidend ist dabei, dass es keine einheitlichen Muster gab, sondern man je nach Familie – beeinflusst durch ihre Position in der städtischen Gesellschaft – verschiedene

16) Guido Castelnuovo, Être noble dans la cité. Les noblesses italiennes en quête d'identité (XIIIe–XVe siècle) (Bibliothèque d'histoire médiévale), Paris 2014.

17) Ebd., S. 371–398.

18) Marta Gravela, Il corpo della città. Politica e parentela a Torino nel tardo Medioevo, Rom 2017.

Familienstrategien beobachten kann. Auch die existierenden rechtlichen Vorgaben, die den Erbfall zu regeln beanspruchten, waren nicht in der Lage, diese Pluralität zu vereinheitlichen – das Eigentum wurde unterschiedlich auf Söhne oder alle männlichen und weiblichen Nachkommen aufgeteilt, es konnte vorübergehend oder auch auf Dauer gemeinsam bewirtschaftet werden. Manche Familien nutzten zum Beispiel einen größeren Gebäudekomplex gemeinsam oder unterteilten ihn in einzelne Wohneinheiten, andere wohnten benachbart oder zerstreut auf verschiedene »carignoni« (Nachbarschaften) der Stadt. Zwar lassen sich je nach Phase der städtischen Geschichte oder auch nach sozialer Situation gewisse Tendenzen ausmachen, für die Frage nach adeligem Erben ist es aber zentral, dass in Turin während des Spätmittelalters weder ein breit geteiltes Familienverständnis als solches noch rechtliche Normierungen in der Lage waren, den Transfer von Besitz und Rechtstiteln zu vereinheitlichen. Zugleich kann Gravela nachweisen, dass die politischen Strukturen von Turin erhebliche Auswirkungen auf die Organisation von Familienverbänden besaßen: Unter der Oberhoheit der Grafen von Savoyen genoss die Stadt gewisse Freiräume für die städtische Selbstverwaltung, die vor allem vom städtischen Rat ausgefüllt wurden. Weil der Sitz im Rat erblich war und pro Familie nur ein Vertreter entsandt wurde, schuf diese Konstellation eine Dynamik, die Familie entweder als kooperierende Gruppe zusammenzuhalten oder die vorrangige Sukzession eines Sohnes zu forcieren, jedenfalls hinsichtlich ihrer Beteiligung an der städtischen Selbstverwaltung.

Wie zum Beispiel für Florenz nachgewiesen worden ist, sind Grundzüge dieser Beobachtungen auch auf größere Städte zu übertragen, die weitaus stärker von kommunalen Strukturen geprägt worden sind: die Vielfalt familiärer Strategien trotz uniformierender Rechtslage, eine hohe Diversität und Dynamik in den Familien, die zu den *nobiles* gezählt wurden, und den starken Einfluss politischer Machtchancen auf die Gestaltung der Familienstrukturen. Das gilt jedenfalls für die Zeit, die nach nordalpinen Verhältnissen als Spätmittelalter bezeichnet wird und für die aufgrund der exzellenten Quellenlage auch quantitative Zugänge möglich sind[19].

Für die Zeit zwischen der Mitte des 12. und der Mitte des 13. Jahrhunderts, die an dieser Stelle im Vordergrund steht, fehlt die Möglichkeit, konkrete Familienstrategien in vergleichbarer Präzision zu analysieren – die dafür notwendigen Quellen fehlen. Eine Skizze der gesellschaftlichen Eliten, die als *nobiles* bezeichnet wurden, kann bei Otto von Freising ansetzen. Die wohl am häufigsten zitierte und interpretierte Quellenpassage, die eine globale Skizze der gesellschaftlichen Verhältnisse in Italien liefert, sind

19) John F. PADGETT, Open Elite? Social Mobility, Marriage, and Family in Florence, 1282–1494, in: Renaissance Quarterly 63 (2010), S. 357–411. Die Vielfalt familiärer Strategien und Konflikte im Umfeld der Bewirtschaftung des Besitzes wie der Herrschaftspositionen städtischer Signoren betont auch CANZIAN, Condivisione (wie Anm. 12).

seine Ausführungen, mit denen er in den ›Gesta Friderici‹ den Bericht über Barbarossas ersten Italienzug unterbricht. In einer Passage, die stark von literarischen Vorlagen geprägt ist, kritisiert er, wie Marino Zabbia präzise nachgewiesen hat, in fundamentaler Weise die politische und soziale Ordnung der städtischen Gesellschaft. Als Missstände benennt der nordalpine Beobachter, dass

- auch Menschen niedriger Abkunft zu Rittern geschlagen werden,
- diese Ritter eingesetzt werden, um Adelige unter die Kontrolle der Stadtregierungen zu zwingen,
- die Städte es bevorzugen, sich selbst zu regieren und eigene Konsuln zu benennen, statt sich der legitimen Befehlsgewalt der Herrscher zu unterstellen,
- an der städtischen Regierung neben verschiedenen Adeligen auch die *plebs* beteiligt sei[20].

Zugleich verweist er darauf, die oberitalienische Gesellschaft gliedere sich in drei distinkte *ordines*, die der *capitanei*, der *valvassores* und der *plebs*. Wie zutreffend das Bild einer Zweiteilung des Adels in distinkte Stände oder Rangstufen und des prägenden Einflusses dieser ständischen Gliederung auf die städtische Gesellschaft gewesen ist, wird seit Jahrzehnten kontrovers diskutiert[21].

Ein früher Meilenstein dieser Diskussion war Hagen Kellers 1979 publizierte Studie ›Adelsherrschaft und städtische Gesellschaft‹[22]. Aufbauend auf ein breites Interesse an gesellschaftlichen Strukturen und ihrem materiellen Substrat hat Keller in ihr untersucht, welche Besitztitel und Herrschaftsrechte Adelsfamilien in der westlichen Poebene im 11. und 12. Jahrhundert besessen haben. Ausgehend von Ottos von Freising Schilderung geht er für die Gegend um Mailand und Vercelli von einer Zweiteilung des Adels in Capitane und Valvassoren aus, die sich hinsichtlich des Umfangs und der Verteilung ihres Besitzes, aber auch ihrer familiären Tradition deutlich unterscheiden las-

20) Marino ZABBIA, Tra modelli letterari e autopsia. La città comunale nell'opera di Ottone di Frisinga e nella cultura storiografica del XII secolo, in: Bullettino dell'Istituto storico italiano per il medio evo 106 (2004), S. 106–138, unter Bezug auf: Otto von Freising/Rahewin, Die Taten Friedrichs oder richtiger Cronica, übers. von Adolf SCHMIDT, hg. von Franz-Josef SCHMALE (Ausgewählte Quellen zur deutschen Geschichte des Mittelalters. Freiherr vom Stein-Gedächtnisausgabe 17), Darmstadt ^{3}1986, hier II,14, S. 304–311. Eine deutsche Fassung dieser Schlüsselpassage bei Hagen KELLER, Adelsherrschaft und städtische Gesellschaft in Oberitalien, 9.–12. Jahrhundert (Bibliothek des Deutschen Historischen Instituts in Rom 52), Tübingen 1979, S. 17 f., Anm. 1.

21) Zur Debatte vgl. die Einführung in der italienischen Fassung der Habilitationsschrift von KELLER, Signori (wie Anm. 7); La vassallità maggiore del Regno Italico. I capitanei nei secoli XI–XII, hg. von Andrea CASTAGNETTI, Rom 2001; Paolo GRILLO, Cavalieri, cittadini e comune consolare, in: I comuni di Jean-Claude Maire Vigueur. Percorsi storiografici, hg. von Maria Teresa CACIORGNA/Sandro CAROCCI/Andrea ZORZI, Rom 2014, S. 157–176.

22) KELLER, Adelsherrschaft (wie Anm. 20).

sen. Ihre Benennung leitet Keller von der Stellung beider Gruppen in den Lehnshierarchien ab, wie sie sich zum Beispiel im sogenannten Edictum de beneficiis niedergeschlagen hat, das Konrad II. 1037 erlassen hat, um den Valvassorenaufstand zu beenden[23]. Als Capitane seien diejenigen bezeichnet worden, die unmittelbar von Königen, Erzbischöfen, Bischöfen, Äbten oder Markgrafen Lehen gehalten hätten, während untergeordnete Lehnsnehmer als Valvassoren bezeichnet worden seien. Über diese Position hinaus, so Keller, lasse sich aber ein deutliches Gefälle der Besitz- und Rechtstitel konstatieren: Capitane verfügten über weit gestreute Besitzungen, oft auch in verschiedenen Diözesen, unter anderem auch über das Patronat (den *capitaneatus*) verschiedener Taufkirchen (Pieven). Dem gegenüber verfügten die Valvassoren über weitaus weniger Besitz, der zugleich regional konzentriert gewesen sei. Allerdings hätten beide Gruppen untereinander wie auch mit anderen Akteuren darum konkurriert, Besitz und geistliche wie weltliche Herrschaftsrechte zu arrondieren, um an einzelnen Orten eine Bann- und Ortsherrschaft zu errichten.

Kellers Studie, die in der Auseinandersetzung mit sozialhistorischen Arbeiten zu anderen Regionen Europas entstanden ist, ist vor allem in der italienischen Forschung kontrovers diskutiert worden. Entscheidend dafür war zunächst weniger das Bild von einer sich im Hochmittelalter verfestigenden Standesgesellschaft mit zwei distinkten Gruppen des Adels. Als sogenannte Tesi di Keller wurde vielmehr vor allem das Bild abgelehnt, dass angeblich von der frühen Kommune gezeichnet worden ist. In einem Anhang unternimmt Keller die Einordnung zahlreicher Mailänder Familien in die Gruppen der Capitane, Valvassoren und des Popolo. Diese Familien zählten aber in großen Teilen zu den wichtigsten Protagonisten der konsularischen Kommune des 12. Jahrhunderts. Keller erscheint es plausibel, dass die frühen Konsulargremien paritätisch aus Vertretern aller drei Stände zusammengesetzt gewesen seien, dass also die Stabilisierung der adeligen Standesgesellschaft und der Stadtkommunen Hand in Hand gegangen sei[24].

Die Diskussion, die hier keineswegs detailliert verfolgt werden soll, entzündete sich nach Erscheinen des Buchs vor allem an der Frage, inwiefern das Urteil zu halten sei, sogenannte feudovasallitische Kräfte hätten die Entstehung und das erste Jahrhundert der Stadtkommunen geprägt. Weniger die Strukturen des Adels als solche als vielmehr ihre Relevanz für die städtischen Gemeinden standen somit zunächst im Fokus. Das

23) Die Urkunden Konrads II. mit Nachträgen zu den Urkunden Heinrichs II., hg. von Harry Bresslau unter Mitwirkung von Hans Wibel/Alfred Hessel (MGH DD 4), Hannover/Leipzig 1909, Nr. 244 (1037 Mai 28), S. 335–337; eine kommentierte Übersetzung bietet Karl-Heinz Spiess unter Mitarbeit von Thomas Willich, Das Lehnswesen in Deutschland im hohen und späten Mittelalter, Stuttgart ^{2}2009, S. 67–70. Weitere Literatur bei Christoph Dartmann, Lehnsbeziehungen im kommunalen Italien des 11. und 12. Jahrhunderts, in: Ausbildung und Verbreitung des Lehnswesens im Reich und Italien im 12. und 13. Jahrhundert, hg. von Karl-Heinz Spiess (VuF 76), Ostfildern 2013, S. 105–132.

24) Keller, Adelsherrschaft (wie Anm. 20), S. 386–404; zur italienischen Rezeption vgl. Ders, Signori (wie Anm. 7).

lässt sich vermutlich dadurch erklären, dass die Bürgerlichkeit der Stadtkommune tief im Mittelalterbild und auch den Mittelalterforschungen in Italien verankert waren. Erst in einem zweiten Schritt, insbesondere nach Erscheinen der italienischen Übersetzung der Studie, wurde Kellers Modell der ständischen Struktur des oberitalienischen Adels grundsätzlich diskutiert. Als weiterführend hat es sich erwiesen, die Überlieferung spezifisch für bestimmte Städte und Regionen durchzumustern, um nachzuvollziehen, ob sich die ständische Gliederung mit zwei distinkten Gruppen innerhalb des Adels dort ebenfalls nachweisen lässt und ob die lehnsrechtlichen Termini auch jenseits der westlichen Poebene nachweisbar und auch ähnlich gefüllt erscheinen[25].

Noch einmal grundsätzlich neu aufgerollt hat das Themenfeld Jean-Claude Maire Vigueur in seiner 2003 erschienenen Monographie ›Cavaliers et citoyens: guerre, conflits et société dans l'Italie communale, XIIe–XIIIe siècles‹[26]. Maire Vigueur geht wieder von der Stadt aus, nun aber von der Gruppe der sogenannten *milites*. Grundeinsicht dieser Studie ist die Beobachtung, dass insbesondere im 12. Jahrhundert *milites* militärisch, sozial, politisch und kulturell eine Schlüsselstellung in nord- und mittelitalienischen Städten eingenommen haben. Unter *milites* versteht er in einem offenen Verständnis alle Personen, die zunächst einmal als Bewaffnete zu Pferd in die (Klein-)Kriege gezogen sind, die die Geschichte Nord- und Mittelitaliens im Hochmittelalter kontinuierlich begleiteten. Diese *militia* trat nicht nur während der intensiven, zähen Auseinandersetzungen um Friedrich Barbarossa und Friedrich II. in Erscheinung, sondern rüstete sich eigentlich in jedem Jahr im Frühjahr, um gegen verfeindete Nachbarstädte ins Feld zu ziehen[27]. Diese Kleinkriege zielten nicht auf große Schlachten und Eroberungen, sondern auf kleine Scharmützel und Plünderzüge, um die Gegner zu schädigen und eigenen Gewinn zu erzielen. Zugleich wurden diese Kriege als Kämpfe für die Ehre der Stadt codiert und deswegen von den Stadtregierungen mit hohem finanziellem Aufwand subventioniert[28]. Damit tritt aus Maire Vigueurs Perspektive Adel nicht als Kategorie einer ständisch gegliederten Gesellschaft in den Blick, sondern als Funktionselite, die aufgrund ihres Beitrags zu militärischen Erfolgen der Kommunen eine Schlüsselrolle in der städtischen Gesellschaft einnahm[29].

25) Paolo GRILLO, La frattura inesistente. L'età del comune consolare nella recente storiografia, in: Archivio storico italiano 167 (2009), S. 673–699, hier S. 678–681. Zentral wegen des breiten Spektrums lokaler Befunde: Vassallità (wie Anm. 21).

26) Jean-Claude MAIRE VIGUEUR, Cavaliers et citoyens. Guerre, conflits et société dans l'Italie communale, XIIe–XIIIe siècles (Civilisations et Sociétés 114), Paris 2003.

27) Die Formulierung nach: Franco CARDINI, Guerre di primavera. Studi sulla cavalleria e la tradizione cavalleresca, Florenz 1992.

28) Zur Ehre der Stadt: Johannes BERNWIESER, Honor civitatis. Kommunikation, Interaktion und Konfliktbeilegung im hochmittelalterlichen Oberitalien (Münchner Beiträge zur Geschichtswissenschaft 7), München 2012.

29) Hier rekurriere ich auf die Überlegungen zu Adel/Eliten als Kategorie eines transepochalen und transkulturellen Vergleichs gesellschaftlicher Führungsschichten, vgl. Christoph DARTMANN/Antje FLÜCHTER/Jenny

Ausgehend von diesen Beobachtungen fragt Maire Vigueur nach dem politischen und sozialen Profil dieser *milites*. Zunächst einmal hält er fest, dass die *milites* die kommunalen Institutionen des 12. Jahrhunderts dominiert hätten. Das gelte für die führenden Amtsträger der Städte, die Konsuln, aber auch die Podestà, die im frühen 13. Jahrhundert ihre Rolle übernahmen. Erst der wachsende Einfluss des *popolo*, der in etwa ab dem zweiten Drittel des 13. Jahrhunderts zunehmend an Bedeutung gewann, habe diese Dominanz gebrochen. Damit ist die von Maire Vigueur zunächst nicht weiter differenzierte Gruppe der *milites* Trägerin einer starken adeligen Prägung der kommunalen Gesellschaft und ihrer Politik im Hochmittelalter[30]. Für den sozialen Hintergrund dieser Gruppe greift Maire Vigueur auf die Forschungen zurück, die je nach Stadt zu differenzieren vermochten, inwiefern *capitanei*, also Inhaber umfangreichen, weit gestreuten Besitz im ländlichen Raum, auch zu dieser städtischen *militia* zählten oder nicht. Damit korreliert er Beobachtungen, dass die *capitanei* nur einen kleinen Anteil der Personen gestellt haben können, die als *milites* zu fassen sind. Zugleich habe es eine große Zahl Angehöriger dieser Führungsgruppe des regionalen Adels gegeben, die nicht am städtischen Aufgebot und an der städtischen Politik beteiligt gewesen seien[31]. In dieser Interpretation verwirklicht Maire Vigueur sein Grundanliegen, die Stadtkommune als genuin städtisches »Projekt« zu erfassen, das einen Neueinsatz darstelle, und nicht als Transformation älterer Machtstrukturen in das gewandelte Umfeld des 12. Jahrhundert zu fassen sei.

Für den Wandel des wissenschaftlichen Interesses ist es bezeichnend, wie unterschiedlich die Schlüsselpassage gelesen wird, in der Otto von Freising die sozialen und politischen Strukturen Oberitaliens schildert. Keller und Maire Vigueur unterscheiden sich vor allem darin, für wie zuverlässig sie die Ausführungen des nordalpinen Bischofs halten – hinsichtlich der Zweiteilung des Adels und der Ausbildung einer Standesgesellschaft sowie hinsichtlich der ständischen Prägung der frühen Kommune. Castelnuovo verweist hingegen auf die verschiedenen Identitätsmarker des Adels, die der Chronist aufführt: die feudale Hierarchie der Lehnsbindungen von *capitanei* und *valvassores*, die Herrschaft im ländlichen Gebiet, den Gegensatz zwischen ländlichem und städtischem Adel und die größere Gruppe städtischer *milites*, also einen städtischen Adel, der nur zu Teilen aus Familien bestand, deren Stellung sich durch ihre Lehnsbeziehungen definierte. Insgesamt ergebe sich ein multipolares, komplexes Panorama der »noblesse en terre italienne«[32].

Rahel Oesterle, Eliten in transkultureller Perspektive, in: Wolfgang Drews, Monarchische Herrschaftsformen der Vormoderne in transkultureller Perspektive(Europa im Mittelalter 26), Berlin/Boston 2015, S. 33–173.

30) Maire Vigueur, Cavaliers (wie Anm. 26), S. 337–400.

31) Ebd., S. 215–283.

32) Castelnuovo, Être noble (wie Anm. 16), S. 33–62, das Zitat S. 62.

Welche Grundlinien zeichnen sich ab, will man das Profil des Adels und insbesondere seiner obersten Schicht in Nord- und Mittelitalien während des Hochmittelalters charakterisieren? Zunächst einmal sticht die starke städtische Präsenz des Adels ins Auge. Unabhängig davon, ob sie Nachfahren älterer Adelsfamilien waren oder erst in den Städten des 12. Jahrhunderts neu aufgestiegen sind, prägten Adelige die Politik und Gesellschaft in den Städten. Der Adel der *militia* war nicht nach unten abgegrenzt, bei entsprechendem Reichtum konnten neue Familien in seine Reihen aufsteigen – bekannt ist das Unverständnis Ottos von Freising dafür, dass die Stadtkommunen sich nicht davor »scheuen [...], junge Männer aus niedrigem Stand und sogar Handwerker, die irgendein verachtenswertes mechanisches Gewerbe betreiben, die doch andere Völker wie die Pest von den ehrenvolleren und freieren Aufgaben fernhalten, zur Ritterwürde und zum Aufstieg in den Ämtern zuzulassen«[33]. Bekanntestes Beispiel für diese Dynamik ist wohl der junge Francesco di Pietro di Bernardone, Franz von Assisi[34]. Die dominierenden Geschlechter innerhalb dieser *militia* verfügten über umfangreichen Landbesitz und weit gestreute weitere Rechte im ländlichen Raum, auch jenseits der Grenzen der eigenen Diözese beziehungsweise des *contado*, also des Herrschaftsgebiets der Städte[35]. In den Städten erbauten diese Familien kleine »Nachbarschaften«, Konglomerate von größeren und kleineren Gebäuden mit eigenen Gassen und Plätzen, die sich bei Bedarf abriegeln ließen und die mit einem Turm über einen sicheren Rückzugsort verfügten; weniger mächtige oder weniger kompakte Geschlechter schlossen sich gelegentlich zu Turmgenossenschaften zusammen, um gemeinsam solche Befestigungsanlagen zu unterhalten. Zwischen den anderen Häusern der hochmittelalterlichen Stadt befand sich also innerhalb der Stadtmauern eine Ansammlung von Familiensitzen, die in gewisser Hinsicht mit Burganlagen im ländlichen Raum vergleichbar erscheinen[36]. Inwiefern innerhalb dieses städtischen Adels nicht nur faktische materielle und personelle Ressourcen den Rang der einzelnen Familien bestimmten, sondern auch die lehnrechtlichen Abstufungen, die Keller analysiert hat, muss für verschiedene Städte und Phasen des Hochmittelalters getrennt beurteilt werden[37]. Zahlenmäßig dominierten die Capi-

33) Otto von Freising, Taten (wie Anm. 20), II,14, S. 308: *Ut etiam ad comprimendos vicinos materia non careant, inferioris conditionis iuvenes vel quoslibet contemptibilium etiam mechanicarum artium opifices, quos caetere gentes ab honestioribus et liberioribus studiis tamquam pestem propellunt, ad militie cingulum vel dignitatum gradus assumere non dedignantur.* Die Übersetzung bei Keller, Adelsherrschaft (wie Anm. 20), S. 17 f., Anm. 1.

34) Hagen Keller, Zeit und Umwelt. Der Bürgersohn Franziskus und die Gesellschaft der italienischen Stadtkommunen, in: Franziskus von Assisi – Licht aus Assisi. Katalog zur Ausstellung im Erzbischöflichen Diözesanmuseum und im Franziskanerkloster Paderborn, hg. von Christoph Stiegemann/Bernd Schmies/Heinz-Dieter Heimann, München 2011, S. 32–41.

35) Keller, Adelsherrschaft (wie Anm. 20), S. 66–83; François Menant, Campagnes lombardes du moyen âge. L'économie et la société rurales dans la région de Bergame, de Crémone et de Brescia du Xe au XIIIe siècle (Bibliothèque des Écoles françaises d'Athènes et de Rome 281), Rom 1993, S. 601–664.

36) Maire Vigueur, Cavaliers (wie Anm. 26), S. 286–290.

37) Dies ist der zentrale Ansatz in Vassallità (wie Anm. 21).

tani jedenfalls nicht die *militia*, auch wenn sie in ihren Reihen nachweisbar sind. Maire Vigueur verweist darauf, dass man in Padua etwa 15 Familien benennen kann, die aus dem oberen Stratum des Adels stammen und in die städtischen Aufgebote eingegangen sind; Hagen Keller benennt gut 70 Mailänder Familien, die er als Capitane identifiziert[38]. Bezogen auf die Gesamtzahl der Angehörigen der städtischen Führungsschichten erscheinen diese Zahlen recht gering. Andererseits: innerhalb der Städte rivalisierten mindestens ein Dutzend Familien um die zentralen Positionen im Machtgefüge. Diese immense Rivalität mag ein Faktor sein, der es während des Hochmittelalters verhindert hat, dass einzelne Familien eine so überragende Bedeutung gewonnen haben, dass sie in fürstliche Stellungen einrücken konnten. Ganz im Gegenteil: auch zahlreiche Familien mit Herrschaftsgebieten jenseits der Stadtmauern wurden gezwungen, sich den Befehlen der Kommunalregierungen zu unterwerfen, das Bürgerrecht anzunehmen, wenigstens zeitweise in der Stadt zu wohnen und ihre militärischen Ressourcen den Städten zur Verfügung zu stellen – etwa Truppen oder Burgen[39].

Neben diesen Kräften, die den Städten verbunden blieben, gab es andere große Familien, die sich systematisch vom städtischen Kontext entfernten. Auf der Grundlage ihres umfangreichen Besitzes versuchten sie, im ländlichen Raum Herrschaftsrechte zu akkumulieren, um selbständige Territorien zu kontrollieren, was je nach Region von sehr unterschiedlichem Erfolg gekrönt war. Selbst wenn diese Akteure als Nachfahren markgräflicher oder gräflicher Familien auf ältere Traditionen zurückschauen konnten, mussten sie ihre Herrschaft aber zwischen der Mitte des 11. und der Mitte des 12. Jahrhundert neu auf lokaler Basis rekonstruieren. Entscheidendes Medium dafür war die Verdichtung signoraler Rechte in regionalem Horizont. Dieses Modell spielt zum Beispiel in den Apenninen oder den Maremmen eine größere Rolle, also Regionen, die weiter von urbanen Zentren entfernt waren, aber auch in anderen Gegenden Mittelitaliens, wie noch genauer zu erläutern sein wird.

III. Erben im Adel des 12. und 13. Jahrhunderts

Schauen wir nun etwas genauer auf das, was überhaupt vererbt wurde beziehungsweise dem Erbgang entzogen war. Zunächst sei noch einmal daran erinnert, dass Marta Gravela für das spätmittelalterliche Turin herausgearbeitet hat, wie wenig der Blick auf normative Quellen die Realitäten der Sukzession in Rechtstitel und der intergenerationel-

38) Maire Vigueur, Cavaliers (wie Anm. 26), S. 233 f.; Keller, Adelsherrschaft (wie Anm. 20), S. 402 f.

39) Bezeichnend auch hier wieder die Klage Ottos von Freising, Taten (wie Anm. 20), II,14, S. 308: *Ex quo fit, ut, tota illa terra inter civitates ferme divisa, singule ad commanendum secum diocesanos compulerint, vixque aliquis nobilis vel vir magnus tam magno ambitu inveniri queat, qui civitatis sue non sequatur imperium. Consueuerunt autem singuli singula territoria ex hac comminandi potestate comitatus suos appellare.*

len Weitergabe von Besitz zu erfassen vermag[40]. Die Vielfalt verschieden ausgestalteter Transferprozesse konstatiert auch Alessio Fiore in einer aktuellen Studie zur »Seigneurial Transformation« für Ober- und Mittelitalien zwischen 1080 und 1130. Grundsätzlich habe man es damit zu tun, dass das Erbe gleichmäßig unter allen männlichen Nachkommen aufgeteilt worden sei. Es habe jedoch unterschiedliche Versuche gegeben, die zentrifugalen Tendenzen, die diese Praxis zwangsläufig mit sich gebracht habe, einzuhegen: die ausschließliche Bevorzugung des Erstgeborenen, die Bildung von nur mit kleinen Anteilen des Besitzes ausgestatteten Nebenlinien oder auch den Versuch, das Erbe als Konsortium gemeinsam fortzuführen. Alle diese Alternativen seien nachzuweisen, zum Teil habe es auch brutale Konflikte innerhalb der Familien um die Aufteilung von Besitz und Herrschaftsrechten gegeben. Insbesondere die Bevorzugung des ältesten Sohns sei nur bei einer hohen innerfamiliären Disziplin durchzusetzen gewesen. Dabei unterscheidet Fiore nicht zwischen verschiedenen Typen von »patrimony«, wie man vielleicht für andere Untersuchungsgebiete erwarten würde. Frauen hätten vor allem dann eine Rolle spielen könnten, wenn sie stellvertretend für minderjährige männliche Nachkommen agiert hätten. Eine Sonderrolle nehmen in Fiores Darstellung die Markgräfinnen Adelheid von Turin und Mathilde von Canossa ein, die als Witwen bis zu ihrem Tod die Herrschaft ihrer Ehepartner fortführen konnten, wobei es nach beider Tod zu einem Zerfall der Herrschaften kam[41].

Implizit verweist Fiore auf ein Spezifikum früh- und hochmittelalterlicher normativer Ordnungen, die sich besonders gut in den Aufzeichnungen des Lehnrechts finden lassen. Während das römische Recht – und auch das auf es aufbauende *Ius commune* des späteren Mittelalters – alle Nachkommen als erbberechtigt ansah, privilegierte das Lehnrecht die männliche Nachfolge, wenn bei der Belehnung nicht explizit auch Töchter als erbberechtigt bezeichnet worden sind[42]. Gerhard Dilcher hat dies mit dem dominierenden Bedarf an militärischer Handlungsfähigkeit erklärt, der zu einer Verengung der Erbfolge auf männliche Nachkommen geführt habe. Zugleich ließe sich beobachten, dass das Erbrecht an Lehen immer weiter auf alle männlichen Verwandten ausgeweitet worden sei und deswegen zu einer Zersplitterung der Lehnsgüter und der mit ihnen verbundenen Pflichten geführt habe[43]. Auch das *Ius commune* sowie die statutarischen Ausdifferenzierungen des städtischen Rechts, die seit dem 13. Jahrhundert dominierten, gingen in aller Regel von einer Teilung des Besitzes unter zahlreichen Nachkommen aus, nun auch wieder unter Einschluss weiblicher Nachfahren. Erst während der Renaissance zeigte sich eine verstärkte Tendenz, durch die rechtliche Bevorzugung der Erstge-

40) Siehe oben bei Anm. 18 und 19.

41) Alessio Fiore, The Seigneurial Transformation. Power Structures and Political Communication in the Countryside auf Central and Northern Italy, 1080–1130, Oxford 2020, S. 27–36.

42) Thomas Kuehn, Family and Gender in Renaissance Italy, 1300–1600, Cambridge 2017, S. 167–174.

43) Gerhard Dilcher, Das lombardische Lehnrecht der Libri Feudorum im europäischen Kontext. Entstehung – zentrale Probleme – Wirkungen, in: Ausbreitung (wie Anm. 23), S. 41–91, hier S. 73–75.

borenen oder das Instrument des Fideikommisses die Zahl der Erbberechtigten und die Zersplitterung des Patrimoniums unter den Nachfahren einzuschränken[44].

Wie bereits gesagt, ist in der nord- und mittelitalienischen Überlieferung aus der Zeit zwischen 1150 und 1250 vor allem der Besitz im ländlichen Raum dokumentiert. Ein großer Teil der vorliegenden Dokumente stammt aus kirchlichen Archiven, die die Zeitläufte überstanden haben. In diese Archive ist auch ein erheblicher Anteil von Vorurkunden aus laikalem Besitz eingegangen, wenn mit Besitztümern auch die gesamte einschlägige Dokumentation in die tote Hand der geistlichen Institution übergegangen ist. Neben diesen Beständen erfassen kirchliche Überlieferungen auch dann laikalen Besitz, wenn Kirchen von Laien Eigentum oder Besitzrechte erwarben oder sich mit ihnen darüber stritten und der Konflikt in einem protokollierten Verfahren zum Austrag kam.

Dieser Überlieferung, deren Masse in Ober- und Mittelitalien schlicht unüberschaubar ist – die Einzelbestände dutzender Klöster pro Stadt oder Diözese können leicht mehrere hundert Stücke umfassen und gehen zum Teil in die Tausende –, lässt sich die breite Streuung und große Zahl derjenigen entnehmen, die Land besaßen, auf dem einen oder anderen Weg an der Abschöpfung ländlicher Erträge beteiligt waren, verschiedene weltliche oder geistliche Rechte bewirtschafteten und nicht zuletzt ein Anrecht auf die Kontrolle von Personen besaßen[45]. Adelig zu sein dürfte in aller Regel bedeutet haben, über einen ansehnlichen Bestand derartiger Ressourcen verfügt zu haben. Hierarchisierungen ergeben sich zu allererst quantitativ durch die Anhäufung dieser Besitztitel, nicht durch ein qualitatives Merkmal, das die Grenze zwischen Adel und Nichtadel markierte. Das gilt auch für Hierarchien innerhalb des Adels, die gleichfalls durch die Größe des Besitzes beziehungsweise durch seine geographische Verteilung zu fassen sind, nicht aber durch qualitative Differenzen.

Weiterhin fällt auf, dass Besitz und Rechte oft hoch fragmentiert erscheinen. Die verschiedenen immobilen Vermögensbestandteile im ländlichen Raum sind, wie bereits angesprochen, zu großen Teilen gleichmäßig unter allen Erbberechtigten geteilt worden, in aller Regel den männlichen Nachkommen. Das spiegelt sich zum Beispiel darin, dass der Erwerb eines Besitzkomplexes davon geprägt ist, dass oft mehrere Vertragsparteien

44) KUEHN, Family (wie Anm. 42), S. 171.

45) Die Analyse von ländlichem Besitz und ländlichen Herrschaftsrechten stellte ein Rückgrat der Erforschung der hochmittelalterlichen italienischen Sozialgeschichte dar. Vgl. etwa die schon zitierten Titel von KELLER, Adelsherrschaft (wie Anm. 20); MENANT, Campagnes (wie Anm. 35); FIORE, Seigneurial Transformation (wie Anm. 41), S. 50–137 (zu Herrschaftsrechten im ländlichen Raum, insbesondere der Ortsherrschaft). Jüngere Arbeiten stammen etwa von Simone M. COLLAVINI, Le basi materiali della contea dei conti Guidi tra prelievo signorile e obblighi militari (1150 c.–1230 c.), in: Società e storia 115 (2007), S. 1–32; DERS., I signori rurali in Italia centrale (secoli XII–metà XIV). Profilo sociale e forme di interazione, in: Mélanges de l'École française de Rome. Moyen Âge 123 (2011), S. 301–318; Maria Elena CORTESE, L'aristocrazia toscana. Sette secoli (VI–XII) (Istituzioni e Società 23), Spoleto 2017; DIES., Rural Milites in Central and Northern Italy between Local Elites and Aristocracy (1100–1300), in: Social Mobility in Medieval Italy (1100–1500), hg. von Sandro CAROCCI/ Isabella LAZZARINI (Viella historical research 8), Rom 2018, S. 335–352.

adressiert werden mussten, deren Rechte abgegolten wurden. Über mehrere Generationen führte dieser Erbgang zu einer weitgehenden Zersplitterung der Anteile an diesem Besitz, die gegebenenfalls in einer Serie von einzelnen Verträgen aufgefangen werden musste.

Ein weiterer Eindruck, den die Überlieferung seit dem 12. Jahrhundert vermittelt, ist die weitgehende Mobilisierung und Monetarisierung der Besitztitel im ländlichen Raum: Die schiere Zahl der Käufe und Verkäufe von Grundbesitz und Rechten deutet jedenfalls darauf hin[46]. Allerdings könnte es sein, dass dieser Eindruck auch aus einer verzerrten Überlieferung resultiert: Besitzverhältnisse im ländlichen Raum wurden vor allem dann dokumentiert, wenn sie jenseits eines üblichen Erbgangs transferiert wurden, also verkauft, verschenkt, getauscht. Wenn einmal die Änderung von Besitzverhältnissen schriftlich dokumentiert worden ist, entsteht ja zugleich ein logischer Bedarf, jeden weiteren Transfer ebenfalls schriftlich zu dokumentieren, um sich gegen spätere Angriffe auf den Besitz abzusichern. Deswegen erscheint es hoch wahrscheinlich, dass ungestört genutzter und von Generation zu Generation weitergegebener Besitz in der Überlieferung deutlich unterrepräsentiert ist. Lehen und Lehnsbeziehungen gehören in nachrangiger Weise auch zu diesen Besitztiteln.

Die Logik, dass Besitz monetarisiert und dadurch beliebig geteilt und vererbt werden konnte, dürfte auch für innerstädtischen Besitz gegolten haben, über den wir aber nicht detailliert informiert sind; die fragmentarischen Spuren, die vorliegen, etwa über Hausbesitz, ermöglichen es nicht, in irgendeiner Form Aussagen über seinen Umfang, seine Bewirtschaftung oder auch sein Vererben zu machen[47]. Eine Ausnahme macht allerdings die Kriegswirtschaft der *militia*: Bis in die Spitzen des städtischen Adels ist die Partizipation an den kommunalen Aufgeboten belegt, die die jährlich wiederkehrenden kleinen und großen Kriege zwischen den Städten trugen. Nach den Beobachtungen Maire Vigueurs brachte die frühe Kommune einen erheblichen Anteil ihrer Finanzen dafür auf, diese Kriege zu finanzieren. Die kostspielige Ausrüstung – Kriegspferde und Waffen – mussten die *milites* zwar selbst finanzieren, bekamen aber sozusagen eine kommunale Ausfallgarantie: Wenn etwas davon beschädigt wurde oder abhandenkam, erstattete die Kommunalregierung den finanziellen Verlust. Zugleich konnten die *milites* die Gewinne behalten, die sie in diesen Kriegszügen erwirtschafteten: Beute, unter anderem kostbare Kriegspferde, aber auch die Erlöse aus der Geiselnahme von Gegnern. Somit stellten diese Kriege im Dienste der Ehre der Stadt zugleich eine Einnahmequelle

46) Solche Tendenzen diskutiert zum Beispiel Thomas BEHRMANN, Domkapitel und Schriftlichkeit in Novara (11.–13. Jahrhundert). Sozial- und Wirtschaftsgeschichte von S. Maria und S. Gaudenzio im Spiegel der urkundlichen Überlieferung (Bibliothek des Deutschen Historischen Instituts in Rom 77), Tübingen 1994, S. 95–131.

47) Vgl. immerhin die Ausführungen von MAIRE VIGUEUR, Cavaliers (wie Anm. 26), S. 264–275.

dar, deren Gewinne ohne finanzielles Risiko erwirtschaftet werden konnten, weil die Stadtregierung das volle Verlustrisiko trug[48].

Auch hier ging es für adelige Familien selbst der obersten Schichten um pekuniäre Gewinne; wie umfangreich diese ausfielen und welchen Anteil weitere Beteiligungen an der städtischen Wirtschaft an den finanziellen Ressourcen dieser Kreise besaßen, wird kaum zu ermitteln sein. Die große Bedeutung marktgesteuerter, finanzieller Transaktionen für die materiellen Grundlagen adeligen Lebens macht es darüber hinaus aber plausibel, dass Reichtum auch ein wesentlicher Schlüssel zum Aufstieg in gesellschaftliche Eliten darstellte – etwa durch die Bereitstellung großer Mitgiften, durch die Geld in sozialen Aufstieg finanziert werden konnte.

Wie sieht es mit Schlüsselstellungen im politischen Machtgefüge aus, also den Positionen, die man im nordalpinen Reich als »fürstlich« anspräche und deren dynastische Organisation das Kernproblem des vorliegenden Bandes darstellt? Hier muss man zwischen zwei verschiedenen Konstellationen unterscheiden. Erstens werden diese Schlüsselpositionen in großen Teilen Nord- und Mittelitaliens von den Städten aus besetzt, und das bedeutet seit dem 12. Jahrhundert: von den Stadtregierungen[49]. An ihnen waren Familien beteiligt, deren Traditionen und Ressourcen möglicherweise in anderen Regionen den Ausgangspunkt für einen Aufstieg in fürstlichen Rang hätten darstellen können. Im Kontext der Stadtkommunen war dieser Aufstieg aber blockiert und wurde sogar gezielt unterbunden. Zum einen haben wir es mit einer extrem großen Dichte solcher Familien in den Städten zu tun. Zur Konkurrenz unter ihnen trug zusätzlich bei, dass auch neue Familien gewisse Chancen hatten, in ihrem Rang aufzusteigen. Zum anderen beruhte das Regierungssystem der Kommunen auf der regelmäßigen Ämterrotation, um die Monopolisierung von Machtressourcen durch einzelne Personen und Familien zu unterbinden. Die Konsullisten des 12. Jahrhunderts zeigen bereits diese Rotation, auch wenn häufig dieselben 15 oder 20 Familiennamen in ihnen erscheinen. Im 13. Jahrhundert weisen dann Statuten differenzierte Regelungen auf, wie die Macht strikt an kommunale Delegation gebunden bleibt; zu diesem Zweck wird unter anderem jede Kontinuität in städtischen Spitzenämtern untersagt. Die großen Familien konnten unter diesen Umständen zwar untereinander Allianzen bilden oder den Versuch machen, Positionen im Domkapitel oder die Kontrolle von anderen kirchlichen Ressourcen zum Ausbau ihrer Stellung zu nutzen. Vor der Mitte des 13. Jahrhunderts war es ihnen aber nicht möglich, in den Städten oder in dem von den Städten kontrollierten Regionen

48) Ebd., S. 143–166.

49) Zur Geschichte der Stadtkommunen vgl. neben der oben Anm. 9 zitierten Literatur die Überblicke von Daniel Philip WALEY/Trevor DEAN, The Italian City Republics, Abingdon/New York ⁴2010; Giuliano MILANI, I comuni italiani. Secoli XII–XIV (Quadrante Laterza 126), Rom/Bari 2005; Franco FRANCESCHI/Ilaria TADDEI, Le città italiane nel Medioevo, Bologna 2012.

eine so große Machtkonzentration zu erreichen, dass sie in fürstenähnliche Positionen gelangt wären.

Zweitens gewannen herrschaftliche Machtakkumulationen im ländlichen Raum im Hochmittelalter eine große Bedeutung, die in der italienischen Forschung unter dem Titel der »signoria locale« verhandelt werden[50]. Dabei handelte es sich um unterschiedliche Formen der Herrschaft über Burgen, Orte und ihre Umgebung, in die Besitz und die Nutzung ehemals »öffentlicher« Rechte zusammenflossen. Diese territoriale Herrschaft konkurrierte mit der Herrschaft über Personen, ohne dass man klare Entwicklungen zwischen beiden Herrschaftsformen ausmachen könnte. Derartige Ortsherrschaften wurden im 12. Jahrhundert zum Teil stark verdichtet, und es gelang vor allem einigen Familien älterer Herrschaftstradition, durch eine Anhäufung solcher Ortsherrschaften eine massive Dominanz im ländlichen Raum zu gewinnen – in Konkurrenz zum Beispiel zu städtischen und ländlichen geistlichen Institutionen. Gelten diese Beobachtungen grosso modo für viele Regionen Ober- und Mittelitaliens, lassen sich aber für unser Thema zentrale Unterschiede beobachten: In der zentralen Poebene um Mailand zum Beispiel dominierten die Städte das politische Kräftespiel so eindeutig, dass sich auch die größten »Signori« in ihrem Umland nicht ihrem Einfluss entziehen konnten. Das hat auch Otto von Freising bereits konstatiert: »So kommt es, daß – da ja das ganze Land vollständig in Stadtbezirke aufgeteilt ist – jede Stadt die Bewohner ihrer Diözese gezwungen hat, sich ihr zuzuordnen, und daß man kaum einen Adligen oder Mächtigen von so großem Zuschnitt finden kann, daß er nicht dem Gebot seiner Stadt Folge leistete«[51]. In anderen Regionen konnten hingegen einige Geschlechter ihre Herrschaftsrechte zu eigenen Territorien ausbauen, vor allem an den Rändern städtischer Herrschaft, etwa in den Apenninen oder den Küstenebenen der Maremmen. Für sie spricht die italienische Forschung von »ambizioni principesche« oder »progetti principeschi«, sodass es sich lohnt, abschließend einige ihrer Beispiele zu betrachten[52]. Diese in der italienischen Forschung als »fürstlich« klassifizierten Formen der Machtakkumulation zeichneten sich dadurch aus, dass einige Familien es geschafft haben, über die adeligen Vorrangstellung innerhalb der städtischen Gesellschaft hinaus eigene Herrschaftsgebiete zu gewinnen, in denen sie analog zu nordalpinen Territorialherren weitreichende Befugnisse auf sich und ihre Familien vereinen konnten.

50) Diese Entwicklung steht im Zentrum der Studie von FIORE, Seigneurial Transformation (wie Anm. 41); vgl. auch die in Anm. 45 genannte Literatur.

51) Otto von Freising, Taten (wie Anm. 20), II,14, S. 308. Die Übersetzung nach KELLER, Adelsherrschaft (wie Anm. 20), S. 17 f., Anm. 1.

52) Simone M. COLLAVINI, Gli Aldobrandeschi da ›conti‹ a ›principi territoriali‹ (secoli IX–XIII) (Studi medioevali 6), Pisa 1998, S. 234; Alessio FIORE, Il mutamento signorile. Assetti di potere e comunicazione politica nelle campagne dell'Italia centro-settentrionale (1080–1130 c.) (Reti Medievali. E-Book 29), Florenz 2017, S. 28, 31.

IV. Fürstliches Erben in Ober- und Mittelitalien

In den hundert Jahren zwischen der Mitte des 12. und der Mitte des 13. Jahrhunderts spielten fürstliche Territorien in weiten Regionen Ober- und Mittelitalien allenfalls eine untergeordnete Rolle. Die großen Machtkonglomerate der Markgrafen von Ivrea aus der Familie der Arduinici, der Markgrafen von Canossa oder auch der Obertenghi zerfielen zwischen der Jahrtausendwende und dem frühen 12. Jahrhundert[53]. Die wegen ihrer letzten Inhaberin Mathilde und des Streits um ihre Güter in der deutschen Mediävistik prominente Markgrafschaft Tuszien beziehungsweise die Herrschaft der Canossa stellte einen Sonderfall dar, weil sie bis ins 12. Jahrhundert das Machtgefüge in der zentralen Poebene und der nördlichen Toskana dominierte[54]. Die anderen Markgrafschaften waren zu diesem Zeitpunkt schon in kleinere Herrschaftsbereiche zerfallen, die teils von Nachfahren der früheren Fürsten, teils von Angehörigen anderer Familien kontrolliert wurden. Lediglich die alte Grafschaft Friaul blieb bestehen, ging aber in die Hände des Patriarchen von Aquileia über[55]. Fiore hat die Kämpfe um den Transfer und die Kontrolle der Herrschaftsrechte, die unter anderem aus dem Zerfallen der alten Markgrafschaften resultierten, als Epoche der »Bürgerkriege« in den Jahren zwischen 1080 und 1130 dargestellt und analysiert. Die Pointe seiner Studie liegt darauf, dass sich zwar im Verlauf des 12. Jahrhunderts vor allem als Kommunen organisierte Städte als dominierende regionale Machtzentren durchsetzen konnten, in den Jahrzehnten um 1100 aber zunächst der Weg zu einer Reorganisierung fürstlicher Herrschaft in kleinerem Rahmen zu führen schien. In dieser Zeit lassen sich selbständige Machtgefüge wie zum Beispiel die der Grafen von Ventimiglia, der Grafen von Lavagna, der Fieschi, der Markgrafen von Montferrat, der Grafen von Biandrate oder der Grafen aus der Familie der Aldobrandeschi fassen, die während des 12. und 13. Jahrhunderts auch in der kommunalen Überlieferung eine prominente Rolle spielten und sich in einer wechselvollen Geschichte mit den Machtansprüchen der Stadtkommunen arrangieren mussten. Die meisten dieser Familien konnten lediglich in peripheren Gegenden der ober- und mittelitalienischen Städtelandschaft – den Bergen der Apenninen oder den Sümpfen der Maremmen – selbständige Herrschaften etablieren. Die Markgrafen von Montferrat riva-

53) Hier und im Anschluss erneut Fiore, Seigneurial Transformation (wie Anm. 41), S. 3–36; wichtige Studien stammen von Giuseppe Sergi, Anscarici, Arduinici, Aleramici. Elementi per una comparazione fra dinastie marchionali, in: Bollettino storico-bibliografico subalpino 82 (1984), S. 301–319; Ders., Le istituzioni politiche del secolo XI. Trasformazioni dell'apparato pubblico e nuove forme di potere, in: Il secolo XI. Una svolta?, hg. von Cinzio Violante/Johannes Fried (Annali dell'Istituti storico italo-germanico. Quaderni 35), Bologna 1993, S. 73–97.

54) Zusammenfassend Elke Goez, Mathildische Güter, in: HRG 3 (^{2}2016), Sp. 1365–1367. Zur Toskana zentral Maria Elena Cortese, Signori, castelli, città. L'aristocrazia del territorio fiorentino tra X e XII secolo, Florenz 2007.

55) Hier und im Anschluss Fiore, Seigneurial Transformation (wie Anm. 41), zu Aquileia S. 42.

lisierten hingegen mit einer ganzen Reihe expandierender Städte um ihre Macht in der westlichen Poebene, nahmen also eine Sonderstellung ein.

Für diese Akteure bedeuteten die Interventionen Friedrich Barbarossas eine Chance, sich besser im nord- und mittelitalienischen Machtgefüge zu positionieren[56]. Welche Implikationen das für die Ausgestaltung intergenerationeller Transfers von Herrschaftstiteln besessen hat, sei wenigstens kursorisch beleuchtet. Im Zuge seines Auftragswerks für den staufischen Hof hebt Otto von Freising vor allem zwei italienische Adelige hervor: »Graf Guido von Biandrate, der wider die italienische Sitte das ganze Territorium der Stadt [Novara], diese selbst kaum ausgenommen, unter dem Schutz der Mailänder in seinem Besitz hat«, und daneben Markgraf Wilhelm von Montferrat[57]. Einerseits hat Otto an diesen Stellen zwei Männer hervorgehoben, mit denen er familiär verbunden war[58]. Andererseits gehörten beide zu den italienischen Großen, die eng mit Friedrich Barbarossa kooperierten und deswegen von ihm auch mehrfach mit Privilegien bedacht worden sind. Die Privilegien für Guido von Biandrate bieten einen Einblick in normative Vorstellungen der Umgebung des Staufers; eine kurze Durchsicht kann nachzeichnen, welche rechtlichen Konzepte zum fürstlichen Erben dort zu finden sind. Die ›Consuetudines feudorum‹ halten ja als Normalfall fest, dass ein Lehen unter allen männlichen Erben aufgeteilt werde. Ausgenommen seien aber Markgrafschaften, Herzogtümer, Grafschaften oder andere königliche Amtsbereiche: Sie gingen nur dann an einen Erben über, wenn der Kaiser ihn damit investiere[59]. Hier böte sich also ein Ausgangspunkt dafür, dass die unterschiedlichen Logiken adeligen und fürstlichen Erbens auseinandertreten. Deswegen lohnt sich eine Durchsicht der Privilegien Friedrich Barbarossas für Guido von Biandrate daraufhin, wie in ihnen Erbfragen behandelt werden.

Guido von Biandrate war der einzige Nachfahre einer Grafenfamilie, die seit dem 11. Jahrhundert als eigener Zweig zu fassen ist und über umfangreichen Besitz im heutigen Piemont verfügte, insbesondere im Umland von Novara[60]. Zugleich war er Bürger von Mailand und konnte so eine wichtige Zwischenposition zwischen der Stadt und

56) Maßgeblich ist hier Knut GÖRICH, Friedrich Barbarossa. Eine Biographie, München 2011, hier bes. S. 221–241, 283–316, 325–387, 441–461, 485–502, 514–524.

57) Otto von Freising, Taten (wie Anm. 20), II,19, S. 316 f.: *comitem habens in sua [= Novariensis] diocesi Guidonem Blanderatensem, qui preter morem Italicum totum ipsius civitatis territorium, vix ipsa civitate excepta, Mediolanensium possidet auctoritate*; ebd., II,17, S. 312 f.: *Guillelmus marchio de Monte-ferrato, vir nobilis et magnus et qui pene solux ex Italie baronibus evitatum effugere potuit imperium.*

58) ZABBIA, Modelli (wie Anm. 20), S. 112.

59) Consuetudines feudorum, hg. von Karl LEHMANN, neu hg. von Karl August ECKHARDT (Bibliotheca rerum historicarum, Neudrucke 1), Aalen 1971, hier Compilatio antiqua, Tit. VI,1, S. 40: *Qui de marchia vel ducatu vel comitatu vel aliqua regali dignitate fuerit investitus per beneficium ab imperatore, ille tantum habere debet; heres non succedit ullo modo, nisi ab imperatore adquisierit per investituram.*

60) Giancarlo ANDENNA, I conti di Biandrate e le città della Lombardia occidentale (secoli XI e XII), in: Formazione e strutture dei ceti dominanti nel medioevo. Marchesi, conti e visconti nel regno Italico (secc. IX–XII) (Nuovi studi storici 39), Rom 1996, S. 57–84.

dem Kaiser einnehmen. In den Diplomen Friedrich Barbarossas finden sich aus den Jahren 1152–1162 fünf Urkunden, in denen er dem Grafen umfangreiche Rechte und Privilegien bestätigte[61]. Für die Frage des Erbens beinhalten sie pauschale Verweise, dass der Adressat und seine Erben die Hälfte der Strafsumme erhalten sollten, die bei Verstoß gegen die Dispositionen fällig werde, oder dass die Urkunde ausgefertigt werde, um den Adressaten und seine Erben vor Übergriffen zu schützen[62]. Ebenso unspezifisch fällt in einem Diplom vom September 1158 der Verweis auf die Erben aus, die nach dem Tod Guidos von Biandrate den Ort, die Burg und die *curtis* von Chieri erhalten sollten, die der Bischof von Turin dem Grafen als Lehen (*in rectum feodum*) übertragen hatte. Neben der Bestätigung der Lehnsinvestitur verlieh Barbarossa »seinem Grafen« und dessen Erben die Regalien in diesem Ort *in beneficium*[63]. Aus der Reihe der Privilegien sticht hingegen jenes vom 7. Februar 1159 heraus[64]. In ihr gewährt der Kaiser dem Grafen Guido, dass er Besitztümer, die sein Vater oder Großvater besessen haben, ohne Rücksicht auf die seit ihrer Entfremdung verflossene Zeit zurückfordern könne. Außerdem könne er unbeschadet eines eventuellen Verkaufs oder einer Schenkung seines Vaters oder Großvaters alle Regalien in seiner Grafschaft und auf dem Gebiet der Diözese Novara beanspruchen, mit denen er zugleich von Barbarossa belehnt wird. Diese *investitura feodi* wird im Urkundentext durch den Verweis auf das Regalienweistum des Reichstags von Roncaglia vom November 1158 gerechtfertigt[65]. Man kann diese Urkunde so lesen, dass durch sie retrospektiv eine patrilineare Vererbung der Grafschaft und der mit ihr verbundenen Rechte konstruiert wird, die zugleich hinsichtlich der Regalien feudalrechtlich eingeordnet wird[66]. Folgt man dieser Lesart, wäre es auch nicht verwunderlich, dass anders als in den älteren Urkunden ein Vererben der Grafschaft an irgendwelche Erben keine Erwähnung findet – das entspricht jedenfalls der bereits zitierten Passage aus den ›Consuetudines feudorum‹, die für Fürstentümer eine Reinves-

61) Es handelt sich um Die Urkunden Friedrichs I., Teil 1: 1152–1158, hg. von Heinrich Appelt (MGH DD 10,1), Hannover 1975, Nr. 36 (1152 Oktober), S. 60–62; Nr. 134 (1156 Februar 20), S. 225 f.; Die Urkunden Friedrichs I., Teil 2: 1158–1167, hg. von Dems. (MGH DD 10,2), Hannover 1979, Nr. 226 (nach 1158 September 8), S. 11 f.; Nr. 257 (1159 Februar 7), S. 58 f.; Nr. 347 (1162 Januar 19), S. 185 f.

62) So in DD F I. (wie Anm. 61), Nr. 36, 134, 347.

63) D F I. (wie Anm. 61), Nr. 226

64) D F I. (wie Anm. 61), Nr. 257.

65) Bernd Kannowski, Der roncalische Regalienbegriff und seine Vorgeschichte, in: Gli inizi del diritto pubblico. L'età de Federico Barbarossa. Legislazione e scienza del diritto/Die Anfänge des öffentlichen Rechts. Gesetzgebung im Zeitalter Friedrich Barbarossas und das Gelehrte Recht, hg. von Gerhard Dilcher/Diego Quaglioni (Annali dell'Istituto storico italo-germanico in Trento. Contributi/Jahrbuch des Italienisch-deutschen historischen Instituts in Trient. Beiträge 19), Bologna 2007, S. 157–177.

66) Renato Bordone, L'influenza culturale e istituzionale della dominazione di Federico Barbarossa nel regno d'Italia, in: Friedrich Barbarossa. Handlungsspielräume und Wirkungsweisen des staufischen Kaisers, hg. von Alfred Haverkamp (VuF 40), Sigmaringen 1992, S. 147–168, hier S. 164 f., weist bereits auf die neue Konzeption des *comitatus* in dieser Urkunde hin.

titur des Erben durch den Herrscher vorsieht. Dies fällt umso mehr auf, weil ein weiteres Privileg, mit dem der Kaiser eine Lehnsvergabe an Guido von Biandrate durch den Pfalzgrafen Konrad bei Rhein bestätigt, auch wieder die Erben miteinschließt[67]. Ob der Urkunde vom Februar 1159 tatsächlich eine solche Signifikanz zugeschrieben werden kann, dass sie wenigsten retrospektiv eine rein patrilineare Weitergabe der Grafschaft postuliert, deren Weitergabe zugleich unter Rekurs auf das Lehnrecht normiert wird, könnte erst eine systematische Analyse anderer Beispiele ergeben. Es fällt aber auf, dass im Fall des Grafen Albert von Prato abweichende Beobachtungen zu machen sind. Ihm und seiner *domus* werden im August 1164 die Rechte und Besitzungen, darunter auch die in Roncaglia behandelten Regalien, bestätigt, die auch an seine Erben weitergehen sollen. Zugleich verweist der Text auf alle Söhne und Enkel des Großvaters des Adressaten, adressiert also auch im Rückblick die gesamte männliche Nachkommenschaft[68]. Deren Rechte und Besitztümer werden anders als im Fall der Urkunde von 1159 für Graf Guido von Biandrate nicht unter dem Begriff *comitatus* subsumiert, sondern in offenen Aufzählungen aufgeführt. Eine vergleichende Studie der Verfügungen Friedrich Barbarossas sollte allerdings nicht bei der Textanalyse stehenbleiben, sondern auch nach dem Fortwirken der Urkunden fragen. Im Fall der Grafen von Biandrate ergibt sich bereits für Guidos Söhne das Bild, dass sie die väterlichen Rechte gemeinsam erbten und in zähen Auseinandersetzungen mit benachbarten Städten behaupten mussten, wobei der älteste der Brüder, Ubertus, möglicherweise eine Vorrangstellung eingenommen hat[69].

Um ein differenziertes Bild von der Weitergabe fürstlicher Positionen erarbeiten zu können, ist es unumgänglich, konkrete Konstellationen nachzuvollziehen. Im Anschluss werden mit den Grafen von Lavagna, den Aldobrandeschi und den Markgrafen von Montferrat drei Beispiele vorgestellt, die hinsichtlich ihres Verhältnisses zu benachbarten Städten unterschiedliche Optionen repräsentieren und zugleich eine gewisse geographische Breite abdecken.

Mein erstes Beispiel sind die ligurischen Grafen von Lavagna, deren erfolgreichster Zweig sich unter dem Namen der Fieschi in Genua langfristig etablieren konnte und ab dem Hochmittelalter bis weit in die Neuzeit hinein zu den wichtigsten Familien der Stadt zählte[70]. Sie gehörten zu den Geschlechtern, die ab der Jahrtausendwende aus der

67) D F I. (wie Anm. 61), Nr. 347.

68) D F I. (wie Anm. 61), Nr. 456 (1164 August 10), S. 360–362; zu den Grafen Alberti vgl. CORTESE, Signori (wie Anm. 54), S. 27–30.

69) ANDENNA, Conti (wie Anm. 60), S. 78–82.

70) Die jüngste, exzellente Übersicht über die Geschichte Genuas stammt von Paola GUGLIELMOTTI, Genova (Il medioevo nelle città italiane 6), Spoleto 2013; vgl. auch DIES., Genoa and Liguria, in: A Companion to Medieval Genoa, hg. von Carrie E. BENEŠ (Brill's Companions to European History 15), Leiden 2018, S. 49–71. Von den älteren Werken sei verwiesen auf Steven A. EPSTEIN, Genoa and the Geonese, 958–1528, Chapel Hill/London 1996; Storia di Genova. Mediterraneo, Europa, Atlantico, hg. von Dino PUNCUH, Genua 2003. Zu den Fieschi: Marina FIRPO, La famiglia Fieschi dei conti di Lavagna. Strutture familiari a Genova e nel contado fra

zerfallenden Markgrafschaft der Obertenghi ein relativ kompaktes Herrschaftsgebiet im Südosten Liguriens gewannen. Dieses Gebiet konzentrierte sich um Verkehrswege, die die ligurische Küste um Rapallo, Chiavari, Sestri Levante und eben Lavagna durch die Apenninen mit der zentralen Poebene, genauer Parma, verbinden. Relativ früh, bereits 1138, wurden die Grafen von Lavagna zum Beitritt in die Kommune gezwungen, nachdem Grafen und Stadt 1113 und 1132 gegeneinander Krieg geführt hatten[71)]. Sie wurden unter anderem darauf verpflichtet, wenigstens zwei Monate im Jahr in der Stadt zu wohnen, und bekamen zu diesem Zweck ein großzügiges Baugrundstück zugewiesen, das zwischen dem Stadtzentrum und dem Hafen lag und das die Kommune extra für diesen Zweck gekauft hatte[72)]. Seit dieser Zeit haben sie sich erfolgreich in die städtische Gesellschaft eingegliedert. Davon zeugen unter anderem Heiratsverbindungen mit führenden städtischen Familien wie den della Volta und große ökonomische Investments: In Genueser Imbreviaturbüchern des Hochmittelalters finden sich zum Beispiel große Darlehen, die die Fieschi über Bankhäuser ausgegeben haben, oder auch die Investition in den Überseehandel mit dem Maghreb[73)]. Zugleich besetzten Angehörige der Familie prominente kirchliche Ämter in Genua, aber auch in Parma, wo Bischof Obizzo zusammen mit Benedetto Antelami für den Bau des grandiosen Baptisteriums verantwortlich war[74)]. Diese kirchlichen Ämter wurden selbstverständlich davon überstrahlt, dass Sinibaldo Fieschi 1243 als Innozenz IV. den päpstlichen Thron bestieg. Parallel und weitgehend unter dem »Schutz und Schirm« der Kommune Genua hielt die Familie die Grafschaft Lavagna, für die sich unter anderem auch Innozenz IV. wirkungsvoll engagierte[75)].

Die Familie wird in der Forschung in verschiedene Linien aufgeteilt. Dahinter steckt vermutlich das Bemühen, die nicht dynastische Struktur dieses Familienverbundes auf den dynastischen Begriff zu bringen. Blickt man auf ihre »Erbmasse«, hat man es erst einmal, wie eben abstrakt formuliert, mit einem heterogenen Konglomerat von Besitz,

XII e XIII secolo (Collana di studi Fondazione Conservatorio Fieschi 1), Genua 2006; DIES., La ricchezza e il potere. Le origini patrimoniali dell'ascesa della famiglia Fieschi nella Liguria Orientale tra XII e XIII secolo, in: I Fieschi tra Papato e Impero, Atti del convegno (Lavagna, 18 dicembre 1994), hg. von Daniele CALCAGNO, Lavagna 1997, S. 323–362; Giovanna PETTI BALBI, I ›conti‹ e la ›contea‹ di Lavagna, Genova 1984; DIES., Governare la città. Pratiche sociali e linguaggi politici a Genova in età medievale (Reti medievali E-Book. Monografie 4), Florenz 2007, S. 83–98.

71) Zu den Kriegen vgl. Annali Genovesi di Caffaro e de' suoi continuatori, Bd. 1: Dal MXCIX al MCCXCIII, hg. von Luigi Tommaso BELGRANO (Fonti 11), Genua 1890, S. 15, 26. Der Vertrag zur Unterordnung der Grafen von Lavagna unter die Kommune von Genua ediert in: I Libri Iurium della Repubblica di Genova, hg. von Antonella ROVERE (Fonti per la storia della Liguria 2; Pubblicazioni degli Archivi di stato, Fonti 13), Genua 1992, Nr. 8 (1138 Februar 2–1139 Februar 1), S. 16 f.

72) Libri Iurium (wie Anm. 71), Nr. 21 (Januar 1139), S. 32 f.

73) Zu den Verbindungen mit der städtischen Gesellschaft vgl. FIRPO, Famiglia (wie Anm. 70), S. 49–84.

74) FIRPO, Famiglia (wie Anm. 70), S. 99–103; zum Baptisterium vgl. Joachim POESCHKE, Die Skulptur des Mittelalters in Italien, Bd. 1: Romanik, München 1998, S. 126–138.

75) Agostino PARAVICINI BAGLIANI, Innocenzo IV, papa, in: DBI 62 (2004), S. 435–440.

Ämtern und Herrschaftstiteln zu tun, die unterschiedlichen Logiken unterliegen: Finanzinvestments lassen sich aufteilen, Kirchenämter unterliegen ebenso wie andere Ämter einer mehr oder minder strikten Rotation. Der Grafentitel wurde nicht exklusiv von einem Angehörigen des Hauses geführt, sondern von mehreren Personen gleichzeitig. Wie sich das in der Bewirtschaftung des ländlichen Besitzes und der Herrschaftsrechte widergespiegelt hat, ist derzeit nicht absehbar. Allerdings spricht für eine eher am Geschlecht als an einer Dynastie orientierten Nutzung, dass an verschiedenen Stellen breitere Verwandtschaften angesprochen werden: Den Eid, sich der Kommune anzuschließen leisteten: *Hoc [sacramentum fecit Opizo comes et Ugolinus et Ribaldus et Guirardus Scor]cia et Rufinus, [Obertinus de Pagano et Martinus filius eius, Opizo frater Ribaldi, Tedyxius et Stepha]nus, filii Opiçonis, [Oddo comes et Armaninus filius Armanni]*[76]. Auch im Friedensvertrag von 1166 wird der verzweigte Familienverband ähnlich tituliert: *vos comites de Lavania, Martinum, Rufinum, Arduinum atque Bertramen, Albertum Penellum, Tedaldum, filium Opiçonis comitis, et Albertum, filium comitis Rubaldi, et alios comites de Lavania, filios Pagani, filios Rubaldi et filios Girardi*. In einer Marginalnotiz zu diesem Eintrag erläutert Iacopo Doria am Ende des 13. Jahrhunderts: Die Fieschi stammten von den Grafen von Lavagna ab, hielten aber immer nur den Anteil von einem Achtel am Gesamtbestand[77]. Ähnlich umständlich wie in diesen Verträgen wurden die Grafen von Lavagna auch in weiteren Urkunden beschrieben, in denen Maßnahmen gegen sie ergriffen wurden. Diese Maßnahmen seien gültig *sine omni impedimento et contradictione Rufini comitis et filiorum eius et Malourerie et filiorum et nepotum et Girardi Scorcie et filiorum eius nec non filiorum quondam Rubaldi comitis et universorum per eos et demum ceterorum universorum Lavaninorum*[78].

In ähnlicher Weise traten die Grafen von Lavagna auch gegenüber Friedrich Barbarossa und Friedrich II. gleichsam im Kollektiv auf. Allerdings ordnet das Diplom Friedrichs Barbarossa den Grafentitel nur einer Person zu. Das Privileg von 1161 geht an: *comitem Lavanie Rubaldum suosque nepotes, videlicet Guillielmum, Thealdum, Henrichum, Ruffinum, Aldodadum, Gerardum, Octonem et Ugonem fratrem suum, Beltraymum et Albertum fratrem suum*[79]. Giovanna Petti Balbi bewertet diese Urkunde als eines der Beispiele dafür, dass Akteure wie die Grafen von Lavagna zwar versuchten, durch die Unterstützung von Friedrich I. zugleich ihre Position gegenüber den expandierenden Städten zu stärken. Zugleich handele es sich aber um einen vergeblichen Versuch, weil die Urkunde nicht das erwünschte Resultat erzielte habe[80].

76) Libri Iurium (wie Anm. 71), Nr. 8, S. 16 f. Ähnlich ebd., Nr. 12, S. 20 f.

77) Ebd., Nr. 215 (1166 November 23), S. 305–308, das Zitat S. 306.

78) Ebd., Nr. 204 (1173 Dezember 9), S. 341–342, das Zitat S. 342.

79) D F I. (wie Anm. 61), Nr. 339 (1161 September 1), S. 175 f. Diese Urkunde ist inseriert in ihre Bestätigung durch Friedrich II.; Marina Firpo, I Fieschi. Feudalità e istituzioni. Il Liber privilegiorum (1227–1465), Bd. 1 (Collana di studi Fondazione Conservatorio Fieschi 9), Genua 2015, Nr. 1 (Juli 1227), S. 58 f.

80) Petti Balbi, Governare (wie Anm. 70), S. 85.

In seiner Bestätigung des Privilegs von 1161 löst die Kanzlei Friedrichs II. die Benennung der Grafen eleganter: *comites Lavanie fideles nostri, videlicet filij quondam Rubaldi, Guirardi et Pagani*[81]. Diese Tradition griff König Wilhelm von Holland 1249, also zwei Jahrzehnte nach dem Privileg Friedrichs II., auf. Er bestätigte nicht nur die Vergaben seiner Vorgänger, sondern verlieh den Grafen von Lavagna – diesmal werden vier lebende Personen adressiert sowie das gesamte Haus der Fieschi – auch noch den Titel von Pfalzgrafen: *hanc vobis et domui vestre de Flischo concedimus dignitatem, privilegium seu honorem, ut quicumque ex nunc et imperpetuum successive, inter omnes de domo predicta sit et fuerit maior natu, comitis palatini dignitate prefulgeat et honore, et comes palathinus existat cum omni iure, omni dominio, omni iurisdicione et causa et cum omnibus pertinentibus ad dignitatem, vel honorem predictum*[82]. Hier wird der Pfalzgrafentitel also exklusiv dem Erstgeborenen zugeschrieben.

Die Grafen Aldobrandeschi, mein zweites Beispiel, haben ein anderes Profil. Während die Fieschi es langfristig vermochten, sich der Kommunalregierung von Genua unterzuordnen und zugleich ihre Grafschaft zu behaupten, bestand das Territorium der Grafen Aldobrandeschi nur so lange, wie sie mehrere Kommunen gegeneinander ausspielen konnten – in ihrem Fall lagen die Territorien an der Grenze zwischen den heutigen Regionen Latium, Umbrien und Toskana beziehungsweise zwischen den Gebieten, die die Kommunen von Siena, Pisa und Orvieto zu kontrollieren versuchten. So lange die Grafen es vermochten, durch ein Ausbalancieren dieser Kräfte – auch mit Hilfe der Päpste und Kaiser – die eigenen Handlungsspielräume zu sichern, gewannen sie ihr Territorium, das allerdings im Verlauf des 13. Jahrhunderts wieder zerfiel. Das Ende einer der Linien, der Grafen von Santafiora, beklagt schließlich Dante im Zuge seiner massiven Vorwürfe an König Albrecht I., Italien zu vernachlässigen, als Musterbeispiel für die Tyrannei über die Vornehmen[83].

Aus der langen, bis ins Frühmittelalter zurückreichenden Geschichte dieser Familie seien an dieser Stelle nur zwei Episoden ausgewählt, die für unser Thema unmittelbar einschlägig sind. In der Mitte des 12. Jahrhunderts hatten die Aldobrandeschi es geschafft, in großem Umfang Landbesitz und Herrschaftsrechte im Südwesten der heutigen Toskana zu akkumulieren. Während sie in anderen Gegenden der Toskana nur eine von mehreren signorilen Familien waren, dominierten sie die Küstenregion der Maremmen ohne ernsthafte Konkurrenz. Simone Collavini, der die Geschichte der Aldobrandeschi intensiv aufgearbeitet hat, verweist in seinen Arbeiten verschiedentlich darauf,

81) FIRPO, Fieschi (wie Anm. 79), S. 58.

82) Ebd., Nr. 2 (1249 Oktober 6), S. 60–62.

83) COLLAVINI, Aldobrandeschi (wie Anm. 52); Gli Aldobrandeschi. La grande famiglia feudale della Maremma toscana. Atti del convegno (S. Fiora, 26 maggio 2001), hg. von Lucio NICCOLAI/Mario ASCHERI, Arcidosso 2002. Zu Dante vgl. Giorgio VARANINI, Aldobrandeschi, in: Enciclopedia Dantesca 1 (1970), zitiert nach der Online-Ausgabe, https://www.treccani.it/enciclopedia/aldobrandeschi_%28Enciclopedia-Dantesca%29/ (18.03.2022).

dass ab der Mitte des 12. Jahrhunderts die Transformation dieses Machtkonglomerats in ein fürstliches Territorium stattfand: »la trasformazione del multiforme aggregato di beni patrimoniali e signorie territoriali [...] in un saldo principato territoriale«[84]. Eine entscheidende Etappe dieses Transformationsprozesses sieht er in der vormundschaftlichen Regierung der Gräfin Gemma, die nach dem Tod ihres Mannes Uguccione IV. die Verwaltung (»amminstratio«) der Güter für ihren minderjährigen Sohn Ildebrandino VII. innehatte. In einer Schenkung für das Selenheil des Verstorbenen taucht zum ersten Mal der Familienname in adjektivischer Form auf (*domus Ildibrandesca*); in die gleiche Zeit fällt ein Verzeichnis, das in ähnlicher Weise von den *comites Ildibrandesci* spricht. Nach Collavini hat gerade das Fehlen eines Leaders dieses Hauses den Abstraktionsprozess hin zu einem abstrakten Verständnis der Familienherrschaft forciert[85].

In den beiden folgenden Generationen mangelte es nicht an diesem Leadership. Ildebrandino VII. und sein Sohn Ildebrandino VIII. erwiesen sich als militärisch extrem erfolgreiche Patriarchen des Familienverbands, die in Anlehnung an verschiedene Nachbarstädte die Grafschaft der Aldobrandeschi zu konsolidieren vermochten[86]. Ins Rutschen geriet dieses Konstrukt jedoch mit dem Tod Ildebrandinos VIII. Dieser hatte zwei Ehefrauen und bestimmte im Jahr 1208 testamentarisch, dass sein Sohn aus erster Ehe Ildebrandino IX. mit ein paar kleineren Besitztümern abgespeist werden solle und der Großteil von Herrschaft und Besitz auf seine Kinder aus zweiter Ehe übergehen solle. Als Gewährleisterin für diese Nachfolgeregelung setzte er seine zweite Ehefrau Adalasia ein, der er nicht nur die doppelte Summe der von ihr eingebrachten Mitgift und andere Besitztitel zuwies, sondern auch die Rolle eines Vormunds bis zur Volljährigkeit der gemeinsamen Kinder[87].

Als Ildebrandino VIII. vier Jahre später starb, erwies sich dieses Testament als hinfällig: Sein ältester Sohn, Ildebrandino IX., setzte sich über die Regelungen hinweg und gerierte sich als alleiniger Erbe seines Vaters. Seiner Stiefmutter, die relativ zügig erneut geheiratet hatte, verweigerte er jede Zahlung, zugleich konnte er einen Halbbruder – Ildebrandino X. – und zwei seiner Halbschwestern gefangen nehmen[88]. Nach einer militärischen Eskalation erfolgten im Juli 1215 und im Oktober 1216 zwei Schiedsurteile, mit denen dieser innerfamiliäre Konflikt beigelegt werden sollte. In ihnen wird der Versuch gemacht, die familiäre Tradition einer starken Figur an der Spitze der Familie mit Erbregelungen auszutarieren, die alle männlichen Erben gleichstellten. Die Besitztümer werden gemäß dem ersten Schiedsurteil von 1215 unter den vier männlichen Nachkommen gleichmäßig geteilt, wobei, um eine weitere Streuung des Besitzes zu un-

84) Collavini, Aldobrandeschi (wie Anm. 52), S. 284.
85) Ebd., S. 181–184.
86) Ebd., S. 188–224.
87) Ebd., S. 297–300.
88) Ebd., S. 301 f.

terbinden, die (Halb-)Brüder sich wechselseitig beerben, sollte einer von ihnen ohne männlichen Nachkommen sterben. Für die Herrschaftsrechte, die nicht geteilt werden, wird hingegen ein Rotationsverfahren bestimmt: Die kommenden sieben Jahre soll sie der älteste Bruder, Ildebrandino IX., innehaben, bevor sie für je ein Jahr an seine beiden ältesten Halbbrüder Bonifatius und Guglielmo gehen. Auf sie folgt für ein Jahr erneut Ildebrandino IX., ehe dann auch Ildebrandino X. zum Zuge kommt. Ab dem zwölften Jahr ist dann ein regelmäßiger Turnus vorgesehen, mit dem die Funktion jährlich von einem Bruder auf den nächsten weitergegeben wird. Die Mutter Adalasia wird nicht mehr berücksichtigt und soll nur noch finanziell entschädigt werden, indem ihr ihre Mitgift ausgezahlt wird[89)].

Dieser Schiedsspruch vom Juli 1215 konnte den innerfamiliären Krieg nicht beenden, der sich vielmehr in den folgenden Monaten noch weiter zugespitzt zu haben scheint. Erst im Oktober 1216 wurde ein weiteres Schiedsurteil erlassen, diesmal vom Podestà von Orvieto, Giovanni del Giudice. Dieser setzte auf eine beinahe konsequente Aufteilung aller Herrschaftsrechte und Besitztümer unter den vier Brüdern, lediglich das Eigentum in Pisa, Siena, Orvieto und Viterbo sowie Einnahmen aus der Transhumanz in der Garfagnana im Nordwesten der Toskana sollten noch gemeinsam genutzt werden. Nach dieser Regelung wäre die Grafschaft in vier gleichberechtigte und in etwa gleich große Teilterritorien zerfallen[90)]. Auch dieses Schiedsurteil blieb jedoch toter Buchstabe, soweit sich das den Quellen entnehmen lässt. In den folgenden Jahren scheinen vor allem die älteren Brüder Ildebrandino IX. und Bonifatius die Leitung der Familie übernommen zu haben[91)].

Neben diesen innerfamiliären Querelen ist dieses Beispiel auch bemerkenswert, weil sich die Aktivierung unterschiedlicher Akteursnetzwerke aufzeigen lässt, die den Transfer von Besitz und Rechten wesentlich mit determiniert haben: Für das Testament von 1208 könnte ein Allianzwechsel Ildebrandinos VIII. ausschlaggebend gewesen sein, der sich Siena anschloss. Im Verlauf des Geschwisterkriegs und der Friedensprozesse zwischen 1212 und 1216 zeigt sich sehr deutlich die Nähe Ildebrandinos IX. zu Orvieto: Gehörten die Aldobrandeschi bis um 1200 zu den Kräften, die im Gravitationsfeld von Pisa zu verorten waren, gewannen jetzt Siena und vor allem Orvieto einen wachsenden Einfluss auf dieses Territorium, auch wenn die Aldobrandeschi ein höheres Maß an Unabhängigkeit gegenüber diesen Stadtkommunen wahren konnten als die Grafen von Lavagna gegenüber Genua. Die Erwähnungen von Kriegsschäden wie auch die Klauseln zur Absicherung der Schiedsurteile lassen darüber hinaus erkennen, dass auch den Akteuren eine große Bedeutung zukam, auf die sich die Herrschaft der Aldobrandeschi in ihrem Territorium stützte: Adelige und Bewohner der *castra*. Ihre Unterstützung für die

89) Den Schiedsspruch referiert und kommentiert ausführlich ebd., S. 302–308.

90) Ebd., S. 309–313.

91) Ebd., S. 325–331.

Konfliktparteien nahm maßgeblich Einfluss darauf, wie das Machtkonglomerat der Aldobrandeschi nach dem Tod Ildebrandinos VIII. an seine Söhne weitergegeben wurde: Die Konfliktparteien waren unter anderem darauf angewiesen, unter dem bewaffneten Anhang in ihren eigenen Herrschaftsgebieten möglichst breite Unterstützung zu gewinnen[92].

Als drittes und letzten Beispiel möchte ich knapp die Markgrafen von Montferrat behandeln, ein Haus, dessen Heiratsverbindungen mit europäischen Potentaten sie zweifellos zu einer der prominentesten Familien in Norditalien während des Hochmittelalters machte. Auf die besondere Rolle, die nach Otto von Freising Wilhelm V. von Montferrat gespielt hat, ist bereits verwiesen worden. Nicht jedoch seine schillernde Karriere – seine Teilnahme am Zweiten Kreuzzug, sein über lange Zeit enges Verhältnis zu seinem Neffen Friedrich Barbarossa und seine letzten Lebensjahre in Palästina – sei hier referiert[93]. Vielmehr möchte ich auf die Schwierigkeiten hinweisen, denen sich sein Sohn Bonifatius gegenübersah, als er das Erbe seines Vaters in der westlichen Poebene antrat. Dadurch treten noch einmal deutlicher die externen Konflikte und Allianzen als wichtige Faktoren in den Blick, die die intergenerationelle Weitergabe fürstlicher Positionen entscheidend mitprägten. Neben seinem Engagement im Dienst des Kaisers und in Oltremare hatte sein Vater auch ein größeres Herrschaftsgebiet im modernen Piemont unter seine Kontrolle gebracht. Dessen Übergang auf seine Söhne, insbesondere Bonifatius, sei kurz nachvollzogen[94].

In den späteren Urkunden Friedrich Barbarossas treten bereits der Vater und seine Söhne mehrfach gemeinsam in Erscheinung – als Adressaten, Zeugen und gemeinsame Eidleistende[95]. Als sein Vater Mitte der 1180er Jahre Norditalien verließ, um im Nahen Osten die Kämpfe König Guidos von Lusignan gegen Ṣalāḥ ad-Dīn zu unterstützen, übernahmen die Brüder Bonifatius und Konrad die Verantwortung für die Gebiete und Ambitionen in Norditalien[96]. Nachdem auch der Bruder in den Nahen Osten abgereist war, wirkte Bonifatius allein als Markgraf von Montferrat in der westlichen Poebene. Die Herausforderung der folgenden Jahre bestand darin, auch über den Tod des Vaters und des Bruders hinaus die Markgrafschaft abzusichern und gegebenenfalls Gebiete hinzuzugewinnen. Dabei stützte er sich unter anderem auf seine guten Beziehungen zu

92) Ebd., S. 301, 309.

93) Detailliert Aldo A. SETTIA, Guglielmo V, detto il Vecchio, marchese di Monferrato, in: DBI 60 (2003), S. 435–440.

94) Erneut eine besonders detaillierte Schilderung der Abläufe bei Axel GORIA, Bonifacio I, marchese di Monferrato, in: DBI 12 (1971), S. 118–124.

95) D F I. (wie Anm. 61), Nr. 467 (1164 Oktober 5), S. 377–379; Die Urkunden Friedrichs I., Teil 3: 1168–1180, hg. von Heinrich APPELT (MGH DD 10,3), Hannover 1985, Nr. 638 (1175 April 16), 732 (1178 Juni 14), S. 135–138, 272–277.

96) Aldo A. SETTIA, ›Postquam ipse marchio levavit crucem‹. Guglielmo V di Monferrato e il suo ritorno in Palestina, in: Bollettino storico-bibliografico subalpino 98 (2000), S. 451–472.

Heinrich VI., der ja ebenfalls zu Lebzeiten schon in die Nachfolge seines Vaters eingetreten war, als dieser zum Kreuzzug aufgebrochen war[97]. In den folgenden Jahren sind zahlreiche militärische Auseinandersetzungen belegt, mit denen Bonifatius sich und seine Markgrafschaft, also das väterliche Erbe, zu behaupten versuchte, so 1191 mit Asti und Alessandria. Im gleichen Jahr verbündete er sich mit Pavia, Cremona, Bergamo, Como und Lodi gegen Mailand und seine Alliierten. Diese Verbindung von militärischen Aktivitäten und einer aggressiven Bündnispolitik trug dem Umstand Rechnung, dass die oberitalienische Städtelandschaft von miteinander verfeindeten Allianznetzwerken durchzogen war, die sich oft nach der Logik eines Schachbretts strukturierten: Die Expansionsbestrebungen der Städte machte sie zwangsläufig zu Feinden ihrer unmittelbaren Nachbarn, sodass es sich oft anbot, sich mit den Nachbarn dieser Nachbarn zu verbünden[98]. In diese Logik trat auch Bonifatius von Montferrat ein durch den Versuch, seine Markgrafschaft als selbständigen Akteur auf gleicher Augenhöhe mit den benachbarten Stadtkommunen zu halten. Neben den bereits genannten Städten zählten auch die Bewohner von Vercelli, Alba, Acqui und Casale Monferrato zu denjenigen, mit denen sich der Markgraf auseinanderzusetzen hatte, wobei die Bündnisse zum Teil auch kurzfristig wechselten. Für Bonifatius' prekäre Lage, die unter anderem durch den Tod Heinrichs VI. verschärft worden war, ist es bezeichnend, dass er 1199 gezwungen wurde, sich einem Schiedsverfahren zu unterwerfen, das die Kommunen von Mailand und Piacenza leiteten: Bonifatius wurde zu einem mehrfach verlängerten Waffenstillstand mit seinen Feinden gezwungen und zog sogar unter Mailänder Kommando in einen Krieg gegen Bergamo[99]. Diese Konstellation löste sich dadurch auf, dass der Markgraf von Montferrat sich ab 1201 ebenfalls auf einen Kreuzzug vorbereitete und Oberitalien verließ, um im folgenden Jahr Friedensverträge mit den wichtigsten Feinden, den Kommunen von Vercelli, Alessandria und Asti, abzuschließen beziehungsweise zu autorisieren[100].

Eine genaue Analyse der verschiedenen Konflikte und Verträge, die über diese kurze Zusammenfassung hinausginge, könnte eindrucksvoll aufzeigen, mit welcher Fülle verschiedener Akteure Bonifatius konkurrieren musste, um das väterliche Erbe als Mark-

97) Görich, Friedrich Barbarossa (wie Anm. 56), S. 536–548.

98) Dieser Vergleich unter anderem bei Hagen Keller, Zwischen regionaler Begrenzung und universalem Horizont. Deutschland im Imperium der Salier und Staufer, 1024–1250 (Propyläen Geschichte Deutschlands 2), Berlin 1986, S. 399.

99) Die vorbereitenden Akten und das Schiedsurteil, an dem neben den Genannten auch Asti, Alessandria, Novara, Vercelli und die Grafen von Biandrate beteiligt waren, bei: Atti del Comune di Milano fino all'anno MCCXVI, hg. von Cesare Manaresi, Mailand 1919, Nr. 212 (1199 März 14)–Nr. 222 (1199 Juni 13), S. 303–317.

100) Zusammenfassend: Elena Bellomo, Templari, oriente, crociata. Percorsi di ricerca in Italia settentrionale, in: As Ordens Militares. Freires, Guerreiros, Cavaleiros. Actas do VI Encontro sobre Ordens Militares, hg. von Isabel Cristina Ferreira Fernandes, Palmela 2012, Bd. 2, S. 799–822, hier S. 813–820.

graf zu sichern – die »Markgrafschaft Montferrat« ist kein rechtlich durch Verträge oder Privilegien definiertes Territorium, sondern besteht aus einem Bündel verschiedenster Herrschaftspositionen, um die sein Regent mit diversesten Konkurrenten stritt. In diesen Konflikten ging es nicht um die gesamte Markgrafschaft, sondern um einzelne Güter und Herrschaftsansprüche. Dieser kontinuierliche Kleinkrieg fand für Bonifatius plötzlich ein Ende, als er 1201 zu einem der Anführer des Kreuzfahreraufgebots wurde, das 1204 Konstantinopel erobern sollte.

V. Zusammenfassung

Was kann ich als Spezialist für die Geschichte der städtischen Gesellschaften Ober- und Mittelitaliens zur Debatte über adeliges und fürstliches Erben zwischen der Mitte des 12. und der Mitte des 13. Jahrhunderts beitragen? Meine Antwort kann drei Dimensionen ansprechen.

V.1. Die eingeschränkte Bedeutung fürstlicher Macht in Ober- und Mittelitalien

Die Beispiele haben drei fürstliche Familien vorgestellt, die in unterschiedlichem Verhältnis zu den Stadtkommunen standen, die die politischen Kräftefelder in Oberitalien seit dem 12. Jahrhundert dominierten. Die Fieschi wurden zu prominenten Mitgliedern der genuesischen Stadtgesellschaft und vermochten es zugleich, unter der Oberhoheit der Kommunalregierung ein ländliches Territorium zu stabilisieren. Für die Aldobrandeschi war entscheidend, dass sie sich von der Oberhoheit der Kommune Pisa befreiten und zwischen den benachbarten Städten Pisa, Siena und Orvieto ein relativ hohes Maß an Selbständigkeit genossen, auch wenn sie sich nicht vollständig von den Nachbarstädten emanzipieren konnten. Die Markgrafen von Montferrat schließlich behaupteten sich als selbständige Akteure, allerdings zum Preis beständiger Kämpfe mit benachbarten Städten.

Zugleich sei aber noch einmal deutlich unterstrichen, dass es sich bei diesen verschiedenen Familien nicht um die Akteure handelte, die das politische Feld dominierten. In weiten Regionen Ober- und Mittelitaliens konnten sie, wenn überhaupt, dann in eher peripheren Zonen selbständige Machtbezirke stabilisieren. Im Gesamtbild erscheinen sie als Kräfte sekundären Rangs. Bei allen Tücken einer vergleichenden Aussage halte ich es für angemessen, ihnen allenfalls die Machtressourcen einer mittelgroßen Stadt zuzusprechen. Von diesen Städten gab es mehrere Dutzende, während die Beispiele selbständiger adeliger Herrschaft im Untersuchungszeitraum stark an Bedeutung verloren. Deswegen ist es für ein angemessenes Verständnis adeligen und fürstlichen Erbens in Ober- und Mittelitalien zwischen 1150 und 1250 unerlässlich, sich adelige Besitz- und

Machtpositionen zu vergegenwärtigen, für die Verbindungen mit den städtischen Gesellschaften einen zentralen Aspekt darstellten. Auch die wichtigsten Dynastien mussten sich in der scharfen Konkurrenz um Herrschaftsrechte und Besitz im ländlichen Gebiet behaupten, an dem sich eine Unzahl anderer Akteure mit weitaus weniger illustren Traditionen beteiligte. Zugleich bot die Partizipation am städtischen Leben nicht zuletzt erhebliches ökonomisches Potenzial jenseits der Abschöpfung von landwirtschaftlichen Erträgen und ländlichen Herrschaftsrechten. An diesen urbanen Wirtschaftskreisläufen beteiligten sich auch viele Familien mit ländlich-adeligen Wurzeln.

Die wirklich zentralen Schlüsselpositionen im Machtgefüge blieben dynastischen Logiken verschlossen: Bis gegen Mitte des 13. Jahrhunderts wurden die Leitungsposten in den Stadtregierungen nur auf kurze Frist und beständig rotierend besetzt, um die Monopolisierung des Zugriffs auf kommunale Machtressourcen zu unterbinden. Die zunehmende Normierung des Amtshandelns während des 13. Jahrhunderts verschärfte diese Tendenz, bevor es circa ab der Mitte dieses Jahrhunderts allmählich zu einer gegenläufigen Bewegung kam, wenn einzelne Signori langfristig die Macht übernahmen. Bis dahin war das Erben und waren Erben im Zentrum der Macht unerwünscht. Und bis Signorien sich so institutionalisierten und stabilisierten, dass sie sich zu erblichen Fürstentümern entwickelten, sollte es noch mehr als ein Jahrhundert dauern[101].

V.2. Adeliges und fürstliches Erben

Wie lassen sich die Beobachtung zur intergenerationellen Weitergabe von Besitz und Rechten in Familien zusammenführen, die den regionalen Eliten zuzurechnen sind? Wichtigste Erkenntnis scheint mir die hohe Flexibilität aller Bestände zu sein, die potenziell vererbbar waren. Nicht nur Gewinne aus Bankgeschäften und Fernhandel, sondern auch Grundbesitz und ländliche Herrschaftsrechte ließen sich monetarisieren. Das ermöglichte beliebige Teilungen unter allen Erbberechtigten, die sich auch de facto nachweisen lassen, wo Besitztitel beinahe infinitesimal geteilt wurden. Diese Teilung lässt sich als Möglichkeit auch dort nachweisen, wo es um fürstliche Herrschaftsrechte geht, wenn diese nicht gemeinsam bewirtschaftet wurden.

Zugleich möchte ich auf die Zersplitterung und Konkurrenz in der Auseinandersetzung nicht nur um Grundbesitz, sondern auch um Herrschaftsrechte hinweisen. Nicht nur innerhalb der Städte und zwischen den Städten, sondern auch im ländlichen Raum gab es kontinuierlich Konflikte um die Kontrolle von Land, Menschen, Rechten und Ansprüchen. Das zeigt sich zum Beispiel beim Blick auf Bonifatius von Montferrat, der sich mit einer großen Zahl regionaler Konkurrenten auseinandersetzen musste, wollte

101) Vgl. Canzian, Condivisione (wie Anm. 12) sowie den gesamten Band; zur Differenzierung des Bilds am Beispiel der Toskana: Signorie (wie Anm. 7).

er das väterliche Erbe antreten. Das zeigt sich aber auch an den innerfamiliären Auseinandersetzungen der Aldobrandeschi, die sowohl bei benachbarten Stadtkommunen als auch bei ihren Untergebenen Unterstützung finden mussten, wollten sie sich behaupten. Die Weitergabe von fürstlichen Territorien lässt sich aus dieser Perspektive auch als stets neu zu leistende Aufgabe beschreiben, Loyalitäten aufrecht zu erhalten. Das betraf zunächst die Angehörigen der Familien selbst, dann aber auch die Loyalität der Personen, über die sie Herrschaft auszuüben beanspruchten.

Aus dieser Perspektive erscheinen die Probleme fürstlichen Erbens besonders gravierend zu werden, wo eine Primogenitur angestrebt wird. Der Preis, die meisten Nachkommen von der Nachfolge an zentraler Stelle auszuschließen, war hoch. Dort, wo die Grafen von Lavagna als »Haus« agieren, vermieden sie viele Probleme. Das Modell dieser Häuser (Casate, Alberghi) war so attraktiv, dass sich in Genua gelegentlich künstliche Verwandtschaften bildeten, die dieses Modell auf Vertragsbasis konstruierten, ohne dass es an biologische Zusammenhänge gebunden gewesen wäre[102]. Es wäre in meinen Augen systematisch zu fragen, welche politischen Umstände dazu motivieren konnten, dieses Modell der Weitergabe und Bewirtschaftung von Besitz und Machttiteln zu verlassen zugunsten der Privilegierung des Erstgeborenen. Warum haben so viele Akteure die hoch riskante Strategie verfolgt, ihre Machtposition in dieser Form zu organisieren? Zugleich sei noch einmal darauf verwiesen, dass es seit dem Hochmittelalter eine zunehmende Dichte rechtlicher Normen zu Fragen des intergenerationellen Transfers von Besitz und Rechten gab, diese Normen aber nie die Macht besaßen, die soziale Praxis entscheidend zu prägen. Das gilt für das Lehnrecht ebenso wie für das *Ius commune* oder das partikulare Satzungsrecht der einzelnen Städte.

V.3. Ein deutsches Thema?

Abschließend noch einmal die Erinnerung, dass sich das Thema des adeligen und fürstlichen Erbens für den Zeitraum 1150–1250 aus der Perspektive einer an nord- und mittelitalienischen Verhältnissen interessierten Mediävistik nicht so recht stellt. Das liegt zum Teil in der Sache selbst begründet. Zugleich müssen beim Zuschnitt dieser Thematik nationale Forschungstraditionen unbedingt mit reflektiert werden. Sie prägen durch Handbuchwissen, Quelleneditionen und etablierte Forschungstraditionen nach wie vor in erheblichem Maße die Diskussionen der Mediävistik – die in Deutschland immer noch davon geprägt ist, dass in der Vormoderne autochthone Dynastien wesentliche Träger staatlicher Prozesse waren. Dies war in Italien anders. Die italienische Forschung steht trotz aller aktuellen Studien immer noch im Schatten der Dominanz, die der städ-

102) Paola Guglielmotti, ›Agnacio seu parentella‹. La genesi dell'albergo Squarciaficio a Genova (1297) (Quaderni della Società ligure di storia patria 4), Genua 2017.

tischen Geschichte im kommunalen Italien zugeschrieben worden ist. Wie deutsche Territorialfürsten sind diese italienischen Städte ebenfalls seit dem 19. Jahrhundert als Hauptakteure nationaler Geschichte zwischen dem 12. und 14. Jahrhundert gelesen worden. Auch die enge Verbindung des Nachdenkens über die materiellen Ressourcen des Adels und die Herrschaftstitel von Adeligen mit der Geschichte der städtischen Gesellschaft steht in dieser Tradition. Diese Ebene der nationalen Geschichtskulturen gilt es mit zu reflektieren, will man im transnationalen Rahmen adeliges und fürstliches Erben diskutieren. Etwas augenzwinkernd könnte man sogar den Konflikt, den Prinz Ernst August und Erbprinz Ernst August von Hannover miteinander austragen, mit dem Lebensrealitäten italienischer Adeliger zwischen 1150 und 1250 vergleichen: Welches Gewicht haben ererbte Titel oder ein ererbtes Standesbewusstsein, wenn sich Besitzstände zu Geld machen lassen, die man möglicherweise an anderer Stelle lukrativer investieren kann, und die politische Schlüsselstellung der Familie verloren gegangen ist?

Summary: Noble Inheritance and Political Power in High Medieval Northern and Central Italy

Noble and princely inheritance took place under different conditions in northern and central Italy than in other regions of Europe, because the political, economic and social parameters were fundamentally different. The decisive factor was the dominance of the cities in a region that is also referred to as communal Italy: Key positions in regional power structures were primarily occupied by city governments, which prevented individual families from establishing a princely monopoly of power. Only in peripheral zones or under communal overlordship could princely territorial states emerge. Economically, nobles participated not only in the siphoning off and control of resources in rural areas, but also in the urban economy, including long-distance trade and financial investments. The social profile of the nobility was highly diverse and marked by strong dynamics. The inter-generational transfer of property and rights was fundamentally based on transmission to larger groups of inheritors, with women often only marginally considered. Legal norms do not seem to have had a formative influence on inheritance practices, which were rather shaped by individual family strategies, for which political-institutional mechanisms could gain great importance. Princely dominions also show this diversity of family strategies. In the emperor's interventions, the effort to legally define princely power shines through, but this remained largely inconsequential. In addition, the history of the Aldobrandeschi or the Margraves of Montferrat shows that inherited property could become the object of bitter struggles – within families or also in regional power fields. Historical research on aristocratic and princely inheritance must also be reflected against the background of national research traditions, which continue to carry great weight.

Zusammenfassung

Steffen Patzold (Tübingen)

In ihrer Untersuchung hochadeligen Erbens im 12. und 13. Jahrhundert haben uns die Autorinnen und Autoren dieses Bandes durch verschiedene Regionen des Reiches, aber auch in benachbarte Territorien geführt. Ich werde im Folgenden nicht noch einmal nacheinander die Beiträge durchgehen. Deren Kernaussagen sind in den Abstracts und am Ende der einzelnen Kapitel zusammengefasst. Stattdessen werde ich angesichts der Materialfülle zunächst noch einmal die Leitfragen und Erkenntnisinteressen ins Gedächtnis rufen, die den vorliegenden Band strukturieren, und die Schlüsselbegriffe rekapitulieren, die Jürgen Dendorfer, Jörg Peltzer und Bernhard Jussen den Autorinnen und Autoren für ihre Regionalstudien an die Hand gegeben haben. Im zweiten Abschnitt bündele ich die Ergebnisse zum adligen Erben in den Regionalstudien zum Reich und seinen benachbarten Regionen im Westen und Osten. Und in einem dritten Teil schließlich formuliere ich einige Beobachtungen, die sich aus alledem zu den drei großen Leitfragen des Bandes ergeben.

I. Der Versuchsaufbau: Leitfragen, Erkenntnisinteressen und Terminologie

Nach zahllosen Details aus rund einhundert Jahren europäischer Adelsgeschichte mag es hilfreich sein, zunächst noch einmal an die Leitfragen und die analytischen Begriffe zu erinnern, die Jürgen Dendorfer und Jörg Peltzer in ihrer Einleitung an die Hand gegeben haben. Ziel des Bandes ist es demnach, das Erben in adeligen Familien zu untersuchen, um »über einige grundsätzliche Fragen der Verfasstheit des Reiches im hohen Mittelalter neu nachzudenken«[1]. Diese Grundsatzfragen betreffen drei Komplexe überkommenen Handbuchwissens, die gegenwärtig in Frage stehen:

1. Was haben adelige Herren und Damen zwischen etwa 1150 und 1250 vererbt, wenn sich doch die Unterscheidung zwischen ›Lehen‹, weiteren Formen von Leihen und ›Eigen‹ in unserem Untersuchungszeitraum überhaupt erst rechtlich zu verfestigen

1) Jürgen Dendorfer/Jörg Peltzer, Zur Einführung. Adeliges und fürstliches Erben im Mittelalter, in diesem Band, S. 9–19.

begann? Und, umgekehrt, wie hat sich die Ausbildung dieser rechtlichen Kategorien auf adeliges Erben ausgewirkt?

2. Wie müssen wir uns angesichts neuerer Forschungen zur sozialen und politischen Bedeutung des Rangs die Ausbildung und Verfestigung dessen vorstellen, was im 19. Jahrhundert einmal »Reichsfürstenstand« hieß? Was also können wir aus dem Erben über die Entstehung eines neuen fürstlichen Rangs im Adel des Reiches lernen?
3. Was lehrt die Untersuchung adeligen Erbens über Vorstellungen der Zeitgenossen von Familie und Verwandtschaft? »Wer was wie von wem erbt, ist ein traditionell wichtiges Untersuchungsfeld für die Erforschung zeitgenössischer Vorstellungen von Verwandtschaft«, so haben es die Herausgeber in ihrer Einleitung formuliert[2]. Die jüngere Forschung hat Karl Schmids und Georges Dubys klassische Thesen in Frage gestellt. Sie sieht die Entstehung agnatisch strukturierter Adelsgeschlechter nicht mehr schon um 1000 (wie Duby) oder um 1100 (wie Schmid), sondern erst gegen 1500. Waren demnach Verwandtschaft und Familie im Adel des Reiches im Hochmittelalter schlicht von Kontinuität geprägt? Oder lassen sich auch hier tiefere Veränderungen beobachten?

Ziel des Bandes ist es mithin, die Untersuchung des Erbens als eine Art Sonde für größere Erkenntnisinteressen zu nutzen. Die Sonde soll dazu dienen, drei bedeutende Prozesse besser zu verstehen, die wir zwischen der Mitte des 12. und der Mitte des 13. Jahrhunderts vermuten – nämlich 1) die rechtliche Ausdifferenzierung von Lehen, anderen Formen der Leihe und Eigengut; 2) die Entstehung und Verfestigung eines eigenen reichsfürstlichen Rangs; und 3) Veränderungen adeliger Familien (die allerdings bis zur Entstehung agnatischer Geschlechter noch einen jahrhundertelangen Weg vor sich haben).

Darüber hinaus haben die Herausgeber des Bandes den Autorinnen und Autoren eine Reihe von Begriffen für die Analyse an die Hand gegeben. Diese Begriffe erleichtern es, gemeinsam in Regionalstudien zu untersuchen, wie und was Adelige im Reich und seinen Nachbarregionen zwischen etwa 1150 und 1250 erbten und vererbten. Die Begriffe strukturieren die Einzelanalysen vor und helfen dadurch, die Beobachtungen zu den verschiedenen Regionen vergleichbar zu halten. Und auch mit Blick auf diese Terminologie mag es nach dem Füllhorn der Erbfälle in den Beiträgen des Bandes hilfreich sein, noch einmal in gebotener Kürze das Wichtigste in Erinnerung zu rufen:

1. Mit Bernhard Jussen unterscheiden die Beiträge des Bandes zwischen Allokation, Delegierung und Modellierung. Der Begriff der ›Allokation‹ zielt auf die Frage: Wer bekommt was im Normalfall? Der Begriff der ›Delegierung‹ zielt auf diejenigen Er-

2) Ebd., S. 14.

satzlösungen, die jenseits dieses Normalfalls greifen. Mit der ›Modellierung‹ sind die Diskurse angesprochen, in denen die Akteure selbst vom Erben sprachen.

2. Mit David Sabean und Simon Teuscher differenzieren die Autorinnen und Autoren des Bandes außerdem zwischen der ‚Nachfolge' in Amt und Rang (‚succession') und dem ‚Erbe' (‚inheritance'), mit dem alle weiteren materiellen und inmateriellen Güter bezeichnet sind, die nicht fest ans Amt gebunden sind und nicht zentral den Rang definieren.
3. Und schließlich haben die Herausgeber auch noch vier Untersuchungsebenen vorgeschlagen, die die verschiedenen Regionalstudien ebenfalls vorstrukturieren. Dies sind: ›Situationen‹ (die jeweiligen personalen Konstellationen); ›Deutungen‹ (unsere wissenschaftlichen Interpretationen der Fälle); ›Vorstellungen‹ (die Überzeugungen der Akteure selbst) und ›Akteure im Konflikt‹ (also die Ebene der politischen Praxis).

Bernhard Jussen hat in seinem Beitrag dieses Unternehmen zum einen noch einmal genauer in den gegenwärtigen Stand der mediävistischen Forschung zu Familie und Verwandtschaft eingeordnet. Der Blick auf die Zeit zwischen der Mitte des 12. und der Mitte 13. Jahrhunderts ist demnach deshalb interessant, weil es angesichts der gewaltigen gesellschaftlichen Veränderungen in dieser Zeit wahrscheinlich ist, dass sich auch adelige Familien in ihrer Struktur änderten und ihre Angehörigen neue Vorstellungen von Familie und Verwandtschaft entwickelten. Diese Veränderungen sind aber nach der Debatte über ›Sippe‹ und ›Geschlecht‹ noch nicht hinreichend untersucht worden. Indizien für Veränderungen um 1200 gibt es nach Jussen durchaus: So haben manche Mediävisten für diese Periode ein neues Bewusstsein für die Bedeutung illegitimer Geburt konstatiert. Außerdem könnte sich gewandelt haben, für wie verbindlich sich die Zeitgenossen die Ehe vorstellten und unter welchen Bedingungen sie eine Ehe für auflösbar hielten.

Zum anderen hat Bernhard Jussen die drei Schlagwörter im Untertitel des Bandes aufgegriffen und zu analytischen Begriffen geschärft. Nach Jussens Definition sind ›Aushandlungen‹, ›Praktiken‹, ›Verfahren‹ durch einen steigenden Grad der Formalisierung und des diskursiven Bewusstseins der Akteure gekennzeichnet. Gerade das macht die drei Begriffe für die Analyse adeligen Erbens interessant: Die Trias erlaubt es, einigermaßen differenziert zu beschreiben, wie sehr jeder einzelne Erbfall von Neuem zwischen den Beteiligten offen verhandelt oder gar mit Gewalt entschieden werden musste – und wie sehr es dafür bereits eine etablierte, wenn auch nicht diskursiv bewusste Praxis oder sogar von allen Beteiligten akzeptierte Normen und Vorgehensweisen gab.

II. Vererben und Erben im Reich und seinen Nachbarregionen

II.1 Allokation

Wie Claudia Garnier in ihrem Beitrag nicht zu Unrecht betont hat, ist es statistisch nicht ganz einfach zu entscheiden, was eigentlich der »Normalfall« adeligen Vererbens und Erbens war – was also unter Allokation zu diskutieren wäre. Im Folgenden setze ich voraus, dass Allokation alle diejenigen Fälle umfasst, in denen Kinder eines Paares den Erblasser überlebten, unabhängig vom Geschlecht der Kinder. Delegierung griff bei dieser Setzung also nur dann, wenn ein Erblasser kinderlos verstarb. Die Regionalstudien lassen bei dieser Annahme vier Muster der Allokation erkennen, die mehr oder minder ausgeprägt in den meisten Teilen des Reiches zu beobachten waren. Mit einiger Regelmäßigkeit galt Folgendes:

1. Sofern Kinder existierten, erbten sie auch. Wenn es mehrere Söhne gab, durften sie alle erwarten, dass ihre Eltern eine gerechte Lösung fanden und in einer familiären Gesamtstrategie jedem ein Auskommen verschafften; »gerecht« bedeutete dabei allerdings nicht, dass alle einen gleichen Anteil erhielten, sondern einen ihnen angemessenen. Hierin eingeschlossen waren Witwen und Töchter: Auch sie durften erwarten, in irgendeiner Form aus der Erbmasse des Ehemanns bzw. Vaters versorgt zu werden. Geschwister, Eltern, weitere Verwandte des Erblassers erhielten dagegen, wenn überhaupt, in aller Regel erst nachrangig einen Anteil.
2. Mit Blick auf die Unterscheidung zwischen ›succession‹ und ›inheritance‹ gilt: Nicht immer, aber doch in aller Regel bekam der älteste Sohn diejenigen Güter, die besonders wichtig für die Nachfolge im Rang des Vaters waren. Dabei spielten meist die *persönlichen* Qualitäten des ältesten Sohns keine Rolle: Es ging nicht darum, ob er besonders geeignet, ob er klug oder eher dumm war; entscheidend war, dass er als erster das Licht der Welt erblickt hatte. In der Diskussion der Tagung, die diesem Band zugrunde liegt, ist dieses Phänomen unter dem Stichwort der »Altersdiskriminierung« diskutiert worden: Die jüngeren Brüder erbten zwar, aber in der Regel nur solche Güter, die für die Familie weniger wichtig waren. So jedenfalls haben es Roman Zehetmayer für Grafen in Bayern und Österreich, Alexander Sembdner für Mitteldeutschland, Michel Margue für Lotharingien, Klaus Oschema und Laurent Ripart für Savoyen konstatiert. Teil einer solchen gerechten Gesamtregelung für die Folgegeneration war es im Übrigen auch, nachgeborene Söhne mit geistlichen Würden auszustatten und ihnen so ein Auskommen zu sichern.
3. Auch Witwen, Töchter, Schwestern waren beim adeligen Erben wichtig und wurden in die familiäre Gesamtstrategie eingebunden. Wie Klaus Oschema und Laurent Ripart gezeigt haben, gilt dies für den Untersuchungszeitraum auch in Savoyen, wo seit dem 14. Jahrhundert die Rechtsfiktion etabliert und gepflegt wurde, hier sei schon immer das Erbe vom Vater an den Sohn weitergegeben worden und keine Frau je

erbberechtigt gewesen. Für Lotharingien hat Michel Margue ausgerechnet, dass zwischen 1150 und 1250 in immerhin 15 Fällen Frauen sogar die Herrschaft übernommen haben; das ist gut ein Drittel aller Erbfälle! Außerdem konnten Frauen auch Sukzessionsansprüche an ihren Ehemann weitervermitteln. Allerdings blieben die Ansprüche von Frauen auf Nachfolge im Amt in aller Regel nur subsidiär; sie konnten also bestenfalls dann geltend gemacht werden, wenn kein herrschaftsfähiger Sohn da war – wie auch Christine Reinle und Karl-Heinz Spieß in der Diskussion auf der Reichenau-Tagung betont haben.

4. Wie die Allokation im konkreten Erbfall im Einzelnen aussah, war allerdings immer auch Verhandlungssache. Sie blieb daher stark abhängig von der Situation und den jeweiligen personellen und machtpolitischen Konstellationen. Alexander Sembdner hat für die Gebiete östlich der Saale betont, wie wichtig hier eben deshalb Versammlungen und öffentliche Verhandlungen in Gegenwart potentieller Erben und der Erbenlaub waren; sie bildeten den Versuch, spätere Konflikte um Erbgüter zu vermeiden (die aber bezeichnenderweise dennoch immer wieder aufflammten); und selbst der Plan, jüngere Söhne mit geistlichen Ämtern zu versorgen, auch daran hat uns Alexander Sembdner erinnert, konnte an deren Widerwillen scheitern. Für Lotharingien hat Michel Margue das Erben als einen Prozess dargestellt, der von immer neuen Konstellationen und Verhandlungen gekennzeichnet war.

Mit anderen Worten: Im Untersuchungszeitraum beobachten wir schon bei der Allokation an die Söhne kein etabliertes, von allen Beteiligten akzeptiertes Verfahren. Stattdessen sehen wir immer neue Aushandlungen. Das gilt noch um so stärker, wenn wir Michel Margues Ansatz teilen und das Vererben und Erben als einen langen Prozess ernstnehmen, der bereits mit dem Heiratsvertrag eines adeligen Paares begann, also noch bevor überhaupt ein Kind auch nur geboren war: Wer was erbte, das versuchte ein adeliger Erblasser dann im Verlaufe von Jahren und Jahrzehnten immer wieder abhängig von den aktuellen biologischen und politischen Gegebenheiten neu vorauszuplanen. Seine jeweiligen Entscheidungen waren zum Beispiel abhängig davon, ob und mit wem er seine Töchter zu verheiraten vermochte; sie waren abhängig davon, ob sein ältester Sohn noch vor ihm starb – oder ob er einen jüngeren für eine geistliche Karriere vorsehen konnte; und sie waren nicht zuletzt auch abhängig von den Entwicklungen in den Seitenlinien, der Situation in benachbarten Territorien und der politischen Großwetterlage im Reich. Sobald im Untersuchungszeitraum das Testieren zur Praxis wird, sind deshalb nicht selten mehrere Testamente ein und desselben Erblassers überliefert: Die Abfolge der Dokumente legt in diesen Fällen offen, wie ein Adeliger auf die immer neuen biologischen Konstellationen und politischen Situationen reagierte. Claudia Garnier hat im Gefolge von Karl-Heinz Spieß außerdem darauf verwiesen, dass bei Entscheidungen über die Erbmasse nicht zuletzt auch die Heiratsverwandten ein Wörtchen mitredeten. Nimmt man all dies zusammen, dann können wir den jahrzehntelangen

Prozess des Erbens und Vererbens methodisch angemessen nur kontextgebunden und in Fallstudien untersuchen.

Der Tod des Erblassers selbst markierte aus dieser Perspektive nur einen spezifischen Moment in einem Prozess, in dem schon lange zuvor Weichen gestellt und Pfadabhängigkeiten geschaffen worden waren. Trotzdem war dieser Moment selbstverständlich von besonderer Bedeutung: Denn trotz aller vorherigen Regelungen galt es, jeden noch so soliden Erbanspruch nach dem Tod des Erblassers dann auch in die Praxis umzusetzen. Klaus Oschema und Laurent Ripart verweisen in ihrem Kapitel zur Grafschaft Savoyen auf einen besonders prekären Typ von Erben: Minderjährige Söhne waren stets mit der Bedrohung konfrontiert, ihr Erbe zu verlieren. Ein Teil der Aushandlungen vor und nach dem Tod des Erblassers betraf in diesem Falle die Frage, wer die Regentschaft übernehmen und die Ansprüche des kleinen Erben gegen Begehrlichkeiten Dritter schützen konnte. Ähnlich hat Claudia Garnier für Norddeutschland darauf hingewiesen, dass nahe agnatische Verwandte, die Geistliche waren, die Vormundschaft für minderjährige Erben übernahmen, um deren Ansprüche durchzusetzen.

Ebenfalls mit Aushandlungen auch nach dem Tod des Erblassers ging die Allokation an die Witwe und die Töchter einher: Mehrere Beiträge haben für die verschiedenen Regionen des Reiches, aber auch für angrenzende Gebiete betont, wie schwierig es für die Frauen werden konnte, ihren Anspruch auf einen Teil des Erbes zu verwirklichen. Steffen Krieb hat das Beispiel des Grafen Heinrich III. von Sayn vorgestellt, dem es nur in Maßen gelang, seiner Gemahlin Mechthild per Testament Lehen und Eigengüter zu sichern. Auf der Reichenau-Tagung hat Heinz Krieg in einem Vortrag, der hier leider nicht mit abgedruckt werden konnte, den Fall Simons von Leiningen vorgestellt. Simon hatte eher bescheidenen Erfolg damit, Ansprüche aus seiner Ehe mit Gertrud von Dagsburg durchzusetzen. Roman Zehetmayer hat Vergleichbares über die gräflichen Familien im Südosten des Reiches berichtet: Auch hier hatten Töchter durchaus solide Erbansprüche auf Eigengüter. Aber sie konnten sie in der Regel nicht aus eigener Kraft verwirklichen, sondern nur dann, wenn sie verheiratet waren und entsprechend tatkräftige Unterstützung fanden; und Fernbesitz und Lehen gingen ihnen selbst unter diesen günstigen Bedingungen noch häufig genug verloren.

Das galt nicht nur im Reich, sondern auch weiter im Westen, wie Alheydis Plassmann am Fallbeispiel der Grafschaft Boulogne gezeigt hat: Auch hier vermittelten im 11. bis 13. Jahrhundert gleich mehrfach Erbtöchter Ansprüche – und zwar so kräftig, dass es sogar lohnenswert schien, sie aus einem Kloster zu entführen und zu ehelichen. Aber ob und wieweit ein solcher über eine Tochter vermittelter Anspruch im Einzelfall dann auch durchgesetzt werden konnte, hing auch in dieser Region von weiteren Faktoren ab: vom Rang und von den politischen Beziehungen des Ehemanns und seiner Familie – und auch schlicht von seiner militärischen Durchsetzungsfähigkeit. Im Ergebnis hat Alheydis Plassmann für ihre Untersuchungsregion konstatiert, »dass das Verständnis der weiblichen Erbfolge und deren Regelhaftigkeit keinesfalls festgelegt war«. Aushandlungen also auch hier – und der vielleicht beste Garant des väterlichen Erbes blieb angesichts dessen für eine Frau ein mächtiger Ehemann.

II.2 Delegierung

Kinderlosigkeit war keine Seltenheit. Claudia Garnier hat in Erinnerung gerufen, dass Joseph Morsel und Jack Goody von etwa 20 % kinderlosen Paaren ausgegangen sind. Wenn ein Paar gar keine Kinder hatte, dann traten allerdings Politik und Krieg noch deutlich stärker in den Vordergrund: Wer in solcher Situation erben wollte, musste streiten können. Entsprechend häufig ist in den Beiträgen des Bandes in diesem Falle von konkurrierenden Ansprüchen verschiedener Personen und Parteien die Rede; von *ad hoc* geschlossenen, individuell ausgehandelten Verträgen; von komplizierten politischen Verwicklungen; von handfesten Konflikten, die häufig mit Gewalt ausgetragen wurden. Für Norddeutschland hat Claudia Garnier am Beispiel der Auseinandersetzungen um das Erbe der Stader und der Winzenburger Grafen gezeigt, dass hier nicht Recht, sondern Macht ausschlaggebend war: Entschieden wurden die Erbstreitigkeiten »nicht durch vermeintliche Rechtsansprüche, sondern durch die individuelle Durchsetzungskraft«[3]. Verwandtschaft war im Zuge dieser Aushandlungen stets nur ein Argument neben anderen; sie wurde jeweils erst in einem Konglomerat weiterer Faktoren wirksam. Steffen Krieb hat dies am Beispiel der Pfalzgrafschaft am Rhein gezeigt. Hier waren außerdem immer auch die Interessen des Königs (der die Würde vergab) wichtig, dazu der Reichtum und die Macht des Aspiranten in der Region selbst. Ein »Durcheinander« hat Bernhard Jussen das treffend in der Diskussion auf der Reichenau-Tagung genannt; Martin Kaufhold hat vom »battle-field toxischer Männlichkeit« gesprochen, Michel Margue von »einem diplomatischen Ballett«.

II.3 Aushandlungen statt Verfahren

So sind kaum zufällig gerade die beiden Untersuchungsebenen ›Situation‹ und ›Akteure im Konflikt‹ für diesen Band besonders produktiv geworden – und zwar für alle Regionen des Reiches. In der Terminologie, die Bernhard Jussen vorgeschlagen hat, können wir festhalten: Es gab im Reich in den Jahrzehnten um 1200 für adeliges Erben kein Verfahren der Allokation und der Delegierung. Es gab individuelle, situative Erwartungen und Ansprüche – und immer neue Aushandlungen zwischen allen Beteiligten. Sofern genau ein erwachsener, regierungsfähiger Sohn existierte, waren diese Aushandlun-

3) Claudia GARNIER, Adliges Erben zwischen Ems und Elbe. Konzepte, Praktiken und Konflikte im 12. und 13. Jahrhundert, in diesem Band, S. 186.

gen in der Regel vergleichsweise einfach (doch wollten auch Töchter und die Mutter versorgt werden). Schon dann aber, wenn es mehrere Söhne gab, wurde das politische Spiel komplex. Und wenn ein Erblasser kinderlos starb, waren Politik und Krieg am Ende wichtiger als die Verwandtschaftsverhältnisse.

Diejenigen Praktiken aber, die wir in diesen Fällen in den verschiedenen Regionen des Reiches beobachtet haben, sind keine, die spezifisch für das Erben wären. Es sind die Praktiken, die in der sozialen Elite ganz allgemein für die Politik und die Austragung und Beilegung von Konflikten etabliert waren. Die Situation im Reich um 1200 erinnert damit durchaus an das, was etwa Stephen White, Barbara Rosenwein oder Patrick Geary in ihren älteren, rechtsethnologisch inspirierten Studien zu Frankreich im langen 11. Jahrhundert herausgearbeitet haben[4]. Selbstverständlich gab es Mitte des 12. Jahrhunderts Recht und rechtliche Argumente. Aber Recht war – jedenfalls um 1150 – noch nicht vollständig als eigenes System ausdifferenziert; es war also zum Beispiel noch nicht unabhängig von Moral, Tradition, gesundem Menschenverstand. Recht und Gerechtigkeit, so hat es Hagen Keller in einem wichtigen Beitrag zum 10. und frühen 11. Jahrhundert einmal auf den Punkt gebracht, waren noch nicht trennbar[5].

Unter diesen Bedingungen gab es nicht das eine rechtliche Verfahren, das einen Streit endgültig hätte entscheiden können. Selbst ein Gerichtsurteil war für die Akteure nur eine Option unter vielen; und es beendete einen Konflikt nicht notwendigerweise, die Parteien konnten danach auf anderem Wege weiterstreiten. Sogar Gottesurteile, so hat Stephen White argumentiert, dienten im 11./12. Jahrhundert in Frankreich nicht dazu, einen Konflikt endgültig zu entscheiden. Sie wurden von den Akteuren nur als eine weitere Etappe in einer potentiell endlosen Kette von Handlungen begriffen und eingesetzt[6].

Die Lösung war schon deshalb nicht so sehr ein Verfahren, das zu einem Urteil zugunsten einer Seite führte. Hilfreich waren eher Kompromisse, mit denen alle Betroffenen irgendwie leben konnten (jedenfalls eine Zeitlang). Ziel der Konfliktlösung war bis ins 12. Jahrhundert hinein in der Regel also nicht die Herstellung des Rechts, sondern

4) Vgl. Stephen D. White, Custom, Kinship and Gifts to Saints. The Laudatio Parentum in Western France, 1050–1150, Chapel Hill, NC 1988; Barbara H. Rosenwein, To Be the Neighbor of St. Peter. The Social Meaning of Cluny's Property, 909–1049, Ithaca, NY 1989; Patrick J. Geary, Vivre en conflit dans une France sans état: typologie des mécanismes de règlement des conflits (1050–1200), in: Annales ESC 41 (1986), S. 1107–1133.

5) Hagen Keller, Die Idee der Gerechtigkeit und die Praxis königlicher Rechtswahrung im Reich der Ottonen, in: La giustizia nell'alto medioevo, secoli IX–XI (Settimane di studio del Centro italiano di studi sull'alto medioevo 44), Spoleto 1997, S. 91–131.

6) Stephen D. White, Proposing the Ordeal and Avoiding It: Strategy and Power in Western French Litigation, 1050–1110, in: Cultures of Power. Lordship, Status, and Process in Twelfth-Century Europe, hg. von Thomas N. Bisson (The Middle Ages series), Philadelphia, Pa. 1995, S. 89–123.

des Friedens: *Pactum legem vincit et amor iudicium*, mit diesem Quellenzitat hat Stephen White einen berühmten Aufsatz überschrieben[7].

Wenn wir diese Ausgangssituation ernstnehmen, können wir vielleicht etwas präziser beschreiben, welche Rahmenbedingungen adeligen Erbens sich in unserem Untersuchungszeitraum geändert haben könnten: Zwischen etwa 1150 und ca. 1250 liegt ein Jahrhundert der Professionalisierung von Juristen, zunächst in Italien, dann auch in anderen Teilen Europas; und dazwischen liegt die Rezeption des römischen Rechts im gesamten Reich. Es bleibt künftigen Untersuchungen vorbehalten, noch einmal gezielt danach zu fragen, wie sich diese fundamentalen Veränderungen dessen, was Recht war und wie es in der Gesellschaft wirksam wurde, auf das adelige Vererben und Erben ausgewirkt haben.

II.4 Sonderfälle an den Rändern des Reiches

Anders als das Reich nördlich der Alpen waren Ober- und Mittelitalien, in die Christoph Dartmann mit seinem Beitrag zum vorliegenden Buch hineinführt. Im Italien des 11. bis frühen 13. Jahrhundert waren Städte wichtiger als Fürsten. In jeder Stadt aber rangen mehrere Familien in Konkurrenz untereinander um Einfluss. Auf dem Land gab es eher in den Randzonen Versuche einzelner adeliger Familien, eigene Herrschaften aufzubauen. Sie wurden für das politische Gesamtspiel allerdings nicht wirklich entscheidend: Wir haben die Grafen von Lavagna kennengelernt, die in Urkunden als eine Art ›Grafenkollektiv‹ mehrerer männlicher Linien daherkommen, dann aber schon im 12. Jahrhundert als Familie der Fieschi in den städtischen Eliten Genuas aufgingen. Außerdem hat Christoph Dartmann die Grafen Aldobrandeschi vorgestellt, die ebenfalls kollektiv versuchten, in den komplexen Konflikten zwischen Städten irgendwie weiterzulavieren, sich dabei auch untereinander immer wieder bekriegten, überraschend komplexe, zeitlich befristete und letztlich unpraktikable Rotationsprinzipien erfanden – und im 13. Jahrhundert endgültig scheiterten.

Aus der italienischen Perspektive, in der der älteste Sohn gerade *nicht* bevorzugt werden durfte, hat Christoph Dartmann eine Grundsatzfrage an das Thema dieses Bandes formuliert: Warum sollte man überhaupt auf die Nachfolge nur der eigenen Kinder setzen und damit immer wieder gestörte Herrschaftssukzessionen provozieren oder gar ein »Aussterben« der Familie riskieren? Ist es nicht eine weniger riskante Option, wenn man – wie die Lavagna – möglichst viele männliche Anghörige des Hauses als potentielle Nachfolger betrachtet?

7) Stephen D. White, »Pactum ... legem vincit et amor judicium«. The Settlement of Disputes by Compromise in Eleventh-Century France, in: The American Journal of Legal History 22 (1978), S. 281–308.

Zumindest eine Teilantwort auf diese Frage haben Julia Burkhardt und Martin Wihoda mit ihren Regionalstudien zu Polen und Schlesien einerseits und Böhmen andererseits gegeben: Viele Erben zu haben war auch nicht immer dazu angetan, politische Konflikte zu vermeiden. In Polen und Böhmen gab es im Untersuchungszeitraum im Prinzip eine Senioratsordnung. Hier war folglich die Verwandtschaft in männlicher Linie für Erbansprüche noch deutlich wichtiger als in den Regionen des Reiches, die in den übrigen Beiträge vorgestellt werden. Der jeweils älteste Mann des Verwandtschaftsverbandes erhielt als Senior einen Vorrang und die Oberherrschaft über alle übrigen Männer, die allerdings ebenfalls mit Herrschaft und materiellen Gütern versorgt wurden.

Die Notwendigkeit der Delegierung ist in diesem System statistisch deutlich seltener. Tatsächlich ist für Polen im Untersuchungszeitraum keine einzige Situation der Delegierung zu schildern – keine Situation also, in der überhaupt kein normalerweise vorgesehener Erbe mehr zur Verfügung gestanden hätte. Das Seniorat, das 1138 eingeführt wurde, war allerdings zwar bis ins 13. Jahrhundert hinein in den Köpfen der Akteure; das heißt aber beileibe nicht, dass die Norm auch bei jedem Todesfall brav umgesetzt worden wäre. Stattdessen machten die Beteiligten immer wieder auch anderes zum Argument – nicht grundsätzlich anders, als wir es ansonsten beobachten: das Erbe des Vaters, das Prinzip der Primogenitur, der Anspruch der Mutter, für einen unmündigen Sohn zu regieren, Erbverträge ... So gab es auch in Polen zahlreiche Konflikte um das Erbe. Sie entstanden jedoch nicht aus Mangel an erbberechtigten Personen, sondern aus deren Überschuss; und sie entstanden typischerweise entweder zwischen Brüdern oder zwischen Onkeln und Neffen.

Wie Martin Wihoda in seinem Kapitel darlegt, ist auch für Böhmen das Senioratsprinzip bezeugt: Cosmas von Prag schrieb es im historischen Rückblick Herzog Břetislav I. zu. Martin Wihoda zeigt, dass auch in Böhmen dieses Prinzip nicht immer und überall eingehalten worden ist und keineswegs geeignet war, Erbstreitigkeiten ganz und gar zu verhindern; und er betont, dass hier noch ein zweiter, wesentlicher Faktor mitwirkte, nämlich der Anspruch der böhmischen Eliten, den Herzog im Rahmen des *colloquium Bohemorum* gemeinsam zu wählen. Auch in Böhmen wurden die jüngeren männlichen Angehörigen der Přemysliden zwar gegenüber dem Senior im Rang zurückgestuft; sie waren nicht *duces*, sondern nur *principes*. Stets aber hatten auch sie Anspruch auf eigene Herrschaft und eine angemessene materielle Versorgung.

Im Jahr 1216 freilich wurde das etablierte Prinzip der Allokation in Böhmen tiefgreifend umgestellt: Ab jetzt galt nicht mehr das Senioratsprinzip unter allen männlichen Nachkommen Herzogs Břetislav I., sondern die Primogenitur: »die Erstgeborenen aus der Familienlinie von Přemysl Ottokar I. und Konstanze von Ungarn« lösten einander ab. Was auch nach 1216 blieb, war freilich die Notwendigkeit, dass die Versammlung der Böhmen jede Thronfolge bestätigte.

So ist der vergleichende Blick auf Italien, Polen und Böhmen hilfreich: Er zeigt, dass das Bild, das der Band für viele Regionen des Reiches zeichnet, durchaus nicht selbstverständlich ist. Schon zeitgenössisch existierten in räumlicher Nähe Alternativen, die den adeligen Familien in Bayern, Thüringen und Norddeutschland, in Savoyen und Lotharingien bekannt gewesen sein müssen. Wenn in diesen Familien gleichwohl nicht einmal der Gedanke eines linienübergreifenden Seniorats aufkam, so spricht das kräftig dafür, dass hier Verwandtschaft und Erbe von allen Beteiligten grundlegend anders ›modelliert‹ worden sind als in Polen, Schlesien oder Böhmen.

III. Zu den Leitfragen des Bandes

Es liegt in der Natur der Sache, dass ein einzelner Band die drei großen Forschungsfelder, die die Herausgeber einleitend angesprochen haben, nicht ganz und gar neu zu strukturieren vermag. Da die Leitfragen zum Lehnrecht, zum Rang und zur Verwandtschaft jeweils auf Prozesse ausgerichtet sind, lassen sie sich zudem nur insoweit beantworten, wie die Regionalstudien in diesem Band auch selbst Wandel und Veränderungen zwischen ca. 1150 und 1250 beobachtet haben. Wo dies nicht der Fall ist, muss das nicht zwangsläufig ausschließen, dass es einschlägige Veränderungen im betreffenden Untersuchungsraum gegeben hat. Die Fehlstelle könnte durchaus auch auf eine Entscheidung des Autors oder der Autorin zurückgehen, eher Verhältnisse und Strukturen herauszuarbeiten als Prozesse und Wandel. Trotz dieser Einschränkungen haben die verschiedenen Regionalstudien zum adeligen Erben und Vererben in der Tat erste Befunde erbracht, die für die drei großen, eingangs angesprochenen Forschungsfelder neu und interessant sind.

III.1 Rang

Zunächst zur Frage des Rangs: Roman Zehetmayer hat die Erbpraxis der Herzogsfamilien der Otakare und Babenberger mit denen der Grafenfamilien in Bayern und Österreich verglichen. Dabei hat er einen deutlichen Unterschied im Falle einer Delegierung bei gestörter Sukzession in männlicher Linie festgestellt: Wenn ein Fürst betroffen war, dann tagten Versammlungen der Landesadeligen und verhandelten über die Zukunft. Das Konglomerat von Eigengut, Lehen, Vogteien wurde dabei aber als ein einziger großer Block betrachtet. Es erscheint fast wie ein Kammergut und wird in jedem Falle nicht mehr auseinandergenommen und einzeln auf verschiedene Erben verteilt. »Es ist offensichtlich«, so hat Roman Zehetmayer formuliert, »dass an eine Aufsplitterung des Amtes und der materiellen Ressourcen nicht gedacht wurde«[8]. Insofern gab es zumindest

8) Roman Zehetmayer, Zu den Folgen des söhnelosen Todes eines Fürsten oder Grafen im hochmittelalterlichen Bayern und Österreich (1150–1250), in diesem Band, S. 341.

in diesen Fällen also auch keine Unterscheidung zwischen ›Erbe‹ und ›Nachfolge‹. Für Fürsten kam beides im Paket; für Grafen dagegen nicht zwangsläufig.

In Lotharingien sind allerdings auch gräfliche Familien ganz ähnlich verfahren wie die Fürsten in Bayern. Auch für sie, so hat Michel Margue betont, sei daher die Unterscheidung zwischen ›succession‹ und ›inheritance‹ nicht möglich. Vielleicht war hier, wo der Wind aus dem Westen wehte, die Verräumlichung von Herrschaft schon weiter vorangeschritten: Die Einzelrechte und Güter waren aus Sicht der Familien jedenfalls schon fester zu Komplexen verbunden, die auch im Erbfall nicht mehr aufgespalten wurden.

III.2 Verwandtschaft

Zur Verwandtschaft hat Bernhard Jussen in seinem Beitrag eine Arbeitshypothese an die Hand gegeben, was sich im Untersuchungszeitraum des Bandes im Reich verändert haben könnte: Vielleicht wurde gerade im frühen 13. Jahrhundert die Unterscheidung zwischen legitimen und illegitimen Söhnen (wieder) wichtig; und außerdem könnte es sein, dass bisherige Forschungsannahmen über Ehetrennung und Wiederheirat auf den Prüfstand gehören, weil beides um 1200 häufiger und einfacher wurde, als bisher vermutet. Veränderungen mit Blick auf Legitimität von Söhnen, Eheauflösung, Wiederheirat: Das hätte bemerkenswerte Folgen für adelige Familien haben können, und zwar gerade für den Fall, dass in einer Ehe legitim geborene Kinder ausblieben.

In den Beiträgen des Bandes sind Illegitimität, Ehetrennung und Wiederheirat allerdings nicht als wesentliche neue Faktoren im Untersuchungszeitraum konturiert worden. Roman Zehetmayer und Alexander Sembdner haben eher en passant auf Fälle illegitimer Söhne hingewiesen. Alheydis Plassmann hat einen Fall einer Eheauflösung quasi nebenbei genannt (Reginald von Dammartin musste sich für seine Raubehe mit Ida von Boulogne erst einmal von einer anderen Frau trennen). Allein Martin Wihoda hat in seinem Beitrag die Auflösung der Ehe zwischen König Přemysl Ottokar I. und Adelheid von Meißen und die neue Ehe mit der ungarischen Königstochter Konstanze in den Mittelpunkt gestellt. Hier sprechen die jahrelangen Querelen und Ottokars heftige Mühen, die neue Ehe durchzusetzen, aber wohl eher dafür, dass Trennung mit Wiederheirat auch im frühen 13. Jahrhundert durchaus kein einfaches Unterfangen war.

Claudia Garnier erinnert in ihrer Darstellung zum welfischen Erbe im 12. und 13. Jahrhundert im Übrigen daran, dass die Weitergabe des Erbes an die nächsten Generationen stets nur ein Teilbereich dessen ist, was Verwandtschaft und Familie definiert. So gaben auch die Welfen im späten 12. und im 13. Jahrhundert das Erbe regelmäßig an einen Sohn weiter. Zugleich akzentuierten sie in der langen Geschichte ihrer Familie und ihrer Herrschaft in Norddeutschland aber die Rolle von Frauen – war doch in der Tat ein wichtiger Teil ihrer Güter und Herrschaftsrechte seit dem 10. Jahrhundert gerade in weiblicher Linie von den Billungern, Brunonen und Supplinburgern in ihre Hände gelangt.

III.3 Amt, Lehen und Eigen

Die dritte Leitfrage des Bandes zielt auf die Entwicklung dessen ab, was wir »Lehen« nennen. Nach der intensiven Forschung der letzten 25 Jahre steht zu vermuten, dass das Jahrhundert zwischen 1150 und 1250 für das Lehnrecht nördlich der Alpen eine interessante Phase gewesen ist. In den Beiträgen hat diese Entwicklung zwar keine zentrale Rolle gespielt. Immerhin ist aber viererlei zu notieren, das auf Wandel und Veränderung hindeuten könnte:

1. *Heimfallrecht:* Roman Zehetmayer hat darauf hingewiesen, dass das mit gelehrtem römischen Recht begründete Heimfallrecht von den Babenbergern rezipiert und immer intensiver zum Argument gemacht worden ist: ein neues rechtliches Instrument, das offenkundig politisch interessant war.
2. *Geld:* Die Monetarisierung des 12. Jahrhunderts hatte zweifellos auch für das Vererben und Erben ihre Folgen. Es ist vielleicht kein Zufall, dass gerade Christoph Dartmann für Italien, wo die Geldwirtschaft ungewöhnlich früh intensiviert wurde, die Bedeutung des Geldes betont hat: Hier konnten bald Erbgüter jeder Art in Geld getauscht werden. Dasselbe haben wir allerdings auch in Lotharingien und in Ansätzen, wenngleich erst etwas später, auch in Thüringen gesehen. Als Geldsumme definiert, wird Erbe sehr kleinteilig und fein verrechenbar – und aufteilbar. Wo es um Geld ging, da lohnte es sich in Italien, selbst noch um Anteile von einem Zweiundsiebzigstel zu streiten. Wenn wir nach Veränderungen in den Jahrzehnten um 1200 fragen, dann machte die zunehmende Monetarisierung einen interessanten Unterschied.
3. *Komplexität und Diskursivierung*: Steffen Krieb hat für Ministerialenfamilien am Mittelrhein gezeigt: Das Gemisch aus Lehens- und Allodialbesitz wurde im Untersuchungszeitraum so komplex, dass nun Güterverzeichnisse angelegt wurden, und zwar wohl nicht zuletzt wegen der vielen Aushandlungen im Zuge des Erbens. Diese Verzeichnisse könnten durchaus ein Indiz sein für eine Entwicklung von gelebter Praxis hin zu einem diskursiven Bewusstsein von rechtlichen und strategisch-funktionalen Unterschieden zwischen Lehen und Allodialgütern.
4. *Vertrag und Flexibilität*: Das Lehenrecht war offenbar nützlich, weil es so flexibel war. Es konnte deshalb zum Beispiel bei der Auftragung genutzt werden, um der Ehefrau, der Tochter oder der weiblichen Linie insgesamt einen solideren Anspruch auf das Erbe von Gütern zu sichern – und (ein weiterer Vorteil) um diesen Anspruch gleich noch schriftlich zu dokumentieren. Außerdem sind Lehen in den Beiträgen des Bandes immer wieder auch als ein nützliches Instrument hervorgetreten, um

Konflikte über Güter auszutragen und beizulegen: Lehen machten es möglich, den Anspruch auf ein und dasselbe Gut auf mehrere Personen aufzuteilen; beim Erben unter Bedingungen des Aushandelns konnte sich dies als hilfreich erweisen.

Wahrscheinlich ließe sich in dieser Frage sogar noch etwas weiterkommen. Denn die Beiträge zu diesem Band haben sich notwendigerweise zunächst einmal darauf konzentriert, das Erben und Vererben in einer spezifischen Region zu beobachten. Um es einmal zuzuspitzen: Das Thema »adeliges Erben« lässt sich offenbar besonders gut dadurch bearbeiten, dass man Einzelfälle aggregiert, vergleicht und zusammengenommen interpretiert. Die Frage nach der Entwicklung von Lehen und Lehenrecht dagegen lässt sich nur dann untersuchen, wenn man nicht Fälle, sondern einzelne Texte und deren präzisen Wortlaut kleinteilig in den Blick nimmt. Denn zu fragen wäre ja jeweils, was die Erwähnung eines *beneficium* oder *feudum* usw. in einem spezifischen Dokument zu einem gegebenen Zeitpunkt nun eigentlich gemeint haben mag – und was nicht.

Stattdessen wird in den meisten Beiträgen zu diesem Band der Lehensbegriff als stabiler analytischer mediävistischen Begriff für den gesamten Untersuchungszeitraum mehr oder minder vorausgesetzt. Im Zentrum des Buches steht deshalb nicht das, was Susan Reynolds in ihrer großen Studie von 1994[9)] vorexerziert und was Bernd Schneidmüller und Jürgen Dendorfer in der Diskussion der Reichenau-Tagung als eine Aufgabe für künftige Forschung formuliert haben: Die einschlägigen Quellentexte zum Erben sind erst noch in ihrem Wortlaut im Detail daraufhin zu befragen, welche Ideen von Besitz und Leihe sie spiegeln und welche ökonomischen und sozialen Phänomene wir folglich hinter den Wörtern der Texte vermuten dürfen.

Insgesamt hat der Band mit seiner Strukturierung in Regionalstudien reichen Ertrag gleich auf mehreren Ebenen erbracht: Die Autorinnen und Autoren leisten einen wichtigen und sehr konkreten Beitrag zur Adelsgeschichte des Reiches und seiner Nachbarregionen. Sie stellen erstmals systematisch die Formen der Allokation und der Delegierung von Erbe für die verschiedenen Regionen des Reiches zusammen. Sie haben wichtige Beobachtungen zur Geschichte von Verwandtschaft, Rang und Lehen im Hochmittelalter formuliert. Angesichts einer solchen Fülle von Ergebnissen ist es eher beruhigend, dass am Ende nicht alle Fragen vollständig geklärt sind und Raum für weitere Forschung bleibt!

9) Susan REYNOLDS, Fiefs and Vassals. The Medieval Evidence Reinterpreted, Oxford 1994.

Orts- und Personenregister

Kai Börsig

Abkürzungen:
Bf. = Bischof; Bg. = Burg/Castrum; Bgf. = Burggraf; Br. = Bruder; Btm. = Bistum; Ebf. = Erzbischof; Ebtm. = Erzbistum; Fl. = Fluss; Fst. = Fürst; Fstm. = Fürstentum; Gem. = Gemahl/Gemahlin; Gf. = Graf; Gft. = Grafschaft; Hl. = Heilige(r); Hzg. = Herzog; Hzgt. = Herzogtum; Kg./Kgn. = König/Königin; Kl. = Kloster; Ks./Ksn. = Kaiser/Kaiserin; Lgf. = Landgraf; M. = Mönch; Mgf. = Markgraf; Mgft. = Markgrafschaft; Min. = Ministeriale; Pfgf. = Pfalzgraf; S. = Sohn; T. = Tochter